普通高等教育"十一五"规划教材
北京大学口腔医学教材
住院医师规范化培训辅导教材

口腔黏膜病学

Diseases of Oral Mucosa

（第2版）

主　　编　华　红　刘宏伟
副 主 编　闫志敏
编　　委　（按姓名汉语拼音排序）

陈谦明（四川大学华西口腔医学院　　谭雅芹（武汉大学口腔医学院）
　　　　浙江大学口腔医学院）　　　　唐国瑶（上海交通大学口腔医学院）
高　岩（北京大学口腔医学院）　　　　王　芳（武汉大学口腔医学院）
华　红（北京大学口腔医学院）　　　　王问珂（四川大学华西口腔医学院）
刘宏伟（北京大学口腔医学院）　　　　徐岩英（国家自然科学基金委员会）
刘　洋（北京大学口腔医学院）　　　　闫志敏（北京大学口腔医学院）
刘晓松（北京大学口腔医学院）　　　　曾　昕（四川大学华西口腔医学院）
卢　锐（武汉大学口腔医学院）　　　　郑利光（北京大学口腔医学院）
孙　正（首都医科大学附属　　　　　　周　刚（武汉大学口腔医学院）
　　　　北京口腔医院）

编写秘书　刘　洋

北京大学医学出版社

KOUQIANG NIANMOBINGXUE

图书在版编目（CIP）数据

口腔黏膜病学 / 华红，刘宏伟主编．—2 版．—北京：北京大学医学出版社，2021.11
ISBN 978-7-5659-2404-0

Ⅰ.①口⋯　Ⅱ.①华⋯ ②刘⋯　Ⅲ.①口腔黏膜疾病 – 医学院校 – 教材　Ⅳ.① R781.5

中国版本图书馆 CIP 数据核字（2021）第 070381 号

口腔黏膜病学（第 2 版）

主　　编： 华　红　刘宏伟
出版发行： 北京大学医学出版社
地　　址： （100191）北京市海淀区学院路 38 号　北京大学医学部院内
电　　话： 发行部 010-82802230；图书邮购 010-82802495
网　　址： http://www.pumpress.com.cn
E-mail： booksale@bjmu.edu.cn
印　　刷： 北京信彩瑞禾印刷厂
经　　销： 新华书店
责任编辑： 杨　杰　　**责任校对：** 靳新强　　**责任印制：** 李　啸
开　　本： 850 mm×1168 mm　1/16　**印张：** 23.25　**字数：** 655 千字
版　　次： 2021 年 11 月第 2 版　2021 年 11 月第 1 次印刷
书　　号： ISBN 978-7-5659-2404-0
定　　价： 89.00 元

版权所有，违者必究

（凡属质量问题请与本社发行部联系退换）

北京大学口腔医学教材编委会名单

总 顾 问　张震康
总 编 审　林久祥　王　兴　马绪臣
主任委员　俞光岩　郭传瑸
副主任委员　李铁军　周永胜
委　　员　（按姓名汉语拼音排序）
　　　　　蔡志刚　陈霄迟　邓旭亮　邸　萍　董艳梅　范宝林　傅开元
　　　　　甘业华　郭传瑸　华　红　江　泳　李铁军　李巍然　林　红
　　　　　林　野　刘宏伟　栾庆先　欧阳翔英　　　　秦　满　佟　岱
　　　　　王晓燕　夏　斌　谢秋菲　徐　韬　俞光岩　岳　林　张　磊
　　　　　张　伟　张　益　张祖燕　郑利光　郑树国　周永胜
秘　　书　董美丽　孙志鹏

第 3 版序

八年制口腔医学教育是培养高素质口腔医学人才的重要途径。2001年至今，北京大学口腔医学院已招收口腔医学八年制学生765名，培养毕业生445名。绝大多数毕业生已经扎根祖国大地，成为许多院校和医疗机构口腔医学的重要人才。近20年的教学实践证明，口腔医学八年制教育对于我国口腔医学人才培养、口腔医学教育模式探索以及口腔医疗事业的发展做出了重要贡献。

人才培养离不开优秀的教材。第1轮北京大学口腔医学长学制教材编撰于2004年，于2014年再版。两版教材的科学性和实用性已经得到普遍的认可和高度评价。自两轮教材发行以来，印数已逾50万册，成为长学制、本科五年制及其他各学制、各层次学生全面系统掌握口腔医学基本理论、基础知识、基本技能的良师益友，也是各基层口腔医院、诊所、口腔科医生的参考书、工具书。

近年来，口腔医学取得了一些有益的进展。数字化口腔医学技术在临床中普遍应用，口腔医学新知识、新技术和新疗法不断涌现并逐步成熟。第3轮北京大学口腔医学教材在重点介绍经典理论知识体系的同时，注意结合前沿新理念、新概念和新知识，以培养学生的创新性思维和提升临床实践能力为导向。同时，第3轮教材新增加了《口腔药物学》和《口腔设备学》，使整套教材体系更趋完整。在呈现方式上，本轮教材采用了现代图书出版的数字化技术，这使得教材的呈现方式更加多元化和立体化；同时，通过增强现实（AR）等方式呈现的视频、动画、临床案例等数字化素材极大地丰富了教材内容，并显著提高了教材质量。这些新型编写方式的采用既给编者们提供了更多展示教材内容的手段，也提出了新的挑战，感谢各位编委在繁忙的工作中，适应新的要求，为第3轮教材的编写所付出的辛勤劳动和智慧。

八年制口腔医学教材建设是北京大学口腔医学院近八十年来口腔医学教育不断进步、几代口腔人付出巨大辛劳后的丰硕教育成果的体现。教材建设在探索中前进，在曲折中前进，在改革中前进，在前进中不断完善，承载着成熟和先进的教育思想和理念。大学之"大"在于大师，北京大学拥有诸多教育教学大师，他们犹如我国口腔医学史上璀璨的群星。第1轮和第2轮教材共汇聚了245名口腔医学专家的集体智慧。在第3轮教材修订过程中，又吸纳75名理论扎实、业务过硬、学识丰富的中青年骨干专家参加教材编写，这为今后不断完善教材建设，打造了一支成熟稳定、朝气蓬勃、有开拓进取精神和自我更新能力的创作团队。

教育兴则国家兴，教育强则国家强。高等教育水平是衡量一个国家发展水平和发展潜力的重要标志。党和国家对高等教育人才培养的需要、对科学知识创新和优秀人才的需要就是我们的使命。北京大学口腔医院（口腔医学院）将更加积极地传授已知、更新旧知、开掘新知、探索未知，通过立德树人不断培养党和国家需要的人才，加快一流学科建设，实现口腔医学高等教育内涵式发展，为祖国口腔医学事业进步做出更大的贡献！

在此，向曾为北京大学口腔医学长学制教材建设做出过努力和贡献的全体前辈和同仁致以最崇高的敬意！向长期以来支持口腔医学教材建设的北京大学医学出版社表示最诚挚的感谢！

俞光岩　郭传瑸

2020年6月

第 2 版序

2001年教育部批准北京大学医学部开设口腔医学（八年制）专业，之后其他兄弟院校也开始培养八年制口腔专业学生。为配合口腔医学八年制学生的专业教学，2004年第1版北京大学口腔医学长学制教材面世，编写内容包括口腔医学的基本概念、基本理论和基本规律，以及当时口腔医学的最新研究成果。近十年来，第1版的14本教材均多次印刷，在现代中国口腔医学教育中发挥了重要作用，反响良好，应用范围广泛：兄弟院校的长学制教材、5年制学生的提高教材、考研学生的参考用书、研究生的学习用书，在口腔医学的诸多教材中具有一定的影响力。

社会的发展和科技的进步使口腔医学发生着日新月异的变化。第1版教材面世已近十年，去年我们组织百余名专家启动了第2版教材的编写工作，包括占编委总人数15%的院外乃至国外的专家，从一个崭新的视角重新审视长学制教材，并根据学科发展的特点，增加了新的口腔亚专业内容，使本套教材更加全面，保证了教材质量，增强了教材的先进性和适用性。

说完教材，我想再说些关于八年制教学，关于大学时光。同学们在高考填报志愿时肯定已对八年制有了一定了解，口腔医学专业八年制教学计划实行"八年一贯，本博融通"的原则，强调"加强基础，注重素质，整体优化，面向临床"的培养模式，目标是培养具有口腔医学博士专业学位的高层次、高素质的临床和科研人才。同学们以优异成绩考入北京大学医学部口腔医学八年制，一定是雄心勃勃、摩拳擦掌，力争顺利毕业获得博士学位，将来成为技艺精湛的口腔医生、桃李天下的口腔专业老师抑或前沿的口腔医学研究者。祝贺你们能有这样的目标和理想，这也正是八年制教育设立的初衷——培养中国乃至世界口腔医学界的精英，引领口腔医学的发展。希望你们能忠于自己的信念，克服困难，奋发向上，脚踏实地地实现自己的梦想，完善人生，升华人性，不虚度每一天，无愧于你们的青春岁月。

我以一个过来人的经历告诉你们，并且这也不是我一个人的想法：人生最美好的时光就是大学时代，二十岁上下的年纪，汗水、泪水都可以尽情挥洒，是充实自己的黄金时期。你们是幸运的，因为北京大学这所高等学府拥有一群充满责任感和正义感的老师，传道、授业、解惑。你们所要做的就是发挥自己的主观能动性，在老师的教导下，合理支配时间，学习、读书、参加社团活动、旅行……"读万卷书，行万里路"，做一切有意义的事，不被嘈杂的外界所干扰。少些浮躁，多干实事，建设内涵。时刻牢记自己的身份：你们是现在中国口腔界的希望，你们是未来中国口腔界的精英；时刻牢记自己的任务：扎实学好口腔医学知识，开拓视野，提高人文素养；时刻牢记自己的使命：为引领中国口腔的发展做好充足准备，为提高大众的口腔健康水平而努力。

从现在起，你们每个人的未来都与中国口腔医学息息相关，"厚积而薄发"，衷心祝愿大家在宝贵而美好的大学时光扎实学好口腔医学知识，为发展中国口腔医学事业打下坚实的基础。

这是一个为口腔事业奋斗几十年的过来人对初生牛犊的你们——未来中国口腔界的精英的肺腑之言，代为序。

徐 韬

二〇一三年七月

第1版序

北京大学医学教材口腔医学系列教材编审委员会邀请我为14本8年制口腔医学专业的教材写一个总序。我想所以邀请我写总序，也许在参加这14本教材编写的百余名教师中我是年长者，也许在半个世纪口腔医学教学改革和教材建设中，我是身临其境的参与者和实践者。

1952年我作为学生进入北京大学医学院口腔医学系医预班。1953年北京大学医学院口腔医学系更名为北京医学院口腔医学系，1985年更名为北京医科大学口腔医学院，2000年更名为北京大学口腔医学院。历史的轮回律使已是老教授的我又回到北京大学。新中国成立后学制改动得频繁：1949年牙医学系为6年，1950年毕业生为5年半，1951年毕业生为5年并招收3年制，1952年改为4年制，1954年入学的为4年制，毕业时延长一年实为5年制，1955年又重新定为5年制，1962年变为6年制，1974年招生又决定3年制，1977年再次改为5年制，1980年又再次定为6年制，1988年首次定为7年制，2001年首次招收8年制口腔医学生。

20世纪50年代初期，没有全国统一的教科书，都是用的自编教材；到50年代末全国有三本统一的教科书，即《口腔内科学》《口腔颌面外科学》和《口腔矫形学》；到70年代除了上述三本教科书外增加了口腔基础医学的两本全国统一教材，即《口腔组织病理学》和《口腔解剖生理学》；80年代除了上述五本教科书外又增加《口腔正畸学》《口腔材料学》《口腔颌面X线诊断学》和《口腔预防·儿童牙医学》，《口腔矫形学》更名为《口腔修复学》。至此口腔医学专业已有全国统一的九本教材；90年代把《口腔内科学》教材分为《牙体牙髓病学》《牙周病学》《口腔黏膜病学》三本，把《口腔预防·儿童牙医学》分为《口腔预防学》和《儿童口腔病学》，《口腔颌面X线诊断学》更名为《口腔颌面医学影像诊断学》，同期还增设有《口腔临床药物学》《口腔生物学》和《口腔医学实验教程》。至此，全国已有14本统一编写的教材。到21世纪又加了一本《𬌗学》，共15本教材。以上学科名称的变更，学制的变换以及教材的改动，说明新中国成立后口腔医学教育在探索中前进，在曲折中前进，在改革中前进，在前进中不断完善。而这次为8年制编写14本教材是半个世纪口腔医学教育改革付出巨大辛劳后的丰硕收获。我相信，也许是在希望中相信我们的学制和课程不再有变动，而应该在教学质量上不断下功夫，应该在教材和质量上不断再提高。

书是知识的载体。口腔医学教材是口腔医学专业知识的载体。一套口腔医学专业的教材应该系统地、完整地包含口腔医学基本知识的总量，应该紧密对准培养目标所需要的知识框架和内涵去取舍和筛选。以严谨的词汇去阐述基本知识、基本概念、基本理论和基本规律。大学教材总是表达成熟的观点、多数学派和学者中公认的观点和主流派观点。也正因为是大学教材，适当反映有争议的观点、非主流派观点让大学生去思辨应该是有益的。口腔医学发展日新月异，知识的半衰期越来越短，教材在反映那些无可再更改的基本知识的同时，概括性介绍口腔医学的最新研究成果，也是必不可少的，使我们的大学生能够触摸到口腔医学科学前沿跳动的脉搏。创造性虽然是不可能教出来的，但是把教材中深邃的理论表达得深入浅出，引人入胜，激发兴趣，给予思考的空间，尽管写起来很难，却是可能的。这无疑有益于培养大学生的创造性思维能力。

本套教材共14本，是供8年制口腔医学专业的大学生用的。这14本教材为:《口腔组织学与病理学》《口腔颌面部解剖学》《牙体解剖与口腔生理学》《口腔生物学》《口腔材料学》《口腔颌面医学影像学》《牙体牙髓病学》《临床牙周病学》《儿童口腔医学》《口腔颌面外科学》《口腔修复学》《口腔正畸学》《预防口腔医学》《口腔医学导论》。可以看出这14本教材既有口腔基础医学类的，也有临床口腔医学类的，还有介于两者之间的桥梁类科目教材。这是一套完整的、系统的口腔医学专业知识体系。这不仅仅是新中国成立后第一套系统教材，也是1943年成立北大牙医学系以来的首次，还是实行8年制口腔医学学制以来的首部。为了把这套教材写好，教材编委会遴选了各学科资深的教授作为主编和副主编，百余名有丰富的教学经验并正在教学第一线工作的教授和副教授参加了编写工作。他们是尝试着按照上述的要求编写的。但是首次难免存在不足之处，好在道路已经通畅，目标已经明确，只要我们不断修订和完善，这套教材一定能成为北京大学口腔医学院的传世之作！

张震康
二〇〇四年五月

第 2 版前言

口腔黏膜病学是口腔内科学的重要组成部分，是口腔医学与临床医学间的桥梁学科。口腔黏膜病（Oral mucosal disease）是指发生在口腔黏膜及口腔软组织的除肿瘤以外的疾病。口腔黏膜病的病因复杂，形态各异，种类繁多，为初学者系统学习带来一定烦恼及困惑。近年来，循证医学思路成为临床诊治的重要基础，新知识、新技术的引进，为临床诊治带来了新的希望。但医学"三基"即基本理论、基础知识、基本技能规范化培训仍是当前医学教育的重中之重。

《口腔黏膜病学》八年制教材第 1 版出版以后，收到了来自各方的肯定及建议。本次再版，新版教材的编写主要体现了以下特点：

1. 本教材邀请了国内五大院校长期从事口腔黏膜病临床、教学、科研工作，且有较高知名度的中青年专家共同完成编写工作。编委分别来自北京大学口腔医学院、四川大学华西口腔医学院、上海交通大学口腔医学院、首都医科大学附属北京口腔医院及武汉大学口腔医学院。希望能够体现国内在口腔黏膜病医疗、教学、科研方面的整体水平。

2. 教材每一个章节均以临床"典型病例"的形式导入相关内容，以提升临床能力为导向，更贴近临床真实场景，有助于初学者创新思维的培养，根据病例提供的信息，去凝练疾病临床特征或病理特征，并理清重要的诊断要素，找到相应的治疗措施或方法。

3. 本次编写对第 1 版部分内容进行了精简和压缩，使其更适合临床初学者，更侧重于介绍临床常见病和多发病，强调"三基"训练，将临床不常见的疾病相关章节删除，例如维生素缺乏症等。

4. 遵循口腔黏膜病学临床、教学的特点，强化与口腔病理学交流与合作。许多口腔黏膜病的明确诊断，都离不开口腔病理学的支持。同时为了配合《口腔黏膜病学》和《口腔病理学》课程融合，在新版教材中增加了常见口腔黏膜病的病理图片和病理表现特征等，以更好的促进口腔黏膜——病理的教学融合的新模式。

5. 当今科学技术迅猛发展，口腔新技术、新疗法不断涌现，本次编写将一些近年来口腔黏膜病学领域相关的新兴、前沿技术，如无创、微创检测技术在口腔潜在恶性疾患中的应用也引入教材，以便于临床的规范应用及普及。

6. 鉴于口腔黏膜疾病和全身系统疾病的密切关系，新版教材增加了和全身疾病有关的内容。根据相关系统性疾病诊疗指南的最新进展，更新了系统性疾病，尤其是自身免疫病和内分泌系统疾病的诊治进展。

由于时间较为仓促，本版教材编写存在一定的不足及不妥之处，恳请同道斧正并提出宝贵意见。衷心感谢参与本书编写的各位专家及编者们的辛勤付出，也感谢出版社的各位编辑老师为本书付出的辛苦及大力支持！

华　红　刘宏伟

第1版前言

口腔黏膜病学是研究口腔黏膜病病因、发病机制、诊断、治疗与预防的一门学科，为口腔医学中的重要分支学科，亦是连接口腔与医学的一门桥梁课程，在国外归属口腔内科学（Oral Medicine）范畴。口腔黏膜病学研究范围主要包括口腔黏膜感染性及非感染性疾病、口腔潜在恶性病变以及全身系统性疾病的口腔表征等。在国外，该学科研究范围还涉及与面部疼痛有关的神经疾病、颞颌关节疾病及涎腺疾病等。口腔黏膜病是口腔常见的疾病，能正确、及时、准确地诊断和处理口腔黏膜病是当代口腔医学生、口腔医师的重要任务之一。随着现代科学技术的进步，口腔与基础医学、临床医学的交叉与融合不断扩大与深化，大大推动了口腔黏膜病学的发展，口腔与全身联系越来越密切，导致许多疾病的诊断方法和治疗方案发生巨大变化。此外，随着人口老龄化，口腔科就诊的老年患者逐渐增多，患复杂的全身系统性疾病患者逐年增多，诊治口腔黏膜病需要掌握更全面、更系统、更规范的医学知识。

本教材由北京大学口腔医学院从事口腔黏膜病医疗、教学、科研的老、中、青三代专家共同编写，同时邀请了北京大学口腔医学院口腔病理科高岩教授以及四川大学华西口腔医学院、上海交通大学口腔医学院、首都医科大学附属北京口腔医院部分专家参与本教材的编写工作，力图能够反映出国内口腔黏膜病学的水平及特色。

本教材内容涵盖了临床常见的口腔黏膜疾病，编写在坚持"三基"（基本理论、基础知识、基本技能）的前提下，注重教材内容的广度、深度，以及先进性、实用性，力争内容系统、重点突出、条理性强、图文并茂，兼顾普及与提高，以便于学生学习和掌握。同时尽可能遵循循证医学原则，以客观事实为依据，对疾病的诊断及治疗进行规范，特别是系统性疾病一章与以往其他口腔黏膜病教材编排有所不同，按照系统进行编排，增加了与口腔联系密切的系统性疾病。近年来，国内外关于一些系统性疾病的诊断、治疗方案均有较为规范的指南推出，我们力争将此部分新知识、新观点、新方法编入教材，以保持教材的科学性、先进性。

本教材的编写是由4所口腔医学院校专家在百忙中辛勤工作共同完成的。本书彩图由北京大学口腔医学院口腔黏膜科、口腔病理科，北京大学人民医院皮肤科以及参编单位提供，刘晓松副教授协助本书的编辑、校对工作，美国Harvard大学Winston P Kou医生对本教材中Sumnary及Definition部分校订工作倾注了大量心血，在此一并感谢。

作为8年制本硕博连读生长学制教材，本书是第一版编写，由于编者知识及时间所限，一定存在不足及不妥之处，恳请同道斧正并提宝贵意见。

华　红　刘宏伟

目 录

第一篇 总 论

第一章 口腔黏膜病学概论 Conspectus of Diseases of Oral Mucosa ·········· 3

第一节 口腔黏膜病学的定义与范畴 Definition of Diseases of Oral Mucosa ·········· 3
　一、口腔黏膜病及口腔黏膜病学的定义与范畴 ·········· 3
　二、口腔黏膜病的特点 ·········· 3
第二节 口腔黏膜病的命名与分类 Nomenclature and Classification of Oral Mucosal Diseases ·········· 4
第三节 口腔黏膜病学发展史 History and Development of Diseases of Oral Mucosa ·········· 5
　一、世界口腔黏膜病学发展历史 ·········· 5
　二、我国口腔黏膜病学发展史 ·········· 6
第四节 口腔黏膜病学发展现状 Development Status of Diseases of Oral Mucosa ·········· 6

第二章 口腔黏膜结构与功能 Structure and Function of Oral Mucosa ·········· 8

第一节 口腔黏膜的基本组织结构 General Structure of Oral Mucosa ·········· 8
　一、上皮 Epithelium ·········· 8
　二、固有层 Lamina Propria ·········· 17
　三、黏膜下层 Submucosa ·········· 18
第二节 口腔黏膜结构的区域性差别 Regional Variations in the Structure of the Oral Mucosa ·········· 18
　一、咀嚼黏膜 Masticatory Mucosa ·········· 18
　二、被覆黏膜 Lining Mucosa ·········· 22
　三、特殊黏膜 Specialized Mucosa ·········· 24
第三节 口腔黏膜的外周感觉神经分布 Peripheral Sensory Receptors Found in Oral Mucosa ·········· 26
　一、口腔黏膜的一般感觉感受器 Generic Sensory Receptors of Oral Mucosa ·········· 26
　二、味觉和味觉感受器 Taste and Taste Receptors ·········· 27
第四节 口腔黏膜的功能和增龄变化 Function and Ageing Changes of Oral Mucosa ·········· 28
　一、口腔黏膜的功能 Function of Oral Mucosa ·········· 28
　二、口腔黏膜的增龄变化 Aging Changes of Oral Mucosa ·········· 28
Summary ·········· 28
Definition and Terminology ·········· 29

第三章 口腔黏膜基本损害 Basic Lesions of Oral Mucosa ·········· 31

Summary ·········· 35
Definition and Terminology ·········· 35

第四章 口腔黏膜病的检查与诊断 Examination and Diagnosis of Oral Mucosal Diseases ·········· 36

　一、病史采集 History Taking ·········· 36

二、检查 Examination ……………… 36
三、诊断与治疗程序 Diagnosis and
　　Treatment Procedures …………… 39
Summary ……………………………… 39
Definition and Terminology …………… 40

第五章　口腔黏膜病的治疗
Treatment of Oral Mucosal Diseases …………………………… 41
一、全身治疗 Systemic Treatment ……… 41
二、局部治疗 Topical Therapy ………… 50
Summary ……………………………… 52

第六章　中西医结合在口腔黏膜病中的应用
Integration of Traditional Chinese Medicine and Western Medicine in Oral Mucosal Diseases …………… 53
一、口腔黏膜病的诊治原则 Principles of Diagnosis and Treatment of Oral Mucosal Diseases ………………… 53
二、中医常用治法 Common Treatment Strategies of Traditional Chinese Medicine ………………………… 54
三、常见口腔黏膜病的中医治疗 Treatment of Common Oral Mucosal Diseases by Traditional Chinese Medicine ………………………… 55
Summary ……………………………… 56
Definition and Terminology …………… 56

第二篇　各　论

第七章　口腔黏膜感染性疾病
Infectious Diseases of Oral Mucosa ………………………………… 61
第一节　单纯疱疹
　　　　Oral Herpes Simplex …………… 61
第二节　带状疱疹
　　　　Herpes Zoster …………………… 68
第三节　手-足-口病
　　　　Hand Foot Mouth Disease ……… 71
第四节　疱疹性咽峡炎
　　　　Herpetic Angina ………………… 74
第五节　球菌性口炎
　　　　Coccigenic Stomatitis …………… 76
第六节　坏死性龈口炎
　　　　Necrotic Ulcerative Gingivo-
　　　　Stomatitis ………………………… 78
第七节　口腔结核
　　　　Oral Tuberculosis ………………… 80
第八节　口腔念珠菌病
　　　　Oral Candidiasis ………………… 85
第九节　其他口腔真菌感染
　　　　Other Types of Oral Fungal
　　　　Infection ………………………… 94
　一、组织胞浆菌病 Histoplasmosis …… 94
　二、芽生菌病 Blastomycosis …………… 96
　三、副球孢子菌病
　　　Paracoccidioidomycosis …………… 96
　四、毛霉病 Mucormycosis ……………… 97
　五、曲霉病 Aspergillosis ……………… 98
　六、隐球菌病 Cryptococcosis ………… 99
Summary ……………………………… 100
Definition and terminology …………… 101

第八章　口腔黏膜溃疡性疾病
Oral Ulcerative Disorders ……… 102
第一节　复发性阿弗他溃疡
　　　　Recurrent Aphthous Ulcer ……… 102
Summary ……………………………… 108
Definition and Terminology …………… 109
第二节　白塞病
　　　　Behcet's Disease ………………… 109
Summary ……………………………… 116
Definition and Terminology …………… 116
第三节　创伤性血疱和创伤性溃疡
　　　　Traumatic Mucosal Hematoma
　　　　and Traumatic Ulcer …………… 116
　一、创伤性血疱 Traumatic mucosal
　　　hematoma ………………………… 117
　二、创伤性溃疡 Traumatic ulcer ……… 118
Summary ……………………………… 120

Definition and Terminology ······ 120
第四节　放射性口腔黏膜炎
　　　　Radiation-induced Oral Mucositis ······ 121
Summary ······ 125
Definition and Terminology ······ 126
第五节　化疗性口腔黏膜炎
　　　　Chemotherapy-induced Oral Mucositis ······ 126
Summary ······ 129
Definition and terminology ······ 129
第六节　莱特尔综合征
　　　　Reiter Syndrome ······ 129
Summary ······ 131
Definition and Terminology ······ 132

第九章　口腔斑纹类疾病
Reticular and Plaque-Like Lesions of the Oral Mucosa ······ 133

第一节　口腔扁平苔藓
　　　　Oral Lichen Planus ······ 133
Summary ······ 142
Definition and Terminology ······ 143
第二节　口腔苔藓样损害
　　　　Oral Lichenoid Lesions ······ 143
　一、口腔苔藓样接触性损害 oral lichenoid contact lesion ······ 144
　二、口腔苔藓样药物反应 oral lichenoid drug reaction ······ 147
　三、移植物抗宿主病的口腔苔藓样损害 oral lichenoid lesions of graft-versus-host disease ······ 148
　四、慢性溃疡性口炎 chronic ulcerative stomatitis ······ 152
Summary ······ 153
Definition and Terminology ······ 154
第三节　口腔白斑病
　　　　Oral Leukoplakia ······ 154
Summary ······ 162
Definition and Terminology ······ 162
第四节　口腔红斑病
　　　　Oral Erythroplakia ······ 163
Summary ······ 164

Definition and Terminology ······ 165
第五节　口腔白色角化症
　　　　Oral Leukokeratosis ······ 165
Summary ······ 166
Definition and Terminology ······ 167
第六节　口腔白色海绵状斑痣
　　　　Oral White Sponge Nevus ······ 167
Summary ······ 168
Definition and Terminology ······ 168
第七节　盘状红斑狼疮
　　　　Discoid Lupus Erythematosus ······ 169
Summary ······ 175
Definition and Terminology ······ 176
第八节　口腔黏膜下纤维性变
　　　　Oral Submucosal Fibrosis ······ 176
Summary ······ 180
Definition and Terminology ······ 180

第十章　口腔黏膜大疱性疾病
Bullous Diseases of Oral Mucosa ······ 181

第一节　天疱疮
　　　　Pemphigus ······ 181
第二节　黏膜类天疱疮
　　　　Mucous Membrane Pemphigoid ······ 190
第三节　副肿瘤性天疱疮
　　　　Paraneoplastic Pemphigus ······ 196
第四节　其他大疱性疾病
　　　　Other Bullous Diseases ······ 199
　一、扁平苔藓样类天疱疮 Lichen planus pemphigoid ······ 199
　二、线状 IgA 病 ······ 200
Summary ······ 202
Definition and Terminology ······ 203

第十一章　唇部疾病
Labial Diseases ······ 205

第一节　慢性唇炎
　　　　Chronic Cheilitis ······ 205
Summary ······ 207
Definition and Terminology ······ 207
第二节　光线性唇炎
　　　　Actinic Cheilitis ······ 208
Summary ······ 210

Definition and Terminology ………210
第三节 腺性唇炎
　　　　Cheilitis Glandularis …………210
Summary ………………………………212
Definition and Terminology ………212
第四节 口角炎
　　　　Angular Cheilitis………………213
Summary ………………………………214
Definition and Terminology ………214
第五节 接触性过敏性唇炎
　　　　Contact Allergic Cheilitis ………215
第六节 肉芽肿性唇炎
　　　　Cheilitis Granulomatosa ………215
Summary ………………………………218
Definition and Terminology ………219

第十二章　舌部疾病
Lingual Diseases ………220

第一节 地图舌
　　　　Geographic Tongue……………220
Summary ………………………………222
Definition and Terminology ………222
第二节 裂纹舌
　　　　Fissured Tongue ………………222
Summary ………………………………223
Definition and Terminology ………223
第三节 正中菱形舌炎
　　　　Median Rhomboid Glossitis……223
Summary ………………………………224
Definition and terminology ………224
第四节 毛舌
　　　　Hairy Tongue …………………226
Summary ………………………………227
Definition and Terminology ………227
第五节 舌乳头炎
　　　　Lingual Papillitis ………………227
Summary ………………………………228
Definition and Terminology ………228
第六节 灼口综合征
　　　　Burning Mouth Syndrome ……229
Summary ………………………………231
Definition and Terminology ………231
第七节 味觉异常

　　　　Abnormalities of Taste …………232
Summary ………………………………234
Definition and Terminology ………234

第十三章　口腔黏膜变态反应性疾病
Oral Hypersensitivity Disorders ………………236

第一节 概述
　　　　Conspectus ……………………236
Summary ………………………………238
Definition and Terminology ………238
第二节 药物过敏性口炎
　　　　Allergic Medicamentous Stomatitis ………238
Summary ………………………………241
Definition and Terminology ………241
第三节 血管性水肿
　　　　Angioedema ……………………242
Summary ………………………………244
Definition and Terminology ………244
第四节 多形红斑
　　　　Erythema Multiforme …………244
Summary ………………………………248
Definition and Terminology ………248
第五节 接触性过敏性口炎
　　　　Contact Allergic Stomatitis ……248
Summary ………………………………250
Definition and Terminology ………251

第十四章　性传播疾病的口腔表征
Oral Manifestation of Sexually Transmitted Disease …………252

第一节 梅毒
　　　　Syphilis …………………………252
Summary ………………………………257
Definition and Terminology ………258
第二节 淋病
　　　　Gonorrhea ………………………258
Summary ………………………………260
第三节 尖锐湿疣
　　　　Condyloma Acuminatum ………261
Summary ………………………………264
Definition and Terminology ………265

第四节　艾滋病 Acquired Immune Deficiency Syndrome ……265
Summary ……277
Definition and Terminology ……277

第十五章　口腔黏膜色素异常 Pigment Disorders on Oral Mucosa ……279

第一节　内源性色素沉着 Endogenous Pigmentation ……279
一、黑素沉着异常 Melanosis ……280
二、血色素沉积症 Hemochromatosis ……285
三、高胆红素血症 Hyperbilirubinemia ……286

第二节　外源性色素沉着 Exogenous Pigmentation ……286
一、重金属色素沉着 Heavy metal pigmentation ……286
二、银汞沉着症 Amalgam pigmentation ……286
三、烟草及药物引起的色素沉着 Tobacco and drug-induced pigmentation ……286

第三节　色素脱失 Depigmentation ……287
Summary ……288
Definition and Terminology ……289

第十六章　系统性疾病的口腔表征 Oral Manifestations of Systemic Diseases ……290

第一节　造血系统疾病 Hematopoietic Disease ……290
一、贫血 Anemia ……290
二、白血病 Leukemia ……296
三、出血性疾病 Hemorrhagic disease ……299
四、白细胞减少和粒细胞缺乏症 ……302
Summary ……304
Definition and Terminology ……305

第二节　内分泌系统及代谢性疾病 Endocrine Disease ……305
一、糖尿病 Diabetes ……305
二、甲状腺功能亢进症 Hyperthyroidism ……310
三、甲状腺功能减退症 Hypothyroidism ……313
四、自身免疫性甲状腺炎 Autoimmune Thyroiditis ……314
五、库欣综合征 Cushing's syndrome ……315
六、淀粉样变性 Amyloidosis ……317
Summary ……319
Definition and Terminology ……321

第三节　消化系统疾病 Gastrointestinal Disease ……322
一、克罗恩病 Crohn's disease ……322
二、溃疡性结肠炎 Ulcerative colitis ……325
Summary ……328
Definition and Terminology ……329

第四节　免疫系统疾病 Immunological Disease ……329
一、结节病 Sarcoidosis ……329
二、干燥综合征 Sjögren syndrome ……332
三、系统性红斑狼疮 Systemic lupus erythematosus ……336
四、类风湿关节炎 Rheumatoid arthritis ……340
Summary ……343
Definition and Terminology ……344

中英文专业词汇索引 ……**346**
主要参考文献 ……**348**

第一篇 总 论

第一章 总论

第一章　口腔黏膜病学概论

Conspectus of Diseases of Oral Mucosa

第一节　口腔黏膜病学的定义与范畴
Definition of Diseases of Oral Mucosa

一、口腔黏膜病及口腔黏膜病学的定义与范畴

口腔黏膜病（oral mucosal diseases）是指发生在口腔黏膜及软组织上的类型不同、种类众多的疾病总称，主要包括口腔黏膜感染性疾病、口腔溃疡类疾病、变态反应性疾病、唇舌病、肉芽肿性疾病、口腔潜在恶性疾病及系统性疾病的口腔表征等。

口腔黏膜病学（diseases of oral mucosa）是系统研究口腔黏膜病的基础理论和临床诊治的一门独立的专业学科，是口腔医学中的重要组成部分。口腔黏膜病学的研究范围包括口腔黏膜病的病因、病理、发病机制、流行病学特征、诊断、治疗及预防等，涉及范围广泛，是口腔各学科中与全身关系最为密切的学科，因此，也可称之为口腔科学与临床医学的交叉学科或桥梁学科。在国外，口腔黏膜病学归属口腔内科学（oral medicine）范畴，除研究口腔黏膜软组织疾病外，专业范围还涉及唾液腺、口颌面部疼痛及伴复杂全身性疾病患者的口腔处置等领域。在我国，因唾液腺、关节疾病的研究多属于口腔颌面外科学或口腔放射学领域，因而口腔黏膜病学仅限于研究口腔黏膜软组织疾病，该学科被称为口腔黏膜病学（diseases of oral mucosa）。

口腔黏膜病中除少数病种是由局部原因引起外，大多数口腔黏膜病的发病均与全身状况有着密切的关系。有些口腔黏膜病损是全身系统性疾病在疾病不同阶段的口腔表征。因此，在临床工作中，口腔黏膜科医师应注重加强多学科的合作，在系统性疾病、疑难少见病的早期发现、早期诊断及处置中发挥重要的作用。

口腔黏膜病的临床表现多种多样，多数口腔黏膜病的病因复杂，甚至病因不明，多采用局部与全身相结合的综合治疗方法，治疗以药物治疗为主，以缓解症状、控制病情。近年来，激光、光动力学疗法在口腔黏膜病中的应用，拓宽了口腔黏膜病治疗的手段，为口腔疑难病诊治提供了新视角，但仍有待高质量的临床研究，以验证其长期疗效及安全性，并通过专家共识或指南等进一步规范其临床应用。大多数口腔黏膜病预后良好，但某些口腔黏膜病有恶变潜能，某些系统疾病可出现较为严重的并发症。

二、口腔黏膜病的特点

（一）年龄、性别特点

部分口腔黏膜病的发生有明显的性别、年龄特征，如灼口综合征患者女性明显多于男性，

且多见于 50 岁左右妇女。

（二）部位特点

许多口腔黏膜病在发生部位上有其特殊性，可根据病变部位特征作出诊断。如创伤性溃疡多见于刺激物的周围，正中菱形舌炎发生在舌背中后部的正中区域等。

（三）病损特点

1. 阶段的差异性 同一疾病，在疾病的不同阶段可发生不同类型的损害。而不同的疾病在损害的不同阶段也可出现相同的病损特征。

2. 部位的差异性 同一疾病在不同部位的临床表现不尽相同，如口腔扁平苔藓在牙龈呈剥脱性龈炎样表现，在舌背常表现为斑块状。

（四）诊断特点

口腔黏膜病的诊断主要依靠临床表现、实验室检查和活体组织检查，有时还涉及免疫荧光、免疫组织化学、分子病理学等实验室诊断方法。此外，病史采集时对既往史、家族史、全身状况的了解也在疾病诊断过程中发挥重要作用，如变态反应性疾病与药物、食物过敏及感染因素有关，应在采集病史时，重点询问发病前是否有服用特殊食物或药物的情况；遗传性疾病与基因突变有关，如白色海绵状斑痣与某些角蛋白基因突变有关，在诊断时，应注意收集与患者家族发病有关的信息以及全身其他部位有无受累的情况。

（五）治疗特点

1. 同病异治 同一疾病的不同患者由于疾病严重程度不同、病损发生的部位或类型不同，所以应在遵循总体治疗原则的基础上，采取差异化或个体化的治疗措施。

2. 异病同治 不同疾病可能具有相同或相似的临床表现，可采用相同的药物或疗法加以治疗。

3. 局部治疗与全身治疗相结合 多数口腔黏膜病的治疗均采用局部与全身相结合的综合治疗方法。

4. 中西医结合治疗 采用中西医结合的方法治疗口腔黏膜病是我国的一种特色诊治方法，临床证实在某些口腔黏膜病的治疗方面具有一定的优势，应在传承的基础上守正创新，加以发扬光大。

（六）转归特点

大多数口腔黏膜病预后良好，但某些口腔黏膜病具有恶变潜能或是全身系统性疾病在口腔的表征，应高度重视其口腔早期变化，定期监测并及早干预。

在学习口腔黏膜病时，要注意局部与整体相结合，注重多学科交叉融合，抓住疾病的特点及其发生、发展变化规律进行学习。

第二节　口腔黏膜病的命名与分类
Nomenclature and Classification of Oral Mucosal Diseases

疾病分类的目的是为了反映病变的本质，便于诊断，以指导治疗。但口腔黏膜病的病因复杂，一些黏膜病的病因及发病机制尚不明确，病种繁多，临床表现多样化，往往与全身状况关系密切。目前国内外尚无统一的分类标准，在分类方面还不够完善。按病因、病理或病损表现、发病部位等进行分类，均存在交叉重叠现象。为了便于学习及理解，本书结合口腔黏膜病的病因与病损进行综合分类。

按疾病的发病原因、病损部位及临床表现的共同特点将口腔黏膜病加以归纳分组如下：

1. 病损单纯或主要发生在口腔黏膜的疾病 本组疾病包括复发性阿弗他溃疡、创伤性损害、唇及舌固有疾病、口腔白斑病及口腔红斑病等。

2. 口腔黏膜和其他外胚层组织（如皮肤、眼、生殖器）同时或先后发生病变的疾病 本组疾病包括多形红斑、药物过敏性口炎、扁平苔藓、盘状红斑狼疮、天疱疮、类天疱疮等。

3. 系统性疾病在口腔黏膜的表征 本组疾病包括全身各系统疾病在疾病不同发展阶段出现的口腔黏膜的特征性或非特征性表现。

以上三组疾病中，第一组疾病的治疗重点应放在口腔局部，全身治疗方面根据患者情况辅以支持治疗。第二组疾病的治疗应同时注意口腔和身体其他部位的病损，并根据患者情况给予全身免疫治疗、抗感染、抗过敏及支持治疗。第三组疾病的治疗重点是全身系统性疾病的治疗，口腔病损以对症处理及防止继发感染等为主。

第三节 口腔黏膜病学发展史
History and Development of Diseases of Oral Mucosa

一、世界口腔黏膜病学发展历史

口腔黏膜病学在国外归属口腔内科学（oral medicine）范畴。欧美国家（如英国、美国）口腔内科学有较长的发展历史。18世纪初，英国外科医师Jonathan Hutchinson（1828—1900年）被认为是口腔内科学的鼻祖，他本人因首先描述了先天性梅毒三联征而闻名于世。当时口腔内科学的诊治工作主要由外科医师承担，之后口腔内科学成为内科学、皮肤科学、口腔颌面外科学诊治范畴。

1948年，英国的Eastern牙学院设置了口腔内科学的研究生课程，为英国乃至世界口腔内科学专科医师的培养做出了重要贡献。1981年英国口腔内科学会成立，Brian Cooke教授为首届主席，协会成立旨在加强和促进该领域专业人士在教学、科研等方面的交流与合作，并将口腔内科学（oral medicine）定义为口腔医学一门重要学科，其研究领域涉及口腔黏膜病、唾液腺疾患、口颌面部疼痛以及系统性疾病的口腔表征及其并发症的诊断、非手术治疗、疾病管理与预防等。

美国口腔内科学发展始于1926年，当时一位来自哥伦比亚大学的著名生物化学教授William J.Gies对牙医学的临床、教学和科研工作十分感兴趣。他提出应将口腔内科学作为口腔科学中的重要组成部分独立设置课程。

Samuel Charles Miller医师被认为是美国内科学协会的创立者，1945年由他牵头成立了美国口腔内科协会，他本人任第一届学会主席。1947年召开了全美口腔内科协会第一次年会。

20世纪50年代以来，口腔内科学在欧美国家得到迅速发展，并逐渐成为一门独立的专业学科。目前，欧美国家均成立有专门的口腔内科协会，如欧洲口腔内科协会（Europe Association of Oral Medicine，EAOM）和美国口腔内科协会（American Academy of Oral Medicine，AAOM）。EAOM与AAOM均每年召开1次学术会议。自2010年起，两个协会每4年召开1次联合会议。两个协会的成立对欧美口腔内科学（包括口腔黏膜病学）的医疗、教学、科研的发展起到了很好的规范、引领、促进作用。美国口腔内科学经典教科书《Burkit Oral Medicine》目前已出版到第13版，2019年8年我国出版了这一经典教科书第12版的中文翻译版，书名《Burkit口腔医学》。

二、我国口腔黏膜病学发展史

我国口腔黏膜病的研究可追溯到远古时代，战国时期（约公元前400年）成书的《黄帝内经》中就有"膀胱移热于小肠，鬲肠不便，上为口糜……"的记载。此外，该书中还记载："心主舌……在窍为舌""口唇者，脾之官也；舌者，心之官也""脾之合肉也，其荣唇也"。这指出舌与心、唇与脾的生理关系。通过分析口、齿、唇、舌各个部分与相应脏腑之间的对应关系，阐述了口腔是整个机体不可分割的一部分。《黄帝内经》中记载的"口疮"病名一直沿用至今。东汉张仲景所著的《伤寒杂病论》中有关"狐惑病"的记载，至今仍有临床应用价值。宋、元、明、清各朝代的名著中对口腔黏膜病都有许多描述，如明代著名医学家薛己所著的《口齿类要》是较为全面记载中医口腔医学专著。全书分为茧唇、口疮、齿痛、舌症、喉痹诸症、喉痛等12项，其中包括很多有关口腔黏膜病的内容。

新中国成立后，牙医学也在现代医学发展的基础上逐步形成口腔医学这一专业学科。口腔学科内容不断得到丰富与扩展，在口腔内科学领域细分出了牙体牙髓病学、牙周医学、口腔儿童医学、口腔预防医学以及口腔黏膜病学。20世纪50—60年代是我国口腔黏膜病学发展初期，我国学者发表的口腔黏膜病学术论文以临床研究和病案为主，后来在中西医结合特色防治口腔黏膜病方面也陆续发表较多报道。而口腔黏膜病学的研究在我国取得长足的发展是在1978年以后。当时在原卫生部及解放军总后勤部卫生部的领导下，由全国8个单位共同组成了口腔白斑病和口腔扁平苔藓及其癌变防治协作组。这是我国成立的第一个全国性的口腔黏膜病研究协作组。在口腔白斑和扁平苔藓（"两病"）协作组的领导下，我国口腔黏膜病的研究在病因学、发病机制、病理学、临床诊断、中西医结合治疗和预防等方面都取得了显著的成绩。在此基础上，1987年中华医学会口腔科学会成立了中西医结合学组。1988年成立了中华医学会口腔科学会成立了口腔黏膜病学组，1998年成立了中华口腔医学会口腔黏膜病专业委员会以及中华口腔医学会中西医结合专业委员会。这两个专业委员会是我国口腔黏膜病学领域的最高学术团体，为规范临床诊治流程，推动学术研究，加强国、内外学术交流，创建具有中国特色的口腔黏膜病学做出了积极而重要的贡献。

以1978年组建全国"两病"协作组（中华医学会口腔黏膜病学专业委员会的前身）为契机，将口腔黏膜病学列为口腔内科学的五大支柱学科之一。在全国范围内初步成立了若干专门从事口腔黏膜病学医、教、研工作的独立科室，同时，在全国主要院校形成了口腔黏膜病专科、专病的特色和优势。口腔黏膜病的研究日益受到重视，学科梯队及人才培养亦已逐步加强及完善；研究范围涉及口腔黏膜病学临床、教学、科研、预防等各个方面，并逐渐向纵深发展，及时追踪国际先进水平。近年来，随着国内、国际交往的不断深入、扩大，中国口腔黏膜病学专业在国际上的影响力不断扩大，2014年北京大学口腔医院口腔黏膜科、四川大学华西口腔医院口腔黏膜病科以及上海交通大学医学院附属第九人民医院口腔黏膜病科入选国家临床重点专科建设项目，为规范及提升国内口腔黏膜病的诊治、引领国内口腔黏膜病学的发展、强化口腔黏膜病学人才梯队的培养以及使我国口腔黏膜病学快速步入国际化发展轨道奠定了良好的基础。

第四节　口腔黏膜病学发展现状
Development Status of Diseases of Oral Mucosa

近年来，欧美国家口腔黏膜病学基础研究及临床循证工作进展均取得了长足的进步，研究范围覆盖了整个口腔黏膜病学领域，内容丰富，涉及面广，研究水平和论文质量都较高，反映了该领域的最先进水平。研究热点主要集中在口腔黏膜潜在恶性病变（口腔白斑病、口腔扁平苔藓、苔藓样损害、口腔黏膜下纤维化等）；口腔感染性疾病，如人乳头瘤病毒（human papilloma virus，HPV）、人免疫缺陷病毒（human immunodeficiency virus，HIV）感染等；HIV感染合并口腔念珠菌感染的基础与临床研究；口腔黏膜大疱性疾病的发病机制及临床规范诊治；系统性疾病患者口腔表征的评估及处理等多个领域。

口腔黏膜病学在我国的发展历史约有70年，学科发展经历了30年的创立起步，30年的振兴奋起和10年的发展飞跃，目前已形成一门生机勃勃的具有中国特色的独立的专业学科。在全国老、中、青三代学者的共同努力下，口腔黏膜病学基础研究有了显著的提升，在诸多口腔黏膜病的发病机制、临床诊断与治疗等方面取得了可喜的成绩。口腔黏膜病学研究范围涉及口腔黏膜常见病、疑难病的多个领域，包括口腔潜在恶性疾病（口腔白斑病、口腔扁平苔藓等）的病因、发病机制以及新的诊疗方法的探索；口腔黏膜病免疫学和分子生物学机制研究；新的生物标志物在口腔黏膜病诊断及疾病监测中作用的研究；口腔黏膜病药物治疗的体内外评价、循证医学评价及多中心临床试验验证；口腔黏膜感染性疾病致病菌流行趋势、病原微生物菌群分析与代谢组学研究；新药物、新技术在口腔黏膜病领域的应用研究等。近年来，国内口腔黏膜病学的发展呈现以下几个趋势：

1. 重视基础与临床研究相结合　如有关口腔白斑病或扁平苔藓癌变的机制研究及其干预方法的研究、关于大疱类疾病的免疫机制及规范诊治的研究、关于口腔念珠菌病的发病机制、易感因素和临床防治研究等。

2. 重视诊疗规范及标准制订　中华医学会口腔黏膜病学专业委员会及中西医结合专委会分别牵头制定了复发性阿弗他溃疡、口腔扁平苔藓、口腔白斑病、口腔黏膜下纤维化、灼口综合征、复发性阿弗他溃疡中成药治疗等疾病的专家共识、诊疗指南或标准。

3. 重视加强不同学科间的交叉、融合　与口腔病理学、皮肤病学、微生物学、风湿免疫学等学科的交叉与合作已有良好的开端。

4. 重视加强协作攻关　近10～15年来由国内十余家主要从事口腔黏膜病学研究的单位合作，在口腔潜在恶性病变等领域所进行的病因及发病机制研究、分子诊断、无创筛查和多中心临床研究、新诊疗方法规范化应用等方面进行了多角度合作。在国内外取得了有影响力的研究成果，并完成多项由中国专家制定的临床指南及专家共识。

虽然我国的口腔黏膜病学在基础研究和临床实践方面均取得了显著成就，但同时必须清醒地认识到，与发达国家的口腔黏膜病学专业相比，无论是基础研究，还是临床规范诊治等方面，仍存在一定的差距，还有很长的路要走。相信随着与各相关学科或专业的相互渗透以及交叉、融合，特色创新，我国口腔黏膜病学将步入一个快速、规范化、多元化、国际化发展的轨道。

（胡碧琼　徐治鸿　华　红　徐岩英　刘宏伟）

第二章　口腔黏膜结构与功能

Structure and Function of Oral Mucosa

皮肤为体表提供干性被覆，黏膜则为消化道表面提供湿性衬覆组织。黏膜一般指与外界相通的体腔表面衬覆的组织。有腺体的分泌保持其湿性。口腔黏膜（oral mucosa, oral mucous membrane）覆盖于口腔表面。涎腺（即唾液腺）分泌的唾液使口腔黏膜经常保持湿润。上皮和固有层是口腔黏膜的基本结构。口腔黏膜行使保护深层组织的功能，并且根据部位和功能的不同，其结构亦有所不同。咀嚼黏膜的上皮有角化，位于承受较大负荷的部位（如硬腭和牙龈），而被覆黏膜的上皮无角化，承受的压力远远低于咀嚼黏膜，位于唇、颊和口底。舌的前 2/3 有部分角化，由含有各种乳头和味蕾的特殊黏膜被覆；舌的后 1/3 无角化，含有舌扁桃体。另外，角化和非角化上皮的细胞角蛋白分布、咀嚼黏膜和被覆黏膜细胞外基质的密度分布也不同。口腔黏膜向前借唇红与唇部皮肤相连；向后与咽部黏膜相延续。组织发生学上，口腔黏膜大部分来自于外胚层，少部分来自于内胚层。

第一节　口腔黏膜的基本组织结构
General Structure of Oral Mucosa

口腔黏膜由上皮和固有层构成，其中上皮相当于皮肤的表皮；固有层相当于皮肤的真皮，但口腔黏膜无皮肤的透明层（角质层与颗粒层之间），也无皮肤附属器。部分黏膜深部还有黏膜下层（图 2-1）。上皮和固有层的分界明显，但固有层与深部黏膜下层的分界不明显，是相延续的。

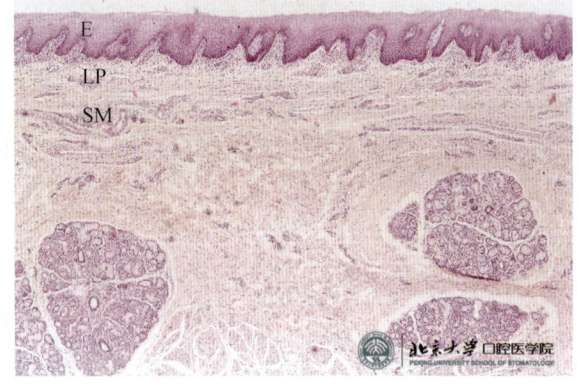

图 2-1　口腔黏膜的一般结构
E：上皮；LP：固有层；SM：黏膜下层（含小唾液腺）

一、上皮 Epithelium

（一）口腔上皮的分层

口腔黏膜上皮属于复层鳞状上皮。主要由角质细胞和少数非角质细胞组成。口腔上皮的分层代表了上皮持续的成熟过程，最表层的上皮细胞持续脱落并被深层细胞替代。根据所在部位及功能的不同，口腔黏膜上皮可为角化或非角化复层鳞状上皮。典型的角化口腔上皮由四层细胞构成，从深层至表层依次为：基底层（stratum basale, basal layer）、棘层（stratum spinosum, prickle layer）、颗粒层（stratum granulosum, granular layer）、角质层（stratum corneum, keratinized layer）。

1. 基底层（stratum basale） 位于上皮的最深面，其中的细胞称为基底细胞，在上皮中分化最低，是一层立方形或矮柱状细胞，借基底膜与固有层结缔组织相连（图2-2）。电镜下基底细胞与结缔组织相连接处形成半桥粒，附着在基板上。基底细胞是口腔上皮中最不分化的，反映在超微结构上的特点就是数量有限的与蛋白质合成和分泌的细胞器（如内质网、高尔基体、线粒体），这些细胞器与基板及反映其上皮性质的角蛋白张力丝的合成相关。光镜下见胞核圆形，染色深，胞质相对较少。

基底细胞和邻近的棘层细胞有增殖能力（图2-3），因此称为生发层（stratum germinativum）。基底层含干细胞，但是否全部基底层细胞都是干细胞尚不清楚。一般认为干细胞位于深入至固有层结缔组织的上皮嵴中。多肽类生长因子（如EGF、TGF）可能在启动增殖和分化过程中起作用，但分化的启动机制还不清楚。

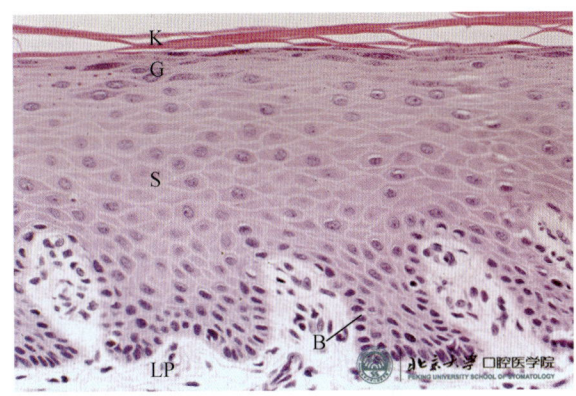

图 2-2 口腔黏膜上皮的结构
B：基底层；S：棘层；G：颗粒层；K：角质层；LP：固有层

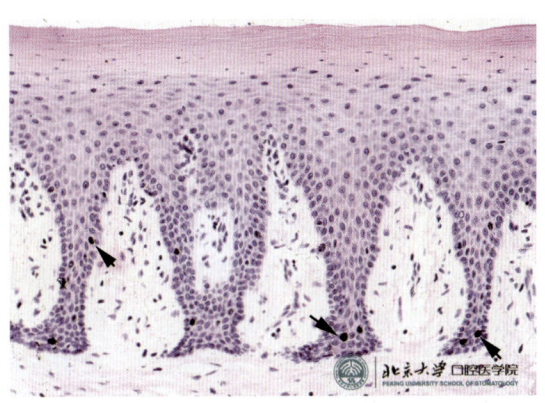

图 2-3 口腔黏膜上皮中的DNA合成细胞
（箭头所示，^{3}H-TDR标记放射自显影法）

2. 棘层（stratum spinosum） 位于基底层浅层，由多层体积较大的多边形细胞组成，在上皮中层次最多。基本形态是胞核呈圆形或卵圆形，位于细胞中央，含1~2个核仁。多数组织学制备的切片上出现轻微收缩，导致细胞间无桥粒之处彼此分离，使细胞出现多刺感。胞质伸出多而小的棘刺状突起与相邻的细胞相接，形成所谓的细胞间桥（图2-4）。细胞间桥之间为迂回的细胞间腔隙，此腔隙在牙龈和硬腭上皮更大些，所以细胞间桥更明显。电镜下所见的细胞间桥即细胞间的桥粒连接。桥粒最终可占据细胞间隙的50%。

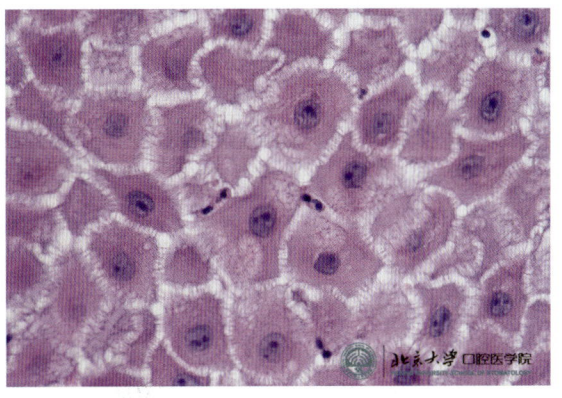

图 2-4 口腔上皮中的细胞间桥

电镜下可见，桥粒的细胞膜内有致密物质组成的附着斑（attachment plaque），其中有张力丝附着并折返回胞质。构成桥粒的蛋白质主要有两组，一组为桥粒钙依赖性黏附蛋白，有桥粒黏蛋白（desmoglein）和桥粒胶蛋白（desmocollin）。它们是一组跨膜蛋白，在黏膜上皮细胞间的黏附中起重要作用，像"胶水"一样将上皮细胞粘结在一起；另一组是位于细胞膜内侧构成附着斑的蛋白，属于连接蛋白，其功能是连接桥粒钙依赖性黏附蛋白和角蛋白丝（即张力丝）。它们主要有斑珠蛋白（plakoglobin）和桥粒斑蛋白（desmoplakin），此外，还有亲斑蛋白（plakophilin）、外被斑蛋白（envoplakin）和斑周蛋白（periplakin）等（图2-5）。桥粒对于维持上皮的完整性有重要作用，在某些疾病（如寻常型天疱疮）情况下，钙依赖性桥粒蛋白桥粒芯蛋白成为自身抗原，诱发机体产生自身抗体，使桥粒的结构受到破坏，形成疱性病变。

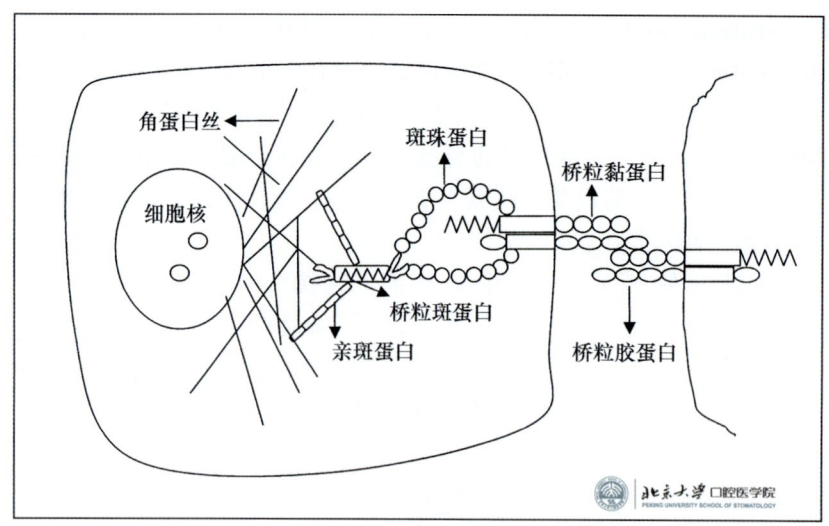

图 2-5 桥粒结构示意图

桥粒是口腔上皮细胞间的主要连接方式，此外还有缝隙连接（gap junction）和紧密连接（tight junction）。缝隙连接也称为 nexus 和通信连接（communication junction），紧密连接也称封闭连接（occluding junction），这两种连接在口腔黏膜上皮较少见。

棘层细胞较基底细胞成熟、体积大。从基底层转化为棘层的特征是细胞内出现新的角蛋白类型，它们参与形成较粗的、更明显的张力丝（图 2-6）。角质层的前体物质内披蛋白（involucrin）出现。随着向表层的移动，细胞的合成能力逐渐下降。在棘层细胞中，出现一种小的膜包绕的颗粒，称为板层颗粒（lamellated granule），又称膜被颗粒（membrane-coating granules），富含磷脂，约 0.25 μm 大小，它们可能来自高尔基体。在角化上皮中的膜被颗粒由平行排列的板层构成。在邻近上皮表面的细胞中，这些颗粒接近细胞膜，有的见于细胞外间隙；非角化口腔上皮中的膜被颗粒不呈层板状（图 2-7）。棘层细胞的桥粒较基底层数量多且明显。

与基底层紧挨的棘层细胞可称为副基底（parabasal）层细胞。具有生发层细胞的增殖能力。

3. 颗粒层（stratum granulosum） 与棘层相比，颗粒层细胞更成熟，位于角质层深面，一般由 2～3 层细胞组成。胞质内含嗜碱性透明角质颗粒，染色深。胞核浓缩。其表面为正角化时，此层明显；表面为角化不全时，此层可不明显。电镜下可见邻近角质层的颗粒层细胞内张力丝（tonofilament）致密且与透明角质颗粒关系密切。透明角质颗粒直径为 0.5～1 μm，主要成分是聚丝蛋白原（profilaggrin），是聚丝蛋白的前体蛋白，最终与角蛋白丝聚合成稳定的网状结构。最初见于棘细胞层的膜被颗粒向角质细胞表面移动，释放出细胞内富含磷脂的成

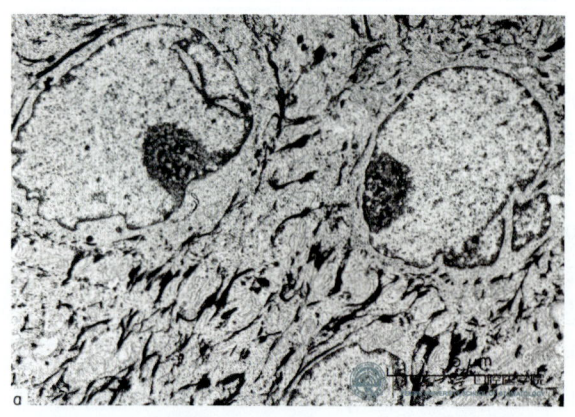

图 2-6 咀嚼黏膜上皮细胞内含较多的张力丝束

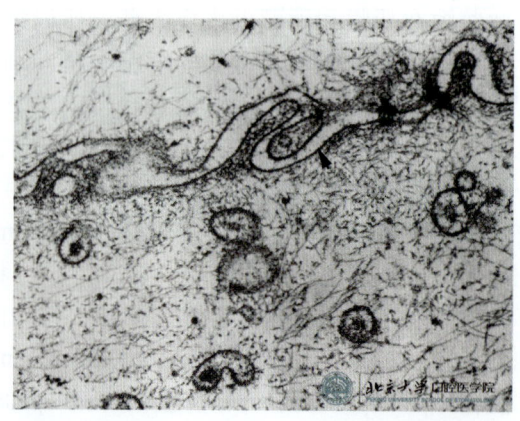

图 2-7 非角化口腔上皮中的圆形膜被颗粒（箭头示细胞间隙）

分至细胞间隙，它们与细胞间的黏合物质（特别是表浅颗粒层的紧密连接成分）限制细胞层的渗透性，防止水分流失。另一些蛋白质（如兜甲蛋白、内披蛋白）的合成有助于更具抵抗性的细胞壁（封套）的形成。

4. 角质层（stratum corneum） 是上皮成熟的最后阶段，位于上皮最表层，由数层排列紧密的细胞构成。此层细胞扁平，体积大。细胞器及细胞核消失，胞质内充满角蛋白，苏木精-伊红染色（又称 HE 染色）为均质嗜酸性物质。细胞间桥消失。此种角化称为正角化（orthokeratosis），如在硬腭；如果上述细胞中含有浓缩的未消失的细胞核，则称角化不全（parakeratosis），如在牙龈。此层细胞膜消失，取而代之的是由交联的蛋白质和脂类形成的所谓的角化包膜（cornified envelope）。此包膜厚约 15 nm，是上皮屏障的主要构成成分。构成此包膜的蛋白质有很多，主要有兜甲蛋白（占交联蛋白的 65%～85%）、小富脯蛋白、内披蛋白和晚期薄膜蛋白。此外，角化包膜蛋白还与细胞内的角蛋白相交联（图 2-8）。角化包膜具有高度的抗溶解性，同时具有较强的柔韧性，能很好地保护深层的上皮细胞。

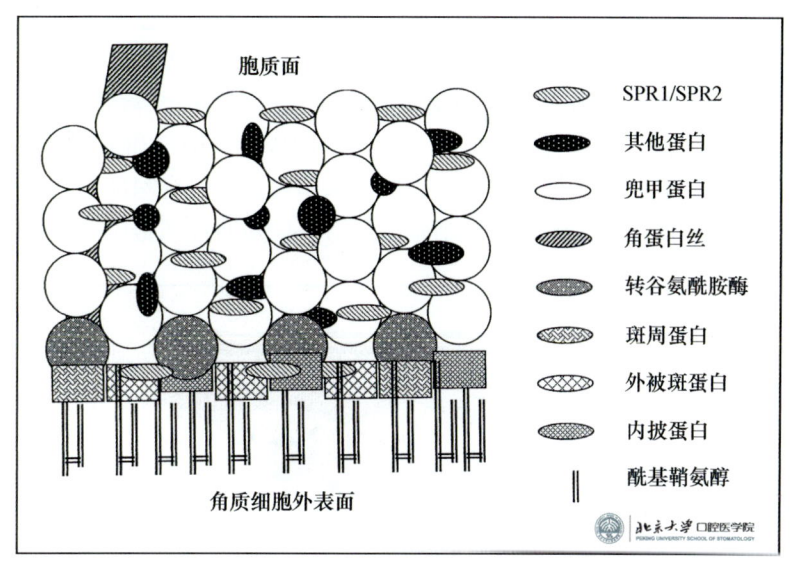

图 2-8　角化包膜结构示意图

上皮表层的细胞可称为上皮鳞片（epithelial squames），这些细胞将脱落，维持上皮的不断更新。上皮鳞片的桥粒弱化或消失。角质层对黏膜提供机械性保护，其厚度不同（可达 20 层细胞），在口腔黏膜较手掌和足底以外区域的皮肤厚。在某些区域（如牙龈）可能存在小而皱缩的细胞核，称为角化不全，相对无细胞核者称为正角化。

非角化上皮由基底层、棘层、中间层和表层构成。基底层细胞形态同角化上皮；棘层细胞体积大，细胞间桥不明显，胞质中张力丝分散而不成束；中间层相当于角化上皮的颗粒层，但细胞大小略有增加。细胞呈扁平状，胞质内含分散的张力丝和糖原颗粒。极少数情况下，可以见到透明角质颗粒，但是它们不同于角化上皮，常显示为球形结构，与张力丝不相关。表层细胞扁平，有细胞核，胞质内含糖原，染色浅，细胞器少（图 2-9）。

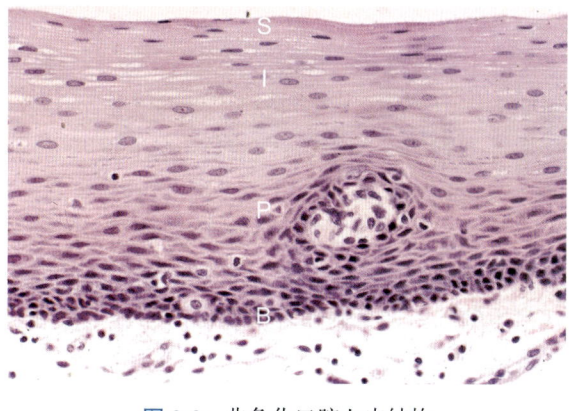

图 2-9　非角化口腔上皮结构
B：基底层；P：棘层；I：中间层；S：表层

（二）口腔上皮的细胞动力学

与皮肤和胃肠道的上皮细胞一样，口腔上皮完整性的维持也是通过上皮不断的更新过程完成的，即通过深层细胞的分裂并向表面迁移完成的。迁移过程中，细胞形态发生一系列变化，即分化或成熟。因此，不同的层代表细胞处于不同的成熟阶段。角质层细胞为终末分化细胞，最后将脱落至口腔中。因此，口腔上皮可以分为功能上不同的两类细胞：一类是前体细胞群，可以分裂并产生新细胞；另一类是成熟细胞群，经历一系列分化或成熟过程，形成上皮的表面保护层。前体细胞在薄的上皮（如口底上皮）位于基底层；在较厚的上皮（如颊部和腭部上皮）位于基底层及基底层以上 1～2 层细胞（即生发层）中。分裂细胞倾向于成簇分布，位于上皮钉突的尖端。研究表明，前体细胞由功能上不同的 2 个亚群构成。其中一个小亚群的细胞周期缓慢，属于干细胞，分裂后的子细胞或继续维持原有功能，或进入扩增细胞群，功能是形成基底细胞并且维持组织的增生潜能；较大的亚群由扩增细胞构成，称为短暂扩增细胞，来自于干细胞分裂，再经数次分裂后进入成熟细胞群，并不断向上皮表面移动，功能是保证足够的向成熟细胞分化的细胞数量（图 2-10）。这 2 个亚群在光镜下的形态无区别，均表现为细胞器少，核质比例高。干细胞表达细胞角蛋白 19、β1 整合素和 Bcl-2 蛋白，在保留上皮组织的遗传信息方面具有重要作用。口腔黏膜干细胞还表达低亲和性的神经营养因子受体 p75。p75 是肿瘤坏死因子受体家族成员，在神经组织中可调节细胞成活、凋亡和细胞内信号转导。p75 在颊黏膜表达在结缔组织乳头顶端处的上皮基底层，偶尔表达在钉突深部，而在牙龈则表达在乳头顶端和钉突深部的基底层。无论是何种细胞，其增殖均是通过细胞周期完成的。

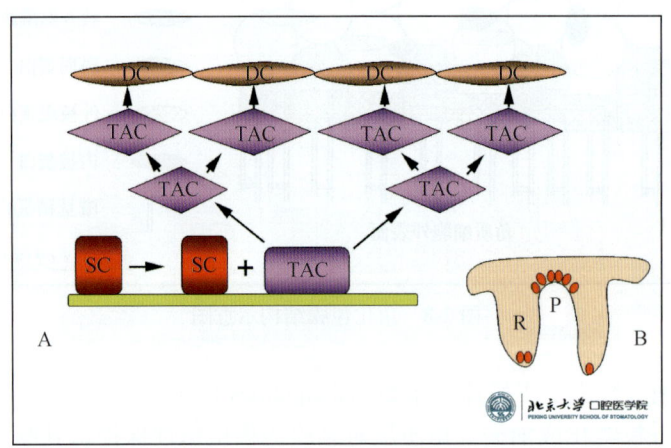

图 2-10　口腔上皮中的细胞群

A：口腔上皮的 3 个细胞群；DC：成熟细胞群；TAC：短暂扩增细胞群；SC：干细胞群 B：干细胞的分布（红色）；R：上皮钉突；P：固有层结缔组织乳头

除上皮中细胞分裂的数量外，上皮中细胞总数更新的时间也可测定，在牙龈为 41～57 天、颊部上皮为 25 天。相比之下，表皮为 52～75 天，肠道为 4～14 天。口腔上皮的增殖和分化受多种细胞因子的影响，包括表皮生长因子、角质细胞生长因子、白细胞介素 -1、转化生长因子 α 和 β 等。

正常情况下，脱落的细胞数量与新生的细胞数量保持平衡，如果此平衡被打破，将产生上皮增生或萎缩性病变。作用于快速分裂的肿瘤细胞的化疗药物，也可作用于更新时间较短的正常宿主细胞，如骨髓血液前体细胞、肠上皮和口腔上皮细胞。因此，相当数量服用抗肿瘤药的患者易发生口腔溃疡。

与许多其他组织一样，口腔黏膜的上皮增殖由局部分泌的生长因子或细胞因子调控，包括表皮生长因子、角质细胞生长因子、白细胞介素 -1 和转化生长因子 α、β。其中，有些有对抗作用，如 EGF 可促进分裂，而 TGF-β 则抑制分裂。细胞因子的活性受上皮细胞间黏附分子（钙连蛋白）和上皮-间充质黏附分子（整合素）调控。整合素与 EGF 相互作用可增强增殖信号，而钙连蛋白可降低细胞对 EGF 的反应性。

口腔上皮细胞从增殖状态向分化状态的转化可能受非编码小 RNA 调控。非编码小 RNA 可能启动细胞离开细胞周期。

（三）口腔上皮的细胞角蛋白

在细胞从基底层向表面移动的过程中，细胞内不断合成蛋白质，其中很重要的一种是中间丝蛋白，也称细胞角蛋白（cytokeratin，CK），是主要的细胞骨架蛋白，是上皮组织中具有高度特异性的中间丝蛋白，相当于电镜下所见的张力丝，对维持细胞形态很重要。目前已得到证实的角蛋白有 20 多种，分为碱性和酸性两种。碱性为 II 型（角蛋白 1～8，分子量为 53～67 kDa）；酸性为 I 型（角蛋白 9～20，分子量为 40～56.5 kDa）。在上皮中，角蛋白都是碱性和酸性成对表达的形式。在口腔上皮中，基底层和副基底层表达 CK5 和 CK14，副基底层也可表达 CK14。CK1 和 CK10（或者 CK2 和 CK11）见于咀嚼黏膜的基底上层细胞，与细胞的终末分化和角化相关，但角质层本身是阴性的。被覆黏膜的基底上层细胞表达 CK4 和 CK13。其他类型的 CK 表达有所不同。CK6 和 CK16 表达在更新速度较快的上皮细胞，CK19 也可表达在被覆黏膜基底细胞，但不稳

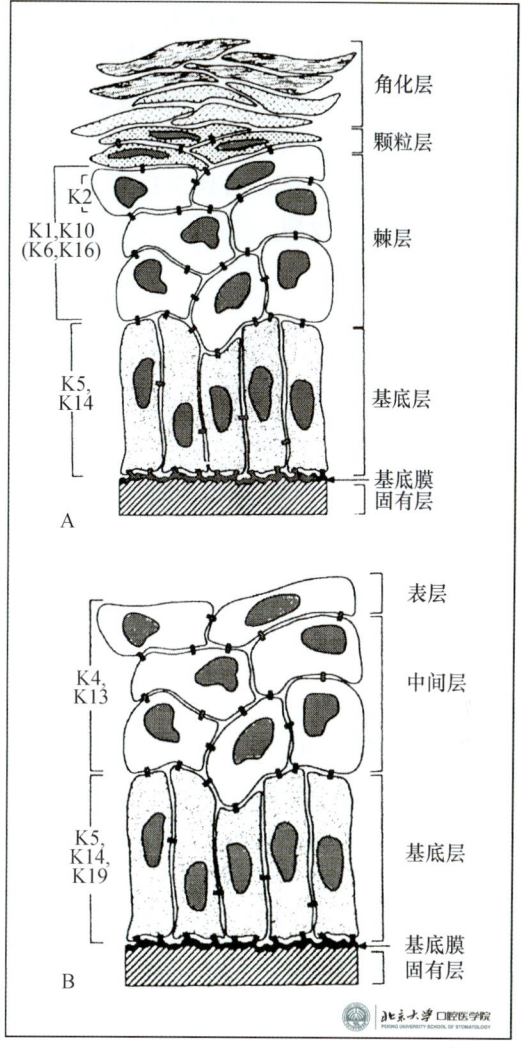

图 2-11 角蛋白在口腔上皮中的表达特点示意图
A：角化口腔上皮；B：非角化口腔上皮

定。舌腹黏膜细胞中 CK5、CK6 和 CK14 的表达较强，而软腭上皮细胞主要表达 CK7、CK8、CK18 及 CK19（图 2-11）。正常情况下，基底层细胞中角蛋白的分子量小，越靠近上皮表面，角蛋白的分子量越大。病理状态下的口腔上皮常有角蛋白类型的改变，如在白色海绵状斑痣患者，角蛋白 4 和 13 的基因发生突变，棘层细胞内角蛋白丝断裂并在细胞核周围聚集。

口腔上皮细胞除合成细胞内的角蛋白外，还可以形成一些生物活性物质。如白细胞介素、肿瘤坏死因子 α 和集落刺激因子。这些因子可以对上皮和固有层结缔组织产生一定的影响。

（四）口腔上皮的非角质细胞

口腔黏膜上皮内还分布着一些非角质细胞（non-keratinocyte），约占上皮中细胞的 10%，包括黑色素细胞、郎格汉斯细胞和梅克尔细胞。除梅克尔细胞外，这些细胞均无张力丝和桥粒，在普通切片下，它们的胞质不着色，因此称为透明细胞。还有一些非角质细胞是迁移至上皮的炎症细胞。其中，以淋巴细胞最常见，但也可见中性粒白细胞和浆细胞。迁移至上皮内的淋巴细胞可能通过结合病变状态下增加的上皮细胞整合素而保留在上皮层内。

黑色素细胞和朗格汉斯细胞有胞质突起，也可形成树突状细胞。

1. 黑色素细胞（melanocyte） 位于口腔黏膜上皮的基底层（图 2-12），组织胚胎学上起源于神经嵴外胚层，在妊娠约 11 周时进入上皮并在此完成自我复制，体外培养可发生分裂。光

镜下可见胞质透明，胞核呈圆形或卵圆形。特殊染色可见胞质有树枝状突起伸入基底细胞或棘细胞之间。电镜下所见除含线粒体、内质网外，胞质内还可见黑色素小体（图 2-13）。每个黑色素细胞与 30～40 个角质细胞接触。角质细胞释放的许多细胞因子对黑色素细胞的正常活动很重要。酪氨酸酶活性可促进黑色素细胞成熟，使细胞内黑色素增多。通过角质细胞对黑色素细胞突起尖端的吞噬，可使黑色素进入角质细胞内。黑色素细胞对银染色、多巴染色、S-100 蛋白染色呈阳性反应。

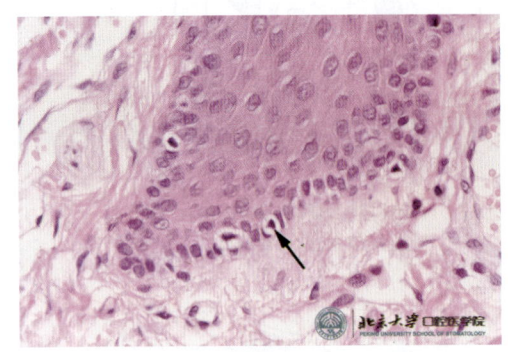

图 2-12　光学显微镜下的黑色素细胞（箭头所示）

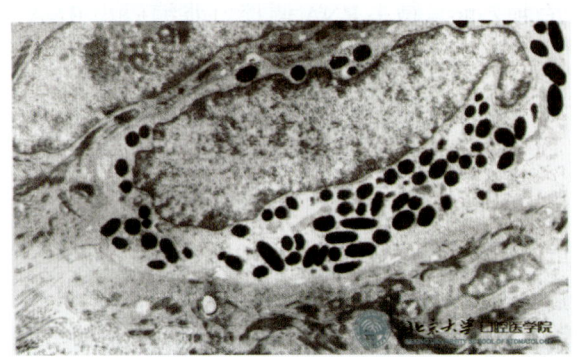

图 2-13　电镜下的黑色素细胞
胞质内可见许多黑色素颗粒

黑色素是在黑色素细胞内合成的一种被称为黑色素小体（melanosome）的结构。在光学显微镜下，用苏木精-伊红染色着色明显的组织切片中经常可以发现聚集的黑色素小体，称为黑色素颗粒（melanin granule）。在着色浅的组织中，只有特定的组织学和组织化学染色才能显示黑色素的存在。

临床上，口腔黏膜中常见黑色素沉着的部位是牙龈、颊、唇、硬腭和舌。尽管有个体差异，但色素沉着直接与皮肤的色素沉着程度相关。浅肤色的人口腔黏膜罕见色素沉着。吸烟可导致黏膜色素沉着增强，称为吸烟者色素沉着（smoker's melanosis），见于约 25% 的吸烟者。某些系统性疾病，如艾迪生病（Addison disease）和波伊茨-耶格综合征（Peutz-Jeghers syndrome），可导致口腔黏膜色素沉着增强。

黑色素细胞与多种口腔黏膜色素性病变相关，包括黑斑、色素痣和黑色素瘤。

2. 郎格汉斯细胞（Langerhans cell）　是一种有树枝状突起的细胞（图 2-14），主要位于棘层，也可见于基底层，来自于造血组织，可能与上皮角质细胞释放的趋化因子有关。该细胞在上皮内不同部位的数量和功能均有所不同。常规染色胞质透明，核深染；多巴染色呈阴性反应。电镜下可见，胞质内有特殊的棒状或球拍样颗粒，称为郎格汉斯颗粒或伯贝克颗粒（Birbeck granule）（图 2-15），被单位膜包绕。

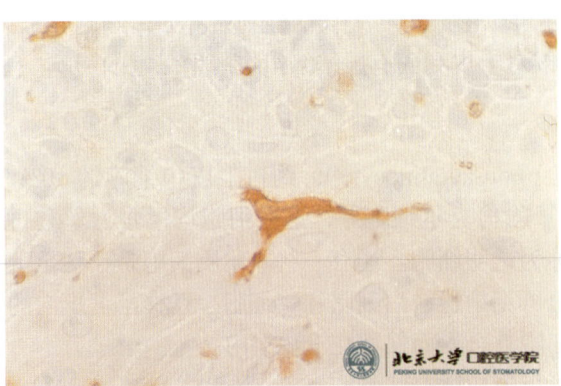

图 2-14　光学显微镜下的郎格汉斯细胞

树突状细胞表达 II 类主要组织相容性复合体分子和 Fc 受体，并通过固有层淋巴管从上皮细胞来回移动到局部淋巴结，向 T 淋巴细胞提供抗原物质。事实上，口腔上皮内的淋巴细胞通常与郎格汉斯细胞有关。朗格汉斯细胞在皮肤接触性过敏反应、抗肿瘤免疫和移植排斥反应过程中起重要作用，它们还可作为人类免疫缺陷病毒（human immunodeficiency virus，HIV）-1 传播到 T 细胞的传播者。这些细胞可能因为细胞膜上存在 ATP 酶而被识别。

牙龈卟啉单胞菌与牙周炎的发生有关，它被认为能够抑制树突状细胞的免疫反应。在随后的炎症过程中，有证据表明吸收牙槽骨的破骨细胞可能来自树突状细胞。

3. 梅克尔细胞（Merkel cell） 此细胞来自神经嵴，位于基底层，常成群分布，在咀嚼黏膜上皮中含量较多。HE 染色切片中，梅克尔细胞染色较角质细胞浅。电镜下一般无树枝状突起，细胞内有少量张力丝，偶见其借桥粒与邻近角质形成细胞构成细胞连接。有研究表明，细胞角蛋白 8/18、CK20 是梅克尔细胞的特异性标志物（图 2-16）。梅克尔细胞常见于咀嚼上皮（如牙龈），但较少见于被覆黏膜（如颊黏膜）。

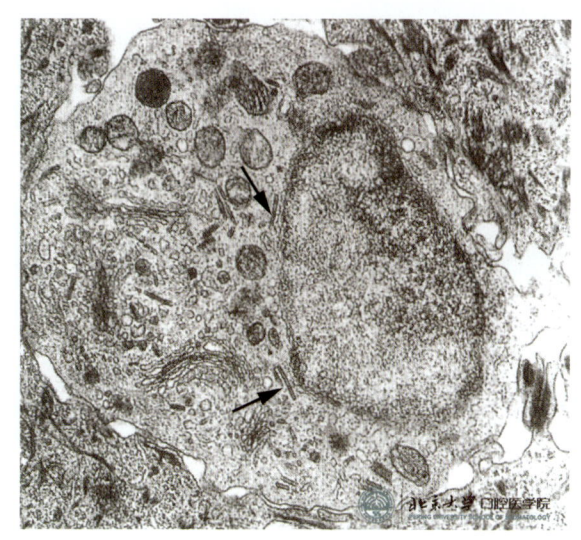

图 2-15　电镜下的郎格汉斯细胞
胞质内可见郎格汉斯颗粒（箭头所示）

在超微结构水平，梅克尔细胞的细胞核常深凹，并可能含有一个特征性的小棒。其细胞质中含有大量线粒体、丰富的游离核糖体和一组电子致密颗粒（直径为 80～180 nm），其功能尚不清楚。此外，在神经末梢附近还有许多小囊泡。这些颗粒可以向神经末梢释放一种神经递质（图 2-17），赋予此细胞感觉功能。其细胞膜内含有桥粒。

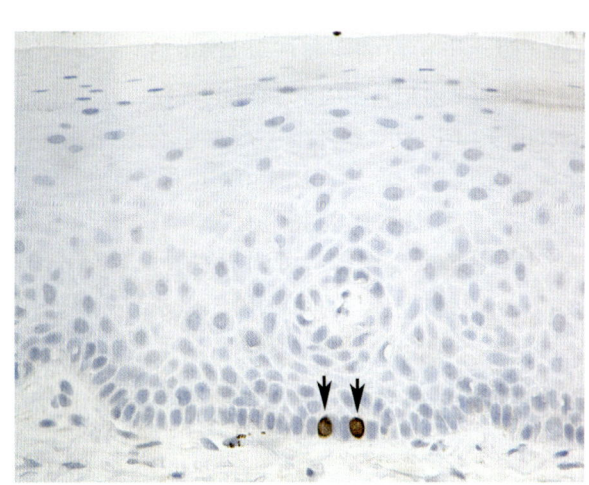

图 2-16　口腔黏膜（硬腭）上皮中的梅克尔细胞（CK20 免疫组织化学染色）

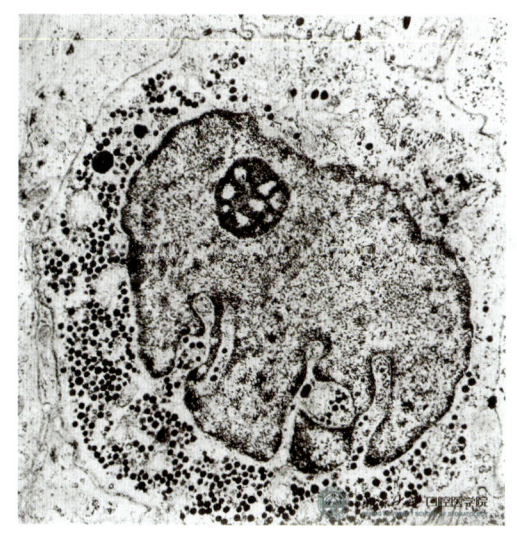

图 2-17　电镜下的梅克尔细胞

上皮中角质细胞和非角质细胞间有精细的平衡关系，细胞因子是这种平衡关系的调节者，如角质细胞产生的细胞因子可以调节郎格汉斯细胞的功能，郎格汉斯细胞产生的细胞因子（如白细胞介素 -1）能针对上皮中的抗原激活 T 细胞，也能增加黑素细胞刺激素受体的数量。另外，角质细胞产生的细胞因子也能影响邻近结缔组织成纤维细胞的生长，以及原纤维和基质蛋白的形成。

（五）上皮与结缔组织交界——基底膜区

口腔黏膜上皮与其深面的固有层结缔组织紧密结合。它们之间的交界面并不是一条直线，而是固有层结缔组织形成许多乳头状突起，上皮深面形成许多上皮嵴（epithelial ridge），二者

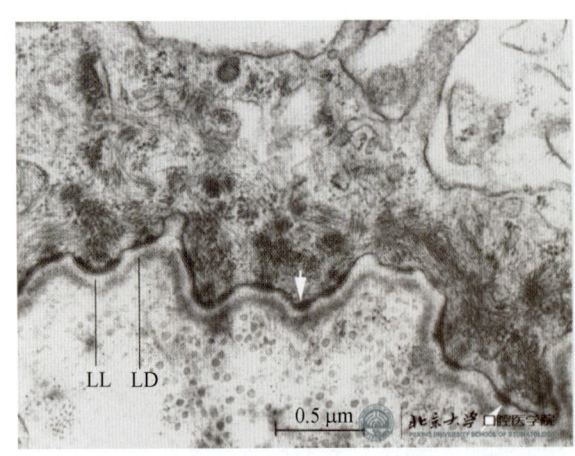

图 2-18 口腔上皮与结缔组织交界的结构
LL：透明板；LD：密板；箭头所示为半桥粒

紧密镶嵌在一起。常规切片中与固有层乳头交错的上皮嵴称为上皮钉突（图 2-2）。

光镜下可见，上皮和固有层之间有一膜状结构，称为基底膜（basement membrane），厚 1～4 μm，PAS 反应阳性。电镜下可见，上皮基底细胞和结缔组织之间的交界由特殊的结构即半桥粒和基膜以及深部的部分纤维构成。半桥粒不仅见于上皮和结缔组织的结合部，也是牙龈上皮和牙表面结合的重要结构。半桥粒的结构特点是在基底细胞的胞膜内侧可见电子致密附着斑，细胞内的角蛋白丝插入该附着斑内。位于上皮和结缔组织之间的基底膜由以下 3 个部分构成（图 2-18）：

1. 透明板（lamina lucida） 厚约 45 nm，紧邻上皮基底细胞，为电子密度小的板状结构。在与基底细胞半桥粒相对应的区域内电子密度较高。有证据表明，透明板是组织制备时留下的假象。

2. 致密板（lamina densa） 厚约 50 nm，位于透明板深面，为颗粒状或细丝状物质，电子密度较高。透明板和致密板统称为基板（basal lamina），来自于上皮基底细胞。

3. 网板（reticular lamina） 较透明板和致密板厚，紧邻固有层，电子密度较致密板低。由相对纤细的半环状纤维构成，半环状纤维的两端埋入致密板中，称锚纤维，即Ⅶ型胶原蛋白。固有层的胶原纤维穿过锚纤维形成的环状空隙与致密板紧密连接。

目前所说的基底膜区，通常包括半桥粒和基底膜。半桥粒的主要成分是 BP230（BP 为大疱性类天疱疮的英文缩写，BP230 和 BP180 是分子量为 230 kDa 和 180 kDa 的蛋白，在大疱性类天疱疮患者中，成为自身抗原）、网蛋白（plectin）、BP180、整合素 α6、整合素 β4。其中，BP230、网蛋白是半桥粒附着斑蛋白，起连接角蛋白丝的作用；BP180（也称ⅩⅦ型胶原蛋白）、整合素 α6、整合素 β4 是跨膜蛋白，与基底细胞和基底膜的黏附有关。整合素 α6 和整合素 β4 在基底细胞及细胞外基质的信号转导过程中起重要作用，可调节细胞骨架的结构、细胞增殖、分化和凋亡。透明板和致密板的主要成分有层粘连蛋白和Ⅳ型胶原以及起连接作用的多种糖蛋白，如巢蛋白（nidogen）、串珠蛋白聚糖（perlecan）等。其中，最重要的是层粘连蛋白 5，它与基底细胞跨膜蛋白整合素 α6、整合素 β4 及网板的Ⅶ型胶原关系密切，对维护基底膜的稳定性非常重要。网板的主要成分是Ⅶ型胶原，可连接致密板与其下方的结缔组织（图 2-19）。

基底膜区是某些口腔黏膜自身免疫病的靶部位。这些疾病统称为免疫介导的上皮下疱性疾病（immune-mediated subepithelial blistering diseases，IMSEBDs），包括大疱性类天疱疮（bullous pemphigoid）、妊娠类天疱疮/疱疹（pemphigoid/herpes gestationis）、瘢痕性类天疱疮（cicatricial pemphigoid）、疱疹样皮炎（dermatitis herpetiformis）和线状 IgA 病（linear IgA disease），临床表现为黏膜出现水疱、大疱或糜烂。多种上述基底膜结构成分形成自身抗原。如在大疱性类天疱疮患者，BP230 和 BP180 成为自身抗体攻击的目标，上皮组织和结缔组织在透明板处分离而形成上皮下疱；在部分扁平苔藓样类天疱疮患者，BP180 为自身抗原。非角蛋白性大疱性表皮松解症（一种遗传性疾病）中的半桥粒型表现为半桥粒蛋白的突变，结合型（junctional type）则表现为层粘连蛋白 5 基因的突变，发育不良型表现为Ⅶ型胶原的突变。它们都形成疱性病变。此外，发生癌前病变时，基底膜中的Ⅳ型胶等成分也会发生改变，有利于癌变细胞向结缔组织浸润。

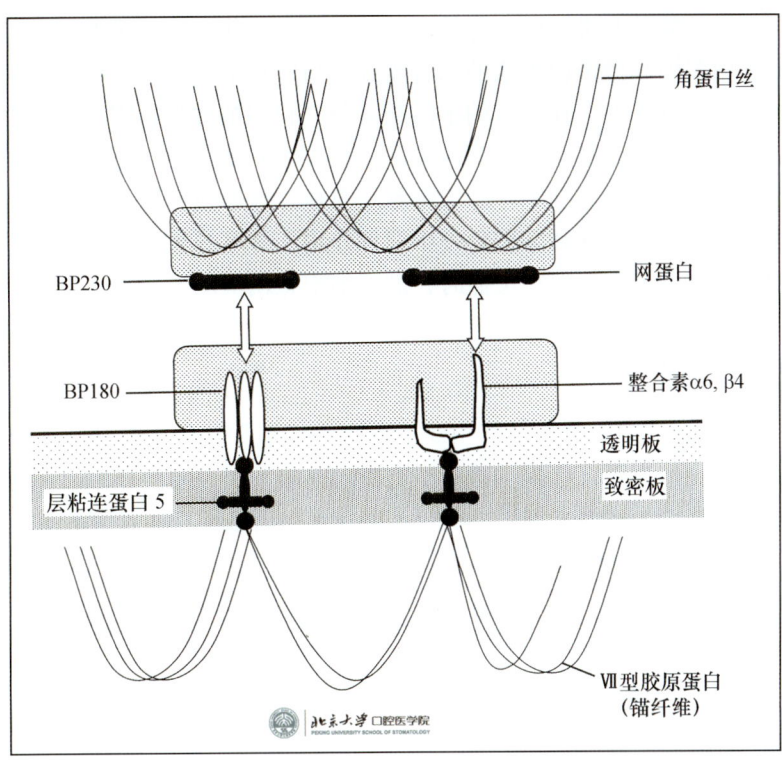

图 2-19 基底膜区结构的示意图

二、固有层 Lamina Propria

固有层（lamina propria）由致密结缔组织组成，其中伸入上皮部分的乳头称为乳头层，其余部分称为网状层。乳头层胶原纤维较细，排列疏松；乳头的长短因所在部位不同而有差异，在咀嚼黏膜较长，在被覆黏膜则是网状层较发达。血管和神经纤维通过网状层进入乳头层，形成毛细血管网和神经末梢，部分神经末梢可进入上皮内。固有层深面可有与之过渡的黏膜下层，或直接附着在骨膜上。

固有层为上皮提供机械支持和营养，其基本细胞成分是成纤维细胞，有合成和更新纤维及基质的功能。此外，固有层内还有组织细胞、未分化的间充质细胞、肥大细胞等。

与其他软性结缔组织一样，固有层的主要细胞是成纤维细胞。它们在外形上千变万化，许多呈纺锤形。它们含有完整的合成性细胞器，与它们在固有层细胞外纤维和基质的持续形成和分泌中的作用一致。有证据表明，成纤维细胞样细胞之间存在异质性。组织培养实验分离出了对同一生物活性分子有不同反应的成纤维细胞样细胞克隆，并合成了不同比例的 ECM 分子。牙龈成纤维细胞还可产生角质细胞生长因子和弥散因子等物质，这些物质对表面被覆上皮的生长和维持非常重要。成纤维细胞还可以产生一些对维持上皮生长的因子，如角质细胞生长因子（keratinocyte growth factor）。成人口腔黏膜的成纤维细胞增殖率较低，但在创伤愈合时数量增加，此时的成纤维细胞中肌动蛋白含量增加，有收缩功能。在某些疾病状态下如应用苯妥英、钙通道阻滞剂（硝苯地平）和环孢素，器官移植时应用免疫抑制剂等，可以激活成纤维细胞，导致牙龈增生。

此外，成纤维细胞中还含有固有层的干细胞，其特征是参与胚胎和多能性标记 Sox2 和 Notch 信号通路的表达。它们在体外表现出很高的增殖率，并有潜能分化成多种细胞系，如脂肪细胞、骨细胞和软骨细胞。

固有层的 ECM 中含有大量的胶原纤维。大多数为 I 型（约 90%），约 8% 为 III 型。此外还有少量其他类型的胶原蛋白，包括 IV 型、VII 型（存在于基底膜）、V 型和 VI 型。弹性纤维也可存在于固有层内，其数量取决于所在部位。另外，还有一些耐酸纤维也可见于口腔黏膜。固有层的基质是由蛋白多糖和糖蛋白组成的水合凝胶。与所有结缔组织一样，通常存在于防御细胞。巨噬细胞可见于固有层内。在固定的不活跃阶段，它们被称为组织细胞，很难与成纤维细胞区分开。其细胞核比成纤维细胞小，颜色较深，含有溶酶体，但内质网很少。巨噬细胞除具有吞噬作用外，还充当抗原提呈细胞。肥大细胞呈单核、球形或椭圆形，细胞内含有组胺和肝素颗粒。它们在血管稳态、炎症和细胞免疫中发挥作用，并可导致Ⅰ型超敏反应。在健康的口腔黏膜中也发现少量淋巴细胞，但在炎症时，淋巴细胞急剧增加。

三、黏膜下层 Submucosa

黏膜下层（submucosa）为疏松结缔组织，内含小唾液腺、较大的血管、淋巴管、神经及脂肪组织。其功能主要是为固有层提供营养及支持。黏膜下层主要分布在被覆黏膜，牙龈、硬腭的大部分区域及舌背，无黏膜下层，固有层与其深部的骨或肌肉直接紧密相连。

第二节　口腔黏膜结构的区域性差别
Regional Variations in the Structure of the Oral Mucosa

不同部位的口腔黏膜具有不同的功能，因此它们的结构也有所不同。主要的差别是上皮的厚度、有无角化、结缔组织和上皮交界处的交叉程度、固有层的构成及有无黏膜下层等。硬腭和牙龈黏膜在咀嚼过程中经常受摩擦，所以有角质层；与味觉感受和咀嚼有关的舌背黏膜具特殊的结构味蕾及乳头；其他部位黏膜主要起衬覆作用，结构疏松，无角化。口腔黏膜根据所在的部位和功能不同可分为三类，即咀嚼黏膜、被覆黏膜和特殊黏膜。口腔中的被覆黏膜占60%、咀嚼黏膜占25%、特殊黏膜占15%。

一、咀嚼黏膜 Masticatory Mucosa

咀嚼黏膜（masticatory mucosa）包括牙龈和硬腭黏膜，在咀嚼时承受压力和摩擦。咀嚼黏膜的上皮有角化，正角化时有明显的颗粒层；角化不全时，颗粒层不明显。棘层细胞间桥明显。固有层较厚，乳头多而长，与上皮嵴呈指状镶嵌，形成良好的机械附着；胶原纤维束粗大并排列紧密。固有层深部或直接附着在骨膜上，形成粘骨膜；或借黏膜下层与骨膜相连。咀嚼黏膜与深部组织附着牢固，不能移动。

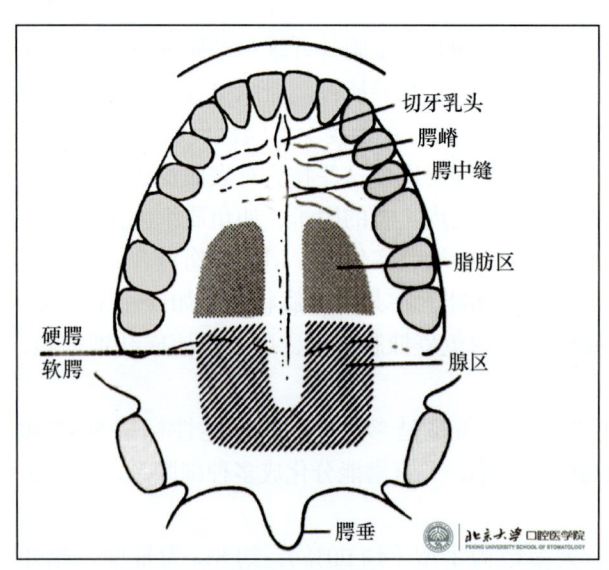

图 2-20　腭部的分区

（一）硬腭

腭的前 2/3 为硬腭（hard palate），后 1/3 为软腭。硬腭黏膜呈浅粉红色。表面角质层较厚，以正角化为主。固有层结缔组织致密。根据有无黏膜下层，可将腭分为牙龈区、中间区、脂肪区和腺区四部分（图 2-20）。牙龈区和中间区无黏膜下层，固有层与骨膜紧密相连；脂肪区和腺区有黏膜下层，胶原纤维将脂肪和腺体分成若干大小不一、形状各异的小隔。腺区内的腺体与软腭的腺体连为一体，为纯黏液腺（图2-21）。

硬腭前方正中有切牙乳头。乳头的上皮下为致密结缔组织，其中有退化的鼻腭管的口腔部分。这是一条盲管，长度不定，内衬假复层柱状上皮，上皮内还有许多杯状细胞，并有黏液腺体开口至此管腔内。硬腭前方侧部有黏膜皱襞，称为腭皱襞，其隆起部分由固有层内致密的结缔组织构成。在中间区即腭中缝的固有层内，有时可见上皮珠，在切牙乳头处更常见。上皮珠的细胞呈同心圆状排列，中央常发生角化，是腭突胚胎融合时留下的上皮残余。

硬腭黏膜与软腭黏膜相延续，二者有明显的分界。软腭黏膜无角化，固有层乳头少而短，黏膜下层结构疏松，含有腭腺。

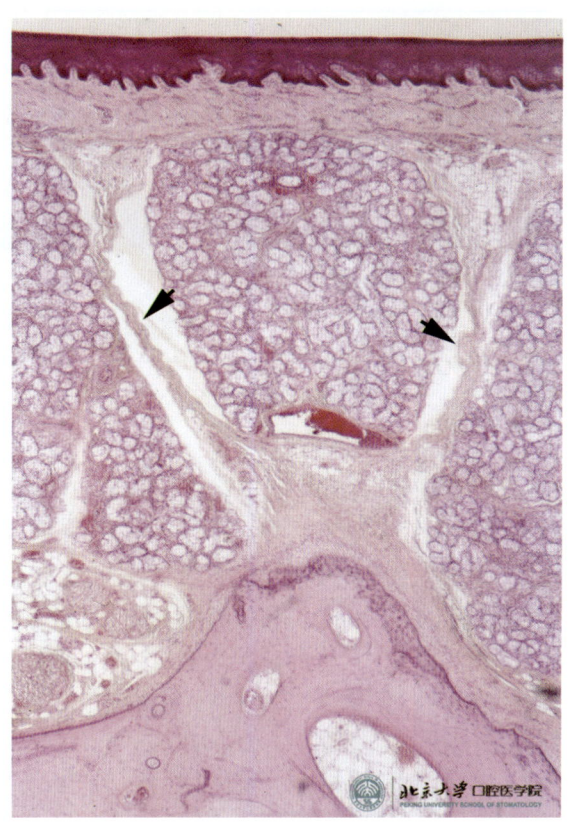

图2-21　硬腭的腺区可见纤维间隔（箭头所示）

（二）牙龈

牙龈（gingiva）是口腔黏膜围绕并附着于牙颈部及牙槽骨的部分，与牙槽黏膜相延续。上颌腭侧无牙槽黏膜，牙龈与腭黏膜无明显界限。

1. 牙龈的表面解剖　牙龈在解剖学上可分为边缘龈（marginal gingiva）或游离龈（free gingiva）、附着龈（attached gingiva）和龈乳头（gingival papilla）或牙间乳头（interdental papilla）三部分（图2-22）。

（1）边缘龈：顾名思义，边缘龈是牙龈袖口样围绕牙颈部的游离可动的部分，宽约1 mm。边缘龈与附着龈之间有游离龈沟为界，且颜色较红。游离龈沟出现的频率为40%～50%，其位置与釉牙骨质界相对应。在边缘龈和牙表面之间有浅的间隙，称为龈沟（gingival sulcus）或牙龈沟，在健康人平均深约1.8 mm（不同的测量样本有不同的结果）。无菌饲养的动物，在无菌斑的情况下无游离龈，即无龈沟。龈沟内含有类似血清的多种成分，对于牙龈组织既有抗菌和增强免疫力的作用，同时又是微生物的培养基，有利于菌斑和牙石的形成。

（2）附着龈：占牙龈组织的大部分，呈粉红色。在冠方与边缘龈相延续，在根方与深红色牙槽黏膜相延续，其交界明显，称为膜龈联合（mucogingival junction）。附着龈牢固而紧密地附着于深部的牙槽骨骨膜上。健康的牙龈表面可见有相对小而浅的凹陷，称为牙龈点彩

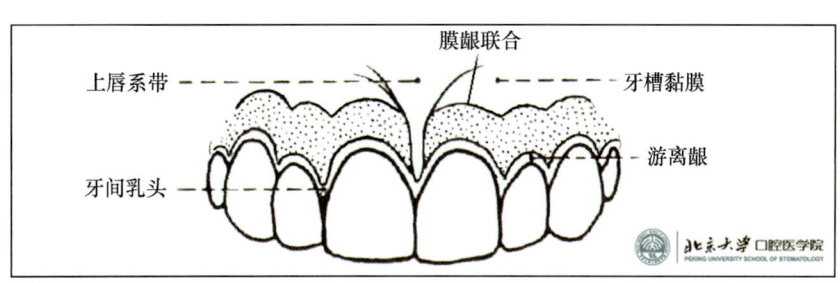

图2-22　牙龈表面解剖示意图

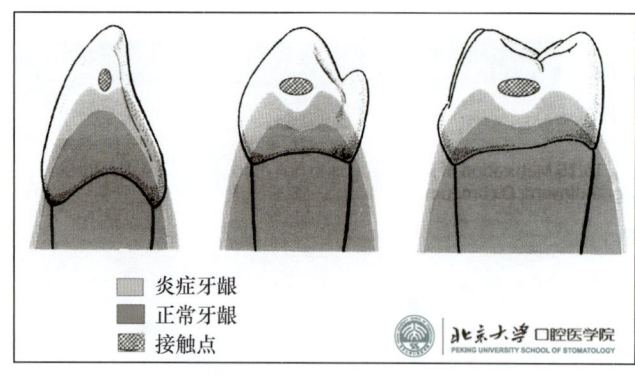

图 2-23　龈谷形态示意图

（gingival stippling）。牙龈炎症时，牙龈点彩往往消失。

（3）龈乳头：充填于相邻牙之间间隙内的牙龈并向牙冠方向突出，外形呈锥体样，此突出的部分称为龈乳头，位于牙的接触点下方。同一部位连接颊、舌侧龈乳头部分的牙龈组织位置较龈乳头低，向根方凹下呈低谷样，称为龈谷（gingival col）。前磨牙区的龈谷较深，后牙区较低平（图 2-23）。龈谷是牙周组织的薄弱区，不易清洁，易形成菌斑和牙石，导致牙龈炎症。在老年和疾病情况下，由于牙间乳头退缩使牙间隙暴露，易引起食物嵌塞，导致牙周炎。

2. 牙龈上皮的组织学特点　牙龈上皮可分为沟上皮（sulcular epithelium）、结合上皮（junctional epithelium）和口腔龈上皮（oral gingival epithelium）即附着龈上皮（图 2-24）。

（1）沟上皮：也称口腔沟上皮（oral sulcular epithelium），是被覆牙龈沟内壁的牙龈上皮。沟上皮较薄，无角化、无钉突。沟的底部与结合上皮相连接。沟上皮表达角蛋白 4、13 和 19，正常时无梅尔克细胞。实验表明，改变沟上皮的环境，如将其暴露于口腔，或完全消除龈沟的细菌后，沟上皮仍可发生角化。沟上皮可作为半透膜允许组织液进入龈沟，有害的细菌产物也可以通过它进入牙龈组织中，因此上皮下的固有层中常见炎症细胞浸润。由于沟上皮无角化，机械抗性小，所以也是牙龈组织的薄弱环节。

（2）结合上皮：是牙龈上皮附着于牙表面的部分，呈领口样包绕牙颈部。自龈沟底部向根方延伸约 2 mm，上皮的厚度为 15～30 层细胞，根方的游离端为 1～3 层（图 2-25）。结合上皮是无角化、无钉突的上皮。此上皮由较立方的基底层细胞和扁平的棘层细胞构成，无颗粒层及角质层。结合上皮更新的速度快（5～6 天），迁移细胞自上皮表面即龈沟底部脱落。结合上皮最初来自缩余釉上皮，这可以解释此上皮细胞角蛋白的表达特点。结合上皮细胞表达角蛋白 5、14 和 19，与牙源性的缩余釉上皮相似，而不同于一般口腔上皮。

结合上皮棘层细胞含有许多游离的核糖体、明显的高尔基体，以及粗面内质网、线粒体和胞质小泡，可能是吞噬泡，也可见溶酶体样小体，无 Odland 小体，这有利于上皮的渗透性。胞质中张力丝较少，与细胞表面平行排列。细胞间的桥粒和紧密连接较牙龈其他区域上皮细胞少，细胞外间隙大。牙龈结缔组织中的炎症细胞、单核细胞及大分子物质可移动到龈沟中。结合上皮和邻近固有层内的成纤维细胞及血管内皮细胞均表达细胞间黏附分子 1（intercellular adhesion molecule 1，ICAM-1），有助于中性粒细胞移出血管外并通过结合上皮。在龈沟底部的细胞内含溶酶体较多，显示较强的磷酸酶活性。

电镜下可见，结合上皮与牙面之间形成

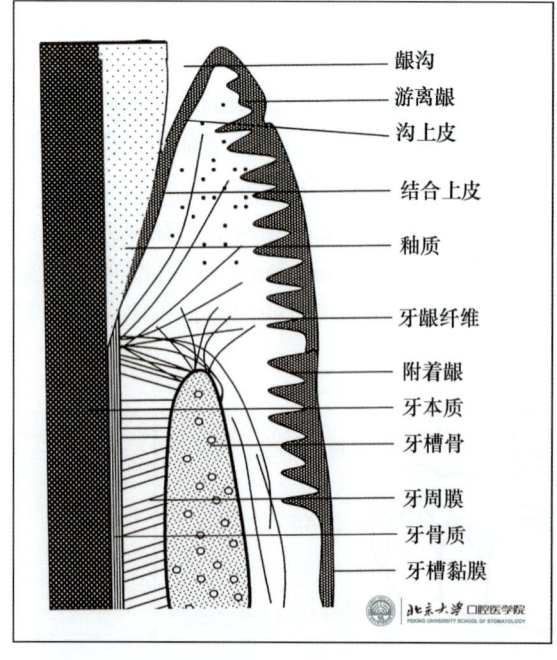

图 2-24　牙龈上皮示意图

基板，称为内基板（internal basal lamina）；与牙龈固有层之间的基板称为外基板（external basal lamina）。因此，结合上皮有两个基板。这种基板很独特，因为它结合的是牙的钙化表面，而不是结缔组织。多年来，关于其组成的唯一信息是它富含糖缀合物（glycoconjugate），又称糖复合体。目前已知贴附于牙表面的基板（与成熟期成釉细胞相关）含层粘连蛋白-332，而含γ1链的层粘连蛋白、Ⅳ型和Ⅶ型胶原基本上不存在，所以它们具有不同的功能和结构。现已证明，结合上皮的内基板（是一个特化的基板）含有釉质成熟蛋白、牙源性成釉细胞相关蛋白（ODAM）和分泌性钙结合磷蛋白（富脯氨酸-谷氨酰胺1）（secretorycalcium-binding phosphoprotein proline-glutamine rich 1，SCPPPQ1）（图2-25）。这三个分泌蛋白质也表达在成熟阶段成釉细胞。与内基板相对的结合上皮基底细胞以半桥粒形式与牙面结合（图2-26，图2-27）。内基板的更新速度也较快。结合上皮的位置与牙的萌出状态有关。年轻时结合上皮附着在釉质上，随年龄增长而向根方移动，中年以后多在牙骨质表面。

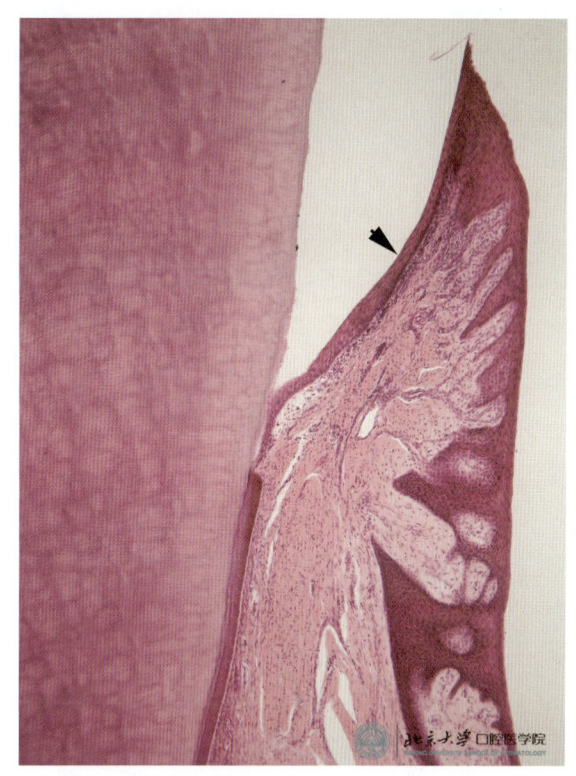

图2-25 HE染色切片示结合上皮（箭头所示）

结合上皮与牙的结合可称为龈牙结合（dentogingival junction）。此结合方式是机体唯一暴露于外界的软、硬组织的结合，同时也是牙周组织的薄弱部位。结合上皮损伤易造成龈牙结合关系的破坏。

（3）附着龈上皮：行使咀嚼黏膜的功能，表面有角化。其角化程度在不同个体有较大的差异，可为正角化或角化不全，多数为角化不全（约75%）。上皮钉突多而细长，有时呈网状，较深地插入固有层中，使上皮与固有层的连接更牢固（图2-28）。上皮基底细胞生长活跃，有时可见黑色素细胞。牙龈是口腔中黑色素瘤的多发部位。

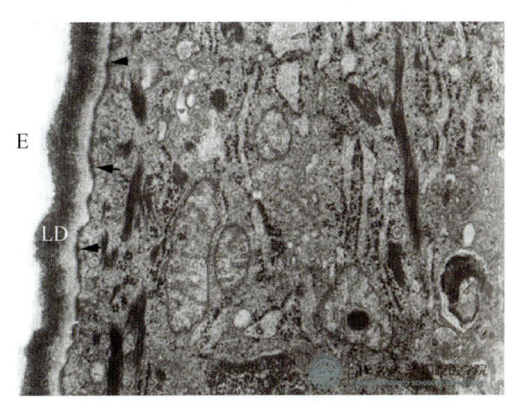

图2-26 结合上皮与牙附着的电镜结构（箭头示半桥粒）

E：釉质；LD：致密板及釉小皮

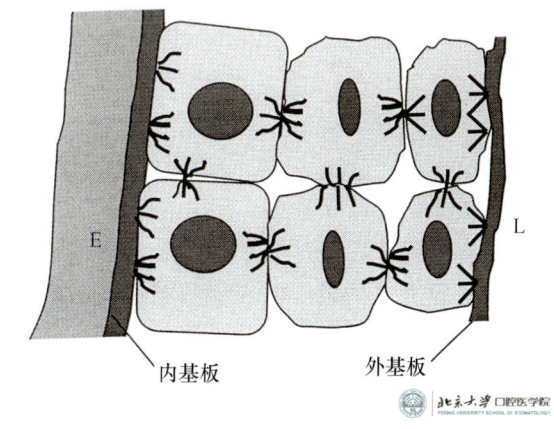

图2-27 内、外基板示意图

E：釉质；L：固有层

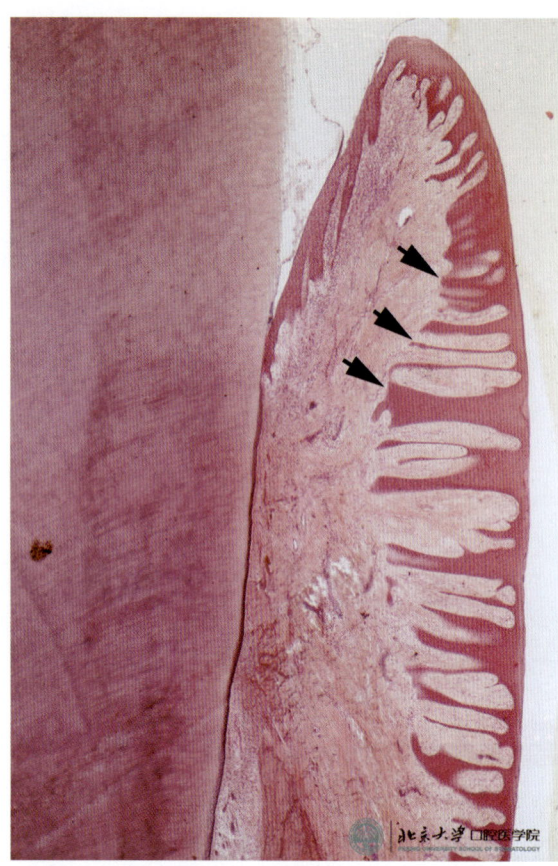

图 2-28　附着龈上皮
附着龈上皮具有较长的钉突（箭头所示）

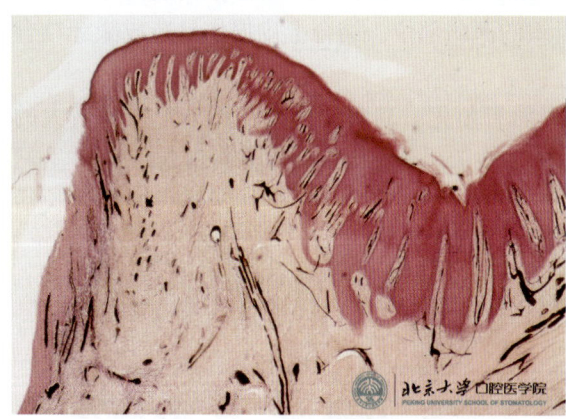

图 2-29　牙龈的血管（血流灌注）

（4）龈谷上皮：龈谷上皮的两侧与结合上皮相延续。它同样没有角化，最初来源于缩余釉上皮。其上皮很薄，由于该区域不容易保持无菌斑，可见其固有层内有炎症细胞浸润。当牙间有间隔时，龈谷不存在，通常可见扁平的牙龈，被角化上皮覆盖。

3. 牙龈固有层（lamina propria of the gingiva）　牙龈固有层含致密的胶原纤维束，将牙龈附着于牙及牙槽骨；支持牙龈与牙的结合，同时也支持游离龈。根据这些纤维的方向及附着部位，可将牙龈固有层分为一些主要的组（虽然确切的分组尚存争议），主要功能是为牙龈与牙、牙槽骨的附着提供支持，抵抗咀嚼力。

牙龈的血管来自牙槽动脉分支，它们来自分布在牙槽骨颊舌侧的骨膜上动脉，牙周膜的血管分支和牙槽中隔动脉。牙龈固有层的血管非常丰富。主要有两个血管丛，一个位于附着龈上皮下方，另一个位于沟上皮下方。这些血管丛可使牙龈组织对刺激迅速做出反应。附着龈每个固有层乳头中都有一个上升的动脉袢和一个下降的静脉袢，二者之间为毛细血管袢。结合上皮下方是由毛细血管后静脉形成的复杂的血管丛，龈沟液即来自于此（图 2-29）。这种特殊的结构也允许细胞和分子快速通过结合上皮。

二、被覆黏膜 Lining Mucosa

口腔黏膜中除咀嚼黏膜和舌背黏膜以外者均为被覆黏膜（lining mucosa）。其表面平滑，呈粉红色，无角化。固有层含胶原纤维、弹性纤维和网状纤维。胶原纤维束不如咀嚼黏膜粗大，上皮与结缔组织交界比较平坦，结缔组织乳头较短粗，有较疏松的黏膜下层。被覆黏膜富有弹性，有一定的活动度。

1. 唇黏膜　唇的内侧为唇黏膜，外侧为皮肤，二者之间是唇红（图 2-30）。

唇黏膜上皮为较厚的复层鳞状上皮，中间层较厚，固有层为致密的结缔组织，乳头短而不规则。黏膜下层与固有层无明显界限，含小唾液腺、脂肪，深部附着于口轮匝肌。唇红的上皮有角化，但薄而透明。固有层的结缔组织乳头相对较长、较窄，并含有毛细血管袢（图 2-31）。这些血管靠近表面，加之上皮为半透明，使得表面呈现红色，因此而得名。这种红色的外观是人类的特征。当贫血或缺氧时，唇红表现为苍白或发绀。唇红部黏膜下层无小唾液腺及皮脂腺，故易干裂。偶尔可见移位的皮脂腺。在唇红区和较厚的、未角化的唇黏膜之间是角

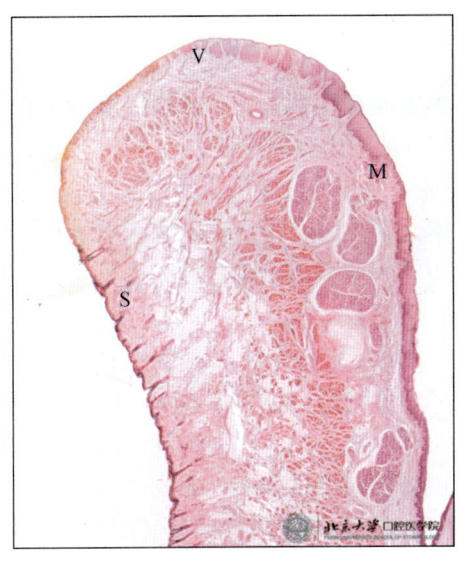

图 2-30　唇的大体结构
S：皮肤区；V：唇红区；M：黏膜区

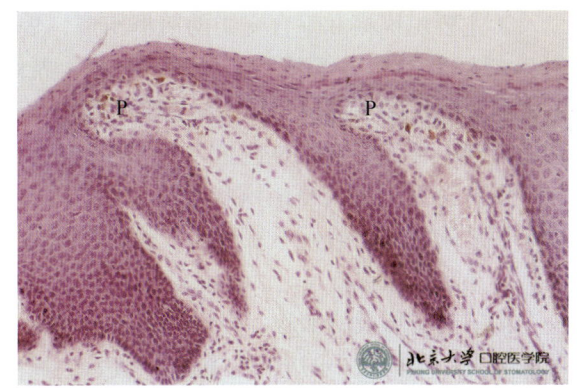

图 2-31　唇红区的结构
唇红区的结构特点是固有层乳头高（"P"表示），内含血管

化不全上皮的中间区。在婴儿，这一区域变厚，并呈现更多乳白色，这代表一种对哺乳的适应，称为乳垫（suckling pad）。

唇红部向外与唇部皮肤相延续，表皮有角化且明显较唇红上皮薄，真皮和皮下组织有皮肤附属器。

2. 颊黏膜　颊黏膜的组织结构与唇黏膜相似。固有层结缔组织较致密，黏膜下层较厚，脂肪较多，有较多的小唾液腺，称为颊腺，其前方与唇腺、后方与磨牙后腺相邻。颊黏膜借黏膜下层附着于颊肌上，有一定张力，在咀嚼活动中不出现皱褶。有时，可见沿着与咬合平面一致的线状区，上皮细胞角化形成一个白色线条，即白线（linea alba）。在口角后方的咬合线区，有时可出现成簇的粟粒状淡黄色小颗粒，为异位皮脂腺，或称福代斯斑（Fordyce spot）。实际上，3/4 的成人口腔黏膜可出现皮脂腺，常见于唇红、唇和颊黏膜，偶见于牙槽黏膜和舌背黏膜。皮脂腺一般无毛囊伴随，有时被称为皮脂腺滤泡（sebaceous follicle），临床上表现为淡黄色小点。但它们不是真正的病理状态。

3. 口底和舌腹黏膜　口底黏膜较薄，松弛地附着于深层组织上。固有层乳头短，黏膜下层含脂肪组织。在舌下皱襞处有舌下腺。口底黏膜与下颌舌侧牙龈相连，二者有明显的分界。口底黏膜向后与舌腹黏膜相延续。

舌腹黏膜薄而光滑，结缔组织乳头多而短。黏膜下层不明显，黏膜紧接舌肌束周围的结缔组织。

4. 软腭黏膜　软腭黏膜与硬腭黏膜相延续，颜色较硬腭深。固有层血管较多，与黏膜下层之间有弹性纤维分隔。黏膜下层含黏液腺。

5. 牙槽黏膜　衬覆在牙槽骨下半部分（根方）表面，至颊沟和唇沟处反转，分别与颊黏膜和唇黏膜相连。牙槽黏膜有一个松散的黏膜下层，在前庭沟附近，稀疏地附着大量的弹性蛋白，可以大幅度运动。黏膜下层有许多小的黏液腺。深层黏膜下层与下层骨膜紧密相连。龈黏膜交界是连接附着龈和牙槽黏膜的分界。牙槽黏膜和附着龈外观的差异与角化和半透明性的差异有关。牙槽黏膜上皮具有半透明性，结缔组织中血管的位置表浅，肉眼观小血管清晰可见。龈黏膜交界可以是扇形的，与牙龈边缘的轮廓平行。

三、特殊黏膜 Specialized Mucosa

特殊黏膜（specialized mucosa）即舌背黏膜。舌背黏膜表面有许多乳头。黏膜上皮内还有味觉感受器，即味蕾。在组织学结构和功能上，舌背前 2/3 可被视为咀嚼黏膜。

舌主要由纵横和垂直交错的肌群组成，表面被覆以黏膜。舌的前 2/3 为舌体，后 1/3 为舌根，二者以"V"字形浅沟（界沟）为界。界沟以前为舌体，界沟以后为舌根。舌背中线有一不太明显的正中沟，沟的后端与界沟的顶点相汇合，其后方有一明显的凹陷，称为舌盲孔，是胚胎时期甲状舌管始端的遗迹。

舌背黏膜上皮为复层鳞状上皮，无黏膜下层，有许多舌肌纤维分布于固有层，故舌背黏膜牢固地附着在舌肌而不易滑动。舌背黏膜前 1/3 表面有许多小突起，称为舌乳头。根据其形态、大小和分布位置可分为丝状乳头、菌状乳头、轮廓乳头和叶状乳头。每一个乳头内部都有一个由固有层形成的轴心，称初级乳头。初级乳头的固有层继续向上皮伸入，形成许多大小不等、数量不定的更小的突起，称次级乳头。固有层内有丰富的血管、胶原纤维和弹性纤维。

1. 丝状乳头（filiform papilla） 数量最多，遍布于舌背，舌尖部最多。丝状乳头体积较小，高 1～3 mm，尖端多向后方倾斜，末端具有毛刷样突起（图 2-32）。乳头表面有透明角化上皮细胞。上皮的浅层细胞经常有角化和剥脱现象。如角化上皮剥脱延迟，同时与食物残渣、唾液、细菌等混杂，附着于乳头表面，即形成舌苔。舌苔的变化可反映一些全身状况的改变，临床上是中医辨证施治的重要依据。除舌苔外，当丝状乳头萎缩时，舌面即较为光秃。当舌苔剥脱使舌背呈地图样时，称为地图舌。丝状乳头在青年时期最发达，至老年逐渐变得平滑。

2. 菌状乳头（fungiform papilla） 数量较少，分散于丝状乳头之间，位于舌尖和舌侧缘，色泽较红，呈圆形、头大颈细的突起状，直径为 0.5～1.0 mm。上皮较薄，表层无角化。固有层血管丰富，因而呈红色（图 2-33）。约 40% 的乳头凸面上皮中含味蕾，其中约一半乳头有 1～3 个味蕾，其余有 4 个以上。由于菌状乳头稍高于周围的丝状乳头，所以容易感受味觉。当多个菌状乳头增生、肿胀、充血时，舌表面似草莓状，称为草莓舌。当菌状乳头、丝状乳头均萎缩，致使舌乳头消失而呈光滑的片状、平如镜面时，称为光滑舌或镜面舌。

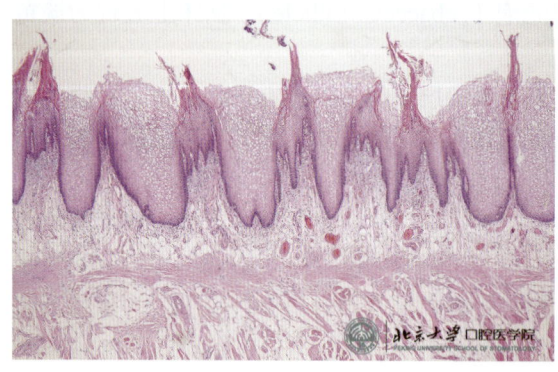

图 2-32 丝状乳头

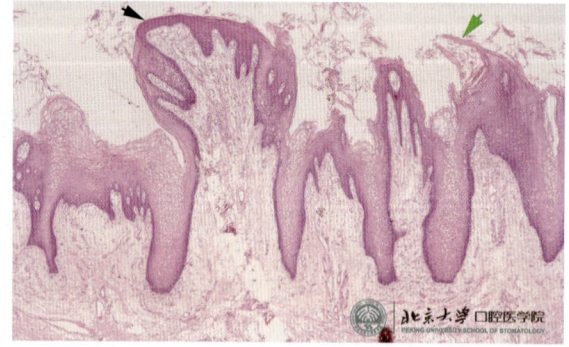

图 2-33 菌状乳头（黑色箭头所示）
绿色箭头示丝状乳头

3. 轮廓乳头（vallate papilla） 在舌乳头中体积最大，有 8～12 个，沿界沟前方排成一列。该乳头呈矮柱状，高 1～1.5 mm，直径为 1～3 mm。每个乳头的四周均有深沟（轮廓沟）环绕。轮廓沟外的舌黏膜稍隆起，形成乳头的轮廓结构（图 2-34）。此乳头表面上皮有角化，但乳头的侧壁即轮廓沟壁上皮无角化，其上皮内有许多染色浅的卵圆形小体，称为味蕾。每个乳头的侧壁上含约 250 个味蕾，因此该区域约有 2500 个味蕾。乳头的舌背面无味蕾。在轮廓沟底附近的舌肌纤维束间有较多纯浆液腺，即味腺或称冯·埃布纳腺（gland of von Ebner）。味腺导管开口于轮廓沟底，其分泌物的冲洗可清除食物残屑，溶解食物，有助于味觉感受器发挥味觉感受作用。

4. 叶状乳头（foliate papilla） 位于舌侧缘后部，在人类此乳头为退化器官，为5～8条平行排列的皱襞。此处的味蕾与轮廓乳头的味蕾相似，也位于乳头的侧壁。每个乳头中味蕾的数量约为2500个。对酸、咸、苦味最敏感。沟的底部也有浆液腺导管的开口。正常时此乳头不明显，炎症时往往肿大，且伴疼痛。

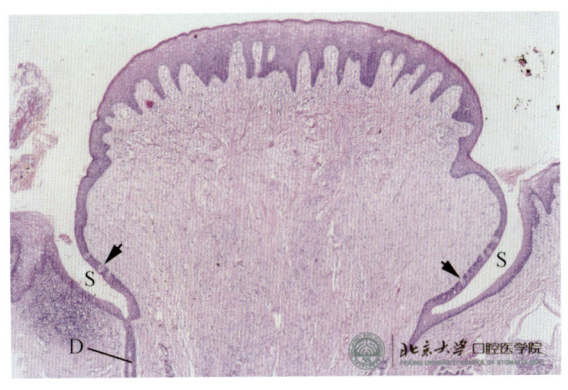

图 2-34 轮廓乳头
箭头示味蕾；S：轮廓沟；D：味腺导管

5. 味蕾（taste bud） 是味觉感受器，为位于上皮内的卵圆形小体，长约80 μm，厚约40 μm。成人舌约有10 000个味蕾，软腭约有2500个，会厌约有900个，咽喉区约有600个，口咽部多于250个。舌的味蕾位于舌背、舌侧缘的舌乳头上，包括菌状乳头、轮廓乳头和叶状乳头。

味蕾是由上皮分化而成的特殊器官（图2-35）。其基底部位于基底膜之上，表面由角质形成细胞覆盖，中央形成圆孔，即味孔与口腔相通。光镜下，构成味蕾的细胞有两种，即亮细胞和暗细胞。它们表达细胞角蛋白7、8、19，少量细胞还表达细胞角蛋白18（图2-36）。亮细胞较粗大；暗细胞较细长。细胞长轴与上皮表面垂直。邻近味孔处的细胞顶部有指状细胞质突起，称为味毛。电镜下味蕾由4种细胞构成。Ⅰ型为暗细胞，胞质电子密度大，顶端胞质含致密颗粒，约占味蕾细胞的60%。胞质顶端有30～40个微绒毛；Ⅱ型细胞为亮细胞，微绒毛少，顶端胞质终止在味孔内，占味蕾细胞的30%左右；Ⅲ型细胞约占味蕾细胞的7%，形态似Ⅱ型细胞，但无微绒毛。细胞顶端钝圆，近味孔处；Ⅳ型细胞位于味蕾基底部，称为基底细胞，占味蕾细胞的3%左右。神经末梢从味蕾基底部进入味蕾，可一直分布到邻近味孔处，与Ⅰ型和Ⅲ型细胞有化学突触形成，与其他细胞无化学突触形成，因此Ⅰ型和Ⅲ型细胞可能是味细胞。味蕾细胞与周围上皮细胞之间有连接复合体封闭。

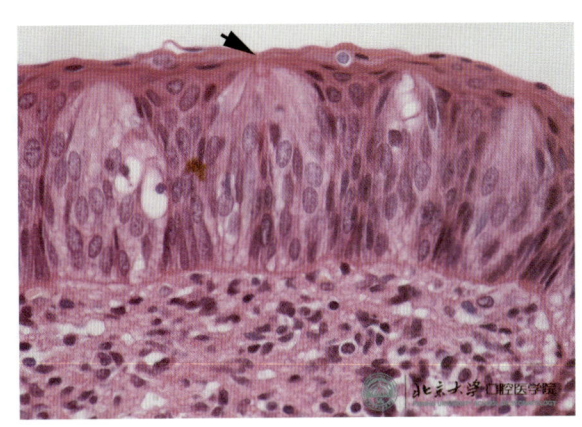

图 2-35 味蕾的结构（箭头示味孔）

味蕾的功能是感受味觉。其中，舌体的菌状乳头处味蕾主要感受甜味和咸味；叶状乳头处味蕾主要感受酸味；轮廓乳头、软腭及会厌处味蕾主要感受苦味。

在舌背的"V"字形沟后方即舌根黏膜表面被覆非角化鳞状上皮。黏膜表面可见圆形或卵圆形小突起，称为舌滤泡（lingual follicle）。镜下可见每个舌滤泡含1个或1个以上的淋巴小结，可含生发中心。多数舌滤泡的中心都有一个小凹陷，称为舌隐窝（lingual crypt）。舌隐窝内衬复层鳞状上皮，含小唾液腺开口。舌根部的舌滤泡统称为舌扁桃体，与腭扁桃体和咽扁桃体一起构成口咽部的淋巴环（图2-37）。

图 2-36 味蕾细胞表达细胞角蛋白（CK）7

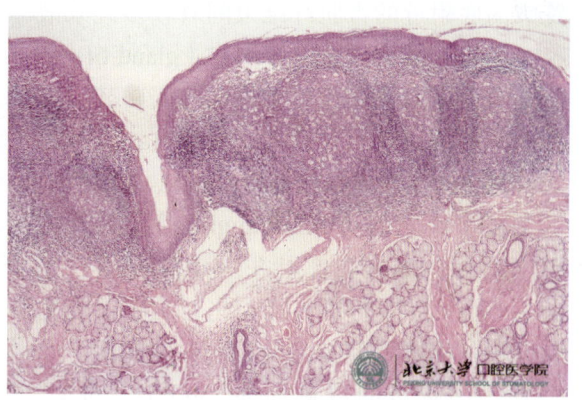
图 2-37 舌根部的淋巴组织即舌扁桃体

第三节　口腔黏膜的外周感觉神经分布
Peripheral Sensory Receptors Found in Oral Mucosa

口腔黏膜分布着丰富的外周感觉神经末梢，包括位于上皮下方固有层的表浅神经丛和黏膜下层的深神经丛。深神经丛含大的神经纤维，向表面发出小的分支。表浅神经丛含大的和中等大小的纤维，内含丰富的自主神经纤维。表浅神经丛可使不同的神经冲动集中到一个主要的神经干，因此小神经损伤并不导致表浅组织感觉的丧失。此种构造也有利于对刺激进行精确定位并区分其强度。

一、口腔黏膜的一般感觉感受器 Generic Sensory Receptors of Oral Mucosa

机械感受器是指能够感受压、触、牵拉及振动等刺激的一类感受器，按其对刺激适应的快慢可分为快适应感受器和慢适应感受器两种。本体感受器是一种感受运动和位置的机械感受器。

感觉小体（corpuscular sensory receptor）的特点是轴突末梢与特殊类型的细胞相伴随。触觉小体（tactile corpuscle）位于结缔组织乳头顶端区，Merkel 小体位于上皮钉突的末端，简单卷曲的小体位于结缔组织乳头的基底或乳头下固有层内。口腔黏膜分布的感觉小体如下：

1. 触觉小体　又称迈斯纳小体（Meissner's corpuscle），位于结缔组织乳头顶端，与表面上皮很近。小体由扁的成纤维细胞形成的无基板的被囊围绕，含有一些弹性纤维。多数小体分布着 2 个或更多的有髓轴突。这些轴突进入被囊后失去髓鞘，分布在胞质层板中。触觉小体在电生理学上属于快适应机械感受器，其功能是区分两点触觉。

2. 梅尔克小体（Merkel's corpuscle）　梅尔克细胞及其相关的轴突末梢即 Merkel 小体，是特殊的上皮内复合体，单个或成簇存在，位于上皮钉突的末端区。梅尔克细胞旁常见空泡区，此苍白区是轴突的位置。梅尔克细胞与神经轴突连接部位有细胞膜的增厚。Merkel 小体有直径为 2～4 μm 的有髓神经纤维分布。当这些纤维进入上皮钉突时失去髓鞘，无髓鞘时神经纤维直径为 0.5～1 μm。Merkel 小体的电生理特性是慢适应机械感受器，功能是感受位置。Merkel 细胞质内耐高渗的颗粒含有神经递质，但尚未得到鉴定。

3. 单纯卷曲小体（simple coiled corpuscles）　结构与 Meissner 小体类似，主要见于结缔组织乳头基底部，也常见于固有层深部，有许多不同的名称。与 Meissner 小体相比，其体积较小，呈椭圆形，无真正的被囊。其轴突在缠绕层板细胞时形成疏松的卷曲状。其确切功能尚不清楚。

游离神经末梢（free nerve ending）分布数量多。可以是粗或细的有髓轴突，末端呈树枝状，但多数是无髓纤维。口腔中游离神经末梢可进入上皮内，或在固有层，达基板附近。在上皮内，可见于基底细胞和棘细胞间。固有层的游离神经末梢轴质中有丰富的线粒体，周围由施万细胞包绕。一般认为，此神经末梢不止有一种感觉形式。游离神经末梢存在于所有组织中，可感受痛觉，是见于牙髓的唯一神经末梢。此外，游离神经末梢可能与热感受有关。

疼痛神经末梢集中在唇和口腔黏膜后区；热、冷神经末梢在唇黏膜分布最多。热感受器集中在唇黏膜，冷感受器主要分布于软腭、舌尖、唇和舌腹黏膜。舌尖和唇黏膜分布的触觉感受器最多（表 2-1）。

表 2-1　口腔感觉水平分区（唇和口腔黏膜感觉的灵敏性）

感觉	灵敏度最高	灵敏度中等	灵敏度最底
痛觉	唇、咽、舌根、牙	舌前区、牙龈	颊
热	唇	前牙	舌腹、腭
冷	唇、软腭	舌根、舌腹	舌背、颊
触觉	唇、舌尖、腭前区	牙龈	舌根、颊

二、味觉和味觉感受器 Taste and Taste Receptors

口腔黏膜特殊感觉感受器主要是指味觉感受器。味的感受是通过大量的味觉感受器即味蕾及与其相连接的神经末梢完成的，它们分布在舌、咽、会厌和软腭部。特化的上皮细胞感受味的刺激并将其传导至与其相连接的神经，再将冲动传导至中枢。

舌前 2/3 的味觉感受（菌状乳头）由面神经（鼓索纤维）传导。轮廓乳头、叶状乳头和舌后 1/3 有第Ⅸ对脑神经（舌咽神经）分布。软腭的味蕾有第Ⅶ对脑神经的分支岩大神经分布。咽部和会厌部的味觉冲动由第Ⅹ对脑神经（迷走神经）传导。这 3 对脑神经的所有味觉纤维集中至脑干孤束。味觉神经对 4 种基本的味敏感，但在敏感性水平上有所不同。舌体侧缘有第Ⅶ对脑神经的敏感区，其前部对甜味和咸味敏感，后部对酸味敏感。

分布至味蕾细胞的神经纤维来自上皮下结缔组织神经丛，通过基底孔进入味蕾。一条神经纤维可能分布在 4～5 个乳头，或者有许多神经分布在一个乳头。这可以解释不同味的敏感性有重叠。一个味蕾中神经纤维的数量远远超过进入一个味蕾的神经的数量，这意味着进入味蕾的神经有许多分支。有些轴突在基底部与Ⅰ型细胞接触，而其他轴突呈螺旋状到达味蕾的顶端。神经纤维与Ⅰ型和Ⅱ型细胞无典型的突触形成，这称为播散关系。神经轴突与Ⅲ型细胞有化学突触形成，称为直接关系。神经末端内含神经递质，说明Ⅲ型细胞可能是味觉感受细胞，或者有两种类型的传导，一种是直接关系，另一种是播散关系（如在Ⅰ型和Ⅱ型细胞）传导。

神经对于味细胞功能的维持很重要。实验动物中切除味蕾的神经将导致味细胞变性和消失。此过程发生很快，2 天后即可见味细胞变性，多数味蕾在 7 天后消失。少数味细胞可持续至 14 天。当神经重建以后，味细胞可重新出现并且恢复功能。新的味细胞来自味蕾的侧缘。

经典的味觉有 4 种，即甜、咸、酸、苦，在某种程度上被舌及口咽的不同区域感受。味的浓度可能是一个因素，如舌前部对低水平的苦味阈值较低；高水平时的苦味对舌后部的刺激更明显。水的感受可能是由于一个适应的过程，电的感受可通过舌体接触两种不同的金属。尚未发现有特定的味蕾感受特定的味觉或水和电的感觉。

4 种味的形式不能完全解释人们对味的感受。人们还可能感受到鲜味，甚至油腻。另外，还有一些因素（如温度和气味）也涉及味觉的确定。所有的味蕾似乎都可能精确地体验到味，如柠檬酸与醋酸的不同或乳糖与果糖的不同。这说明味蕾细胞具备分辨力，能鉴别混合在一起的味。味蕾具有广泛的酶活性，当有味的物质接触微绒毛膜时，可能使这些细胞去极化，使与其接触的神经纤维产生动作电位。

第四节　口腔黏膜的功能和增龄变化
Function and Ageing Changes of Oral Mucosa

一、口腔黏膜的功能 Function of Oral Mucosa

口腔黏膜具有的保护性功能主要体现在抵抗机械刺激和限制微生物及毒性物质的侵入。咀嚼时，口腔黏膜常承受压力、切力、牵拉力和摩擦力，黏膜的结构适应于承受这些力。例如，硬腭和附着龈黏膜有角质层可抵抗摩擦，紧密附着于其下方的骨组织可抵抗切力和压力；颊黏膜易于活动并富有弹性，有利于组织的扩展，从而可缓冲牵拉力。口腔内有大量的微生物及其毒性产物和其他潜在的有害物质，口腔黏膜上皮是限制它们进入机体的主要屏障。

同时，口腔黏膜还具有免疫防御作用，包括体液免疫和细胞免疫。

此外，口腔黏膜还有感觉功能，包括本体感觉和对疼痛、触动和温度做出反应，同时还有特殊的感觉，即味觉。在某些方面，感觉功能具有保护性，因为口腔黏膜的感受器能启动吞咽、恶心和流涎等反射。

口腔黏膜相关的小唾液腺对口腔有润滑、缓冲作用，还可分泌一些抗体。口腔黏膜表面的黏液膜有助于保持黏膜的水分和电解质。唾液的分泌还与某些药物的渗透性吸收有关。

二、口腔黏膜的增龄变化 Aging Changes of Oral Mucosa

口腔黏膜组织结构的增龄性变化比较明显。首先是上皮萎缩、变薄，上皮细胞及胞核的体积均发生变化。由于上皮钉突变短，使上皮与结缔组织的接触面变平。此外，舌背黏膜丝状乳头数量减少，叶状乳头可增生。此时饮食中如缺乏维生素B等营养成分，上述变化则更明显。朗格汉斯细胞随年龄增长而减少，这可能导致细胞免疫功能下降。

随着年龄的增长，机体代谢活动降低。固有层结缔组织总量减少，成纤维细胞收缩，胞核变长，胞质减少，胶原纤维裂解，出现玻璃样变性，弹性纤维增多。血管变化也较明显。唇及颊黏膜可出现血管痣，舌腹可出现静脉曲张性小结，此种改变与患者心血管状态无明显关系。神经末梢的密度降低，味蕾数量减少。黏膜感觉功能减弱。上皮和结缔组织的细胞增殖活动和组织更新仍较活跃。黏膜各处的小唾液腺发生明显萎缩，被增生的纤维组织取代。因此，老年患者，特别是绝经后女性常出现口干、黏膜灼热感及味觉异常等。

Summary

Oral mucosa consists of the epithelium and lamina propria lining all the surfaces of the oral cavity. The epithelium can be divided into 4 layers: basal layer, prickle cell layer, granular layer and keratinized layer. Different layers of the oral epithelium represent a progressive maturation process. Cells from the most superficial layer are continuously being shed and replaced from below. Oral mucosa may be classified into 3 types: masticatory, lining and specialized mucosa. The masticatory mucosa is a keratinized epithelium found on the gingival and covering hard palate. The specialized mucosa covers the dorsal surface of the tongue. The lining mucosa covers the remainder of the oral cavity and is a nonkeratinized epithelium.

The epithelium comprising keratinocyte express different cytokeratin. The masticatory epithelium expresses cytokeratin 5, 14, 1, 10 and 6, 16; cytokeratin 5, 14, 19 and 4, 13 are expressed in the lining epithelium. As many as 10% of the cells in the oral epithelium are non-keratinocyte. They are melanocyte, Merkel cells and Langerhans cells, each of them has their own functions.

The lamina propria varies extensively in the different areas of the mouth and may be tightly bound to underling bone or freely movable as in the lips, vestibule, and cheeks. A complex arrangement, basement membrane or basal lamina, links epithelial and connective tissue components of the oral mucosa. Ultrastructurally, the basal lamina is found to consist of lamina lucida and lamina densa. The basal lamina consists mainly of laminin and type IV collagen. The cell side of basal lamina consists of hemidesmosome.

Gingival is attached to the necks of the teeth by means of an epithelial attachment. The epithelium attached to the teeth surfaces by basal lamina and hemidesmosome is called junctional epithelium. These attachment sites are mobile, which allows the attachment to be maintained as the epithelial cells migrate incisally into the sulcus. The col is a valley between two interdental papillae. Its epithelium is thin and usually inflamed. There are 10 groups of collagen fiber bundles in the lamina propria of gingival.

The oral mucosa is richly innervated with sensory nerve endings and receptors that provide a significant role in the perception of pain, temperature, and touch. Mechanoreceptors for touch and pressure include Meissner's corpuscles, Merkel's corpuscles, and simple coiled corpuscles. Free nerve endings are characterized as thermoreceptors and nociceptors.

Taste buds are located in fungiform, foliate, and circumvallate papillae and function in tasting sweet, salt, sour, and bitter tastes. Taste buds are goblet-shaped clusters of four types of cells. Type 1 (dark) cells represent the majority of the taste cells. Type 3 cells represent about 7% of the taste cells and exhibit chemical synapses with the nerve endings. Nerves are important to the maintenance of the taste cells.

Definition and Terminology

口腔黏膜（oral mucosa）：The term mucous membrane is used to describe the moist lining of the gastrointestinal tract, nasal passages, and other bodycavities that communicate with the exterior. In the oral cavity this lining is called the oral mucous membrane, or oral mucosa.

正角化（orthokeratinization）：In some regions of the masticatory oral epithelium, the surface layer is composed of flat (squamous) cells that stain bright pink with the histologic dye eosin (i.e., they appear eosinophilic) and do not contain any nuclei. This pattern of maturation of these cells is termedorthokeratinization.

角化不全（parakeratosis）：This is a variation of keratinization in which the surface layer of epithelium stains for keratin, as described in orthokeratinization, but shrunken (or pyknotic) nuclei are retained in many or all of the squames.

福代斯斑（Fordyce's spot）：Sebaceous glands are present on the lips, labial mucosa, and buccal mucosa in over three quarters of adults and have been described occasionally in the alveolar mucosa and dorsum of the tongue. They are not associated with hair follicles and are sometimes called sebaceous follicles. Clinically, they appear as pale yellow spots, sometimes called Fordyce's spots (or granules) or Fordyce's disease, although they do not represent a pathologic condition.

上皮钉突（epithelial spike）: The interface between oral epithelium and connective tissue is usually irregular, and upward projections of connective tissue, called the connective tissue papillae, interdigitate with epithelial spike, sometimes called the rete spike.

基底膜（basement membrane）: In a histological section, the interface between epithelium and connective tissue appears as a structureless layer about $1 \sim 2 \mu m$ thick, termed as the basement membrane. At the ultrastructural level, this region has a complex structure.

（高　岩）

第三章 口腔黏膜基本损害

Basic Lesions of Oral Mucosa

虽然发生在口腔黏膜的损害有多种表现，但各种口腔黏膜病均有其自身的病损特点，所以根据损害表现可以初步确定疾病的诊断范围。而要正确诊断口腔黏膜病，首先需要正确辨认各种损害的临床表现并了解其组织变化，再结合病史、症状和其他进一步辅助检查，从而得出较明确的诊断，以便制订正确的治疗方案。口腔黏膜临床常见损害包括以下几种：

1. 斑疹 斑疹（macule）简称斑，是黏膜或皮肤上的局限性颜色异常。斑不高于黏膜或皮肤表面，也不使黏膜增厚。其大小、形状和颜色各不相同。斑的直径通常为数毫米到数厘米。其颜色可以是红色、棕色或黑褐色等。因固有层血管扩张、增生、充血等所形成的斑为红色甚至红棕色，称为红斑。用玻片加压时，可见红色消退。如由于出血引起的瘀斑，则加压时其颜色不消退。在多形红斑、慢性盘状红斑狼疮等疾病患者，可见红斑病损。血小板减少性紫癜患者黏膜及皮肤可见瘀斑。色素斑的颜色通常由棕色到黑色，是由于上皮基底层有黑色素细胞，亦可因陈旧性出血使含铁血黄素沉积于固有层内而引起。色素斑可以是生理性的，亦可能是病理性的（图3-1）。

2. 丘疹 丘疹（papule）是一种小的实质性突起，高出黏膜面。其直径可为1毫米至数毫米。丘疹表面可呈扁平、尖形或圆形，基底形状可能呈圆形、椭圆形或多角形。其颜色可以呈红色、紫红色、白色或黄色等。丘疹消退后不留痕迹。光学显微镜下可见丘疹的组织变化是上皮增厚、浆液渗出及炎症细胞浸润等。因丘疹有实质内容物，故触之较硬。扁平苔藓的病损是口腔黏膜出现白色丘疹，排列成线状或斑块状。皮肤丘疹起初呈紫色，久而久之可呈褐色，有明显瘙痒感或灼热感（图3-2）。

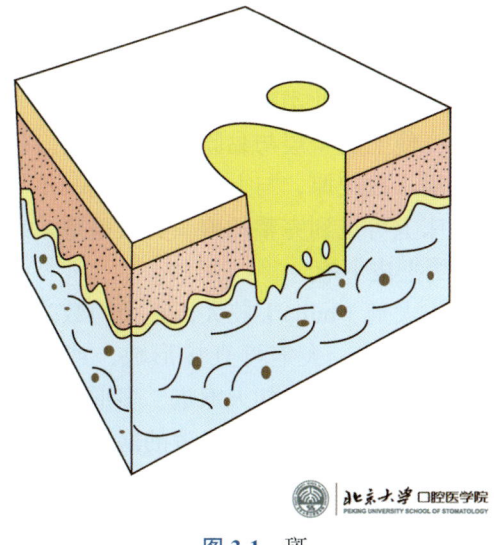

图 3-1 斑
（北京大学口腔医学院供图）

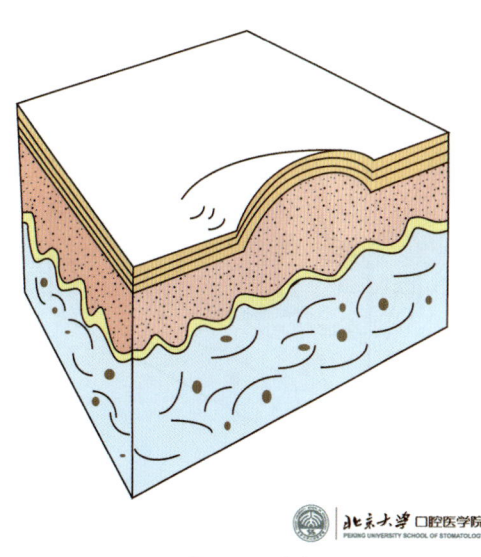

图 3-2 丘疹
（北京大学口腔医学院供图）

3. 结节 结节（nodule）是由于组织增生而形成突起于黏膜表面的小结。通常，慢性炎症以增殖性变化为主，结节就是肉芽肿本身在临床上的表现。纤维瘤时，结缔组织增生亦可形成结节，表现为高出黏膜或皮肤的实质性突起，触之较硬而坚实。如果肉芽组织的一部分坏死、液化，则可形成脓肿。若肉芽肿表面组织坏死、脱落，以致失去正常的被覆上皮，则形成溃疡。口腔结核、恶性肉芽肿的病损都可出现炎症性肉芽组织增生，临床表现为结节（图3-3）。

4. 小疱 小疱（vesicle）简称疱，是一种小的圆形突起，内有液体潴留，潴留脓液者称为脓疱，潴留血液者称为血疱，潴留浆液者称为水疱。口腔黏膜病常见的疱为水疱，内容物为渗出的浆液（图3-4）。疱的数量及分布情况可以为单个散在分布，也可为多个成簇分布。疱壁可以很薄或较厚，因疱所在部位不同而异，分为三类。

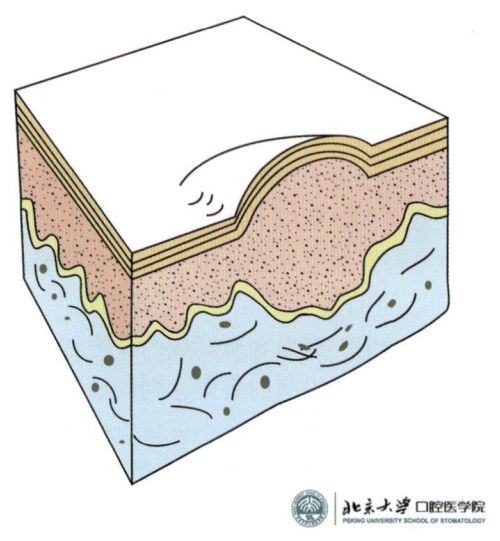

图 3-3 结节
（北京大学口腔医学院供图）

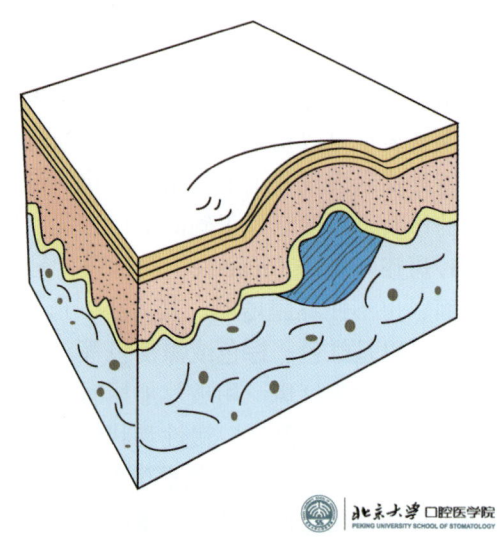

图 3-4 疱
（北京大学口腔医学院供图）

（1）角质层下疱：是最表浅的疱。疱在角质层下，使角质层与上皮剥离。如皮肤脓疱病有角质层下疱。口腔黏膜很少见此类疱。

（2）上皮内疱：此类疱在棘层内。因为疱在上皮层内，故疱壁很薄，极易破裂。临床上很难见到完整的上皮内疱。天疱疮病损即为上皮内疱，且伴有棘层松解。疱疹性口炎亦为上皮内疱，但没有棘层松解。

（3）上皮下疱：此类疱在上皮基底层下。基底细胞变性，使上皮全层与黏膜下组织剥离。疱壁为上皮全层，故较厚，与上皮内疱相比，不易破裂。在临床上可见到完整的疱。类天疱疮、扁平苔藓等均为上皮下疱。

5. 大疱 大疱（bulla）较大，直径为数毫米至数厘米（图3-5）。大疱可直接形成，或由数个邻近的小疱融合而成，如天疱疮、多形红斑等疾病患者可出现大疱。天疱疮患者的疱四周无红晕，见于看似"正常"的黏膜或皮肤。如果摩擦天疱疮患者未发生疱疹的黏膜或皮肤，也可形成疱，或者可使其与上皮剥离。此种现象称为尼科

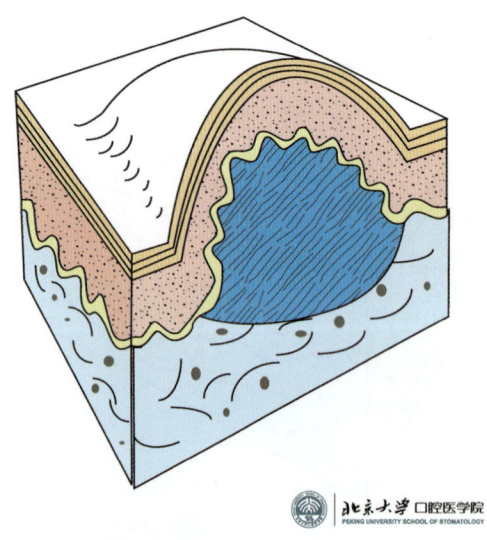

图 3-5 大疱
（北京大学口腔医学院供图）

利斯基征（Nikolsky sign）阳性，说明天疱疮患者黏膜和皮肤易受损。

6. 角化异常

（1）过度角化（hyperkeratosis）：过度角化可表现为两种情况，即过度正角化（hyperorthokeratosis）和过度角化不全（hyperparakeratosis）。上皮角质层异常增厚，或角质层没有随着代谢过程脱落即形成过度角化。病理变化是角质层增厚，颗粒层明显，棘层亦可增厚。过度角化的临床表现是黏膜发白、增厚，表面粗糙，有发涩感。如白斑病、扁平苔藓等疾病患者出现的白色角化斑块或条纹，均为过度正角化或过度角化不全。

（2）角化不全（parakeratosis）：当黏膜上皮有炎症或棘层水肿时，常出现角化不全。其病理变化是在角质层中有未完全消失的、固缩的上皮细胞核。临床表现如唇红部脱屑，或湿润的口腔黏膜的浅小凹陷。扁平苔藓、慢性盘状红斑狼疮病损的上皮表层可能出现角化不全。

（3）角化异常或称角化不良（dyskeratosis）：是指上皮细胞异常发育，在棘层及基底层中发生角化，一般在高度增生的上皮钉突中出现。这种情况易于发生癌变。临床上如白斑病患者病损表面增生、不平整和有硬结时，应怀疑是上皮异型增生（epithelial dysplasia）。

7. 糜烂 糜烂（erosion）是指黏膜上皮浅层破溃而不完整，但未波及上皮全层，所以病损表浅，愈合后不留瘢痕（图3-6）。糜烂可继发于疱疹破溃以后，上皮剥脱后，或由创伤引起。如糜烂型扁平苔藓、慢性唇炎等均可出现糜烂。

8. 溃疡 溃疡（ulcer）是由于上皮的完整性发生持续性缺损或破坏，因其表层坏死、脱落而使组织形成凹陷。溃疡底部是结缔组织，所以溃疡面一般都有炎症细胞浸润和纤维蛋白渗出（图3-7）。由于引起溃疡的原因不同，组织破坏的程度不同，所以溃疡的深浅和形状亦各异。如损害仅波及上皮层，则称为浅溃疡，愈合后不留瘢痕。如破坏达黏膜下层，则称为深溃疡，愈合后可留下瘢痕。溃疡是口腔黏膜病中最常见的病损。常见的复发性阿弗他溃疡、球菌或病毒感染性口炎等病损处均表现为浅溃疡。复发性坏死性黏膜腺周围炎及结核性溃疡、癌性溃疡则表现为深溃疡。

9. 萎缩 萎缩（atrophy）是上皮（也可伴有结缔组织）细胞体积缩小和数量减少。临床可见组织变薄。如上皮变薄，则结缔组织中的血管颜色明显透露致使黏膜发红，组织表面稍凹陷（图3-8）。舌乳头萎缩可使舌面光滑、发亮。

10. 皲裂 皲裂（rhagades）是黏膜或皮肤发生的线状裂口，因组织失去弹性变脆而形成。当皲裂表浅，只限于上皮层时，易愈合，且不留瘢痕；如皲裂深达固有层或黏膜下层，则可引

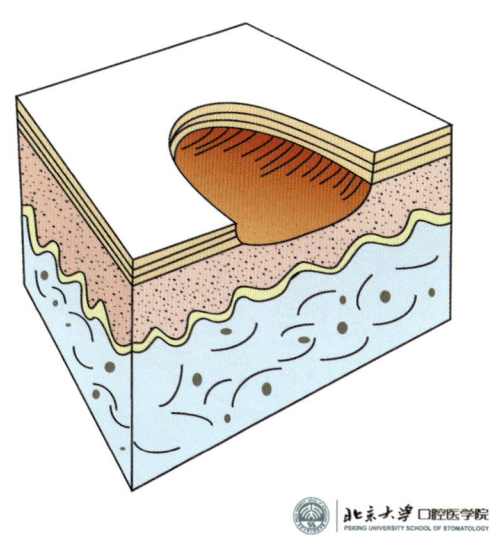

图 3-6 糜烂
（北京大学口腔医学院供图）

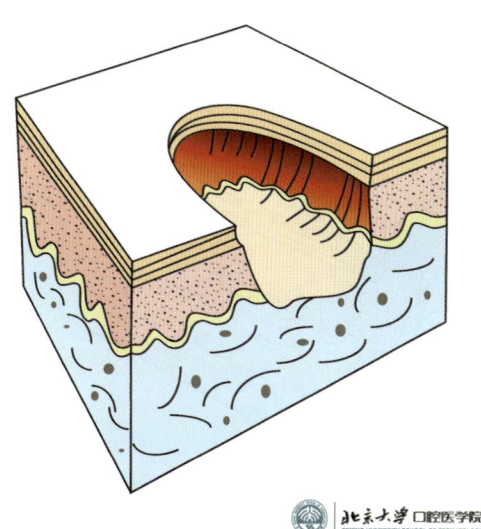

图 3-7 溃疡
（北京大学口腔医学院供图）

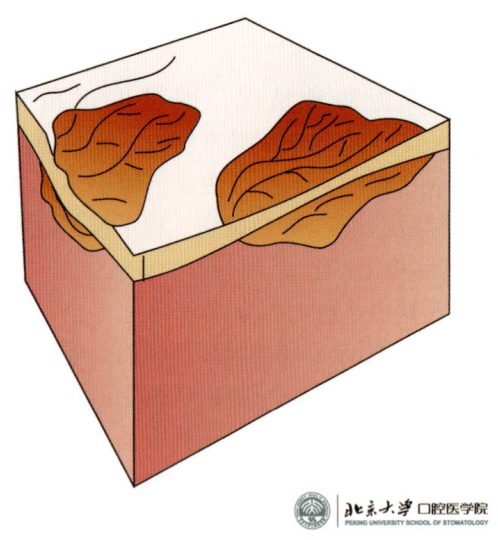

图 3-8　萎缩
（北京大学口腔医学院供图）

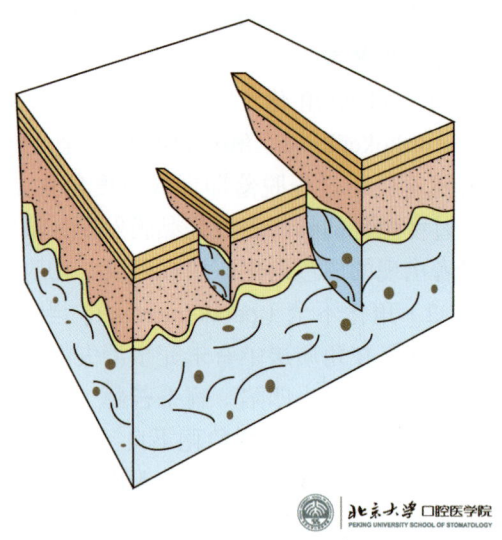

图 3-9　皲裂
（北京大学口腔医学院供图）

起出血和疼痛，愈合后有瘢痕形成（图 3-9）。如慢性唇炎时，患者唇红部有皲裂；维生素 B_2 缺乏及口腔真菌感染等患者，口角亦可出现皲裂。

11. 鳞屑　鳞屑（scale）是指已经或即将脱落的表皮角质细胞，往往由炎症引起。病损表层多为角化不全（图 3-10）。皮肤上的鳞屑能堆积在皮肤表面，但口腔内因有唾液的湿润，故不能见到脱屑。口腔黏膜鳞屑仅见于唇红部。

12. 痂（crust）　黏膜或皮肤表面病损的渗出液、分泌物及脱落组织等干涸即形成痂。但在口腔内，由于唾液的存在可维持湿润状态而不能形成痂，只有唇红部可以结痂。痂是由脓液、血液、浆液和上皮残渣以及一些体外物质变干后形成的，颜色为黄色、棕色甚至暗紫色，取决于构成成分（图 3-11）。唇红部的痂因暴露在空气中，较干燥，所以常可形成裂口而出血，见于口角炎、唇疱疹等患者。

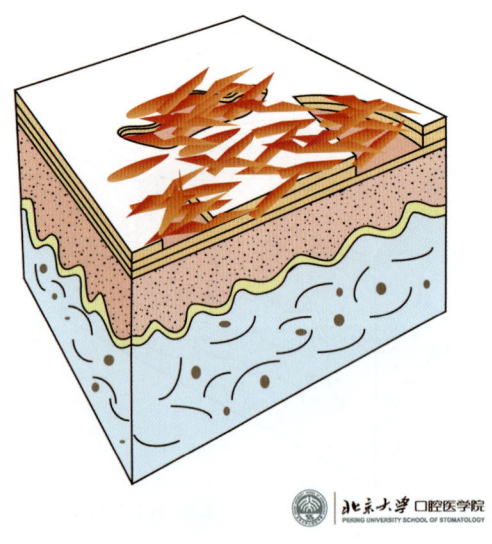

图 3-10　鳞屑
（北京大学口腔医学院供图）

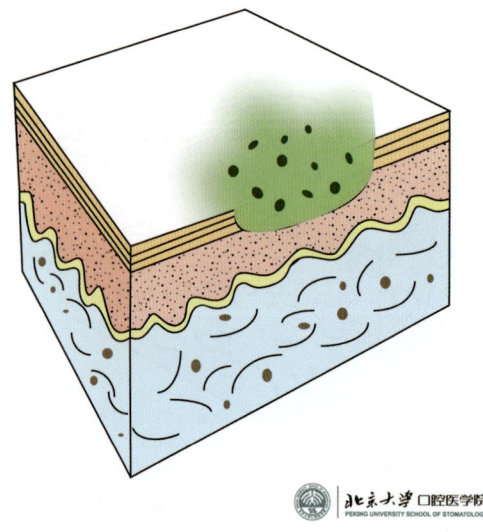

图 3-11　痂
（北京大学口腔医学院供图）

13. 假膜　假膜（pseudomembrane）是由于上皮缺损形成溃疡后，由炎症渗出的纤维蛋白形成网架，与坏死、脱落的上皮细胞和炎性渗出物集结在一起而形成（图3-12）。假膜并不是组织本身，所以能被擦掉或撕脱。各种原因形成的溃疡表面常有假膜形成。

14. 坏死及坏疽　局部组织和细胞发生病理性破坏、死亡的现象，称为坏死（necrosis）。坏死组织继发腐败细菌感染及其他因素影响可发生坏疽（gangrene），形成腐肉而脱落，并遗留深的溃疡。临床表现为污秽的暗灰色或灰黑色缺损，并伴有恶臭。显微镜下表现为组织失去原有的结构、核固缩、破裂甚至溶解成无结构物质。如坏死性龈口炎、白血病、粒细胞缺乏、淋巴瘤等均可导致坏死性溃疡。

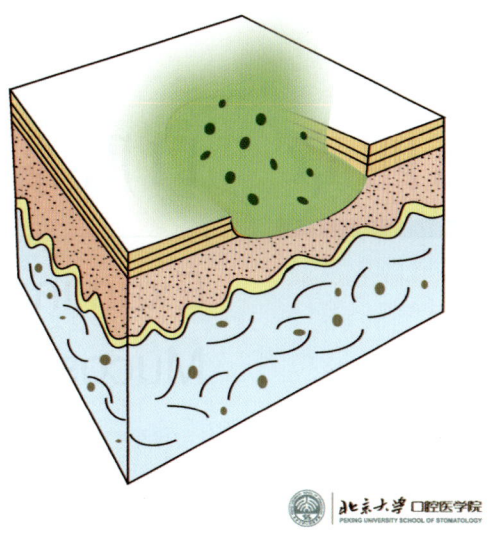

图 3-12　假膜
（北京大学口腔医学院供图）

Summary

There are many kinds of oral mucosal lesions, and various oral mucosal diseases have their own characteristics. According to the manifestations of the lesions, the diagnosis of the disease can be initially indicated. Identifying the clinical manifestations of various lesions and understand their tissue changes is essential for making correctly diagnosis of oral mucosal diseases. Based on the correctly recognizing the lesions, then combining the medical history, symptoms and other further auxiliary examinations, we can arrive at a more definite diagnosis and develop the correct treatment options.

Definition and Terminology

斑（Macule）：Flush lesions with the adjacent mucosa and that are noticeable because of their different color from normal mucosa. They may be red due to the presence of vascular lesions or inflammation, or pigmented due to the presence of melanin, hemosiderin, foreign materials and drugs.

丘疹（Papule）：lesions raised above the mucosal surface that are smaller than 1.0 cm in diameter. Papules may be slightly domed of flat-topped.

斑块（Plaque）：Solid raised lesions that are greater than 1 cm in diameter; they are essentially large papules.

结节（Nodule）：These lesions are present deep in the mucosa, the lesions may also protrude above the mucosa forming a characteristic dome-shaped structure.

疱（Vesicle）：small blisters containing clear fluid that are less than 1 cm in diameter.

大疱（Bullae）：Elevated blister lesions containing clear fluid that are greater than 1 cm in diameter.

糜烂（Erosion）：Moist red lesions often caused by the rupture of vesicles or bullae as well as trauma. They may also result from thinning or atrophy of the epithelium in inflammatory diseases. These should be differentiated from ulcer.

溃疡（Ulcer）：A defect in the epithelium covered by a fibrin clot; it is a well-circumscribed depressed lesion over which the epidermal layer, resulting in a yellow-white appearance.

（刘　洋　刘晓松）

第四章　口腔黏膜病的检查与诊断

Examination and Diagnosis of Oral Mucosal Diseases

一、病史采集 History Taking

口腔黏膜病的病史采集（history taking）较口腔科其他临床学科所要求的更为详尽，这是由于口腔黏膜病种类繁多且与全身系统性疾病关系密切。初诊病历的病史采集应包括完整的主诉、现病史、既往史、家族史及系统回顾（review of systems，ROS）。系统回顾是指了解各系统是否发生目前尚存在或已治愈的疾病，以及这些疾病与本次疾病之间是否存在因果关系。

问诊（inquiry）是医师通过对患者或相关人员的系统询问获取病史资料的过程，是获得诊断的重要步骤。问诊时要全面了解疾病的发生及发展至就诊的全过程。现病史应详细记录疾病诱发因素和前驱症状，应注意除口腔病损外，是否还伴有身体其他部位的病损及症状，以及治疗经过等。在询问和记录病史的过程中，应注意主诉症状的特征、性质、部位、分布、程度、发作规律、加重或缓解因素及伴随症状等。既往治疗史包括患者本次就诊前曾接受过何种治疗（药物名称、剂量、用法及时间），疗效如何，对临床诊断和治疗有提示作用。既往史中应注意妊娠与疾病的关系。家族史中应注意遗传因素及家族患病情况。对患者个人的烟、酒嗜好，以及职业和个性方面的特点与疾病的关系也应予以重视。对怀疑有性传播疾病可能的情况，还应当以恰当的方式询问婚育史和冶游史。

二、检查 Examination

检查应包括口腔专科检查和实验室检查等辅助检查。

（一）口腔黏膜检查

口腔专科检查是诊断过程中最重要的一步。通过口腔检查，可验证病史采集时所得到的初步印象。口腔检查除检查主诉部位外，还应检查全口黏膜有无颜色、形态、质地的改变。有无残冠、残根或不良修复体等机械刺激因素。检查口腔黏膜的病损时，应注意辨别病损的类型、分布、大小、形状、数量、深浅、软硬及是否有增生等。此外，还应检查病损基底及周围黏膜的情况，有无炎症反应或浸润性变化，病损相应部位的淋巴结情况及其与骨组织的关系等。

口腔黏膜的范围包括唇红及唇周皮肤、唇内侧黏膜及颊黏膜、牙龈、舌、口底和舌腹、腭、咽等部位，检查时应按照一定的顺序进行（如从外到内，从上到下），以避免遗漏某些部位和病损。

唇红：注意观察唇红的颜色，唇的张力和形态，有无脱屑、皲裂、结痂和渗出，唇红与皮肤的界限是否清晰，双侧口角区有无潮红、皲裂和渗出。触诊检查时注意唇红有无肿胀、结节或垫褥感。

唇内侧黏膜及颊黏膜：注意观察黏膜的颜色（有无苍白、充血、色素沉着等），黏膜是否有肿胀、糜烂、渗出等。需要注意颊黏膜的一些正常生理结构：在双侧颊黏膜常可见到咬合线对应的黏膜前后纵向的黏膜皱褶，颜色灰白而略水肿，称为颊白线或咬合线（linear alba），有时可演变为略宽的白色水肿。正对上颌第二磨牙牙冠处的颊黏膜隆起称为腮腺乳头。双侧颊黏膜常有散在的皮脂腺颗粒，称为异位皮脂腺（或迷脂症）。

牙龈：注意观察牙龈的形态、色泽、质地，有无肿胀、充血、起疱或上皮剥脱等。牙龈可为扁平苔藓、类天疱疮等疾病的好发部位之一。对剥脱性龈炎等牙龈病损的临床表现需要谨慎鉴别诊断。

舌、口底及舌腹：检查时应注意舌体是否对称，伸舌是否自如，有无震颤，舌乳头有无萎缩、充血、增生等。舌背后部的轮廓乳头常被误认为是增生或肿物而成为患者就诊的主诉。

腭：腭部是义齿性口炎、疱疹性口炎、疱疹性咽峡炎、创伤性病损等的好发部位。应检查黏膜的完整性，有无充血、糜烂、溃疡、结节等病损。

口、颌面部的其他检查还包括唾液腺、颞下颌关节、淋巴结和脑神经等的检查。

皮肤和其他部位检查：有些口腔黏膜病是全身疾病的表征。某些口腔黏膜病伴有皮肤病损。因此，体检时亦应注意皮肤有无病损，病损的类型、分布及症状等，这有助于诊断。有些疾病可伴发外阴、眼、鼻或其他腔孔黏膜的病损。根据患者病情，必要时应做全身及外阴、眼、鼻等部位的检查，并请眼科、耳鼻喉科、皮肤科及内科等会诊，以协助诊断。

除常规视诊外，通过触诊检查还可了解病损是坚实还是柔软，是表浅还是深在，有无浸润、增厚、萎缩、变薄，以及松弛或凹陷，局部温度是正常、升高还是降低，是否与周围组织粘连，有无压痛，有无感觉过敏、减退或异常，附近淋巴结有无肿大或增生、触痛或粘连等。

（二）辅助检查

对某些疾病仅凭病史及体格检查还不足以作出诊断时，就需要进行一些辅助性的实验室检查，以确定诊断。

1. 活体组织检查 活体组织检查是诊断口腔黏膜病的重要手段之一，其目的通常为确定诊断和排除癌变。当临床不能明确诊断时，根据组织病理变化，并结合临床表现综合分析，便可得出较为明确的诊断。或根据组织病理学检查结果可以提出符合某种疾病或否定某种疾病的意见，以协助临床诊断和确定治疗原则。

出现下列情况时，可以考虑取活体组织行病理学检查：①溃疡表面有颗粒样增生或基底有硬结浸润。②白斑表面形成溃疡或出现颗粒样增生。③扁平苔藓糜烂长期不愈或表面不平整。④黏膜上有肿块、结节或其他组织增生表现。⑤原因不明的溃疡、红斑等虽经抗感染、抗炎症治疗2~3周仍不愈合。⑥对疑难病例根据病史、临床表现及实验室检查均不能明确诊断时。⑦为判断疾病预后及采取不同的治疗方法，需要对临床表现相似的疾病进行鉴别时。

取活组织时，应注意须基本控制病损部位的感染和炎症后才能进行，以免影响病理学检查结果和活检伤口的愈合。要选择切取最可疑及最具特征性的病变组织。病损如为多种表现，则应在不同病变处取2种以上的组织标本。

切取的部位、大小、深度以及标本的处理都很重要。一般而言，标本应含有与正常组织交接的边缘，深度应达黏膜下层，应避免过度挤压组织，对于疱等病变组织应特别注意小心包埋。在特定情况下，除常规HE染色外，还可采用过碘酸-希夫（periodic acid-Schiff，PAS）染色（如怀疑为念珠菌感染），刚果红染色（如怀疑为淀粉样变），直接免疫荧光（如怀疑为疱病）和免疫组织化学、分子生物学等手段，以辅助诊断。

2. 微生物学检查

（1）细菌感染：口腔黏膜常见的细菌感染致病菌为革兰氏阳性、阴性球菌，梭状杆菌及文森螺旋体等。可取病损部位组织涂片，进行革兰氏染色（Gram staining）后观察。对于特殊感染（如结核分枝杆菌感染）病例，可取病损部位组织涂片，经抗酸染色后找结核分枝杆菌，必要时做细菌培养，或采用分子生物学方法证实。

（2）真菌感染：口腔常见的真菌感染为白念珠菌感染。可于病损部位或义齿的组织面取材涂片，滴加10%氢氧化钾溶液，在微火焰上固定，即可在显微镜下见到念珠菌的菌丝及孢子。亦可用过碘酸-希夫（PAS）染色法或革兰氏染色法见到菌丝及孢子。于病损处刮取标本或取患者非刺激性唾液进行培养，亦可得到证实。

3. 脱落细胞学检查　　检查脱落细胞是一种简便、易行，且患者痛苦较少的诊断方法，可作为下列口腔黏膜病初步诊断或辅助诊断的一种手段。

（1）天疱疮：在表面麻醉下，揭去疱皮，于疱疹底部刮取脱落的上皮细胞做涂片。进行吉姆萨染色（Giemsa staining）后，可见大量成堆或散在的基底上皮细胞及呈圆形、细胞核增大、染色质增多且核四周有晕的天疱疮细胞，即棘层松解细胞（Tzanck cell），由此可初步诊断为天疱疮。

（2）疱疹性口炎：在表面麻醉下，于疱疹破溃后的溃疡底部刮取脱落的上皮细胞做涂片。进行巴氏染色（Papanicolaou staining）或吉姆萨染色后，可以见到：①毛玻璃样核，表现为细胞核增大，细胞核染色混浊、暗淡，但均匀一致。核膜亦染色深。细胞质及细胞膜模糊不清。②多核合胞体，表现为细胞中核的数量增多，为几个甚至20～30个。细胞体积增大，形状各异。③细胞核内出现包涵体。

（3）口腔白斑：脱落细胞可用于追踪口腔白斑病损的变化。根据DNA倍体检出情况及甲基化情况，可判断口腔白斑的潜在恶变倾向。

（4）早期癌变病损：对一切临床可疑癌变的病损，可于病变底部刮取脱落细胞。如见到癌变细胞，可作为初步的辅助诊断，须进一步取活体组织行病理学检查证实。

4. 免疫学检查　　免疫荧光技术是将免疫组织化学技术与免疫荧光技术两者相结合的一种技术，可用于鉴定组织或细胞内的抗原或抗体成分，包括直接免疫荧光技术和间接免疫荧光技术两种。直接免疫荧光技术是将荧光素标记在第一抗体（又称Ⅰ抗）上，然后直接滴在组织或细胞上，可检测未知抗原的位置，此法特异性强。间接免疫荧光技术是把荧光素标记在第二抗体（又称Ⅱ抗）上，待特异性抗体（即Ⅰ抗）与组织或细胞发生反应后，再将Ⅱ抗与Ⅰ抗相结合，显示出抗原的位置。此法可进一步提高检测的灵敏度。间接免疫荧光技术也可用于检测自身抗体。免疫学检查可用于诊断或协助诊断某些口腔黏膜病。如通过直接免疫荧光技术，可以诊断天疱疮，发现病变上皮细胞间的荧光抗体。诊断类天疱疮时，可见病变上皮基底膜处有荧光抗体。部分盘状红斑狼疮患者上皮和结缔组织交界处有荧光抗体，亦可作为诊断的参考依据。间接免疫荧光技术目前已成为疱病诊断的重要手段。

检测体液免疫和细胞免疫功能的变化，可协助诊断某些与免疫相关的口腔黏膜病。如感染性疾病，特别是念珠菌病及HIV感染时，机体免疫功能可降低。红细胞沉降率、免疫球蛋白、凝胶电泳、类风湿因子、补体、抗核抗体（antinuclear antibody，ANA）、抗ENA抗体谱等测定已经成为与口腔黏膜相关的自身免疫病辅助检查项目。

5. 血液学检查　　在口腔黏膜病的诊断和治疗用药的过程中，往往需要了解患者外周血情况。常需进行的检查包括：

（1）感染性口炎或其他口腔黏膜病发生继发感染时，需了解感染情况及程度。或使用影响白细胞的药物时，应进行血细胞分析。

（2）白塞病活动期或怀疑其他自身免疫病时，要测定红细胞沉降率、ANA、抗内皮细胞抗体或 HLA-B51 等。

（3）特殊感染：怀疑为结核性溃疡时，应进行红细胞沉降率测定、结核菌素试验、干扰素释放试验等检查。

（4）怀疑为变态反应性疾病时，应进行白细胞分类计数及嗜酸性粒细胞直接计数或血 IgE 等测定，必要时可查过敏原或斑贴试验。

（5）对舌痛、舌乳头萎缩等患者，应检查血常规，包括血红蛋白含量及红细胞计数。此外，还应根据病史及临床表现，查血清铁、维生素 B_{12} 及叶酸等。

（6）口腔黏膜有念珠菌感染时，亦应检查血液中铁、叶酸及维生素 B_{12} 的含量。因缺乏这些物质时，对某些敏感个体，念珠菌的菌丝易侵入上皮。

（7）怀疑为出血性疾病或其他血液病时，应做血常规、血细胞分类计数及出、凝血时间、血小板等的检查。必要时应做全面的血液检查或骨髓相关检查或基因筛查。

（8）对口腔黏膜病患者还可进行微循环和血流动力学检查，以便在微循环方面予以改善和治疗。

（9）微量元素检查：对诊断和治疗口腔黏膜病有一定意义。如锌与上皮代谢角化有关，缺锌者易发生口腔溃疡，适量补锌对治疗有益。其他微量元素（如铁、钙、硒、铜等）与口腔黏膜病及患者全身情况均有密切关系。可以取患者头发、唾液或血液进行检测。

（10）肝、肾功能，内分泌因素及遗传学等方面的检查：某些口腔黏膜病与患者肝、肾功能情况，内分泌或代谢紊乱，以及遗传因素等有密切关系，因此必要时须进行相应的检查。

三、诊断与治疗程序 Diagnosis and Treatment Procedures

1. 收集和记录患者的病史。
2. 检查。
3. 进行鉴别诊断。
4. 获取更多信息，如通过实验室检查等，以明确诊断。
5. 制订治疗方案。

以客观事实作为依据，即在进行详尽的病史采集和体格检查后，将所得到的资料结合辅助检查结果进行综合分析，以了解其临床意义和所反映的问题，最后作出正确的诊断，并采取正确且恰当的治疗。

Summary

The diagnostic procedures (history taking, physical examination, imaging and laboratory studies) outlined are designed to assist the dentist in establishing a definitive diagnosis and a plan of treatment directed at those diseases that have been identified as responsible for the patient's symptoms. This process can be divided into the following four parts: 1. Obtaining and recording the medical history; 2. Examining the patient and performing laboratory studies; 3. Establishing a diagnosis; 4. Formulating a plan of action (including dental treatment modifications and necessary medical referrals). The routine oral examination (i.e., thorough inspection, palpation, auscultation and percussion of the exposed surface structures of the head, neck and face; detailed examination of the oral cavity, dentition, oropharynx, and adnexal structures including salivary glands, temporomandibular joints, and lymph nodes) should be carried out. Laboratory studies and additional special examination of other organ systems may be required for the evaluation.

Definition and Terminology

系统回顾(review of systems, ROS): The review of systems (ROS) is a comprehensive and systematic review of subjective symptoms affecting different bodily systems. A complete ROS includes the following categories: General (head, eyes, ears, nose, and throat (HEENT)), Cardiovascular, Respiratory, Dermatologic, Gastrointestinal, Genitourinary, Gynecologic, Endocrine, Musculoskeletal, Hematologic-lymphatic and Neuropsychiatric.

(闫志敏)

第五章 口腔黏膜病的治疗

Treatment of Oral Mucosal Diseases

口腔黏膜病种类繁多，病因复杂，常与全身系统性疾病密切相关。因此，口腔黏膜病的治疗要根据黏膜病的发病特点，强调整体观念，根据实际情况进行规范化、合理化和个性化治疗。在治疗方面，除予以局部对症治疗外，还应配合进行全身调理及病因治疗。治疗方法包括局部治疗和全身治疗，其中，药物治疗占有非常重要的地位。

一、全身治疗 Systemic Treatment

全身治疗以消除相关致病因素为原则，根据病情采取免疫调节、代谢调节、抗感染、抗过敏等治疗措施，同时予以全身支持治疗，以利于疾病的恢复。

机体功能紊乱、身体虚弱是绝大多数口腔黏膜病发生的基础，所以支持治疗（supportive treatment）对于口腔黏膜病患者的治疗是必需的。尤其是对于全身状况差、体质虚弱的患者，首先应给予高营养食物及维生素类药物，以利于提高机体的愈合能力。

药物治疗（medication）是口腔黏膜病防治中最主要、最常用的手段。常用药物包括抗微生物药、糖皮质激素、抗组胺药、维生素类药物等。

（一）抗生素（Antibiotics）

1. 青霉素（penicillin）

（1）主要用于治疗革兰氏阳性球菌、革兰氏阴性球菌、螺旋体和放线菌等引起的各种感染，如球菌性口炎、化脓性口炎、丹毒、梅毒、淋病及放线菌病等。

（2）用法与剂量：肌内注射，成人每天80万～160万 U，分2～3次使用；儿童为2.5万 U/（kg·d），每12 h给药1次。成人每天200万～2000万 U，分2～4次静脉滴注。儿童每天5万～20万 U/（kg·d），分2～4次使用。

（3）不良反应：过敏反应较常见，轻者表现为荨麻疹、药物热；重者表现为过敏性休克，一旦发生必须就地抢救。对青霉素过敏者禁用。此外，疑能与其他青霉素类或头孢菌素类抗生素出现交叉过敏反应，应予以注意。

2. 头孢菌素类 包括第一、第二、第三、第四代头孢菌素，主要用于治疗耐青霉素的金黄色葡萄球菌和某些革兰氏阴性菌引起的感染。对青霉素过敏者，应注意与此类药物的交叉过敏反应。

3. 四环素类 包括四环素、米诺环素、多西环素等。主要用于治疗淋病或衣原体感染，或作为类天疱疮的辅助治疗。

4. 大环内酯类 包括红霉素、罗红霉素、克拉霉素、阿奇霉素等。主要用于梅毒（对青霉素过敏者）、淋病或衣原体感染等疾病的治疗。

5. 抗结核药 包括异烟肼、利福平、乙胺丁醇、对氨基水杨酸钠等。此类药物需联合应用，对结核分枝杆菌有效，适用于各型结核病及其他分枝杆菌感染。

6. 抗麻风药 包括氨苯砜、氯法齐明、沙利度胺等。

（1）氨苯砜（dapsone）：对麻风杆菌有较强的抑制作用，大剂量使用显示具有杀菌作用。此外，该药还具有抗感染及免疫抑制作用，可用于治疗麻风、自身免疫性大疱性疾病、线状IgA病、系统性红斑狼疮、白塞综合征、结节病、淀粉样变等。不良反应包括胃肠道反应、肝损害、贫血及粒细胞减少等。

（2）氯法齐明（clofazimine）：对麻风分枝杆菌及其他一些分枝杆菌有明显抑制作用。其作用机制尚不清楚。氯法齐明可用于治疗麻风及非典型分枝杆菌感染、盘状红斑狼疮、白塞综合征、肉芽肿性唇炎等。少数患者可出现光敏反应及胃肠道反应，如恶心、腹泻、胃部不适等。

（3）沙利度胺（thalidomide）：又名反应停。该药对体液免疫和细胞免疫均有抑制作用，可用于各型麻风和某些皮肤黏膜病的治疗，如腺周口疮、白塞综合征、自身免疫性大疱性疾病、朗格汉斯细胞组织细胞增多症等。该药可致胎儿畸形，孕妇及哺乳期妇女禁用。此外，该药还可导致头晕、嗜睡等症状，驾驶员、机器操作者慎用。

（二）抗病毒药

抗病毒药可抑制病毒复制（如金刚烷胺），干扰病毒核酸复制（如阿昔洛韦、伐昔洛韦等），影响mRNA翻译（如酞丁安），抑制病毒反转录酶（如齐多夫定、拉米夫定等），抑制蛋白酶活性（如沙奎那韦等）。

1. 核苷类抗病毒药 宜在发病早期（3～4天）使用。

（1）阿昔洛韦（aciclovir）：可抑制病毒DNA复制，导致DNA链延伸中断。该药对单纯疱疹病毒（herpes simplex virus，HSV）、水痘-带状疱疹病毒（varicella-zoster virus，VZV）、EB病毒（Epstein-Barr virus，EBV）、巨细胞病毒（cytomegalovirus，CMV）等均有活性，可用于治疗单纯疱疹、水痘、带状疱疹、多形红斑、毛状白斑等。不良反应包括皮疹、静脉炎、肝损害、血肌酐浓度升高、胃肠道反应等。肾功能损害者，不推荐使用阿昔洛韦。

（2）伐昔洛韦（valaciclovir）：适应证同阿昔洛韦，可用于治疗单纯疱疹及带状疱疹。不良反应包括轻度胃肠道反应、头痛、蛋白尿、皮肤瘙痒等。

（3）更昔洛韦（ganciclovir）：适应证同阿昔洛韦，此外，该药还可用于治疗艾滋病患者的巨细胞病毒性肺炎、结肠炎、食管炎等。不良反应包括胃肠道功能紊乱、贫血、血肌酐浓度升高、皮疹等。

（4）泛昔洛韦（famciclovir）：可用于治疗单纯疱疹、水痘、带状疱疹、乙型肝炎等。不良反应包括胃肠道反应、头晕、嗜睡、皮疹等。

2. 阿糖腺苷（vidarabine） 为抗脱氧核糖核酸病毒药，可用于治疗单纯疱疹、带状疱疹、巨细胞病毒感染。不良反应为消化道反应、神经精神症状、血红蛋白减少等。

3. 利巴韦林（ribavirin） 为肌苷一磷酸（inosine monophosphate，IMP）抑制剂，属于广谱抗病毒药。可通过抑制IMP，阻止病毒核酸的合成。该药可用于治疗单纯疱疹、带状疱疹、水痘、麻疹、甲型肝炎等。不良反应为贫血、疲倦、头痛、食欲缺乏等。有贫血及肝功能异常者慎用。

4. 聚肌胞（polyinosinic acid） 在体内可诱生干扰素，对多种病毒引起的疾病有一定作用。该药可用于治疗复发性阿弗他溃疡、单纯疱疹、带状疱疹、病毒性肝炎等。少数患者可出现低热等不良反应。

5. 齐多夫定（zidovudine，AZT） 又称叠氮胸苷，具有抗人类免疫缺陷病毒（human immunodeficiency virus，HIV）、人类嗜T细胞病毒（human T-cell lymphotropic virus，HTLV）

和其他反转录病毒的活性,对乙型肝炎病毒(hepatitis B virus,HBV)和EBV有抑制作用。该药可用于治疗艾滋病和预防孕妇HIV垂直传播。不良反应为骨髓抑制、头痛、肌痛、肝功能异常、指甲色素沉着等。应定期进行全血细胞分析和肝功能测定。

6. 拉米夫定(lamivudine) 为核苷酸类抗病毒药,适用于艾滋病和慢性乙型肝炎的治疗。不良反应为恶心、腹痛、腹泻,或出现上呼吸道感染症状。

(三)抗真菌药

1. 多烯类抗真菌药

(1)制霉菌素(nystatin):该药具有广谱抗真菌作用,对念珠菌属抗菌活性高。新型隐球菌、曲霉菌等对该药亦敏感。制霉菌素口服后不经胃肠道吸收,给予常用口服剂量后血药浓度极低,对全身真菌感染无治疗作用。该药几乎全部随粪便排出,可用于治疗口腔念珠菌病。用法为口含,成人一次50万U,每天3次。药物不良反应是较大剂量使用可导致腹泻、恶心、呕吐和上腹疼痛等消化道反应,减量或停药后可迅速消失。

(2)两性霉素B(amphotericin B):可用于治疗隐球菌、曲霉菌、毛霉菌引起的内脏或全身感染,以及呼吸道念珠菌病等,是治疗深部真菌感染的首选药物之一。该药毒性较大,可引起发热、寒战、头痛、食欲缺乏,对肾有一定毒性作用,可导致蛋白尿、管型尿等。对患者应定期做肾功能检查。

2. 唑类抗真菌药 属广谱抗真菌药,可抑制真菌细胞膜中的麦角固醇合成,抑制真菌生长。

(1)氟康唑(fluconazole):对念珠菌、隐球菌、组织胞浆菌等均有强力抗菌活性,适用于口咽部念珠菌病、隐球菌病等的治疗。治疗口咽部念珠菌病的首次剂量是每天0.2 g,之后为每天0.1 g,2周为一个疗程。不良反应有皮疹、消化道反应及肝毒性等。

(2)伊曲康唑(itraconazole):为合成的三唑类广谱抗真菌药,适用于浅部真菌感染的治疗,如口腔念珠菌病及系统性真菌感染。伊曲康唑胶囊应在餐后立即口服,以达到最佳吸收效果。该药用于治疗口腔念珠菌病时,每天1次,每次100 mg,共服用15天。常见不良反应有厌食、恶心、腹痛、腹泻、肝功能异常等。

(3)咪康唑(miconazole):对真菌有抑制作用,高浓度时也可杀菌。该药通常为局部使用。不良反应有恶心、呕吐、腹泻等,少数患者可出现皮疹。

(4)克霉唑(clotrimazole):对真菌有抑制作用,高浓度时有杀菌作用,可抑制白念珠菌从芽孢转变为菌丝。该药用于治疗口咽部念珠菌病时,成人应口含锭剂,每天3次,每次10 mg。不良反应是局部外用偶尔可引发皮疹、灼热感、瘙痒等。

3. 丙烯胺类抗真菌药 特比萘芬(terbinafine)可通过抑制角鲨烯环氧化酶活性致真菌细胞膜中的麦角固醇合成受到抑制,从而杀灭真菌。该药对念珠菌为抑菌作用,适用于浅部真菌感染及深部真菌病。不良反应为胃肠道反应和过敏反应。

4. 氟胞嘧啶(flucytosine) 又称5-氟胞嘧啶,可通过真菌细胞的渗透酶系统,阻断真菌核酸及蛋白质的合成,对真菌有选择性毒性作用。该药对隐球菌属、念珠菌属等均有较强的抗菌活性,可用于治疗念珠菌属或隐球菌属引起的心内膜炎、败血症、肺部感染等。不良反应包括胃肠道反应、肝毒性反应等。

(四)糖皮质激素类药物

糖皮质激素由肾上腺皮质束状带合成和分泌,其分泌和生成受促肾上腺皮质激素(adrenocorticotropic hormone,ACTH)调节。糖皮质激素作用广泛。生理情况下,机体所分泌的糖皮质激素主要影响糖、蛋白质、脂肪、水、电解质等物质代谢过程。超生理剂量的糖皮质激素具有抗炎、免疫抑制、抗休克等作用。根据糖皮质激素对下丘脑-垂体-肾上腺轴(hypothalamic-pituitary-adrenal axis,HPA)的作用及抗炎效价,可将全身应用的糖皮质激素分为弱效、中效和强效三种。按作用时间，可将糖皮质激素分为短效、中效与长效三类。短效药物（如氢化可的松和可的松）作用时间多为8～12小时；中效药物（如泼尼松、泼尼松龙、甲泼尼龙），作用时间多为12～36小时；长效药物（如地塞米松、倍他米松），作用时间多为36～54小时（表5-1，表5-2）。

表 5-1　常用糖皮质激素类药物比较

类别	药物	对糖皮质激素受体亲和力	水、盐代谢（比值）	糖代谢（比值）	抗炎作用（比值）	等效剂量（mg）	血浆半衰期（min）	作用持续时间（h）
短效	氢化可的松	1.00	1.0	1.0	1.0	20.00	90	8～12
	可的松	0.01	0.8	0.8	0.8	25.00	30	8～12
中效	泼尼松	0.05	0.8	4.0	3.5	5.00	60	12～36
	泼尼松龙	2.20	0.8	4.0	4.0	5.00	200	12～36
	甲泼尼龙	11.90	0.5	5.0	5.0	4.00	180	12～36
	曲安西龙	1.90	0	5.0	5.0	4.00	>200	12～36
长效	地塞米松	7.10	0	20.0～30.0	30.0	0.75	100～300	36～54
	倍他米松	5.40	0	20.0～30.0	25.0～35.0	0.60	100～300	36～54

注：表中水盐代谢、糖代谢、抗炎作用的比值均以氢化可的松为1计；等效剂量以氢化可的松为标准计

表 5-2　常用外用糖皮质激素类药物

作用强度	药物名称	常用浓度（%）
弱效	醋酸氢化可的松	1.0
	醋酸甲泼尼龙	0.25
中效	醋酸泼尼松龙	0.5
	醋酸地塞米松	0.05
	丁酸氯倍他松	0.05
	曲安奈德	0.025～0.1
	丁酸氢化可的松	1.0
	醋酸氟氢可的松	0.025
强效	丙酸倍氯米松	0.025
	糠酸莫米松	0.1
	氟氢松	0.025
	哈西奈德（氯氟舒松）	0.025
	戊酸倍他米松	0.05
超强效	丙酸氯倍他索	0.02～0.05
	哈西奈德（氯氟舒松）	0.1
	戊酸倍他米松	0.1
	卤米松	0.05
	双醋二氟松	0.05

注：表中糖皮质激素类药物大多为乳膏或软膏剂型，少数为溶液剂或硬膏剂型

1. 药理作用 主要有抗炎、抗毒、抗休克、抗变态反应及增强造血功能。

（1）抗炎作用：糖皮质激素对感染、过敏、理化刺激因素或创伤、缺血、坏死等各种原因引起的炎症都有一定作用，其抗炎效应是非特异性的。可能机制是抑制白细胞、单核巨噬细胞的管壁黏附性及上述细胞向血管外移行；对抗蛋白质合成；降低透明质酸酶活性，减低毛细血管壁的通透性；稳定溶酶体膜；抑制炎症介质如组胺、5-羟色胺、前列腺素、缓激肽的合成与释放等。

（2）抗毒作用：提高机体对细菌内毒素的耐受力，缓和机体对内毒素的反应，降低体温调节中枢对致热源的敏感性。

（3）抗休克作用：抑制缩血管活性物质的缩血管作用，解除小动脉痉挛，稳定溶酶体膜，改善微循环。

（4）抗过敏和免疫抑制作用：糖皮质激素在治疗剂量时以抑制细胞免疫为主，大剂量可明显抑制体液免疫和抗体的产生。激素可抑制组胺和其他多种介质的形成和释放，从而具有抗过敏作用。

（5）对血细胞和造血系统的作用：促进骨髓造血功能，增加血液中红细胞和血红蛋白含量，减少红细胞被破坏。

2. 适应证 糖皮质激素可用于以下口腔黏膜病的治疗。

（1）变态反应性皮肤黏膜病，如血管性水肿、药疹、多形红斑、接触性过敏性唇炎或口炎等。

（2）自身免疫病（白塞病、天疱疮、类天疱疮、盘状红斑狼疮、干燥综合征等），移植物抗宿主病，肉芽肿性疾病。

（3）某些严重的口腔黏膜病（如腺周口疮、扁平苔藓），或带状疱疹等严重感染性疾病，可短期使用激素以减轻炎症、缓解症状。但值得注意的是，对于感染性疾病，无论是局部或全身应用糖皮质激素，均应慎重，必须以有效抗病毒治疗为前提，小剂量使用以减轻神经水肿。

3. 常用种类

（1）氢化可的松（hydrocortisone）：又名皮质醇，为短效糖皮质激素类药物，保钠作用强。口服氢化可的松可用于急、慢性肾上腺皮质功能不全症的替代疗法。静脉注射氢化可的松可用于抢救各种原因引起的急性肾上腺皮质功能减退症危象。静脉滴注：每天100～300 mg，稀释至500 ml注射用生理盐水或5%葡萄糖溶液中滴注。可用于短期雾化治疗口腔溃疡或糜烂型损害。

（2）泼尼松（prednisone）：又称强的松，属于中效糖皮质激素，其活性约为氢化可的松的4倍。泼尼松本身无活性，口服后经胃肠道吸收，在肝内转化为泼尼松龙而发挥作用。该药适用于治疗各种严重的过敏性疾病、自身免疫大疱性疾病、结缔组织病、血小板减少性紫癜、中性粒细胞减少症等。可用于治疗药物过敏性口炎、糜烂型扁平苔藓、白塞综合征、严重的阿弗他溃疡等。根据疾病性质不同，选择短期或中长期应用。

（3）泼尼松龙（prednisolone）：又名强的松龙，为中效糖皮质激素。该药经口服后在胃肠道被迅速吸收。其本身为泼尼松在胃肠道的活性代谢产物，因此进入体内即可直接发挥作用。其适应证与泼尼松相同。

（4）地塞米松（dexamethasone）：又称氟美松，属于长效糖皮质激素。地塞米松对水、钠潴留和促进排钾的作用轻微，而对下丘脑-垂体-肾上腺轴的抑制作用强。其适应证同泼尼松。另外，地塞米松还可用于各种重症感染合并休克，或用于协助诊断库欣综合征（Cushing syndrome）等。成人初始剂量为每天0.75～6 mg，分2～3次服用。

（5）倍他米松（betamethasone）：属于长效糖皮质激素，抗炎作用较地塞米松强2.5倍。其适应证同地塞米松。倍他米松较多用于风湿性疾病（如类风湿关节炎、红斑狼疮等）或某些感染的综合治疗。

4. 使用方法 糖皮质激素按给药途径分类可分为口服、注射、局部外用或吸入。一般成人口服糖皮质激素分为小剂量、中等剂量、大剂量3个等级。以泼尼松为例，＜0.5 mg/（kg·d）为小剂量；0.5～1.0 mg/（kg·d）为中等剂量；＞1.0 mg/（kg·d）为大剂量；7.5～30 mg/（kg·d）为超大剂量；2.5～15 mg/d 为维持剂量。

5. 全身用糖皮质激素的疗程

（1）短程疗法：疗程多在1个月内。对下丘脑-垂体-肾上腺皮质轴影响小。常用于急性变态反应性疾病，如血管性水肿、多形红斑等。

（2）中程疗法：重型多形红斑、糜烂型扁平苔藓等可使用1～3个月糖皮质激素。对下丘脑-垂体-肾上腺皮质轴有影响。

（3）长程疗法：用于需长期治疗的皮肤黏膜病或自身免疫病（如天疱疮、类天疱疮等大疱性疾病、盘状红斑狼疮、干燥综合征）、移植物抗宿主病等。一般疗程在3个月以上。

（4）冲击疗法：适用于危重患者，需要短期控制病情或糖皮质激素常规治疗无效的皮肤黏膜病，如重症多形红斑及中毒性表皮坏死松解症等。方法为甲泼尼松龙10～15 mg/（kg·d）静脉滴注，每天1次，每次至少60分钟，连用3～5天。然后改用口服泼尼松。应根据不同疾病及患者的个体情况决定糖皮质激素治疗剂量和疗程。

6. 禁忌证

（1）水痘、真菌感染、原因不明的感染或未得到有效抗生素控制的感染。

（2）活动性胃、十二指肠溃疡。

（3）有严重骨质疏松、糖尿病、高血压病史的患者。

（4）精神病患者。

（5）妊娠14周以内的患者。

7. 不良反应 长期全身应用糖皮质激素可引起一系列不良反应，其严重程度与用药剂量和用药时间呈正比。

（1）库欣综合征：患者可出现向心性肥胖、满月脸、骨质疏松、血糖升高等。

（2）诱发或加重各种感染：如伴发细菌、真菌、病毒感染。

（3）诱发或加重胃、十二指肠溃疡，严重者可造成消化道大出血或穿孔。

（4）高血压、高脂血症、动脉粥样硬化、血栓形成。

（5）对儿童患者可影响生长发育。

（6）皮肤萎缩、变薄、色素沉着等。

8. 注意事项

（1）对于长期应用糖皮质激素的患者，建议采用早晨单次给药或阶梯给药疗法，一旦病情得到控制，即应尽早减量。

（2）治疗期间应给予高蛋白质、低钠、高钾饮食，注意补充钾、钙和维生素D。

（3）治疗期间应密切观察患者情况，及时发现及处理并发的各种感染。

（4）对长期应用糖皮质激素者，应定期检查血糖、尿糖或进行葡萄糖耐量试验，测定血电解质，进行粪便隐血试验以及监测骨密度情况；定期检测血压、眼部状况。对儿童患者还需定期检测生长和发育情况。

（五）免疫抑制剂

免疫抑制剂是对机体免疫功能具有非特异性抑制作用的一类药物，主要分为烷化剂和抗代谢药两种类型。烷化剂常用的包括苯丁酸氮芥、环磷酰胺等。其作用主要是破坏DNA结构，从而阻断其复制，导致细胞死亡。抗代谢药主要包括硫唑嘌呤、甲氨蝶呤，主要通过干扰

DNA 复制和蛋白质合成起作用。此外，某些中药及其有效成分也具有免疫抑制作用，如雷公藤多苷是我国研制的具有明显效果的免疫抑制剂。以下为常用药物。

1. 环磷酰胺（cyclophosphamide） 适用于治疗天疱疮、类天疱疮等大疱性皮肤黏膜病、肉芽肿性疾病，白塞病等血管炎症性疾病以及干燥综合征等自身免疫病。常用剂量为每天 50～200 mg，分次服用。不良反应有致癌、骨髓毒性以及胃肠道反应等。

2. 苯丁酸氮芥（chlorambucil） 可用于大疱性疾病、肉芽肿性血管炎、结节病、朗格汉斯组织细胞增多症等治疗。常用剂量为 0.1～0.2 mg/(kg·d)。不良反应为致癌作用、骨髓抑制、生殖毒性、胃肠道反应等。

3. 硫唑嘌呤（azathioprine） 适用于自身免疫大疱性疾病、血管炎性病变（如白塞病、肉芽肿性血管炎）、自身免疫病（如干燥综合征）等治疗。1～3 mg/(kg·d)，分 3 次口服。不良反应有致癌作用、全血细胞减少、胃肠道反应等。

4. 甲氨蝶呤（methotrexate） 适用于治疗自身免疫大疱性疾病、血管炎性病变（如白塞病、肉芽肿性血管炎）、自身免疫病（如干燥综合征）等。每周服用 1 次，剂量为 5～25 mg。不良反应为胃肠道反应，肝、肾毒性，骨髓抑制等。应用时须定期检查患者肝、肾功能及全血细胞计数。此外，在服用甲氨蝶呤期间，应补充叶酸。

5. 环孢素（cyclosporine） 又称环孢菌素或环孢素 A，适用于治疗自身免疫大疱性疾病、移植物抗宿主病、白塞病、结节病等。一般用量为 5～12 mg/(kg·d)。不良反应包括肝、肾毒性，胃肠道反应等。

6. 秋水仙碱（colchicine） 对细胞有丝分裂有明显抑制作用，作用于细胞周期的 M 期，可用于治疗腺周口疮、白塞病、线性 IgA 病等治疗。剂量为每天口服 2 次，每次 0.5 mg。不良反应为胃肠道症状，肌肉、周围神经病变，骨髓抑制等。

7. 羟氯喹（hydroxychloroquine） 有免疫抑制和抗炎作用，适用于治疗扁平苔藓、结节病、盘状红斑狼疮等。每天口服 2 次，每次 0.2 g。不良反应为神经系统反应、眼部病变（如视物模糊、角膜或视网膜病变等）。临床应用时要定期做眼科检查。

8. 吗替麦考酚酯（mycophenolate mofetil） 该药可选择性抑制 T、B 淋巴细胞增殖，抑制抗体形成及细胞毒性 T 淋巴细胞的分化。此外，该药还可抑制新血管形成。吗替麦考酚酯主要用于骨髓移植后排异反应、大疱性皮肤黏膜病以及自身免疫病的治疗。每天 1 次，每次 1000～1500 mg。不良反应为胃肠道反应、神经系统反应等。

9. 雷公藤多苷（Tripterygium wilfordii multiglucoside） 有抗炎及抑制细胞免疫和体液免疫等作用，可用于盘状红斑狼疮、白塞病、复发性阿弗他溃疡、大疱性皮肤黏膜病等的治疗。口服剂量为 1～1.5 mg/(kg·d)，分 3 次服用。主要不良反应为胃肠道反应，一般可耐受。偶可见血小板减少，停药后可恢复。另外，该药还可导致月经紊乱及精子活力降低。

（六）免疫调节剂或免疫增强剂

此类药物具有调节或增强机体免疫功能的作用，称为免疫调节剂或免疫增强剂。临床常用的药物有沙利度胺、左旋咪唑、转移因子、胸腺素、丙种球蛋白、干扰素、白介素、短小棒状杆菌菌苗、卡介苗等。

1. 沙利度胺（thalidomide） 是一种镇静剂，有免疫调节或抑制作用，可降低 $CD4^+$ 细胞和刺激 $CD8^+$ 细胞，从而降低 CD48 比例，诱导 Th1 应答向 Th2 应答转变。有研究显示，其免疫调节作用的发挥是通过激活 T 淋巴细胞产生 IL-2 和表达高亲和力的 IL-2 受体，促进淋巴细胞增殖来实现的。此外，沙利度胺还具有抗炎、抗血管生成、调节细胞黏附等作用。常见不良反应有：致畸，轻、中度便秘，疲劳，嗜睡，各种周围神经病变等。其中，致畸作用是其最大的危害，计划怀孕的妇女或孕产妇应禁止使用。

2. 左旋咪唑（levamisole） 为广谱驱虫药及免疫调节药物，具有增强机体免疫功能的作用，并可使有免疫缺陷的个体恢复免疫功能，适用于治疗复发性阿弗他溃疡、扁平苔藓等。用法：成人每次 50 mg，每天 3 次口服。每周服药 3 天，停药 4 天；或每 2 周服药 3 天，停药 11 天。不良反应有胃肠道反应、骨髓抑制（白细胞、血小板减少）、过敏反应等症状。部分患者可出现共济失调、感觉异常等。近年来，该药的神经系统不良反应报道逐渐增多，临床应用有逐渐减少的趋势。

3. 转移因子（transfer factor） 该药可将无免疫力的淋巴细胞转变成致敏淋巴细胞，从而提高受体的免疫功能，可用于治疗复发性阿弗他溃疡、扁平苔藓、白塞病，以及作为口腔感染性疾病的辅助用药。用法为皮下注射或肌内注射。每次 1～2 单位，每周 2 次或隔天 1 次。慢性病患者以 3 个月为 1 个疗程。不良反应轻微，少见。偶有过敏反应。近年来，临床已较少应用。

4. 胸腺素（肽）（thymosin） 为细胞免疫调节药，具有调节和增强细胞免疫功能的作用，可使骨髓产生的干细胞转变成 T 淋巴细胞，可用于治疗原发或继发性细胞免疫缺陷病、伴有细胞免疫功能低下的疾病如慢性皮肤黏膜念珠菌病、带状疱疹、复发性阿弗他溃疡、扁平苔藓等疾病的治疗。用法为每次 20～50 mg 肌内注射或皮下注射，每周 2 次或隔天 1 次。偶有皮疹、发热等不良反应。

5. 干扰素（interferon） 干扰素具有广谱抗病毒、抑制细胞增殖、调节免疫功能及抗肿瘤作用，可用于治疗病毒感染性疾病、头颈部肿瘤或丙型、乙型肝炎等。用法为肌内注射或皮下注射，每次 100 万～300 万单位，每周 1～2 次。不良反应包括流感样症状、注射区疼痛、炎症等。偶见骨髓抑制及肝损害等。对长期使用者，应定期检查血常规及肝功能等。

6. 白芍总苷胶囊（total glucoside of white paeony capsules） 该药具有抗炎、抑制自身免疫反应的作用，临床上可应用于治疗类风湿关节炎、系统性红斑狼疮、干燥综合征、白塞病、复发性阿弗他溃疡、扁平苔藓等。每次口服 0.6 g（2 粒），每天 2～3 次。本品不良反应很少，主要表现为粪便性状改变，如粪便变软或变稀，排便次数增多，多属于轻度，不需要处理。其他少见的不良反应有腹胀、食欲缺乏、腹痛、恶心、头晕等，停药后即可恢复。无肝、肾损害。

（七）抗组胺药

组胺为一种强有力的血管活性物质，广泛存在人体肥大细胞及嗜碱性粒细胞的胞质中。在皮肤、呼吸道、胃肠道黏膜中，组胺浓度较高。在各种因素刺激下，肥大细胞脱颗粒，可导致组胺释放。这种释放如在局部，可出现皮疹、水肿等症状，而当组胺全身释放时，则可引起过敏性休克。组胺的作用往往是通过各组织器官细胞膜上的 H_1、H_2 和 H_3 受体所介导，过敏性疾病大多数通过 H_1 受体介导，可造成毛细血管扩张、通透性增高，引起瘙痒、前列腺素分泌、平滑肌收缩、支气管痉挛、迷走神经亢进等。H_2 受体的介导作用包括呼吸道腺体分泌增加、食管收缩等。H_3 受体与组胺生物合成的调节与释放有关。

常用抗组胺药为 H_1 受体拮抗药，包括苯海拉明、氯苯那敏、阿司咪唑、氯雷他定、西替利嗪等。

1. 氯苯那敏（chlorphenamine） 适用于治疗皮肤黏膜变态反应性疾病。成人每次口服 4 mg，每天 3 次。不良反应包括轻度眩晕、恶心、嗜睡等。驾驶员、高空作业者应禁用该药。

2. 苯海拉明（diphenhydramine） 适用于治疗各种皮肤黏膜变态反应性疾病。成人每次口服 25～50 mg，每天 3～4 次。不良反应有中枢神经系统抑制作用，偶见皮疹等。驾驶员、高空作业者应禁用该药。

3. 异丙嗪（promethazine） 适用于治疗各种皮肤黏膜变态反应性疾病。成人每次口服 12.5 mg，每天 4 次。不良反应有困倦、嗜睡等。驾驶员、高空作业者、运动员应禁用该药。

4. 西替利嗪（cetirizine） 适用于治疗各种过敏性疾病。成人每次口服 10 mg，每天 1 次。不良反应轻微，包括困倦、嗜睡、头痛、口干及胃肠道不适等。

5. 氯雷他定（loratadine） 主要通过拮抗组胺相关受体，起到抗过敏效果。其作用高效且持久，可缓解由于过敏反应引起的各种症状。常见不良反应包括乏力、头痛、嗜睡、口干、皮疹等。

6. 阿司咪唑（astemizole） 可用于治疗荨麻疹、过敏性鼻炎及其他变态反应性疾病。成人每次口服 10 mg，每天 1 次。根据国外文献报道，该药超量服用可导致 QT 间期延长或室性心律失常，包括表现为晕厥的尖端扭转型室性心动过速，严重者可致死。此外，患者还可出现嗜睡、眩晕及口干等症状。目前该药在临床已很少应用。

（八）维生素 A 酸类药物

1. 全反式维生素 A 酸 是维生素 A 的中间代谢产物。该药为细胞分化诱导剂，主要影响骨的生长与上皮代谢，对角质形成细胞的生长和角质层脱落有明显促进作用。此外，该药还有一定的抗炎作用。全反式维生素 A 酸适用于角化异常性疾病的治疗及口腔癌前病变或癌前状态的治疗，如治疗口腔白斑病、口腔扁平苔藓等，但停药后复发率高。用法为每次口服 10 mg，每天 2~3 次。外用常用浓度为 0.025%、0.05% 和 0.1%。孕妇、哺乳期妇女禁用。全身使用维生素 A 酸可导致流产，也可引起皮肤黏膜干燥、脱发等。

2. 异维生素 A 酸 该药可抑制皮脂腺增殖及分泌，减轻上皮细胞角化，可用于治疗痤疮、脂溢性皮炎及角化异常性疾病等。不良反应有致畸、流产等。育龄期妇女在用药前 1~2 个月、用药期间及停药后 1 个月，需严格采取避孕措施。

3. 维胺酯（viaminate） 该药口服具有调节和控制上皮细胞分化与生长，抑制角化，减少皮脂分泌等作用。其适应证同维生素 A 酸，但不良反应轻。

（九）维生素类药物

维生素是机体正常代谢所需的一类低分子化合物，大多数需从食物中获得，仅少数可在体内合成或由肠道细菌产生。当维生素摄入不足或吸收障碍而导致维生素缺乏时，可致维生素缺乏病。

1. 维生素 A（vitamin A） 主要存在于动物的肝、脂肪、蛋黄和肌肉中。视黄醇在体内可转化为视黄酸和视黄醛。视黄醇、视黄醛对骨骼生长、维持卵巢和睾丸功能以及胚胎发育有重要作用。维生素 A 是调节上皮细胞分化、生长的辅助因子，可维持上皮细胞结构的完整性。维生素 A 缺乏时，可引起上皮组织干燥、粗糙、角化过度及脱屑等。维生素 A 可用于治疗维生素 A 缺乏症、白色角化症、口腔白斑病以及口腔念珠菌病等。用法为每次口服 2.5 万 U，每天 1 次。不良反应是长期大量服用可引起皮肤瘙痒、脱发、骨痛等。

2. β 胡萝卜素（β-carotene） 是维生素 A 的前体，存在于多种黄绿色植物中，如胡萝卜、番茄、南瓜等。其进入体内后可转化为维生素 A，可用于口腔白斑病等的治疗。

3. 维生素 B_1（vitamin B_1） 天然存在于酵母、米糠、花生、瘦肉中，目前主要通过人工合成。维生素 B_1 可抑制胆碱酯酶活性。维生素 B_1 缺乏可导致神经冲动、传导障碍。维生素 B_1 可用于治疗带状疱疹伴发的神经痛及灼口综合征。用法为每次口服 10~20 mg，每天 3 次，大剂量肌内注射时可引发过敏反应等。

4. 维生素 B_2（vitamin B_2） 主要存在于酵母及肝、肾组织中，目前主要通过人工合成。核黄素在人体生物氧化过程中起重要作用。维生素 B_2 可用于辅助治疗唇炎、口角炎、舌炎、复发性阿弗他溃疡等疾病，大量服用可致尿液呈黄绿色。用法为每次口服 5~10 mg，每天 3 次。

5. 维生素 B_6（vitamin B_6） 在体内参与蛋白质、糖类、脂类等多种物质代谢过程，也可调节皮脂腺的分泌及上皮细胞的生长，主要用于治疗长期服用异烟肼引起的周围神经炎，防治呕吐，也可用于防治放射治疗及其他治疗方法所导致的恶心、呕吐。此外，维生素 B_6 还可用于唇炎、口角炎、舌炎及带状疱疹所致神经痛的辅助治疗等。

6. 烟酸（nicotinic acid） 主要存在于谷物的外皮、花生、酵母及肝内，目前主要通过人工合成。烟酸在体内需要转化为烟酰胺而发挥作用。后者为辅酶的组成部分，参与体内的生物氧化过程。大剂量烟酸有降低血脂的作用，可用于雷诺病、高脂血症等的辅助治疗。烟酸在口腔内可用于口炎、舌炎的辅助治疗。不良反应有皮肤潮红、灼热感，色素沉着，肝功能异常等。

7. 维生素 B_{12}（vitamin B_{12}） 是细胞合成核苷酸的重要辅酶，参与体内甲基转换及叶酸代谢，用于治疗维生素 B_{12} 缺乏症、恶性贫血等，也可用于治疗带状疱疹所致神经痛等。用法为每次 500 μg 肌内注射，每天 1 次或隔天 1 次，10 次为 1 个疗程。

8. 叶酸（folic acid） 天然存在于动物肝和肾内，以及豆类、番茄中，参与体内核酸和氨基酸的合成，可用于治疗叶酸缺乏引起的口炎、舌炎或口腔溃疡以及灼口综合征等。另外，临床上常用叶酸治疗甲氨蝶呤引起的不良反应。用法为口服，每次 5～10 mg，每天 3 次。

9. 维生素 C（vitamin C） 天然存在于新鲜蔬菜和水果中，目前主要通过人工合成。维生素 C 在体内的生物氧化及还原过程和细胞呼吸中均发挥重要作用，同时也参与氨基酸代谢、神经递质合成及胶原蛋白合成。维生素 C 可降低毛细血管通透性，起到非特异性抗过敏作用。此外，维生素 C 还可抑制多巴氧化，减少黑色素的生成，并调节凝血机制、促进凝血等。维生素 C 可作为口腔黏膜溃疡类疾病、感染性疾病、变态反应性疾病、唇舌病等多种口腔黏膜病的辅助治疗。用法为口服，每次 100～300 mg，每天 3 次，餐后服用。

10. 维生素 D（vitamin D） 存在于蛋黄、乳汁、奶油中，常与维生素 A 共同存在于鱼肝油中。维生素 D 可影响皮肤细胞的增殖、分化，还可通过抑制 T、B 淋巴细胞影响免疫系统。此外，维生素 D 还具有一定的抗感染作用。可用于维生素 D 缺乏症及某些免疫病治疗。

11. 维生素 E（vitamin E） 存在于蔬菜、种子、玉米、豆类、乳制品中，是体内主要的脂溶性抗氧化剂，参与体内多种物质代谢过程。此外，维生素 E 还可改善外周血液循环，维持正常毛细血管通透性，改善生殖功能。维生素 E 可用于辅助治疗角化异常性黏膜病及结缔组织疾病等。用法为口服，每次 10～100 mg，每天 3 次。

12. 维生素 K（vitamin K） 天然维生素 K 存在于菠菜、番茄等蔬菜中，包括维生素 K_1、维生素 K_2 和维生素 K_3。维生素 K 是肝合成凝血酶原（因子Ⅱ）的必需物质，并参与因子Ⅶ、Ⅸ、Ⅹ的合成。维生素 K 主要用于治疗凝血机制障碍所致的紫癜。用法为口服，每次 2～10 mg，每天 3 次。

（十）微量元素

1. 铁（iron，Fe） 铁是血红蛋白和肌红蛋白的主要组成成分，参与氧的转运，并构成多种酶的活性成分，在呼吸及生物氧化过程中起重要作用。在动物肝和肾内，以及瘦肉、蛋黄、海产品中富含铁。临床上，铁剂常用于治疗缺铁性贫血以及由此引起的口腔病变（如舌炎等），或微量元素缺乏症。成人口服硫酸亚铁，每天剂量为 0.3～0.9 g。

2. 锌（zinc） 锌可参与人体核酸和蛋白质合成等生化反应，维持口腔上皮细胞的正常结构与功能，还可促进生长发育，增强免疫功能，促进伤口愈合。临床常用的锌制剂包括硫酸锌、葡萄糖酸锌、甘草锌等，可用于治疗复发性阿弗他溃疡、地图舌、味觉异常等。

二、局部治疗 Topical Therapy

局部治疗的目的是保持口腔清洁，去除局部刺激因素，防止继发感染，减少疼痛，促进病损愈合。口腔黏膜局部用药可提高病损区药物浓度，有利于提高疗效，减少不良反应发生。

（一）局部药物治疗

1. 消毒防腐药物

（1）氯己定溶液：抗菌谱广，对多数革兰氏阳性、阴性细菌以及真菌都有杀灭作用，可用于各种感染性口炎以及口腔充血、糜烂或溃疡性疾病时含漱。每天 3～4 次。

（2）聚维酮碘溶液：该药对多种细菌、芽孢、病毒、真菌均有杀灭作用。其作用机制是接触创面或患处后，能解聚并释放出所含的碘，发挥杀菌作用。特点是对组织刺激性小，适用于治疗皮肤、黏膜感染。

（3）0.1% 依沙吖啶溶液：有抑菌防腐作用，适用于各种口炎时含漱和唇部病变的湿敷。

（4）2%～4% 碳酸氢钠溶液：为碱性溶液，能抑制念珠菌生长，可用于口腔念珠菌病时的口腔清洁，亦可用于浸泡义齿，或用于天疱疮、糜烂型扁平苔藓合并真菌感染时的辅助用药，以及预防真菌感染。

2. 止痛药

（1）1% 利多卡因乳膏或凝胶：可用于止痛。

（2）0.5% 达克罗宁溶液：口腔溃疡或糜烂时，可用于局部止痛。

3. 消炎药及促进愈合的药物

（1）中药散剂：养阴生肌散、锡类散等局部敷撒可以吸附溃疡表面的渗出液。药物本身亦有清热、止痛的作用，可用于治疗各种溃疡及糜烂。

（2）膜剂：如复方氯己定地塞米松膜具有消炎、止痛的作用，同时又能保护溃疡面，有利于病损愈合。

（3）软膏：可用于治疗溃疡或糜烂，有消炎、镇痛及促进病损愈合的作用。如曲安奈德口腔软膏（triamcinolone acetonide dental paste），具有抗炎、抗过敏、止痛作用，可用于治疗复发性阿弗他溃疡、创伤性溃疡、糜烂型扁平苔藓等。将软膏轻涂于病损表面，每天 3～4 次。

（4）气雾剂

1）重组人表皮生长因子衍生物喷雾剂（recombination human epidermal growth factor derivative spray）：可加速上皮细胞的增殖和肉芽组织的生成，缩短愈合时间，促进创面愈合，可用于治疗复发性阿弗他溃疡、放射性口腔炎等。有癌变倾向的溃疡患者慎用。

2）金喉健喷雾剂：为中药喷雾剂，具有祛风清热，消肿止痛，清咽利喉的作用，可用于治疗口腔糜烂或溃疡。

（5）糊剂

1）金霉素倍他米松糊剂（chlortetracycline betamethasone paste）：具有抗菌、消炎等作用，可用于治疗各种口腔黏膜溃疡和糜烂性病损。口腔感染性疾病患者应慎用或禁用。

2）制霉菌素糊剂（nystatin paste）：具有抗真菌作用，可用于治疗口腔真菌感染。用法为每天 3 次涂于患处。

（6）贴片：氨来占诺具有抗炎、抗过敏作用，可用于治疗复发性阿弗他溃疡、创伤性溃疡。用法为每天 3～4 次贴敷患处。

（7）凝胶：如复方苯佐卡因凝胶（compound benzocain gel）或洋甘菊利多卡因凝胶等，可用于复发性阿弗他溃疡或口腔糜烂的止痛及促进愈合等。

（二）局部封闭疗法

可用醋酸氢化可的松混悬液 12.5～25 mg，或地塞米松 2～5 mg 加 2% 利多卡因液 0.5～1 ml 混合，于黏膜病损基底部注射，有较好的抗炎症及促愈合作用，可用于糜烂型扁平苔藓、盘状红斑狼疮、肉芽肿性唇炎等局限性病损的治疗。

(三)物理疗法

1. 红光疗法 红光疗法能在较短时间内促使病变组织蛋白质固化,改善局部血液循环,促使新的鳞状上皮细胞生成,加速对渗出物的吸收,从而达到消肿、消炎、镇痛、促进糜烂和溃疡组织愈合的目的。红光疗法可用于治疗口腔黏膜溃疡、糜烂性损害的治疗。

2. 光动力学疗法(photodynamic therapy,PDT) 其原理主要是用特定波长的激光激发光敏药物,然后将能量传递给周围的氧,生成活性很强的单线态氧。单线态氧能与附近的生物大分子发生氧化反应,产生细胞毒性而杀伤细胞。目前,PDT 主要用于治疗多种口腔黏膜疾病,如口腔白斑病、扁平苔藓、真菌感染等。PDT 在口腔白斑病及扁平苔藓方面的应用取得了一定的疗效,但长期疗效以及 PDT 局部光敏药物用药时间、剂量以及如何保证光敏药物组织渗透均匀等问题仍需要进一步研究与探索。

3. 激光疗法 对口腔黏膜有消炎、止痛及促进正常代谢的功能。氦氖激光疗法和二氧化碳激光疗法局部照射口腔黏膜斑块、溃疡、糜烂、慢性炎症等均有一定疗效。弱激光疗法(Low-level laser therapy,LLLT)是指由光源装置发射单一波长的弱激光,直接照射在病变区域以进行治疗。与强激光不同,弱激光照射不会造成生物组织的不可逆损伤,不产生热量和振动,而是产生一种生物刺激,调节细胞的生物功能。

研究报道,LLLT 具有抗炎、镇痛以及促进结缔组织修复的作用,在治疗慢性疼痛和炎症方面有较好的效果。在口腔黏膜病领域,LLLT 已用于治疗阿弗他溃疡、口腔扁平苔藓、灼口综合征等,均显示有效。但 LLLT 治疗口腔黏膜病,在照射时间以及激光参数选择等方面尚未形成统一标准,因此,未来仍需较大样本量的随机对照临床试验,以验证、规范 LLLT 治疗口腔黏膜病的效果及其安全性。

4. 超声雾化吸入疗法 抗菌药物、糖皮质激素等以水为介质,经振荡变成微细的水雾,水雾可使药物高浓度、均匀地黏附于病变表面,并透入黏膜内,从而减轻炎症、止痛及促进病变愈合。超声雾化吸入疗法可用于治疗口腔黏膜炎症、糜烂或溃疡等。

5. 冷冻疗法 冷冻疗法可用于治疗口腔白斑病等。

(四)其他治疗

在口腔黏膜病治疗期间,应建议患者保持口腔卫生、清洁,去除口腔局部刺激因素,如调磨尖锐的牙尖;拔除残根、残冠;修整刺激黏膜的不良修复体,上述措施将有效促进局部病损愈合。

Summary

The treatment of oral mucosal disease should be standardized, rationalized and individualized according to the characteristics of the disease. Drugs are the mainstay for the treatment of oral mucosal diseases. Drugs must be used regularly, effectively and safely in order to achieve the effect of treating or preventing diseases. In addition, physical therapy such as microwave therapy, laser therapy and photodynamic therapy are more and more widely used in oral mucosal diseases.

(华 红 郑利光)

第六章　中西医结合在口腔黏膜病中的应用

Integration of Traditional Chinese Medicine and Western Medicine in Oral Mucosal Diseases

口腔黏膜病的病种繁多，病变呈现多样性。许多口腔黏膜病的发病原因及机制目前尚不明确，因此缺少特别有效的诊治方法或药物。口腔黏膜与全身多个系统组织有着直接或间接的联系。口腔黏膜病学与许多医学分支学科有交叉，常涉及内科学、妇科学、皮肤科学、内分泌学、免疫学等内容，这表明口腔黏膜病不仅是一个单纯局部组织病变，也可能是系统性疾病在口腔的反映和表现。

在具体诊治口腔黏膜病尤其是慢性病、疑难病时，因其病程复杂和不同的个体情况，虽然西医治疗方法和药物取得了良好的疗效，但不可否认，某些药物仍会出现不良反应或耐药性等。因此，采用中医中药或中西医结合方法治疗口腔黏膜病，也取得了较好临床效果。中药除可治疗口腔病损外，还可对患者全身情况起到一定程度的调节和改善作用。

一、口腔黏膜病的诊治原则 Principles of Diagnosis and Treatment of Oral Mucosal Diseases

（一）整体观念

整体观念是中医学的一个重要特点，在对疾病进行诊治的过程中要遵循这一原则。中医学认为，人、自然界及社会是一个有密切联系的有机整体。人的体质、禀赋、性别、年龄及所处地理位置、气候、季节、环境，甚至生活习惯、饮食起居等，都与疾病的发生、发展和转归有一定关系。整体观念强调应从多方面、多角度考虑与判断。口腔黏膜病虽为局部损伤，但不能只从局部来认识。中医学有"形之于外，发之于内"的观点，即须将患者个体状况和全身整体情况联系起来加以考虑。当然，在判断局部与全身情况方面，要分清主次、先后，酌情处置，适当兼顾。如复发性阿弗他溃疡患者若合并胃肠道疾病，高血压或心、肾疾病，在诊治、用药时，就需全面衡量，治疗口腔疾病应以不影响或有利于全身状况为原则。

（二）分清标与本

口腔黏膜病的病损呈现多样性，症状不同、轻重程度不一，局部与全身因素均较为复杂。在诊断和治疗过程中，一定要分清轻重缓急、标本主次，拟出主次、先后的治疗计划，不能一概而论，也不能急则一清到底或虚而补其终。中医有急则治标，缓则治本之说。治疗时也要综合考虑局部与全身因素，一般多以局部治疗为先，全身治疗为后，或局部与全身治疗同时进行，治疗有所侧重。对于口腔黏膜病患者，有时不能顾及病损而忽视其病因及诱发因素，应该分清主次。

（三）辨病论治与辨证论治相结合

对疾病的病与症、病与证，综合细辨不可少，应避免简单粗之诊法。西医对疾病诊断明确，为其所长。对确定病之所属及性质是有利的。中医学对病、症、证也有一定的概念，并有系统的理论认识。《医学源流论》中有记载："凡一病必有数症，有病同症异者，有症同病异者，有症与病相因者，有症与病不相因者，盖合之则曰病，分之则曰症"。病是一组临床症状的构成。证是将若干复合症状（包括通过"望、闻、问、切"四诊获得的资料）经过分析、综合及归纳，得出反映疾病本质及相关性的判断。如复发性阿弗他溃疡中医学以口疮、口疳、口破等病名称之，是一组范围较广泛的口腔黏膜溃疡概念。它可具有许多不同的局部和全身症状表现，可根据其局部损害及全身状况及发展过程辨出其之证。因之即可拟出相应的理、法、方、药的论治之法。

辨病论治与辨证论治是具有中医诊治的两层含义，是体现中西医结合取长补短、相互结合最好的一个切入点。辨病论治是对疾病发生、发展全过程的纵向认识，抓住疾病整个过程的基本矛盾。辨证论治是对疾病发生、发展过程中某一阶段横断面的认识。因此，对于同一疾病而言，辨病求其共性，辨证求其个性。对不同的疾病来说，辨病是求其个性，辨证求其共性。辨病论治与辨证论治是相辅相成的，有其相对性。

（四）正与邪之争

在中西医结合诊治口腔黏膜病的过程中，要重视机体、疾病的动态变化，调整机体阴阳、气血平衡是一个普遍性规律。机体代谢和疾病的发生、发展与转归、康复贯穿生命过程的始终。中医学的一个根本原则是正邪之争。中医有"正气存内，邪不可干""邪之所凑，其气必虚"的观点。人体功能活动一直处于正邪斗争以稳定平衡动态的过程中。中医重视人体各项功能的调整平衡，有"阴平阳秘，精神乃治"的观点。在诊治口腔黏膜病的过程中，尤其是对于慢性病和具有全身因素的患者，一定要重视正与邪这对相互联系、相互斗争的矛盾，以利于增强人体正气，提高抗病邪之能力。要重视患者体质、阴阳、虚实的变化盛衰。用攻清之法祛邪有利于扶正，用补益之法扶正也有利于祛邪。

个性化原则在中医诊断与治疗过程中是不可或缺的，这也是中医学的一大特点和优势。疾病具有其矛盾特殊性，也体现在患者的个体差异之中。这在病种繁多、病情复杂的口腔黏膜病患者更为突出。口腔黏膜病患者的疾病普遍性与特殊性并存，个体存在很大差异。因此，不能单纯诊断疾病，而是要与具体患者结合起来，将主症与兼症、局部与整体统一起来，综合分析、判断。在诊治过程中，不能只着眼于目前，还应对其远期发展的病情控制，疗效的巩固，以及康复、养生、防病等有所考虑，应贯彻始终，着眼于长远。这是患者的期盼和需求，也是医者职责之所在。临床上，不典型病例始终是多于典型病例的，因此，医者要熟谙中医学的基本理论，结合自身经验，以处置非典型病例的特殊情况。

二、中医常用治法 Common Treatment Strategies of Traditional Chinese Medicine

对口腔黏膜病的不同辨证，要采取相应的论治方法。中医辨证论治是临床诊治的基本原则。辨证与论治密切相关。中医学有汗、吐、下、和、温、清、消、补八大治法。这是总的纲领。结合临床病因病机、脏腑辨证演变出许多比较结合实际的治法，是具体运用于临床的常用治法。对于不同之病和不同之证，均有相应治法。基于口腔黏膜病的生理特点、病损特性，每种疾病的发生、发展和发病机制相对繁杂，所以要应用不同治法，在发病过程的不同阶段也应有差异地处置，不能以一概简单处置。

中医药治疗口腔黏膜病有近期疗效和远期疗效之分。近期疗效容易观察，疗程较短，远期疗效则较不易观察。口腔黏膜病的病程大多较长，又易反复发作，因此，巩固疗效与防止复发是一个难题。中医药治疗口腔黏膜病与其他疾病有其共同点，就是在取得近期效果的基础上，巩固疗效，并防止复发。在去除病因与致病诱因后，就应针对该病的防治采取措施，调理全身，扶正祛邪。针对中医之阴阳气血、脏腑虚实、偏盛偏衰加以调整，达到相对平衡的稳定状态。

中医药治疗药物及方法多样，在各种口腔黏膜病中如何选择与应用，中医的理、法、方、药是相对的，没有绝对的。除基本辨证理论的指导外，还需长期积累诊治经验、心得体会，使论治有不同的改变，有些可能是具有发展的观点或有一定创新性的理念。

口腔黏膜病的常用治法，包括清热解毒、活血化瘀、滋阴清热、清胃泻热、健脾化湿、益气生津、温补肾阳、疏肝理气、清热利湿、理气健脾、辛凉解表、清热凉血等。这些治法可单独应用，也可两种或几法配合应用。这些治法大致可分为清法和补法。而在实际运用过程中，则应用调理治法。对急、火之症者多用清法，对慢性虚损功能失调者多用补益之法。

三、常见口腔黏膜病的中医治疗 Treatment of Common Oral Mucosal Diseases by Traditional Chinese Medicine

1. 复发性阿弗他溃疡 属中医"口疮"范畴。诊治时，主要抓住"火、热"这个纲。本病一般分为实火、虚火两大类型，在其下又可分为若干亚型。疾病的分型是将病根据病情进行细化和分别处置。但是病的分型并不能概括全部病证。复发性阿弗他溃疡的分型可以为诊治提供依据，但仍应对其辨证虚实、脏腑盛衰、病情阶段、全身状况予以全面、综合的考虑和判断。如对于有脾气虚弱、慢性消化功能疾病患者，若其局部病损与全身状况吻合一致，则以健脾益气为主加以调理，可使局部病变与全身状况得到改善。对疾病的不同类型选用治法方药，也不能千篇一律，而是应当结合患者个体情况，加以灵活处理。在诊治过程中，患者对治疗的反应，能说明辨证论治是否与客观实际情况相符。中医汤剂处方针对性强，可因时、因地、因人而异，可以变通。如应用中成药，则可能是疗效受到一定的局限，要在辨病基础上，精准辨证才能收到满意的疗效。

2. 口腔扁平苔藓 是口腔黏膜病中除复发性阿弗他溃疡外最常见的疾病。中医书籍中缺少相应的描述和病名。在个别著作中，口糜与本病略有相似之处。本病呈慢性发作过程，以女性患者居多，并且患者常无自觉症状。因此，患者通常难以准确描述最初的发病时间。本病的病因不明，患者通常伴有不同程度的全身症状。本病患者通常于口腔黏膜表面出现不规则的灰白色斑点花纹，这是最轻可无症状的一型。另外，本病还可伴有充血、水肿、红斑和糜烂、渗出。病损可波及口腔黏膜各部位，轻重、范围不一。患者可伴有失眠、急躁、紧张、劳累等神经功能及情志变化。女性患者还可伴有抑郁、急躁、月经失调等内分泌功能失调或紊乱的症状。中医学诊治从调和肝脾入手，以调理阴阳、疏肝理气、清热凉血为主，结合局部和全身情况加以调治。本病多虚实夹杂或并存，有时标本同在，可先治标、后治本。因本病主要属于慢性发作过程，难以急速取效，因此应以调理为主，常需较长的过程才能取得疗效。本病发生发展主要有黏膜灰白斑纹、充血、糜烂三个过程。破溃、糜烂、渗出、肿胀期，则应以清热解毒、活血化瘀、清热消肿、理气健脾治之。灰白斑纹期属于相对稳定期，也是糜烂、充血的恢复期，如长期处于灰白斑纹状态而无充血，则可认为是相对稳定期、静止期。在经过活动期及糜烂破溃期后的灰白斑纹期，需要适当调理阴阳、理气和胃、健脾疏肝、活血化瘀等。

3. 唇炎 是一组唇部黏膜病，中医名曰唇风、唇瞷。唇炎的分类比较细致，有急性和慢性之分。对于唇炎等唇部黏膜病患者，除局部给予相应处理外，还应根据其全身因素加以论治，方能收效。对具有全身情况的唇部黏膜病患者，单纯局部处理是难以取得良好疗效的。

唇炎的治疗以疏风利湿、健脾渗湿、活血化瘀为主。主要应考虑肺、脾两经及气、血、津液等因素。对有全身因素的唇部黏膜病患者，则应以全身治疗为主、局部治疗为辅，内外兼治。

4. 天疱疮 是口腔黏膜病中的重症。天疱疮在中医学中有浸淫疮、天疱疮等类似描述。中医学认为，本病为湿热毒邪泛发浸于肌肤，主要与肺、脾、肾三经有关，与气、血、津液失调也有联系。患者口腔黏膜长期反复破溃、糜烂不愈，其后果多较为严重。在应用糖皮质激素控制疾病发展的情况下，应用中药采取中西医结合，可以提高疗效，控制疾病的发展，有利于稳定病情，防止反跳、复发，改善全身症状，减少激素不良反应。

中医治疗以理气健脾、调和气血、清热解毒、补肾摄精、益气固表等为主。根据病情不同阶段的表现，酌情分别治之。本病应标本兼治，以治本为主。

5. 干燥综合征 本病是一种涉及多器官组织的全身性疾病，以眼干、口干、类风湿关节炎为主要病症，具有复杂多变的临床证候，属于中医学广义的燥证范畴。中医学认为，燥胜则干，属于燥证者以内燥为主，外源之燥可加重病情。燥性干涩，干劲皴揭，皆属于燥。瘀血气滞，气机郁滞，不能载津液上升和敷布全身。

本病可分为多种不同类型，从部位上可分为上燥、中燥、下燥，相对于心肺、脾胃、肝肾等经，要辨虚实，实则清肺胃之热，虚则补脾肾之虚。本病的特征是干、热、燥、毒。内部阴虚津亏，津液亏损，病证交错兼杂。治疗要抓住疾病的本质特征，以补阴、精、津为主，兼治燥毒之热，辨病论治与辨证论治相结合。

本病患者多有禀赋不足、素体气虚血亏、肾精亏虚、津液亏虚、代谢失常。复受燥火之邪侵袭，熏灼津液，壅滞经络，脏腑组织失却濡养，内外燥邪侵袭，蕴热生火产毒。对本病患者应针对干燥热毒、寒热虚实分别治之。燥者濡润清热生津，可采温、凉之法。要抓住病症本质，突出重点，从病之全部及全程考虑，避免舍本求末，狭隘治之。益气滋阴、清热润燥、滋补肝肾、活血通络为其治法。

中医学、中药学是我国宝贵的文化遗产。经过长期临床实践应用，中医药、中西医结合诊治口腔黏膜病取得了很好的疗效，受到广大患者的肯定和欢迎，应用前景广阔，应不断深入研究、探索，继承创新。提高口腔黏膜病中西医结合规范诊治水平及探索相关机制研究，是未来重要的任务和职责，也是广大口腔黏膜病患者的需求。

Summary

Traditional Chinese Medicine has a long history and rich experience in oral diagnosis and treatment. Many oral mucosal diseases, such as oral aphthous ulcer and oral lichen planus, can improve the curative effect and shorten the course of disease by using integrated traditional Chinese and Western medicine.

Definition and Terminology

中医（Traditional Chinese Medicine, TCM）: refers to traditional medicine created by the people of the Han nationality in China. It is a discipline that studies human physiology, pathology, diagnosis and prevention of diseases. It was incorporated into its globally influential medical outline by the World Health Organization in 2018。

中西医结合［Integrated Traditional Chinese Medicine（TCM）and Western medicine（WM）］: Integrated TCM and WM is a feature of Chinese medicine. It is an innovative field to combine the knowledge and methods of TCM and WM to improve the clinical efficacy, clarify the mechanism and obtain new medical understanding. Integrated TCM and WM originated from clinical practice, and later evolved into an academic system with clear development objectives and unique methodology, which has made remarkable achievements in the world medical community.

（徐治鸿　华　红）

第二篇 各 论

第七章　口腔黏膜感染性疾病

Infectious Diseases of Oral Mucosa

数字资源

由于20世纪50年代以来抗生素的广泛应用，口腔感染性疾病得到了控制。但是自20世纪70年代末以来，又不断有新的感染（或传染）性疾病出现，如获得性免疫缺陷综合征（简称艾滋病）、军团菌肺炎、严重急性呼吸综合征（severe acute respiratory syndrome，SARS）、新型冠状病毒肺炎（novel coronavirus pneumonia）等。这些疾病与行为生活方式改变、经济快速发展、国际交往增加、微生物的适应性变化等因素有关。因而近年来，国际范围内的传染性疾病、感染性疾病又重新受到重视。

口腔黏膜病毒感染性疾病（viral infection diseases of oral mucosa）是口腔黏膜的常见病，其损害可累及口腔黏膜或者波及皮肤及其他黏膜。常见的病毒感染性疾病有单纯疱疹、带状疱疹（herpes zoster）、手-足-口病（hand-foot-mouth disease），少见的有疱疹性咽峡炎（herpetic angina）。其中，单纯疱疹及疱疹性咽峡炎以口腔表现为主，带状疱疹、手足口病的临床表现则常波及皮肤。单纯疱疹（herpes simplex）为代表的疱疹病毒感染最为常见，患者发病较急，有感染接触史或抵抗力下降史，可有发热、乏力等前驱症状。病损以疱疹及疱疹破溃后形成的糜烂、溃疡为主。实验室检查淋巴细胞比例升高，除非继发细菌感染，否则白细胞计数通常不高。

口腔黏膜细菌感染以球菌等引起的口腔黏膜急性感染性炎症为主，以致密、光滑的假膜形成为主要病损特征，因而又称为膜性口炎（membranous stomatitis）。根据引起感染的病菌不同可分为卡他性口炎（catarrhal stomatitis）、葡萄球菌性口炎、肺炎球菌性口炎、链球菌性口炎等。

由于多种原因，医学真菌学的研究在过去一段时间里进展缓慢。近年来，随着免疫缺陷患者增加，特别是艾滋病的广泛传播，以及糖皮质激素、免疫抑制剂、抗肿瘤药物的应用，使真菌病患者大量增加，也使医学真菌学研究得到了迅速发展。口腔黏膜最常见的真菌性疾病是口腔念珠菌病。

本章主要介绍病毒、细菌和真菌引起的口腔黏膜常见的感染性疾病。这些感染性疾病的病原体为内源性常驻微生物或潜伏感染，也可为外源性感染性疾病。其他传染性疾病（以性传播疾病为主），如梅毒、淋病、尖锐湿疣及艾滋病，将在第十四章介绍。

第一节　单纯疱疹
Oral Herpes Simplex

单纯疱疹（herpes simplex）是由单纯疱疹病毒（herpes simplex virus，HSV）引起的口腔黏膜及口周皮肤以疱疹为主的感染性疾病。

案例 7-1

女，3岁。1周前感冒、发热，3天后口腔黏膜起疱、破溃、疼痛，影响进食。患儿口腔破溃后，体温逐渐恢复正常。曾用青霉素等抗生素治疗，未见好转。

口腔检查：口腔黏膜广泛充血、水肿，上唇黏膜充血，有10余个小溃疡，部分融合成大溃疡，上前牙牙龈红肿，龈缘糜烂。患儿咽部及手足未见病损。

诊断：原发性疱疹性龈口炎。

治疗：注意隔离，避免交叉感染；清淡饮食；口腔局部用0.1%依沙吖啶溶液或0.05%氯己定溶液含漱，口腔内用西瓜霜喷剂、口腔炎喷剂。

思考题：
1. 该患儿预后如何？
2. 应该注意与哪些疾病相鉴别？

【流行病学】

单纯疱疹通过感染分泌物（包括唾液）或直接接触病损处致病，是临床最常见的口腔病毒感染。流行病学资料表明，30%～90%的居民血清中有抗HSV抗体，说明曾发生过单纯疱疹病毒感染。也有资料显示，某些国家5岁儿童中100%出现抗HSV抗体，而另一些国家则至18岁尚未出现该抗体，由此推测该病的发生与地理、气候、种族及生活条件有一定的关系。医务工作者感染率为36%～48%。HSV在体液及体表可生存数小时。普遍认为，人类是HSV的天然宿主，口腔、皮肤、眼部、会阴部及中枢神经系统易受累。儿童及成人均可发病。

【病因及发病机制】

HSV属于线状双链脱氧核糖核酸（deoxyribonucleic acid，DNA）病毒，直径约为75 nm，外包以蛋白质，直径可达100 nm。在宿主细胞内，其核膜可获得脂质外壳，而形成富含糖蛋白与脂蛋白的包膜，直径可达150～200 nm。病毒表面的这种糖蛋白与其致病性有关。HSV耐冷。从病损的疱液及唾液中可分离出HSV。早在1967年，就有学者发现，从口腔HSV感染处分离出的HSV接种到鸡胚绒毛尿囊膜上所形成的疱较小，而从生殖器感染处分离出的HSV同样接种后所形成的疱较大。因此，将形成小疱的病毒称为Ⅰ型单纯疱疹病毒（HSV-Ⅰ），将形成较大疱的病毒称为Ⅱ型单纯疱疹病毒（HSV-Ⅱ）。用现代分子生物学方法检测HSV-Ⅰ型和HSV-Ⅱ型具有较多的同源性，用疱疹病毒DNA指纹分析则可区分不同的HSV亚型及病毒株，可用于流行病学分析。这两型在生物学、遗传学及致病性等方面有所不同。HSV-Ⅰ型主要引起口腔黏膜、咽部及口周皮肤、面部、腰部以上皮肤及脑的感染；HSV-Ⅱ型主要引起腰部以下皮肤及生殖器的感染。虽然引起口腔损害的主要为HSV-Ⅰ型，但也有约10%的口腔损害中可分离出HSV-Ⅱ型，15%～37%的原发生殖器疱疹由HSV-Ⅰ型引起，可能与口交有关。口腔及生殖器疱疹可同时发作。口腔HSV感染的发病率近年来略有增高，但由HSV-Ⅱ型引起的生殖器疱疹则明显增多，这与性交方式多样有关。HSV及所有疱疹病毒感染的特点都是潜伏感染。人类感染HSV后，多数（约99%）无临床症状，约1%的感染者有轻微不适。HSV感染的潜伏期为1～26天，平均为7天。HSV感染后，与宿主细胞特别是上皮组织中神经末梢的受体结合，病毒外壳与宿主细胞融合，病毒质粒进入宿主细胞质。病毒质粒聚集时释放病毒DNA，进入宿主细胞核，表达HSV基因。

当机体尚未产生抗HSV抗体时，HSV引起的感染为原发感染；若感染发生于体内有抗

HSV 抗体时，则为继发或复发感染。HSV 可沿感觉神经迁移而感染神经节（如口面部的三叉神经节）。在极少数病例，HSV 可进入中枢神经系统，引起脑炎、脑膜炎。另外，HSV 还可潜伏于泪腺及唾液腺内。

尽管原发感染后机体可产生抗 HSV 抗体，但该抗体无明显的保护作用。在情绪波动、劳累、合并全身系统性疾病、过度日晒、外伤及机械刺激等情况下，潜伏的 HSV 可再次沿神经干向外迁移到神经末梢，在邻近的黏膜上皮细胞内自行复制，导致 HSV 感染复发。免疫学研究显示，单纯疱疹复发的次数与血液循环中抗 HSV 抗体水平无关，说明该抗体的保护作用有限。对 HSV 感染的免疫学研究表明，被感染患者的淋巴细胞正常，但淋巴细胞释放出的巨噬细胞抑制因子和淋巴毒素不足，可能是单纯疱疹复发的原因之一。此外，在原发感染后，又可能出现不同亚型及不同株的病毒感染，即使有较高的抗体滴度，也可能再发生感染，这也是感染易复发的原因。

HSV 与癌变的关系尚存在争议。有学者认为，病毒潜伏在宿主上皮细胞内，其分裂、繁殖后，子细胞可发生突变。因此，HSV-Ⅰ型可能与唇癌的发生有关，HSV-Ⅱ可能与宫颈癌有关。近年来的报道指出，HSV 可能与某些口腔黏膜病的发病有关，但尚无定论。

【临床表现】

（一）原发性疱疹性龈口炎（primary herpetic gingivostomatitis）

原发性疱疹性龈口炎（primary herpetic gingivostomatitis，PHGS）又称急性疱疹性龈口炎（acute herpetic gingivostomatitis），主要是由Ⅰ型单纯疱疹病毒引起的常见口腔损害。多数情况下，首次接触 HSV 后，机体并无任何症状，为亚临床感染状态，或者只产生抗 HSV 抗体，仅极少数患者首次接触 HSV 后发病，表现为急性疱疹性龈口炎。少数情况下，原发感染可表现为疱疹性皮炎、疱疹性外阴阴道炎、疱疹性角膜炎、疱疹性结膜炎、疱疹性脑炎及疱疹性脑膜脑炎。

疱疹性龈口炎以 6 岁以下儿童较多见，尤其是 6 个月至 2 岁婴幼儿更多见。临床可能表现为较严重的龈口炎。成人也有发作。发病前常有接触疱疹患者局部病损的病史，潜伏期为 4～7 天，以后出现前驱期症状，如发热、头痛、疲乏不适、全身肌肉疼痛等急性症状，颌下及颈前淋巴结肿大、触痛。患儿流涎、拒食及烦躁不安。经过 1～2 天的前驱期，口腔黏膜广泛充血、水肿，附着龈、游离龈也有明显的特征性急性炎症损害；口腔黏膜可出现成簇小水疱，可发生于任何部位，特别是邻近乳磨牙的腭及龈缘处黏膜更明显。水疱壁薄、透明，不久破溃后可形成浅表溃疡，因此临床上较难见到完整的疱。由于疱疹有成簇性，所以小的疱疹破后，也可融合形成不规则的较大的溃疡，并可造成继发感染而使表面假膜较厚。

除口腔内的损害外，唇和口周皮肤也有类似病损，有时可见患儿唾液流经处的口周皮肤疱疹，破溃后形成痂皮。口腔医务工作者若不戴手套操作，则可被 HSV 感染的患者甚至无症状 HSV 携带者的唾液感染，形成疱疹性甲沟炎（herpetic paronychia）。免疫功能低下患者（如 HIV 感染者、器官移植术后需长期服用激素或其他免疫抑制剂的患者、白血病及淋巴瘤患者）可发生进行性的原发性疱疹感染，病程长且呈慢性，病损范围广泛（图 7-1）。

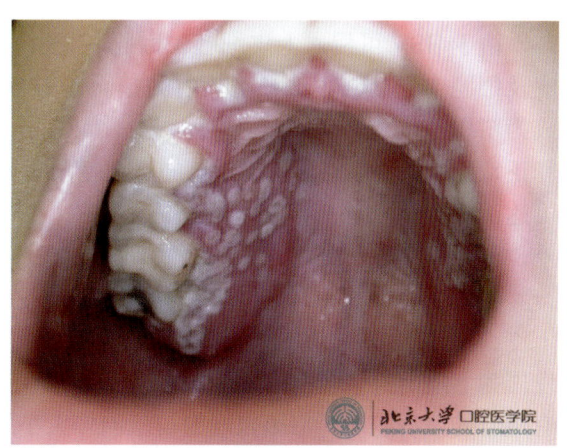

图 7-1　原发性疱疹性龈口炎
上腭黏膜出现成簇的水疱，部分水疱融合
（北京大学口腔医学院供图）

虽然该病具有自限性，但是多数未接受治疗的患者病损恢复缓慢，可超过10天。在发病期间，患者血液中可出现抗病毒抗体，发病后14～21天达最高水平，随后下降到较低水平。多数病例可终生保持较低的抗体水平。

（二）复发性疱疹性口炎（recurrent herpetic stomatitis）

在原发性疱疹感染愈合以后，30%～50%的病例可发生复发性损害。由于机体有一定免疫力，因此复发性病损一般较局限，患者全身反应较轻。根据其临床表现，可将复发性疱疹性口炎分为两种类型，即唇疱疹及口内疱疹，以前者多见。

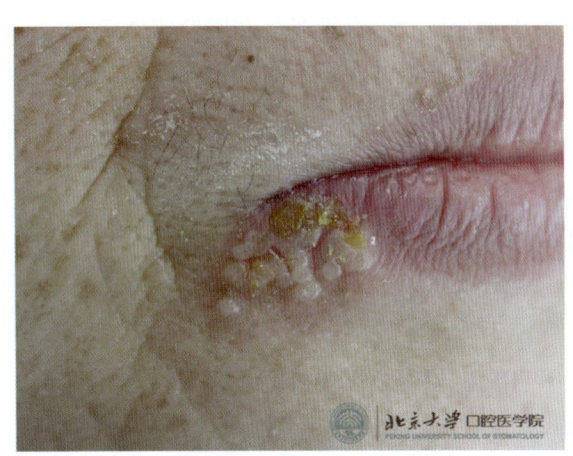

图7-2　唇疱疹
患者右口角区有成簇的水疱
（北京大学口腔医学院供图）

1. 复发性唇疱疹（recurrent herpes labialis） 即口周疱疹（peristomatous herpes）是单纯疱疹病毒感染最常见的类型，唇红、唇红缘及唇周皮肤好发。复发的前驱阶段，患者可有轻度疲乏及不适，随即在将要复发的区域出现灼热感、痒感、张力增加。十几个小时后，可出现多个成簇的水疱，多数水疱直径在1 mm以下，周围有轻度红斑。通常，水疱约24 h后破溃，继之糜烂、结痂。从开始发病至愈合约经历10天，若继发感染，则病程迁延，病损处可出现小脓疱（图7-2）。疱疹愈合后不留瘢痕，个别病例可有暂时性色素沉着。病变愈合后，病毒虽可残存于组织中呈静止状态，但在某些因素刺激下，可在同一部位或其邻近部位再次发作。常见的复发诱因有日晒、局部机械损伤、疲劳、免疫功能减退、感冒发热、月经、情绪紧张等。复发的间隔时间与诱因密切相关。

2. 口内复发性单纯疱疹（intraoral recurrent herpes simplex，IRHS） 简称口内疱疹。是较少见的临床类型，但免疫缺陷患者该型病损并非少见。病损好发于表面角化并与下方骨膜紧密固定的黏膜部位，如硬腭、牙龈及牙槽嵴黏膜。临床表现类似唇疱疹，为成簇的小水疱或小溃疡，位于牙龈或硬腭。患者局部疼痛不适。病变具有自限性，一般愈合缓慢。免疫缺陷者及接受化疗、免疫抑制剂治疗患者的口内疱疹常为慢性，且病损分布广泛，愈合迟缓。

【病理表现】

由于HSV可侵入上皮细胞，因此，其组织病理变化特征为细胞内包涵体、多核巨细胞形成及细胞本身的破坏。细胞核内的包涵体由小逐渐发展成为大的嗜碱性小体，在释放病毒时成为嗜伊红的包涵体，称为利普希茨体（Lipschitz body）。在HSV的作用下，被感染的细胞和正常细胞融合形成含有多个核的巨细胞，即多核巨细胞，为扁平的鳞状上皮细胞，体积增大，可达正常上皮细胞的10倍。多核巨细胞的形成，可阻挡机体的抗体，使病毒本身得到保护。此外，在个别情况下，HSV感染时，细胞核被分裂成多个，而没有胞质的分割，称为桑葚细胞。

由于复制的病毒后代增多，宿主细胞核膜开始破裂、消失，胞质细胞器变性，逐渐导致上皮细胞胞质水肿，发生气球样变性。细胞间也有明显水肿，即在细胞间形成游离液体，最后发展为上皮内疱。在疱的外侧壁及基底处常有上皮细胞破坏，也可形成上皮下疱。水疱破裂后有短暂的溃疡前期，临床表现为与疱同样大小的扁平的浅黄色病损，此处的细胞表现为严重的细胞间水肿。受损细胞和死亡的细胞最后脱落，形成边界清楚的溃疡或糜烂。若多个相邻的病损相融合，则形成边界不规则的浅溃疡。病损区毛细血管扩张，溃疡面有密集的中性粒细胞浸润，深部组织有淋巴细胞浸润，溃疡底部及边缘均有肉芽组织形成。

【实验室检查】

1. 血细胞分析 单纯疱疹病毒感染患者如果无继发感染，则白细胞总数通常不升高，但淋巴细胞可能升高。血细胞分析有助于了解有无继发感染及全身一般情况。

2. 疱疹涂片 取疱疹的基底物直接涂片、巴氏染色或直接免疫荧光检查可见被病毒损伤的细胞（如气球样变性、水肿的细胞），以及多核巨细胞、核内包涵体、荧光阳性等表现。

3. 单纯疱疹病毒的分离培养 早期研究是将疱液接种在鸡胚绒膜尿囊膜上，近年来采用在兔肾细胞、人羊膜或鸡胚母细胞上接种分离培养的方法。但由于受实验室条件限制，临床较少使用。

4. 免疫学检查（immunological examination） HSV特异的免疫学检查应用免疫印迹（Western blot）及放射免疫沉淀法（radioimmunoprecipitation assay，RIPA），检测HSV糖蛋白的特异抗原性。感染晚期出现抗HSV IE蛋白的IgG抗体，有诊断意义。复发感染时出现的IgG抗体是针对非结构蛋白而产生的。对于慢性、进行性、严重的单纯疱疹病毒感染患者，应进行体液免疫及细胞免疫功能检测，以除外全身感染（如艾滋病）或其他系统性疾病。

5. 组织病理学检查（histopathological examination） 光镜及电镜下可见上皮组织破坏，上皮内潴留液体，形成上皮内疱，基底可见多核巨细胞。电镜观察可发现病毒颗粒。

【诊断】

对于大多数病例，根据临床表现即可做出诊断。

1. 原发感染（primary infection）（疱疹性龈口炎）
（1）婴幼儿多见。
（2）病程为急性发作，患者全身反应重。
（3）任何部位口腔黏膜及口唇周围皮肤可出现成簇的小水疱。
（4）牙龈（包括游离龈和附着龈）、腭黏膜出现特征性的广泛充血。

2. 复发感染（secondary infection）（唇疱疹和口内疱疹）
（1）成人多见。
（2）病程为急性发作，患者全身反应轻。
（3）病情反复发作，患者往往有劳累、感冒等诱因。
（4）病损为成簇的小水疱。
（5）唇疱疹为唇红、唇红缘及唇周皮肤好发，部位相对固定。
（6）口内疱疹以牙龈、硬腭好发。免疫缺陷者则疱疹分布范围较广泛。

【鉴别诊断】

1. 疱疹样阿弗他溃疡（herpetiform aphthous ulcer）
（1）患者有反复口腔溃疡病史。
（2）全身反应轻或无。
（3）病损无疱疹期，散在分布，不成簇，角化差的黏膜多见。
（4）无口周皮肤损害、无牙龈广泛充血或疱疹。
（5）成人多见。

2. 带状疱疹（herpes zoster）
（1）成人多见，无反复发作史，愈合后不复发。
（2）全身反应较重，疼痛剧烈。

（3）疱疹较大，具有成簇性，沿三叉神经分支排列成带状。
（4）口内及口外皮肤均有病损，但呈单侧分布，不超过中线。

3. 手-足-口病（hand-foot-mouth disease）
（1）本病是由肠道病毒引起的传染病，以柯萨奇病毒 A 16 型（Coxsackie virus A 16，Cox A 16）和肠道病毒 71 型（enterovirus 71，EV 71）最为常见。
（2）5 岁以下儿童多见，有小流行趋势。
（3）患者口腔疱疹及溃疡多发生在舌、颊部及硬腭，很少侵犯牙龈。
（4）普通型患者有轻度全身症状；重型患者全身症状重。
（5）手掌、足底、臀、臂部等处可见水疱、丘疹。

4. 疱疹性咽峡炎（herpetic angina） 主要由柯萨基病毒 A 组引起。
（1）患者全身反应轻，以儿童多见。患者有流行病史。
（2）病损分布于口腔后部，如软腭、悬雍垂等处。
（3）牙龈不受累。

5. 多形红斑（erythema multiforme）
（1）口腔损害以急性渗出为主，口内黏膜广泛糜烂、渗出，唇红黏膜更为明显。
（2）牙龈弥漫性炎症少见。
（3）中青年患者多见。
（4）皮肤病损在面部、手背、手掌多见，为特征性靶形红斑。

【治疗】

总体治疗原则为抗病毒治疗、全身支持疗法、对症治疗和防止继发感染。主要目的是缩短疗程、缓解症状、促进愈合。目前尚缺乏十分有效的抗病毒药物或疫苗。

1. 全身抗病毒治疗
（1）核苷类抗病毒药：1981 年在美国首先使用的抗病毒药物阿昔洛韦可用于治疗单纯疱疹。目前认为核苷类抗病毒药是抗单纯疱疹病毒最有效的药物，主要包括阿昔洛韦、伐昔洛韦、泛昔洛韦和更昔洛韦。阿昔洛韦可在病毒感染的细胞内在病毒胸腺嘧啶核苷激酶的催化下生成单磷酸盐，然后进一步转化为三磷酸阿昔洛韦，对病毒 DNA 聚合酶具有较强的抑制作用。不良反应有注射处静脉炎、暂时性血清肌酐升高，肾功能不全患者须慎用。伐昔洛韦口服吸收快，在体内可迅速转化为阿昔洛韦，血药浓度较口服阿昔洛韦高 3 倍。泛昔洛韦口服吸收快，在体内可转化为喷昔洛韦，后者作用机制与阿昔洛韦相似，在组织中浓度高。此类药主要用于治疗单纯疱疹病毒和水痘-带状疱疹病毒感染。

原发性疱疹性口炎：阿昔洛韦 200 mg 口服，每天 5 次，5 天为 1 个疗程；伐昔洛韦 1000 mg 口服，每天 2 次，10 天为 1 个疗程；泛昔洛韦 125 mg 口服，每天 2 次，5 天为 1 个疗程。

原发感染症状严重者：阿昔洛韦 150 mg/（kg·d），分 3 次静脉滴注，5 天为 1 个疗程。

频繁复发者（1 年复发 6 次以上者）：为减少复发次数，可用病毒抑制疗法。用法为阿昔洛韦 200 mg，每天 3 次口服，或伐昔洛韦 500 mg，每天 1 次口服，一般需要连续口服 6～12 个月。

（2）利巴韦林：又称病毒唑，是一种广谱抗病毒药物，主要通过干扰病毒核酸合成而阻止病毒复制，对多种 DNA 病毒或 RNA 病毒均有效，可用于治疗疱疹病毒感染等。用法为 200 mg 口服，每天 3～4 次；肌内注射 5～10 mg/（kg·d），每天分 2 次注射。不良反应为口渴、白细胞减少等，妊娠早期禁用。

以上药物剂量均为成人剂量，儿童剂量应根据体重和药品使用说明书具体计算。

2. 局部治疗

（1）口腔黏膜局部用药：常使用的制剂有溶液、糊剂、散剂及含片。

1）0.1%～0.2% 葡萄糖酸氯己定溶液、复方硼酸溶液、0.1% 依沙吖啶溶液漱口，皆有消毒、杀菌作用。研究显示，0.1%～0.2% 氯己定溶液对Ⅰ型单纯疱疹病毒的生长有抑制作用，浓度越高，抑制作用越强，且其对病毒的细胞溶解也有抑制作用。

2）3% 阿昔洛韦软膏或酞丁安软膏局部涂擦，可用于治疗唇疱疹。

3）散剂：如锡类散、养阴生肌散、西瓜霜粉剂等均可局部使用。

4）口含片：如西地碘含片 1.5 mg 含服，每天 3～4 次。

5）唇疱疹继发感染时，可用温生理盐水、0.1%～0.2% 氯己定溶液或 0.01% 硫酸锌溶液湿敷。锌制剂可抑制Ⅰ型单纯疱疹病毒 DNA 聚合酶，进而直接影响病毒的复制。抗生素糊剂，如 5% 金霉素甘油糊剂或 5% 四环素甘油糊剂，可局部涂擦。

（2）物理疗法：对口腔单纯性疱疹的复发感染患者，可采用低能量激光治疗。每次总共照射 3～5 分钟，每天 1 次，共治疗 6～7 次。对重型复发性疱疹患者须治疗 10 次。激光治疗 1～2 次即有明显的止痛效果，并可使病灶局限和上皮形成加快；治疗 2～3 次，患者全身情况可得到改善，平均 6～7 天即可治愈。若采用一般疗法，则需 7～9 天治愈。有研究认为，采用低能量激光疗法可使细胞腺苷三磷酸（ATP）含量增高。细胞 ATP 含量的变化可用于评价细胞的生物能反应水平，而生物能的提高可激活免疫系统和机体的再生修复过程，所以激光疗法对口腔单纯性疱疹的复发损害是有效的。

3. 对症和支持治疗 一般来说，在疱疹性龈口炎的临床症状出现以前，患者体内单纯疱疹病毒的复制已经发生，并能很快造成机体细胞和组织的损伤，故对症治疗和全身支持治疗是有必要的。

（1）支持治疗：病情严重者应卧床休息，保证饮水量，维持体液平衡。对进食困难者可静脉输液，补充维生素 B、维生素 C 等。

（2）对症治疗：对疼痛剧烈者局部用麻醉药涂抹，对婴幼儿高热患者可用水杨酸类解热镇痛药。

4. 中医药治疗 急性疱疹性龈口炎以小儿患者多见，抗病毒药物国内应用较少，可选用中药清热解毒制剂治疗。祖国医学认为，急性疱疹性龈口炎属于口糜的范畴，是由脾胃积热上攻口舌、心火上炎或兼外感风热之邪而致病。针对疾病的不同阶段，应进行相应的辨证施治。对疱疹性口炎患者也可局部应用中成药，如锡类散、冰硼散、西瓜霜等。或口服中成药，如双黄连口服液、蓝芩口服液、抗病毒口服液、蒲地蓝口服液等。

【预后】

单纯疱疹病毒感染患者预后一般良好。但有严重免疫缺陷者（如艾滋病患者）可发生致命的波及全身的单纯疱疹病毒感染。

【预防】

1. 避免接触患者 原发感染可通过直接接触单纯疱疹患者的皮肤、黏膜病损而造成，单纯疱疹活动期感染者及无症状病毒携带者的唾液、粪便中都有病毒存在。因此，应避免接触患者，特别是儿童患者。

2. 避免复发的诱因 复发感染是由于体内潜伏的 HSV 被激活所致，应避免复发的诱因，以减少复发。

3. 抗病毒药物及疫苗 口服抗病毒药物（如阿昔洛韦）、静脉给予人白细胞干扰素可在一定程度上减少复发。此外，减毒 HSV 疫苗及灭活 HSV 疫苗正在研制中，但尚未应用于临床。

第二节 带状疱疹
Herpes Zoster

带状疱疹（herpes zoster）是由水痘-带状疱疹病毒（herpes varicella-zoster virus，VZV）所致的皮肤黏膜感染性疾病。本病临床上以出现沿神经呈带状单侧分布的疱疹为特点，患者疼痛明显。

> **案例 7-2**
>
> 男，75 岁。主诉右侧面部皮肤发红，伴水疱，口腔溃烂，进食疼痛 5 天。检查：患者右颊皮肤发红，可见成簇的小水疱，呈带状分布，右下唇内侧黏膜和颊黏膜多处点状或片状糜烂，边缘不整齐。右侧舌腹可见散在的小溃疡；左侧皮肤黏膜未见明显病损。
>
> **诊断**：带状疱疹。
>
> **治疗**：阿昔洛韦 200 mg，每天 5 次，连续服用 7～10 天。皮肤病损处涂抹阿昔洛韦乳膏。口腔内病损用 0.12% 氯己定溶液漱口，涂抹养阴生肌散。
>
> 用药 10 天后，患者口腔溃疡愈合，皮肤病损愈合。但是患病后 3 个月，患者病损区出现持续性灼痛、刺痛，影响休息。
>
> **思考题**：
> 1. 引发后遗神经痛的主要原因是什么？
> 2. 治疗时应注意哪些问题？

【流行病学】

水痘-带状疱疹病毒具有高度传染性，可通过直接接触，特别是吸入而感染人体。儿童患者初次感染 VZV（初发感染）临床表现为水痘（chickenpox，varicella），成人则表现为带状疱疹。国外流行病学调查显示，约 90% 的成人有带状疱疹的血清学证据，其中 10%～20% 患者可发生带状疱疹，但以老年人及免疫缺陷者多见。

【病因及发病机制】

VZV 直径为 150～200 nm，衣壳呈二十面体对称，为双链 DNA 结构，与 HSV 有较多的同源性，二者均属于疱疹病毒。关于 VZV 的研究远远少于 HSV，原因是 VZV 在体外难以生长，除已有猴的动物模型外，尚无其他动物模型。原发 VZV 感染患者可以无症状或表现为水痘。水痘主要见于儿童，好发于冬末、初春，患者口腔部可有疱疹。

多数研究认为，VZV 感染后，患者可获得终身免疫，个别免疫缺陷者除外。VZV 具有嗜神经性，感染后可沿感觉神经逆行至三叉神经节细胞并潜伏下来。在一定条件下（如感冒、外伤、免疫缺陷等），病毒被激活，通过感觉神经元下行至皮肤黏膜，造成感染发作。也就是说，带状疱疹的发生是既往有水痘病史患者体内潜伏的 VZV 在一定条件下被激活而引发的感染。

【临床表现】

VZV 可侵犯面部、颈部、胸部和腰部神经，15%～20% 侵犯面部三叉神经，极少数情况下可侵犯运动神经（如面神经）。重者可并发肺炎、脑膜炎。

带状疱疹以春、秋季多发。发病前 2～4 天，患者可有发热、全身不适等前驱症状。患侧皮肤开始有灼热感、疼痛，局部张力增加。继之陆续出现皮肤不规则红斑、成簇的疱疹，呈粟粒大小的透明水疱，周围有红晕，7～10 天结痂、脱落，多数患者 2～4 周可愈合。疱疹根据所侵犯的神经（眼支、上颌支或下颌支）而分布于额部、面颊、颏部皮肤及相应口内黏膜，呈特征性的带状分布，多为单侧分布，不超过中线。VZV 若侵犯三叉神经第一支（眼支），则可导致结膜炎、角膜炎。若侵犯面神经膝状神经节，则可引起面神经麻痹（Bell's palsy）、外耳道、耳翼疼痛及耳部带状疱疹、口咽部疱疹、耳鸣、味觉减退等，称为疱疹性膝状神经节炎（herpetic geniculate ganglionitis），或称 Hunt 综合征。

牙齿发育期间若发生带状疱疹，则可导致牙髓坏死和牙根内吸收。免疫功能低下患者发生慢性带状疱疹时，可造成颌骨坏死和牙齿脱落（图 7-3，图 7-4）。

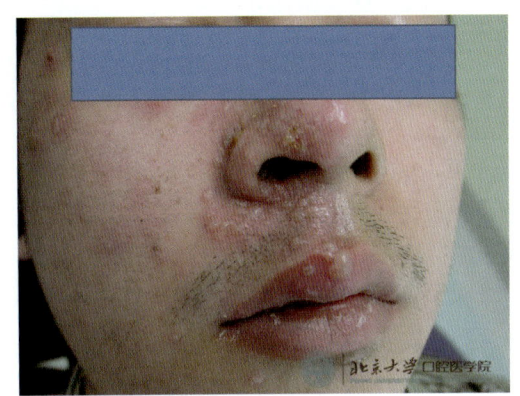

图 7-3 带状疱疹
右侧面部、鼻部、唇部皮肤出现成簇水疱
（北京大学口腔医学院供图）

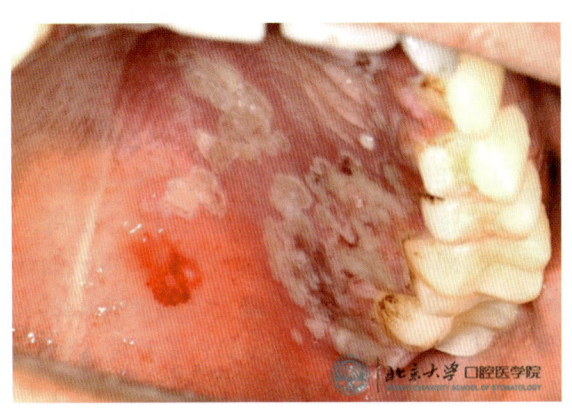

图 7-4 带状疱疹
上腭左侧的成簇水疱破裂形成溃疡，部分溃疡融合
（北京大学口腔医学院供图）

带状疱疹患者随年龄增长，症状也逐渐加重，病程延长。12%～20% 患者在疱疹愈合后，仍有愈后神经痛，即疱疹后神经痛（postherpetic neuralgia，PHN），通常是指疱疹愈合后疼痛症状仍持续 30 天以上，甚至可达数月或更长时间。

【病理表现】

皮肤黏膜形成单房或多房性水疱，水疱基底部可见上皮细胞发生气球样变性。细胞核内有嗜酸性包涵体。细胞间及细胞内水肿。病变区附近血管扩张，有炎症细胞浸润等。

【实验室检查】

水痘和带状疱疹的临床症状均较典型，一般可不依靠实验室检查而做出诊断。

1. 血细胞分析 合并感染时，可见白细胞计数增高。

2. 细胞涂片 刮取新鲜疱疹基底组织涂片，细胞核内可见包涵体。

3. 病毒 DNA 检测 通过 PCR 可检测带状疱疹病毒 DNA。

4. 免疫学检查

（1）查抗原：可用直接免疫荧光法检查疱疹基底刮片或疱疹液中的抗原。

（2）查抗体：可用间接免疫荧光法等检测抗体效价在 4 倍以上者为抗体滴度升高，有诊断意义。

【诊断】

本病的诊断主要依据临床表现。患者先有局部疼痛，疱疹成簇，并沿三叉神经分支呈带状分布，单侧发病。患者面部皮肤及口腔内黏膜多有疱疹，且疱疹较大。患者疼痛较重，愈合较慢。愈合后很少复发。患者一般无复发史。

【鉴别诊断】

应注意与单纯疱疹、疱疹性咽峡炎、手-足-口病等相鉴别（详见本章第一节）。

发病前驱期仅有疼痛、灼热感而无疱疹出现时，应注意与急性牙髓炎、急性根尖周炎相鉴别。

【治疗】

治疗原则为抗病毒、消炎、止痛、促进愈合，防止继发感染等并发症。

1. 抗病毒 早期应用抗病毒药，以缓解症状和缩短病程。常用药物及用法：阿昔洛韦 200 mg，每天 5 次，连续服用 7～10 天。泛昔洛韦 250 mg，每天 3 次，连续服用 7 天。

2. 止痛 口服镇痛药，轻度疼痛可用非甾体抗炎药或对乙酰氨基酚。中重度疼痛可应用加巴喷丁。

3. 营养神经 可补充维生素 B_1、维生素 B_{12} 或甲钴胺等。

4. 应用免疫增强剂或免疫调节剂 转移因子、胸腺肽可增强免疫功能，抑制新病损的出现。

5. 黏膜溃疡的处理 可选用消炎、防腐、止痛类药物。黏膜和皮肤病损均可用酞丁安、碘苷涂抹。但本病患者神经痛较明显，可于油膏中加入 1% 达克罗宁或 5% 苯佐卡因止痛。口腔内损害可用 0.1%～0.2% 氯己定溶液或 0.1% 依沙吖啶溶液含漱，辅以消炎、防腐类的药物（如养阴生肌散等）或止痛药（如利多卡因、苯佐卡因凝胶等）。皮肤病损可用炉甘石溶液涂擦。

6. 应用糖皮质激素 在病变早期 3～5 天内，口服泼尼松对减轻炎症及疼痛和预防疱后神经痛有一定疗效。用法为每天开始 30～40 mg，隔天递减用药量，10～20 天内撤尽。

7. 物理疗法 对皮肤损害可用紫外线或激光照射，有促进炎症吸收、缩短病程的作用，对疱疹后神经痛也有一定的治疗作用。

8. 眼部病损的处理 应及时到眼科诊治。局部滴碘苷眼液，外涂抗生素眼药膏。

9. 中医药治疗 本病中医俗称蛇串疮或缠腰龙，多由肝火、脾湿、血瘀所致，宜疏散风邪，清泻肝胆之火，健脾化湿，活血化瘀。方药龙胆泻肝汤，血府逐瘀汤，桃红四物汤加减。常用的中药有蒲公英、板蓝根、金银花、连翘、黄芩、赤芍、菊花、薄荷、滑石、木通等，也可选用中成药抗病毒口服液、双黄连口服液、大青叶合剂、板蓝根冲剂、蓝芩口服液、蒲地蓝口服液等。

【预后】

带状疱疹呈自限性，预后一般良好。愈合后，患者一般可获得终身免疫，仅偶有复发。但如果疱疹病损发生于某些特殊部位（如角膜、神经系统），则可能导致严重后果，如失明、脑炎等。若侵犯面神经，则可导致面瘫。老年患者或部分治疗不及时的患者有疱疹后神经痛，影响生活质量。

【预防】

应避免接触带状疱疹患者，多吃富含维生素的水果，增强体质，提高免疫力。由于该病多见于老年患者，自 2006 年带状疱疹减毒活疫苗成功研制以来，美国等国家建议某些成人（如年龄在 60 岁以上患过水痘者）接种该疫苗，预防老年患者带状疱疹的发生，减少疱疹后神经痛。

第三节 手-足-口病
Hand Foot Mouth Disease

手-足-口病（hand-foot-mouth disease，HFMD）是由肠道病毒感染引起的一种儿童常见丙类传染病。

案例 7-3

女，2岁。初入幼儿园2周，拒食2天。父母发现患儿舌背及下唇黏膜破溃。

临床检查：患儿舌背黏膜可见 0.3 cm×0.4 cm 黄白色溃疡，下唇黏膜可见 0.3 cm×0.4 cm 黄白色溃疡。手指、足趾和臀部等多部位可见散在红色丘疹及小水疱。

诊断：手-足-口病。

治疗：注意隔离，避免交叉感染；清淡饮食；口腔局部用 0.1% 依沙吖啶溶液含漱，口腔内用西瓜霜喷剂、口腔炎喷剂。皮肤病损可用炉甘石洗剂涂抹。

思考题：
1. 该病应注意与哪些疾病相鉴别？
2. 如何发现该疾病重症患者？

【流行病学】

本病于1957年在新西兰首次流行，1959年在英国流行时被称为手-足-口病，近年来发病有所增多。我国近几年也有较多报道，该病属于全球性疾病。手-足-口病全年均有发生，但以 4～7 月份发病率最高。发病率为 37.01/10 万～205.6/10 万。近年来报道的病死率为 6.46/10 万～51.0/10 万。

患儿和隐性感染者为主要传染源，手-足-口病隐性感染率高。肠道病毒适宜在湿、热的环境下生存，可通过感染者的粪便、咽喉分泌物、唾液和疱疹液等广泛传播。密切接触是手-足-口病传播的主要方式，通过接触被病毒污染的手、毛巾、手绢、牙杯、玩具、食具、奶具以及床上用品、内衣等引起感染；还可通过呼吸道飞沫传播；饮用或食入被病毒污染的水和食物亦可感染。婴幼儿和儿童普遍易感，以5岁以下儿童为主。

【病因及发病机制】

手-足-口病由肠道病毒引起，肠道病毒属于小RNA病毒，肠道病毒属，主要致病血清型包括柯萨奇病毒（Coxsackie virus，CV）A组4～7型、9型、10型、16型和B组1～3型、5型，埃可病毒（Echo virus）的部分血清型和肠道病毒71型（Entero virus A 71，EV-A71）等，其中以 CV-A16 和 EV-A71 最为常见，重症及死亡病例多由 EV-A71 所致。

肠道病毒感染人体后，主要与咽部和肠道上皮细胞表面相应的受体结合，其中 EV-A71 和 CV-A16 的主要受体为人类清道夫受体 B2（scavenger receptor B2，SCAR B2）和 P 选择素糖蛋白配体-1（P-selectin glycoprotein ligand-1，PSGL-1）等。病毒与相应受体结合后，经细胞内吞作用进入细胞。病毒基因组在细胞质内脱衣壳、转录、组装成病毒颗粒。

肠道病毒主要在扁桃体、咽部和肠道淋巴结大量复制后释放入血，可进一步播散到皮肤及黏膜、神经系统、呼吸系统、心脏、肝、胰、肾上腺等部位，引起组织和器官发生一系列炎症反应，导致相应的临床表现。少数病例因神经系统受累可导致血管舒缩功能紊乱及 IL-10、IL-13、IFN-γ 等炎性介质大量释放，可引起心力衰竭和呼吸衰竭。

神经源性肺水肿及循环衰竭是重症手-足-口病患儿的主要死因，病理生理过程复杂，是中枢神经系统受损后神经、体液和生物活性因子等多因素综合作用的结果。

【临床表现】

手-足-口病潜伏期多为 2~10 天，平均为 3~5 天。多数患儿无前驱症状而突然发病，常有 1~3 天的持续轻度发热，口腔和咽喉部疼痛，或有上呼吸道感染的表现。皮疹多在第 2 天出现，呈离心性分布，多见于手指、足趾背面及指甲周围，也可见于手掌、足底、会阴及臀部。开始时为玫红色斑丘疹，1 天后形成半透明的小水疱，如不破溃感染，则常在 2~4 天吸收、干燥，呈深褐色薄痂，脱落后无瘢痕。口内颊黏膜、软腭、舌缘及唇内侧也有散在的红斑及小疱疹，多与皮疹同时出现，或稍晚 1~2 天出现。口内疱疹极易破溃成糜烂面，被覆灰黄色假膜，周围黏膜充血、红肿。患儿常有流涎、拒食、烦躁等症状。本病的整个病程为 5~7 天，个别病例可达 10 天。本病通常可自愈，预后良好，并发症少见，但少数患者可复发。

少数患者可并发无菌性脑膜炎、脑炎、急性弛缓性麻痹、呼吸道感染和心肌炎等，可出现中枢神经系统损害，多发生在起病后 1~5 天内，表现为精神状态差、嗜睡、吸吮无力、易惊、头痛、呕吐、烦躁、肢体抖动、肌无力、颈项强直等。或表现为心率和呼吸增快、出冷汗、四肢末梢发凉、皮肤发花、血压升高。个别重症患儿病情进展快，甚至很快死亡，应注意观察，及早发现，及早治疗，降低病死率。

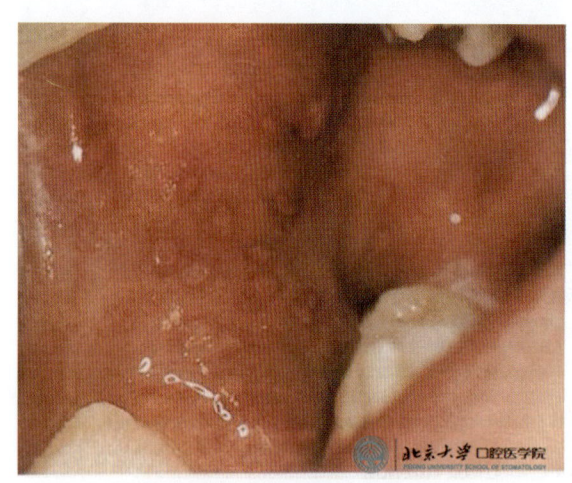

图 7-5　手-足-口病（口部表现）
（北京大学口腔医学院供图）

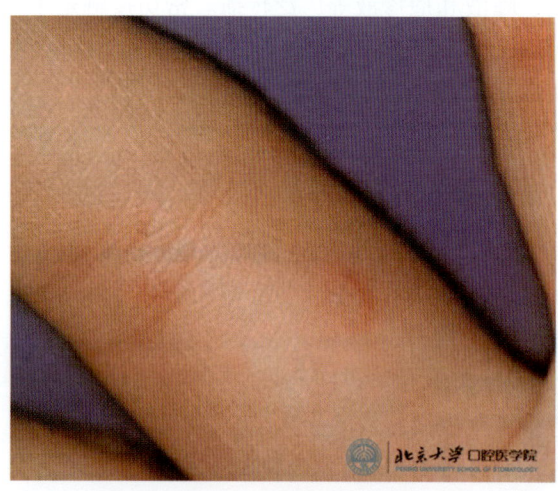

图 7-6　手-足-口病（手部表现）
手掌皮肤红斑，伴透明小水疱
（北京大学口腔医学院供图）

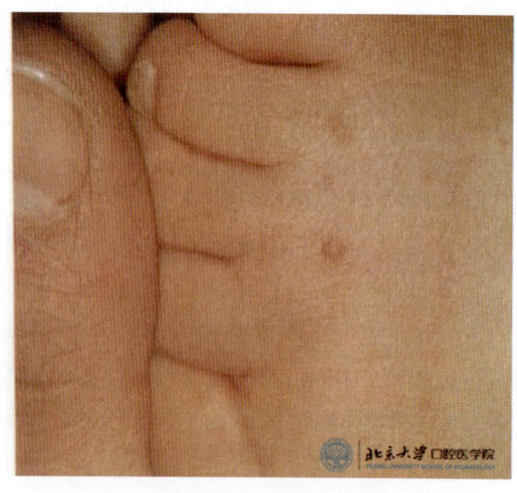

图 7-7　手-足-口病（足部表现）
（北京大学口腔医学院供图）

【辅助检查】

1. 血细胞分析及 C 反应蛋白（CRP）检测　多数病例白细胞计数正常，部分病例白细胞计数、中性粒细胞比例及 CRP 可升高。

2. 血生化检查　部分病例丙氨酸转氨酶（alanine aminotransferase，ALT）、天门冬氨酸转氨酶（aspartate aminotransferase，AST）、肌酸激酶同工酶（CK-MB）轻度升高，病情危重者肌钙蛋白、血糖、乳酸升高。

3. 脑脊液检查　神经系统受累时，脑脊液改变符合病毒性脑膜炎和（或）脑炎的表现，主要表现为外观清亮，压力增高，白细胞计数增多，以单核细胞为主（早期以多核细胞为主），蛋白质正常或轻度增多，糖和氯化物正常。

4. 血气分析　重症病例或呼吸系统受累时可有动脉血氧分压降低，血氧饱和度下降，二氧化碳分压升高，酸中毒等。

5. 病原学及血清学检查　临床采集标本（咽拭子、粪便或肛拭子、血液等标本）肠道病毒特异性核酸检测呈阳性或可分离出肠道病毒。急性期血清相关病毒 IgM 抗体呈阳性。恢复期血清 CV-A16、EV-A71 或其他可引起手-足-口病的肠道病毒中和抗体比急性期升高 4 倍及以上。

【诊断】

可根据流行病学和典型的临床症状及体征、病原学检查做出诊断。在疾病流行季节，当地托幼机构及周围人群有手足口病流行，发病前与手-足-口病患儿有直接或间接接触史。患者多为 5 岁以下幼儿；口腔溃疡，手、足或臀部等部位突然出现疱疹。

在临床诊断的基础上，具有下列情况之一者即可确诊。

1. 肠道病毒（CV-A16、EV-A71 等）特异性核酸检测呈阳性。
2. 分离出肠道病毒，并鉴定为 CV-A16、EV-A71 或其他可引起手-足-口病的肠道病毒。
3. 急性期血清相关病毒 IgM 抗体呈阳性。
4. 恢复期血清相关肠道病毒的中和抗体比急性期升高 4 倍及以上。

【鉴别诊断】

1. 水痘　是由水痘-带状疱疹病毒初次感染引起的急性传染病，好发于婴幼儿，但以冬、春季节多见，临床表现以发热及成批出现周身性、向心性分布的红色斑丘疹、疱疹、痂疹为特征，口腔病损少见。

2. 疱疹性龈口炎　一年四季均可发病，患者一般无皮疹，偶尔在下腹部可出现疱疹。

3. 疱疹性咽峡炎　由柯萨奇病毒 A 组引起，患者口腔症状与本病相似，但主要发生于软腭及咽部周围，无皮肤及手、足部的病变。

【治疗】

手-足-口病有自限性，只需对症治疗，加强护理。对于轻症患者，以门诊对症治疗为主。对于重症患者（出现神经症状或心血管症状等患者），应转诊或收住院，重点救治。

1. 对普通患者予以门诊治疗。注意隔离，避免交叉感染；清淡饮食；做好口腔和皮肤护理。
2. 积极控制高热。对体温超过 38.5℃者，采用物理降温（温水擦浴、使用退热贴等）或应用退热药物治疗。常用药物及用法：布洛芬口服，每次 5～10 mg/kg；对乙酰氨基酚口服，每次 10～15 mg/kg；两次用药的最短间隔时间为 6 小时。
3. 目前尚无特效抗肠道病毒药物。研究显示，α 干扰素喷雾或雾化、利巴韦林静脉滴注早期使用有一定疗效。若使用利巴韦林，则应关注其不良反应和生殖毒性。不建议使用阿昔洛韦、更昔洛韦、单磷酸阿糖腺苷等药物治疗。

4. 口腔局部用 0.1% 依沙吖啶溶液等含漱，口腔内用西瓜霜喷剂、口腔炎喷剂。皮肤病损可用炉甘石洗剂涂搽。

【预后】

多数患儿预后良好，一般在 1 周内痊愈，无后遗症。少数患儿发病后可迅速累及神经系统，表现为脑干脑炎、脑脊髓炎、脑脊髓膜炎等，发展为循环衰竭、神经源性肺水肿的患儿病死率高。应及时住院治疗。

【预防】

1. 一般预防措施 保持良好的个人卫生习惯是预防手足口病的关键。勤洗手，不要让儿童饮生水，吃生冷食物。儿童玩具和常接触到的物品应当定期进行清洁、消毒。避免儿童与手-足-口病患儿密切接触。

2. 接种疫苗 EV-A71 型灭活疫苗可用于 6 月龄～5 岁儿童预防 EV-A71 感染所致的手-足-口病。基础免疫程序为 2 剂次，间隔 1 个月，鼓励在 12 月龄前完成接种。

3. 加强医院感染控制 医疗机构应当积极做好医院感染预防和控制工作。各级各类医疗机构要加强预检分诊，应当有专门诊室（台）接诊手-足-口病疑似病例；接诊手-足-口病病例时，须采取标准预防措施，严格执行手卫生，加强诊疗区域环境和物品的消毒，选择中效或高效消毒剂［如含氯（溴）消毒剂等］进行消毒，75% 乙醇和 5% 甲酚（来苏儿）对肠道病毒无效。

进展与趋势

手-足-口疫苗

目前我国手-足-口病的病原体主要是：肠道病毒 71 型（EV71）、柯萨奇病毒 A 组 16 型（CV-A16）和其他肠道病毒。其中，EV71 感染所致病例占重症病例的 74% 和死亡病例的 93%。目前对于 EV71 感染尚无特异性治疗方法，以支持治疗为主。但及时接种 EV71 疫苗是预防重症手-足-口病的有效方法。和其他疫苗一样，接种 EV71 疫苗后不一定能产生 100% 的保护效果，但是对于 EV71 感染相关手-足-口病的保护效力在 90% 以上。该疫苗对 CV-A16 感染和其他肠道病毒感染所致手-足-口病无保护效力。现有资料提示：接种后 56 天至 8 个月，EV71 中和抗体滴度有所下降，8～14 个月，抗体水平处于相对稳定状态，但抗体阳性率未见下降。免疫后 2 年的观察结果显示，中和抗体水平和临床保护效力仍然维持在较高水平。

EV71 疫苗是全病毒灭活疫苗，该疫苗属于二类疫苗，不属于国家预防接种程序的范围，需要在知情、自愿、自费的前提下接种。

第四节 疱疹性咽峡炎
Herpetic Angina

疱疹性咽峡炎（herpetic angina）主要是肠道病毒引起的以急性发热和咽部疱疹溃疡为特征的急性、传染性的咽峡炎。

案例 7-4

男，3 岁。2 天前突然发热，体温 38.6℃，拒食，流涎。

临床检查：患儿咽峡部黏膜广泛充血，可见 10 余个 0.3 cm×0.3 cm 大小的黄白色溃疡。皮肤未见损害。外周血白细胞计数 $9.1×10^9$/L。

诊断：疱疹性咽峡炎。

治疗：口腔局部用 0.1% 依沙吖啶溶液含漱，口内用口腔炎喷剂。

医嘱：注意隔离，避免交叉感染。注意休息，清淡饮食。

思考题：
1. 为什么需要隔离患儿？
2. 该病应注意与哪些疾病相鉴别？

【流行病学】

1920 年 Zahorsky 首次报道本病，但当时病因不清。直到 1951 年 Huebner 等的研究才提出，本病的病原微生物是肠道柯萨奇病毒。本病的高危人群主要是 1～7 岁的儿童，一年四季均可发生，一般 4～7 月份为发病高峰期，潜伏期为 2～4 天。以粪-口传播或者呼吸道传播为主要传播途径，传染性很强，传播快，遍及世界各地，表现为散发流行。

【病因及发病机制】

引起疱疹性咽峡炎的病毒除柯萨奇病毒 A 组（1～10 型、12 型、16 型、22 型，其中 16 型也是手足口病的主要病原体）外，还有柯萨奇病毒 B 组 1～5 型（相对少见）和埃可病毒 3 型、6 型、9 型、16 型、17 型、25 型、30 型参与其中。研究还发现，约 10% 的儿童发生症状性 EV71 感染时也可表现为疱疹性咽峡炎，而 EV 71 也是重症手足口病（可导致严重的脑干脑炎和神经源性肺水肿）的主要病原体。

疱疹性咽峡炎患者以及隐性感染者是本病的主要传染源，各个年龄段都可被感染。婴幼儿由于呼吸道屏障功能不足，呼吸道黏膜柔嫩，呼吸道分泌抵抗细菌、病毒的免疫物质不足，淋巴系统发育不够完善，呼吸道自我清洁功能差，因此是本病的易感人群。

【临床表现】

潜伏期为 2～4 天，患者常突然发热，热度高低不一，最高可达 40℃ 以上，一般持续 2～4 天，偶可引起热性惊厥。咽峡部疼痛、厌食或拒食，可伴有流涎、呕吐、头痛、腹痛或肌肉痛等症状。咽峡部、口腔后部出现广泛红斑及疱疹，疱疹很快破裂。病损有时可波及舌，一般不累及牙龈、颊、口底和唇黏膜及皮肤。

疱疹性咽峡炎可以认为是一种特殊类型的上呼吸道感染，但传染性很强，流行很快。临床防治重点是早期识别重症病例，关键是密切观测患儿的精神状态、有无肢体抖动、易惊，注意皮肤温度以及呼吸、心率、血压等，并及时记录。只要早发现，早诊断，早期识别危重信号，早治疗，患者通常都可顺利康复。

【实验室检查】

外周血白细胞计数正常或偏低，淋巴细胞计数相对增高。病毒分离和血清学检查可明确病原体，近年来采用免疫荧光技术、免疫酶标技术及分子生物学技术，可对病原体作出早期诊断。

【诊断】

在疾病流行期间，根据典型症状和特征性咽峡部损害即可作出诊断。1～7岁的儿童常见。咽峡部、口腔后部广泛红斑及疱疹，疱疹很快破裂。病损有时可波及舌，一般不累及牙龈、颊、口底和唇黏膜及皮肤。

【鉴别诊断】

1. 疱疹性龈口炎 口腔黏膜出现散在或成簇的小水疱，水疱破溃后形成小圆形溃疡，有些可融合成较大的溃疡，但仍呈簇状。牙龈充血、红肿，可出现疱疹及溃疡。

2. 手-足-口病 颊、舌及唇黏膜散在小疱疹及溃疡，手指、足趾及臀部可见玫红色斑丘疹，1天后形成半透明的小水疱，如不破溃感染，常在2～4天内吸收、干燥。

【治疗】

1. 疱疹性咽峡炎 属于病毒感染性疾病，一般不需要特殊治疗，治疗原则以对症治疗为主。咽喉部疼痛明显时，可以多饮温水，对发生溃疡的咽喉部刺激最小，儿童比较容易接受。可以鼓励患儿多吃一些营养且易消化的流质、半流质食物，如粥、面条汤等。饮食要清淡，忌食太热、辛辣、味重的食物，以免刺激咽喉部，加重咽痛。

2. 积极控制高热 对体温超过38.5℃者，采用物理降温（温水擦浴、使用退热贴等）或应用退热药物治疗。常用药物及用法：布洛芬口服，每次5～10 mg/kg；对乙酰氨基酚口服，每次10～15 mg/kg；两次用药的最短间隔时间为6小时。

3. 口腔局部用药 0.1%依沙吖啶溶液含漱，口内用西瓜霜喷剂、口腔炎喷剂等。

【预后】

大多数情况下，疱疹性咽峡炎预后良好，呈自限性。自然病程一般为4～6天，很少会持续2周，患者偶尔可并发腮腺炎。同一患者可重复多次发生本病。

【预防】

一般预防措施包括：保持良好的个人卫生习惯。勤洗手，不要让儿童饮生水，或者吃生、冷食物。对于儿童玩具和常接触到的物品应当定期进行清洁、消毒。

第五节 球菌性口炎
Coccigenic Stomatitis

球菌性口炎（coccigenic stomatitis）是急性感染性口炎的一种，临床上以形成假膜损害为特征，故又称假膜性口炎。

案例 7-5

女，3岁。因发热、肺炎住院1周，口腔溃疡拒食2天，父母发现孩子舌背及下唇黏膜破溃，有假膜覆盖。

临床检查：舌背黏膜可见2.3 cm×1.5 cm白色假膜，下唇黏膜及双颊黏膜少量黄白色假膜。实验室检查：外周血白细胞计数$1.3×10^9$/L。细菌涂片、培养显示肺炎球菌感染。

诊断：球菌性口炎。
思考题：
1. 该病应注意与哪些疾病相鉴别？
2. 治疗应该注意哪些问题？

【流行病学】

关于球菌性口炎的发病率，目前尚缺乏确切的流行病学统计资料，但本病多见于儿童及免疫功能低下者。

【病因及发病机制】

本病的主要致病菌有金黄色葡萄球菌、溶血性链球菌、肺炎球菌等。口腔黏膜球菌感染往往是几种球菌同时致病，引起口腔黏膜的急性损害。

【临床表现】

1. 本病可发生于口腔黏膜的任何部位。患者口腔黏膜充血，局部形成边界清楚的糜烂或溃疡面。在溃疡或糜烂的表面覆盖着一层厚的假膜，呈黄色或灰黄色，界限清楚。假膜不易擦去，用力擦去后，下方可见出血的创面。

2. 患者疼痛明显，唾液增多，有非特异性口臭。区域淋巴结肿大、压痛。常伴有全身不适、体温升高等。

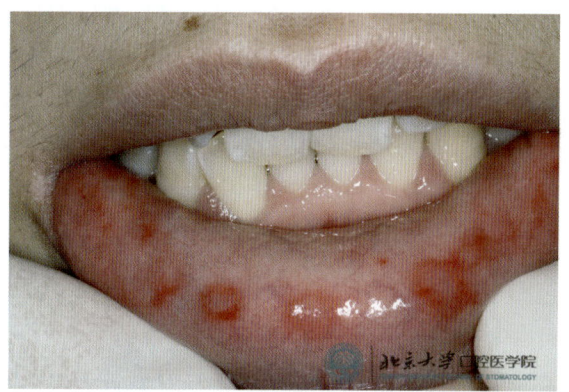

图 7-8　球菌性口炎
下唇内侧黏膜充血
（北京大学口腔医学院供图）

【病理表现】

病损区黏膜充血、水肿，上皮破坏有大量纤维蛋白性渗出，坏死的上皮细胞、多形核白细胞及多种细菌和纤维蛋白共同形成假膜，固有层内有大量炎症细胞浸润。

【实验室检查】

1. 血细胞分析　白细胞总数升高，白细胞分类中性粒细胞比例升高。

2. 细菌涂片或培养　于病损处取材，进行细菌涂片或培养，可见各种球菌，如链球菌、金黄葡萄球菌及肺炎双球菌。

【诊断】

球菌性口炎常见于体质虚弱和抵抗力低下的患者。病损表面有灰黄色假膜覆盖，假膜致密而光滑，拭去假膜后可见溢血的糜烂面。病损周围炎症反应明显，患者口臭明显，淋巴结肿大、压痛，白细胞增高，体温升高。必要时，可行涂片检查或细菌培养，以确定主要病原菌。

【鉴别诊断】

1. 急性疱疹性龈口炎

（1）病损特征为口腔黏膜出现散在或成簇的小水疱，水疱破溃后形成小圆形溃疡，虽然有些可融合成较大溃疡，但仍形成簇状。

（2）口周皮肤可出现成簇的疱疹，有的疱疹可破溃，有结痂。

（3）牙龈充血、红肿，可出现疱疹及溃疡。

（4）病原微生物学检查为Ⅰ型单纯疱疹病毒。

2. 多形红斑

（1）此病为变态反应性疾病。

（2）口腔黏膜病损可见多发红斑、水疱、溃疡或糜烂，渗出液较多，碰触后极易导致渗血、出血。

（3）多数患者伴有皮肤损害，皮损呈多形性，可出现虹膜样红斑。

3. 口腔念珠菌病

（1）假膜多较疏松，呈乳白色，易刮去。

（2）病损区涂片可见念珠菌菌丝。培养呈念珠菌阳性。

【治疗】

1. 控制感染　对感染程度较严重或伴有全身感染症状者，应尽量做细菌学检查和药物敏感试验，根据药物敏感试验结果选择具有针对性的抗菌药物。根据不同的感染类型、病情轻重程度、微生物学检查结果、宿主易感性等情况选择用药方式、用药剂量及疗程。

2. 补充维生素　维生素 B_1 10 mg、维生素 B_2 5 mg、维生素 C 100 mg，每天 3 次。

3. 口腔局部对症治疗　可选用 0.1% 依沙吖啶溶液等含漱，每天 4～5 次，每次 1 min。局部可用口腔溃疡散、养阴生肌散促进溃疡愈合。口腔局部止痛可用含有麻醉药的制剂，如利多卡因凝胶等。

4. 中医药治疗　可选用清热解毒类的药物，如清热解毒胶囊等。

【预后】

根据药物敏感试验结果选择具有针对性的抗菌药物，可有效控制病情发展。

【预防】

保持口腔卫生和菌群平衡，增强机体免疫力和抵抗力。

第六节　坏死性龈口炎
Necrotic Ulcerative Gingivo-Stomatitis

坏死性龈口炎（necrotic ulcerative gingivo-stomatitis）是由奋森螺旋体和梭形杆菌感染所致，临床上较少见。当局部或全身抵抗力下降，口腔卫生不良，合并严重的系统性疾病时，病情可迅速发展，病损严重。

案例 7-6

男，27 岁。3 个月来反复腹泻、低热，体重减轻。近几天患者淋雨后发热，牙龈红肿、溃疡、出血、疼痛。口腔检查：全口牙龈乳头顶端呈刀切状，龈缘呈虫蚀状，坏死表面上有灰白色的假膜，易擦去，牙龈极易出血。口腔内有腐败性恶臭。病变坏死区涂片可见大量梭形杆菌和奋森螺旋体。

分枝杆菌为专性厌氧菌，营养要求高，生长缓慢，接种后 3～4 周才出现肉眼可见的菌落，分离培养阳性率仍不高，不能给临床提供及时、有效的病原学证据。

3. 结核分枝杆菌核酸检测 PCR 检测结核分枝杆菌 DNA 可用于结核病的早期和快速诊断，检出率较涂片法或培养法高 30%～50%，较为快速、灵敏度和特异度均较高，是病原学诊断的重要参考。过程中应选用合适的引物，避免污染等，该技术缺点是不能区分死菌与活菌，如果患者体内病灶并不活动，仅由于 PCR 阳性而给予治疗，不仅增加患者负担，而且给患者造成痛苦。

4. 结核菌素皮肤试验（tuberculin skin test，TST） 采用结核菌纯蛋白衍生物（purified protein derivation of tuberculin，PPD），又称 PPD 皮肤试验。作为诊断结核的传统方法仍被广泛应用，但易受接种卡介苗的影响，特异性较低。

5. γ干扰素释放试验（interferon-γ release assay，IGRA） 是检测结核分枝杆菌特异性抗原刺激 T 细胞所产生的 γ 干扰素，可弥补 PPD 试验的不足，用于诊断潜伏感染，对活动性结核病有辅助诊断意义。

6. 结核病 T 细胞斑点检测（T cell spot detection，T-SPOT） 目前该检测法尚不能有效鉴别潜伏感染和活动性结核病，但其诊断结核病的灵敏度和精确度较 TST 更高，对结核病的诊断仍具有重要意义。

7. 影像学检查 肺部 X 线及 CT 扫描有一定提示意义。

8. 血清抗结核抗体检查 可作为快速辅助诊断手段之一，但特异性欠佳，灵敏度较低。

【诊断】

根据临床表现特点，对于无复发史、溃疡长期不愈合者，应考虑口腔结核的可能。应当仔细询问病史，特别是结核病史或结核患者接触史、呼吸道症状，是否伴有发热、盗汗、乏力等全身症状，是否为易感人群，并及时进行胸部影像学检查及实验室检查和活检，以明确诊断。

口腔结核损害的确诊，主要取决于组织病理学检查。病原学检查等可作为诊断的重要辅助手段。

【鉴别诊断】

1. 创伤性溃疡 溃疡的形态、部位与创伤因素相吻合。去除创伤因素后，溃疡可愈合。

2. 腺周口疮溃疡 以反复发作、可自愈为特征。

3. 口腔鳞状细胞癌或淋巴瘤等恶性肿瘤 溃疡长期不愈合，触诊溃疡基底有硬结，可有浸润感，颌下及颈部常可触及活动度差的淋巴结。需通过活检行病理学检查确诊。

4. 肉芽肿性唇炎、梅-罗综合征、克罗恩病、结节病 所致的唇肿病损需要与上述疾病相鉴别，需通过活检行病理学检查确诊。

5. 口腔梅毒 一期、二期、三期梅毒患者均可有溃疡表现，晚期可出现梅毒瘤样浸润，类似结核性病变，可通过梅毒血清学检测进行鉴别诊断。

6. 深部真菌感染 如孢子丝菌病，芽生菌病和球孢子菌病等，都可能有类似结核的溃疡和肉芽肿表现。可以采用真菌培养、活检等鉴别。

【治疗】

1. 抗结核治疗 原则为早期、规律、全程、适量、联合五项原则，可以保证药物能有效穿透组织并预防耐药或使耐药性降到最低。整个化疗方案分为强化期（intensive phase，IP）和继续期（continuation phase，CP）两个阶段。对多数肺结核患者采用不住院治疗，同样可以获得良好效果。根据国际结核病防治协会的建议，目前对于初发病例多采取几种抗结核药物配合应用。一线口服抗结核药物有异烟肼（isoniazid，H）、利福平（rifampin，R）、乙胺丁醇（ethambutol，E）及吡嗪酰胺（pyrazinamide，Z）等；一线注射用抗结核药有链霉素（streptomycin，S）。二线抗结核药物是耐多药结核病治疗的主要药物，如卡那霉素、阿米卡星和卷曲霉素等；另外，还有氟喹诺酮类药物，如氧氟沙星、左氧氟沙星或莫西沙星等。标准化疗一般为18个月，短程化疗需6个月或9个月，但要注意化疗方案的个体化。一般初治肺结核的方案多采用2 EHRZ或4 HR，即采用上述抗结核药物组合2个月或4个月。

需要注意的是，结核分枝杆菌可发生形态、菌落、毒力、免疫原性及耐药性等变异，较易产生耐药性，目前临床上耐药菌株较多，且常有多重耐药菌株，因此在治疗过程中应对患者体内分离的结核分枝杆菌菌株进行药物敏感试验，以测定耐药性的产生情况和指导用药。

在耐药结核病治疗方面，随着WHO推荐的9～12个月短程耐多药结核病（MDR-TB）治疗方案及耐药结核病新药（如贝达喹啉和德拉马尼）在全球的逐步推广使用，耐药结核病的转归得到显著改善。

贝达喹啉（bedaquiline）是近50年来第1个上市的抗结核新药。2012年12月，美国食品药品监督管理局加速批准了贝达喹啉用于成人MDR-TB的治疗。贝达喹啉是二芳基喹啉类的代表药物，通过抑制结核分枝杆菌ATP合成酶而发挥抗结核作用，其作用机制与传统的抗结核药物不同，因而无交叉耐药性，并且对敏感菌株、耐多药菌株以及休眠菌的抗菌活性较高。

德拉马尼（delamanid）是2014年4月获得欧洲药品管理局人用药品委员会批准成为治疗成人MDR-TB的抗结核新药。德拉马尼是一种硝基咪唑类衍生物，其主要通过抑制结核分枝杆菌细胞壁成分中分枝菌酸的生物合成而发挥杀菌作用，对处于复制、休眠期的结核分枝杆菌及胞内结核分枝杆菌均具有强效杀灭作用。

2. 对症治疗 口腔局部应注意治疗继发感染、创伤，减轻疼痛，并采用支持治疗。对口腔损害还可采用链霉素或异烟肼局部封闭，每天或隔天一次。

若发现结核病患者或疑似结核病患者，则应及时按照乙类传染病向当地卫生保健机构报告。

【预后】

若早期发现并规范治疗，本病一般预后较好。有报道结核性寻常狼疮患者的组织缺陷瘢痕长期持续发展有癌变的可能。

【预防】

预防本病的有效途径是控制传染源、接种疫苗。提倡健康的生活方式、增强机体抗病能力。防止口腔黏膜完整性的破坏并积极治疗，增强局部组织的抗微生物能力。

接种卡介苗能显著降低结核病的发病率，但近年来由于卡介苗不断变异，使其免疫效果不稳定。同时，卡介苗制备过程中由于丢失部分免疫记忆及保护性相关的基因，使其保护期变短，保护性免疫应答相对较弱，因此迫切需要研制出更有效的结核疫苗。

目前全球有12种正在进行临床试验的候选疫苗，其中6种已进入Ⅱ期临床试验阶段，2种进入Ⅲ期临床试验阶段，包括用于预防结核分枝杆菌感染的候选疫苗、预防结核分枝杆菌潜伏感染进展为结核病的候选疫苗，以及有助于改善结核病转归的疫苗等。

第八节 口腔念珠菌病
Oral Candidiasis

案例 7-8

男，6个月。因口腔黏膜发白1周来就诊。患儿为足月顺产，生长发育情况在正常范围内，家长否认全身系统性疾病史。口腔检查：上唇和下唇内侧、双颊、舌背、软腭黏膜有片状白色凝乳状假膜，用力可刮去，基底黏膜充血。

思考题：
1. 最有可能的诊断及临床类型是什么？
2. 如要进一步明确诊断，需要的辅助检查项目有哪些？

念珠菌病（candidosis，candidiasis）是由念珠菌属感染引起的原发或继发感染，可以侵犯皮肤、黏膜和内脏，表现为急性、亚急性和慢性炎症。该病是一种古老的疾病，公元610年，我国隋代巢元方所著的《诸病源候论》最早对新生儿口腔念珠菌病有所认识，当时取名为"鹅口疮"。在很长一段时间里，国外曾将鹅口疮（thrush）与阿弗他溃疡（aphtha）相混淆，直到18世纪才将鹅口疮与阿弗他溃疡区分开。1839年，Bernhard（von）Langenback（1810—1887年）首次阐述了口咽部和食道念珠菌病的病原体。19世纪末，由于某些从腐烂的蔬菜中分离出的真菌与鹅口疮的病原体相关，因此，关于念珠菌，曾使用过 Monilia（串珠菌）以及由此派生的 moniliasis（串珠菌病）这两个术语。自1923年起，由念珠菌（*candida*）代替串珠菌，以区分医学和植物感染，并一直沿用至今。

口腔念珠菌病（oral candidosis，oral candidiasis）是由念珠菌属（*Candida spp.*）感染引起的口腔黏膜急性、亚急性或慢性真菌病，是人类最常见的口腔真菌感染。

【流行病学】

自20世纪40年代起，随着糖皮质激素、其他免疫抑制剂及抗生素等大量应用以及人口老龄化、器官移植的开展、放疗和化疗的应用等，口腔念珠菌病患病率呈现逐年攀升的趋势。20世纪80年代以来，随着HIV的出现和传播，口腔念珠菌病患者数量在临床上日益增多，其危害性引起广泛关注。国外研究报道口腔念珠菌病的患病率约为4.17%，目前国内虽尚无确切的流行病学统计资料，但口腔念珠菌病已成为最常见的口腔黏膜感染性疾病之一。

【病因及发病机制】

念珠菌是最常见的机会致病菌之一，存在于自然界及正常人的口腔、胃肠道、阴道及皮肤。念珠菌属于酵母样真菌，有学者译之为假丝酵母菌。迄今为止已发现200余种念珠菌，包括耳念珠菌（*Candida auris*）在内的至少15种念珠菌具有致病性，其中以白念珠菌（*Candida albicans*）为主，热带念珠菌（*Candida tropicalis*）、光滑念珠菌（*Candida glabrata*）次之，三者占发病的80%以上。此外，尚有近平滑念珠菌（*Candida parapsilosis*）、克柔念珠菌（*Candida krusei*）、乳酒念珠菌（*Candida keuyr*）、季也蒙念珠菌（*Candida guilliermondii*）、星形念珠菌（*Candida stellatoidea*）、克菲念珠菌（*Candida kefyr*）、维斯念珠菌（*Candida viswanathii*)和葡萄牙念珠菌（*Candida lusitaniae*）等。1995年，爱尔兰国立都柏林大学的Sullivan等从HIV感染者和艾滋病患者口腔组织内分离出一组具有非典型特征的白念珠菌，虽然厚壁孢子和芽管试验呈阳性，但其表型和基因型研究证实这是一组明显不同于已知念珠菌的菌种，并将其命名为都柏林念珠菌（*Candida dubliniensis*）。

白念珠菌为单细胞酵母样真菌，菌体呈圆形或卵圆形，革兰氏染色阳性，在沙保弱培养基上生长良好，室温或37℃孵育1～3天即可长出菌落。其菌落呈奶油色，表面光滑，不耐热，耐酸、不耐碱，最适pH为4～6。白念珠菌可使葡萄糖、麦芽糖发酵而产生酸和气体，使蔗糖发酵产酸，但不能使乳糖发酵。白念珠菌由完整的细胞壁、细胞膜、细胞质及细胞核组成。白念珠菌的细胞壁与其致病性的关系较为密切。其细胞壁主要由多糖组成，如α-甘露聚糖和β-葡聚糖等。外层的蛋白质和甘露聚糖形成复合物，并在表面形成网状结构，有助于表面抗原的表达，且与黏附作用有关。念珠菌有芽生孢子（spore）和假菌丝（pseudohypha）两种存在形式，一般认为假菌丝是孢子大量繁殖的致病形式。虽然白念珠菌仍然占据分离菌株的首位，但近年来念珠菌感染菌种存在变异趋势，念珠菌感染中非白念珠菌增多，且在病灶中可存在多种致病性念珠菌混合感染现象。

虽然健康人可携带念珠菌，但通常并不发病。据报道，健康成人念珠菌带菌率为3%～48%，健康儿童为45%～65%，成人平均带菌率为34.4%，但不致病。念珠菌感染的发生取决于念珠菌的毒性和宿主机体防御能力两方面，故又称为机会性感染或条件感染。

1. 念珠菌的毒性　在寄居状态下，念珠菌呈孢子相，条件适宜时可转变为菌丝相，后者可分泌胞外蛋白酶，促进其对上皮的黏附能力。白念珠菌分泌的天冬氨酸蛋白酶还可降解角蛋白、抑制宿主sIgA，促进菌体对组织的入侵及其扩散等。

2. 宿主机体防御能力和易感因素　宿主因素在念珠菌病的发病中起着重要作用，以往也曾将念珠菌病称为"有病者病"（a disease of a diseased）。各种原因导致的皮肤黏膜屏障作用减弱，原发和继发免疫功能减退，长期、滥用广谱抗生素造成体内菌群失调以及内分泌功能紊乱等均可成为宿主发病的易感因素。国内学者研究显示，成年人口腔念珠菌感染的易感因素中影响最大的是患者所伴有全身系统性疾病及其他口腔黏膜病，其中又以大手术后、放疗后、干燥综合征等的可能性最大。与口腔念珠菌病相关的口腔局部和全身因素包括以下几种：

（1）修复体因素及口腔黏膜病：修复体因素包括义齿或矫治器造成的创伤、不良摘戴义齿习惯以及修复体造成的口腔卫生环境不良。同时，扁平苔藓、盘状红斑狼疮等口腔黏膜病患者往往有上皮病损，使念珠菌较易黏附，加之局部抗生素、激素的使用，使机体较易发生念珠菌病。

（2）药物及放射治疗：全身及局部应用广谱抗生素、糖皮质激素，药物性口干者，以及放疗后口干者，易伴发口腔念珠菌病。

（3）口腔内环境改变：口腔干燥，黏膜屏障受损，唾液pH值下降等均可增加口腔念珠菌病的患病风险。

（4）食物与营养因素：如铁、叶酸、维生素B_{12}、维生素A缺乏，以及食物含糖量过多等。

（5）免疫及内分泌因素：糖尿病、HIV感染、免疫缺陷综合征、甲状腺功能减退症及甲状旁腺功能减退症等患者易发生口腔念珠菌病。

【临床表现】

随着医学科学的发展，以及对口腔念珠菌病认识的深入，口腔念珠菌病的临床表现和分型已经从20世纪80年代国内认为的仅急性鹅口疮一型，发展为多型。根据发病急缓和病程，可将其分为急性（30天）、亚急性（1～3个月）和慢性（3个月以上）口腔念珠菌病三种；根据临床表现，可将其分为口腔黏膜颜色变化（红斑或萎缩）、增生性变化［如上腭黏膜乳头状增生（papillary hyperplasia of the palate mucosa）]、念珠菌白斑（candidal leukoplakia）和增生性正中菱形舌炎（hyperplastic median rhomboid glossitis）；根据发病部位的变化，可将其分为正中菱形舌炎（median rhomboid glossitis）、义齿性口炎（denture stomatitis）、多灶性念珠菌病（multifocal candidiasis）、口角炎（angular cheilitis）和念珠菌性唇炎（candidal cheilitis）。同时，为将念珠菌病与易感因素相结合，便于疾病的诊治及预防，又将念珠菌病分为原发性和继发性两种。原发性念珠菌病是指无任何全身疾病和口腔黏膜病的影响，仅与局部因素（如义齿、吸烟及短期应用抗生素）有关，此型治疗效果好，不易复发。继发性念珠菌病是指在全身疾病及其他口腔黏膜病的基础上发生的感染，治疗较为困难，易复发。这两型念珠菌病患者均可有前述急、慢性念珠菌病的临床表现。

（一）临床分型

有关口腔念珠菌病的分型方法较多。国际上曾公认 Lehner 1966 年的分型，最新所做的修改如下：

（1）假膜型念珠菌病（pseudomembranous candidosis）

（2）急性红斑型念珠菌病（acute erythematous candidosis）：旧称急性萎缩型念珠菌病（acute atropic candidosis）。

（3）慢性红斑型念珠菌病（chronic erythematous candidosis）：旧称慢性萎缩型念珠菌病（chronic atropic candidosis）。

（4）慢性增殖型念珠菌病（chronic hyperplastic candidosis）

此外，慢性黏膜皮肤念珠菌病（chronic mucocutaneous candidosis）是一组罕见类型的口腔和皮肤黏膜念珠菌感染，病变范围涉及口腔黏膜、皮肤及甲床等，常伴有内分泌或免疫功能异常等。

（二）临床表现

口腔念珠菌病的临床症状主要为口干、发黏、口腔黏膜灼热感、疼痛、味觉减退等，体征主要为舌背乳头萎缩、口腔黏膜任何部位的白色凝乳状斑膜、口腔黏膜充血、口角湿白或潮红、斑块及结节状增生等。糜烂较少见，仅见于口角及极少数患者唇红部，在红斑的基础上可发生皲裂及糜烂。口腔念珠菌病的主要发病部位是舌背、口角区，约占 80%，义齿承托区也较为常见。其临床分型的各型临床表现包括以下几种：

1. 假膜型念珠菌病　多见于婴幼儿、身体虚弱者口咽部局部或全身接受糖皮质激素治疗者、HIV 感染者和免疫缺陷者，其中以新生儿最为多见，又称鹅口疮（thrush）或雪口病。病程多为急性、亚急性，少数可表现为慢性。

新生儿鹅口疮多在出生后 2~8 天内发生，好发部位为颊、舌、软腭及唇，损害区黏膜充血，有散在的色白如雪的柔软小斑点，如帽针头大小；不久即相互融合成白色丝绒状斑片，并可继续扩大、蔓延，严重者可波及扁桃体及咽部。斑片附着不十分紧密，稍用力即可擦掉，暴露出的红色黏膜轻度出血，不久又有新的假膜形成。患儿可有烦躁不安、啼哭、哺乳困难等伴随症状，有时有轻度发热，全身反应一般较轻；但少数病例，病变可能蔓延到食管和支气管，引起念珠菌食管炎或肺念珠菌病。

发生于成人的假膜型念珠菌病病程为急性、亚急性或慢性，如有易感因素存在，则易复发。病损可发生在口腔黏膜的任何部位，为乳白色绒状假膜，由念珠菌的菌丝、孢子及坏死脱落的上皮聚集而成（图 7-11）。病情较轻时，病变周围黏膜无明显变化，病情严重者，则病变周围黏膜充血、发红。自觉症状为口干、灼热感伴不适，轻微疼痛。

2. 急性红斑型（萎缩型）念珠菌病　可为原发性或继发于假膜型念珠菌病，又称抗生素口炎、抗生素舌炎，多见于应用抗生素、糖皮质激素后，以及 HIV 感染者。临床表现为黏膜上出现弥散的红斑，以舌黏膜多见，严重时舌背黏膜呈鲜红色并有舌乳头萎缩，双颊、上腭黏膜及口角也可有红色斑块（图 7-12）。黏膜红斑由上皮萎缩及黏膜充血所致。自觉症状为口干、疼痛及灼热感。少数患者有麻木感。

3. 慢性红斑型（萎缩型）念珠菌病
是临床最常见的类型，该型又以义齿性口炎（denture stomatitis）为主。有研究调查发现，24%的可摘式义齿携带者可发生念珠菌性义齿性口炎。临床表现为义齿承托区黏膜广泛发红，形成鲜红色界限弥散的红斑（图

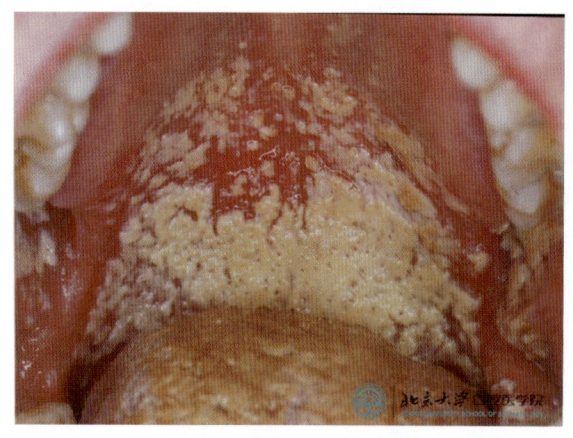

图 7-11　假膜型念珠菌病
（北京大学口腔医学院供图）

7-13）。如果基托组织面与承托区黏膜有创伤因素存在，则可在红斑表面形成颗粒样增生病损。大多数患者伴有口角炎，表现为口角潮红、湿白或有皲裂形成，使得张口疼痛成为临床上一部分患者就诊的主诉。此外，舌乳头萎缩、发红也较常见。上颌义齿承托区黏膜易发生义齿性口炎，这可能是由于上颌义齿的负压吸附力大，唾液中的抗体从这个部位被排开，而基底面与黏膜接触既宽大又紧密，使大量致病真菌得以滞留的缘故。患者多有夜间不摘义齿的习惯。

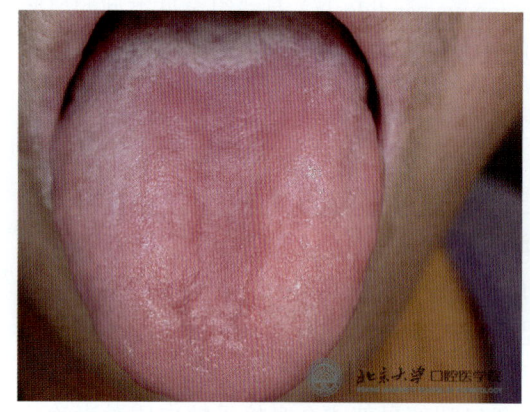

图 7-12　红斑型念珠菌病
舌背乳头萎缩、充血
（北京大学口腔医学院供图）

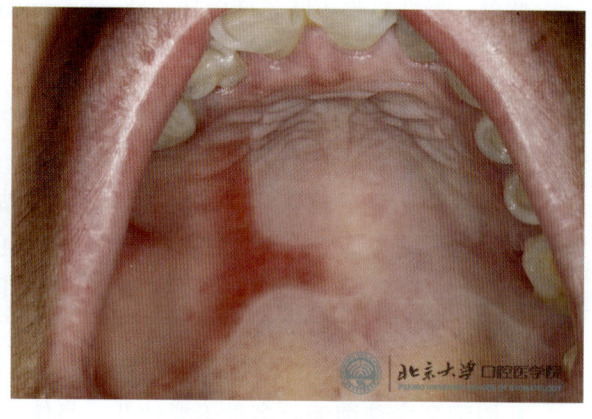

图 7-13　义齿性口炎
义齿承托区黏膜充血
（北京大学口腔医学院供图）

1962 年，Newton 将义齿性口炎又分为以下三型：

Ⅰ型　主要表现为上腭黏膜针尖大小充血，或有出血点，或为局限性的小范围红斑。此型主要由局部创伤或牙托材料引起的过敏反应所致，与念珠菌感染关系不大。

Ⅱ型　表现为广泛的较均匀一致的红斑，整个基托相应黏膜区均发红。患者可无任何症状，也可有口干、灼痛等症状。此型与念珠菌感染有关。

Ⅲ型　表现为义齿承托区黏膜红斑的基础上，黏膜表面有颗粒形成。患者有口干及灼热感等症状。此型与念珠菌感染及义齿不合适有关。如果颗粒增生明显，则应归为增殖型念珠菌病一类。

有完整牙列者即口腔内无义齿者，也可见慢性红斑型念珠菌病。主要表现为舌背乳头萎缩发红，颊、上腭等处黏膜红色斑块，并可伴有口角炎及唇炎。

4. 慢性增殖型念珠菌病　慢性增殖型念珠菌病由于临床表现不同，又分为以下两种。

（1）念珠菌白斑（candidal leukoplakia）：临床表现为黏膜上有白色斑块、白斑样增生及角化病变。黏膜上亦可有红色斑块。病情严重时，白斑表面有颗粒增生。病变常见部位是颊黏膜，尤其是口角内侧的三角区最多见。患者自觉症状为口干、灼热感及轻微疼痛。腭部、舌背等亦可发生，需与口腔白斑病相鉴别。据报道，念珠菌白斑的恶变率高于4%，活体组织检查和PAS染色有助于诊断及排除上皮异常增生和癌变的可能（图7-14）。

（2）念珠菌性肉芽肿：临床表现为口腔黏膜上发生结节状或肉芽肿样增生（图7-15）。舌背、上腭多见，有时也可见于颊黏膜。此型较少见。念珠菌性肉芽肿常与红斑同时存在，也可同时有念珠菌白斑。

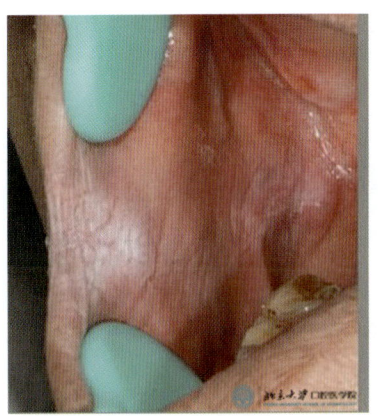

图 7-14　念珠菌白斑
右口角区内侧黏膜白色斑片
（北京大学口腔医学院供图）

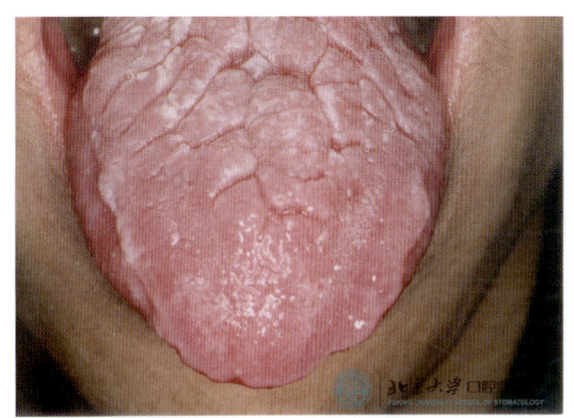

图 7-15　慢性增殖型念珠菌病
舌背结节样增生伴深沟纹，乳头萎缩
（北京大学口腔医学院供图）

5. 慢性黏膜皮肤念珠菌病（chronic mucocutaneous candidosis，CMC）　是一种少见的慢性复发性念珠菌感染，发病率约为1/100 000，可累及口腔黏膜、皮肤及甲板，以广泛念珠菌感染为特征。口腔黏膜损害表现为假膜形成、充血及增生等，伴有口角糜烂。临床表现为免疫缺陷综合征，常伴有内分泌功能紊乱（如甲状腺或肾上腺功能障碍）、免疫功能异常及缺铁性贫血等。慢性黏膜皮肤念珠菌病多由于T淋巴细胞缺陷所致。遗传学研究证实，CMC为一种自身免疫调节基因缺陷相关疾病，目前认为信号转导与转录激活因子（signal transducer and activator of transcription1，STAT1）的功能获得突变（gain-of-function mutation）被认为是常染色体显性遗传CMC的主要致病基因，而自身免疫性多内分泌腺综合征（autoimmune polyglandular syndrome，APS）I型是由自身免疫调节因子（Autoimmune regulator，AIRE）引起的常染色体隐性遗传病。临床上采用较多的是Wells（1972年）分类，即将CMC分为家族性早发型CMC、弥漫型CMC、多发性内分泌型CMC和迟发型CMC（图7-16～图7-18）。

各型口腔念珠菌病患者均可伴有念珠菌口角炎（candidal angular cheilitis），表现为口角区皮肤与黏膜以湿白糜烂为特征，常有糜烂和渗出物，或结有薄痂，患者张口时有疼痛或溢血。年长患者的口角炎多与咬合垂直距离降低有关，口角区皮肤发生塌陷呈沟槽状，导致唾液由口角溢入沟内，故常呈潮湿状态，有利于真菌生长、繁殖。

【病理表现】

口腔念珠菌病的病理改变为念珠菌侵入组织并引起以上皮增生为主的一系列组织病理学变化。念珠菌在宿主细胞内寄生，在上皮细胞的胞质内生长。

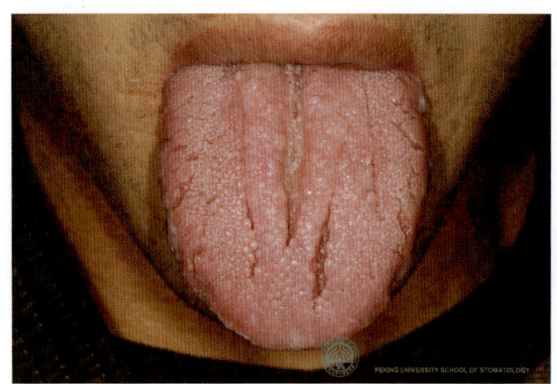

图 7-16　慢性黏膜皮肤念珠菌病
（舌部损害）
舌背结节样增生伴深沟纹
（北京大学口腔医学院供图）

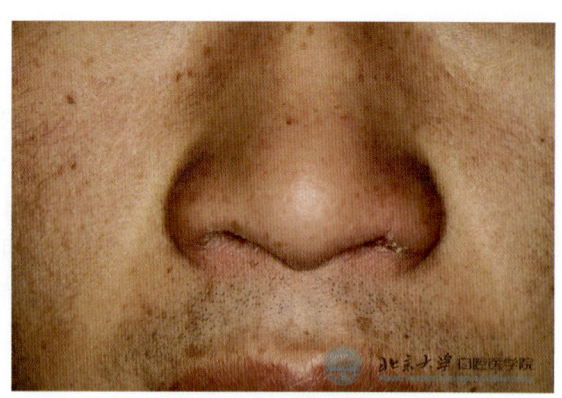

图 7-17　慢性黏膜皮肤念珠菌病
（鼻部损害）
鼻部干燥、脱屑、皲裂、结血痂
（北京大学口腔医学院供图）

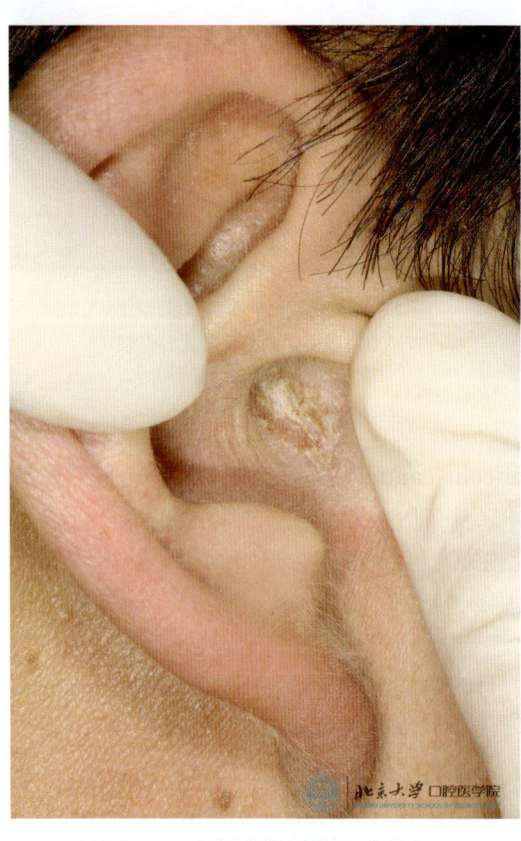

图 7-18　慢性黏膜皮肤念珠菌病
（耳部损害）
（北京大学口腔医学院供图）

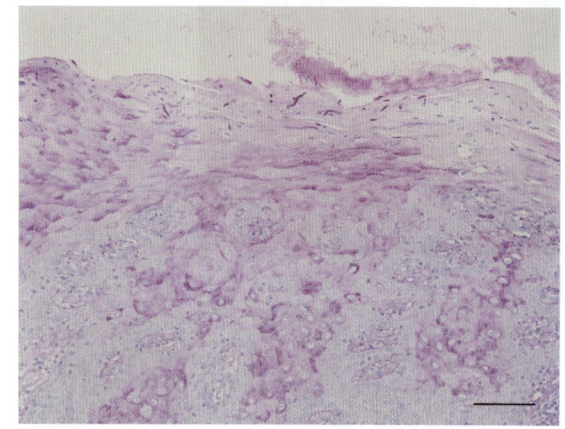

图 7-19　慢性增殖型念珠菌病
（病理表现）
（北京大学口腔医学院供图）

急性假膜型念珠菌病的病理变化是病损表面有大量菌丝，可有上皮增生，也是机体防御功能的表现，通过增生代谢去除有菌丝的上皮。增生与萎缩可同时存在，并有急性或亚急性炎症反应，可见明显的炎性水肿，上皮之间可出现广泛的炎性渗出物，有菌丝穿过上皮浅层。另外，还可见中性粒细胞游出，在上皮浅层聚集形成特征性的微小脓肿。临床上的白色假膜为坏死、脱落的上皮及念珠菌菌丝及孢子。因念珠菌的菌丝及孢子中均含有多糖，所以 PAS 染色呈阳性粉红色。上皮下结缔组织中毛细血管充血，有炎症细胞浸润，为中性粒细胞、淋巴细胞及浆细胞。

慢性增殖型念珠菌病的部分病理变化与急性念珠菌病基本相同。可见菌丝侵入上皮浅层，出现微小脓肿。需要特别注意的是，上皮可增生或出现异常增生，较少有上皮萎缩。基底膜可有少数部位被炎症细胞浸润破坏。炎症细胞以淋巴细胞及浆细胞为主，在固有层聚集。结缔组织中也有慢性炎症细胞浸润，并可见血管扩张，胶原纤维水肿、断裂等表现。念珠菌性肉芽肿有时可见结缔组织的增生。

【实验室检查】

口腔念珠菌病的临床表现多数为非特异性，需要通过实验室检查确诊。由于健康人有带菌状态，因此，需要根据临床表现、微生物学检查（涂片、培养），以及部分（增殖型）通过活体组织检查综合考虑。

（一）病损区及义齿组织面涂片检查

1. 直接涂片法 该方法是刮取口咽部黏膜病损区或义齿组织面标本并将其置于玻片上，加入10% KOH 或 10% NaOH 溶液，然后用酒精灯稍微加热溶解角质，在光镜下查看念珠菌菌丝及孢子。如可见念珠菌特征性的菌丝及孢子，则为阳性。如果假膜型念珠菌感染或义齿性口炎的临床表现典型，且涂片阳性，则可诊断为念珠菌病。对义齿性口炎患者在其义齿组织面取标本做涂片，比在黏膜上取标本的阳性率更高。该方法快速、简便，在临床上最常用。但其缺点是标本不能保存，不能确定菌种，在判断是否为阳性时，受主观因素影响较大，存在一定假阳性及假阴性结果。因此，如果临床表现不典型，在涂片检查的基础上，最好再加做念珠菌培养综合诊断。该法受操作者影响较大，其灵敏度为 9.67%～51.6%，但特异性高（72.58%～93.5%）。

2. 染色法 取标本涂片行革兰氏染色后镜检，显微镜下见到革兰氏阳性圆形或卵圆形孢子及假菌丝，即可确认为念珠菌感染。此外，荧光染色法可提高念珠菌的诊断率，念珠菌呈黄绿色荧光反应。该法灵敏度约为 71.0%，特异性约为 77.4%。

（二）念珠菌分离培养与鉴定

将唾液等标本接种在沙保弱培养基上，在37℃条件下培养1～4天后，培养基表面可出现奶油色类酵母型菌落。现有商品化的显色培养基，如科玛嘉念珠菌显色培养基，可用于快速鉴定白念珠菌和其他念珠菌，也可以发现同一个体同时携带多种念珠菌及混合感染的情况。临床取材培养念珠菌的方法较多，目前常用的方法有唾液培养、含漱液培养等。采集标本后应尽快接种，最好定量计算，以菌落形成单位（colony forming unit，CFU）表示。根据标本采集方式不同，可分为以下几种：

1. 唾液培养法 收集患者非刺激性混合唾液1～2 ml，接种到沙保弱培养基上。唾液培养方法简便，较敏感，且能定量来判断感染及治疗效果，但极度口干等唾液流率减少者不适用。结合临床症状和体征，一般以念珠菌菌落数>200 cfu/ml 界定为口腔念珠菌感染。

2. 含漱液浓缩培养法（concentrated rinse culture，CRC） 取1 ml 灭菌磷酸盐缓冲液（phosphate buffer solution，PBS）或生理盐水，嘱患者含漱1 min，混匀后离心，接种0.5 ml 并定量记录每毫升含漱液中的菌落数。该方法最为灵敏，对口干者更为适用。

3. 棉拭子培养法 用无菌棉拭子在口腔病损区采集标本后接种，是最古老的培养方法，特别适用于病损局限者的检查。但该方法阳性率低，且为半定量，较难以判断是否存在感染及其疗效。

4. 印迹培养法 取2 cm×2 cm 灭菌海绵轻轻蘸取沙保弱培养基，在口腔各部位放置1分钟后取出，然后放在沙保弱培养基上，培养3小时后去掉海绵，观察每平方毫米形成的菌落数，可明确念珠菌携带和感染部位。

5. 印模培养法 常规采集上下颌印模，灌注沙保弱培养基，进行常规培养，观察印模上的菌落数。该法欠敏感，但可以直接观察念珠菌在口腔的分布情况，临床较少应用，多用于科研。

念珠菌的鉴定除目前使用商品化的显色培养基外，还可进一步用生化方法鉴定（目前有鉴定试剂盒，如 API 20C AUX）。近年来，也可对念珠菌进行分子生物学检测，主要是针对基因组 DNA 或者 DNA 片段进行相关分析。目前可采用随机扩增多态性 DNA（random amplified polymorphic DNA，RAPD）技术、限制性片段长度多态性（restriction fragment length polymorphism，RFLP）分析、多位点序列分型（multilocus sequence typing，MLST）、DNA 序列分析和基因芯片测序等。其中，具有代表性的微生物鉴定突破性技术有质谱分析技术和基因测序技术。

（三）抗念珠菌抗体检测

检测患者血清及唾液中抗念珠菌荧光抗体，如果血清抗念珠菌 IgG 抗体滴度＞1∶16，唾液抗念珠菌抗体滴度＞1∶1，则可作为念珠菌病的辅助诊断依据。

（四）活体组织检查

对慢性增殖型念珠菌病患者应取活检，并用 PAS 染色（念珠菌菌体呈红色）观察有无念珠菌菌丝和孢子穿过角质层而深达棘细胞层，还应观察上皮有无异常增生。

【诊断】

1. 患者有口腔念珠菌病的临床表现。
2. 病损区涂片可见念珠菌孢子及菌丝。
3. 念珠菌培养阳性　一般唾液培养＞200 CFU/ml，含漱浓缩培养＞300 CFU/ml 作为诊断依据。
4. 对慢性增殖型念珠菌感染者，行活体组织检查可见念珠菌菌丝侵入上皮，上皮内有微小脓肿形成，PAS 染色阳性。

【鉴别诊断】

1. 疱疹性口炎　①假膜呈黄色及棕色，易擦去；②疼痛症状明显；③假膜涂片无菌丝及孢子。

2. 一期、二期梅毒　①无特征性白色假膜；②典型表现为硬下疳或黏膜斑；③涂片暗视野检查可见密螺旋体；④血清学检查可确诊。

3. 多形红斑　①病损区有黄棕色渗出和假膜形成，范围广泛，较易去除；②局部疼痛明显；③皮肤可有靶形红斑；④涂片及培养呈阴性。

4. 口腔白斑病　口腔白斑病与念珠菌白斑在临床上较难区别。前者在口腔其他部位多无黏膜发红及舌乳头萎缩等念珠菌感染的表现，活体组织检查无念珠菌菌丝侵入。有时在白斑的基础上可继发感染。

5. 扁平苔藓　舌背斑块型扁平苔藓及双颊丘疹型扁平苔藓有时应与假膜型念珠菌病相鉴别。前者白色病损不能被擦掉，病损多为对称性，涂片及培养均呈阴性。

糜烂型扁平苔藓患者可继发念珠菌感染。此时往往有特征性的扁平苔藓表现，如白色角化条纹等，糜烂、充血长期不愈，以及舌背乳头萎缩、黏膜发红、口角炎等表现，念珠菌涂片及定量培养呈阳性，抗真菌治疗可使糜烂、充血好转。

【治疗】

对各型口腔念珠菌病的治疗原则是：使用抗真菌药物治疗控制真菌感染；改善口腔环境，使之偏碱性不利于念珠菌生长；去除可能的易感因素，如增强免疫功能、补充营养等。

1. 抗真菌药

（1）制霉菌素（nystatin）：制霉菌素是最早用于治疗念珠菌病的多烯类抗真菌药，目前也是较常用、廉价、安全且有效的药物。其抗真菌谱广，最小抑菌浓度为 7.8 U/ml。制霉菌素通过与真菌细胞膜的甾醇类结合，使真菌细胞膜破坏而杀灭真菌。而细菌细胞膜无甾醇，故制霉菌素对细菌无杀灭作用。

制霉菌素口服片剂为 50 万 U/ 片，粉剂为 10 万 U/g，口腔混悬液应配成 10 万 U/ml。该药应低温保存，混悬液不稳定。片剂成人用量为每次 50 万 U，每天 3 次，含化。对急性感染者一般应用 7～14 天即可有效。制霉菌素在肠道不易被吸收，需将药物在口腔内含化，以增加药物对口腔念珠菌的局部作用。对婴幼儿可用混悬液局部涂擦。对制霉菌素耐药的报道较少，但口含化后有难闻气味、口服后有胃肠道反应，个别患者可出现过敏反应。

对制霉菌素治疗口腔念珠菌病的疗效及安全性的荟萃分析发现，单独应用制霉菌素含片或联合应用含片和混悬液的疗效可能优于单独应用混悬液。制霉菌素疗程延长至 4 周可能提高其疗效。

（2）氟康唑（fluconazole）等三唑类抗真菌药物：氟康唑是 20 世纪 80 年代后期新合成的三唑类药物。其口服吸收好，对哺乳类动物细胞的毒性低。体外试验发现其可抑制念珠菌对颊黏膜上皮的亲和力，在唾液中也有较高浓度的氟康唑。氟康唑推荐用于治疗 AIDS、粒细胞缺乏症等系统性疾病合并口腔念珠菌病的患者，其应用首次剂量为 200 mg 口服，每天 1 次，之后每次 100 mg，7～14 天为一个疗程。主要不良反应为胃肠道反应、暂时肝功能异常、皮疹等。克柔念珠菌是氟康唑的天然耐药菌，治疗光滑念珠菌感染所需氟康唑的浓度也较高，临床使用需予以注意。对氟康唑耐药的口腔念珠菌感染者可口服伊曲康唑或伏立康唑。伊曲康唑以餐时服用效果较好，每次口服 100 mg，每天 2 次。伏立康唑口服每次 200 mg，每天 2 次。

（3）咪康唑（miconazole）：咪康唑是一种合成的咪唑类抗真菌药，近 40 年来被用于有效和安全治疗口腔念珠菌病等浅部真菌感染。咪康唑能破坏真菌细胞膜的完整性，抑制菌丝形成和改变真菌的黏附性。咪康唑对多种念珠菌有杀灭作用，包括白念珠菌、都柏林念珠菌、光滑念珠菌和热带念珠菌等。此外，咪康唑对耐氟康唑的白念珠菌和光滑念珠菌也有效。近年来，咪康唑的各种外用制剂已被用于治疗口腔念珠菌病，包括咪康唑贴片、咪康唑凝胶等。

一般应在无临床表现后继续用药 1～2 周，停药 1 周后复查涂片及培养转阴后再最终停药。复发的原因多为未能够很好地坚持用药、易感因素仍存在、对义齿未处理等。因此，对口腔念珠菌病的治疗应重视易感因素的控制和口腔局部治疗，以防止复发和反复治疗诱导耐药现象的产生。

2. 辅助抗真菌治疗

（1）2%～4% 碳酸氢钠溶液含漱或擦洗口腔：念珠菌在碳酸氢钠的碱性环境下不易生长，可每天使用数次。但应注意不宜与氯己定溶液同时含漱，因为在碱性条件下，氯己定的作用会减弱。二者应用至少应间隔 1 小时。

（2）0.12% 氯己定溶液含漱：氯己定具有抗细菌和抗真菌作用，因此可用于念珠菌病的辅助治疗。0.12% 氯己定溶液可作为义齿的消毒液，以清除义齿上的细菌及真菌。但应注意事先向患者说明氯己定可使义齿着色。

（3）益生菌制剂：体内外研究显示，唾液链球菌 K12 有一定的抑制真菌作用，体内联合制霉菌素局部应用在提高真菌感染治愈率、缩短用药疗程等方面有一定的作用。

3. 去除可能的易感因素 对于局部义齿不合适或创伤等情况，应进行修改或择期重新修复。嘱患者夜间摘下并清洗义齿。如果原发疾病允许，最好停用抗生素及糖皮质激素等。对婴儿鹅口疮应注意哺乳卫生，消毒奶瓶。检查患者有无内分泌功能紊乱、免疫功能异常及营养缺乏，及时诊断并治疗。

4. 各型念珠菌病的治疗特点

（1）假膜型、红斑型（萎缩型）：多采用局部治疗。可选用制霉菌素含化，氯己定溶液含漱治疗，并停用可疑抗生素。

（2）增殖型：首选全身药物治疗。必要时根据药物敏感试验结果选择敏感治疗药物。该型念珠菌病的治疗疗程长，可达数月。如治疗后增生组织消退不明显，则应及时或再次考虑活

（3）与念珠菌有关的义齿性口炎：应局部用药，如制霉菌素、咪康唑等。氟康唑局部应用效果不好。并应注意义齿的清洁与消毒。局部用药时，应将义齿摘下并浸泡于抗真菌溶液（如碳酸氢钠溶液，制霉菌素混悬液或氯己定溶液）中。

（4）口角炎：应局部用药。咪康唑局部制剂效果好。因为口角炎患者往往合并细菌感染，而咪康唑对细菌也有杀灭作用。

【预后】

急性口腔念珠菌感染主要发生在黏膜表层，多为原发性感染，病程短，经抗真菌治疗效果好。通常1周至数周后可痊愈，不易复发。慢性感染者则病程长，可持续数月至数年，特别是增殖型念珠菌感染（如念珠菌白斑），据报道有发生恶变的病例。另外，与念珠菌有关的白斑多数为非均质型，存在恶变的可能。念珠菌在动物实验中显示可诱发上皮异常增生，是肿瘤发生的危险因素。因此，对增殖型念珠菌病患者应予以足够重视，积极治疗，密切随访，防止癌变。

【预防】

对于口腔念珠菌病的预防，应注意合理应用抗生素、糖皮质激素及免疫抑制剂，特别是口腔局部用药；注意口腔微生态平衡、口腔卫生和义齿卫生。有报道指出，口服双歧杆菌、壳多糖制剂可降低念珠菌的定植和黏附功能。目前已有较多的动物实验旨在研发针对白念珠菌的各种疫苗，但均处于临床前研究阶段。

第九节　其他口腔真菌感染
Other Types of Oral Fungal Infection

除念珠菌感染以外的其他口腔真菌感染十分罕见，往往有明显的地理分布特征，或者是全身疾病扩散到口腔的表现和系统性真菌病（systemic mycosis）的口腔表现等。其他导致口腔感染的致病真菌病主要包括隐球菌病、曲霉病、毛霉病、孢子丝菌病、马尔尼菲青霉病、组织胞浆菌病、副球孢子菌病和皮炎芽生菌病等。多数其他真菌感染在口腔为肉芽肿性病变，或形成较深的溃疡，如果没有组织病理及微生物学证实，临床较难诊断。易感人群应降低对真菌的暴露程度，提高宿主免疫抵抗力，预防性使用抗真菌药物等。以下简要介绍可能有口腔表现的其他真菌感染。

一、组织胞浆菌病 Histoplasmosis

【流行病学】

组织胞浆菌病的同义词为 Darling's 病，是由致热性双相性真菌引起的原发性真菌病，主要分布在美国密西西比河和俄亥俄河流域，我国十分罕见。个别病例可被误诊为结核，HIV 感染者也可发生本病。本病的突出特点为原发急性感染，所有患者皮肤试验均呈阳性。在主要流行区，70%～95%的居民皮肤试验呈阳性。

【病因及发病机制】

该病由荚膜组织胞浆菌（*Histoplasma capsulatum*）引起。该菌仅存在于含有鸟粪的土壤中。在美国，鸡和蝙蝠的粪便中最常见荚膜组织胞浆菌。从陈旧的鸡窝内或有大量鸟生存数年的公园中较易分离出该菌。该菌以菌丝型存在于土壤中，可产生小分生孢子，常通过呼吸道进入人体肺部。该病发病的易感因素目前尚不明确。

荚膜组织胞浆菌在人体内可以不同的形态生长。在体内生长较小，直径为 3～5 μm，没有荚膜，呈酵母型。

【临床表现】

1/3 的病例可有口腔损害，表现为持续的溃疡及肉芽肿。此外，在口腔中可见到非特异性溃疡，常伴颈部淋巴结肿大。病损可波及喉部，引起声音嘶哑及吞咽困难。本病的全身表现包括原发急性型、慢性空洞型及严重播散型三种类型。

【病理表现】

本病的病理表现为大量肿胀的组织细胞组成的肉芽肿。在组织细胞胞质内可见大量（20～40 个）小孢子。

【实验室检查】

荚膜组织胞浆菌是一种真正的双相真菌，在室温条件下呈菌丝型，而在 35～37℃ 条件下则为酵母型。酵母型细胞被固定时，胞质浓缩。在染色过程中，胞质可吸收更多的染料，于是在胞质与细胞壁之间形成清晰的印迹。这种表现过去曾被认为是酵母型细胞周围有荚膜包绕。

1. 涂片检查　常规采用 10% KOH 检查法。由于该菌酵母型细胞小，在细胞内多被误认为是气泡或脂肪滴。应将可疑组织及分泌物涂在载玻片上，经空气干燥，用瑞氏染色或吉姆萨染色，可观察到细胞内或细胞外的小酵母型细胞。

2. 培养　菌丝型荚膜组织胞浆菌对实验室人员有危险，应使用试管在通风橱内培养。在沙氏培养基上，室温条件下培养 1～4 周，可形成白色或黑色绒毛状菌落。显微镜下可见成团、透明分隔的小菌丝及小分生孢子。

3. 活检行病理学检查　组织细胞内可见多个小孢子，形成肉芽肿。

【诊断】

本病的临床表现为持续性溃疡及肉芽肿。患者在疾病流行区的逗留史、组织病理学检查及培养有助于诊断。

【鉴别诊断】

本病需要与鳞状细胞癌、结核、肉芽肿性多血管炎及其他真菌病相鉴别，确诊需要通过活体组织检查。

【治疗】

以往对于播散型感染患者的治疗首选两性霉素 B，但是由于治愈率不高及其不良反应，自 1994 年以来逐渐被伊曲康唑、酮康唑所取代。

【预后】

本病大部分患者发病时表现为无症状的肺部感染，但随后可扩散至全身而危及生命。

【预防】

在疾病高发地区避免接触被感染的鸟类、蝙蝠和鸡的粪便及土壤。

二、芽生菌病 Blastomycosis

【流行病学】

芽生菌病是由皮炎芽生菌（*Blastomyces dermatitidis*）引起的慢性真菌感染性疾病，又称北美芽生菌病，主要见于北美及北非。因土壤中皮炎芽生菌多见，故以农村居民多见。

【病因】

本病的致病真菌为皮炎芽生菌。

【临床表现】

临床上以累及肺部的化脓性、肉芽肿病变为主要特点。个别病例可侵犯骨、生殖器。口腔黏膜以牙龈、颊、腭、口底、舌及唇部多见，表现为单个溃疡，表面呈轻度疣状增生或肉芽肿。患者疼痛不明显，可合并肺部症状。

【病理表现】

病变为肉芽肿性溃疡，可见厚壁的酵母型细胞。

【实验室检查】

皮炎芽生菌为双相真菌。酵母型细胞壁厚，直径为 8～15 μm，具有宽基底芽生的特点，在 10% KOH 涂片中可以见到。

【诊断】

根据是否曾有本病高发区旅游史、单个肉芽肿性溃疡的临床表现，以及培养、活体组织检查等辅助检查可明确诊断。

【鉴别诊断】

同组织胞浆菌病。

【治疗】

本病的治疗可常选用两性霉素 B、酮康唑及伊曲康唑。

【预后】

发生于免疫缺陷患者的肺部感染可危及生命。

【预防】

到本病高发地区应避免接触被污染的土壤。

三、副球孢子菌病 Paracoccidioidomycosis

【流行病学】

本病又称南美芽生菌病，副球孢子菌性肉芽肿，是由巴西副球孢子菌（*Paracoccidioides brasiliensis*）引起的一种皮肤、黏膜、淋巴结和内脏器官的慢性肉芽肿性疾病。本病在南美地区尤其是巴西最常见，男性患者多见，20～30 岁为好发年龄。

【病因及发病机制】

本病的致病真菌是巴西副球孢子菌。该菌存在于土壤中。在组织中,巴西副球孢子菌可产生较大的酵母型细胞,直径为 10～30 μm。在酵母型细胞上有小芽孢,似舵轮样。

【临床表现】

病变最常累及鼻及口腔黏膜,口腔病变表现为慢性不规则的溃疡,表面呈颗粒状。严重者,可在腭部破坏骨质形成穿孔、疼痛。腭、舌、唇及牙龈病损多见。患者伴有淋巴结肿大,皮损多发生在面部。

【病理表现】

本病的病理表现为病变部位肉芽肿性溃疡。

【实验室检查】

病损区 10% KOH 涂片镜检的特征性表现是直径为 10～30 μm 的酵母型细胞,其上有小芽孢,似舵轮样。

【诊断】

同组织胞浆菌病。

【鉴别诊断】

同组织胞浆菌病。

【治疗】

同组织胞浆菌病。

【预后】

同组织胞浆菌病。

【预防】

同芽生菌病。

四、毛霉病 Mucormycosis

【流行病学】

毛霉病又称接合菌病,是少见但致命的急性机会感染性真菌病,多见于严重糖尿病患者及严重体质衰弱患者,如血液疾病、恶性疾病、烧伤、营养不良、器官移植、化疗、免疫抑制治疗患者及 HIV 感染者。

【病因】

本病由毛霉目的致病性根霉菌(*Rhizopus*)和毛霉菌(*Mucor*)所致。

【临床表现】

毛霉菌及根霉菌可侵蚀动脉,造成血栓形成、局部缺血,最终导致周围组织坏死。口腔病损以腭黏膜多见，可破坏骨质造成穿孔而使口鼻相通，骨质暴露。黏膜发红、溃疡形成，有增生样外观。

【病理表现及实验室检查】

组织病理学表现为慢性肉芽肿性病变，并有组织坏死、溃疡形成及广泛炎症细胞浸润。高倍镜下，仔细观察可见长的无分隔的菌丝，PAS染色阳性。

【诊断】

根据患者全身衰弱表现、口腔坏死性溃疡及活体组织检查可确诊。

【鉴别诊断】

应与癌性溃疡、恶性淋巴瘤等疾病相鉴别。可通过组织病理学检查及涂片检查确诊。

【治疗】

同组织胞浆菌病。治疗在使用两性霉素等抗真菌药的同时，还应注意治疗患者潜在的全身疾病。

【预后】

本病预后较差。患者死亡率为30%～90%，艾滋病患者患毛霉病的死亡率达100%。

【预防】

应当积极治疗全身免疫功能低下的患者。

五、曲霉病 Aspergillosis

【流行病学】

曲霉病是除念珠菌病以外的第二位机会感染性真菌病，由烟曲霉（*Aspergillus fumigatus*）和黄曲霉（*Aspergillus flavus*）所致，以前者为主，后者多导致免疫缺陷患者曲霉感染。恶性病患者及免疫缺陷患者易患本病。

【病因】

本病由烟曲霉和黄曲霉所致。

【临床表现】

口腔曲霉感染少见，多继发于全身播撒。也可通过肺部感染、牙髓治疗、上颌骨种植体感染引起。临床表现为由于组织缺血及真菌直接破坏所致的黑色坏死性溃疡，局部出血、疼痛。上腭及舌背后部易受累。患者死前诊断本病较为困难，初期症状不明显，出现症状时多已至病程后期。

【实验室检查】

病损区涂片和组织病理银染可见直径为2.5～4.5 μm、有隔菌丝的曲霉。

【诊断】

根据病史、口腔坏死性溃疡及涂片活体组织检查可综合诊断。

【鉴别诊断】

同毛霉病。

【治疗】

治疗采用全身抗真菌治疗。

【预后】

同毛霉病。

【预防】

同毛霉病。

六、隐球菌病 Cryptococcosis

【流行病学】

隐球菌病是少见的全身性深部真菌感染，在欧洲、北美、非洲和东亚国家都有发病。

【病因及发病机制】

本病由具有荚膜的新型隐球菌（*Cryptococcus neoformans*）引起。该菌广泛存在于自然界中，可使正常个体发病，但更易导致免疫低下者发病。该菌种内又分为新生变种（Var. *neoformans*）和格替变种（Var. *gattii*）两种。前者感染多见于欧洲及北美国家；后者感染多见于热带，包括非洲及东亚国家。新生变种又是艾滋病患者合并隐球菌感染的优势变种。新生变种的自然栖息处是在干燥、陈旧的鸽粪中及含鸟粪的土壤中。格替变种的自然栖息处为桉树。吸入是该菌主要的感染途径。

【临床表现】

本病患者的口腔表现少见，多为全身播散的一种表现。临床表现为慢性溃疡，局部肿胀，呈结节状。舌、上腭、拔牙后的牙槽窝、牙龈多受累。

【实验室检查】

镜检墨汁涂片可检出有荚膜的新型隐球菌。

【诊断】

口腔慢性溃疡，病损局部涂片可见病原菌。对隐球菌荚膜抗原的迟发颗粒凝集试验是目前最可靠的诊断方法之一。

【鉴别诊断】

同组织胞浆菌病。

【治疗】

同组织胞浆菌病。

【预后】

同毛霉病。

【预防】

同毛霉病。

Summary

In this chapter, viral and bacterial as well as fungal infections of oral mucosa are described. Overall, detailed history of the illness and clinical manifestations are essential in making the diagnosis of oral mucosal diseases and in certain circumstances a laboratory diagnosis is sometimes required to confirm an infection.

Viral infection is one of the common diseases of the oral mucosa. The lesion is mostly restricted within the oral mucosa and also on the surrounding skin or other mucosa such as labial and facial skin. The clinical features are acute onset. The lesions consist mostly of vesicles and ruptured shallow ulcers. Herpes simplex is the most common viral infection of oral cavity. Herpes zoster is more likely to occur in people whose immune system is impaired due to aging, while hand, foot and mouth disease is an epidemical viral infection and usually affects infants and children and is extremely uncommon in adults. Laboratory tests are rarely required for diagnosis. The treatment of different kinds of oral mucosal viral infection is routine supportive measures and application of antiviral drugs. Antiviral agents such as acyclovir or topical anesthetic and maintenance of proper fluid and electrolyte balance can be used when needed. Antibiotics are of no help and use of corticosteroids is generally contraindicated. Traditional Chinese herbal agents are commonly used for treating oral viral infection.

The most common clinical feature of bacterial infection of oral mucosa is the formation of pseudomembrane. Coccigenic stomatitis is mainly caused by cocci, also called membranous stomatitis. Catarrhal stomatitis is mild and with short duration. Oral tuberculosis is not very common and is easily to be misdiagnosed.

Oral candidiasis (candidosis) is an infection of yeast fungi of the genus *Candida* on the mucous membrane of the mouth. It is frequently caused by *Candida albicans*. *Candida* is eukaryotic microorganism and an oral commensal of about one-half of the general population. Oral candidosis is now one of the most common mucosal diseases, especially chronic oral candidiasis. The common predisposing factors of oral candidiasis are marked changes in the oral microbial flora following administration of broad-spectrum antibiotics, chronic local irritants such as denture trauma, orthodontic appliance, xerostomia, malnutrition and immunodeficiency. According to onset and duration of the lesion, oral candidosis is divided into acute, subacute and chronic candidosis; based on the clinical features, the disease is divided into pseudomembranous, erythematous/atrophic and hyperplastic candidosis. The diagnosis of oral candidosis is based on the above clinical features such as dry mouth and burning sensation of the oral mucosa, lesions of the above three types and positive finding of *Candida* hyphae by smear from the lesion and *Candida* culture. Anti-fungal agents is needed to the treatment of oral candidosis, while correcting the possible predisposing factors is essential for treatment and prevention of oral candidiasis. Oral manifestations of other systemic fungal infection are also described, which were rarely seen in the dental clinic.

Definition and terminology

原发性疱疹性龈口炎（primary herpetic gingivostomatitis，PHGS）: is a combination of gingivitis and stomatitis, or an inflammation of the oral mucosa and gingiva. Herpetic gingivostomatitis is often the initial presentation during the primary herpes simplex infection. It is of greater severity than herpes labialis（cold sores）.

唇疱疹（herpes labialis）: is an infection of the lip by herpes simplex virus（HSV-1）, which causes small blisters or sores on or around the mouth commonly known as cold sores or fever blisters. Cold sore outbreaks may be influenced by stress, menstruation, sunlight, sunburn, fever, dehydration or local skin trauma.

带状疱疹（herpes zoster）: Herpes zoster（or simply zoster）, commonly known as shingles, is a viral disease caused by varicella zoster virus（VZV）, characterized by a painful skin rash with blisters in a limited area on one side of the body, often in a strip.

疱疹后神经痛（postherpetic neuralgia，PHN）: is a condition of chronic pain following herpes zoster. Postherpetic neuralgia is thought to be nerve damage caused by herpes zoster. The damage causes nerves in the affected dermatomic area of the skin to send abnormal electrical signals to the brain. These signals may convey excruciating pain, and may persist or recur for months, years or for life.

膜性口炎（membranous stomatitis）: Membranous stomatitis is an inflammation of the oral cavity, accompanied by the formation of a pseudomembrane, cause by cocci.

口腔念珠菌病（oral candidosis, oral candidiasis）: Oral candidiasis（also known as oral candidosis,（oral）thrush, oropharyngeal candidiasis, moniliasis, candidal stomatitis）is a common opportunistic mycosis（yeast infection）of *Candida* species on the mucous membranes in the mouth.

假膜型念珠菌病（pseudomembranous candidosis, thrush）: Pseudomembranous candidosis, also called thrush, is one clinical type of oral candidosis and it is creamy white lesion on oral mucosa. The lesions can be painful and may bleed slightly when scraping.

红斑型（萎缩型）念珠菌病（erythematous candidosis, atrophic candidosis）: Erythematous candidosis, also called atrophic candidosis or antibiotic sore-mouth, is one clinical type of oral candidosis. The clinical features are red patches of atrophic or erythematous and generalized papilla of the tongue and angular cheilitis, with painful or burning sensation of oral mucosa.

慢性增殖型念珠菌病（chronic hyperplastic candidosis）: Chronic hyperplastic candidosis also called candidal leukoplakia. The clinical features are firm, white, leathery plagues found on the cheeks, lips and tongue in which mycelial invasion of the deeper layers of the mucosa. Epithelial dysplasia occurs four to five times more frequent in candidal leukoplakia than in leukoplakia.

（孙　正　闫志敏　徐岩英）

第八章 口腔黏膜溃疡性疾病

Oral Ulcerative Disorders

数字资源

第一节 复发性阿弗他溃疡
Recurrent Aphthous Ulcer

复发性阿弗他溃疡（recurrent aphthous ulcer，RAU）即复发性口腔溃疡（recurrent oral ulcer，ROU）、复发性阿弗他口炎（recurrent aphthous stomatitis，RAS），是最常见口腔黏膜溃疡性疾病。溃疡发作仅限于口腔黏膜，具有周期性反复发作和自限性等特点。溃疡多呈圆形或椭圆形，边缘整齐，周围绕以窄的红晕，疼痛明显，可发生于口腔黏膜任何部位，一般 7～10 天可自行愈合。

> **案例 8-1**
>
> 女，25 岁。
> **主诉**：口腔溃疡反复发作 2 年。
> **现病史**：患者口腔溃疡反复发作 2 年，每次 3～4 个，多见于唇、颊、舌等部位，通常 10 天左右愈合，间歇期约为 2 周，疼痛明显。患者曾局部使用止痛药，有一定效果，但病情仍反复发作。其母亲有类似病史。否认眼、外阴、皮肤等部位病损。
> **检查**：下唇内侧可见一 0.6 cm×0.8 cm 大小的椭圆形溃疡，表面微凹陷、有黄白色假膜，周围有红晕。
> **思考题**：
> 1. 患者最可能的临床诊断是什么？
> 2. 诊断依据有哪些？诊断尚需哪些辅助检查？
> 3. 患者的预后如何？

【流行病学】

本病在一般人群中的发病率约为 25%，特定人群的 3 个月复发率可高达 50%。女性发病多于男性。本病可发生于任何年龄，多首发于儿童或青少年期。

【病因及发病机制】

本病的病因尚不明确，目前认为本病的发生是多种因素综合作用的结果。

（一）遗传因素

1. 家族遗传倾向 据统计，40%～50%的RAU患者有家族史，且症状较无家族史者更严重。父母均有RAU时，子女50%～90%可发病。双亲之一有RAU时，其子女至少有50%～60%发病。若父母无RAU史，则其子女发病仅为20%。

2. 人类白细胞抗原（human leucocyte antigen，HLA） 是重要遗传标记物，是存在于人类白细胞及各种有核细胞膜表面的抗原。RAU患者HLA-A2、B5、B12、DR2、DR4、DR7、DRB52抗原检出率明显高于对照组，提示RAU发病可能有遗传因素的参与。

（二）免疫功能异常

近30年来的研究显示，RAU的发生与细胞免疫及体液免疫异常均有一定相关性。

1. 细胞免疫异常 有研究表明，细胞免疫异常在RAU的发病中具有重要作用。有研究显示，在溃疡各期CD3均有下降，溃疡期含有大量CD8细胞及少量CD4细胞，在恢复期以CD4细胞为主。这提示RAU患者存在细胞免疫功能失衡。另有报道显示，患者外周血中TNF-α、IL-1、IL-6在RAU活动期升高。

2. 体液免疫异常 RAU患者外周血中免疫球蛋白IgA、IgG升高，补体水平高于正常人。但有学者测定RAU患者体液免疫多在正常范围，其结果尚不统一。此外，在部分RAU患者血清中可检测出抗口腔黏膜上皮抗体，患者唾液中的sIgA水平在发病期升高，缓解期降低。

（三）感染因素

RAU的发生与某些微生物有一定关联，有研究发现，RAU的发生与口腔链球菌、幽门螺杆菌（*Helicobacter pylori*，HP）、巨细胞病毒（cytomegalovirus，CMV）、水痘-带状疱疹病毒（varicella-zoster virus，VZV），以及人类疱疹病毒（human herpes virus）6型、7型等感染可能有关。病毒感染可能作为一种诱因参与RAU的发病过程，通过复制直接引发或造成局部免疫功能异常，导致RAU患者黏膜损害和溃疡形成。但感染与RAU的关系目前尚无明确的结论，仍有待进一步研究证实。

（四）其他因素

1. 应激（stress） RAU的发病与精神紧张、过度劳累、外界刺激、气候不适应等社会、心理模式变化等有关，这些因素可对机体的发病产生一定的影响。

2. 营养缺乏（nutritional deficiency） 研究显示，20%～28.2%的RAU患者存在营养缺乏，如缺锌、铁等微量元素，或缺乏B族维生素（如B_1、B_2、B_6、B_{12}）及叶酸等。

3. 月经周期（menstrual cycle） 部分女性患者的发病与月经周期有关，在月经前期常发生口腔溃疡，月经期达到高峰，月经后期开始愈合。部分妇女在妊娠期则口腔溃疡停止发作，哺乳期溃疡减轻。月经期前黄体酮含量增高，雌激素水平下降，而妊娠期雌激素水平增高。这表明RAU的发生与内分泌改变有一定联系。

（五）食物过敏

研究显示，RAU患者抗特殊牛乳蛋白（specific cow's milk protein，SCMP）IgA、IgE和IgG水平明显高于健康对照组。研究显示，反复发作RAU的儿童停止食用此类蛋白，溃疡发作即可停止。此外，国外有研究发现一些食物（如巧克力、咖啡、坚果、麦片、草莓、奶酪、番茄、小麦）与某些RAU患者的发病有一定关系。但确切的关系仍有待深入研究。

（六）药物影响

服用某些药物（如非甾体抗炎药、次氯酸钠、吡罗昔康等）可刺激黏膜出现类似RAU样病损。

（七）微循环障碍及血液流变学异常

国内学者对 RAU 患者甲皱、舌尖、唇黏膜微循环以及血液流变学检查发现，RAU 患者微血管减少、闭塞，静脉端曲张，血管丛数量减少，血管袢异常，血流速度缓慢，血流量相应减少，全血黏度增高等现象。这表明 RAU 患者病损局部组织存在微循环障碍，局部组织缺氧、缺血，组织营养缺乏，易导致口腔黏膜溃疡的发生。

【临床表现】

典型临床表现为圆形或椭圆形溃疡，具有"黄、凹、红、痛"的特征，即溃疡表面覆盖有黄白色假膜，中央凹陷，周围有窄的红晕，疼痛明显。本病具有周期性反复发作及自限性的特点。

临床上多采用 1968 年 Lehner 分型，将本病分为轻型、疱疹样和重型阿弗他溃疡三型。疱疹样阿弗他溃疡也称口炎型口疮（表 8-1）。

表 8-1　三种类型的复发性阿弗他溃疡的临床特征

溃疡特征	复发性阿弗他溃疡的类型		
	轻型	疱疹样	重型
溃疡数量	1～5个	5～20个（多达100个）	1个至数个
溃疡大小	＜10 mm	1～2 mm	＞10 mm
愈合期	7～14天	7～14天	2周～3个月
愈合后瘢痕形成	无	无	有
溃疡部位	非角化黏膜（唇、颊、舌腹黏膜等）	非角化黏膜（唇、口底、舌腹黏膜多见）	角化及非角化黏膜均可出现（口角内侧黏膜、软腭等）

1. 轻型阿弗他溃疡（minor aphthous ulcer）　是最常见的一型，占 RAU 的 80% 以上。溃疡孤立或散在，直径通常＜10 mm，数量为 1～5 个，溃疡界限清楚，呈浅碟状，周围有窄的红晕（图 8-1），局部有灼痛。溃疡可持续 7～14 天，愈合后不留瘢痕。间歇期存在个体差异，长短不一。溃疡呈周期性反复发作。

2. 疱疹样阿弗他溃疡（herpetiform aphthous ulcer）　溃疡小、浅而多，可达十几个或数十个不等，散在分布或融合成片，周围黏膜充血、水肿明显，疼痛明显（图 8-2）。患者可出

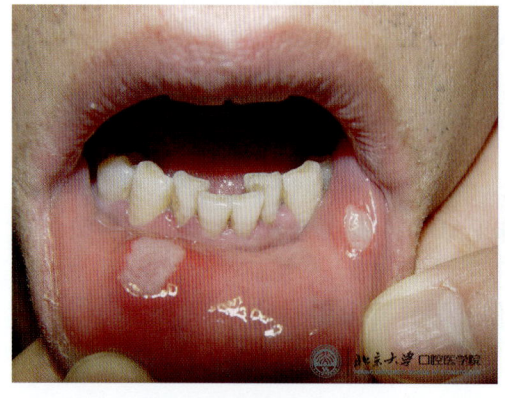

图 8-1　轻型阿弗他溃疡
（北京大学口腔医学院供图）

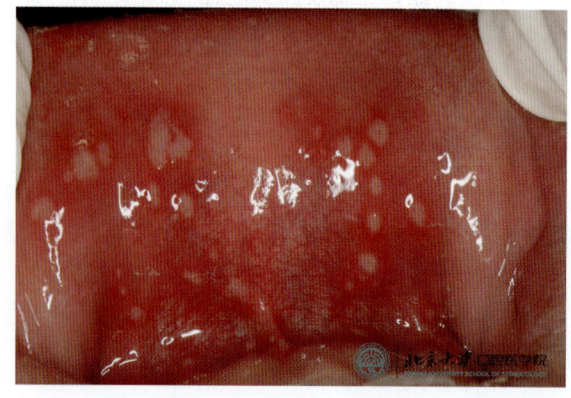

图 8-2　疱疹样阿弗他溃疡
（北京大学口腔医学院供图）

现唾液分泌增多、头痛、低热、淋巴结肿大等不适症状。

3.重型阿弗他溃疡（severe aphthous ulcer） 又称复发性坏死性黏膜腺周围炎（periadenitis mucosa necrotic recurrence）或腺周口疮。本型约占RAU的10%。溃疡大而深，似弹坑状，直径多在1 cm以上，可深达黏膜下层或肌层。周围黏膜充血、水肿明显，边缘隆起。多见于口角内侧黏膜或软腭、咽部黏膜，愈合时间长，多为1个月至数月，愈合后常遗留瘢痕，甚至造成组织缺损。本型溃疡可与小溃疡并存（图8-3）。

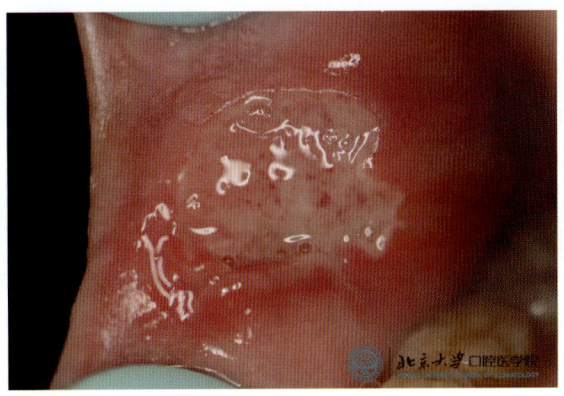

图 8-3 重型阿弗他溃疡
（北京大学口腔医学院供图）

【病理表现】

早期黏膜上皮细胞内及细胞间水肿，细胞间有白细胞，之后上皮溶解、破损、脱落，形成非特异性溃疡，溃疡表面可有纤维蛋白渗出，形成膜，表面由坏死组织覆盖。溃疡部位有密集的炎症细胞浸润，以中性粒细胞和淋巴细胞为主。固有层有胶原纤维水肿、玻璃样变性。结缔组织纤维弯曲、断裂，严重时胶原纤维破损、消失。炎症反应明显，大多为淋巴细胞浸润，其次为浆细胞、中性粒细胞、嗜酸性粒细胞。溃疡底部毛细血管扩张、充血，血管内皮细胞肿胀，管腔肿胀甚至闭塞。

重型阿弗他溃疡病变可侵及黏膜下层，腺管扩张，上皮增生，腺小叶结构可消失，被淋巴细胞取代。舌体溃疡可深达肌层，肌束之间水肿和炎症细胞浸润。

【诊断】

根据口腔溃疡反复发作史以及临床具有典型"黄、凹、红、痛"及自限性的特征表现，即可做出诊断。但须除外系统性疾病引起的口腔溃疡。

【鉴别诊断】

1.疱疹样阿弗他溃疡与急性疱疹性龈口炎的鉴别（表8-2）

2.重型 阿弗他溃疡应与创伤性溃疡、口腔鳞状细胞癌、结核性溃疡、淋巴瘤等相鉴别。

（1）创伤性溃疡（traumatic ulcer）：多由机械性刺激所引起。如残冠、残根、尖锐牙缘、牙尖、不良修复体、卡环、义齿边缘，以及婴儿牙齿萌出边缘创伤、坚硬食物、牙齿咬伤、刷牙创伤、突然外力等刺激因素均可造成黏膜破溃，形成溃疡。溃疡易发生于与刺激因素明显相

表 8-2 疱疹样阿弗他溃疡与急性疱疹性龈口炎鉴别

	疱疹样阿弗他溃疡	疱疹性龈口炎
好发年龄	中青年	婴幼儿
病损特点	十余个至数十个散在小溃疡，无起疱期	成簇小水疱，水疱破裂后形成表浅溃疡，可融合
病损部位	以非角化黏膜多见	牙龈、硬腭等角化黏膜易受累
病损发病特点及全身反应	反复发作、全身反应较轻	急性发作、全身反应较重，可出现低热、淋巴结肿大等
皮肤损害	病损仅限于口腔黏膜，无皮肤损害	可伴皮肤损害

关部位，溃疡外形多与刺激物形状相一致。如及时去除刺激因素，黏膜可恢复正常。此外，化学因素、温度、物理因素等也可引起黏膜表层损伤，继而形成溃疡。

（2）口腔鳞状细胞癌（oral squamous cell carcinoma，OSCC）或称癌性溃疡（cancerous ulcer）：多见于中老年人，好发于舌缘舌腹、口角区内侧、软腭复合体等部位。溃疡深，呈菜花状，周围及基底有硬结，边缘不整齐，触诊基底硬。溃疡持续不愈合，呈进展性加重。行活体组织检查可明确诊断。

（3）结核性溃疡（tuberculous ulcer）：由结核分枝杆菌引起，好发于唇、前庭沟、舌等部位。溃疡深凹，边缘呈鼠噬状，形成潜掘状边缘。溃疡基底高低不平，呈粟粒样小结节，表面常覆盖污秽脓性分泌物，底部有红色肉芽组织。活体组织检查及病原微生物培养等有助于诊断。

（4）淋巴瘤（lymphoma）：多见于上腭部黏膜。患者早期有鼻黏膜炎症的表现，鼻腔内分泌黏液，继而出血、化脓。鼻腔及鼻周围有坏死性肉芽肿性病变，最后在上腭正中部位形成坏死性溃疡。病变由黏膜、皮肤发展至骨组织，使鼻中隔穿孔而破坏面部，导致畸形，伴有恶臭。患者可出现发热、乏力、衰弱等全身表现。血液、骨髓检查及活体组织检查等有助于明确诊断。

（5）克罗恩病（Crohn's disease）：是一种非特异性肉芽肿性炎症性疾病。临床表现为反复发作的腹痛、腹胀，腹部可有肿块。口腔黏膜病变多表现为溃疡，好发于颊及龈颊移行沟，其他部位也可见。典型表现为口腔黏膜线状溃疡，在牙龈等部位可见颗粒状增生病变。该病易与腺周口疮相混淆，应结合病史、临床表现、血清学检查及活体组织检查等明确诊断。

（6）其他系统性疾病：如白塞综合征、贫血、系统性红斑狼疮、周期性粒细胞减少症、艾滋病、Sweet综合征、Magic综合征、周期热-阿弗他口炎-咽炎-淋巴结炎等均可出现与RAU类似的溃疡表现，应注意鉴别。

【治疗】

（一）治疗原则

有关RAU的系统综述显示，迄今对于该病尚无特效治疗方法。治疗以消除致病因素、减轻症状、缩短病程、控制复发、缓解病情为目的。对于轻型RAU患者，以局部治疗为主，可选择局部应用糖皮质激素类药物；对于症状较重或发作频繁的RAU患者，可采用局部和全身联合用药的方法加以治疗。

（二）治疗方案

根据RAU的疼痛程度、溃疡的复发频率和分型，给予不同的治疗方案。具体治疗方案如下：

1. 轻度RAU 若溃疡复发次数少、疼痛可耐受，则可不治疗或以局部药物治疗为主。

2. 中度RAU 优先选择局部治疗。可局部应用糖皮质激素制剂、止痛药以及各种局部抗炎制剂等。

3. 重度RAU 应采用局部与全身治疗相结合的方法。对重度RAU患者可于病损局部黏膜下注射糖皮质激素，如曲安奈德、倍他米松、地塞米松等。对病情较顽固的病例，可全身短期应用糖皮质激素，如泼尼松，一般不超过50 mg/d，推荐晨服，连续口服5天。此外，全身治疗还可选用沙利度胺、秋水仙碱、硫唑嘌呤等其他免疫调节剂或抑制剂。对免疫功能低下者（结合患者全身情况及免疫学检查结果综合判断），可选用免疫增强剂，如胸腺肽、转移因子等。

（三）治疗方法

1. 药物治疗

（1）局部用药：以消炎止痛，防止继发感染，促进愈合为原则，可采用消炎防腐，收敛生肌、消肿镇痛类药物。

1）止痛药：可用达克罗宁、利多卡因、苯佐卡因等溶液或凝胶，应用于口腔溃疡重且多发，疼痛明显时，于餐前使用。

2）消毒防腐药：0.1% 依沙吖啶溶液、氯己定溶液或复方氯己定溶液、西吡氯铵含漱液、聚维酮碘含漱液等。西地碘片或西吡氯铵、地喹氯铵含片有广谱抗菌、收敛、止痛的作用。

3）糖皮质激素：研究结果表明，局部应用糖皮质激素治疗 RAU 疗效好，不良反应少，安全、可靠。可采用曲安奈德糊剂，或醋酸地塞米松软膏、含漱液或贴片，氟轻松乳膏等覆盖创面，促进溃疡面愈合。长期局部应用糖皮质激素可能引起口腔菌群失调，应予以注意。

4）其他局部制剂：粒细胞-巨噬细胞集落刺激因子（granulocyte-macrophage colony-stimulating factor，GM-CSF）或成纤维细胞生长因子（fibroblast growth factor，FGF）、表皮生长因子（epidermal growth factor，EGF）治疗 RAU 均有一定的疗效。此外，氨来占诺贴片、复方苯佐卡因凝胶、洋甘菊利多卡因凝胶、双氯芬酸钠凝胶等对溃疡也有一定疗效。

5）局部封闭：对于严重、经久不愈、疼痛明显的溃疡（如复发性坏死性黏膜腺周围炎），可行黏膜下局部封闭治疗。常用地塞米松注射液加等量 2% 利多卡因注射液，于溃疡局部注射，可减轻炎症反应，有止痛、促进愈合的作用。

（2）全身用药

1）维生素：维生素可以维持机体正常的代谢功能，促进病损愈合。当溃疡发作时，一般可给予维生素 C，每次 0.1～0.2 g，每天 3 次。复合维生素 B，每次 1 片，每天 3 次。

2）抗菌药：当溃疡继发感染时可局部或全身应用抗生素，需结合细菌培养及药物敏感试验结果选择相应抗生素加以治疗。

3）免疫制剂：临床应用此类药物治疗 RAU 比较普遍，包括糖皮质激素类、沙利度胺、秋水仙碱、胸腺素等。

糖皮质激素类（glucocorticoids）　全身应用较少，可短期用于频繁发作者或重型阿弗他溃疡患者。长期应用需注意禁忌证，胃溃疡、糖尿病、活动期肺结核患者应禁用或慎用。常用药物为泼尼松或泼尼松龙。

沙利度胺（thalidomide）　可用于治疗病情严重、病损较难愈合、治疗效果不明显的患者或口腔黏膜复发性坏死性黏膜腺周围炎患者。用法及剂量：开始治疗时每天 50 mg，之后可根据病情增加剂量至每天 100 mg，每天 1 次口服。待病情得到控制后，可减量至 25～50 mg，可连续用药 1～2 个月。药物不良反应有口干、头晕、倦怠、恶心、腹痛等，另外还可致畸，故孕妇及年轻人禁用。

左旋咪唑（levamisole）　原本是一种广谱驱虫药，现经研究证明它对 T 淋巴细胞、吞噬细胞及抗体的形成也有调节作用。据报道，临床使用左旋咪唑对半数以上患者有效，可延长溃疡复发间歇期。用法及剂量：左旋咪唑每片剂量为 25 mg，每次可服用 50 mg，每天 3 次，每 2 周服药 3 天。左旋咪唑的不良反应为轻度肠胃道反应，或头痛、头晕、鼻出血、皮疹、白细胞减少等。对用药者应定期复查白细胞计数，如白细胞计数低于正常范围，则应禁用该药或停药。此外，还应注意该药的神经毒性反应。一般一个疗程为 2～3 个月。如果用药已 1 个月，效果仍不明显或无效，则应停药。

胸腺素（thymosin）　能促进和调节 T 淋巴细胞的发育，使之分化为成熟的淋巴细胞，从而起到增强细胞免疫功能的作用。用法及剂量：每次 20～50 mg，肌内注射，隔天一次，可连续用药 1 个月。另外，该药也有口服制剂。

转移因子（transfer factor）　其作用是能转移细胞的免疫功能，使没有致敏的淋巴细胞致敏，增强巨噬细胞的吞噬功能。有报道显示，转移因子可有效延长 RAU 复发周期，并且不导致的明显不良反应。该药口服制剂较注射液更方便、安全，患者依从性更好。

4）其他

微量元素（microelement） 对于缺锌者，补锌可使病情好转。可用硫酸锌、葡萄糖酸锌、甘草锌等制剂。

维酶素（vitacoenayme） 是核黄素的衍生物，含有人体所必需的多种维生素、氨基酸、微量元素和一些辅酶，对复发性阿弗他溃疡伴胃肠道症状者有一定疗效，可促进溃疡愈合。用法为每次服 1 g，每天 3 次。该药无明显不良反应。

2. 超声雾化吸入疗法 适用于口腔溃疡散在且多发，病情较重者，将地塞米松注射液 5 mg、庆大霉素注射液 8 万 U，加入生理盐水 500 ml 中，然后经雾化吸入，每天 1 次，每次 15～20 min，5 天为 1 个疗程。

3. 物理治疗 用激光（如二氧化碳激光等）、微波照射溃疡表面，可减少渗出、减轻疼痛、促进溃疡愈合。

4. 中医药治疗 中医药治疗对复发性阿弗他溃疡具有良好效果，可减轻症状、促进溃疡愈合、延长复发间歇期。中医将复发性阿弗他溃疡分为实火型和虚火型口疮两类。治疗时，应辨证论治。

中成药可选用六味地黄丸，适用于反复发作的阴虚火旺引起的口疮；龙胆泻肝丸，可用于肝火上炎，肝胃不和，肝胆湿热引起的口疮；加味逍遥丸可用于肝郁不舒引起的口疮；补中益气丸用于脾胃虚弱，中气下陷引起的口疮；导赤丸可用于心火上炎引起的口疮。

Summary

Recurrent aphthous ulcer (RAU), also called recurrent aphthous stomatitis, aphthae, is the most frequent form of oral ulcerations, affecting an estimated 2.5 billion people worldwide characterized by multiple recurrent small, round or ovoid ulcers with circumscribed margins, erythematous haloes and yellow or grey in color. It can cause significant difficulties in eating and drinking and result in significant morbidity and a diminished quality of life.

The etiology of RAU is not entirely clear. A genetic predisposition is present for about one-third of RAU patients with positive family history. Immunological imbalance and nutritional deficiency are also found in some RAU patients. Three clinical types have been described: minor, major and herpetiform. The diagnosis of RAU is invariably based upon the history and clinical findings. There are no curative treatments available. Treatment is primarily aimed at pain relief and the promotion of healing to reduce the duration of the disease or reduce the rate of recurrence. A variety of topical and systemic therapies have been utilized, but there are currently few agents that have been found in randomized controlled trials (RCTs) to be clinically effective in the management of RAU. Nevertheless, there is a need to provide patients with treatment to lessen the severity and/or frequency of RAU.

Topical corticosteroids can often control RAU. The corticosteroids vary in their degree of potency and may be given as mouth rinses, ointments, creams or in adhesive vehicles, which may reduce symptoms and hasten healing of RAU. Patients with especially frequent or severe RAU may require systemic immunosuppressive therapy, such as corticosteroids, levamisole, colchicine and thalidomide. They can help healing of large ulcers but their long-term use should be avoided because the risk of associated adverse effects will usually outweigh any clinical benefits.

A range of physical methods have been proposed for topical treatment of RAU, such as laser ablation and dense ultrasound.

Definition and Terminology

复发性阿弗他溃疡（recurrent aphthous ulcer，RAU）：is the most frequent form of oral ulceration, which is characterized by multiple recurrent small, round or ovoid ulcers with circumscribed margins, erythematous haloes, and yellow or grey in color.

（华　红）

第二节　白塞病
Behcet's Disease

白塞病（Behcet's disease，BD）又称白塞综合征（Behcet syndrome），或贝赫切特综合征、眼-口-生殖器综合征等，是一种以血管炎为病理基础的慢性多系统疾病。临床主要表现为复发性阿弗他溃疡、生殖器溃疡、葡萄膜炎及皮肤损害等，并可累及关节、肺、消化道、中枢神经系统等。大部分患者预后良好。眼、中枢神经及大血管受累者则预后不佳。

> **案例 8-2**
>
> 男，32岁。主诉口腔溃疡反复发作10年，伴生殖器溃疡3次。
>
> 患者自10年前开始出现口腔溃疡反复发作，每月发作1次。近5个月来，溃疡加重，此起彼伏，几乎无间歇期，疼痛明显，影响进食。发生生殖器溃疡3次。
>
> **临床检查**：舌背前部可见4个0.4 cm×0.6 cm大小的溃疡，表面被覆黄色假膜，周围黏膜充血、发红，触痛明显。其余口腔黏膜未见异常。患者口腔卫生差，牙石（+++）。双腿伸侧皮肤见结节性红斑样损害，红斑中央可触及硬结。
>
> **思考题**：
> 1. 临床初步诊断是什么？
> 2. 需要与哪些疾病相鉴别？

【流行病学】

白塞病由土耳其眼科医师Behcet于1937年首先报道。本病好发年龄为16～40岁，男女患病率几乎相同，男性患者血管、神经系统及眼部受累较女性多见且病情严重。本病的发病具有地域性，在古代丝绸之路沿线的东亚（韩国、中国和日本）、中东和地中海地区发病率较高，因而该病又被称为"丝绸之路病"。患病率最高的是土耳其，为（20～420）/100 000，伊朗为80/100 000，以色列为15.2/100 000，中国为14/100 000，日本为13.4/100 000，而欧美国家的发病率则相对较低，美国为5.2/100 000，瑞典为4.9/100 000，德国为1.1/100 000，英国为0.64/100 000。目前全球报道病例最多的国家是伊朗（6500例），最少的是泰国（23例）。已开展白塞病全国范围流行病学调查或大样本分析的国家包括伊朗（6500例）、日本（3316例）、韩国（1527例）、中国（1996例）和德国（861例）。我国1996例白塞病患者的临床荟萃分析结果显示，白塞病在我国平均发病年龄为33岁，平均病程为8.9年，男性患者不仅多见，而且病情也更为严重。

【病因及发病机制】

病因目前尚不清楚，可能与遗传及病原微生物感染等因素有关。其发病机制是机体在内、外因素综合作用下，出现细胞免疫和体液免疫失衡、中性粒细胞功能亢进、内皮细胞损伤及血栓形成等。免疫系统针对自身器官组织产生异常免疫反应，导致器官组织出现炎症损伤。白塞病的发生与以下因素有关：

（一）遗传因素

白塞病的家族聚集性长期以来一直被关注，同胞兄妹患病的危险比为11.4～52.5。本病与 *HLA-B5* 及其亚型 *HLA-B51* 高度相关，有研究显示，携带 *HLA-B51* 基因的人群更容易患BS白塞病。在白塞病高发地区，患者 *HLA-B5* 及 *HLA-B51* 的阳性检出率较正常人高6倍。

（二）微生物感染

近年来发现，单纯疱疹病毒和溶血性链球菌与本病的发生有一定关系，皮内注射链球菌抗原可诱发白塞病，患者口腔溃疡组织中有较高的链球菌检出率，但尚未确定其为本病的病因。此外，有研究者通过原位杂交技术在患者外周血淋巴细胞中发现单纯疱疹病毒DNA。并在患者血清中可以检测到抗单纯疱疹病毒抗体及针对该病毒形成的循环免疫复合物。

（三）免疫功能紊乱

1. 潜在的靶抗原 有研究显示，在伴有结节性红斑和口腔溃疡的白塞病患者病变区热休克蛋白（heat shock protein，HSP）呈高表达。推测抗HSP抗体与白塞病患者的口腔黏膜有交叉反应。此外，给鼠皮下注射HSP可以引起实验性葡萄膜炎。

2. 体液免疫功能异常 白塞病患者体内可检出抗内皮细胞抗体、抗磷脂抗体、抗淋巴细胞抗体，尤其是IgA表型增加。此外，有研究显示BD患者B细胞总体数量正常，但具有活性标志的CD13、CD33、CD80及记忆性CD45均有增加。

3. 细胞免疫功能失衡 白塞病患者外周血及组织标本中均可见$CD4^+$T细胞活性增高，伴有Th1/Th2细胞失衡，导致$CD4^+$和$CD8^+$T细胞比例发生改变。

4. 细胞因子异常表达 研究显示，BD活动期患者体内促炎症因子明显增加，并且与疾病的活动性密切相关。患者体内多种细胞因子（如IL-2、IL-4、IL-6、IL-10、IL-12和IFN-γ）较健康对照组增高，IFN-γ/IL-4、IL-12/IL-4的比例在活动期较缓解期增高。提示上述细胞因子变化可作为疾病活动期及伴有组织损伤的标志物。

5. 性激素的影响 虽然本病男女发病率几乎相同，但男性患者的临床表现较重，肺栓塞、神经系统损害及胃肠道病变的发病率均与男性高度相关。有研究显示雌激素可通过血管内皮细胞上的雌激素受体降低炎症因子（如TNF-α及IL-6）的表达，进一步抑制血管内皮细胞和中性粒细胞的炎症反应。雌激素对内皮细胞的这一保护作用可阻止患者的病情进展。

【临床表现】

本病呈反复发作与缓解的交替过程，男性与女性发病比例为1∶1或1∶0.9。患者全身各系统均可受累。有时，患者需经历数年甚至更长时间才相继出现各种临床症状和体征。

1. 口腔溃疡 几乎100%的患者口腔均有反复发作的阿弗他溃疡，多数患者以此为首发症状，每年发作至少3次。轻型、疱疹样、重型三种类型的口腔溃疡均可在白塞病患者中见到。溃疡可以发生在口腔黏膜的任何部位，多位于舌缘、颊、唇、软腭、咽、扁桃体等处，可为单发或多发。溃疡为米粒或黄豆大小，呈圆形或椭圆形，边界清楚，深浅不一，底部有黄色覆盖物，周围有边缘清晰的红晕，轻型、疱疹样阿弗他溃疡1～2周后可自行消退而不留瘢痕。重型溃疡深且大，愈合慢，有的数月才可愈合，愈合后可留有瘢痕。严重者疼痛剧烈，影响进食（图8-4）。

2. 生殖器溃疡 约75%的患者可出现生殖器溃疡，病变与口腔溃疡基本相似，但出现次数少。溃疡深大，疼痛剧烈，愈合缓慢。受累部位女性为大、小阴唇和阴道，男性为阴囊和阴茎等处（图8-5）。

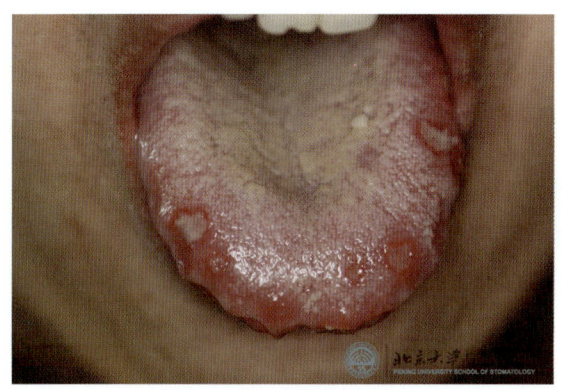

图 8-4 白塞病
舌缘多个口腔溃疡
（北京大学口腔医学院供图）

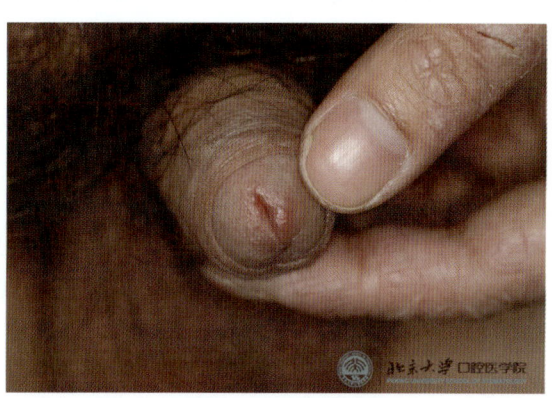

图 8-5 龟头处溃疡
（北京大学口腔医学院供图）

3. 眼部病变 50%左右的患者可有眼部受累，眼球各组织均可受累。最常见的眼部病变是葡萄膜炎（uveitis）和视网膜炎，可造成视物模糊、视力减退，虹膜睫状体炎即前葡萄膜炎，可伴或不伴有前房积脓。葡萄膜炎和视网膜炎是影响视力的主要原因。其他病变包括角膜炎、结膜炎、巩膜炎、脉络膜炎、视神经盘炎、坏死性视网膜血管炎、眼底出血等。眼部受累者致盲率可达25%，是本病致残的主要原因。

4. 皮肤病变 皮肤病变发生率高达80%～98%，典型表现为结节性红斑、痤疮样毛囊炎、假性毛囊炎、多形红斑、环形红斑、Sweet病样皮损、脓皮病、浅表血栓性静脉炎等多种损害。而有诊断价值的皮肤病变体征是结节性红斑（erythema nodosum）（图8-6）和针刺试验（pin-prick test）或针刺反应阳性（图8-7）。

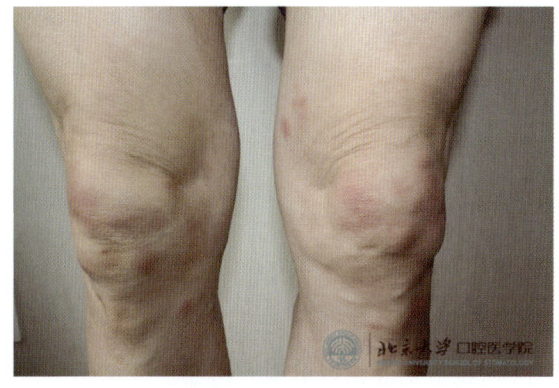

图 8-6 结节性红斑
双膝皮肤红色结节
（北京大学人民医院供图）

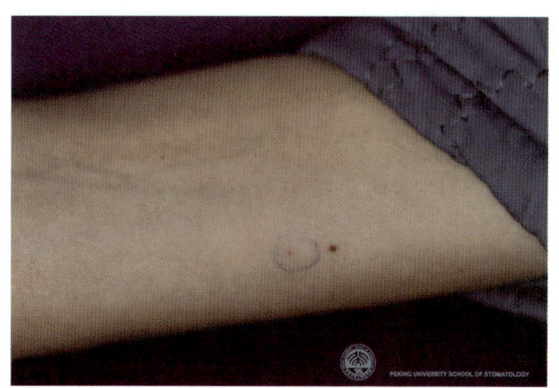

图 8-7 针刺反应阳性
注射针孔部位红色丘疹
（北京大学口腔医学院供图）

5. 关节损害 30%～50%的患者可有关节症状，表现为局限性、非对称性关节炎，主要累及膝关节和其他大关节。

6. 神经系统病变 5%～50%的患者可出现神经系统病变，常于患病后数月至数年出现，少数（约5%）可为首发症状。临床表现因受累的部位不同而有差异，可有肢体运动不灵活、头痛、头晕、恶心、呕吐，肢体感觉麻木、疼痛或无力，还可出现一侧的肢体瘫痪、抽搐等表现。大脑半球、小脑和脑脊膜可出现脑萎缩等神经系统改变。出现脑部病变的患者多数预后不良，尤其脑干和脊髓病变是本病致残甚至致死的主要原因之一。

7. 消化道病变 10%～50%的患者可出现消化道病变。从口腔到肛门的整个消化道均可受累。基本病变为溃疡，可为单发或多发，深浅不一，可见于食管下端、胃部、回肠远端、回盲部、升结肠，但以回盲部多见。临床可表现为上腹饱胀，嗳气，吞咽困难，中下腹胀满、隐痛、阵发性绞痛，腹泻、黑便、便秘等。严重者可有溃疡穿孔，甚至可因大出血等并发症而死亡。

8. 血管病变 本病的基本病变为血管炎，全身大、小血管均可受累，10%～20%的患者可合并大、中血管炎。约25%的患者可以出现血栓性静脉炎及深静脉血栓形成，严重者还可以并发肺栓塞，患者可出现活动后气促、憋气、胸口疼痛甚至晕厥。部分患者可出现动脉瘤，引起局部栓塞、缺血。动脉瘤破裂后可以发生大出血，甚至危及生命。

9. 肺部病变 肺部病变发生率较低，为5%～10%，但大多数患者病情严重。肺小动脉受累时可有肺动脉瘤形成，瘤体破裂时可形成肺血管-支气管瘘，导致肺内出血；肺静脉血栓形成可致肺梗死；肺泡毛细血管周围炎可使内皮增生、纤维化，影响换气功能。肺受累时患者有咳嗽、咯血、胸痛、呼吸困难等症状。大量咯血可致死。

10. 其他 肾损害较少见，可有间歇性或持续性蛋白尿或血尿，肾性高血压，肾病理检查可有IgA肾病或淀粉样变。心脏受累较少见，患者可出现心肌梗死、心脏传导系统受累、心包炎等。

【病理表现】

黏膜、皮肤、视网膜、脑、肺等受累部位可见到血管炎改变。

【实验室检查】

本病缺乏特异性实验室诊断指标。

1. 部分患者 *HLA-B5*（53.3%）、*HLAB51*（47.9%）以及 *HLA-B27*（8.6%）表达（阳性），球蛋白轻度增高，红细胞沉降率加快。40%的患者PPD试验可呈强阳性。

2. 皮肤针刺反应 白塞病患者此项检查阳性率为52.5%～57.9%，是目前本病特异性较强的一项试验。

【诊断】

诊断主要根据病史及典型的临床表现。

（一）诊断标准

目前国际上公认的有2个标准，具体标准如下：

1. 1990年国际白塞病研究组制定的诊断标准

（1）反复口腔溃疡：1年内反复发作3次。由医师观察到或患者诉说有阿弗他溃疡。

（2）反复外阴溃疡：由医师观察到或患者诉说外阴部有阿弗他溃疡或瘢痕。

（3）眼部病变：前和（或）后葡萄膜炎、裂隙灯检查时玻璃体内有细胞出现或由眼科医师观察到视网膜血管炎。

（4）皮肤病变：由医师观察到或患者诉说有结节性红斑、痤疮样皮疹或丘疹性脓疱；或未服用糖皮质激素的非青春期患者出现痤疮样结节。

（5）皮肤针刺反应阳性：试验后 24～48 h 由医师观察结果。

具有反复发生口腔溃疡并有其他 4 项中的 2 项及以上者，即可诊断为本病，但需除外其他疾病。

此标准的灵敏度为 86.2%；特异度为 97.5%，准确度为 86.7%。

2. 2014 年白塞病国际诊断标准（The International Criteria for Behcet syndrome，ICBS），由 27 个国家的 58 名多学科专家参与制定，其标准如下：

（1）口腔溃疡（2 分）

（2）生殖器溃疡（2 分）

（3）眼部病变（2 分）

（4）皮肤损害（1 分）

（5）神经系统表现（1 分）

（6）血管病变（1 分）

（7）皮肤针刺试验（1 分）

诊断标准：评分 ≥ 4 提示诊断为白塞病。针刺试验是非必须检查项目。但如果进行了针刺试验，且结果为阳性，则应加上额外的 1 分。

ICBS（2014 年）的灵敏度为 93.9%，特异度为 92.1%。

（二）诊断要点

白塞病目前没有特异性病理表现及实验室诊断指标。诊断有赖于典型临床特征及各种临床表现综合分析。

1. 临床特征 病程中有医师观察和记录到的复发性阿弗他溃疡、眼炎、生殖器溃疡以及特征性皮肤损害，另外出现大血管或神经系统损害高度提示白塞病的诊断。

2. 实验室检查 本病无特异性实验室检查指标异常。病变活动期可有红细胞沉降率加快、C 反应蛋白升高；部分患者冷球蛋白呈阳性，血小板凝集功能增强。*HLA-B5*、*HLA-B51* 呈阳性。

3. 皮肤针刺反应 用 20 号无菌针头在前臂屈面中部斜行刺入约 0.5 cm，然后沿纵向稍加捻转后退出，24～48 h 后局部出现直径 > 2 mm 的毛囊炎样小红点或脓疱疹样改变者为阳性。此试验特异性较高且与疾病活动性相关，阳性率为 50% 左右。静脉穿刺或皮肤创伤后出现的类似皮损具有同等价值。

4. 其他检查 脑 CT 及磁共振（magnetic resonance imaging，MRI）检查对诊断脑、脑干及脊髓病变有一定帮助。MRI 可用于神经白塞病的诊断及治疗效果随访观察。胃肠道钡剂造影及内镜检查、血管造影、彩色多普勒超声检查等有助于诊断病变部位及范围。肺部 X 线检查以及高分辨 CT 或肺血管造影、同位素肺通气 / 灌注扫描等均有助于白塞病肺部病变的诊断。

【鉴别诊断】

白塞病的皮肤黏膜损害 应与多形红斑、梅毒、重症多形红斑、维生素 B 族缺乏症、寻常性痤疮、单纯疱疹病毒感染、系统性红斑狼疮、周期性中性粒细胞减少症、艾滋病等相鉴别。

【治疗】

本病目前尚无公认的有效根治办法，治疗以缓解症状，控制病情发展以及预防不可逆的脏器损害为主要目标。

对黏膜、皮肤受累的治疗应根据是否同时存在其他损害情况而定。当仅有口腔和外生殖溃疡时，以局部激素类药物为一线治疗药物。痤疮样皮肤损害常因为影响面容而受到关注，对于寻常痤疮一般采用局部治疗即可获得良好疗效。当出现明显的结节性红斑损害时，应使用秋水仙碱。对于顽固的葡萄膜炎、中枢神经系统受累等常规治疗无效时，可考虑生物制剂，如TNF-α 拮抗剂等。

（一）一般治疗

急性活动期，患者应注意休息。避免进食刺激性食物。对伴有感染者可行相应的抗感染治疗。

（二）局部治疗

口腔溃疡可选用糖皮质激素类软膏、含漱液等，以及中药冰硼散、锡类散等；生殖器溃疡可用1:5000高锰酸钾溶液清洗后加用抗生素软膏；结膜炎、角膜炎等可应用糖皮质激素眼膏或滴眼液，葡萄膜炎需用散瞳剂，以防止炎症后粘连。对重症眼炎者可在球结膜下注射糖皮质激素。

（三）全身治疗

1. 糖皮质激素 是本病的主要治疗药物，可以减轻各种症状，尤其能够改善黏膜溃疡和关节疼痛，对有眼部病变和中枢神经病变者宜及时应用较大剂量糖皮质激素或与其他免疫抑制剂联合应用。

2. 免疫抑制剂 与糖皮质激素有协同作用，并可减少糖皮质激素的用量。常用的有环磷酰胺、甲氨蝶呤、硫唑嘌呤等。此类药物不良反应较严重，用药期间应注意严密监测其不良反应。

（1）硫唑嘌呤（azathioprine）：可用于治疗口腔、眼部病变和关节炎，但停药后易复发。可与其他免疫抑制剂联合应用。用药期间应定期监测血常规和肝功能等变化。

（2）环磷酰胺（cyclophosphamide）：发生急性中枢神经系统病变或肺血管炎、眼炎时，可与泼尼松联合使用，口服或大剂量静脉冲击治疗。使用时嘱患者大量饮水，以避免出血性膀胱炎的发生。此外，不良反应还有消化道反应及白细胞减少等。

（3）甲氨蝶呤（methotrexate）：每周 7.5～15 mg，口服或静脉注射，可用于治疗神经系统、皮肤黏膜等病变，可长期小剂量服用。不良反应有骨髓抑制、肝损害及消化道症状等，应定期检查血常规和肝功能等。用药过程中应注意补充叶酸。

（4）环孢素 A（cyclosporine A）：对秋水仙碱或其他免疫抑制剂不敏感的眼白塞病患者，效果较好。环孢素 A 的剂量为 3～5 mg/(kg·d)。应用时注意监测血压和肝、肾功能，避免不良反应的发生。

3. 沙利度胺（thalidomide） 可用于治疗严重的口腔、生殖器溃疡。宜从小剂量开始，逐渐增加至每天 100 mg。育龄期男女应慎用，以免引起胎儿畸形。

4. 秋水仙碱（colchicine） 对关节病变、结节性红斑、口腔和生殖器溃疡、葡萄膜炎均有一定的治疗作用，常用剂量为每次 0.5 mg，每天 2～3 次。应注意肝损害和肾损害、粒细胞减少等不良反应。

5. 非甾体抗炎药（nonsteroidal anti-inflammatory drug，NSAID） 具有消炎、镇痛作用。对发热、皮肤结节性红斑、生殖器溃疡、疼痛及关节炎症状有一定疗效，常用药物及剂量：布洛芬，每次 0.4～0.6 g，每天 3 次；奈普生，每次 0.2～0.4 g，每天 2 次；双氯芬酸钠，每次 25 mg，每天 3 次。

6. 其他

（1）α 干扰素：对口腔损害、皮肤病变及关节症状有一定疗效，也可用于眼部病变的急性期治疗。

（2）雷公藤制剂：对口腔溃疡、结节性红斑、关节病变、眼炎有肯定疗效。对肠道症状的疗效较差。

（3）抗血小板药：阿司匹林、双嘧达莫可用于治疗血栓性疾病，但不宜骤然停药，以免出现反跳现象。

（4）TNF-α抑制剂：TNF-α抑制剂英利昔单抗（infliximab）和依那西普（etanercept）已用于治疗严重的白塞病患者。多项研究证实，英利昔单抗可有效缓解和改善对抗风湿药不敏感的白塞病患者的临床症状，包括皮肤黏膜损伤、葡萄膜炎、视网膜炎、关节炎及胃肠道损伤等。

（四）中医药治疗

中医认为，本病与肝经湿热、脾胃湿热、肝阴虚、脾肾阳虚等有关，可施以清热利湿法（龙胆泻肝汤：龙胆草、黄芩、栀子、泽泻、柴胡、当归、车前子、生地、木通、甘草等）；清胃泄热法（清胃汤合五味消毒饮：生石膏、生地、丹皮、黄芩、黄连、升麻、蒲公英、紫地丁、银花、野菊花）；滋阴补肾法（杞菊地黄汤：熟地、山药、玄参、山萸肉、茯苓、泽泻、丹皮、枸杞子、菊花、地骨皮、知母）；补益脾肾法（济生肾气丸：肉桂、黄芪、白术、熟地黄、山药、泽泻、茯苓、半夏）等。

【预后】

白塞病一般预后良好，多数情况下不会危及生命。少数患者可能发生严重的并发症，如出现中枢神经系统病变或主动脉瘤破裂等可致死，则预后不佳。

进展与趋势

白塞病的进展与趋势

2018年4月，Annals of the Rheumatic Diseases杂志发表了《2018年最新白塞病临床管理EULAR指南》，指南共制定了5条总体原则，10条指南。结合皮肤黏膜病损诊治特点总结如下：

1. 白塞病呈现复发-缓解交替进程，治疗的目标是迅速抑制炎症反应，防止疾病复发或加重，并积极预防不可逆的脏器损伤。
2. 强调多学科联合治疗本病。
3. 应根据患者的年龄、性别、受累器官的类型和严重程度以及患者的意愿进行个体化治疗。
4. 眼、血管、神经和胃肠道受累可能与不良预后相关。
5. 患者的临床表现可随着时间的推移而改善。
6. 皮肤黏膜受损的处置：以局部糖皮质激素作为首选药物。

秋水仙碱可作为首先尝试预防复发性黏膜与皮肤病变的药物。此外，沙利度胺、硫唑嘌呤、α干扰素、TNF抑制剂等可对特定病例使用。

白塞病患者发生小腿部溃疡可能是由于血管炎造成的静脉淤血或血管闭塞所致。应当与皮肤科医师和血管外科医师共同制订治疗方案。

Summary

Bechet's disease (BD), or Bechet's syndrome (BS) is a multiple systemic disease, is classified among vasculitides as "variable vessel vasculitis" by the 2012 Revised International Chapel Hill Consensus Conference Nomenclature of Vasculitides. BS progresses by recurrent attacks of one to several durations. It is particularly prevalent in the 'Silk Route' populations. However, it has a global distribution. It seems to be strongly dependent on the geographical area of BD patients' residence, thus indicating the implication of environmental factors.

The etiopathogenesis of the disease remains unknown. The mechanism is still undetermined, however, studies have demonstrated excessive thrombin formation and the potential role of impaired fibrinolytic kinetics in the generation of the hypercoagulable/prothrombotic state in BD.

The most frequent manifestations are oral aphthosis, genital aphthosis, skin, ocular manifestations.Itcanaffectothersystemsincludingjoint, vascular, gastrointestinal and neurological systems involvement et al. There are no laboratory test, imaging, or pathological signs characteristic of BS. BS diagnosis is primarily based on history and clinical manifeatations.

The management of BS is to prevent irreversible damage that occurs primarily early in the course of disease, especially in the high risk groups.The importance of multidisciplinary approach for optimal management of the BS patients is suggested.

Definition and Terminology

白塞病（Behcet's disease, BD）: is a chronic, relapsing, inflammatory vascular disease of unknown etiology characterized by oral and genital ulcers, uveitis and dermic lesions. It can affect other systems including the vascular, gastrointestinal and neurological systems as well as ocular involvement and arthritis.

针刺试验（pin-prick test）: is the term used to describe hyper-reactivity of the skin that occurs in response to minimal trauma. A positive skin pin-prick test, characterized by erythematous induration at the site of the needle stick with a small pustule containing sterile pus at its center after injection (24 hours), is among the criteria required for diagnosis of Behcet's disease (BD) and in certain populations has been shown to be highly specific.

（华　红）

第三节　创伤性血疱和创伤性溃疡
Traumatic Mucosal Hematoma and Traumatic Ulcer

创伤性血疱（traumatic mucosal hematoma）和创伤性溃疡（traumatic ulcer）是由物理性、机械性或化学性刺激引起的病因明确的黏膜病损。当刺激因素较强，机械反应较迅速时可引起血疱，长期慢性刺激可引起溃疡。黏膜血疱一旦破溃和继发感染，则发生糜烂或者溃疡。

案例 8-3

男，54 岁。因右舌部溃疡 1 个月而就诊。患者曾自用溃疡凝胶、漱口剂等，溃疡始终未愈合。患者有吸烟史 30 年，每天 20 支。

口腔检查：右舌腹中部有 1 cm×1 cm 大小的溃疡，表面有黄色假膜，周边组织水肿。溃疡边界清楚，患者有触痛，触诊质韧。口腔卫生状况差，牙石（＋＋＋），45 残根，与病损位置毗邻。

思考题：
1. 最有可能的临床诊断及诊断要点是什么？
2. 首先采取的临床措施是什么？

一、创伤性血疱 Traumatic mucosal hematoma

【病因及发病机制】

食用过烫、过硬或吞咽大块食物擦伤口腔黏膜可引起黏膜血疱。

【临床表现】

因进食所致创伤引起的血疱易发生在咀嚼侧的软腭、腭舌弓、颊、舌等部位。血疱发生后可迅速扩大至直径为 1～3 cm，患者疼痛不明显，但异物感明显。起初疱液呈鲜红色，之后变为紫黑色。疱壁较薄，容易破溃，破溃后可遗留鲜红色疱底创面，患者疼痛明显（图 8-8）。一般愈合较快，若继发感染，则可形成溃疡或糜烂，表面覆盖假膜。

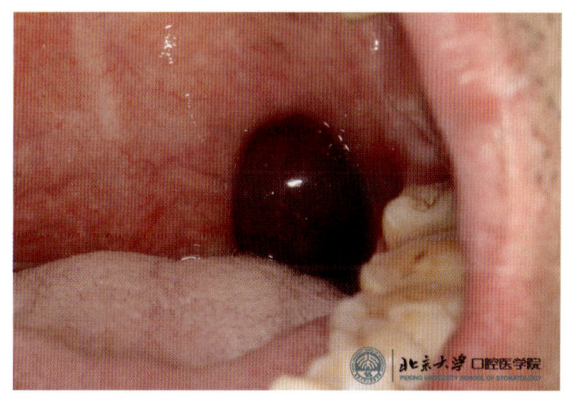

图 8-8 创伤性血疱
（北京大学口腔医学院供图）

【病理表现】

病变处毛细血管破裂，上皮下疱形成，周围有炎症细胞浸润和毛细血管扩张。血疱破裂后形成溃疡。

【诊断】

根据明确的创伤史（如进食过硬、过烫食物等）以及病损部位（易受摩擦的黏膜部位）发生的易破溃的血疱，不难作出诊断。

【鉴别诊断】

反复出现的口腔黏膜血疱应与原发免疫性血小板减少症 [primary immune thrombocytopenic, ITP, 既往也称特发性血小板减少性紫癜（idiopathic thrombocytopenic purpura）] 和其他凝血障碍性疾病相鉴别。血小板计数、凝血功能测定有助于鉴别诊断。

【治疗】

口腔黏膜创伤性血疱多可自行破溃。未破溃的血疱可用无菌注射器抽取疱液，或将血疱刺破。局部可用止痛、防腐、促进愈合的外用药，如口腔溃疡散、氯己定溶液含漱等。

【预防】

养成良好的进食习惯，细嚼慢咽，不吃过烫、过硬的食物。

二、创伤性溃疡 Traumatic ulcer

【病因及发病机制】

1. 机械性刺激 残根、残冠、尖锐的牙齿边缘对黏膜的长期慢性刺激会引起创伤性溃疡。溃疡的部位、大小、形状与刺激因素相吻合。因进食不慎咬伤，病损多发生在颊黏膜咬合线处、下唇、舌侧缘等部位。婴幼儿吮吸拇指、橡胶乳头、玩具等刺激翼突沟处黏膜也会引起相应部位的创伤性溃疡。此外，刚萌出的中切牙边缘过于锐利或舌系带过短的婴儿也可因吸吮动作发生舌系带部位的创伤性溃疡。

临床上还可见于无意识咬唇、咬颊等不良习惯造成的自伤性溃疡，以儿童和青少年多见。

2. 化学性灼伤 因接触或者误服强酸、强碱等，或口腔科操作时应用腐蚀性药物（如三氧化二砷、酚醛树脂等）灼伤口腔黏膜而引起。临床也可见到患者自用阿司匹林、维生素 C 等外敷而造成口腔黏膜化学灼伤性溃疡。

3. 温度刺激伤 食用过烫或过冰的食物而伤及口腔黏膜造成创伤性病损。口腔科拔牙等操作局部麻醉后未遵医嘱食用过烫食物或冰激凌等也会造成创伤性溃疡。

【临床表现】

初期可表现为口腔黏膜充血、水肿，患者疼痛不适。创伤因素的持续存在可导致溃疡形成，疼痛加重。

根据引起创伤性溃疡的原因不同，可将其分为以下几种临床类型：

1. 褥疮性溃疡（decubital ulcer） 又称压力性溃疡，是由持久性机械刺激引起的一种口腔黏膜创伤性溃疡，多见于老年人。病损多发生在刺激物邻近部位或与刺激物接触的部位，病损与局部刺激部位相吻合，且外形与刺激物形状相一致。早期表现为黏膜充血、肿胀和疼痛，如及时去除刺激物，则黏膜可恢复正常。若刺激物持续存在，则可形成溃疡，多见于残根、残冠或不良修复体长期刺激黏膜。褥疮性溃疡可深及黏膜下层，中央凹陷，边缘轻度隆起、水肿，被覆灰白色假膜。患者疼痛常不明显（图 8-9）。

2. Bednar 溃疡（Bednar ulcer，Bednar's aphthae） 专指由于吮吸过硬的人工奶头或吸吮手指等所致创伤造成的婴儿硬腭、翼突钩部位的溃疡，病损多为双侧对称性分布。婴儿常哭闹不安。

3. Riga-Fede 溃疡（Riga-Fede ulcer） 专指因过短的舌系带和新萌出的过锐的下中切牙长期摩擦刺激引起的发生于婴幼儿舌系带部位的溃疡。长期治疗则可转变为增生性病变，触之较韧，可影响舌部运动和进食等。患儿常哭闹不止。

4. 自伤性溃疡（factitial ulcer） 好发于活泼好动的青少年或多动症儿童，孤独症儿童也常发生。溃疡常与自伤的部位相吻合，如有咬唇、咬颊、咬舌等不良习惯者，溃疡常发生于对应的唇、颊及舌等部位。病变部位长期慢性溃疡，基底略硬或有肉芽组织增生，患者疼痛可不明显（图 8-10）。

第八章 口腔黏膜溃疡性疾病 119

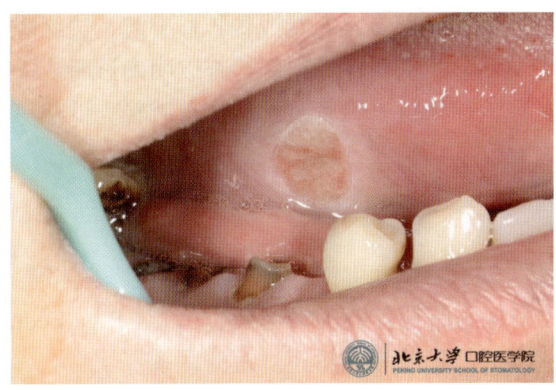

图 8-9 创伤性溃疡（褥疮性溃疡）
（北京大学口腔医学院供图）

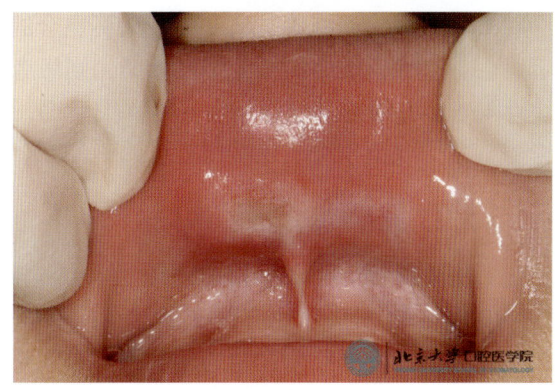

图 8-10 创伤性溃疡（自伤性溃疡）
溃疡位置与自伤习惯（上中切牙咬唇）吻合
（北京大学口腔医学院供图）

此外，癫痫、肌张力障碍等疾病患者也可出现口腔黏膜自伤性溃疡。

5. 化学烧伤性溃疡 是由原发性刺激物所致的接触性口炎，接触物本身是具有强烈刺激性（如强酸、强碱等化学物质）或毒性的化学物质，故此类溃疡又称刺激性接触性口炎（irritant contact stomatitis）。此类溃疡为急性病程，无潜伏期，与化学物质接触的口腔黏膜表面覆盖黄白色假膜（图 8-11）。溃疡多表浅，但患者疼痛明显，停止接触刺激物后，口腔黏膜病损可逐渐消退。

6. 冷、热灼伤性溃疡 有确切的冷、热刺激，溃疡表面覆盖黄白色假膜，患者疼痛明显。

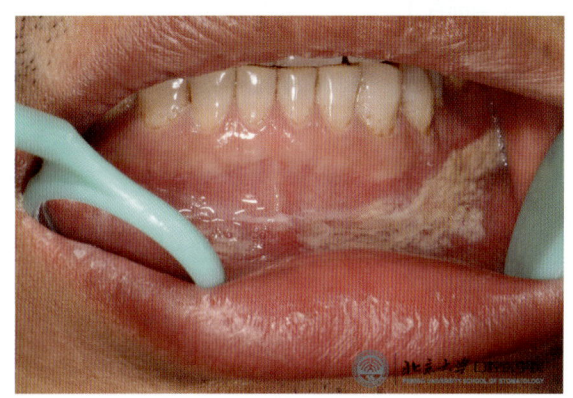

图 8-11 化学烧伤性溃疡
（北京大学口腔医学院供图）

【病理表现】

病理表现为非特异性溃疡，上皮连续性被破坏，表层脱落、坏死，形成凹陷。基底部结缔组织有淋巴细胞、多形核白细胞和浆细胞浸润。

【诊断】

根据较明确的理化刺激因素或自伤性不良习惯等病史，结合典型的临床表现，如溃疡部位往往与机械性刺激相吻合，去除刺激因素后，溃疡可明显好转和较快愈合等特征，易于做出诊断。对溃疡 2~4 周不愈合者应考虑及时活检行病理学检查，以明确诊断。

【鉴别诊断】

去除局部刺激因素后仍长期不愈的深溃疡应与以下特异性溃疡相鉴别：

1. 重型阿弗他溃疡 患者有溃疡反复发作史，但无创伤因素和自伤性不良习惯。同时可伴有口腔黏膜多部位的溃疡。患者溃疡疼痛明显，往往可见溃疡愈合后遗留的瘢痕。

2. 结核性溃疡 患者无明确的创伤因素。溃疡深大，边缘呈鼠噬状，基底可有肉芽组织增生。患者可伴有低热、盗汗、体重减轻等全身症状。活检、结核菌素试验、胸部 X 线、抗结核抗体等检查有助于诊断。

3. 口腔鳞状细胞癌 病变为持久不愈合的深大溃疡，底部有菜花状或颗粒样突起，边缘隆起，触诊基底有硬结。如无继发感染，则患者疼痛不明显，应行活体组织检查以明确诊断。

4. NK-T 细胞淋巴瘤 病变为深大溃疡，对多种治疗抵抗。患者可伴有体重减轻、低热等全身症状。经免疫组织化学检查可明确诊断。

【治疗】

1. 去除刺激因素 这是首要措施，包括拔除残根、残冠，调磨尖锐牙尖，修改不良修复体等。对 Bednar 溃疡患儿应改变婴幼儿的喂养方式（将奶瓶喂养改为汤匙喂食）。对 Riga-Fede 溃疡患儿可调磨下前牙过锐的牙尖，待患儿年龄稍大时酌情手术以矫正过短的舌系带。

2. 局部治疗 以消炎、止痛、促进愈合和预防继发感染为原则。

3. 心理干预 对自伤性溃疡患者应在去除刺激因素和纠正不良习惯的同时给予必要的心理干预与治疗。

【预防】

避免造成口腔黏膜创伤的各种因素，如及时拔除残冠、残根，纠正不良习惯等。口腔科医师应避免口腔操作造成的医源性损伤。

【预后】

创伤性溃疡在去除局部刺激因素后可很快愈合，预后较好。长期存在创伤性刺激因素有诱发癌变的风险。

Summary

Traumatic mucosal hematoma（traumatic bulla）is caused by acute injury of the oral mucosa, usually caused by biting or chewing or a burn from hot food that may produce abrupt sub-epithelial hemorrhages that detach the epithelium and produce a hemorrhagic bulla formation. Differential diagnosis includes pemphigus and thrombocytopenic purpura. The lesion is asymptomatic and usually disappears within 2～3 days without treatment. Warning the patient to chew carefully and avoiding hot food may be a preventative approach.

Traumatic causes of oral ulcerations may be physical, thermal or chemical in nature. Situations also occasionally arise where a patient with psychological problems may deliberately cause ulceration in their mouth（factitial ulcers）. Traumatic ulceration characteristically presents as a single localized deep ulcer as expected from physical injury, an irregular outline. In contrast, chemical irritation may present as a more widespread superficial area of erosion, often with a slough of fibrinous exudate. The cause of a traumatic lesion is often obvious from the history or clinical examination. If a traumatic ulceration is suspected and it is possible to eliminate the cause, such as smoothing of a tooth or repairing a denture or restoration, and if the mouth can be kept clean, healing will result within 7～10 days. The most important differentiation is to distinguish trauma from squamous cell carcinoma. At this point, a biopsy is required to rule out infection or neoplasia.

Definition and Terminology

创伤性血疱（traumatic mucosal hematoma, traumatic bulla, traumatic erythema）is caused by mechanical or thermal injury of the oral mucosa, may produce a hemorrhagic bulla formation, resulting in blue to black lesions of the mucosa.

原发免疫性血小板减少症（primary immune thrombocytopenic，ITP）is an autoimmune disorder characterized by a low platelet count in the absence of an otherwise recognizable cause for the condition. ITP manifests as mucocutaneous bleeding, including petechiae, purpura, and mucosal bleeding.

创伤性溃疡（traumatic ulcer）is an ulcer caused by trauma. It can be attributed to faulty oral hygiene, rough foods, oral habits, poor-fitting dentures or inadvertent mastication or biting of oral tissues. The offending cause may need to be removed by the patient or clinician. After treatment, healing occurs within 2 weeks, to rule out any oral cancer concerns.

Bednar 溃疡（Bednar ulcer，Bednar aphthae）is a symmetric ulceration or excoriation of the posterior hard palate in infants caused by trauma.

Riga-Fede 溃疡（Riga-Fede ulcer，Riga-Fede disease）is an ulceration of the lingual frenum in some infants, caused by abrasion of the frenum or neonatal teeth, also called Fede's disease.

自伤性溃疡（factitial ulcer）is an artificial or self-induced ulcer.

（闫志敏）

第四节　放射性口腔黏膜炎
Radiation-induced Oral Mucositis

放射性口腔黏膜炎（radiation-induced oral mucositis，radiotherapy-induced oral mucositis，RTOM）简称放射性口腔炎，是由射线电离辐射引起的急、慢性口腔黏膜损伤，是头颈部肿瘤接受放射治疗最常见的严重并发症之一。头颈部恶性肿瘤接受放疗患者放射性口腔黏膜炎患病率高达80%以上。

【病因及发病机制】

本病的病因明确，即与射线电离辐射有关。各种电离辐射作用于人体，可引起的组织细胞发生一系列反应和损伤。例如，蛋白质、酶、核酸等高分子有机化合物发生化学键断裂、破坏，分子发生变性，产生大量具有强氧化性的超氧自由基，破坏细胞的正常代谢，导致黏膜上皮正常组织代谢、细胞分布、完整性发生改变，使口腔黏膜上皮萎缩、变薄并形成溃疡，可继发感染，表现为口腔黏膜炎。

放射性口腔黏膜炎的发病机制主要包括以下几个方面：

1. 射线对 DNA 的直接损伤作用　射线对基底细胞及其深层组织可造成直接损伤。

2. 辐射产生的活性氧对细胞的损伤作用　放疗能使机体内的水分子被辐射分解产生活性氧，如过氧化氢自由基、超氧阴离子自由基、羟自由基等，引起机体发生氧化应激反应。

3. 辐射激活的转录因子和炎症因子对细胞损伤的介导作用　辐射能激活抑癌基因 $p53$、核转录因子 NF-κB 等。其中，NF-κB 被认为是与肿瘤治疗的毒性和耐受性最显著相关的因子之一，不仅可促进炎症因子释放，还能使某些具有黏膜毒性效应的基因表达上调，最终导致组织损伤。

4. 放疗过程中病原微生物对口腔黏膜的损伤作用　口腔内的病原微生物对黏膜炎的发展具有推动作用。口腔溃疡出现时，细菌很快在溃疡表面定植，由细菌合成的位于细胞壁上的脂多糖等产物可刺激巨噬细胞产生更多炎症因子，进而加重口腔黏膜的损伤。若不积极防治，则可导致菌血症和败血症。

【发病过程】

有学者提出将放疗、化疗（本章第五节）诱发的口腔黏膜炎的发生、发展过程分为 4 个阶段，并提出临床发生、发展和转归模型。随着研究的进一步深入，该模型被修订为 5 个阶段，这 5 个阶段并不是孤立的，而是相互重叠、相互影响的连续过程。

1. 组织损伤始发期（0~2 天） 上皮层和黏膜下层细胞内 DNA 双链断裂，从而导致基底上皮细胞和黏膜下层细胞发生变性、死亡。同时，氧化应激和活性氧的产生也可直接损伤细胞和组织。在此阶段，虽然口腔黏膜看似正常，但是一系列能引起黏膜层破坏的级联事件已经在黏膜下层开始发生。

2. 损伤反应期（2~3 天） DNA 断裂及脂质过氧化激发的信号转导通路能激活大量转录因子（如 NF-κB 等），导致细胞凋亡和组织损伤。上述过程发生迅速，但组织病理表现是正常的。

3. 信号放大期（2~10 天） TNF-α 等炎症介质进一步释放，使组织损伤加重。此阶段可能有部分黏膜水肿，黏膜开始变薄，可能出现红斑，但大部分黏膜组织还是完整的，患者症状也较轻。

4. 溃疡形成期（10~15 天） 此阶段口腔黏膜的完整性受到破坏，形成溃疡。口腔黏膜损伤从上皮层延伸到黏膜下层。同时，细菌更容易在溃疡面定植。细菌产物可通过刺激巨噬细胞而分泌更多炎症因子，进一步加重炎症反应。这一阶段菌血症和败血症发生概率增高，同时患者感到疼痛，进食也受到影响，严重者甚至需要鼻饲或肠外营养。

5. 愈合期（14~21 天） 在大部分病例中，口腔黏膜炎是放疗过程中的急性反应，治疗结束后都能进行自我修复。如患者无全身并发症，则新生上皮细胞开始增殖和分化，局部正常菌群可重建，使口腔黏膜的完整性逐渐恢复，口腔内的微生物菌群开始重建，白细胞计数逐渐恢复正常。然而，黏膜相关的细胞和组织并不能恢复到最初的状态，若继续抗进行肿瘤治疗，则可使发生黏膜炎的危险性增加。

【临床表现】

放射性口腔损害的程度和过程取决于电离辐射的性质，辐射剂量、时间、面积，照射方法和总疗程等因素。根据病程和临床表现，将射线照射后短时间内发生的黏膜变化称为急性损害，照射结束 3 个月后出现的症状及变化称为慢性损害。

1. 急性放射性口腔炎 一般在照射后第 2 周，当照射剂量达到 10 Gy 左右时即可出现黏膜损伤反应。根据辐射剂量不同，可出现不同程度的黏膜损伤表现。辐射剂量为 10 Gy 时，口腔黏膜发红、水肿；辐射剂量为 20 Gy 时，黏膜充血明显，可出现糜烂、溃疡、假膜、疼痛等，患者可出现唾液腺萎缩导致的口干等症状；辐射剂量为 30 Gy 及以上时，口腔局部体征和症状加重，可出现深大溃疡，并可出现出血、感染等全身表现（图 8-12）。

2. 慢性放射性口腔炎 软腭、口唇、颊黏膜对放射线敏感，患者常在口腔炎基础上并发溃疡。口腔黏膜损伤后，细菌、真菌等微生物的定植可进一步加重局部组织损伤。慢性放射性口腔炎的特征是唾液腺广泛破坏而引起的继发性损害。主要症状包括口腔干燥、味觉异常。主要体征是口腔黏膜广泛萎缩、变薄、充血等（图 8-13）。念珠菌感染为最常见的并发症。同时可见猖獗龋、张口受限等其他并发症。口腔干燥为主要症状，多为不可逆性损害，口干症状可长期存在。

急、慢性放射性口腔黏膜炎可表现为不同的口腔和全身症状（表 8-3）。

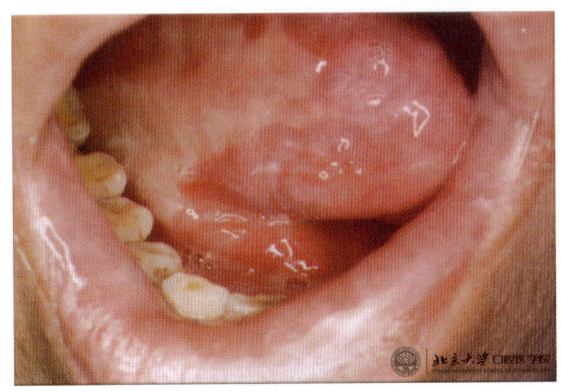

图 8-12　急性放射性口腔炎
舌腹黏膜广泛糜烂
（北京大学口腔医学院供图）

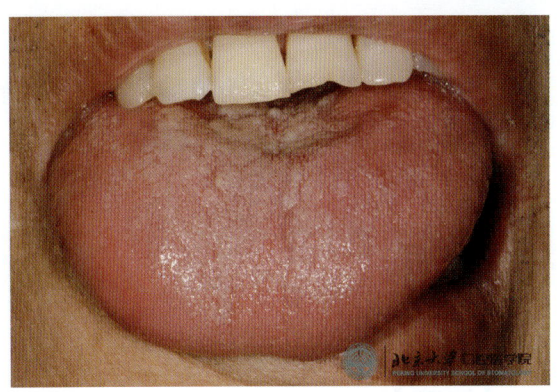

图 8-13　慢性放射性口腔炎
黏膜萎缩、充血，张口受限
（北京大学口腔医学院供图）

表 8-3　急、慢性放射性口腔黏膜炎的临床表现

	症状		体征	
	局部	全身	局部	全身
急性放射性口腔黏膜炎	从口腔黏膜不适感发展至持续难忍的疼痛、口干、口臭	进食困难、发热、头晕、失眠、厌食、脱发等	初始为口腔黏膜红肿，随后出现明显充血、糜烂、溃疡、假膜覆盖，严重者可出现深溃疡	营养不良、体重减轻、继发感染
慢性放射性口腔黏膜炎	口腔干燥、味觉异常	厌食、疲惫、头痛、记忆力减退、失眠等	口腔黏膜广泛萎缩、变薄、充血，萎缩性舌炎，口腔真菌感染等	皮肤干燥、脱发、色素沉着、纤维化等

【诊断】

根据病史和临床表现，即有放射线暴露史并出现急、慢性口腔损害，即可明确诊断。目前有关放射性口腔黏膜炎严重程度的评估，国际上有多个标准，包括世界卫生组织（World Health Organization，WHO）、美国国家癌症研究所通用不良反应术语标准（National Cancer Institute-Common Terminology Criteria for Adverse Events，NCI-CTCAE）、放射治疗肿瘤协作组（Radiation Therapy Oncology Group，RTOG）分级标准、欧洲癌症治疗研究组织（European Organization for Research on Treatment of Cancer，EORTC）等制定的标准，一般以临床症状和体征变化为依据。

WHO 将放射性口腔黏膜炎的严重程度根据黏膜反应分为 4 级 [参照美国国家癌症研究所制定的通用毒性标准（common toxicity criteria，CTC）]，临床症状的严重程度通常与黏膜炎症的严重程度呈正比（表 8-4）。

表 8-4　WHO 放射性口腔黏膜炎的分级

分级	黏膜反应	临床表现
1 级	黏膜充血	轻度疼痛
2 级	片状假膜覆盖，直径 < 1.5 cm，不融合	中度疼痛
3 级	广泛假膜覆盖，融合成片，直径 > 1.5 cm	疼痛严重并影响进食
4 级	黏膜坏死或深溃疡，可自发出血	剧痛，不能进食

【病理表现】

急性放射性损伤表现为组织水肿，毛细血管扩张，黏膜上皮细胞坏死破裂、纤维蛋白渗出。慢性放射线损伤可见黏膜上皮萎缩变薄、连续性破坏，炎症细胞浸润，毛细血管扩张，黏膜下小唾液腺萎缩等改变。

【鉴别诊断】

急性放射性口腔炎应与复发性阿弗他溃疡、过敏性口炎等相鉴别，放射治疗后口干应与干燥综合征等相鉴别，放射线暴露史为主要鉴别依据。

【治疗】

本病尚无特效治疗药物，治疗原则是减轻症状、促进愈合、防治合并感染和减少并发症，以对症治疗为主，全身治疗为辅。治疗方法包括营养支持、疼痛控制、防治继发感染。

1. 急性放射性损害的治疗 可应用消炎、止痛、促进愈合的药物局部治疗。苄达明（benzydamine）含漱液或喷雾剂可常规用于防治放射性口腔黏膜炎。口腔溃疡散、表皮生长因子、溃疡贴膜等可促进病损愈合。对疼痛剧烈者可给予利多卡因凝胶等缓解症状，并酌情使用非甾体抗炎药。

超声雾化吸入疗法是治疗急性放射性口腔黏膜炎的有效方法之一。当含漱给药不能使药液与咽、喉、气管直接接触时，可采用超声雾化吸入给药。该方法作用直接、起效快、用药剂量小，不良反应少。同时，雾化吸入还可借助热的物理作用，减轻口腔黏膜水肿，有效消除炎症反应，解除疼痛，促进溃疡愈合。

合并感染时给予抗菌药物治疗。治疗前需要取口腔黏膜拭子进行细菌、真菌培养及药物敏感试验，指导抗菌药的使用。

有条件者，可使用氧自由基清除剂氨磷汀（amifostine），角质细胞生长因子（keratinocyte growth factor，KGF）和冷却疗法等（详见本章第五节），但仍需要大样本临床研究验证。氨磷汀是一种活性氧（reactive oxygen species，ROS）抑制剂，已经被美国食品药品监督管理局（Food and Drug Administration，FDA）确定为头颈部肿瘤放疗的口腔黏膜保护剂。它可以有效清除ROS，减少放疗所致DNA损伤，还可以保护内皮细胞层、唾液腺和结缔组织，并降低肿瘤患者血液中IL-6、TNF-α的水平。

对于不同严重程度的放射性口腔黏膜炎，国内专家共识推荐治疗方案如下：

1~2级：强烈推荐予以口腔卫生指导及营养支持，用碳酸氢钠溶液及中药漱口。局部使用生长因子类药物等。推荐采用利多卡因漱口剂缓解轻度疼痛，采用吗啡或芬太尼等强阿片类药物治疗中、重度疼痛。不推荐采用抗生素、激素以及全身使用黏膜保护剂。

3级：强烈推荐予以口腔卫生指导及营养支持（包括鼻饲饮食及肠外营养支持，尽可能采用肠内营养），强烈推荐采用利多卡因漱口剂缓解轻度疼痛，采用吗啡或芬太尼等强阿片类药物治疗中、重度疼痛。推荐局部或全身使用抗生素、激素以及口服中药治疗。不推荐全身使用黏膜保护剂。抗感染治疗前需要取口腔黏膜拭子进行细菌、真菌培养及药物敏感试验，指导抗菌药物的使用。如果联合西妥昔单抗治疗，可暂停西妥昔单抗1~2周，直到黏膜反应降至2级以下。

4级：除上述处理外，暂停放疗。如果联合西妥昔单抗治疗/化疗，则应暂停使用西妥昔单抗，直到黏膜反应降至2级以下。

2. 慢性放射性损害的治疗 对口干症状明显者可用人工唾液或促进唾液分泌的药物，如胆碱受体激动剂毛果芸香碱（pilocarpine）或茴三硫（anethol trithione）等。对合并口腔真菌感染患者可局部给予碳酸氢钠溶液、制霉菌素等，必要时可给予全身抗真菌治疗药物。

【预防】

并非所有接受放疗的患者都会出现严重的口腔黏膜炎。放射性口腔黏膜炎危险因素评估有助于评估口腔黏膜炎的发展并及时采取防治措施。口腔黏膜炎的危险因素主要包括治疗相关因素和个体相关因素两方面。

（1）个体相关因素：包括口腔环境、营养状况、肿瘤性质、心理因素、并发症及是否合并糖尿病等。放疗前应嘱患者先到口腔科做详细检查，治疗口腔病灶（如牙龈炎、牙周病、龋齿等）、将金属充填物改为非金属充填物、拆除不良修复体、拔除患牙、保持口腔卫生等，尽量避免对口腔黏膜的不良刺激。

（2）治疗相关因素：口腔黏膜炎的发生及严重程度与放疗的辐射剂量、类型、部位，放疗分隔模式，是否进行化疗以及化疗的剂量和方式等均有关。口腔黏膜炎的严重程度往往随辐射剂量和频率的增加而增加，肿瘤越靠近口腔，发生黏膜炎的危险性越高。血供丰富和更新周期短的组织对射线更敏感，因此，口咽及软腭被照射时较其他部位更容易发生炎症。照射后的口腔黏膜对化疗药物更加敏感，在接受化疗时更易受损。因此，放疗期间要采用改进投照技术、中线分割技术严格控制辐射剂量，采用调强适形放射治疗（intensity modulated radiation therapy，IMRT）调节照射野内剂量强度，减少对口腔黏膜的辐射剂量。将计划靶区（planning target volume，PTV）外口腔黏膜接受的辐射剂量控制在 32 Gy 以下可降低口腔黏膜炎发生率。同时，应注意加强非照射区的防护，降低对正常组织的辐射剂量。此外，同步放、化疗可使急性放射性口腔黏膜炎的出现时间提前，持续时间延长，并可导致 3~4 级急性放射性口腔黏膜炎的发生率增高。化疗和表皮生长因子受体（epidermal growth factor receptor，EGFR）单克隆抗体可能提高黏膜对低剂量射线照射的敏感性，使得联合化疗和 EGFR 单克隆抗体后放射性口腔黏膜炎的严重程度比非调强适形放射治疗更严重。

对放射性口腔黏膜炎可在一定程度上加以预防。预防措施包括非药物预防与药物预防两个方面。

1. 非药物预防 良好的口腔卫生环境及护理是预防放射性口腔黏膜炎的主要措施。应针对患者自身相关因素，建议患者放疗前进行口腔检查并改善口腔卫生。放疗期间密切注意患者口腔黏膜的变化，及时治疗口腔黏膜损害，防治继发感染。嘱患者戒烟、戒酒、多饮水，避免刺激性食物，保持口腔卫生等。同时，嘱放疗后患者使用含氟牙膏，可采用凝胶制剂或人工唾液等润滑口腔。

2. 药物预防 推荐采用碳酸氢钠溶液、盐酸苄达明（推荐将接受放疗辐射剂量为 50 Gy 以上的头颈部肿瘤患者）溶液漱口，或口服双花百合片、口炎清颗粒等中药制剂。目前尚不推荐将粒细胞-巨噬细胞刺激因子、谷氨酰胺及过饱和钙磷酸盐溶液用于预防放射性口腔黏膜炎，也不推荐局部预防性使用抗生素、抗菌肽和激素。

【预后】

如患者无全身并发症，则由于急性放射性口腔黏膜炎大多是限制性毒性反应，所以在放射治疗结束后可自行修复。少数重症患者可能死亡；但慢性放射性口腔黏膜炎所致的口干症状多为不可逆。

Summary

Radiation to the head and neck also affects the oral mucous membranes and produces radiation-induced mucositis. Clinically, it is presented with mucosal erythema, atrophy, necrosis, ulceration, pseudomembrane formation xerostomia, generalized pain and dysfunction. Diagnosis is based on history and clinical appearance. The differential diagnosis includes erythema multiforme, chemotherapy-induceds stomatitis and acute erythematous candidiasis. It improves slowly subsequent to proper topical treatment.

Definition and Terminology

放射性口腔黏膜炎（radiation induced oral mucositis）：Radiation to the head and neck also affects the oral mucous and produces erythema, ulceration, pain and xerostomia.

（闫志敏）

第五节　化疗性口腔黏膜炎
Chemotherapy-induced Oral Mucositis

化疗性口腔黏膜炎（chemotherapy-induced oral mucositis）是指与癌症化学药物治疗相关的口腔黏膜炎，是化疗后最常见的不良反应。据统计，经过造血干细胞移植的患者有75%～100%可发生化疗性口腔黏膜炎，实体瘤接受化疗的患者有5%～40%可发生。严重者可发生败血症等全身并发症，约有2/3化疗患者发生的败血症是由于口腔黏膜炎导致的。

【病因及发病机制】

研究表明，化疗性口腔黏膜炎的发生不仅直接损伤黏膜上皮基底细胞，影响其再生能力，而且是黏膜下层结缔组织和上皮细胞共同受损的结果。同时，化疗药物可通过抑制骨髓造血功能，导致机体免疫力下降，从而继发口腔细菌、病毒或真菌感染。其发病机制主要包括以下几个方面：

1. 化疗药物毒性直接损伤口腔黏膜　口腔被覆黏膜上皮细胞增殖活跃，每7～14天更新再生1次。口腔黏膜因增殖活跃，所以对化疗药物毒性极为敏感，化疗导致的细胞毒作用可直接引起口腔黏膜炎。一般认为化疗药物可抑制口腔黏膜细胞内DNA复制和细胞增生，导致基底细胞更新障碍，引起黏膜萎缩、胶原断裂，从而导致口腔黏膜炎的发生。

2. 氧自由基损伤　目前认为氧自由基（oxygen derived free radicals，OFRs）是导致口腔炎的重要致病环节。实验研究表明，OFRs可能是通过攻击上皮细胞内的一些重要酶类以及使结缔组织中的蛋白分解而造成组织损伤，引起口腔黏膜组织炎症性损害；损伤微血管内皮细胞、抑制微血管的运动功能而引起微循环障碍，导致黏膜损伤，引起炎症性病理损害或激活炎性介质的合成及释放。

3. 骨髓抑制和病原微生物感染　所有化疗药物在抑制和杀灭肿瘤细胞的同时，也抑制正常骨髓的造血功能，白细胞尤其是中性粒细胞被大量杀伤，造成粒细胞减少和功能异常，使机体免疫功能受到抑制，细菌易于侵入，造成口腔感染。

化疗性口腔黏膜炎的发生是一个复杂的生物学过程，基本同放射性口腔黏膜炎（详见本章第四节）。

此外，化疗性口腔黏膜炎的发生率及严重程度与化疗药物的种类、剂量及给药方案有关。常规化疗后，黏膜炎发病率约为40%，而大剂量化疗或持续化疗后，黏膜炎发病率高达76%，若联合放疗，则有90%的以上患者可发生黏膜炎。表柔比星、甲氨蝶呤、阿糖胞苷、氟尿嘧啶等是引起化疗性口腔黏膜炎的常见药物，5-氟尿嘧啶持续静脉滴注、卡培他滨口服等给药途径也可使口腔黏膜炎发病率增高。

【临床表现】

本病多发生在舌尖部、舌边缘、两侧颊部、口唇内侧和咽部等处黏膜。舌、颊、唇为不角化或角化不全的上皮组织，表面无角化黏膜的保护，易发生口腔炎，而咀嚼黏膜（如硬腭、牙龈黏膜）表面有角化黏膜保护，受累较少，但受损严重及感染时则可全部累及。

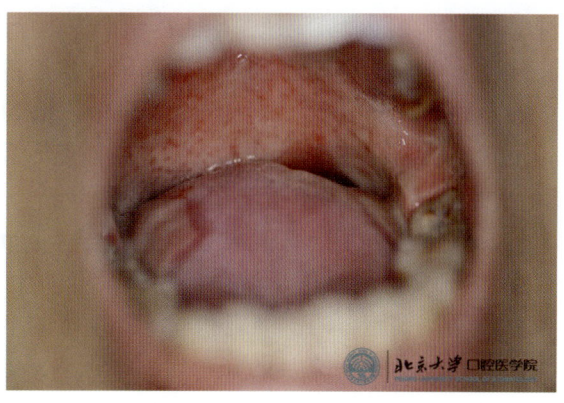

图 8-14　化疗性口腔黏膜炎
软腭黏膜、舌背糜烂
（北京大学口腔医学院供图）

临床最初表现为口腔黏膜充血、发红，疼痛；之后出现糜烂，有假膜被覆，疼痛严重，影响进食和说话（图8-14）。病情严重者出现口腔黏膜广泛糜烂，疼痛剧烈，不能进食，需要静脉补液、肠外营养或肠内营养支持。继发细菌和念珠菌感染可使原有症状加重，严重者可发生败血症等全身并发症。

【诊断】

根据病史和临床表现可作出诊断。同时，应根据临床症状和体征对口腔黏膜炎的严重程度进行评估，评估内容包括口腔黏膜炎的分类、分级、发生时间、部位、微生物监测情况及白细胞计数、粒细胞数量等。国内外采用多种方法对口腔黏膜炎进行分级评估。最早有世界卫生组织（WHO）的分级标准，将化疗性口腔黏膜炎分为4级（表8-5）。

表 8-5　化疗性口腔黏膜炎的分级（WHO）

分级	病理及临床表现
Ⅰ级	无痛性糜烂、充血，或仅有轻度疼痛
Ⅱ级	充血、水肿或糜烂，有疼痛，但可以进食
Ⅲ级	充血、水肿或糜烂，疼痛剧烈，疼痛影响进食，需要静脉补液
Ⅳ级	大面积糜烂、剧烈疼痛，不能进食，需行肠外营养或肠内营养支持

此外，头颈部肿瘤患者可能同时接受化疗和放疗，这些患者口腔黏膜发生的急性反应更严重，约60%的患者可发生Ⅲ级或Ⅳ级黏膜毒性反应。

【治疗】

早期对口腔黏膜炎进行正确评估，及时发现口腔黏膜的细微变化，并及时给予口腔护理，是促进口腔黏膜炎愈合、提高护理水平、提高患者生存率的关键。

根据口腔黏膜炎的严重程度，局部治疗以对症治疗为主，以消炎、止痛、促进愈合和预防继发感染为原则，可给予漱口剂以及外用消炎止痛膏剂、散剂、凝胶等；对Ⅲ级和Ⅳ级口腔黏膜炎严重影响进食者，可给予静脉补液、肠外营养或肠内营养支持。近年来随着对化疗性口腔黏膜炎研究的深入，临床上陆续研发出了一些新型治疗药物。

1. 冷却疗法（cryotherapy）　研究证实，冷却疗法对于短期化疗引起的口腔黏膜炎是有效的。在治疗前、治疗期间和治疗后6小时分别嘱患者含冰棒或冰水30 min，可促使口腔黏膜血管收缩、减缓血液流速，从而达到预防化疗性口腔黏膜炎的效果，并且治疗费用低，患者易于接受。癌症支持治疗多国协会和国际口腔肿瘤学会（Multinational Association of Supportive Care in Cancer/International Society of Oral Oncology，MASCC/ISOO）推荐将冷却疗法用于接受单剂量5-氟尿嘧啶化疗的成人实体肿瘤患者和造血干细胞移植前接受大剂量美法仑治疗的患者，可显著降低严重口腔黏膜炎的发生率。

2. 粒细胞-巨噬细胞集落刺激因子（granulocyte macrophage colony-stimulating factor，GM-CSF） 是最早用于治疗口腔黏膜炎的生长因子，它可以促进中性粒细胞的产生，还可以促进角质细胞、内皮细胞和成纤维细胞的增殖、分化。但对其能否减少黏膜炎的发生和缩短治疗时间尚缺乏充足的临床研究证据。2004年美国FDA批准的一种成纤维细胞生长因子（fibroblast growth factor，FGF）——帕利夫明（palifermin）成为第一个治疗口腔黏膜炎的药物推荐用于自体造血干细胞移植后接受高剂量化疗和全身放疗的患者。此外，成纤维细胞生长因子超家族中的维拉夫明（FGF-20）和角质化生长因子雷匹夫明（repifermin）也有与KGF-1类似的疗效。

3. 低能量激光疗法（low-level laser therapy，LLLT） 早在10余年前即被提出可用于预防或减轻口腔黏膜炎，近年来研究发现，低能量激光的运用能降低黏膜炎的严重程度，亦能缩短严重黏膜炎的持续时间。其治疗机制可能是激光对线粒体或活性氧的影响为黏膜提供了保护。MASCC/ISOO推荐对接受造血干细胞移植的大剂量化疗患者使用低能量激光疗法预防口腔黏膜炎，推荐对没有接受同步化疗的头颈部放疗患者使用低能量激光疗法预防口腔黏膜炎。

4. 谷氨酰胺 是一种初级能量来源，亦是快速增殖细胞（如肠细胞、成纤维细胞、淋巴细胞和巨噬细胞）核苷酸生物合成的基本前体，其代谢底物谷胱甘肽可表现出抗氧化性，是前列腺素E_2拮抗剂。因此，谷氨酸可有助于减轻由辐射引起的黏膜损伤，起到抑制炎症反应的作用。临床研究表明，谷氨酰胺能降低口腔黏膜炎的发生率和严重程度。2020年MASCC/ISOO指南推荐口服谷氨酰胺仅用于预防头颈部肿瘤接受放化疗联合治疗患者发生的口腔黏膜炎。

5. 超氧化物歧化酶 GC4419是一种超氧化物歧化酶模拟物，可将超氧化物转化为过氧化氢，从而阻碍级联反应。目前Ⅱb期临床试验表明，GC4419能将显著缩短严重口腔黏膜炎的持续时间并降低其发病率，有望在未来应用于临床。

【预防】

研究表明，中国人群化疗性口腔黏膜炎的发生与口腔环境及口腔卫生习惯、义齿佩戴、口腔pH值降低、吸烟状况等相关，MASCC/ISOO专家共识提出重在预防。

1. 化疗前治疗口腔基础疾病 化疗开始前，应进行口腔检查和必要的口腔治疗，如牙周治疗、拔除不能保留的残根等，待创口愈合7～10天后开始化疗。

2. 保持口腔卫生 使用软毛牙刷刷牙，鼓励患者多饮水，经常用清水或生理盐水漱口，机械性清除口腔内的残渣，湿润并润滑口腔黏膜。建议使用碳酸氢钠溶液、氯己定溶液等漱口，调节口腔pH值和预防继发感染。

3. 化疗期间使用冰块降低口腔黏膜温度 造成短暂的血管收缩，从而使到达口腔黏膜的化疗药物减少，降低口腔黏膜炎的发生率。

4. 饮食指导 日常饮食应增加高蛋白质食物的摄入量，进食多汁的食物以促进口腔黏膜的新陈代谢。戒烟、戒酒，避免进食粗糙、坚硬、带骨刺、辛辣刺激食物。避免进食过热的食物。

5. 化疗药物使用注意事项 如应用甲酰四氢叶酸预防甲氨蝶呤所致的口腔黏膜炎；口服别嘌呤醇抑制5-氟尿嘧啶转变为单磷酸氟胞嘧啶，通过改变化疗药物在黏膜中的转运和排泄降低毒性；在多柔比星与紫杉醇联合化疗时改变化疗药物的使用顺序，先用多柔比星，再用紫杉醇，以减轻口腔黏膜炎的严重程度等。

【预后】

若无全身并发症，本病随治疗结束多可自行修复。

Summary

Oral mucositis is a common complication of chemotherapy. It begins 5～10 days after the initiation of chemotherapy and lasts for 7 to 14 days. Chemotherapy-induced oral mucositis causes mucosal atrophy and ulcerations. Patients typically experience pain and difficulty in eating, drinking and speaking. The diagnosis of chemotherapy-induced oral mucositis is based on clinical findings and the chronology of the development of lesions. The approaches to manage oral mucositis include oral debridement, topical pain management and prophylaxis, such as cryotherapy and palifermin (keratinocyte growth factor).

Definition and terminology

口腔黏膜炎（oral mucositis）：is an inflammation and ulceration of the mouth mucosa with erythema and pseudomembrane formation. This condition is a frequent and painful debilitating effect as a result from radiotherapy and chemotherapy for cancer.

（闫志敏）

第六节　莱特尔综合征
Reiter Syndrome

莱特尔综合征（Reiter syndrome，RS）是以关节炎、尿道炎和结膜炎三联征为临床特征的一种特殊类型的反应性关节炎，常表现为急性关节炎并且伴有独特的关节外皮肤黏膜症状，属于自身免疫病。1916年Reiter首先对本病出现关节炎、非淋球菌性尿道炎和结膜炎三联征进行描述。本病多见于青年男性，国外发病率为0.06%～1%，国内尚无流行病学调查研究报道。

本病主要发生于15～30岁的男性，以突发严重的急性大关节炎和韧带、肌腱附着点炎症为最典型的特征。典型病例先出现尿道炎，然后相继出现结膜炎、关节炎。除出现典型的关节炎、尿道炎和结膜炎三联征外，口腔溃疡、口腔炎、龟头炎、皮疹、宫颈炎等皮肤黏膜病变也是常见的临床表现。

【病因】

本病的病因不明。流行病学调查发现，本病常发生于尿道或肠道感染之后，而且80%的患者白细胞抗原（HLA-B27）呈阳性，因此本病可能与微生物感染和遗传有关。

从病因学角度可将本病分为性传播型和痢疾型两种。前者主要见于20～40岁男性，发病前患者有尿道炎病史，主要由沙眼衣原体、解脲支原体（T株支原体）等非淋球菌性致病菌引起，此型患者占绝大多数。后者在肠道细菌感染后发生，导致肠道感染菌多为革兰氏阴性杆菌，包括福氏志贺菌、沙门菌、耶尔森菌、大肠埃希菌、芽孢杆菌等。1987年Winchester首先报道了人类免疫缺陷病毒（human immunodeficiency virus，HIV）感染者发生RS的情况，此后 HIV 与 RS 的关系得到重视。HIV 感染者并发的风湿性疾病中，RS 较为常见。

病原微生物感染引起 RS 的可能机制是：支原体、衣原体等细胞内病原体进入机体细胞进行繁殖，导致宿主细胞破裂、死亡，并释放更多病原体，从而引起机体产生细胞免疫和体液免疫反应。其中 $CD8^+$ T 细胞可能发挥了重要作用。

【临床表现】

本病初发多见于 15～35 岁男性。在 HLA-B27 阳性患者及晚期艾滋病患者中，RS 发病率分别达到 20% 和 11.2%。患者通常在感染尿道炎或肠炎 3～4 周后突发急性关节炎，此后陆续出现皮肤黏膜症状，2 周内达高峰，1/3 的患者 2～4 个月后自行缓解，1/4 的患者病情持续 1 年以上。50% 以上的患者可能复发。

1. 全身症状　常突出。如在感染后数周出现发热、体重减轻、极度倦怠和明显出汗。热型为中热至高热，每次有 1～2 个高峰，多不受退热药物影响，通常持续 10～40 天才自发缓解。

2. 主要症状（major clinical features）　即关节炎、尿道炎和结膜炎三联征。

（1）关节炎：发病率最高，几乎 100% 的患者均可发生关节炎。以关节软骨、关节间隙改变、关节腔积液为主要表现。病变主要侵犯负重大关节（如膝关节），踝关节次之，5% 的患者病变仅累及上肢，20% 的患者上、下肢同时受累。25% 的患者病变累及颞下颌关节，出现反复发作的颞下颌关节疼痛、肿胀和（或）僵硬。

（2）尿道炎：68% 的患者以尿道炎为首发症状，以性传播型为主。患者有尿频、尿痛等症状，晨起排尿前用手挤压阴茎根部向前至尿道口，可见黄白色尿道分泌物，偶尔可见血性分泌物。尿道口可见黏膜充血、水肿、红斑、溃疡。女性患者可表现为无症状或症状轻微的膀胱炎和宫颈炎，有少量阴道分泌物或排尿困难。

（3）结膜炎：43% 的患者可发生结膜炎，表现为结膜炎、虹膜炎、角膜溃疡等。患者有轻度灼热、发痒、沙粒感。

3. 其他症状（other clinical features）

（1）口腔黏膜溃疡：疾病早期，患者可出现一过性口腔浅表溃疡，多为无痛性溃疡，发生于不同部位的表现亦有差别。

1）硬腭：呈剥脱性红斑样改变，伴浅表溃疡，病损直径为数毫米至数厘米大小。

2）颊、软腭、舌根：溃疡边界清楚，呈片状分布，亦可表现为广泛的口腔炎，症状轻微，有刺痛或不适感。

（2）龟头炎：可以是初始症状，表现为位于龟头、冠状沟、包皮的浅表性溃疡，呈漩涡状排列，称为环状龟头炎（balanitis circinata），对诊断有帮助。龟头炎也可表现为潮湿的红疹或干燥的结痂，无痛，愈合后不留瘢痕。

（3）脓溢性皮肤角化病（keratodermia blennorrhagica）：好发于躯干、四肢、阴囊、头皮、手掌、臀部、关节伸侧或足趾部，表现为粟粒大小密集的小脓疱，表面有鳞屑，患者有痒感，搔抓破溃后有渗出液和糜烂，脓疱干涸后结痂。

（4）其他并发症：本病患者可并发心包炎、周围神经炎、神经根炎、偏瘫、脑膜炎、胸膜炎、肺炎、淋巴结病变、食管多发性溃疡、前列腺炎、宫颈炎、阴道炎等多脏器炎症，后果严重。

【病理表现】

关节滑膜切片可见衬里细胞轻到中度增厚、血管增生、充血，血管周围有炎症细胞浸润，间质组织脂肪细胞被纤维组织和肉芽组织代替。关节液涂片可见到莱特尔细胞（Reiter's cell），表现为吞噬了中性粒细胞的单核细胞，被吞噬的细胞死亡，胞核退化浓缩成碎片，Wright 染色呈深蓝色，但以上病理变化均不具有特异性。

【诊断】

诊断主要依靠病史及临床表现，缺乏特异性实验室诊断指标。

根据1981年美国风湿病学会制定的RS诊断标准，对于关节炎、尿道炎、结膜炎三联征均出现的患者，可以诊断为完全型RS。如果上述症状不全，外周关节炎持续1个月以上，同时合并尿道炎或宫颈炎，则可以诊断为不完全型RS。

实验室检查：急性期患者可有白细胞计数增高，红细胞沉降率增快，C反应蛋白增高；慢性期患者可出现轻度正细胞性贫血，补体水平可以增高。HLA-B27抗原呈阳性对本病的诊断有一定帮助。此外，10%的患者在疾病早期X线检查可显示有骶髂关节炎表现。

【鉴别诊断】

1. 白塞病 白塞病的生殖器表现为疼痛性溃疡，患者通常不发生尿道炎。此外，患者还伴有口腔溃疡反复发作，可出现皮肤针刺试验阳性。RS患者口腔溃疡小，疼痛不明显，溃疡常融合成片，无反复发作史。除口腔溃疡外，患者还有前期发作的大关节炎症及环状龟头炎表现。

2. 银屑病 脓溢性皮肤角化病是RS的特征性皮肤表现，易与银屑病混淆。银屑病很少累及结膜。

【治疗】

本病尚无根治方法，以对症治疗为主。如能及时诊断和合理治疗，可以控制症状和改善预后。全身可使用非甾体抗炎药缓解关节肿胀和疼痛，对症状不能缓解的患者可短期使用糖皮质激素或柳氮磺吡啶等免疫抑制剂。对急性期患者主张给予广谱抗菌药治疗。

口腔与生殖器黏膜溃疡多能自行缓解，必要时可选用局部抗感染药物，以防止继发感染；眼部炎症可选用抗生素或糖皮质激素滴眼液治疗。

【预后】

莱特尔综合征的自然病程多种多样，可能与感染的特殊微生物和宿主因素（包括HLA-B27阳性）有关。大部分患者关节炎可持续数周甚至更长时间，少数患者可反复发作而致残。本病具有自限性，但有复发倾向。

Summary

Reiter's syndrome (RS) is a form of arthritis that affects the eyes, urethra, skin and joints. The disease may be acute or chronic, with spontaneous remissions or recurrences. RS primarily affects males around the age of 30. The cause of RS is unknown, which were considered by a combination of genetic vulnerability and various disease agents.

The initial symptoms of RS are inflammation either of the urethra or the intestines, followed by acute arthritis. Arthritis usually affects the weight-bearing joints in the legs. Other symptoms include: inflammation of the urethra, oral ulcers, conjunctivitis, keratoderma blennorrhagica. There is no specific treatment for RS. Symptomatic treatment may be useful.

Definition and Terminology

莱特尔综合征（Reiter's syndrome）: is an autoimmune disorder with the combination of three symptoms: inflammatory arthritis of large joints, inflammation of the eyes (conjunctivitis and uveitis), and urethritis. It is named after Hans Reiter, a German military physician, who in 1916 described the disease in a World War I soldier who had recovered from a bout of diarrhea.

（刘晓松　闫志敏）

第九章 口腔斑纹类疾病

Reticular and Plaque-Like Lesions of the Oral Mucosa

数字资源

第一节　口腔扁平苔藓
Oral Lichen Planus

口腔扁平苔藓（oral lichen planus，OLP）是一种常见的口腔黏膜慢性炎症性疾病，其病因及发病机制尚不明确。OLP 的病情常为慢性迁延性，经久不愈，部分病例可发生癌变，WHO 将其列为口腔潜在恶性疾病（oral potentially malignant disorders）。

案例 9-1

女，47 岁。主诉：双颊溃烂 2 个月。患者双颊发生溃烂 2 个月，疼痛明显，进食辛辣食物时疼痛加重，未经治疗。患者否认全身系统性疾病及过敏史。

临床检查：患者双颊大面积不规则糜烂，表面被覆黄色假膜，周围有白色网纹。

诊断：口腔扁平苔藓。

治疗方案：

（一）局部用药

复方硼砂溶液，按 1∶5 的比例稀释后含漱，每天 2～3 次；曲安奈德口腔软膏，涂敷患处，每天 3 次。

（二）全身用药

（三）物理治疗。微波或低能量激光辅助治疗，羟氯喹 100 mg，每天 2 次。醋酸泼尼松片，晨起口服，每次 20 mg，每天 1 次，1～2 周为 1 个疗程；康复新液，含服，每次 10 ml，每天 3 次。

（四）嘱患者忌辛辣、刺激性食物。

思考题：

1. 该病例的诊断依据是什么？
2. 该病的基本治疗原则是什么？

【流行病学】

OLP 的全球患病率为 0.1%～4%。2019 年最新系统综述显示，OLP 的恶性转化率为 0.8%～1.5%，男女均可发病，女性多于男性。发病年龄不限，以 30～60 岁年龄段多见。本病的病程可持续数年以上，呈慢性迁延性，易反复发作，也可有较长的间歇期。

【病因及发病机制】

OLP 的病因及发病机制尚不明确，可能与免疫、遗传、精神心理、微生物等多种因素有关。其中，T 细胞介导的免疫反应在本病的发生、发展过程中发挥重要作用。

（一）免疫因素

大量研究已证实，OLP 与 T 细胞介导的免疫应答有关。OLP 的典型病理表现为上皮下 T 淋巴细胞呈带状浸润和基底细胞液化、变性。OLP 的免疫学发病机制主要包括抗原提呈，T 细胞的活化、增殖、迁移，以及角质形成细胞的凋亡。树突状细胞（dendritic cell，DC）可识别 OLP 病损局部的外来抗原或自身抗原，通过 MHC-Ⅱ类分子提呈给 $CD4^+$ T 细胞，激活其分泌 Th1 型细胞因子 IL-2 和 IFN-γ 等，与角质形成细胞上的 MHC-Ⅰ类抗原肽复合物共同激活 $CD8^+$ 细胞毒性 T 细胞，进而介导角质形成细胞的凋亡。$CD4^+$ T 细胞作为免疫反应和炎症发生过程中的重要调节细胞，在 OLP 的发病机制中起着重要的作用。研究证实，OLP 患者血清、病损组织、病损组织渗出液以及唾液中存在 Th1/Th2 细胞以及 Treg/Th17 细胞的失衡。在 OLP 患者的外周血和病损组织中，$IL-17^+$ 细胞数量增加，IL-17 的表达水平上调，且糜烂型 OLP 患者中 $IL-17^+$ 细胞的数量显著高于斑纹型患者。在 OLP 患者外周血中 Treg 细胞数量明显增加，OLP 病损区 $FOXP3^+$ Treg 细胞也显著增加，且糜烂型 OLP 患者病损区 $FOXP3^+$ Treg 细胞数量明显少于斑纹型 OLP 患者。此外，有研究发现在 OLP 患者中存在滤泡辅助性 T 细胞（helper T cell，Th cell）的异常表达。

（二）遗传因素

国内外研究显示，OLP 可呈家族聚集性发病。研究显示，OLP 患者 HLA 抗原的 *B27*、*B51*、*Bw57*、*DQ1*、*DR2*、*DR3*、*DR6* 和 *DR9* 等位基因频率异常。此外，OLP 的发病可能与 IFN-γ、TNF-α 等细胞因子的基因多态性有关。

（三）精神心理因素

患者在家庭、工作、个人生活等方面经历精神创伤、承受过较大心理压力，由此产生的紧张、焦虑、抑郁等情绪可促使 OLP 的发病，加重病情，并导致反复发作。对这类患者进行心理辅导，鼓励其进行自我身心调节后，患者病情常可缓解。

（四）微生物因素

在 OLP 病损处相继发现 HSV-1、EBV、巨细胞病毒（cytomegalovirus，CMV）、人类疱疹病毒 6 型（human herpes virus，HHV-6）6 型、HHV-7、人乳头瘤病毒（human papillomavirus，HPV）、丙型肝炎病毒（hepatitis C virus，HCV）等多种病原微生物。HCV 相关性 OLP 的发病机制尚不清楚，但有研究提出，HCV 可能通过改变上皮细胞抗原性或 HCV 与上皮细胞抗原决定簇的交叉反应，导致免疫损伤。

（五）其他因素

系统性疾病、内分泌失调、微量元素异常、微循环障碍等因素也可能与 OLP 的发生、发展有关。

【临床表现】

（一）口腔黏膜表现

1. 临床表现 OLP 病损表现为灰白色丘疹组成细的角化条纹，称为 Wickham 纹。角化条纹互相交织形成网状、环状、条状、斑块状等多种形态，周围可伴有充血、糜烂、萎缩和水疱等表现。OLP 病损可发生在口腔黏膜的任何部位，包括唇、颊、舌、腭、牙龈、口底、前庭沟，多呈对称性分布。在口腔黏膜上可同时出现多种病损表现，相互重叠、相互转变，如网状病损可转变为斑块状病损，萎缩型可转变为糜烂型，病程较长的网纹型病损可转变成不规则形状的棕褐色或暗紫色色素沉着。OLP 患者可无自觉症状，或有粗糙发涩感、进食辛辣和过热食物后灼痛感、张口牵拉感、口干等不适。病情加重时，疼痛可加剧。

2. 病损形态分型

（1）网纹型（reticulate type）：是 OLP 病损的典型表现，由灰白色条纹相互交织成树枝状、环状或网状，可发生于口腔任何部位，以颊部最多见（图 9-1）。

（2）斑块型（plaque-like type）：病损表现为珠光白色斑块，形状不规则，多见于舌背。病损区舌乳头萎缩或消失，应与舌白斑相鉴别（图 9-2）。

（3）丘疹型（papular type）：丘疹形如针头，呈灰白色，略高出于黏膜表面，散在或成簇分布，周边可伴有白色条纹（图 9-3）。

（4）水疱型（vesicular type）：水疱为透明或半透明，周围伴有斑纹，可发生于唇、颊、前庭沟、翼下颌韧带及软腭等部位（图 9-4）。

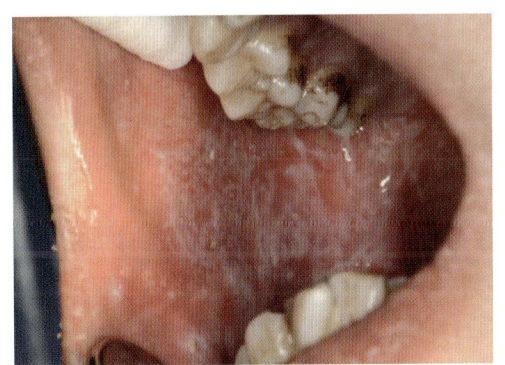

图 9-1　网纹型口腔扁平苔藓
颊黏膜广泛白色网纹
（武汉大学口腔医学院供图）

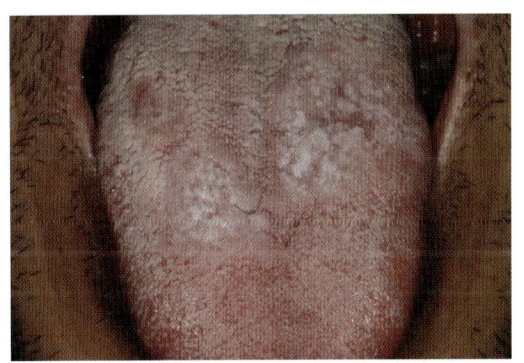

图 9-2　斑块型口腔扁平苔藓
舌背珠光白色斑片
（武汉大学口腔医学院供图）

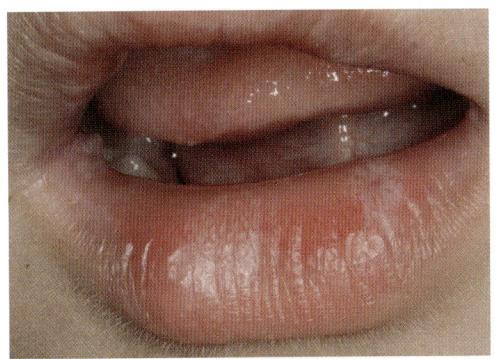

图 9-3　丘疹型口腔扁平苔藓
下唇白色丘疹
（武汉大学口腔医学院供图）

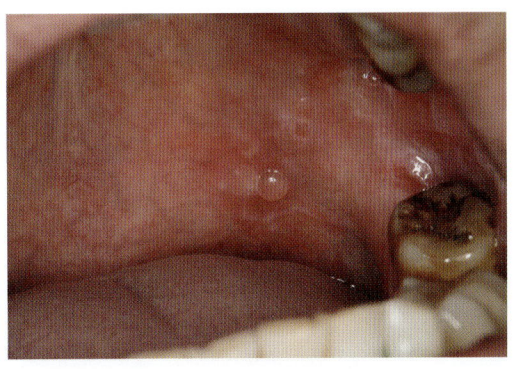

图 9-4　水疱型口腔扁平苔藓
软腭水疱，周围有白色网纹
（武汉大学口腔医学院供图）

（5）萎缩型（atrophic type）：上皮萎缩、变薄，常伴有充血性发红，周围有灰白色网纹，多发生于牙龈、颊、舌背等部位（图9-5）。患者可有灼热感、刺激性疼痛等症状。

（6）糜烂型（erosive type）：糜烂病损形状不规则，被覆淡黄色假膜，边缘充血、发红，周围伴有灰白色网纹（图9-6），常发生于颊、唇、舌背、舌腹、前庭沟等部位，疼痛明显。

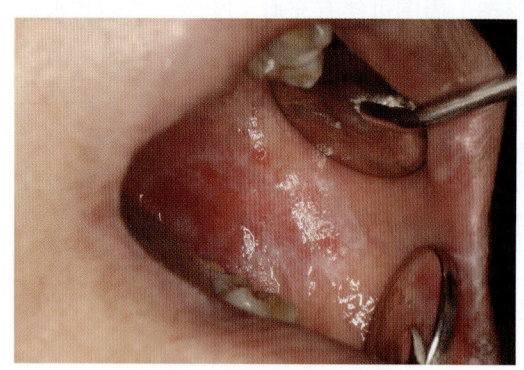

图 9-5　萎缩型口腔扁平苔藓
颊黏膜充血，周围有白色网纹
（武汉大学口腔医学院供图）

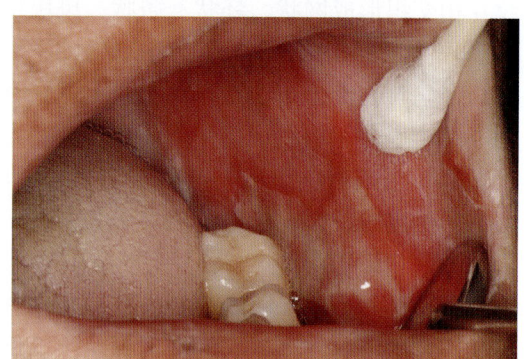

图 9-6　糜烂型口腔扁平苔藓
颊黏膜糜烂，周围有白色网纹
（武汉大学口腔医学院供图）

陈旧性病损呈暗褐色色素沉着，深浅不一，表面平滑，形状不规则。该色素沉着可能是OLP愈合或静止的表现。

3. 不同部位的病损特征

（1）颊部：颊黏膜是OLP最常见的发病部位。病损多为双侧对称发生，单侧发生者较少见。病损形态多样，以灰白色网纹多见。

（2）舌：舌也是OLP的好发部位，仅次于颊部。病损多发生在舌前2/3区域，包括舌背、舌尖、舌缘和舌腹。舌背部病损多为白色斑片或斑块，病损区常有舌乳头萎缩，上皮变薄，红亮、光滑。舌腹部病损多呈网状或条状白色条纹，为单侧或双侧对称发生。患者舌腹及舌缘长期充血、糜烂并伴有自发疼痛，应注意观察，及时进行活体组织检查，警惕癌变的发生。

（3）唇：下唇多见，多呈灰白色网纹，可累及部分或整个唇红，但不会超出唇红缘而涉及皮肤（图9-7），此特征可与下唇盘状红斑狼疮相鉴别。病损可伴有糠秕状鳞屑，有时条纹模糊不清，用水涂擦后透明度增加，网纹清晰度增高。唇红黏膜糜烂时可伴出血、结痂。唇部陈旧性病损可沿唇红-皮肤交界处形成带状色素沉着斑。

（4）牙龈：常充血、红肿，似剥脱性龈炎样表现，周围可见灰白色条纹（图9-8），应与扁平苔藓样类天疱疮、黏膜类天疱疮等疾病相鉴别。

（5）腭：硬腭病损多由龈缘或缺牙区黏膜蔓延而来，中央萎缩、发红，边缘色白隆起。

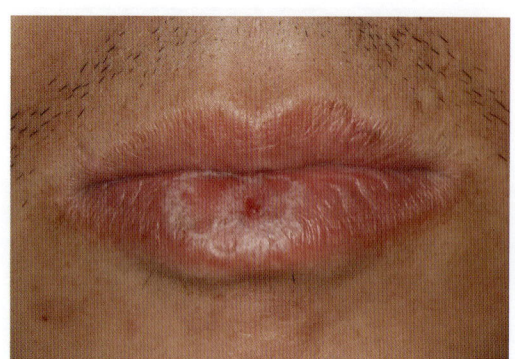

图 9-7　口腔扁平苔藓下唇病损
下唇唇红有白色网纹伴糜烂
（武汉大学口腔医学院供图）

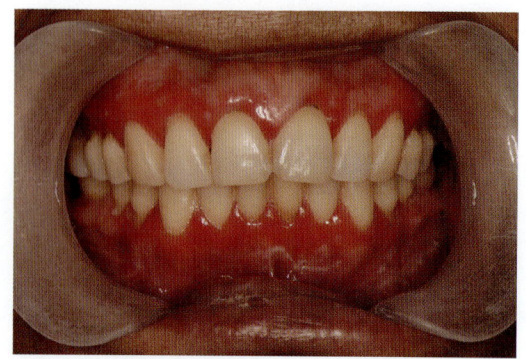

图 9-8　口腔扁平苔藓牙龈病损
牙龈充血，周围有白色条纹
（武汉大学口腔医学院供图）

软腭病损呈灰白色网纹，可有萎缩、充血或水疱，多无糜烂。

4. 临床分型及疾病严重程度评估

临床上可将OLP分类简化为斑纹型、萎缩型和糜烂型，或分为糜烂型或非糜烂型。根据上述分型进行RAE（RAE Scoring System）计分，以评估病情的严重程度。具体计分方法见表9-1。该评估系统目前在国内应用尚不普遍，为达到诊疗规范化及精准化，建议在诊断时对病情严重情况进行评估。

表9-1 口腔扁平苔藓RAE计分系统

临床表现	网纹（R）	萎缩（A）	糜烂（E）
计分	0 = 无白色网纹	0 = 无萎缩	0 = 无糜烂
	1 = 有白色网纹	1 = 萎缩面积 < 1 cm²	1 = 糜烂面积 < 1 cm²
		2 = 萎缩面积为 1～3 cm²	2 = 糜烂面积为 1～3 cm²
		3 = 萎缩面积 > 3 cm²	3 = 糜烂面积 > 3 cm²
合计	ΣR + Σ（A×1.5）+ Σ（E×2.0）		

口腔部位划分为：左颊、右颊、舌背、舌腹、口底、硬腭、软腭/扁桃体弓、上颌牙龈、下颌牙龈、上下唇十个部位

（二）其他部位表现

1. 皮肤 典型的皮肤病损为紫红色或暗红色多角形扁平丘疹，略高出皮肤表面，具有蜡样光泽，被覆鳞屑或痂皮，边界清楚，周围伴灰白色细纹，即Wickham纹，触之稍韧。若将石蜡涂于丘疹表面，则可见清晰的Wickham纹。病损呈绿豆或黄豆大小，散在或融合，伴瘙痒，多为左右两侧对称，主要分布在四肢屈侧，尤其是踝部和腕部，也可见于皮肤其他部位。皮损痊愈后可遗留褐色色素沉着（图9-9）。病损累及头皮时，可破坏毛囊，毛囊周围出现红斑和毛囊角质栓，可致永久性脱发。

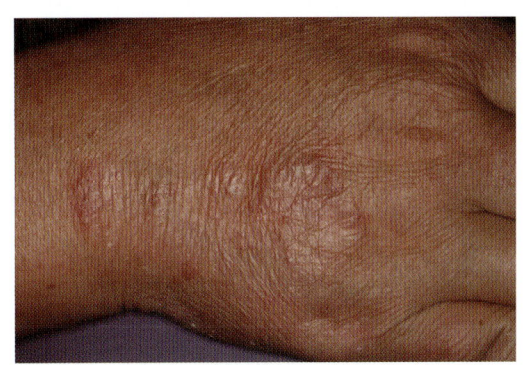

图9-9 扁平苔藓皮肤病损
手背部皮肤紫红色多角形扁平丘疹
（武汉大学口腔医学院供图）

2. 生殖器 表现为阴囊、龟头等处不规则的灰白色环状花纹，严重时可发生充血、糜烂（图9-10），伴有灼热感及疼痛。

3. 指（趾）甲 表现为甲床变薄、无光泽，甲板起皱呈纵嵴状，甲板末端边缘裂开。也可出现甲板纵裂，甲下过度角化甚至甲板消失（图9-11）。也可表现为甲翼状胬肉，即甲背起皱向上生长，可与邻近甲床融合。指甲比趾甲更易受累。

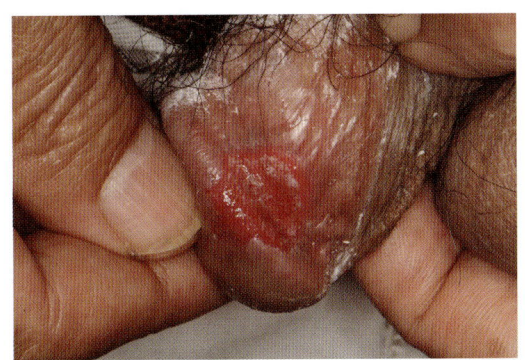

图9-10 扁平苔藓生殖器病损
生殖器充血、糜烂伴白色网纹
（武汉大学口腔医学院供图）

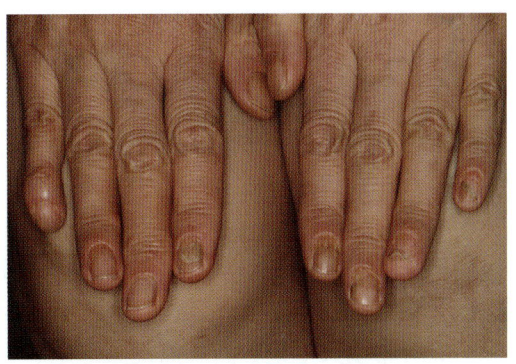

图9-11 扁平苔藓指甲病损
指甲甲板萎缩、变薄，无光泽，表面见细鳞、纵沟
（武汉大学口腔医学院供图）

【病理表现】

1. 组织病理表现 OLP的典型组织病理学表现主要为上皮过度角化不全，基底细胞液化变性及固有层大量淋巴细胞带状浸润。黏膜白色条纹处的上皮为角化不全，而黏膜发红部位的上皮表层无角化，且结缔组织内血管可有扩张、充血。通常棘层增生较多，也有少数棘层萎缩。上皮钉突不规则延长，少数上皮钉突伸长呈锯齿状。因基底细胞液化、变性，导致基底细胞排列紊乱，基底膜界限不清，基底细胞液化明显者可形成上皮下疱。黏膜固有层内有密集的淋巴细胞浸润带，其范围一般不超过黏膜下层。这些浸润的淋巴细胞主要是T细胞。在上皮棘层、基底层或固有层内可见圆形或卵圆形的胶质小体（colloid body）或称Civatte小体，其直径平均约为10μm，呈均质性嗜酸性，PAS染色呈阳性玫瑰红色，这种小体可能是细胞凋亡的一种产物。

电镜下，基底细胞内线粒体和粗面内质网肿胀，胞质内出现空泡。基底细胞间的桥粒与基底膜间的半桥粒松解、变性，基底膜增厚、变性、破坏。有研究认为变性的桥粒可能是OLP抗原，继而引起自身免疫反应。

2. 免疫病理表现 免疫病理对于OLP的鉴别诊断具有重要意义。OLP患者上皮基底膜区有免疫球蛋白沉积，主要为IgM，也可有IgG和C3的胶质小体沉积。直接免疫荧光法可见细小的颗粒状荧光，沿基底膜区呈带状分布。胶质小体对抗体、补体均呈阳性荧光反应。纤维蛋白和纤维蛋白原在病损基底膜区为高浓度沉积，部分血管壁内有纤维蛋白沉积。

【诊断】

依据2012年《口腔扁平苔藓诊疗指南（试行）》中的诊断标准，一般根据病史及典型的口腔黏膜白色病损可做出临床诊断，典型的皮肤或指（趾）甲病损可作为诊断依据之一。建议结合活体组织检查、必要时辅以免疫病理学、分子病理学等手段以明确诊断，有助于与其他白色病损相鉴别，并排除上皮异常增生或恶性病变。

2016年，美国口腔颌面病理学会（American Academy of Oral and Maxillofacial Pathology）提出，OLP诊断需根据病史、临床表现及组织病理学等进行综合诊断。OLP的诊断标准为：①病损呈多病灶、对称分布，可为六种病损形态中的一种或多种，发病部位无烟草、牙科材料等诱发因素。②固有层以淋巴细胞浸润为主，基底细胞液化、变性，无上皮异常增生。

【鉴别诊断】

1. 口腔白斑 斑块型OLP与口腔白斑有时很难鉴别，特别是舌背部的病损。口腔白斑患者多存在长期局部刺激因素或吸烟史，病损多见于中老年男性，为乳白色、粗糙、突起的斑块，无皮肤病损。而OLP患者多无明确诱因，病损多见于中年女性，为柔软、平伏的白色斑纹，多为对称性分布，可有皮肤病损。活体组织检查对鉴别诊断有重要意义，口腔白斑病理可表现为上皮单纯增生或异常增生。

2. 盘状红斑狼疮 盘状红斑狼疮好发于下唇唇红，多无对称性，表现为白色放射状细短条纹，唇红病损有向皮肤蔓延的趋势，可导致皮肤黏膜界限不清。而OLP下唇病损表现为白色条纹或斑片，一般局限在唇内，不波及唇周皮肤。组织病理学和免疫病理学检查有助于鉴别诊断。

3. 口腔红斑 红斑多见于中老年男性，多为单发，为鲜红色斑片，边界清楚。间杂型红斑易与OLP相混淆，表现为在红斑基础上出现散在白色斑点，组织病理学表现为上皮萎缩，角质层消失，棘层萎缩，常有上皮异常增生或为原位癌。OLP多见于中年女性，为多发性、对称性，充血区边界不清。

4. 寻常型天疱疮、副肿瘤性天疱疮、黏膜类天疱疮、扁平苔藓样类天疱疮等伴有牙龈表现时，似剥脱性龈炎样表现，易与OLP的牙龈病损相混淆。

OLP患者牙龈病损表现为牙龈充血，周围有白色条纹，患者疼痛较轻。

寻常型天疱疮的牙龈病损尼氏征呈阳性，探针试验呈阳性。镜下可见棘层松解，上皮内疱形成。脱落法细胞学检查可见天疱疮细胞。免疫荧光检查可见上皮棘细胞间以 IgG 为主的免疫球蛋白沉积，呈网状翠绿色荧光。血清 ELISA 法检查可见桥粒芯糖蛋白特异性抗体水平增高。

黏膜类天疱疮好发于牙龈，常具有完整的水疱。组织病理学检查可见上皮下疱形成。免疫荧光检查可见基底膜区有翠绿色荧光带。

副肿瘤性天疱疮的口腔病损具有多形性，常出现类似糜烂型 OLP 的表现。直接免疫荧光检查可见单纯 IgG 或 IgG 联合 C3 在棘细胞间和基底膜区同时沉积。鼠膀胱间接免疫荧光及被确诊肿瘤或发生潜在肿瘤均有助于诊断。

扁平苔藓样类天疱疮常累及颊黏膜和牙龈，表现为典型的 OLP 病损特征或剥脱性龈炎，伴有或不伴有大疱。组织病理学表现为扁平苔藓、黏膜类天疱疮的病理特征，或两者兼有。直接免疫荧光检查可见 IgG 和 C3 在基底膜区沉积。患者血清中可发现自身抗原 BP 180 和 BP 230。

5. 苔藓样损害 苔藓样损害是一类在临床及病理上与扁平苔藓表现相类似的疾病，包括药物相关、金属相关苔藓样损害以及移植物抗宿主病（Graft versus host disease，GVHD）。金属相关的苔藓样损害主要累及与刺激物直接接触的部位，多为单发，不伴皮肤病损。去除刺激物后，病变可逐渐减轻或消退。OLP 可累及口腔黏膜的任何部位，为多发性、对称性，可伴皮肤损害。

6. 迷脂症 即异位皮脂腺，多发生于唇、颊部，表现为散在或成簇的粟粒状或团块状淡黄色斑丘疹，质地柔软，表面光滑。患者通常无自觉症状。

【治疗】

（一）治疗原则

1. 消除局部刺激因素 如烟、酒、辛辣食物、牙石、尖锐牙尖、不良修复体等。

2. 病损严重程度不同，治疗不同 对病损局限且无症状者可不用药，仅随访观察；对病损局限但有症状者，以局部用药为主；对病损严重者应采用局部与全身联合用药，全身用药以免疫调节为主。

3. 控制感染 应注意控制继发感染，尤其是真菌感染。

4. 加强心理治疗 缓解患者的精神压力，必要时建议患者进行心理咨询及治疗。

5. 定期随访，防止癌变 患者病情缓解后，一般每 3~6 个月复查 1 次。如果患者情况持续稳定，则每年复查 1 次；如果病情复发加重，则应及时复诊。

（二）局部治疗

1. 去除局部刺激因素，保持口腔清洁 如去除牙垢、牙石，调整咬合关系，修整不良修复体，调磨锐利牙尖及边缘，保持口腔卫生。

2. 局部药物治疗

（1）糖皮质激素局部应用安全性高，对糜烂有较好的疗效。对广泛糜烂的 OLP 患者可给予糖皮质激素溶液含漱，如倍他米松磷酸钠溶液（100 ml 生理盐水中加入 2.5 mg 倍他米松磷酸钠）、地塞米松溶液（100 ml 生理盐水中加入 2 mg 地塞米松）等。对轻度糜烂患者可局部涂擦 0.1% 曲安奈德乳膏、0.1% 氟轻松乳膏、0.05% 丙酸氯倍他索乳膏及 0.05% 氯倍他索乳膏等。临床使用时，首选中强效激素制剂，超强效激素制剂（如氯倍他索等）不作为首选药物，且不宜局部长期使用。对顽固糜烂型 OLP 患者可局部给予糖皮质激素封闭治疗，如 4% 曲安奈德注射液 1 ml 与等量 2% 利多卡因混匀，视病损大小在病损基底部注射，每 1~2 周 1 次；或使用地塞米松注射液，每次 5 mg，每 1~2 周 1 次。治疗过程中需密切观察药物的不良反应。

（2）免疫抑制剂

1）环孢素 A：环孢素 A 溶液（环孢素 A 浓度为 100 mg/ml）含漱，每次 5 ml，每天 3 次。

2）他克莫司：属于大环内酯类抗生素，其免疫抑制作用与环孢素相似，抑制T细胞活性的能力是环孢素的10～100倍，且具有分子量小、易于穿透、易被吸收等特性，对糜烂型或难治性OLP有较好的疗效。可局部采用0.1%他克莫司溶液漱口，每天4次；或0.1%他克莫司软膏涂擦，每天2次。用药部位可有灼热感，发生率约为20%。国外研究显示长期应用有致癌风险。

（3）异维A酸：属于角质溶解药，适用于角化程度高的患者，用药后可使角质层的表层脱落并变薄。在OLP患者无充血、糜烂的白色条纹处涂敷0.05%～0.1%异维A酸软膏，每天1次。用药部位可能发生红斑、肿胀、脱屑、色素异常等不良反应。停药后，不良反应可逐渐消失，但停药2～5周后，角化病损易复发。

（4）消毒防腐药：可选用复方硼砂含漱液、4%碳酸氢钠含漱液、0.1%依沙吖啶溶液、0.05%氯己定溶液、1%聚维酮碘溶液等。合并真菌感染时，可选择制霉菌素糊剂等。

（5）中药：养阴生肌散具有清热养阴、生肌止痛的功效。可将粉剂涂于糜烂面，每天2～4次。

3. 物理治疗　可采用毫米波治疗、微波治疗、低能量激光治疗、光动力学疗法、紫外线疗法、冷冻疗法和高压氧治疗等。

（三）全身治疗

1. 糖皮质激素　对急性大面积或多灶糜烂型OLP患者可采用小剂量、短疗程方案。可选用泼尼松口服，剂量不宜超过1 mg/（kg·d），临床多采用15～30 mg/d，疗程一般为1～2周。

2. 羟氯喹　属于抗疟药，与核蛋白有较强的结合力，能阻止DNA复制与RNA转录，可通过稳定溶酶体膜、抑制免疫等机制发挥作用。该药具有消炎、减少免疫复合物形成、减轻组织和细胞损伤的作用。成人每天口服100～200 mg，每天2次。不良反应有头晕、恶心、呕吐、视野缩小、视网膜病变、皮疹、白细胞减少等症状。使用时需定期监测不良反应。

3. 硫唑嘌呤　属于免疫抑制剂，可抑制DNA、RNA和蛋白质的合成，从而抑制T淋巴细胞增殖，其作用强于对B淋巴细胞的抑制。对糜烂型和泛发性OLP患者，成人每天用量为75～150 mg。大剂量使用或用药过久可有骨髓抑制、增加内脏肿瘤发生的风险。对糖皮质激素治疗无效者可作为选择性药物之一，使用时需定期监测血液学及肝、肾功能。

4. 雷公藤　其主要成分是雷公藤多苷，具有类似糖皮质激素的作用，可发挥较强的抗炎和免疫抑制作用。成人每天口服0.5～1.0 mg/kg，分3次于餐后服用。不良反应主要为胃肠道反应、皮疹、出血性红斑、糜烂，可影响生殖系统功能，导致白细胞减少，损伤心脏、肝、肾及中枢神经系统功能。

5. 昆明山海棠　是一种雷公藤类植物，可通过抑制胸腺功能而发挥免疫抑制作用。每次口服0.5 g，每天3次。

6. 氨苯砜　可用于治疗糜烂型OLP或对糖皮质激素治疗不敏感者，但不作为常规治疗药物。成人每天口服100～150 mg，可出现溶血、头痛等不良反应。

7. 其他　沙利度胺、吗替麦考酚酯等。沙利度胺可抑制TNF-α，成人每天用量为25～50 mg，可引起嗜睡、末梢神经炎，有致畸作用。吗替麦考酚酯的免疫抑制作用效率高，持续时间长，成人每天用量为2～4 g。

8. 中药　可采用滋阴养血、益气健脾、疏肝解郁、益气活血、清热润燥、滋补肝肾、滋阴清热、活血化瘀等方法治疗。如对单纯型患者可采用滋阴清热、益气养血、清热润燥等方法治疗。方药如苔藓饮等加减。药物如当归、白芍、生熟地、女贞子、枸杞子、黄芩、旱莲草、麦冬、白藓皮、香附等。如患者充血明显，可用滋阴平肝、活血化瘀、疏肝解郁等方法治疗。对糜烂、溃疡、渗出、破溃者，宜用清热降火、解毒凉血、健脾渗湿等方法治疗。方药如五味消毒饮、化斑汤等加减。

（四）治疗方案

综合考虑OLP的病损分类、病情轻重程度、患者全身情况等因素，可采用以下治疗方案：

1. 无症状非糜烂型OLP 若病损局限，可不用药，定期随访。

2. 有症状非糜烂型OLP 以减轻不适症状、控制病情发展为目的。

（1）对病损处充血较明显、有疼痛症状者，必要时全身使用免疫抑制剂，配合糖皮质激素局部制剂。

（2）对病损处角化程度较高，且粗糙、紧绷症状明显者，必要时局部使用维A酸类制剂，待患者病情缓解后逐渐减少用药次数直至停药，以免停药后发生反跳现象。唇部病损禁用该药。

（3）对免疫功能低下者，结合患者全身情况及实验室免疫学检查结果综合判定，可选用免疫增强药。

（4）酌情补充维生素类药：如维生素A、维生素E、β-胡萝卜素等。

（5）对伴有真菌感染征象者，可选用局部抗真菌药治疗。

（6）中医药治疗：可根据临床情况考虑配合中医药治疗。

3. 糜烂型OLP 以控制疼痛症状、促进糜烂愈合、降低癌变的潜在危险为目的。

糜烂型OLP按病情可分为轻、中度糜烂和重度糜烂。轻、中度糜烂是指单发灶或散在小面积多灶糜烂（糜烂总面积≤1 cm^2）。重度糜烂包括急性发作的大面积或多灶糜烂（糜烂总面积＞1 cm^2）、久治不愈、同时伴有广泛皮肤损害三种情况。治疗方案如图9-12所示。糜烂型OLP的辅助治疗包括：酌情补充维生素类及微量元素制剂，酌情选用消毒防腐药，对伴有真菌感染征象者选用抗真菌药局部应用，根据临床情况考虑配合中医药治疗。对OLP患者需定期随访，病情顽固或持续进展者，应及时行活体组织检查，谨防癌变。

【预后】

OLP多呈慢性迁延性，一般预后良好。极少数患者会发生癌变。特别要注意迁延不愈的糜烂及位于舌腹、舌缘后部的病损，严密观察，定期随访患者，必要时及时行活体组织检查。

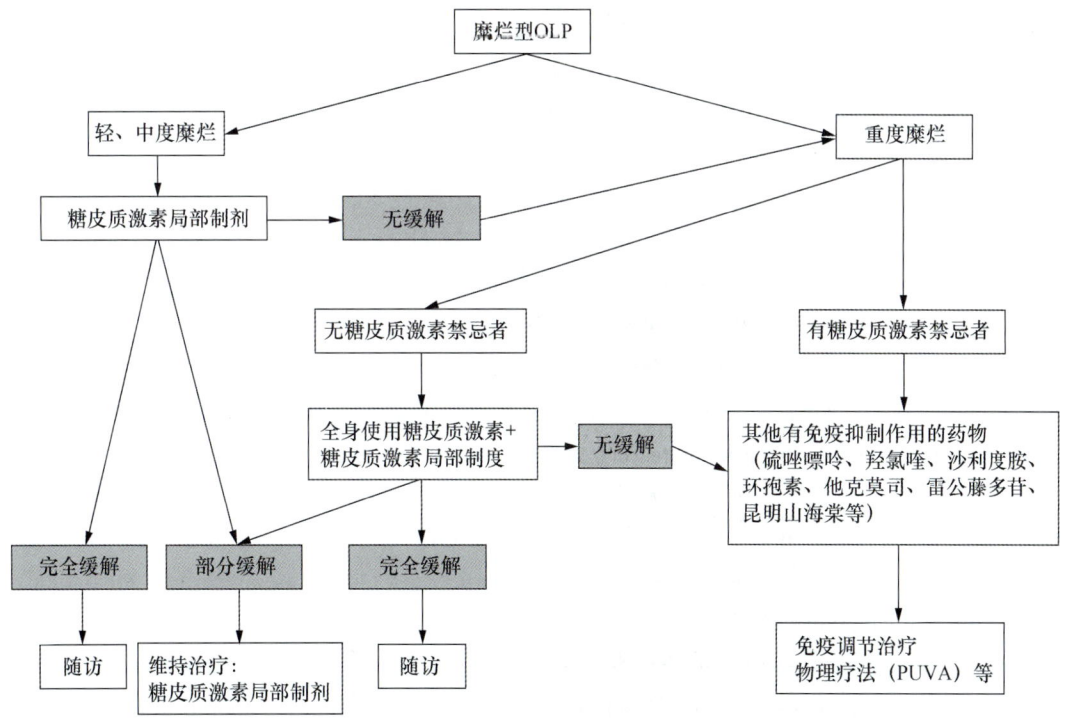

图9-12 糜烂型OLP治疗方案

>
> **进展与趋势**
>
> **口腔扁平苔藓会发生癌变吗？**
>
> 　　有关口腔扁平苔藓（Oral lichen planus，OLP）的癌变率，不同的流行病学调查得出的结果差异较大，有的仅为 0.4%，有的则高达 6.5%，多数接近 1%。有研究搜集了 2020 年 1 月以前发表的有关 OLP 癌变的英文文献并进行系统评价和 Meta 分析，研究纳入 12 838 例 OLP 患者，仅有 56 例（0.44%）由 OLP 发展为口腔鳞状细胞癌。吸烟、饮酒、HCV 感染是 OLP 发生癌变的危险因素。糜烂型 OLP 具有较高的癌变风险。对 OLP 癌变危险性进行准确的预测、评估有助于临床早发现、早诊断、早治疗。常用的无创预测方法有自体荧光法、脱落细胞 DNA 倍体分析、甲苯胺蓝染色法，必要时可采用组织病理学检查。
>
> 　　探究 OLP 的发病机制及癌变机制，明确 OLP 向口腔鳞状细胞癌进展的关键标志物，对于控制 OLP 的病情进展及癌变尤为重要。目前，有关 OLP 癌变机制的研究多集中在相关基因表达和信号传导通路两方面，包括细胞凋亡相关基因和蛋白（p53、MDM2、SUMO-1、BCL-2、MCL-1、Survivin），细胞周期蛋白（BMI-1、p16）、组织重构因子（MMP）和炎症因子（TNF-α、IL-6 和 Cox-2）。也有研究认为，OLP 病损微环境具有肿瘤样特点，如低氧、炎症、免疫反应和酸性微环境。OLP 是一类免疫疾病，长期的炎症刺激可导致上皮细胞增殖与凋亡的失衡，从而引起癌基因、抑癌基因或某些信号通路出现异常，最终诱使 OLP 向恶性方向发展。虽然许多研究人员提出了多种可用于检测 OLP 恶性进展的生物标志物，但将其应用于临床实践还需要进一步的科学研究。

Summary

　　Oral lichen planus（OLP）is a common chronic immuno-inflammatory mucocutaneous disorder. OLP affects about 2.2% of the global population featured with female predominance and occurs in people aged between 30 and 60 years. There are also a few reports on OLP occurring in childhood. The WHO has identified OLP as an oral potentially malignant disorder（OPMD）.

　　Clinically，OLP manifests reticular，papular，plaque-like，atrophic，erosive and bullous lesions. Reticulation can be accompanied by papules，plaque-like lesions，atrophy and erosions. Reticular and papular types are generally asymptomatic，whereas atrophic，erosive and bullous types are generally accompanied by pain.The buccal mucosa is the most common affected site，followed by the tongue，lips and gingiva. The floor of the mouth and palate are less frequently involved. About 15% of OLP patients have cutaneous lesions，which are featured by violaceous flat papules with Wickham striae on the surface. Skin lesions are usually self-limiting，lasting only 1 year or less.

　　Histopathologically，OLP is characterized with a band-like chiefly lymphocytic infiltrate in the lamina propria，basal cell liquefied degeneration，hyperparakeratosis，hyperorthokeratosis，and cytoid（Civatte）bodies.There are no specific drugs for OLP. The management of OLP is based on the symptomatic treatment. Topical and/or systemic corticosteroids can be prescribed for patients to attenuate the clinical symptoms.

　　Many controversies exist about the pathogenesis of oral lichen planus. A large body of evidence supports that T-cell-mediated immunological dysfunction and keratinocyte apoptosis play important roles in the development of OLP. The various mechanisms hypothesized to be involved in the immunopathogenesis are: antigen presentation, T-cell activation, proliferation and migration, as well as keratinocyte apoptosis. Specifically, both CD4$^+$ T helper cells and CD8$^+$ cytotoxic T cells in OLP are activated when presented with antigens by MHC class Ⅱ and Ⅰ molecules, respectively. The activated cytotoxic T cells then kill the basal keratinocytes. Apoptosis has been proposed as mechanism of keratinocyte death which is triggered by TNF-α secreted from cytotoxic T cells.

The etiology of OLP is still unknown. Existence of an antigen capable of changing antigen specificity of basal keratinocytes makes them target for the cell-mediated immunity. Several triggering factors have been proposed for the etiology, including genetic background, bacterial and viral infections, stress and immunity.

Treatment of OLP is aimed primarily at abolishing the symptoms and at extending the periods of remission. It is essential to eliminate local irritating or aggravating factors in the oral cavity. Patients with reticular form or other asymptomatic OLP lesions do not need any other treatment, whereas symptomatic lesions, especially atrophic and erosive forms, are required with drug therapy, surgery and/or physiotherapy.

Transformation to squamous cell carcinoma was observed in about 1% of OLP cases. Erosive form carries the highest malignant risk. Therefore, timely diagnosis and regular follow-up of patients with OLP are vital.

Definition and Terminology

口腔扁平苔藓（oral lichen planus，OLP）: is a common T-cell-mediated chronic inflammatory disorder, characterized by symmetric white striae on oral mucosa. Refractory persistent erosive lesions have a risk of malignant transformation. The WHO has defined OLP as an oral potentially malignant disorder（OPMD）.

（周　刚　王　芳）

第二节　口腔苔藓样损害
Oral Lichenoid Lesions

案例 9-2

女，57岁。主诉左侧颊部发白伴不适1个月。患者1个月来左侧颊部发白，伴进食时不适，未经诊治，半年前曾行左下后牙充填术。否认其他系统性疾病史、用药史及药物过敏史。

临床检查：㔫牙体银汞充填物，对应颊黏膜充血、萎缩，约10 mm×10 mm大小，周围可见白色斑片及短条纹。其余口腔黏膜未见明显异常。

思考题：
1. 该病例最有可能的诊断是什么？诊断依据有哪些？
2. 应如何进一步检查及治疗？

口腔苔藓样损害（oral lichenoid lesion，OLL）又称口腔苔藓样组织反应（oral lichenoid tissue reaction）、口腔苔藓样黏膜炎（oral lichenoid mucositis），是指一类临床表现及组织病理学特征与口腔扁平苔藓（oral lichen planus，OLP）类似的疾病，包括但不限于以下病种：口腔苔藓样接触性损害（oral lichenoid contact lesion，OLCL）、口腔苔藓样药物反应（oral lichenoid drug reaction，OLDR）、移植物抗宿主病（GVHD）的口腔苔藓样损害、副肿瘤综合征引起的扁平苔藓样损害、盘状红斑狼疮引起的苔藓样损害、系统性红斑狼疮引起的苔藓样损害、类天疱疮样扁平苔藓、慢性溃疡性口炎等。

目前关于 OLL 尚无统一的定义与分类。这类疾病虽然在临床表现和病理学特征上与口腔扁平苔藓相似，但在流行病学、病因及发病机制、治疗、癌变风险、预后等诸多方面均存在程度不同的差异。因此，正确认识不同类型的 OLL 并进行鉴别诊断具有重要意义。本节主要介绍以下几种类型的 OLL。

一、口腔苔藓样接触性损害 oral lichenoid contact lesion

口腔苔藓样接触性损害（oral lichenoid contact lesion，OLCL）是指过敏体质者的口腔黏膜与致敏物接触后发生超敏反应，引起的临床表现和病理改变与口腔扁平苔藓（OLP）相似的口腔黏膜炎性疾病。以银汞合金为主的口腔金属修复材料是 OLCL 最常见的致敏物，其他致敏物包括一些口腔非金属修复材料、槟榔和调味剂等（表 9-2）。

表 9-2　诱发 OLCL 的常见致敏物

牙科金属材料	银汞、氯化汞、氯化氨汞、铍、铋、铬、钴、铜、金、镍钯、银、锡
其他牙科材料	丙烯酸酯化合物、玻璃离子、瓷
槟榔及槟榔制品	
调味剂	肉桂（肉桂醛）、秘鲁香脂、丁香酚、薄荷醇

【病因及发病机制】

OLCL 是由于过敏体质者的口腔黏膜与致敏物接触后产生Ⅳ型超敏反应（即迟发型超敏反应）所致，病程为缓慢渐进性。当局部致敏物接触黏膜上皮时，可改变口腔上皮细胞膜表面蛋白的抗原性，继而激活淋巴细胞，使之大量增殖、分化，释放促炎症细胞因子，诱导更多的炎症细胞向病损部位浸润，引起血管炎症，并产生针对口腔基底细胞的免疫反应。另外，有学者认为金属修复材料引起的 OLCL 可能与不同金属修复材料引发的微电流反应有关。

【临床表现】

银汞合金等口腔修复材料引起的 OLCL 常见于颊部后份及舌缘，与修复材料相接触的口腔黏膜出现充血、萎缩等，严重时可出现水疱、糜烂或溃疡，周围可见白色斑纹状病损，但缺乏 OLP 典型的白色网状条纹表现（图 9-13）。患者可有不同程度的疼痛、不适感。及时更换或去除修复材料，大多数病损可在短期内消退（图 9-13）。

咀嚼槟榔或使用肉桂等调味剂引起的 OLCL 常见于颊部及下颌前庭沟，病损位置与咀嚼习惯密切相关。临床表现为白色斑片或条纹，缺乏 OLP 典型的网状排列，严重时伴有充血、萎缩或糜烂，患者可有疼痛、不适症状。停止使用肉桂制品后，病损可自行消退，但停止咀嚼槟榔后病损能否消退目前尚无定论。

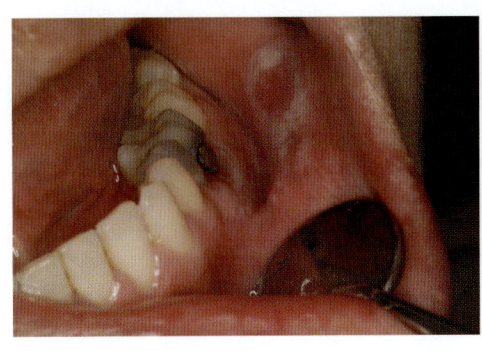 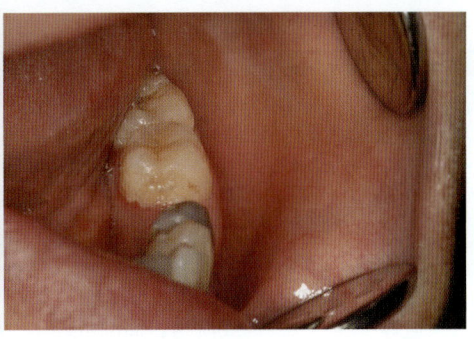

图 9-13　银汞充填材料引起的口腔苔藓样接触性损害（左）
更换银汞充填材料后，病损自行消退（右）
（武汉大学口腔医学院供图）

【病理表现】

本病的病理学表现与 OLP 相似，但亦存在不同之处。镜下可见上皮角化不全，棘层增厚，钉突延长，基底层细胞液化、变性，固有层可见混合炎症细胞浸润，包括淋巴细胞、浆细胞、嗜酸性粒细胞等，累及固有层深层，血管周围浸润多见。银汞充填材料引起的病损固有层内可见淋巴滤泡形成，中央主要以 B 细胞和滤泡树突状细胞为主要细胞类型，周围有 T 细胞和巨噬细胞聚集。

【诊断】

根据有口腔修复材料、咀嚼槟榔或使用肉桂等调味剂的病史，结合特殊病损部位及其病损特征，即可进行诊断。更换口腔修复材料或停止使用可疑致敏物后，病损是否消退可作为治疗性诊断依据。必要时可行活体组织检查或斑贴试验等，以辅助诊断。

【鉴别诊断】

应与 OLP 及其他类型的 OLL（如口腔苔藓样药物反应、移植物抗宿主病的口腔苔藓样损害、慢性溃疡性口炎等）相鉴别（表 9-3）。

表 9-3　各类口腔苔藓样损害与口腔扁平苔藓的鉴别要点

	口腔扁平苔藓（OLP）	口腔苔藓样接触性损害（OLCL）	口腔苔藓样药物反应（OLDR）	移植物抗宿主病（GVHD）的口腔苔藓样损害	慢性溃疡性口炎（CUS）
病因	不明确，T 细胞介导的免疫反应发挥重要作用	由口腔修复材料、槟榔、调味剂等致敏物诱发的迟发型超敏反应导致	药物不良反应所致	异体造血干细胞或骨髓移植引起的免疫反应所致	不明确，可能与免疫因素有关
好发人群	中年人、女性	使用牙科修复材料、咀嚼槟榔、使用调味剂的人群，与性别、年龄无关	使用诱发药物的人群	接受造血干细胞或骨髓移植患者	中老年人，女性
病损分布	双侧、对称性分布	接触口腔修复材料、槟榔、调味剂的对应黏膜位置	广泛或单侧分布	广泛分布	颊、牙龈及舌腹为好发部位，还可见于唇部及硬腭；多呈对称性分布，也可单发或散在分布

(续表)

	口腔扁平苔藓（OLP）	口腔苔藓样接触性损害（OLCL）	口腔苔藓样药物反应（OLDR）	移植物抗宿主病（GVHD）的口腔苔藓样损害	慢性溃疡性口炎（CUS）
病损特点	典型的网状白色条纹，严重时伴充血、萎缩、糜烂、水疱等	接触致敏原的口腔黏膜处出现充血、萎缩等损害，严重时可出现水疱、糜烂或溃疡，周围可见白色斑片或条纹	白色条纹或斑片，常伴充血、糜烂，但缺乏OLP典型的网状白纹表现	口腔白色斑纹或过度角化斑块；口周组织纤维化，伴张口受限；黏液囊肿，黏膜充血、萎缩、糜烂等	慢性或复发性糜烂或溃疡性病变，周围可见苔藓样白色条纹或斑块；牙龈出现剥脱性龈炎
病理表现	上皮过度角化不全、基底细胞液化变性、固有层密集的淋巴细胞呈带状浸润	上皮角化不全、棘层增厚、钉突延长、基底层细胞液化变性，固有层混合炎症细胞浸润，累及固有层深层，血管周浸润多见。银汞充填材料引起的OLCL病损固有层有淋巴滤泡形成	上皮固有层可见混合炎症细胞浸润，累及固有层深层，血管周浸润多见	口腔黏膜病变：上皮过度角化不全、上皮层增厚或萎缩、固有层炎症细胞浸润、基底层细胞凋亡及变性；唾液腺表现：腺体实质及导管周组织中淋巴细胞浸润，伴腺泡破坏和组织纤维化等	上皮萎缩或角化不全，固有层中T淋巴细胞和浆细胞混合浸润，延伸至固有层深层，边界弥散。上皮钉突锯齿状改变，基底层细胞空泡样变性，并被嗜酸性小体和细胞样小体所代替
免疫荧光	直接免疫荧光检查：在基底膜区可见纤维蛋白原呈絮状沉积，IgM、IgG、C3呈带状沉积	无	直接免疫荧光检查：在基底膜区可见纤维蛋白原呈絮状沉积，并可见IgM阳性的胶质小体	无	直接免疫荧光检查：上皮层下1/3部位的细胞胞核可见特征性的SES-ANA沉积。基底膜区可见边界不清的纤维蛋白原沉积的荧光带 间接免疫荧光检查：血清中SES-ANA表达的IgG循环抗体
治疗	局部使用糖皮质激素等药物，全身免疫调节	更换口腔修复材料，避免接触致敏物，局部对症治疗	尽量避免使用诱发药物，局部对症治疗	全身及局部使用糖皮质激素	对糖皮质激素治疗不敏感者，羟氯喹治疗有效
预后	症状可控，但病情易反复，个别病例具有癌变风险	良好	良好	不良，是异体组织移植患者远期非肿瘤因素死亡的主要原因	良好

【治疗】

1. 明确并避免接触可疑致敏物，更换致敏的口腔修复材料。

2. 局部应用糖皮质激素、抗组胺药等制剂，含漱或湿敷，严重时可使用糖皮质激素制剂行黏膜下注射。使用硼砂溶液、0.12%氯己定溶液、0.1%依沙吖啶溶液、西吡氯铵等消毒防腐药预防继发感染。如患者疼痛症状明显，则可使用利多卡因或苯佐卡因凝胶局部涂抹，减轻疼痛。对病情严重者可全身小剂量、短疗程应用糖皮质激素等药物。

【预后】

本病预后良好。去除局部刺激因素并配合药物治疗后，病损通常可在短期内减轻或消退。

二、口腔苔藓样药物反应 oral lichenoid drug reaction

口腔苔藓样药物反应（oral lichenoid drug reaction，OLDR）又称药物诱发性苔藓样反应（drug-induced lichenoid reaction，DILR），是指由于某些药物引起特殊体质者发生的临床表现及病理改变与口腔扁平苔藓（OLP）相似的口腔黏膜疾病。

【病因及发病机制】

1. 药物因素 可能诱发OLDR的药物种类繁多，以抗高血压药和非甾体抗炎药最为常见，其他的药物种类包括磺酰脲类降血糖药、抗焦虑/精神药物、抗惊厥药、抗生素、抗真菌药、抗疟疾药等（表9-4）。近年来新兴的一些生物制剂，如TNF-α抑制剂、抗PD-1/PD-L1抗体等诱发OLDR的报道也逐渐增多。有研究显示吡罗昔康、柳氮磺吡啶、格列吡嗪等药物化学结构中的活性硫基成分可能与诱发OLDR有关。其他药物诱发OLDR的机制目前尚不明确。

表9-4 诱发OLDR的常见药物

抗高血压药	甲基多巴、阿替洛尔、卡托普利、依那普利、氯噻嗪、呋塞米、氢氯噻嗪、美托洛尔、普萘洛尔
他汀类药物	氟伐他汀、洛伐他汀、普伐他汀、辛伐他汀
非甾体抗炎药	阿司匹林、双氯芬酸、布洛芬、吲哚美辛、
降血糖药	胰岛素、磺酰脲类药物（格列吡嗪、格列本脲、甲苯磺丁脲）
抗焦虑/精神药物	苯二氮䓬、锂、三环类抗抑郁药
抗惊厥药	卡马西平、苯妥英、丙戊酸盐
抗生素	链霉素、四环素、异烟肼、利福平
抗真菌药	两性霉素B、酮康唑
抗疟疾药	氯喹、羟氯喹、奎那克林、奎尼丁
生物制剂	TNF-α抑制剂（英利昔单抗、阿达木单抗）、抗PD-1/PD-L1抗体（帕木单抗等）、依那西普、阿巴西普
抗逆转录病毒药物	齐多夫定
其他	干扰素α、伊马替尼、柳氮磺吡啶、别嘌醇、氨苯砜、金盐、青霉胺

2. 宿主因素 有研究显示OLDR患者体内存在细胞色素P450（CYPs）的基因多态性，可影响机体对药物的代谢活性。

【临床表现】

OLDR好发于成人，儿童罕见。患者发病与用药时间之间具有明确的因果关系。不同药物诱发疾病的时间各不相同，短则数天，长则数年后出现口腔病损。停药后，口腔病损可逐渐消退。

OLDR的病损表现缺乏特异性，为白色条纹或斑片，常伴充血、糜烂，与OLP不易区分（图9-14）。

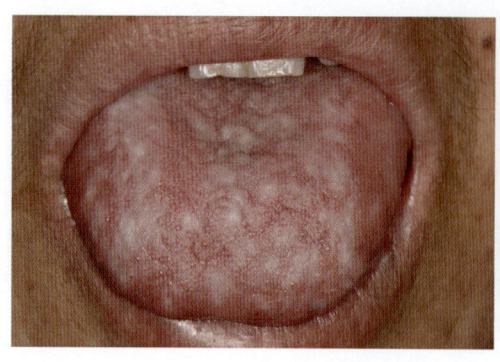
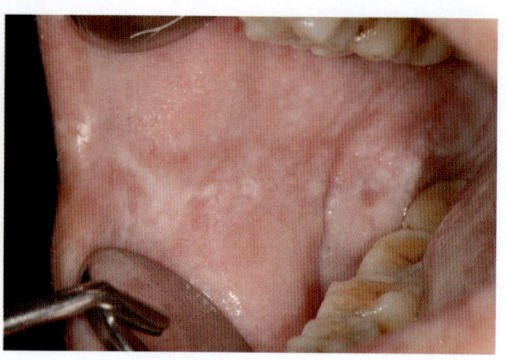

图 9-14 口腔苔藓样药物反应（舌背及右颊病损）
患者有异烟肼、阿卡波糖、二甲双胍用药史
（武汉大学口腔医学院供图）

【病理表现】

上皮下可见炎症细胞弥散浸润，可累及固有层深层，细胞类型包括浆细胞、嗜酸性粒细胞等。血管周围浸润多见。直接免疫荧光（direct immunofluorescence，DIF）检查在基底膜区可见纤维蛋白原沉积，边界不清，可见 IgM 阳性的胶质小体。

【诊断】

患者的临床表现及病理特征缺乏特异性，主要通过停药后病损消退，重新使用同种药物后病损再次出现，并结合临床和病理表现进行诊断。

【鉴别诊断】

应与 OLP 及其他类型的 OLL（如口腔苔藓样接触性损害、移植物抗宿主病的口腔苔藓样损害、慢性溃疡性口炎等）相鉴别（表 9-3）。

【治疗】

1. 充分评估治疗口腔疾病与全身疾病的利弊关系，与其他学科联合治疗，停用或换用其他药物。
2. 局部应用糖皮质激素制剂减轻炎症，病情严重时可用糖皮质激素制剂行黏膜下注射。可应用硼砂溶液、0.12% 氯己定溶液、0.1% 依沙吖啶溶液、西吡氯铵等消毒防腐药。对有疼痛症状者可用利多卡因或苯佐卡因凝胶局部涂抹。对症状严重者可全身小剂量、短疗程口服糖皮质激素等药物。

【预后】

停止服药或换用其他药物，配合其他局部对症治疗，病损可减轻甚至消失，预后良好。

【预防】

尽量避免再次使用诱发药物，但需结合患者全身情况进行综合分析。

三、移植物抗宿主病的口腔苔藓样损害 oral lichenoid lesions of graft-versus-host disease

移植物抗宿主病（graft-versus-host disease，GVHD）是异体造血干细胞或骨髓移植最主要和最严重的并发症之一，被认为是肿瘤患者远期死亡最主要的非肿瘤相关因素。根据移植术的时间及临床表现，可将 GVHD 分为急性 GVHD 和慢性 GVHD 两类。急性 GVHD 通常发生在移植后 100 天内，主要损害皮肤、胃肠道和肝，慢性 GVHD 通常发生在移植 100 天后，可累及全身多个器官，口腔损害（如苔藓样损害，口干等）一般多见于慢性 GVHD 患者。

【流行病学】

流行病学资料显示，接受异体组织移植的患者 50%～70% 出现急性 GVHD，30%～50% 出现慢性 GVHD。在慢性 GVHD 中，45%～83% 的患者出现口腔表征。

发生慢性 GVHD 的危险因素包括：移植治疗时高龄女性供体供给男性受体、供体/受体间人类白细胞抗原（human leukocyte antigen，HLA）主要等位基因不匹配、全身放疗史、非亲属供体、外周血来源的干细胞、供体淋巴细胞回输以及急性 GVHD 病史。此外，如移植物中包含大量淋巴细胞，则更易使宿主产生严重的慢性 GVHD。

【病因及发病机制】

本病的发病与异体组织移植密切相关。急性 GVHD 与慢性 GVHD 的发病机制各不相同。急性 GVHD 的发病过程主要包括三个阶段：①供体/受体间 HLA 差异及次要组织相容性抗原、细胞外机制、腺苷三磷酸等参与的触发机制激活抗原提呈细胞；②抗原提呈细胞介导效应细胞的活化、增殖、分化及迁移；③靶器官损伤，激活正反馈循环机制，使疾病过程迁延反复。

慢性 GVHD 的发病机制主要是来自供体的 T 细胞识别并攻击免疫功能受到抑制的受体组织，造成炎性损伤。多种细胞（包括 $CD4^+$ T 细胞、$CD8^+$ T 细胞、调节性 T 细胞、B 细胞、抗原提呈细胞等）在此过程中发挥了作用。

【临床表现】

1. 急性 GVHD 起病急骤，通常发生在移植后 100 天内。典型的临床表现包括皮肤损害、肝功能损伤以及胃肠道症状。

（1）皮肤损害：皮肤损害可表现为斑丘疹、感觉敏感、瘙痒、红皮病及大疱，手掌及足底是最常见的始发部位。

（2）肝功能损伤：表现为高胆红素血症、黄疸、转氨酶水平升高。

（3）胃肠道症状：患者可出现腹泻、腹痛、恶心、呕吐等，症状持续、反复发作，为迟发性急性 GVHD 的主要表现。

2. 慢性 GVHD 起病缓慢，病情迁延、持续，通常发生在移植 100 天后，可累及全身多个器官。

（1）口腔损害：病损分布广泛，主要为苔藓样病变，表现为口腔白色斑纹或过度角化斑块，与 OLP 病损相似（图 9-15）。此外，口周组织还可发生纤维化，伴张口受限。其他口腔黏膜损害包括黏膜充血、萎缩、糜烂、黏液囊肿等。慢性 GVHD 还可累及唾液腺，引起唾液腺炎症，导致唾液分泌功能减退，患者可出现口干等症状。

（2）皮肤损害：约 70% 的病例可出现皮肤损害，苔藓样病变为其早期表现。随着病情进展，可伴发或继发硬皮病样损害。皮损好发于眶周、手掌、前臂、躯干等部位，表现为粉红或紫色的扁平状丘疹，被覆鳞屑，严重时出现溃疡，可继发感染。

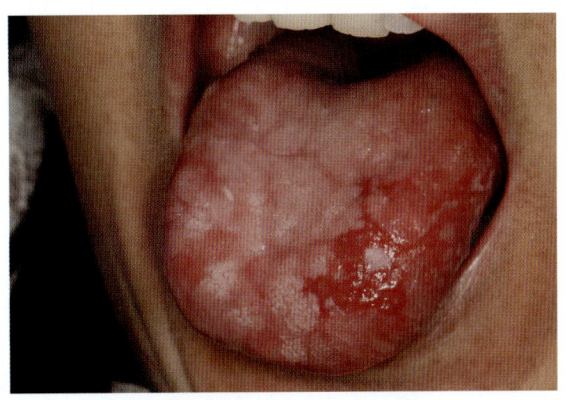

图 9-15 慢性 GVHD 舌背损害

患者 6 年前因白血病行骨髓移植
（武汉大学口腔医学院供图）

（3）眼部损害：40%～60%的病例可出现眼部损害，最常见的眼部病变为干燥性角膜结膜炎、无菌性结膜炎、葡萄膜炎等。患者常出现眼干、沙粒感、疼痛、畏光、泪液分泌过多等症状。

（4）肝损害：慢性GVHD是接受移植患者肝功能异常的主要原因，谷丙转氨酶、碱性磷酸酶、谷氨酰转移酶水平可升高。

（5）肺损害：约6%的患者可出现闭塞性毛细支气管炎，起病隐匿，随后可出现慢性咳嗽、呼吸困难及进行性气道阻塞。

（6）造血系统及免疫系统损害：患者$CD4^+$ T细胞数量、$CD4^+$ T细胞/$CD8^+$ T细胞比值降低，严重时出现血小板减少性紫癜、免疫缺陷等，后者可导致各类机会性感染，增加死亡风险。

3. 癌变 第二恶性肿瘤是造血干细胞移植主要的远期并发症之一，2%～6%接受造血干细胞移植的患者在移植后10年内可罹患第二恶性肿瘤，肿瘤类型主要包括淋巴瘤、急性髓细胞性白血病、实体肿瘤。有研究发现，口腔慢性GVHD是造血干细胞移植术后发生口腔鳞癌的主要危险因素之一。其癌变原因包括慢性GVHD相关的慢性炎症、慢性GVHD治疗造成的长期免疫抑制、免疫功能失调、致癌药物及细胞毒性药物的使用等。

【病理表现】

慢性GVHD口腔黏膜损害的病理表现与OLP相似，包括上皮过度角化不全、上皮层增厚或萎缩、固有层炎症细胞浸润、基底层细胞凋亡及变性。免疫组织化学检查显示固有层内炎症细胞浸润，主要包括$CD8^+$ T细胞及$CD68^+$巨噬/树突状细胞。

慢性GVHD的唾液腺表现为腺体实质及导管周组织中淋巴细胞浸润，同时伴有腺泡破坏和组织纤维化等改变。

【诊断】

主要根据造血干细胞或骨髓移植史及典型的临床表现（如苔藓样病变、过度角化的斑块、口周硬皮病伴张口受限等）进行诊断。如临床症状不典型，可结合全身其他部位的表现及实验室检查进行诊断，必要时可行病理学检查。

【病情评估】

GVHD患者的口腔病情严重程度不一，目前已有多项评估工具对其病情进行评估，其中公认度最高的是美国国立卫生研究院（National Institute of Health，NIH）于2005年发布的慢性GVHD口腔表征活动评估量表。该量表对4类口腔表现进行评分：①红斑充血程度；②苔藓样过度角化的范围；③溃疡损害的范围；④黏液囊肿的数量，最后计算总分（范围区间为0～15分）（表9-5）。该评估量表主要用于慢性GVHD口腔表征的临床评估和临床试验中的疗效评价。

表9-5 NIH 2005年慢性GVHD口腔表征活动评估量表

黏膜变化	无慢性GVHD		轻度		中度		重度	
红斑	无	0分	轻度或中度红斑（<25%）	1分	中度（≥25%）或重度红斑（<25%）	2分	重度红斑（≥25%）	3分
苔藓样病变	无	0分	过度角化（<25%）	1分	过度角化程度（25%～50%）	2分	过度角化程度（>50%）	3分
溃疡	无	0分	无	0分	部分溃疡（≤20%）	3分	严重溃疡（>20%）	6分
黏液囊肿	无	0分	1～5个黏液囊肿（仅对下唇和软腭黏液囊肿计分）	1分	6～10个散在的黏液囊肿	2分	超过10个黏液囊肿	3分
黏膜变化总分：								

【鉴别诊断】

应注意与 OLP 及其他类型的 OLL（如口腔苔藓样接触性损害、口腔苔藓样药物反应、慢性溃疡性口炎等）相鉴别（表 9-3）。

【治疗】

目前，对于 GVHD 尚无根治办法，治疗目的主要是减轻临床症状，延缓病情发展，提高生活质量。

1. 急性 GVHD 的治疗 急性 GVHD 的标准治疗方案为全身使用糖皮质激素，通常泼尼松 2 mg/（kg·d），但有约半数患者对糖皮质激素治疗无应答。

对糖皮质激素治疗无应答的患者，可考虑的治疗方案包括抗胸腺细胞球蛋白、吗替麦考酚酯、利妥昔单抗、依那西普、体外光分离置换疗法等。

2. 慢性 GVHD 的治疗 慢性 GVHD 的治疗方案依据病情严重程度而定，轻症者仅使用局部用药，重症者或对局部用药无应答者则需要联合使用全身用药。

（1）局部用药

1）糖皮质激素：局部使用糖皮质激素可提高局部药物浓度，减轻药物副作用。可选择的药物包括布地奈德、地塞米松、氯倍他索等局部制剂。

2）钙调神经磷酸酶抑制剂：有报道发现局部使用环孢素或他克莫司局部制剂可有效缓解慢性 GVHD 口腔损害。

3）局部支持治疗：针对口腔症状对症处理，可应用利多卡因凝胶、苯佐卡因凝胶等局部麻醉药物减轻疼痛症状。选用氯己定溶液、硼砂溶液、依沙吖啶溶液、西吡氯铵含片等消毒防腐类药物。如继发真菌感染，局部使用制霉菌素等药物。应用人工唾液、口干凝胶等缓解口干症状。如因口干导致龋齿风险增加，可使用含氟的局部制剂。

（2）全身用药

1）糖皮质激素：全身使用糖皮质激素为治疗中至重度慢性 GVHD 的一线治疗方案，可单独使用或与免疫抑制剂联合使用。最常使用的药物为静脉注射甲泼尼松龙，起始剂量一般为 0.5～1 mg/（kg·d），如症状缓解，需逐渐减量至最小维持剂量。用药期间应密切观察药物不良反应。

2）钙调神经磷酸酶抑制剂：环孢素主要通过结合钙调神经磷酸酶抑制 T 细胞增殖，并阻止 IL-2、IL-2 受体和 IFN-γ 的基因转录，从而发挥抗炎作用。不良反应包括神经毒性、肾毒性、免疫抑制、高血压、糖耐受异常、药物性牙龈增生等。

他克莫司通过结合特殊的蛋白 FKBP-12，发挥与环孢素类似的作用。不良反应与环孢素类似，但发生肾毒性的概率高于后者，发生药物性牙龈增生的概率低于后者。

西罗莫司为大环内酯类化合物，通过抑制 T 细胞共刺激通路发挥抗炎作用。西罗莫司与他克莫司或激素类药物联用治疗激素抵抗型慢性 GVHD 的有效率约为 63%。不良反应主要包括继发感染和致癌的风险。其他不良反应包括肾损伤、微血管血栓、高脂血症和血细胞减少等。

3）其他免疫调节药物：吗替麦考酚酯、甲氨蝶呤、羟氯喹、氯法齐明、沙利度胺、环磷酰胺等具有免疫抑制和抗炎作用的药物。对于一线治疗失败的病例可酌情使用。

4）生物制剂：利妥昔单抗、伊马替尼、阿仑珠单抗等，为新兴的治疗药物，用于治疗激素抵抗型慢性 GVHD。

5）胆碱能激动剂：毛果芸香碱、盐酸西维美林等，可增加唾液的静息流速，缓解慢性 GVHD 相关的口干症状。

（3）物理治疗：一些光学治疗方法包括体外光分离置换疗法、低功率激光治疗、光动力学疗法，可减轻疼痛不适，促进充血、糜烂愈合。

3. 随访 患者需定期随访，可疑病损应及时行活检，排查癌变。

【预后】

1. 急性 GVHD 预后与病情严重程度以及患者对治疗的反应有关，晚期患者及对激素治疗抵抗患者预后不佳。另外，约半数急性 GVHD 患者可发展为慢性 GVHD。

2. 慢性 GVHD 病情迁延不愈，需要长期采取免疫抑制治疗，是异体组织移植患者远期非肿瘤因素死亡的主要原因。患者 5 年生存率约为 70%。

四、慢性溃疡性口炎 chronic ulcerative stomatitis

慢性溃疡性口炎（chronic ulcerative stomatitis，CUS）是一种以慢性复发性、顽固的糜烂或溃疡性损害为主要特征的皮肤黏膜疾病，多发生于口腔黏膜，偶尔可累及皮肤。慢性溃疡性口炎口腔损害的临床表现和病理特征与 OLP 相似。本病在临床上罕见，自 Jaremko 等于 1990 年首次报道以来，至今仅有 70 余例病例报道。本病好发于中老年，平均发病年龄为 57 岁，多见于白人女性。

【病因及发病机制】

本病的病因尚不明确，免疫因素可能与发病有关。有学者通过直接免疫荧光（DIF）技术发现，在 CUS 病损上皮基底层及邻近区域的上皮细胞内存在 IgG 抗体呈核周分布，该表达模式被称为复层上皮特异性抗核抗体（stratified epithelium-specific antinuclear antibody，SES-ANA）。通过 cDNA 测序发现，该抗体结合的抗原为上皮核转录因子 $\triangle Np63\alpha$。该蛋白可调控 $\alpha 6\beta 4$ 整合素及细胞黏附分子（如整合素 $\alpha 3$、$\beta 1$、$\alpha 6$、$\beta 2$）的表达，在维持上皮完整性和内稳态方面发挥重要作用。有学者推测，CUS 的发病机制可能是：患者体内存在的自身抗体与 $\triangle Np63\alpha$ 抗原结合，干扰其结合 DNA，导致 $\alpha 6\beta 4$ 整合素等下游蛋白表达减少和功能异常，引起基底层角蛋白细胞对基底膜的附着作用减弱，继而导致上皮层与固有层分离、形成迁延不愈的糜烂或溃疡等损害。研究提示，CUS 可能是一种自身免疫病，但仍需更多的研究证据加以验证。

【临床表现】

1. 口腔黏膜表现 患者口腔疼痛不适，伴进食困难及体重减轻。病程慢性迁延，症状可呈周期性加重或缓解。口腔病损好发于颊、牙龈及舌腹，其次为唇及硬腭等部位，多呈对称性分布，也可为单发或散在分布。病损表现为慢性或复发性的糜烂或溃疡，周围可见白色条纹或斑块。牙龈损害表现似剥脱性龈炎，尼氏征呈阴性。病程一般较长，为 1 年至数年，甚至有病程长达 30 年的报道。

2. 其他部位表现 约有 20% 的病例可出现皮肤损害，典型表现与皮肤扁平苔藓类似，为紫红色或多角形丘疹。不典型皮损包括头皮瘢痕性脱发、指甲萎缩等。皮损常呈弥散性分布，个别病例可伴有结膜炎、睑外翻等眼部损害及生殖器损害。

【病理表现】

病理表现缺乏特异性，与 OLP 的病理特征较为相似，包括上皮萎缩或角化不全，固有层内炎症细胞呈带状浸润，上皮钉突呈锯齿状改变，基底层细胞呈空泡样变性，并被嗜酸性小体和细胞样小体所代替。但与 OLP 不同的是，CUS 患者口腔上皮固有层中呈带状浸润的炎症细胞为 T 淋巴细胞和浆细胞的混合体，且部分病例炎症细胞浸润并非局限在固有层浅层，而是延伸至固有层深层，边界弥散。

直接免疫荧光（DIF）检查对于 CUS 的诊断和鉴别诊断具有重要价值。绝大多数病损可在上皮层下 1/3 部位细胞胞核内发现呈斑点状分布的 IgG 抗体沉积，称为复层上皮特异性抗核抗体（SES-ANA）表达模式。而其他口腔黏膜免疫性疾病（如 OLP、寻常型天疱疮、黏膜类天疱疮、类天疱疮样扁平苔藓等）都不具有此表现。因此，SES-ANA 被认为是 CUS 的特异性表现。部分病例基底膜区可见边界不清的纤维蛋白原沉积荧光带，与 OLP 的表现类似。

使用动物食管上皮来源的底物进行间接免疫荧光（IIF）抗体试验，可在 CUS 患者血清中检测到呈 SES-ANA 表达模式的 IgG 循环抗体，但其特异性不如 DIF，可作为 DIF 出现假阴性时的有效补充。

【诊断】

应结合临床特征、病理表现、免疫荧光检查、患者对治疗的反应进行综合判断。应注意仅凭临床特征和病理表现不足以诊断，目前倾向于将 DIF 检查结果结合 IIF 检查结果作为诊断 CUS 的重要标准。

【鉴别诊断】

应注意与 OLP 及其他类型的 OLL（如口腔苔藓样接触性损害、口腔苔藓样药物反应、移植物抗宿主病的口腔苔藓样损害等）进行鉴别（表 9-3）。

【治疗】

目前尚无根治方法，其治疗目的主要是减轻患者疼痛、预防继发感染、促进溃疡愈合、延长缓解期。

1. 全身用药　本病是一种免疫相关性疾病，但患者对常规糖皮质激素治疗不敏感。羟氯喹等抗疟药治疗有效。有研究显示，使用羟氯喹 200 mg/d 可缓解临床症状，甚至使病损消退。其他报道的治疗方案包括剂量为 400 mg/d 和 800 mg/d。使用羟氯喹时须注意其不良反应，如不可逆的视网膜病变、中毒性精神病、神经肌病、粒细胞缺乏症及再生障碍性贫血等。对患者应定期随访观察。

2. 局部用药　采用局部对症治疗，可减轻疼痛、预防感染、促进病损愈合。复方硼砂含漱液、复方氯己定溶液、西吡氯铵含片等可起到局部消毒防腐作用。利多卡因凝胶、苯佐卡因凝胶等局部麻醉药可减轻疼痛不适。

【预后】

1. 经规范治疗后，大部分患者临床症状可得到缓解，病情可维持稳定，但停药后可能复发，且病情加重。

2. 部分 CUS 患者未经治疗，仅调节心理压力或避免麸质饮食，病情也可缓解。

Summary

Oral lichenoid lesion (OLL): is a group of oral lesions that have clinical and histopathological features similar to oral lichen planus (OLP), or indicate an uncertain diagnosis of OLP. OLL include, but not be limit to oral lichenoid contact lesion, oral lichenoid drug reactions, graft-versus-host disease, lichen planus-like variant of paraneoplastic autoimmune multiple organ syndrome, lichenoid lesions of discoid/systemic lupus erythematosus, chronic ulcerative stomatitis, lichen planus pemphigoid, as well as oral lichenoid dysplasia. These disorders share similarities in clinical and histopathological manifestations, but contain disparities in many aspects such as epidemiology, pathogenesis, response to therapies, risk of malignant transformation and prognosis. Understanding and distinguishing these clinical entities, therefore, is very important. In this section, four types of OLL, including oral lichenoid contact lesions (OLCL), oral lichenoid drug reaction (OLDR), graft versus host disease (GVHD) and relatively rarely seen chronic ulcerative stomatitis (CUS), are introduced.

Definition and Terminology

口腔苔藓样损害（oral lichenoid lesion, OLL）: is a group of oral lesions that have clinical and histopathological features similar to oral lichen planus, indicate an uncertain diagnosis of oral lichen planus.

口腔苔藓样接触性损害（oral lichenoid contact lesion, OLCL）: is a term used to describe oral lesions that resemble oral lichen planus both clinically and histopathologically but which are thought to be caused by a localized contact hypersensitivity reaction in response to dental restorative materials, mainly amalgam.

口腔苔藓样药物反应（oral lichenoid drug reaction, OLDR）: is a disorder that clinically and histologically resemble lichen planus, caused by or associated with exposure to certain medications.

移植物抗宿主病（graft versus host disease, GVHD）: is one of the most frequent and serious complications of hematopoietic stem cell transplantation, and is regarded as the leading cause of late mortality unrelated to the underlying malignant disease, is an autoimmune and alloimmune disorder that usually affects multiple organs and tissues, and exhibits a variable clinical course.

（周　刚　卢　锐）

第三节　口腔白斑病
Oral Leukoplakia

口腔白斑病（oral leukoplakia, OLK）是发生于口腔黏膜以白色病损为主的损害，不能被擦去，临床和组织病理学上不能诊断为其他可定义的损害，属于口腔潜在恶性疾病（oral potential malignant disorders, OPMD）。口腔白斑病不包括吸烟、局部摩擦等刺激因素去除后可以消退的单纯性过度角化症。口腔白斑癌变率为0.13%～34.0%，平均癌变率约为3.5%。

> **案例 9-3**
>
> 男，71岁。主诉左颊黏膜发白5个月。左颊黏膜发白5个月，无明显疼痛不适症状。吸烟30年，每天20支。偶尔有少量饮酒，既往史及家族史无特殊情况。
> **全身情况**：糖尿病，服药控制，空腹血糖6～7 mmol/L。

口腔检查：左颊黏膜后部可见面积约 4 cm×4 cm 的白色斑块，病损边界清楚，表面粗糙，呈颗粒样增生。触之质尚软。下颌牙列缺失，|3-7 缺失，7-4| 缺失。其余部位黏膜未见明显异常。

思考题：
1. 患者最可能的诊断是什么？
2. 需要做哪些辅助检查以明确诊断？

【流行病学】

口腔白斑病的全球流行病学调查研究数据差异较大，1978—2005 年，WHO 数次修订白斑病的定义，导致不同时期的调查研究对于诊断和纳入标准不统一。1978 年，WHO 对口腔白斑病的定义为：口腔的白色斑块或斑片，临床和病理学上都不能诊断任何其他已知可定义的疾病。1984 年，口腔白斑病第一次国际研讨会将口腔白斑病的定义修改为：口腔的白色斑块或斑片，临床和病理学上都不能诊断为任何其他已知可定义的疾病，除烟草刺激外，不伴任何物理和化学刺激因素。1996 年，WHO 将其定义修改为：口腔黏膜外观明显的白色病损，不具备任何可知的病损的特点。2005 年，WHO 将口腔白斑病重新定义为：发生于口腔黏膜以白色病损为主的损害，不能被擦去，临床和组织病理学上不能诊断为其他可定义的损害，属于口腔潜在恶性疾病。1976 年，瑞典学者的调查研究显示，30 118 名研究对象中口腔白斑患病率为 3.6%。Mehta 和 Pindborg 在印度调查 5 万多人，患病率为 4%。2003 年的系统综述研究结果显示口腔白斑病的患病率为 1.49%。

根据 1978 年 WHO 对口腔白斑病的诊断标准，我国共普查 134 492 人，患病率为 10.47%。而根据 1983 年 WHO 修订的白斑病定义及诊断标准，对北京市 2018 人的调查研究显示，患病率则为 4.7%。2015—2017 年，我国第四次全国口腔健康流行病学调查报告显示，35～44 岁年龄组、55～64 岁年龄组和 65～74 岁年龄组，口腔白斑病的检出率分别为 204/10 万、368/10 万和 384/10 万。

【病因及发病机制】

口腔白斑病的病因及发病机制尚不清楚，可能与下列因素有关。

1. 烟、酒等理化刺激因素 烟草是口腔白斑病发生的重要因素。口腔白斑病的发生率与吸烟史的长短以及吸烟量的多少呈正比关系。烟草制品的种类也与口腔白斑病发生率的高低有关，发生率由高至低依次是：吸旱烟＞吸纸烟＞吸水烟。吸烟方式以及烟草质量也与口腔白斑病发生率有关，如将燃烧的烟草一端放入口中的倒吸烟方式所导致的口腔白斑病和口腔鳞状细胞癌的发生概率显著增高。劣质烟草诱发口腔白斑病和口腔癌的可能性更大。

烟草中有害物质（如二甲基苯并芘）的刺激可能是白斑病发生的主要原因。烟雾中的丙烯醛和氰化物可抑制口腔黏膜上皮细胞呼吸和 RNA 生成，使黏膜的角化过程发生异常。此外，吸烟时温度刺激也与白斑形成有关。

酒精是发生口腔白斑病的另一个危险因素，酒精中的乙醇、乙醛均为致癌物。目前研究显示，饮酒是 OLK 发病的独立危险因素之一。但饮酒对 OLK 的癌变率无显著影响。

过烫或酸辣食物、槟榔等局部理化刺激因素可能与口腔白斑病有关。咀嚼槟榔同时吸烟者 OLK 患病率显著升高。槟榔属于致癌物，咀嚼槟榔也易引起其他口腔黏膜潜在恶性疾病。

2. 念珠菌感染 有研究显示，口腔白斑病的发生与念珠菌感染关系密切，念珠菌感染是口腔白斑病发病和癌变的重要危险因素，但其因果关系目前尚存在争议。舌部是念珠菌感染最常发生的部位，上皮异常增生患者念珠菌检出率高于无异常增生患者。与念珠菌感染密切相关的口腔白斑改变，称为念珠菌白斑。念珠菌白斑好发于口角内侧三角区，刮取黏膜组织或取活体组织后切片经 PAS 染色可发现垂直伸入上皮层的菌丝，上皮呈过度角化或角化不全，有炎症细胞浸润及渗出物，棘层显著增生，有丝分裂较正常黏膜多。此型白斑发生癌变的可能性大。Cawson 等报道 138 例白斑病患者中 16.8% 伴有白念珠菌感染，白念珠菌可以促进上皮异常增生，可能促使白斑癌变。白念珠菌感染作为口腔白斑病的致病因素，其作用不可被忽视。

3. 人乳头瘤病毒 人乳头瘤病毒（human papilloma virus，HPV）与口咽癌的关系较密切，HPV 在口腔白斑病发生以及癌变过程中的作用也备受关注。有研究发现，口腔白斑组织中 HPV DNA 含量增高。最新的 Meta 分析结果显示，OLK 患者中 HPV 检出率为 20.2%，最常检出的是 HPV-16，提示 HPV 可能参与口腔白斑的发生。有研究显示，HPV 感染与上皮异常增生有一定的相关性。此外，伴 HPV-16 感染的上皮异常增生患者发生癌变的风险可能会增加。目前研究结果尚不统一。HPV 感染是否是口腔白斑的病因或者 HPV 感染是否可以促进口腔白斑的癌变，目前仍不明确，有待进一步深入研究确认。

4. 全身因素 包括微量元素、微循环改变、脂溶性维生素缺乏等。研究发现，机体中锰、锶、钙缺乏与口腔白斑的发生显著相关，其中与锰的关系最为密切。口腔白斑病患者使用活血化瘀药改善微循环后，病情可得到缓解，因此考虑本病可能与微循环障碍有关。上皮代谢与维生素紧密相关，维生素 A 缺乏可导致上皮过度角化，维生素 E 缺乏可造成上皮氧化异常，使之对刺激因素敏感而易患口腔白斑。某些全身系统性疾病与口腔白斑的发生和癌变有关，如糖尿病患者的口腔白斑发生率和癌变率都显著升高。

【临床表现】

白斑可发生于口腔黏膜的任何部位，以颊黏膜最多见，唇、舌（包括舌背、舌腹、舌缘）亦较多见。上腭、牙龈及口底亦可发生白斑，但较上述部位少见。

白斑临床表现为口腔黏膜上出现的白色斑块，质地紧密，界限清楚，并稍高于黏膜表面。与正常黏膜相比，其弹性及张力较低。病损范围可以小而局限，也可以是大面积且广泛分布。病损颜色可呈乳白色、灰白色。病损表面可为粗糙不平的皱纸状，或表面有颗粒增生，或呈疣状突起，也可发生糜烂，甚至可在白色病变中掺杂一些发红的区域。发生于腭部的白斑表现为硬腭白色角化病变处可见红色脐状凹陷点，为腭腺导管口。发生于口底和舌侧缘的白斑易癌变。

患者多无明显的自觉症状。部分患者有粗涩不适感。白斑如果发生糜烂，则可引起疼痛。白斑的临床表现差异较大，且各种不同的表现其预后也不尽相同。参考 WHO 口腔白斑和口腔扁平苔藓及其癌变协作组会议的分型标准，将白斑分为均质型白斑和非均质型白斑。非均质型白斑包括疣状型白斑、颗粒型白斑和溃疡型白斑。

1. 均质型白斑（homogeneous leukoplakia） 病损特点表现为白色斑块，略高出黏膜面。白斑表面略粗糙，呈皱纹纸状，有时可出现细小裂纹。患者一般无自觉症状，或有发涩感（图 9-16）。

2. 非均质型白斑

（1）疣状型白斑（verrucous leukoplakia）：病损表现为白色斑块，厚而高出黏膜面，表面呈刺状或结节状突起。质地较硬，有粗糙感（图 9-17）。

增殖性疣状白斑（proliferative verrucous leukoplakia，PVL）是疣状白斑的特殊类型，表现为多部位受累，范围广，易复发，具有侵袭性增殖的特征。PVL 伴有上皮异常增生时，具有极高的癌变风险。文献报道，约有 70.3% 的 PVL 患者病损部位可发生癌变，平均癌变时间为 7.7 年。PVL 好发于老年女性和非吸烟者，牙龈为好发部位，其次是颊黏膜和牙槽嵴黏膜。有学者认为，PVL 的发生与病毒感染有关。

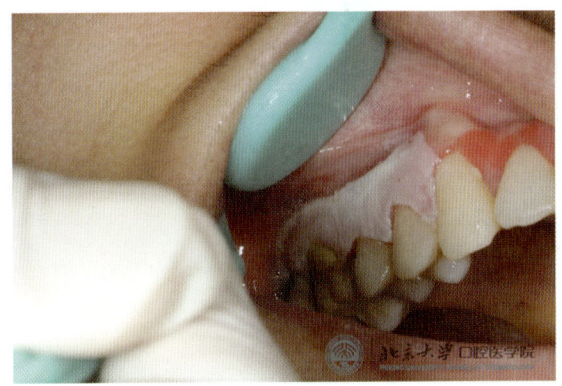

图 9-16　均质型白斑
（北京大学口腔医学院供图）

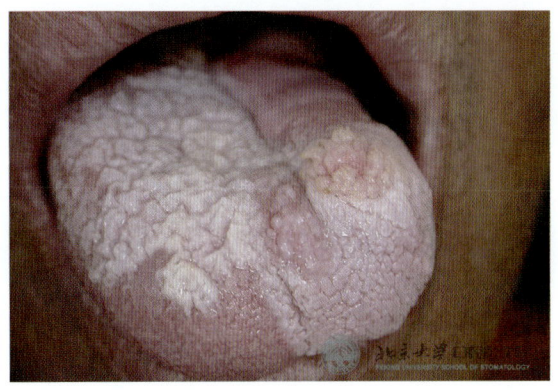

图 9-17　疣状型白斑
（北京大学口腔医学院供图）

（2）颗粒型白斑（granular leukoplakia）：病损特点是在发红的黏膜面上有细小颗粒样白色角化病损，高出黏膜面，表面不平，似绒毛样（图 9-18）。患者多有刺激痛。在非均质性白斑中，癌变率最高。

（3）溃疡型白斑（ulcerous leukoplakia）：病损特点为在白色斑块基础上有溃疡形成（图 9-19）。常有明显的疼痛。

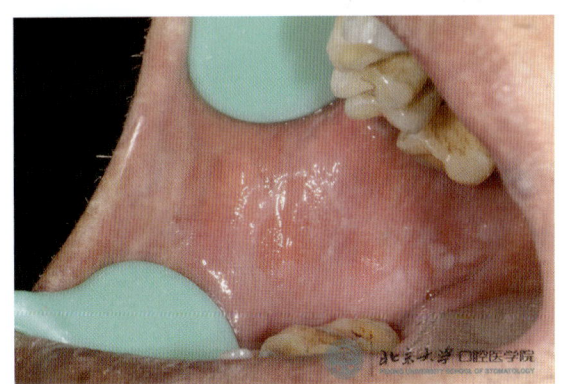

图 9-18　颗粒型白斑
细小颗粒样白色角化病损
（北京大学口腔医学院供图）

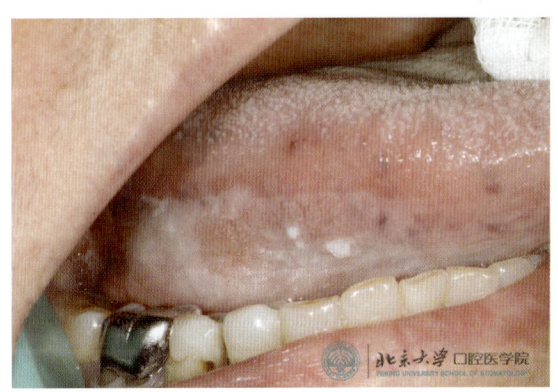

图 9-19　溃疡型白斑
（北京大学口腔医学院供图）

【病理表现】

口腔白斑病的组织病理学表现为上皮过度正角化或过度角化不全。颗粒层明显，棘层增厚，上皮钉突较大。结缔组织中有数量不等的炎症细胞浸润。疣状白斑的特征为上皮增厚，表面明显过度角化，有角质栓塞使表面呈刺状突起。溃疡型白斑的特征是上皮被破坏，形成溃疡。根据上皮增生和紊乱的程度，可以将口腔白斑病的病理变化分为两种情况。

1. 上皮单纯性增生　上皮单纯性增生时没有异常的上皮细胞。表面过度角化可为过度正角化和（或）过度角化不全。固有层内有炎症细胞浸润。均质性白斑多属于此种病理变化。

2. 上皮异常增生　具有上皮异常增生的口腔白斑，有较大的恶变倾向。WHO 建议，在口腔白斑病的病理诊断报告中必须注明是否伴有上皮异常增生，以便在临床上采取相应的治疗措施及判断预后。

关于上皮异常增生的诊断，目前采用 2017 年 WHO 头颈部肿瘤病理学分类公布的标准（表 9-6）。

表 9-6　上皮异常增生的诊断标准

上皮结构改变	细胞形态改变
上皮分层不规则	细胞核大小异常
基底细胞极性丧失	细胞核形态异常
钉突呈滴状	细胞大小异常
有丝分裂数量增加	细胞形态异常
异常浅层核分裂象	细胞核/细胞质比例增高
单个细胞成熟前角化	不典型核分裂象
上皮钉突内角化珠形成	细胞核仁数量和大小增加
上皮细胞黏附性丧失	细胞核深染

　　通常根据组织结构和细胞形态改变，综合判定上皮异常增生。①鳞状上皮增生：当棘层和（或）基底层和近基底层细胞数量增多时，组织结构上表现为正常分层，无细胞的非典型性时为鳞状上皮增生（图 9-20）。②轻度异常增生：组织结构紊乱一般局限于上皮下 1/3 处，并有最轻微的细胞非典型性（图 9-21）。③中度异常增生：基本标准是结构紊乱延伸至上皮中 1/3（图 9-22）。然而，细胞非典型性的程度高时，可考虑升高异常增生的级别。④重度异常增生：结构紊乱超过上皮下 2/3，合并细胞非典型性变化（图 9-23）。然而，如前所述，当结构紊乱延伸至中 1/3 处，合并有足够的细胞非典型性时，可将中度异常增生的级别升高到重度异常增生。⑤原位癌：是指出现恶变，但无浸润。原位癌不可能从临床形态上确认。

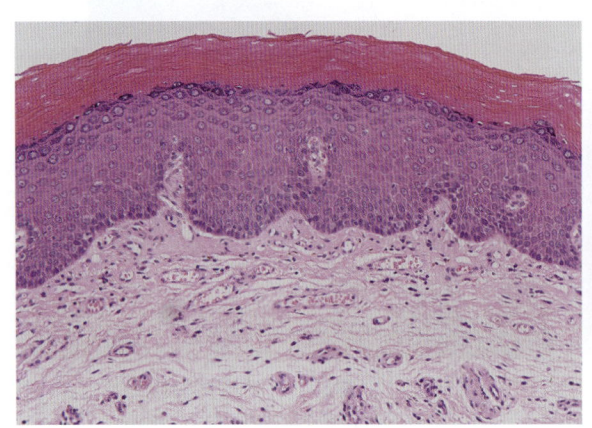

图 9-20　口腔白斑-上皮单纯增生
（北京大学口腔医学院供图）

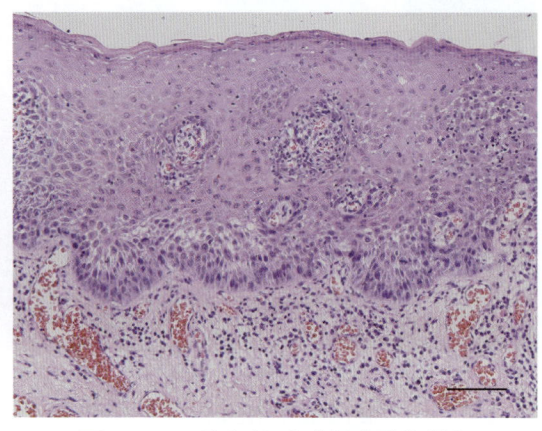

图 9-21　口腔白斑-上皮轻度异常增生
（北京大学口腔医学院供图）

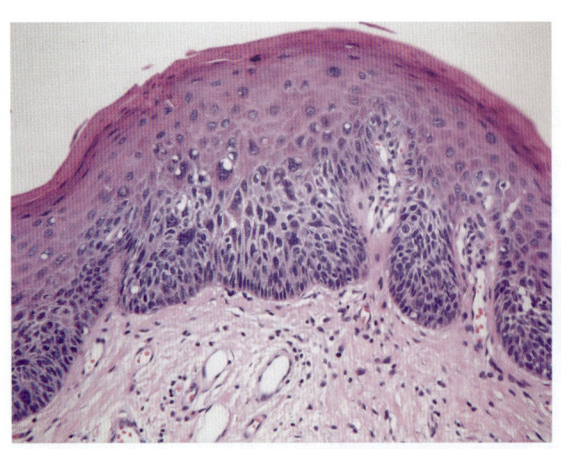

图 9-22　口腔白斑-上皮中度异常增生
（北京大学口腔医学院供图）

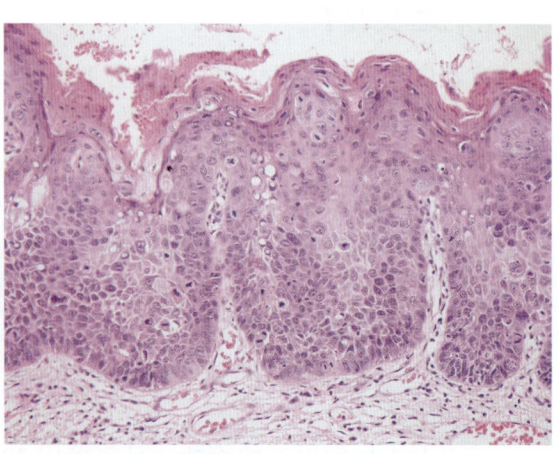

图 9-23　口腔白斑-上皮重度异常增生
（北京大学口腔医学院供图）

【诊断】

口腔白斑病的诊断需根据临床表现和病理表现作出综合判断。脱落细胞检查和甲苯胺蓝染色以及自体荧光技术等可辅助判断口腔白斑的癌变情况。

1. 诊断 口腔白斑病的诊断分为以下几个阶段：发现白色的黏膜斑块，不能诊断为其他疾病时，即可作出临床印象诊断，这种临时性诊断可能包括一部分白色角化症病例；如果去除局部刺激因素，2～4周后病损无改善，则可作出临床观察诊断；结合组织病理学检查，未发现任何可定义的病损，符合口腔白斑病的损害特征，即可作出组织病理学诊断。

口腔白斑病的分类及分级系统有助于判断病情，评价疗效，目前常用的是口腔白斑病分类及分级系统（classification and staging system for oral leukoplakia staging system，OLEP）系统（表9-7）。

表 9-7 口腔白斑病分类及分级系统（OLEP）

L（病损面积）	
L1	单个或多个病损总面积 < 2 cm
L2	单个或多个病损总面积 2～4 cm
L3	单个或多个病损总面积 > 4 cm
P（病理改变）	
P0	无上皮异常增生
P1	轻度或中度异常增生
P2	重度异常增生
分级系统	
Ⅰ级	L1 P0
Ⅱ级	L2 P0
Ⅲ级	L3 P0 或 L1/L2 P1（即病损面积为 L1 或 L2）
Ⅳ级	L3 P1 或 L1/L2/L3 P2（即任何大小的病损面积）

2. 辅助诊断 近年来，一些无创、微创的方法（如脱落细胞检查，甲苯胺蓝染色、自体荧光技术等）用于口腔白斑病的诊断、病情监测，有助于提高口腔白斑病的精确诊治。

（1）脱落细胞检查：刮取病变组织表面细胞进行染色和分析，可以作为组织病理学的辅助检查以及长期随访的无创检查方法。刮取病变组织处细胞行巴氏染色和Feulgen染色等。巴氏染色可用于判断早期癌变的脱落细胞，特点是细胞核增大1～5倍，核质比例增加，核深染，有细胞异型性，胞质空泡形成，核膜模糊等。

DNA异倍体和染色体异倍体一致，可以作为细胞恶变的标志。脱落细胞经Feulgen染色后进行DNA定量分析作为近年来新的无创检查方法，具有较高的灵敏度和特异性。近期Meta分析结果显示，DNA异倍体检测诊断异常增生/癌的灵敏度为0.74，特异性为0.90。

（2）甲苯胺蓝染色：将1%甲苯胺蓝溶液涂于擦干的病损表面，20 s后用1%醋酸溶液洗去。深蓝色着色部位为可疑癌变部位，此处可作为组织活检部位。Meta分析结果显示，甲苯胺蓝染色诊断OLK上皮异常增生/癌变的灵敏度为0.51，特异性为0.85。

（3）自体荧光技术：自体荧光技术是目前新兴的癌症诊断技术，目前有很多较成熟的装置，如VEL Scope。在该仪器照射下，口腔内正常组织呈淡绿色，非正常组织为暗区，恶变区域表现出荧光缺失。可以作为组织病理取材部位的指示以及病情监测的指标之一。临床需要注意假阳性的辨别。Meta分析结果显示，自体荧光技术诊断OLK上皮异常增生/癌变的灵敏度为0.81，特异性为0.22。

【鉴别诊断】

1. 白色角化症　白色角化症是由于黏膜长期受明显的机械或化学因素刺激而引起的白色角化斑块。口腔内的残根、残冠、不良修复体或吸烟产生的烟碱等均为常见的刺激因素。白色角化症的白色斑块呈淡白色或乳白色（角质层较厚时），表面较平滑，无结节。基底柔软，黏膜弹性及张力无明显变化。病变部位一般情况下长期处于稳定状态。消除上述刺激因素后，病损会逐渐变薄，最后完全消退。组织病理变化主要表现为上皮表层过度角化及棘层增厚，无上皮异常增生。固有层内有少量炎症细胞浸润。这种病变和白斑病不同，基本上是良性病变。

2. 白色水肿　白色水肿多见于颊黏膜，表现为黏膜增厚、发白，但很柔软，弹性正常。口镜牵拉后，白色病损可以减轻或消失。吸烟者往往开始有白色水肿，久而久之可形成白色角化斑。组织病理表现为上皮增厚，上皮细胞内水肿，表层往往无角化。

3. 白色海绵状斑痣　是一种家族遗传性疾病，研究显示与编码角蛋白4、13的基因变异有关。病损表现为黏膜增厚、发白，但较柔软，有轻微皱褶。病变以颊黏膜最常见，面积较大，也可见于口腔黏膜其他部位。鼻腔、外阴、肛门等处黏膜亦可发生同样病变。病理表现为上皮增厚，上皮细胞内水肿。棘细胞胞质内有嗜伊红物质在细胞核周围聚集。

4. 迷脂症　又称皮脂腺异位症。临床表现为高出黏膜面的黄白色小斑点或小颗粒，可丛集成斑块样。以双侧颊黏膜及唇部黏膜多见。

5. 口腔念珠菌病　假膜型口腔念珠菌病可以表现为白色凝乳状绒膜，可以剥离而留下充血的黏膜面。本病多见于婴幼儿、长期患病的年老体弱者以及免疫功能低下的患者。

慢性增殖型念珠菌的病因真菌能穿破上皮细胞的细胞膜进入细胞内寄生，进而引起上皮细胞增殖，形成白斑样的损害。活检用过碘酸希夫染色法（PAS染色法）可在上皮内发现念珠菌菌丝，上皮浅层有微小脓肿。病损涂片亦可发现菌丝。

6. 口腔扁平苔藓　本病的临床特征为黏膜上出现白色丘疹组成的白色条纹。这些条纹相互交织形成网状、环状、树枝状等。除舌背病变可呈白色斑块及条纹外，其他部位口腔黏膜都很少形成斑块。病变基底层黏膜多表现为充血、发红，可有糜烂，且糜烂可反复发作。部分患者可伴有皮肤病损。典型的皮损为多角形丘疹，自觉症状主要为瘙痒。

病理表现特征为上皮基底层有液化、变性。固有层内有大量淋巴细胞浸润，形成致密的淋巴细胞浸润带。白斑病变则无此特点。

7. 口腔黏膜下纤维性变　本病是一种慢性进行性疾病，主要与咀嚼槟榔有关。病损表现为黏膜呈淡白色，似云雾状，并可触及黏膜下纤维性条索。病变以颊部多见。舌背亦可见黏膜发白，舌乳头萎缩。上腭可呈灰白色，悬雍垂缩小。疾病后期，患者可有舌运动及张口受限，吞咽困难。自觉症状有灼热感、口干及刺激性疼痛。临床须注意口腔黏膜下纤维性变同时发生口腔白斑病的情况。

病理表现为上皮增生或上皮萎缩，有时增生及萎缩可同时存在。部分病例可见上皮异常增生。上皮下可见胶原纤维呈束状或片状增生，并有玻璃样变性。

【防治】

目前对口腔白斑病尚无根治方法。其治疗原则是：口腔卫生宣传教育、消除局部刺激因素、监测并预防癌变。

1. 口腔卫生宣传教育　加强口腔健康卫生宣传教育是口腔白斑病早期预防的重点。

2. 消除刺激因素　提倡健康生活方式，如戒烟，戒酒，戒除咀嚼槟榔的习惯，少食酸、辣、烫、麻等刺激性食物；去除残根、残冠、不良修复体等口腔内一切机械刺激因素。

3. 药物治疗

（1）维生素 A 及维生素 A 酸：维生素 A 可维持上皮组织结构的完整及健全，缺乏维生素 A 可引起上皮干燥、增生和角化。成人每次剂量为 2.5 万单位，每天 1~2 次口服。

维生素 A 酸是维生素 A 的中间代谢产物，可促进上皮细胞增生、分化，溶解角质，从而防止上皮过度角化，仅用于治疗角化程度较高的白斑。口服时，初始剂量宜小，每次 5 mg，每天 2~3 次。若能耐受，则可逐步加大剂量至每天 20~30 mg。不良反应包括：唇炎、口干、结膜炎、甲沟炎、脱发、光敏感、皮肤色素改变等。此外，患者还可出现头痛、头晕、轻度腹泻、鼻出血、肝损伤、高三酰甘油血症。因其有致畸性，故孕妇禁用。由于全身使用不良反应大，所以推荐局部用药。用法及剂量：0.025%~0.1% 维生素 A 软膏或 1% 维胺酸局部涂擦，每天 1~2 次，病损减轻后可减量使用。治疗一至数周后，白斑可逐渐减轻或消退，部分患者可出现停药后复发。对出现充血、糜烂病损者不推荐使用。

（2）维生素 E：维生素 E 属于抗氧化剂，在体内能保护其他物质不被氧化，减少过氧化物质生成。维生素 E 是某些辅酶系统的辅助分子，可增强多功能氧化酶活性，改善细胞功能，促进细胞修复。

维生素 E 可防止维生素 A 在消化道内被氧化，有利于吸收并延长其在肝内的储存时间。故可单独或与维生素 A 联合使用。每次口服 50 mg，每天 3 次。

（3）其他：番茄红素、β 胡萝卜素等也可用于治疗白斑病。β 胡萝卜素的剂量为每天 10 mg。有研究报道使用 β 胡萝卜素剂量为每周 360 mg 时，可引起头痛、肌肉疼痛。番茄红素的作用特点是淬灭单线态氧、清除氧自由基，因此可以发挥抗氧化损伤，防止 DNA 损伤，抑制细胞死亡的作用。剂量为每天 4~8 mg，服用 3 个月，66.25%~80% 的患者白斑有临床缓解，未发现明显不良反应。

4. 光动力学疗法 光动力学疗法（photodynamic therapy，PDT）是用光敏药物和激光照射治疗肿瘤的新方法。用特定波长的光照射肿瘤部位，能使选择性聚集在肿瘤组织的光敏药物活化，引发光化学反应并破坏肿瘤。目前该疗法也可用于治疗口腔白斑病，尤其是对于有上皮异常增生者效果更好。常用治疗参数：波长为 420~660 nm，照射时间为 60~1000 s，能量为 100~150 mW/cm^2。Meta 分析结果显示，光动力学疗法治疗 OLK 的总体有效率为 75%，完全缓解率约为 26%。另一项观察性研究结果显示，在平均时间为 87.6 个月的随访期内，光动力学疗法治疗口腔上皮异常增生患者后，总体复发率为 11.6%，癌变率为 7.5%。光动力学疗法治疗过程中可能出现疼痛、痒、灼热感等；治疗后可出现水肿、溃疡等。上述不良反应可在治疗后一段时间好转或消失。

5. 激光治疗 激光治疗可以去除黏膜表层的组织，对结缔组织损伤小，患者术后只有轻微疼痛和水肿，遗留瘢痕的可能性小。一项 Meta 分析，结果显示在平均 58.2 个月的随访期内，使用激光治疗完全去除 OLK 患者的病损后，合并复发率为 24%，合并癌变率为 4.9%。最常用的是 CO_2 激光和 Nd:YAG 激光。

6. 外科治疗 外科手术切除白斑仍是目前不可缺少的治疗方法。虽然少数病例手术后仍有复发，但对于上皮重度异常增生病损、发生于癌变危险区的白斑，以及疣状白斑、颗粒型白斑、溃疡型白斑等非均质型白斑患者，仍需及时采取手术方法治疗。对轻至中度上皮异常增生病损者可以暂缓外科治疗，但须密切追踪其病情变化。如有恶变倾向或病变发生于危险区，则应考虑手术切除。

7. 随访 目前，对于口腔白斑病患者的随访频率尚未达成国际共识。多数学者认为，无论病损是否完全切除，均应于术后第 1 年内每 3 个月复查 1 次。若病情无复发，则可延长至每 6 个月复查 1 次。5 年内未复发者可以采取患者自我检查的方式，如果出现临床变化，则可再次活检。国内最新的循证临床指南推荐，一旦确诊为 OLK，则无论是否采取积极措施治疗以及采取何种治疗方法，均应对患者定期进行随访。对于无高危因素者，每 3 个月随访 1 次。对有高危因素的 OLK 患者，每 1～3 个月随访 1 次。

【预后】

口腔白斑病属于口腔潜在恶性疾病。据最新的系统综述研究显示，口腔白斑病癌变率为 3.5%。病理检查有无异常增生及异常增生的程度是目前预测癌变风险最重要的指标。口腔白斑病患者伴有以下情况时癌变倾向较大，应严密随访观察，必要时可行多次活检或辅以无创、微创检查方法。

诸多因素可导致口腔白斑发生癌变：

1. 病理表现　伴有上皮异常增生者，异常增生程度越重，越易发生癌变。

2. 临床类型　疣状型白斑、颗粒型白斑、溃疡型白斑患者，以及伴有念珠菌感染、HPV 感染者，易发生癌变。

3. 病损部位　舌缘、舌腹、口底及口角等部位是恶变危险部位。

4. 时间　病程较长者易发生癌变。

5. 吸烟　不吸烟者易发生癌变。吸烟者口腔白斑发生率高，但口腔白斑患者中，不吸烟者癌变风险高。

6. 性别　女性，尤其是不吸烟的年轻女性，易发生癌变。

7. 面积　白斑病损面积大于 200 mm^2 的患者易发生癌变。

Summary

Oral leukoplakia（OLK）is currently defined as "a white patch or plaque that cannot be characterized clinically orpathologically as any other disease"（WHO，1978）. Leukoplakia is the most common oral lesion that may become malignant. The cause of OLK is unclear, but associated with several factors including tobacco, alcohol, candidiasis, electrogalvanic reactions, and（possibly）herpes simplex virus and human papilloma virus.

OLK is more frequently found in men and adults older than 50 years of age. Approximately 70% of OLK lesions are found on the buccal mucosa, vermilion border of the lower lip and gingiva. OLK is classified into four types: homogeneous leukoplakia, nodular（speckled）leukoplakia, verrucous leukoplakia and ulcerative leukoplakia.

Histologically, OLK is characterized by variable patterns of hyperkeratosis and chronic inflammation. Definitive treatment involves surgical excision although cryosurgery and laser ablation are often preferred because of their precision and rate of healing. Antioxidant nutrients and vitamins may be recommended to patients. Programs have included single and combination dosages of vitamins A, C, and E, beta carotene, analogues of vitamin A, and diets that are high in antioxidants and fruits & vegetables.

After surgical removal, long-term monitoring is important since recurrences are frequent and additional leukoplakia may develop.

Definition and Terminology

口腔白斑病（oral leukoplakia）: The term leukoplakia should be used to recognize white plaques of questionable risk having excluded（other）known diseases or disorders that carry no increased risk for cancer.（WHO，2005）Leukoplakia is one of the most common oral potentially malignant disorders. Leukoplakia is one of the most common oral potentially malignant disorders.

第四节　口腔红斑病
Oral Erythroplakia

口腔红斑病（oral erythroplakia）又称凯拉增生性红斑（erythroplasia of Queyrat）、红色增殖性损害，是一种口腔潜在恶性疾患。1978年，WHO将其定义为：口腔黏膜上出现的鲜红色斑片，呈天鹅绒样，且临床及病理学上不能诊断为其他疾病者。2005年，WHO对红斑的定义没有更改，目前仍沿用1978年的定义。口腔红斑病少见，有限的流行病学资料来自对南亚和东南亚地区的调查研究，结果显示本病的患病率为0.01%～0.83%。口腔红斑病的恶变率为14.3%～66.7%，平均为44.9%。

本病由凯拉（Queyrat）于1911年首先提出，故又名凯拉增生性红斑。1912年，Bowen报道发生于皮肤以及龟头、阴道、口腔等黏膜部位的一种原位癌，称为鲍温病（Bowen Disease）也称Bowen病。有人认为，红斑病是Bowen病的亚型，有时两者难以鉴别。红斑病只发生于黏膜或黏膜与皮肤交界处，而Bowen病除黏膜外，还可发生于各处皮肤。

【病因】

口腔红斑病的病因不明。目前认为，口腔红斑病的发生与吸烟、饮酒以及在此过程中发生的遗传学改变有关。红斑发生过程中包含原癌基因的激活以及抑癌基因和DNA损伤修复基因的受损或缺失。这些突变的发生可削弱基因组对细胞正常分裂的监控能力。随着突变的逐渐发生，上皮细胞最终发生癌变。

【临床表现】

口腔红斑病好发于中老年患者，无性别差异。临床表现为大小不等的鲜红色斑块或斑片，边界清楚，表面光滑，或在红斑基础上有颗粒增生。病变可发生于口腔和口咽部黏膜的任何部位，多为单发。患者多无明显自觉症状，部分患者可有轻微刺痛感，很容易被忽视而延误治疗。红斑病一旦发现，则组织病理学上往往表现为重度异常增生甚至原位癌。

口腔红斑病可分为以下三个类型：

1. 均质型红斑（homogeneous erythroplakia）　红斑表面光滑、柔软，似"上皮缺失"。病损边界清楚，直径为0.5～2 cm。红斑区内有时可见外观正常的黏膜。均质型红斑多见于颊、腭等处黏膜。

2. 间杂型红斑（interspersed erythroplakia）　红斑之间夹杂白色颗粒样角化病变，红白相间，易与口腔扁平苔藓相混淆。病损以舌腹、口底等部位多见。

3. 颗粒型红斑（granular erythroplakia）　红色病损区有颗粒样微小结节，呈红色或白色。颗粒型红斑往往是原位癌或早期鳞状细胞癌。

以上三种类型口腔红斑中，间杂型红斑的特点是在红斑基础上有白色角化病变，其表现与颗粒型白斑相类似。虽然将其归入口腔红斑病的范畴，但有时与颗粒型白斑难以鉴别。口腔红斑病更易恶变，需高度警惕。

【病理表现】

病理学表现病变表层主要为角化不全或混合角化，单纯角化较少见。病损区上皮增生，上皮钉突增大伸长，而钉突之间的上皮萎缩、变薄，使结缔组织更接近表面。又因结缔组织中血管扩张、充血及血管增生，故病变在临床上表现为红斑。结缔组织中有炎症细胞浸润。多数口

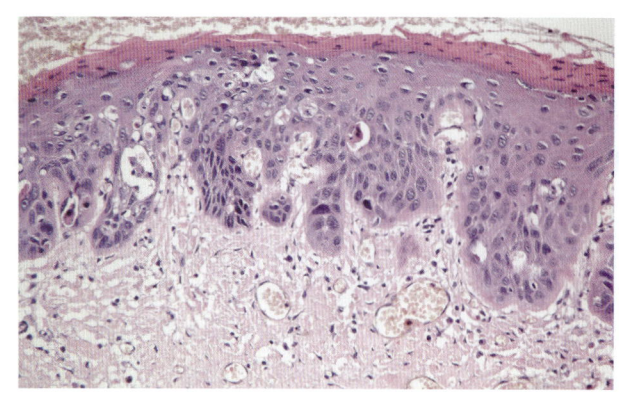

图 9-24 口腔红斑-上皮重度异常增生
（北京大学口腔医学院供图）

腔红斑病的病理学检查可见上皮异常增生，甚至已经进展为原位癌（图 9-24）。

【诊断】

口腔红斑病的诊断需要依靠临床和组织病理学表现，最终确诊必须有组织病理学检查证据支持。口腔红斑病有以下临床特点：

1. 病损表现为无明确原因引起的红斑，如无创伤因素，无局部或全身感染引起的炎症，亦无其他任何可引起黏膜发红的疾病等。

2. 红斑界限较清楚。患者自觉症状不明显，或无自觉症状。

3. 常规抗感染治疗无效。

此外，甲苯胺蓝染色，DNA 倍体分析及自体荧光检查等可用于口腔红斑早期癌变筛查。甲苯胺蓝染色是一种简便、快速的检查口腔黏膜早期癌变的方法。甲苯胺蓝染料能与核酸结合而使其显色。当细胞代谢活跃，核酸大量增加时，黏膜呈深蓝色。利用该法可判断上皮细胞状态及指导临床确定组织活检部位。取染色阳性区域行活检准确性高。

【鉴别诊断】

1. 糜烂型扁平苔藓 中年女性患者多见，病损多为对称分布。充血的黏膜病损周围可见白色网纹或斑块。白色病损稍高出黏膜表面，边界不清，可伴有充血、糜烂损害。病理检查可见上皮角化不全，基底细胞液化、变性，固有层内淋巴细胞呈带状浸润。而红斑病损边界清楚，表面呈天鹅绒样柔软而平整，或伴有颗粒或结节。红斑病损相对稳定，不易愈合。组织病理学表现为上皮异常增生，甚至已是原位癌或早期浸润癌。

2. 义齿性口炎 均质性口腔红斑病要与义齿性口炎引起的黏膜红斑相鉴别。后者为念珠菌感染而引起的黏膜病变，在义齿的组织面可找到念珠菌菌丝，抗真菌治疗有效。

3. 口腔结核 颗粒性红斑要与口腔结核的颗粒增生病变相鉴别。组织病理变化以及结核相关的辅助检查有助于鉴别，如 X 线检查以及结核菌素试验、病损区分泌物抗酸染色、结核分枝杆菌分离培养以及活体组织检查等有助于鉴别。

【治疗】

1. 对临床上出现的红斑，首先给予抗感染治疗，如治疗 1~2 周后仍无好转，则应及时活检以明确诊断。

2. 应消除口腔内一切刺激因素。

3. 如已确诊为尚未发生癌变的红斑病，则应给予手术治疗、激光治疗、光动力学疗法、冷冻疗法等措施，不宜行保守治疗，因为红斑病恶变倾向大，且有些病例可能已经发生癌变。

Summary

Erythroplakia has been defined as a "bright red velvety plaque or patch that cannot be characterized clinically or pathologically as a result to any other condition". Although the etiology of erythroplakia is uncertain, most cases of erythroplakia are associated with heavy smoking, with or without concomitant alcohol abuse.

Erythroplakia occurs predominantly in older men, in the sixth and seventh decades of life. Erythroplakia are more commonly seen on the floor of the mouth, the ventral tongue, the soft palate and the tonsillar fauces, all prime areas for carcinoma development. These lesions are commonly described as erythematous plaques with a soft velvety texture that are asymptomatic.

Histologically, 80% to 90% of cases of erythroplakia have severe epithelial dysplasia, carcinoma in situ or invasive carcinoma. A biopsy is mandatory for lesions persistent over 1 week of observation following the elimination of suspected irritants. Long-term follow-up is mandatory.

Definition and Terminology

口腔红斑病（oral erythroplakia）has been defined as a "bright red velvety plaque or patch which cannot be characterized clinically or pathologically as a result to any other condition".

第五节　口腔白色角化症
Oral Leukokeratosis

口腔白色角化症（oral leukokeratosis）又称口腔白色角化病、良性角化过度（benign hyperkeratosis），是由长期机械或化学因素刺激造成的口腔黏膜局部白色角化斑块或斑片。

【病因】

长期机械或化学因素刺激是白色角化症发生的主要原因。牙齿的残根、残冠，不良修复体或烟草等刺激最为常见。刺激去除后，病损可逐渐好转或消退。

【临床表现】

白色角化症可发生于口腔黏膜的任何部位，以颊、唇、舌部最常见。临床表现为灰白色、浅白色或乳白色边界不清的斑块或斑片，不高或略高出黏膜面，表面平滑，基底柔软。与周围正常黏膜相比，病损黏膜的质地及弹性无明显变化。

发生于硬腭的白色角化症表现为弥漫性灰白色或浅白色角化斑片，中央散在分布红色点状区域，是腭腺的开口。这主要是由于长期烟草刺激造成的，因而又称烟碱性（尼古丁性）口炎（nicotinic stomatitis）或烟碱性（尼古丁性）白色角化病。患者可有干涩、粗糙等自觉症状（图9-25，图9-26）。

【病理表现】

组织病理表现病损区上皮过度角化或部分角化不全，上皮轻度增厚，棘层增厚或不增厚，上皮钉突伸长，基底细胞正常，基底膜清晰完整，固有层内无炎症细胞浸润或有少量浆细胞和淋巴细胞浸润。

【诊断】

根据临床表现，即口腔黏膜局部白色或灰白色斑块、斑片，结合不良修复体、残根、残冠等与病损相符的局部刺激因素和长期吸烟史，以及去除刺激2～4周后，白色病损颜色变浅，范围明显缩小，甚至消失，即可作出诊断。

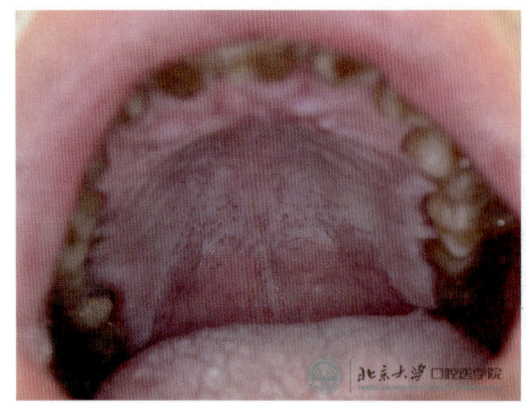

图 9-25　烟碱性口炎（上腭）
上腭黏膜广泛白色角化
（北京大学口腔医学院供图）

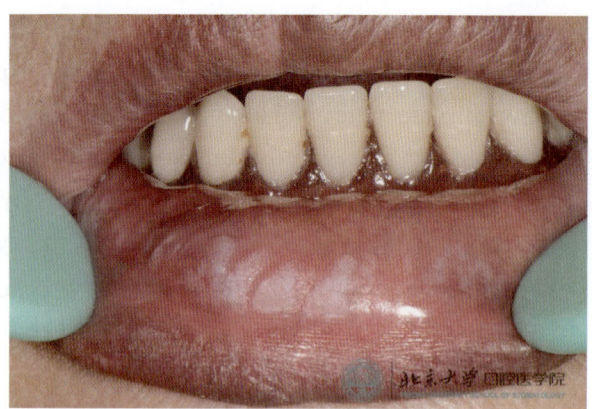

图 9-26　烟碱性口炎（下唇）
（北京大学口腔医学院供图）

【鉴别诊断】

1. 白色水肿　白色水肿多见于双侧颊黏膜咬合线处，表现为呈灰白色或乳白色半透明的斑膜，柔软。有时病变区域可出现皱褶，牵拉后病损颜色变浅或消失。患者无自觉症状。本病为良性病变，原因不明，可能与吸烟、进食刺激性食物等局部因素有关。组织病理学表现为病损处上皮增厚，上皮细胞内水肿，空泡性变，细胞核固缩或消失，基底层无变化。

2. 颊白线　位于双侧颊部或双侧后牙咬合线对应的黏膜处，呈连续的白色或灰白色线条，与牙列外形吻合，呈水平方向延伸，多由咀嚼时牙齿持续性刺激所致。成年人常见，患者无自觉症状。组织病理学表现为上皮细胞内水肿。

3. 口腔白斑病　口腔白色角化症易与口腔白斑病相混淆。口腔白斑病的损害周围无明显刺激因素，或者采取戒烟、调磨牙尖等措施去除可疑刺激因素后，白色斑块样损害仍不消失。组织病理学检查可明确诊断。

【治疗】

去除刺激因素，随访观察。对角化严重者可局部使用维生素 A 酸类药物治疗。

Summary

Oral leukokeratosis is benign hyperkeratosis characterized by white plaque lesions on the oral mucosa, caused by local mechanical or chemical stimulation including smoking and alcohol consumption. Oral leukokeratosis can occurred in any part of the oral mucosa that is exposed to friction and trauma. The development of frictional hyperkeratosis is facilitated when the oral mucosa is exposed to these factors. Oral leukokeratosis is asymptomatic but can cause anxiety for it can be perceived as malignant or premalignant lesion.

In most cases, the diagnosis can be established based on the clinical manifestations. Biopsy can be performed to exclude premalignant lesion when necessary. The histopathologic picture is characterized by hyperkeratosis without dysplasia and no or mild subepithelial inflammation.

The ultimate way to differentiate between frictional keratosis and leukoplakia is to reduce or eliminate predisposing factors and await remedy.

No surgery is indicated for the benign and asymptomatic condition. Reducing predisposing factors and regular follow-up are sufficient for the treatment.

Definition and Terminology

白色角化症（Oral leukokeratosis）：is benign hyperkeratosis characterized by white plaque lesions on the oral mucosa, caused by local mechanical or chemical stimulation.

第六节　口腔白色海绵状斑痣
Oral White Sponge Nevus

白色海绵状斑痣（oral white sponge nevus，WSN）又称白皱褶病（white folded disease）、软性白斑（soft leukoplakia）、家族性白色皱襞黏膜增生（familial white folded hyperplasia of mucous membrane），是一种少见的常染色体显性遗传病。

【病因】

1909 年，Hyde 首先报道本病。1935 年，Cannon 将该病正式命名。目前认为，白色海绵状斑痣是家族遗传性疾病，主要与位于 12q13.13 染色体上编码角蛋白 4（keratin 4）和 17q21.2 染色体上编码角蛋白 13（keratin 13）的基因变异有关。近年有研究提出，少数散发病例缺乏明显的家族遗传性。

【临床表现】

口腔白色海绵状斑痣的发生无明显性别差异。婴幼儿期即可发病，青春期发展迅速，成年后趋于静止状态，因此年轻患者的病损比中老年患者更明显。本病主要影响颊黏膜、唇内侧黏膜、牙槽嵴、口底、舌腹黏膜，偶可见于鼻腔、阴道、肛门等处。病损表现为灰白色水波样皱褶，似海绵，柔软有弹性。有时皱褶可被无痛性剥离，露出正常组织面（图 9-27）。病损呈对称性分布，患者多无自觉症状。

【病理表现】

组织病理学表现病损区上皮明显增厚和角化不全。棘细胞增大，层次增多，有时可达 40～50 层。上皮细胞呈不同程度的水肿和空泡性变，通常在基底层上区域并延伸至接近表层，以棘细胞浅层和角质层最明显。白色海绵状斑痣的特征性表现是棘细胞胞质内可见细胞核周围聚集的嗜伊红染色物质，该物质是断裂并聚集的角蛋白丝，有助于与白色水肿相鉴别。

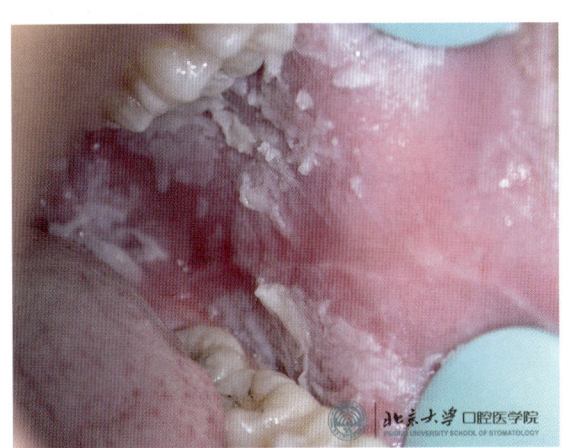

图 9-27　口腔白色海绵状斑痣
灰白色水波样皱褶
（北京大学口腔医学院供图）

【诊断】

根据家族史和临床表现可作出初步诊断，进一步确诊必须依靠病理学检查及基因筛查。

【鉴别诊断】

1. 口腔白色水肿　多见于双侧颊黏膜咬合线处，表现为灰白色或乳白色半透明的斑膜，柔软。有时病损区可出现皱褶，牵拉后病损颜色变浅或消失。本病可发生于任何年龄，无家族遗传性。组织病理学表现为上皮增厚，上皮细胞内水肿，呈空泡性变，细胞核固缩或消失，基底层无变化。而口腔白色海绵状斑痣有家族遗传特征，青少年时期最明显，病理学检查可见棘细胞质内细胞核周围聚集的嗜伊红染色物质。

2. 口腔白斑　表现为白色斑块，表面粗糙，质稍硬，不能被揭去。部分白斑可发生癌变。本病好发于成年人，无家族遗传性。组织病理学表现为上皮过度正角化或过度角化不全。

3. 咬颊症　病损为创伤性白色水肿，多发生在唇内侧和双颊，与咬颊、咬唇习惯有关。病损表现为白色皱褶，部分病损呈剥脱样改变。改变不良习惯后，病损可减轻或消失。

4. 口腔扁平苔藓　好发于中年女性，病损为白色网纹或条纹等，不能被刮除或揭下，病损多为对称分布。病理学检查可见基底细胞液化、变性，固有层内淋巴细胞浸润带。而口腔白色海绵状斑痣发病年龄早，病损表面散布小滤泡，状似海绵，无角化条纹。

【治疗】

患者无症状时无需治疗。有症状时可选择四环素类或氯己定类药物局部含漱，局部涂擦维生素 A 酸制剂，但停药后病情可复发。本病无恶变风险。

Summary

White sponge nevus（WSN）is a rare autosomal dominant disorder. It predominantly affects noncornified stratified squamous epithelium that is characterized by bilateral, white, soft and "spongy" plaques in the mucosa. The surface of the plaque is thick and folded, and can be peeled away from the underlying tissues. The buccal mucosa is most commonly affected, followed by the mucosa of the lip, lingual margin, ventral tongue and floor of the mouth. Extraoral involvement in nasal, esophageal, rectal or anogenital mucosa is occasionally reported.

WSN is putatively attributed to mutations of keratin 4 and/or keratin 13 that are specifically composed of keratin intermediate filaments in the spinous layer of nonkeratinizing stratified epithelium.

Histologically, the affected lesions displayed different degrees of epithelial edema or vacuolization extending from the parabasal region to near the surface, especially in both the shallow spinous and keratinized layers. In addition, there are dispersed keratohyalin granules in the shallow spinous layer, and, more importantly, conspicuous perinuclear eosinophilic condensation of the cytoplasm of the prickle cells.

No treatment is indicated for this benign and asymptomatic condition. Patients may require palliative treatment if the condition is symptomatic. One study has reported partial relief of symptoms with a tetracyclines.

Definition and Terminology

白色海绵状斑痣（white sponge nevus）: is a rare autosomal dominant disorder that is characterized by a bilateral, white, soft and "spongy" plaques in the mucosa.

第七节 盘状红斑狼疮
Discoid Lupus Erythematosus

盘状红斑狼疮（discoid lupus erythematosus，DLE）是累及皮肤黏膜的一种慢性自身免疫病，是红斑狼疮（lupus erythematosus，LE）中最轻的类型，以皮肤黏膜损害为主，一般无全身器官、系统受累情况。病损以持久性红斑，中央萎缩凹下呈盘状为典型特征。DLE 发病率为 0.4%～0.5%，20～40 岁女性多见，女性患者是男性的 2 倍。DLE 属于口腔潜在恶性疾病，有报道其癌变率为 0.5%～4.83%。

案例 9-4

男，40 岁。
主诉：下唇反复脱屑、糜烂一年半
现病史：下唇反复脱屑、糜烂 1 年半，曾用红霉素眼膏等治疗，病情有好转，但仍有反复，有时伴下唇瘙痒感。吸烟 20 年，每天 10 支。否认皮肤病损。
检查：下唇可见白色角化条纹，基底可见片状充血发红，表面有 5 mm×8 mm 的糜烂面，表面结痂，下唇白色条纹状病损延伸至唇红缘和下唇红周围皮肤。上唇红正中可见白色角化病损，表面有脱屑。
思考题：
1. 患者最可能诊断是什么？诊断依据？
2. 需要做哪些辅助检查以明确诊断？

红斑狼疮的分类一直以来存在较大争议。Gilliam 分类法将红斑狼疮分为慢性皮肤红斑狼疮（chronic cutaneous lupus erythematosus，CCLE）、亚急性皮肤红斑狼疮（subacute cutaneous lupus erythematosus，SCLE）、急性皮肤红斑狼疮（acute cutaneous lupus erythematosus，ACLE）。目前国内外常用的分类法将其分为盘状红斑狼疮、系统性红斑狼疮（systemic lupus erythematosus，SLE）、亚急性皮肤红斑狼疮和特殊型红斑狼疮（包括深在性红斑狼疮、肥厚性红斑狼疮、不全性红斑狼疮、急性局限性水肿性红斑狼疮和冻疮样红斑狼疮）。根据损害分布特点，可将盘状红斑狼疮分为局限型盘状红斑狼疮和播散型盘状红斑狼疮。损害超出头面部范围时称为播散型盘状红斑狼疮，损害未超出头面部范围时则称为局限型盘状红斑狼疮。

DLE 转化为 SLE 的概率为 0～28%。其中，播散型 DLE 患者发展为 SLE 的风险更大，约为 22%，而局限型 DLE 仅为 1.2%。

【病因】

1. 病因 本病属于自身免疫病。病因及发病机制尚不明确。大量研究结果显示，其发病可能与遗传、感染、内分泌和环境因素有关。

（1）遗传因素：部分患者有家族史，这已通过人类白细胞抗原（HLA）研究获得初步证实主要是 HLA-DRB1 等。DLE 的发生涉及多个易感基因的共同参与，并受环境因素的影响。

（2）感染因素：红斑狼疮的发病与某些病毒感染有关。但其作用机制尚不清楚。经氯喹治疗后，这些结构出现的频率降低。此外，部分患者于 DLE 发病前曾有结核分枝杆菌、链球菌等感染史或其体内存在某种感染病灶。

（3）物理因素：紫外线能够诱发 DLE 病损或使原有病损加重。紫外线主要通过直接损伤角质形成细胞，导致"隐蔽抗原"释放或者诱导"新抗原"表达等而诱发 DLE。

（4）内分泌因素：本病女性患者显著多于男性患者，且多发于生育期，提示本病可能与雌激素水平改变相关。有研究发现，50% 的男性 SLE 患者血清雌二醇水平升高，而 65% 的患者睾酮水平降低，雌二醇/睾酮比值较健康对照组高。

（5）药物因素：某些药物（如氯丙嗪、肼屈嗪、异烟肼、青霉胺、保泰松等）可诱发红斑狼疮。

2. 发病机制　红斑狼疮遗传易感性者在外来抗原等各种诱因作用下，其机体正常自身免疫耐受机制被破坏，发生多种免疫异常，引起人体 B 细胞活化。B 细胞通过交叉反应与模拟外来抗原的自身抗原相结合，并将抗原呈递给 T 细胞，使之活化，在 T 细胞活化刺激下，B 细胞得以产生大量不同类型的自身抗体，造成大量组织损伤。

（1）致病性自身抗体，如 DNA 抗体可与肾组织直接结合导致损伤。

（2）致病性免疫复合物，免疫复合物（IC）由自身抗体和机体的自身抗原相结合而成，IC 能够沉积在组织内，造成组织损伤。

（3）T 细胞和 NK 细胞功能失调，$CD8^+$ T 细胞和 NK 细胞功能失调，不能抑制 $CD4^+$ T 细胞的作用，B 细胞持续活化而产生自身抗体。

【临床表现】

盘状红斑狼疮是皮肤黏膜红斑狼疮中最常见的类型。多数发生于口腔黏膜的损害属于局限型盘状红斑狼疮，患者无全身症状和体征。

口腔黏膜是盘状红斑狼疮的好发黏膜部位，25%～30% DLE 患者有口腔损害。口腔黏膜病损可以单发，也可与皮肤损害合并出现。

1. 口腔损害　口腔损害的特征为圆形或椭圆形红斑，糜烂凹下似盘状，边缘稍隆起，界限清楚，周边有放射状排列的白色细短条纹。

口腔损害可发生于口腔的任何部位，以下唇唇红部多见，可能与下唇易受日光照射有关。病变区可向唇红缘延伸累及皮肤，使唇红与皮肤界限模糊，破坏了正常的唇缘线外形，导致唇红与皮肤界限消失，这是 DLE 的特征性表现之一。

唇红部病损常出现糜烂，发病初期为暗红色丘疹或斑块，随后形成红斑样病损或片状糜烂。由于唇红黏膜乳头层接近上皮表面，而乳头层内血管丰富，所以糜烂后血液渗出形成黑色血痂，继发感染时则出现灰褐色脓痂。长期慢性病损可导致唇红及唇周皮肤色素沉着或有形似"白癜风"的脱色斑。病损发生于唇红部时，患者自觉症状少，有时有微痒感、刺痛感或灼热感。病损也可发生于口内黏膜，其中以颊黏膜较多见。病损多不对称，边界较清楚，表现为形状不规则、大小不等的红斑，可伴有糜烂，四周有排列整齐的放射状白色短条纹，略高出黏膜面。病损有时也可累及舌背、舌腹（缘）、牙龈、软腭及硬腭黏膜（图 9-28～图 9-30）。

2. 皮肤损害　80% 的 DLE 病损发生于面部、头皮和颈部等光照部位，以头面部最常见。临床表现为界限清楚的紫红色丘疹或斑块，表面有黏着性鳞屑。去除鳞屑可见扩张的毛囊孔，而取下的鳞屑状似"图钉"，即"角质栓"。陈旧性皮损表现为中央萎缩、毛细血管扩张和色素减退。头皮损害可导致永久性秃发，耳廓病损酷似冻疮（图 9-31）。患者对日光敏感，当受到强烈阳光照射，会引起盘状红斑狼疮急性发作、糜烂加重。

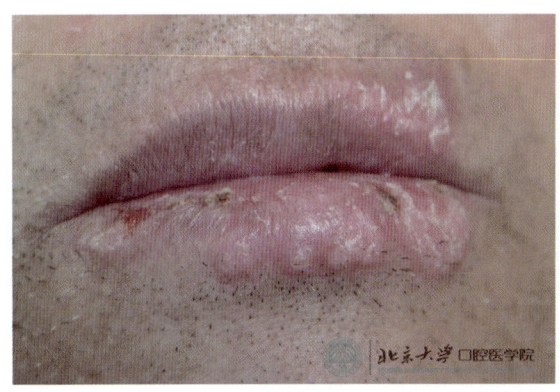

图 9-28　盘状红斑狼疮（唇部表现）
病损越过唇红缘
（北京大学口腔医学院供图）

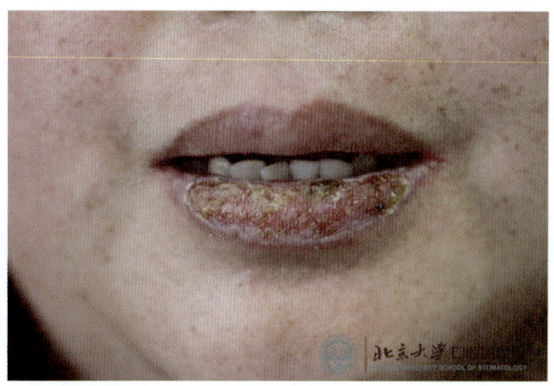

图 9-29　盘状红斑狼疮（唇部表现）
（北京大学口腔医学院供图）

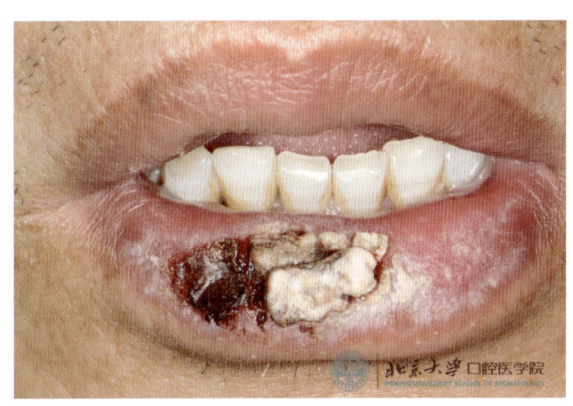

图 9-30　盘状红斑狼疮（唇部表现）
唇部糜烂、出血，周围伴有白色放射状短条纹
（北京大学口腔医学院供图）

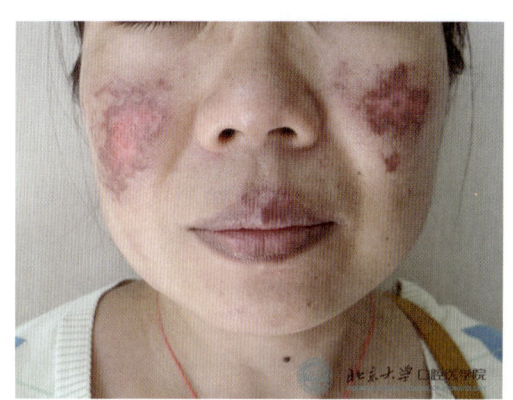

图 9-31　盘状红斑狼疮（颧部皮肤表现）
（北京大学人民医院供图）

3. 全身症状及体征　DLE 患者局部可伴有瘙痒、刺痛、灼热等不适。一般无全身症状，少数患者可伴有胃肠道症状、不规则发热、乏力、关节酸痛或关节炎、淋巴结肿大、心脏病变、肾病变、肝脾大等。但出现全身症状者本身有可能就处于系统性红斑狼疮早期表现，因此有必要对这类患者进一步做免疫学检查，以排除系统性红斑狼疮。

【病理表现】

1. 组织病理学表现　上皮过度角化或角化不全，角质层可有剥脱，颗粒层明显。皮肤病损有时可见角质栓。棘层萎缩、变薄，有时可见上皮钉突增生、伸长，基底细胞液化、变性。上皮与固有层间可形成裂隙和小水疱，基底膜模糊不清。固有层内毛细血管扩张，血管内见玻璃样血栓。血管周围有大量淋巴细胞和少量浆细胞浸润，血管周围可见类纤维蛋白沉积，HE 染色呈粉红色，过碘酸-希夫反应（PAS）红色。结缔组织内胶原纤维呈玻璃样变，纤维水肿、断裂（图 9-32）。

2. 免疫病理学表现　直接免疫荧光检查，上皮基底层区有粗细不匀的翠绿色荧光带，称为"狼疮带"，是免疫球蛋白（IgG、IgM）及补体 C3 沉积。"狼疮带"是否存在对该病的诊断、治疗效果及预后判定具有重要意义。DLE 和 SLE 皮损处，狼疮带阳性率均为 90%；而正常皮肤处，SLE 患者出现"狼疮带"的概率是 50%～60%，DLE 患者为阴性。如果 DLE 患者正常皮肤处"狼疮带"呈阳性，则提示可能向 SLE 转变。

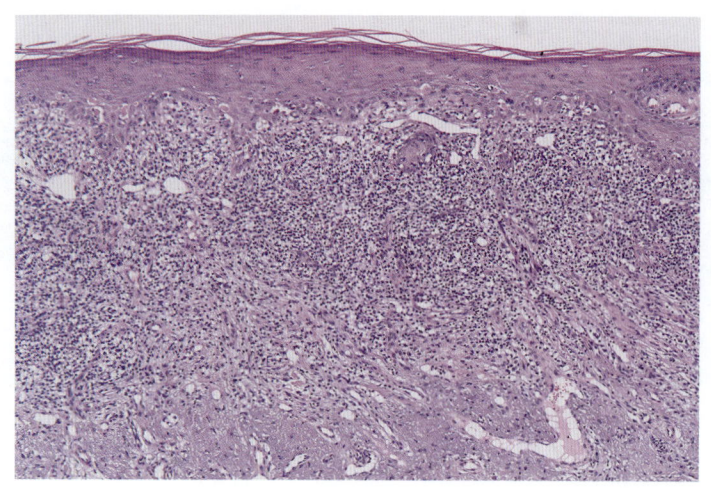

图 9-32　口腔盘状红斑狼疮

上皮萎缩，基底细胞液化、变性；固有层内有大量炎症细胞浸润，可见胶质小体，部分小血管内皮细胞肿胀（北京大学口腔医学院供图）

【实验室检查】

1. 血细胞分析及红细胞沉降率测定　多数患者无明显异常，少数播散型 DLE 患者可表现为白细胞减少、红细胞沉降率加快、球蛋白增高等实验室检查结果异常。据统计，9% 的 DLE 患者出现白细胞减少，36% 出现红细胞沉降率加快。

白细胞减少、淋巴细胞降低以及红细胞沉降率加快等异常实验室指标可能是 DLE 向 SLE 转化的危险信号，应予以警惕。据统计，伴发 DLE 表现的 SLE 患者中，出现白细胞和淋巴细胞减少的概率分别是 94% 和 90%，而贫血的发生率为 53%，出现红细胞沉降率加快的概率为 88%。

2. 血清免疫学检查　血清中抗核抗体（antinuclear antibody，ANA）滴度增加是 DLE 患者出现全身系统受累的一个重要实验室标志。单纯 DLE 患者只有 4% 能够被检出血清 ANA 滴度升高，而已经进展为 SLE 的 DLE 患者，其血清 ANA 阳性检出率可达 93%。其他抗体，如抗双链 DNA 抗体（anti-dsDNA antibody）、抗 Sm 抗体，可能与 SLE 有关。抗 dsDNA 抗体对于诊断 SLE 具有高度特异性，其特异性为 95% ~ 96%。Callen 等调查了 56 例单纯 DLE 患者，其血清抗 dsDNA 抗体检查均显示为阴性。

【诊断】

主要根据临床表现和组织病理学检查作出诊断。必要时可结合免疫病理学检查明确诊断。患者口腔损害好发于下唇，表现为圆形或椭圆形红斑，中央稍凹陷，四周有白色放射状花纹围绕。唇红部病损可向外蔓延累及皮肤，使黏膜与皮肤界限不清。

皮肤损害好发于头面部，表现为界限清楚的紫红色丘疹或斑块，表面有黏着性鳞屑，鳞屑下方有角质栓。陈旧性皮损中央萎缩微凹、毛细血管扩张和色素减退。

组织病理学检查对于诊断具有重要意义。取病变组织应选择糜烂愈合后 2 周左右的时间较为合适。免疫荧光检查虽不是 100% 阳性，但是有助于诊断和鉴别诊断。

【鉴别诊断】

DLE 应与以下疾病相鉴别：

1. 慢性唇炎　慢性唇炎尤其是慢性糜烂型唇炎好发于下唇，易与唇红部 DLE 相混淆。DLE 发生于唇红部时，病损可超过唇红缘，周围伴有白色放射状短条纹。慢性唇炎以干燥、脱屑等为特征，损害不超过唇红缘。DLE 患者可伴有皮肤损害，常位于头面部、上肢、胸部、颈部等，表现为红斑、毛囊角质栓、鳞屑、色素沉着或色素脱失，以及毛细血管扩张、萎缩等，而慢性唇炎患者无皮肤损害。

DLE病理表现为棘层萎缩，基底层液化、变性，深层及血管周围炎症细胞浸润。直接免疫荧光检查在基底层有翠绿色的荧光带。

2. 扁平苔藓 临床上DLE最易与扁平苔藓相混淆。发生于口腔黏膜的扁平苔藓表现为不规则形状的白色网纹或斑块，中央可有充血、糜烂，口内病损常呈对称分布。发生于唇红部的病损不越过唇红缘。而DLE位于口腔黏膜时表现为圆形或椭圆形的红斑或糜烂，中央萎缩、变薄，四周有放射状短条纹，唇红部损害可越过唇红缘导致皮肤黏膜界限不清。

扁平苔藓皮肤损害好发于四肢伸侧或躯干，表现为暗紫色多角形扁平丘疹，呈对称分布。患者自觉瘙痒。而DLE皮肤损害好发于头面部、耳廓等部位。病损呈圆形或椭圆形红斑，中央凹下，毛囊扩张，有鳞屑覆盖，有角质栓。

病理检查有助于鉴别（表9-8）。

3. 良性淋巴组织增生性唇炎 好发于下唇，以淡黄色痂皮覆盖的局限性损害为特征，其典型症状为阵发性剧烈瘙痒。病理表现为黏膜固有层内淋巴细胞浸润，并形成淋巴滤泡样结构。

4. 多形红斑 多形红斑发生于唇红部，可形成较厚的血痂，需要与糜烂型DLE相鉴别（表9-9）。

表9-8 盘状红斑狼疮与扁平苔藓病理改变的比较

病理变化	盘状红斑狼疮	扁平苔藓
角质层	过度角化、角化不全、角质栓	过度角化／角化不全
棘层	上皮变薄、棘层萎缩明显	棘层可萎缩，以增生为主
炎症细胞分布	散在浸润	淋巴细胞浸润带
胶原纤维	水肿、断裂、玻璃样变	—
黏膜下层	血管周围炎症细胞浸润	血管周围少有炎症细胞浸润
免疫荧光检查	基底膜区荧光带	基底膜上下胶质小体荧光颗粒

表9-9 盘状红斑狼疮与多形红斑的鉴别

	盘状红斑狼疮	多形红斑
病因	不明	不明，可能是一种变态反应
年龄	20～40岁女性	青壮年，与性别无关
发病情况	发病缓慢，为慢性病程	发病急骤，病程为2～6周
前驱症状	无	头痛、发热、倦怠等
光敏感性	有	无
好发部位	口腔：下唇唇红部好发 皮肤：颜面部好发，以两颊、颧部、鼻部等暴露部位为主，其次是头皮和耳廓	口腔：下唇唇红部好发 皮肤：上肢、面颈部
口腔病损	充血红斑，周围伴有白色放射状短条纹，易糜烂	大面积糜烂，有灰色假膜，无白色条纹，发生于唇部，可见较厚的血痂
皮肤病损	红斑覆有鳞屑，可有角质栓，毛细血管扩张	虹膜状红斑或靶形红斑
组织病理	以上皮萎缩为主	形成上皮内疱或上皮下疱
预后	一般良好，但少数可转成SLE	良好，但可复发，重症者可伴有多窍性损害
癌变情况	属于口腔潜在恶性疾病，极少数可发生癌变	不会发生癌变

【防治】

目前，对于 DLE 尚无根治性治疗方法，治疗应以局部治疗为重点，同时配合全身药物治疗，以控制病情发展。

尽量避免或减少直接日光照射，外出或户外工作时戴遮阳帽并于面、唇、鼻、颧部等高起部位涂以遮光剂等。唇红部非糜烂型损害可涂抹 5% 二氧化钛软膏、氧化锌乳膏等起遮光作用。避免寒冷刺激，积极治疗感染病灶，调节身心健康，饮食清淡。

（一）局部治疗

1. 糖皮质激素　可单独或联合用药，目的是消炎、促进愈合。

下唇唇红部有血痂/脓痂时，首先用 0.1% 乳酸依沙吖啶溶液湿敷，去除痂皮后外涂糖皮质激素类膏剂，如氢化可的松乳膏（低效）、地塞米松乳膏（中效）、氟轻松软膏（强效）、倍他米松乳膏（强效）、氯倍他索乳膏（超强效）等。

为减少不良反应，在唇部应尽量选择低效和中效糖皮质激素。同时，外用糖皮质激素的疗程不宜过长，特别是如果使用强效及超强效糖皮质激素者，连续外用一般不应超过 2 周。长期使用可导致毛细血管扩张、口周皮炎，并可继发细菌或真菌感染。唇红部及口内黏膜的糜烂病损，除可涂抹糖皮质激素类乳膏外，也可以选择糖皮质激素类注射液局部封闭治疗，如地塞米松注射液与 2% 利多卡因注射液以 1∶1 体积混合，每周于病损局部注射 1～2 次，1～3 次为一个疗程。如果选择倍他米松注射液，则可每月注射 1 次。

2. 免疫抑制剂　他克莫司、吡美莫司、环孢素等免疫抑制剂可用于治疗 DLE，具有一定疗效。可在糜烂病损处以及大面积白纹病损时使用，建议视病情短期应用。少量患者可能出现灼热感、刺痛、瘙痒等不良反应，停药后可消失。有少数研究报道，长期局部使用他克莫司可能有致癌风险。

（二）全身治疗

1. 羟氯喹　羟氯喹属于一种抗疟药，是治疗 DLE 的临床常用药物。主要通过稳定溶酶体膜、抑制免疫等机制发挥抗炎、减少免疫复合物沉积、减轻组织和细胞损伤等作用。羟氯喹还具有增强皮肤黏膜耐受紫外线的能力。推荐用量为 0.2～0.4 g/d，分 2 次口服。较常见的不良反应有头晕、恶心、呕吐、视野缩小、视网膜病变、耳鸣、白细胞减少等。治疗期间，应定期检测血细胞，白细胞低于 $4×10^9$/L 时应予停药。用药 1 个月以上，需每 3～6 个月进行一次眼科检查。

2. 雷公藤多苷和昆明山海棠　均具有抗炎和免疫调节作用。雷公藤多苷片剂推荐用量为每千克体重每天 0.5～1 mg，分 3 次服用，其不良反应是可能引起性功能障碍。昆明山海棠不良反应较小，可长期服用，每次口服 0.5 g，每天服用 3 次。

3. 糖皮质激素　对于服用羟氯喹、雷公藤多苷效果不明显的顽固型 DLE 患者，若无糖皮质激素类药物禁忌证，可以改用或联合使用泼尼松 0.5 mg/（kg·d）。待病情控制后缓慢减药至停用。对于无系统受累的 DLE 患者，不推荐用糖皮质激素长期维持治疗。

4. 沙利度胺　可用于羟氯喹、糖皮质激素等常规治疗无效的难治性或复发加重的 DLE。每天 100 mg，最大剂量可加至每天 400 mg。其有效率达 90%～95%。每隔 4 周剂量应减半或间断服用。其主要不良反应是致畸，因此孕妇禁用。其次是神经损害，主要是不可逆性神经炎，当剂量累计达到 40～50 g 时，患者可能出现感觉异常或丧失，有些患者停药后也不能恢复。

5. 免疫抑制剂及生物制剂　常用药物有甲氨蝶呤、吗替麦考酚酯等，适用于常规治疗无效的患者。

6. 白芍总苷　白芍总苷（total glucosides of paeony, TGP）为白芍中提取的有效成分，含

有芍药苷、芍药内酯苷、羟基芍药苷等单萜苷类化合物，具有止痛、抗炎、抑制免疫反应等多种药理作用，对类风湿关节炎等自身免疫病疗效确切。白芍总苷与糖皮质激素和羟氯喹共同使用，可治疗系统性红斑狼疮。有少数文献报道，使用白芍总苷联合局部外用药可治疗盘状红斑狼疮。

7. 中医药治疗 中医药治疗在控制DLE病情方面有一定作用。文献报道有辨证使用三七丹参片、犀角地黄汤等作为辅助治疗。

【预后】

DLE通常预后较好，全身系统受累者较少。

1. 转化 DLE转化为SLE的概率为0～28%。其中，播散型DLE患者发展为SLE的风险更大，约为22%，而局限型DLE患者仅为1.2%。40岁之前罹患DLE的HLA-B8型女性患者发展为SLE的危险性增高。DLE向SLE转化的病程范围较广，最短为4个月，最长可达34年，其中，70%的患者转化发生于5年内。播散型DLE病损以及不明原因的关节痛（关节炎）、指（趾）甲周围毛细血管扩张、贫血、白细胞降低、红细胞沉降率加快、ANA滴度≥1∶320等是DLE向SLE转化的危险因素，需予以高度警惕。

2. 癌变 有研究指出，DLE可能发生癌变，其癌变较罕见，有文献报道发生率为0.5%～4.83%。因此，WHO将其归入口腔潜在恶性疾病。癌变部位好发于下唇，男性多于女性。可能与该部位易受日光照射、烟草等理化因素刺激有关。若怀疑有恶变倾向，应及时行活体组织检查。如发现异常增生，应及时行手术切除，并进行长期随访，追踪患者病情的进展情况。

Summary

Discoid lupus erythematosus (DLE) is a relatively common autoimmune disease and occurs predominantly in females in the third or fourth decade of life and known to be limited to the skin and oral mucous membranes. There are two forms of DLE, localized and disseminated.

The oral mucosal lesions of DLE frequently resemble reticular or erosive lichen planus, but the distribution of the disease is usually asymmetric and the peripheral striae is subtle. The lip is the most commonly affected site and the vermilion border of the lip is also likely to be involved. The lesions may be atrophic, erythematous and/or ulcerated and often painful.

Typical cutaneous lesions of DLE appear as a red scaly patches that favor sun-exposed areas such as the face, chest, back and extremities. These lesions characteristically expand by peripheral extension and are usually disk-shaped, but can also occur in the absence of skin lesions.

The histopathologic changes of DLE consist of hyperorthokeratosis with keratotic plugs, atrophy of the rete ridges and most especially, liquefactive degeneration of the basal cell layer. Edema of the superficial lamina propria is also quite prominent. Most of the time, DLE patients lack the band-like leukocytic inflammatory infiltrate seen in patients with lichen planus. Frequently, there is a pronounced vasculitis in both the superficia land deep connective tissue.There is a direct immunofluorescence of the lesional tissue showing the deposition of various immunoglobulins and C3 in a granular band involving the basement membrane zone.

Topical steroids and immunosuppressive agents and systemic hydroxychloroquine are successful in controlling the disorder.

The development of squamous cell carcinoma has also been described in lesions of DLE involving the vermilion border of the lip, and actinic radiation has shown to be an important adjunct role.

Definition and Terminology

盘状红斑狼疮（discoid lupus erythematosus）：is a relatively common autoimmune disease confined to the skin and oral mucous membranes. Oral DLE is characterized by atrophic erythema in the center and peripheral radiated white striae.

第八节　口腔黏膜下纤维性变
Oral Submucosal Fibrosis

口腔黏膜下纤维性变（oral submucosal fibrosis，OSF）呈慢性进行性，是一种具有癌变倾向的口腔黏膜疾病。WHO 将其列为口腔潜在恶性疾病。目前认为其癌变率为 1.5%～15%。最新的 Meta 分析显示癌变率为 4%。

案例 9-5

男，23 岁。

主诉：张口受限 2 个月。

现病史：2 年前开始出现口腔黏膜烧灼感，进食辣、烫食物疼痛。2 个月前开始出现开口受限。咀嚼槟榔 3 年，吸烟 3 年，每天 20 支。喜辣食物，否认全身系统性疾病。

既往史：无特殊。

家族史：无特殊。

全身情况：体健。

检查：双颊黏膜和软腭后部可见广泛白色纤维条索样病损，触诊质韧，表面未见溃疡。开口度 2 指。

问题：
1. 最可能的诊断是什么？
2. 还需要做什么辅助检查以明确诊断？

【流行病学】

口腔黏膜下纤维性变主要见于印度和巴基斯坦、越南等东南亚国家和地区，也可见于南非，因为此处印度裔移民较多。我国主要见于湖南、海南、台湾等地区。在我国，自 20 世纪 80 年代以来咀嚼槟榔的年轻人越来越多，逐渐成为 OSF 发生的潜在人群。1993 年，我国湖南湘潭地区流行病学调查显示，OSF 患病率为 0.96%。该病最常见于 20～40 岁人群。2007 年的一份调查显示，我国湖南和海南咀嚼槟榔人群比例最高，为 64.5%～82.7%，人群患病率为 0.9%～4.7%。OSF 的发生有性别差异，印度报道女性发病多于男性，而其他地区则是男性发病多于女性，这与不同地域的生活习惯有关。

【病因】

OSF 病因不明，可能与以下因素密切相关。

1. 咀嚼槟榔　槟榔是 OSF 的主要致病因素，OSF 患者均有咀嚼槟榔的习惯。研究表明，体外条件下槟榔提取物可刺激口腔黏膜角质形成细胞产生并分泌纤维化相关细胞因子，如转化生长因子-β1（transforming growth factor-β1，TGF-β1）、内皮素-1、血小板衍生生长因子、TNF-α 等，这些因子能明显促进成纤维细胞增殖，促进成纤维细胞合成 I 型、III 型胶原及糖胺聚糖。槟榔中的槟榔碱可通过上调基质金属蛋白酶抑制剂-1、下调基质金属蛋白酶-2 的表达而降低胶原的降解。

2. 饮食因素　进食辣椒、吸烟、饮酒等因素可以加重口腔黏膜纤维化的进程。

3. 营养因素　维生素 A、B、C 缺乏，血清 Fe、Se 水平降低，血清 Zn、Cu 水平升高等是 OSF 发生的易感因素。

4. 免疫因素　有学者认为，口腔黏膜下纤维性变可能与槟榔碱等外源性抗原刺激所致的异常免疫反应有关。研究发现，OSF 患者血清中 TNF-α 和 TGF-β1 增加，而 INF-γ 降低，导致胶原生成增加，降解减少。部分 OSF 患者出现某种自身抗体水平升高，如免疫球蛋白、抗核抗体、抗平滑肌抗体、抗壁细胞抗体等水平升高。

5. 遗传因素　研究发现，OSF 患者 HLA-A10、DR3、DR7、B7 表型频率较高。另外，OSF 的发生可能与细胞因子 TNF-α 基因多态性有关。

6. 其他　微循环障碍及血液流变学异常也可能与 OSF 的发生有关。

【临床表现】

口腔、咽部及食管上 2/3 部位均可出现黏膜下纤维性变。口腔受累部位包括颊、软腭、唇、舌、翼下颌韧带、牙龈等处黏膜（图 9-33，图 9-34）。发生于颊部的病损常呈对称分布，表现为颊黏膜苍白，似云雾状，可扪及垂直走向的纤维条索。发生部位与咀嚼时槟榔接触的部位有关，双侧咀嚼者双颊均可受累，而单侧咀嚼者病损于咀嚼侧发生。病损发生于腭部者主要累及软腭，严重者软腭缩短、悬雍垂缩小，组织弹性降低，腭舌弓、腭咽弓出现瘢痕条索。病变发生于舌背舌腹时表现为黏膜苍白、舌乳头萎缩。唇部 OSF 可沿口裂周围触及环状纤维条索。若累及咽鼓管，则可导致耳鸣、聋，咽部和食管受累时出现声音嘶哑、吞咽困难。

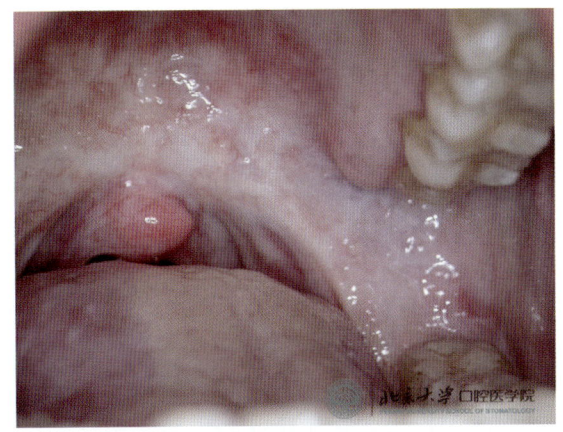

图 9-33　口腔黏膜下纤维性变
软腭黏膜苍白
（北京大学口腔医学院供图）

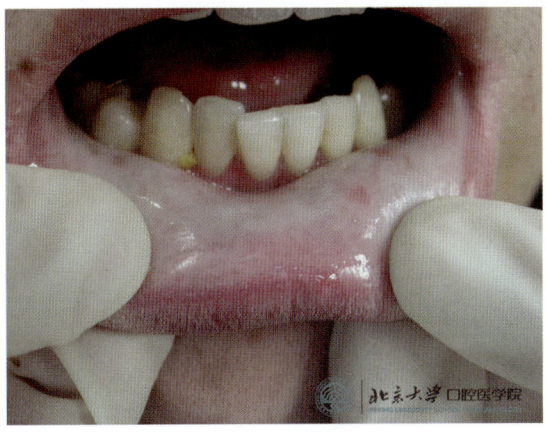

图 9-34　口腔黏膜下纤维性变
下唇黏膜苍白
（北京大学口腔医学院供图）

上皮萎缩可导致患者口腔黏膜敏感，患者自觉口腔黏膜灼痛，不能进食热、辣椒等刺激性食物。另外，还可出现口干、味觉减退、唇舌麻木等自觉症状。部分患者进食过硬食物时可使软腭出现水疱、溃疡。口腔黏膜下纤维性变的病变过程是渐进性改变，随着病情进展，患者可逐渐感到口腔黏膜僵硬，出现进行性张口受限、舌体运动障碍，甚至牙关紧闭、吞咽困难。部分患者口腔黏膜可同时发生白斑、黏膜良性过度角化等。

【病理表现】

组织病理表现黏膜固有层结缔组织纤维化是本病主要的病理改变。疾病早期阶段，可出现一些细小的胶原纤维伴明显水肿，血管扩张、充血，中性粒细胞浸润。继而上皮下方出现一条胶原纤维玻璃样变性带，其下方胶原纤维间水肿，淋巴细胞浸润（图9-35）。进入疾病中期阶段后，胶原纤维玻璃样变性逐渐加重，伴有淋巴细胞、浆细胞浸润（图9-36）。而到疾病晚期，胶原纤维则全部发生玻璃样变性，结构完全消失，折光性强，血管狭窄甚至闭塞。严重张口受限患者可见大量肌纤维萎缩，被胶原纤维取代（图9-37）。

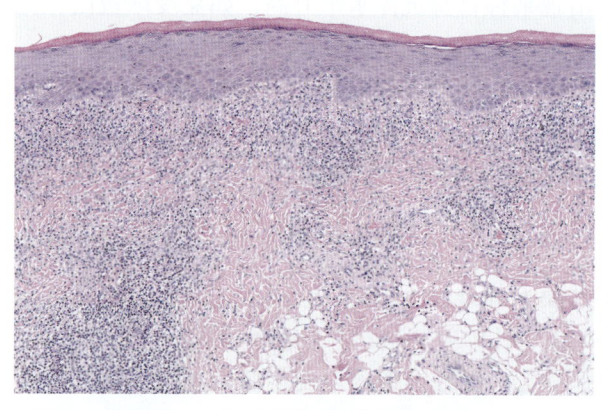

图 9-35　口腔黏膜下纤维性变早期
上皮萎缩，表面过度角化；固有层内较多炎症细胞浸润，胶原纤维增多
（北京大学口腔医学院供图）

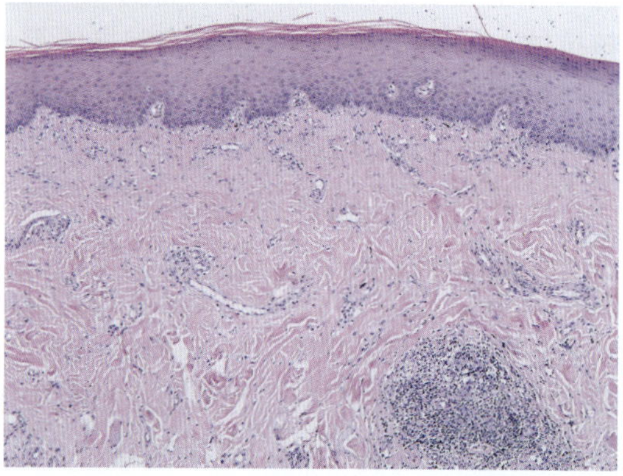

图 9-36　口腔黏膜下纤维性变中期
固有层内胶原纤维明显增多，炎症细胞减少
（北京大学口腔医学院供图）

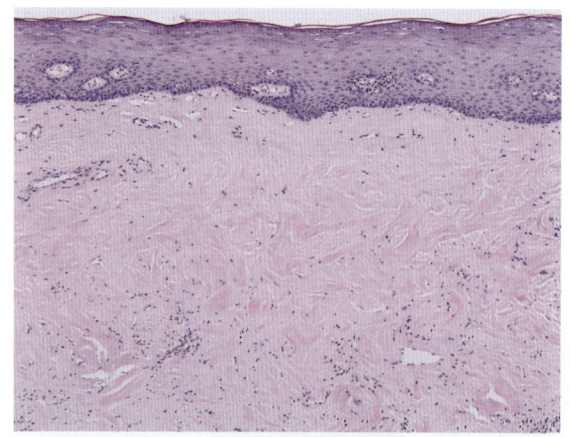

图 9-37　口腔黏膜下纤维性变晚期
胶原纤维均质化，血管腔狭小
（北京大学口腔医学院供图）

黏膜上皮同时出现增生或萎缩，有时两者可同时存在。上皮各层内出现细胞空泡变性，以棘层较为明显。有些患者可见上皮异常增生。

电镜下可见上皮细胞间隙增宽，出现大量游离桥粒或细胞碎片。线粒体数量减少，部分线粒体肿胀，伴有玻璃样变性的胶原纤维呈束状分布。

【诊断】

根据患者有咀嚼槟榔的习惯以及临床表现，即可作出初步临床诊断。确诊则需要结合组织病理学检查。

【鉴别诊断】

1. 口腔白斑病 口腔黏膜为白色或灰白色斑块，边界清楚，高出黏膜表面，触诊无条索。白斑病不会造成张口受限、牙关紧闭、吞咽困难等严重后果。患者多无症状或有粗糙感等轻微不适。组织病理学检查有助于鉴别。需要注意的是，OSF 患者可同时伴有口腔白斑病的发生。

2. 扁平苔藓 斑块型扁平苔藓可能与 OSF 相混淆，前者触诊柔软，无条索，其他部位黏膜可见白色网纹，可伴有充血、糜烂。组织病理学检查有助于鉴别。

3. 白色角化病 为白色、灰白色斑块，平滑、柔软，无纤维条索。患者大多不会出现张口受限或吞咽困难。病损局部存在明显的机械或理化刺激因素，去除刺激因素后，病损可减轻或完全消失。

【防治】

OSF 的治疗尚缺乏特效方法，主要根据疾病严重程度选择不同治疗措施。

1. 去除致病危险因素 槟榔是 OSF 主要的致病危险因素，因此必须普及并加强"咀嚼槟榔危害口腔健康"相关知识的卫生宣传教育，远离槟榔的威胁。首先需要戒除咀嚼槟榔的习惯、戒烟、戒酒，避免辛辣、刺激食物。病情较轻者，戒除不良刺激后，症状可明显缓解。

2. 高压氧治疗 高压氧治疗可以发挥抗炎和抗氧化的作用，促进成纤维细胞的凋亡，并且抑制成纤维细胞的活性。

3. 糖皮质激素 糖皮质激素具有抑制炎症反应和促进炎症细胞凋亡的作用，从而抑制成纤维细胞增殖和胶原沉积，发挥抗纤维化作用。但糖皮质激素不能逆转纤维组织异常沉积和恢复口腔黏膜的弹性。地塞米松、甲基泼尼松龙和倍他米松局部注射可以显著改善张口受限和减轻灼热感。可选择糖皮质激素联合透明质酸酶、胰凝乳蛋白酶局部注射。也可以利用我国得天独厚的中药资源，采用糖皮质激素联合丹参局部注射。丹参具有扩张血管，改善局部缺血状态，诱导病变区毛细血管增生，抑制成纤维细胞增殖及胶原合成的作用，可促进成纤维细胞凋亡和胶原降解。可采用糖皮质激素联合丹参注射液黏膜下注射，每周 1 次，可连续注射 8 周。

4. 酶类 包括透明质酸酶和胰凝乳蛋白酶。

（1）透明质酸酶：可以通过降解透明质酸基质来溶解纤维团块，降低胶原形成，软化和减少纤维组织，从而减轻张口受限。透明质酸酶可以改善疼痛和灼热感，但是效果短暂。如果将透明质酸酶与曲安奈德、地塞米松等糖皮质激素联合使用，则效果更好。每周局部注射 1 次，每次 1500 IU。

（2）胰凝乳蛋白酶：可水解酯和肽链，可以作为蛋白水解和抗炎制剂用于治疗 OSF。

5. 血管扩张药 血管扩张药可以扩张血管，将血液和营养成分输送至 OSF 病损部位，改善缺氧状态，包括己酮可可碱（pentoxifylline）、盐酸布酚宁（nylidrin hydrochloride）、盐酸丁咯地尔（buflomedil hydrochloride）等。

己酮可可碱不仅能够扩张血管，而且具有抗炎和免疫调节活性。它能够促进纤维蛋白溶解、促进中性粒细胞脱颗粒和释放过氧化物质、抑制 TNF 生成以及 T、B 淋巴细胞活性，还可以改善张口程度和口腔灼热感，有利于吞咽和言语。OSF 患者可口服己酮可可碱每次 400 mg，每天 3 次。其不良反应是可引起胃部刺激症状、轻度胃炎和皮肤潮红。

6. 秋水仙碱 秋水仙碱口服 0.5 mg，每天 2 次，结合注射 1500 IU 透明质酸酶，每周 1 次，可以改善张口程度和口腔灼热感，可使病理表现有所减轻。

7. 干扰素 INF-γ 具有抗纤维化作用，可抑制成纤维细胞生成以及胶原合成。局部注射，每次 50 μg（150 万单位），每周 2 次，可注射 8 周。

8. 手术治疗 手术切除纤维条索可以改善严重张口受限。

9. 中医药及天然药物治疗　天然药物提取的有效成分对 OSF 也有治疗作用，包括积雪草酸、丹参酮、丹参酚酸 B 等。其他成分还包括芦荟、姜黄素、番茄红素等。它们可通过抗炎、抗氧化和抗癌而发挥治疗作用。

10. 其他　可以补充维生素 A、B、C、E 及铁剂、叶酸等。

【预后】

OSF 是口腔潜在恶性疾病，容易转化为口腔鳞状细胞癌。目前研究显示，OSF 的癌变发生率为 1.5%～15%。有研究显示，细胞周期相关蛋白在 OSF 的癌变过程中发挥了重要作用。此外，活性氧自由基在 OSF 的癌变过程中也发挥了作用。

Summary

Oral submucous fibrosis (OSF) is a slow progressive chronic fibrotic disease of the oral cavity and oropharynx. It is characterized by a fibroelastic change and inflammation of the mucosa leading to a progressive inability to open the mouth, swallow or speak.

Even though the etiopathology is not understood, several factors are believed to contribute to the development of OSF. This includes the general nutritional and vitamin deficiencies and hypersensitivity of certain dietary constituents such as chili peppers, chewing tobacco and the like. The primary factor is the habitual use of betel and its constituents, which includes the nut of the areca palm (Areca catechu), the leaf of the betel pepper (Piper betel) and lime (calcium hydroxide).

The disease first presents with a burning sensation of the mouth, particularly during consumption of spicy foods, that is often accompanied by the formation of vesicles or ulcerations. Eventually, there is a stiffening of the mucosa, with a dramatic limitation in the opening of the mouth opening with swallowing difficulty and speaking. The mucosa appears blanched and opaque with the appearance of fibrotic bands that can easily be palpated.

Histologic examination reveals severely atrophic epithelium with complete loss of the rete ridges and varying degrees of epithelial atypia may be present. The underlying lamina propria exhibits severe hyalinization, with homogenization of collagen and the cellular elements and blood vessels are greatly reduced.

OSF is very resistant to treatment. Many treatment regimens have been proposed to alleviate the signs and symptoms, without much success.

Definition and Terminology

口腔黏膜下纤维性变（oral submucous fibrosis）: is a slow progressive chronic fibrotic disease of the oral cavity and oropharynx characterized by fibroelastic change and inflammation of the mucosa, leading to a progressive inability to open the mouth, swallow or speak.

（刘　洋　刘晓松）

第十章　口腔黏膜大疱性疾病

Bullous Diseases of Oral Mucosa

数字资源

第一节　天疱疮
Pemphigus

天疱疮（pemphigus）是一类罕见的严重威胁人类健康的自身免疫性皮肤黏膜大疱性疾病，其主要抗原是桥粒芯糖蛋白（desmoglein，Dsg）。该类疾病可产生针对 Dsg 的 IgG 自身抗体，导致棘层松解（角质形成细胞的细胞间黏附丧失），形成上皮内疱。

关于天疱疮的分型尚无统一标准，以往将天疱疮分为 4 型：①寻常型天疱疮（pemphigus vulgaris）；②增殖型天疱疮（pemphigus vegetans）；③落叶型天疱疮（pemphigus foliaceus）；④红斑型天疱疮（pemphigus erythematosus）。目前根据其抗原分子及产生抗体型别的不同，倾向于将天疱疮分为三型：①寻常型天疱疮；②落叶型天疱疮；③其他类型的天疱疮：包括副肿瘤性天疱疮（paraneoplastic pemphigus）、疱疹样天疱疮（pemphigus herpetiformis）和药物诱导型天疱疮（drug-induced pemphigus）等。寻常型天疱疮是天疱疮中最常见和最严重的类型，也是最常出现口腔黏膜损害和预后最差的类型。根据临床表现的不同，可将其分为黏膜主导型、皮肤黏膜型和皮肤型，黏膜主导型以黏膜损害为主，皮损轻微，范围较局限；皮肤黏膜型兼具广泛皮肤和黏膜损害，病情较重，预后较差；皮肤型主要累及皮肤，无黏膜损害（部分患者后期可出现黏膜损害）。

案例 10-1

女，66 岁。主诉口腔和嘴唇反复起疱、溃烂 3 个月。患者 3 个月前无明显诱因开始出现口腔和嘴唇反复起疱、溃烂，疼痛明显，影响进食。2 周前溃烂加重，部分溃烂病损持续未愈合。患者有阿莫西林药物过敏史。

临床检查： 下唇唇红处可见广泛血痂伴糜烂，下唇内侧、软腭、双颊、口底黏膜可见大面积糜烂伴黄白色假膜。鼻部、右侧面部皮肤及头皮可见 4 处糜烂伴痂壳。尼氏征呈阳性。

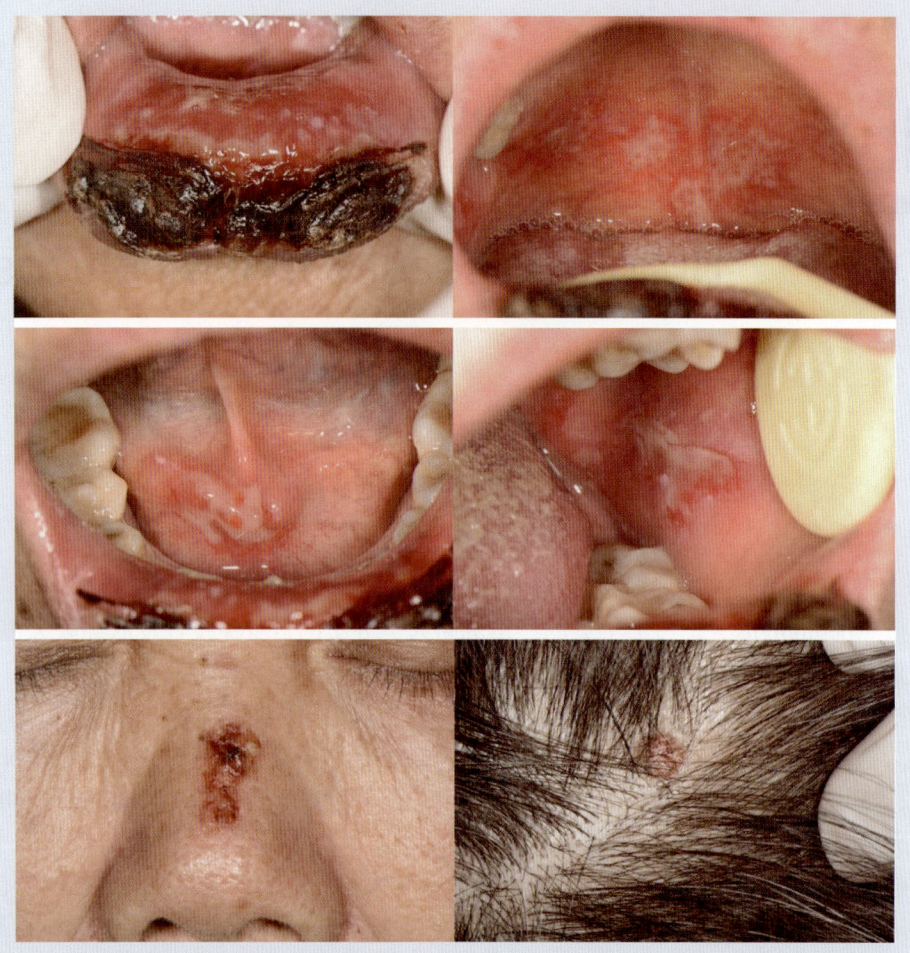

思考题：
1. 根据患者的主诉，应考虑可能的疾病有哪些？
2. 该患者最可能的诊断是什么？
3. 为明确诊断，还需哪些辅助检查？首选的辅助检查是什么？

【流行病学】

天疱疮的发病率为每年 1～5/100 万，在德裔犹太人和印度、马来西亚、中国、日本等国家人群中，其发病率明显升高，地中海地区人群天疱疮发病率是其他国家的 2～3 倍。该病的发病年龄为 25～60 岁，发病高峰年龄为 40～60 岁，少年、儿童发病者少见，无明显的性别差异或女性较男性发病者稍多。

【病因及发病机制】

1. 病因 天疱疮的病因至今不明，但根据临床和基础研究证据，其可能的病因包括以下几个方面：

（1）遗传因素：大量证据支持遗传因素参与了天疱疮的发病。目前已有数个 HLA 等位基因被认为是天疱疮危险因素，但这些特定 HLA 基因与患者临床表现之间的关系仍不清楚。已发现寻常型天疱疮与 HLA-DRB1*0402（以德裔犹太人患者为主）、HLA-DRB1*1401、HLA-DRB1*1404 和 HLA-DQB1*0503（在欧洲和亚洲地区的非犹太人患者中普遍存在）具有强相关性。

（2）环境因素：环境因素在本病的发病过程中也起到一定的诱发作用。某些药物，尤其是含有巯基的药物（如青霉胺及卡托普利）可诱发天疱疮。其他环境因素还包括紫外线照射、电离辐射、病毒（如单纯疱疹病毒）感染、饮食因素和精神压力等。

2. 发病机制

（1）桥粒芯糖蛋白成为自身免疫靶抗原：天疱疮自身抗体结合的靶抗原分子量为 130 kDa 和 160 kDa，分别称为桥粒芯糖蛋白 3（desmoglein 3，Dsg 3）和桥粒芯糖蛋白 1（desmoglein 1，Dsg 1）。Dsg 3 和 Dsg 1 属于桥粒钙黏合素家族的跨膜糖蛋白，在角质形成细胞的桥粒中起黏附、支持作用，具有将相邻上皮细胞紧密连接的功能。抗 Dsg 1 和抗 Dsg 3 的抗体存在于天疱疮患者的外周血血清中和皮肤黏膜的角质形成细胞间。

（2）水疱形成和棘层松解：自身抗体与桥粒黏蛋白结合后，自身抗体介导的桥粒黏附的空间位阻和（或）对桥粒组装的干扰可引起上皮棘层松解。

在天疱疮患者水疱的形成过程中，天疱疮自身抗体直接发挥致病作用，无需依赖补体的激活，单价抗体片段足以引起水疱。此特点不同于其他自身免疫性大疱性疾病（如大疱性类天疱疮、获得性大疱性表皮松解症）。

许多信号分子和代谢途径与天疱疮患者的棘层松解有关，如 p38 丝裂原激活的蛋白激酶（p38 mitogen-activated protein kinase，p38 MAPK）及其下游的 MAPK 激活蛋白激酶 2（MK2）、表皮生长因子受体等。但上述分子尚不足以单独引起天疱疮水疱的产生。

（3）自身反应性 B 细胞和 T 细胞在天疱疮的发病过程中也发挥了一定的作用。

综上所述，目前认为，自身抗体介导的桥粒黏附的空间位阻和（或）对桥粒组装的干扰使细胞间黏附丧失，而细胞信号通路则使病理性自身免疫反应增强，这些机制最终导致棘层松解和上皮内疱的形成。

【临床表现】

为了便于学习，以下仍以经典的天疱疮 4 型分类法加以介绍：

（一）寻常型天疱疮

寻常型天疱疮（pemphigus vulgaris）好发于中年人，是天疱疮中最常见及最严重的一型。该型与口腔黏膜关系密切。据统计，约有 70% 的患者其初发损害位于口腔；约有 90% 的患者在疾病进程中可出现口腔损害；有少数患者病损只局限于口腔。寻常型天疱疮为慢性病程，患者就诊时常主诉口腔黏膜反复或持续溃烂数月或数年，经久不愈，伴或不伴有皮肤起疱及溃烂。

1. 口腔表现 口腔是早期出现病损的部位，其发生常早于皮肤损害。唇、舌、腭、颊和牙龈为病损的好发部位，且在咽旁、翼下颌皱襞等易受摩擦处也较易发生损害。起疱前，患者常有口干、咽干或吞咽时刺痛感。病损常由局部创伤引起，疱壁薄而透明，松弛且易破溃，导致口腔中难以见到明显的水疱，多表现为水疱破溃后遗留的不规则的糜烂面以及残留的疱壁（图 10-1）。疱壁向周缘退缩，使溃疡面扩大，这种现象称为"周缘扩展"现象。水疱破溃后遗留新鲜的糜烂面，无炎症，假膜少，不出血或有少量出血。此时，若在糜烂面的边缘处将探针轻轻置入黏膜下方，可见探针无痛性伸入，这种现象称为探针试验阳性。若进一步将疱壁撕去或提

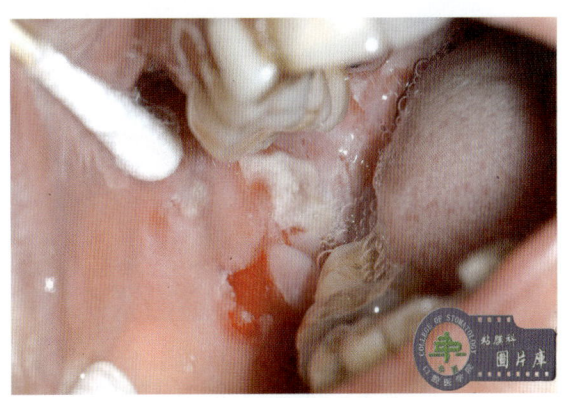

图 10-1 寻常型天疱疮
颊黏膜有表面干净、界限清楚的红色糜烂面
（四川大学华西口腔医学院供图）

起,则常可将邻近外观正常的黏膜一并无痛性地撕去一大片,留下鲜红的创面,这种现象称为揭皮试验阳性。用棉签揉搓外观正常的牙龈黏膜,黏膜表面可出现水疱或血疱,或可使外观正常的黏膜表层脱落,这种现象称为尼氏征(Nikolsky sign)阳性。

口腔黏膜损害可因继发感染而引起疼痛,糜烂面不易愈合,长期存在可影响患者的咀嚼、吞咽甚至说话,且伴有非特异性口臭、淋巴结肿大,唾液增多并带有血迹。值得注意的是,口内各种病损可同时处于发生、消退和愈合的不同阶段,使病损呈现多样性,表现出疾病的更迭性。

2. 皮肤表现　本病开始即出现皮肤损害者较少。病变多见于前胸、头皮、颈、腋窝、腹股沟等易受摩擦处。发病早期,患者全身症状不明显,仅在前胸或躯干处外观正常的皮肤上出现1~2个水疱。随着病程的进展,水疱逐渐增多,不易融合,疱壁薄而松弛,疱液清澈或微混浊。若在疱顶施压,则可使疱液向四周扩散。水疱易破溃,破溃后遗留红色、湿润的糜烂面,可结痂、愈合,并在皮肤上遗留色素沉着(图10-2)。继发感染后可形成脓血痂,有臭味。若水疱不破溃,则疱液逐渐变混浊后干瘪。用手指侧向推压外观正常的皮肤,即可迅速形成水疱;推挤水疱能使其在皮肤上移动,这些现象也属于尼氏征阳性。

皮肤损害的自觉症状为轻度瘙痒,有糜烂面时则伴有疼痛。患者亦可出现发热、无力、食欲减退等全身症状。随着病情的发展,可不断有新的水疱出现。由于大量水、电解质以及蛋白质随水疱液丢失,患者可出现衰弱,甚至恶病质,常并发感染。若病情反复发作且不能得到及时、有效的控制,最终可因反复感染而导致患者死亡。

3. 其他部位表现　鼻腔、眼、外生殖器、肛门等处的黏膜也可发生与口腔黏膜类似的损害,且多不易愈合。

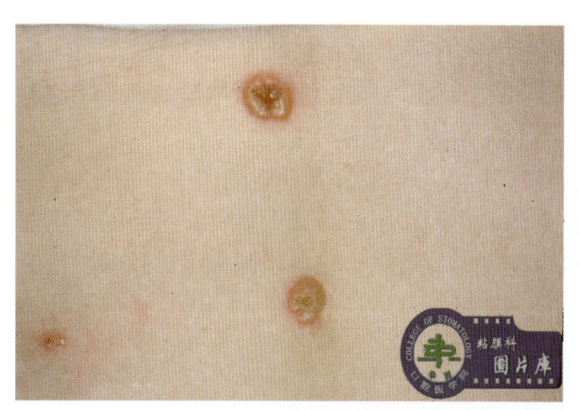

图 10-2　寻常型天疱疮
皮肤水疱结痂
(四川大学华西口腔医学院供图)

(二)增殖型天疱疮

1. 口腔表现　增殖型天疱疮(pemphigus vegetans)的口腔表现与寻常型基本相同,通常被认为是寻常型天疱疮的亚型,其抗原成分与寻常型一致。临床表现为在糜烂面上形成乳头状或疣状增生性病损,表面隆起呈沟裂状(图10-3)。在唇红缘的损害常有显著增生。

2. 皮肤表现　皮肤病损可在口腔黏膜损害之前或之后发生,可发生于任何部位,以腋窝、乳房下、腹股沟、肛门周围、会阴、鼻唇沟以及四肢等皮肤皱褶部位和黏膜与皮肤交界处最为明显。病损最初为薄壁水疱,尼氏征阳性。水疱破溃后,基底糜烂面上肉芽组织增生呈乳头状并伴有角化。病程缓慢,预后较好。

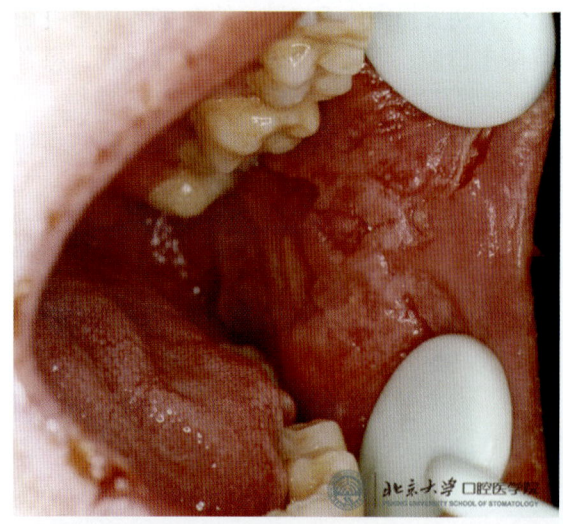

图 10-3　增殖型天疱疮
颊黏膜糜烂形成乳头状增生样病损
(北京大学口腔医学院供图)

3. 其他部位黏膜表现　鼻腔、阴唇、龟头等处黏膜也可发生类似的病损。

（三）落叶型天疱疮

1. 口腔表现 落叶型天疱疮（pemphigus foliaceus）的黏膜损害少且程度轻。口腔黏膜完全正常或仅有轻微的红肿，即使出现病损，也多表现为不明显的小而表浅的糜烂面。

2. 皮肤表现 病损好发于头面部和胸背部的上部，继而扩展至全身。临床表现为松弛性水疱，水疱常发生在红斑的基础上。水疱破溃后，在表浅糜烂面上覆有黄褐色、油腻的痂和鳞屑，这些痂皮易剥落如落叶。

此型患者全身症状轻，病程缓慢，预后较寻常型天疱疮好。

（四）红斑型天疱疮

红斑型天疱疮（pemphigus erythematosus）可能是落叶型天疱疮的一种局限型，可转变为落叶型天疱疮，属于良性型天疱疮。

1. 口腔表现 红斑型天疱疮患者的口腔黏膜损害较少见。

2. 皮肤表现 好发于头面部、躯干上部与上肢等暴露部位或富含皮脂腺的部位，一般不累及下肢。皮肤损害除有天疱疮常见的糜烂、水疱与结痂外，更多见的是在红斑基础上形成的鳞屑性损害，伴有角化过度。面部皮损多呈蝶形分布，表现为两颧与跨越鼻梁的"蝶形"损害。

此型患者全身症状轻，病程缓慢，病情可自然缓解，预后好。

【组织病理表现】

各型天疱疮组织病理改变的共同特征为棘层松解和上皮内疱（或裂隙）形成（图10-4）。病损早期，棘层深部上皮细胞间水肿，细胞间桥消失，从而形成裂隙或水疱。不同类型天疱疮发生棘层松解的部位不同，寻常型与增殖型天疱疮的松解部位在上皮基底层以上，其中增殖型天疱疮时水疱不明显，仅有裂隙或表现为棘层肥厚和乳头瘤样增生。落叶型与红斑型天疱疮的松解部位在棘层上部或颗粒层。镜下观，疱内可见松解的单个或呈团状分布的棘细胞，细胞肿胀呈圆形，胞质呈均匀的嗜酸性，核大而深染，

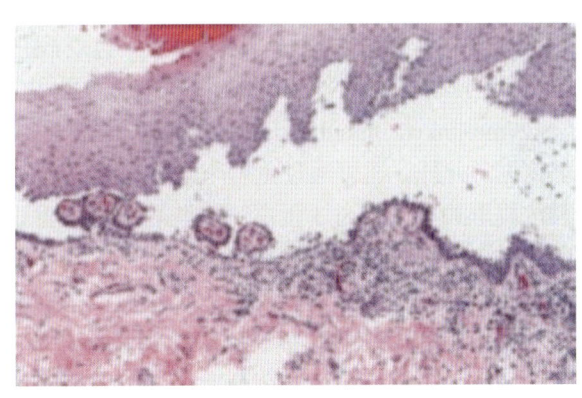

图10-4 寻常型天疱疮组织病理表现
口腔黏膜上皮棘层松解，上皮内疱形成
（四川大学华西口腔医学院供图）

常有浅蓝色晕环绕在核周围，称为棘层松解细胞（acantholytic cell，Tzanck cell）。病损晚期，即使疱顶破裂脱落，依然可见到上皮的基底细胞附着于结缔组织的上方，在疱底往往可见不规则的乳头向上突起呈绒毛状，这些乳头表面均排列着单层基底细胞。在上皮下的黏膜固有层内可见炎症细胞浸润，主要为淋巴细胞及少量嗜酸性粒细胞。

【免疫病理表现】

取患者邻近糜烂或水疱病损处、外观正常的黏膜或皮肤进行直接免疫荧光（direct immunofluorescence，DIF）检查，可见黏膜上皮或皮肤表皮棘细胞间有IgG（或伴有C3）沉积，呈网状分布，表现为翠绿色的网状荧光染色（图10-5），松解的棘细胞膜周围亦可见翠绿色的荧光环。该法具有重要的诊断价值。

取患者血清进行间接免疫荧光（indirect immunofluorescence，IIF）检查，以猴食管上皮或人的正常皮肤为底物，可见患者血清中的抗表皮细胞间抗体在猴食管上皮或人的正常皮肤细胞间出现网状沉积，呈翠绿色的网环状荧光染色（图10-6）。

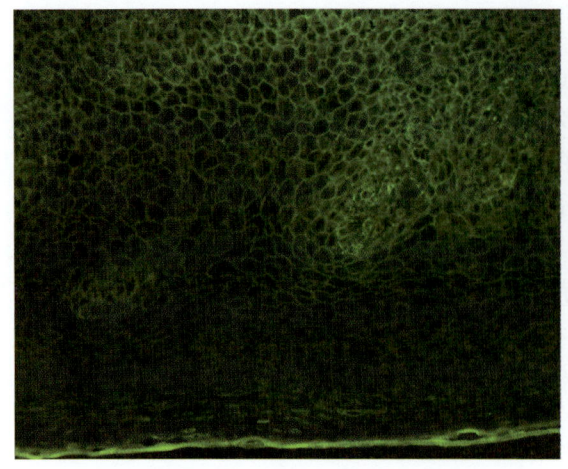

图 10-5　寻常型天疱疮直接免疫荧光表现
口腔黏膜上皮棘细胞间 IgG 抗体网状沉积
（北京大学口腔医学院供图）

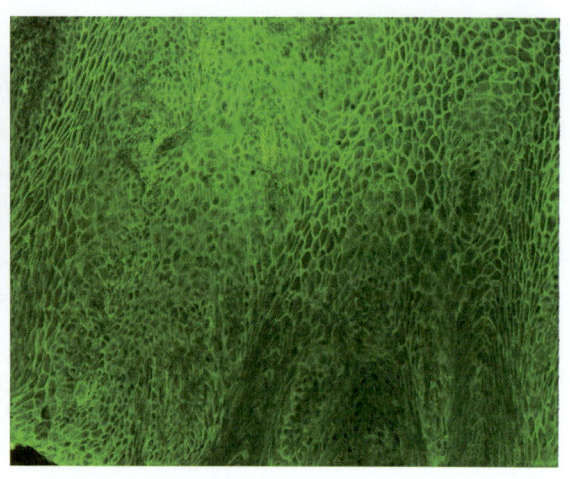

图 10-6　寻常型天疱疮间接免疫荧光表现
患者血清中的抗体在底物棘细胞间呈网状沉积
（北京大学口腔医学院供图）

【诊断】

（一）诊断要点

根据临床病损特征、组织病理和免疫病理特征、血清特异性抗体检测结果即可进行诊断。其中，患者血清中存在的特异性抗 Dsg 3 抗体和抗 Dsg 1 抗体可通过酶联免疫吸附测定（enzyme-linked immunosorbent assay，ELISA）或间接免疫荧光技术进行检测，从而为诊断提供依据。此外，还可通过免疫印迹法辅助诊断：黏膜主导型患者血清中的自身抗体可识别上皮/表皮提取物中的 Dsg 3 蛋白，皮肤黏膜型者可识别 Dsg 1 蛋白和 Dsg 3 蛋白；皮肤型者可识别 Dsg 1 蛋白。

诊断要点为：①口腔黏膜出现水疱，水疱易破，破溃后遗留的新鲜糜烂面形状不规则，边界清楚，表面干净假膜少，周围黏膜无炎症反应，糜烂面难以愈合；②皮肤出现松弛性水疱，水疱易破，破溃后遗留顽固性糜烂面；③尼氏征、揭皮试验、探针试验呈阳性；④组织病理学检查可见棘层松解、上皮内疱（或裂隙）形成；⑤直接免疫荧光检查可见上皮/表皮棘细胞间有 IgG（或伴有 C3）的网状沉积，间接免疫荧光检查可见患者血清的 IgG 抗体在底物的上皮/表皮细胞间出现网状沉积；⑥ ELISA 检测可见抗 Dsg 3 和（或）抗 Dsg 1 抗体呈阳性。

（二）诊断标准

2020 年中国医疗保健国际交流促进会皮肤科分会和 2014 年日本天疱疮治疗指南推荐的天疱疮诊断标准如下：

1. 临床表现　①皮肤出现松弛性水疱和大疱，易破溃；②水疱和大疱破溃后形成顽固性糜烂；③黏膜（包括口腔黏膜）出现水疱或糜烂；④尼氏征呈阳性。

2. 组织病理表现　表皮或上皮细胞间棘层松解，形成水疱和大疱。

3. 免疫诊断指标　①取病损区域或病损周围外观正常的皮肤/黏膜组织进行直接免疫荧光，可见上皮/表皮细胞间有 IgG（或伴有 C3）的网状沉积；②间接免疫荧光可见患者血清的 IgG 抗体在底物的上皮/表皮细胞间出现网状沉积；③ ELISA 检测可见患者血清中抗 Dsg 抗体呈阳性。

满足"临床表现"中的至少 1 条加"组织病理表现"和"免疫诊断指标"中的至少 1 条即可确诊。满足"临床表现"中的至少 2 条加"免疫诊断指标"中的 2 条亦可确诊。

【鉴别诊断】

在临床上，应注意将天疱疮与黏膜类天疱疮（mucous membrane pemphigoid）、多形红斑（erythema multiforme）、大疱性表皮松解症（epidermolysis bullosa）、家族性良性天疱疮（familial benign pemphigus）等疾病相鉴别。

1. 黏膜类天疱疮　详见本章第二节表10-3。

2. 多形红斑　这是一种急性炎症性疾病，患者口腔黏膜可出现水疱，水疱破溃后有糜烂面，但糜烂面为大面积、形状不规则、表面覆以黄白色假膜、渗出多、周围黏膜充血，炎症反应明显，尼氏征呈阴性。皮肤表现为特征性靶形红斑，多见于四肢。

3. 大疱性表皮松解症　分为遗传性和获得性两种。

（1）遗传性大疱性表皮松解症：属于遗传性大疱性疾病，常见的突变基因为 *KRT5*、*KRT14*、*PLEC* 等。该病以皮肤轻微摩擦或碰撞后出现水疱及血疱为特点。有多种类型，其中营养不良型为常染色体显性遗传或常染色体隐性遗传。病变常以肢端最为严重，肢端反复形成水疱及瘢痕可使指（趾）间皮肤粘连、指骨萎缩，形成"爪形手"。此外，病变还可累及黏膜，口咽黏膜反复破溃可致患者张口和吞咽困难，预后不佳。

（2）获得性大疱性表皮松解症：属于自身免疫性大疱性疾病，患者血清中存在针对Ⅶ型胶原的抗体，临床表现类似遗传性大疱性表皮松解症中的营养不良型，直接免疫荧光检查显示IgG和C3呈线状沉积于表皮和真皮交界处。

4. 家族性良性天疱疮　本病是一种少见的常染色体显性遗传性大疱性疾病，是由于 *ATP2C1* 基因突变导致的角质形成细胞黏附障碍，最终在摩擦或感染等因素促进下发生棘层松解。发病年龄通常为10～30岁，皮损好发于颈部、腋窝、腹股沟。病损表现为在红斑基础上发生松弛性水疱、糜烂和结痂。少数患者口腔、喉、食管、外阴黏膜可受累。病损愈合后不留瘢痕，可有色素沉着。

【治疗】

天疱疮是一种由于自身免疫异常所引起的针对上皮细胞间粘接物质的自身抗体所介导的自身免疫病，临床上采用以糖皮质激素为主，辅以免疫抑制剂、静脉注射免疫球蛋白以及血浆置换等的综合治疗方法，其目的在于抑制自身抗体的产生、清除循环抗体以及阻断抗体与靶细胞的反应，从而起到控制新发病损，促进愈合的作用。治疗的关键在于糖皮质激素的合理应用，防治各种并发症。即尽量以最小不良反应的药物治疗获得最大限度的病情缓解和长期稳定。天疱疮的治疗是一个长期过程，需综合考虑患者的病情、身体状况、对糖皮质激素的敏感性等因素来制订个体化治疗方案。

在开始治疗前和治疗期间推荐进行的详细检查见表10-1。

表 10-1　天疱疮治疗前和治疗期间推荐的检查项目

治疗前建议	治疗期间建议
● 测定体重、血压等	● 定期监测体重、血压等
● 检测血、尿、粪便常规，粪便隐血试验，肝、肾功能测定，以及电解质、血脂、红细胞沉降率、C反应蛋白、血糖、免疫球蛋白和HBV、HCV、HIV、梅毒、结核等检测	● 定期检查糖皮质激素相关精神和神经系统症状
● 淋巴细胞亚群（CD4、CD8、CD4/CD8等）	● 定期检测血、尿、粪便常规，粪便隐血试验，肝、肾功能测定，以及测定电解质、血脂、红细胞沉降率、C反应蛋白、血糖、糖化血红蛋白等

(续表)

治疗前建议	治疗期间建议
• 评估潜在肿瘤和（或）感染：腹部超声、胸部X线检查，必要时行CT/MRI检查	• 必要时，每半年检测1次骨密度
• 评估骨质疏松及股骨头坏死：骨密度、髋关节X线检查	• 必要时完善胸部、髋关节X线检查
• 评估食管、咽喉部有无糜烂、溃疡，有无胃及十二指肠溃疡，必要时行内镜/钡餐检查	• 开始治疗后每月检测抗Dsg抗体，待病情稳定后每3个月至半年检测1次，或进行间接免疫荧光检测
• 评估青光眼或白内障：眼科检查	• 开始治疗到早期维持治疗［泼尼松0.4 mg/（kg·d），或20 mg/d］期间，建议定期检测β-D-葡聚糖和巨细胞病毒抗体及载量
• 若考虑使用硫唑嘌呤，则建议检测硫嘌呤甲基转移酶（TPMT）的活性	• 取皮肤溃疡、糜烂部位组织行微生物培养
• 若考虑使用静脉注射免疫球蛋白，则建议治疗前排除IgA缺乏症	• 对应用利妥昔单抗且初筛HBsAg阳性和（或）抗-HBc阳性的患者，需定期检测肝炎标志物和（或）HBV-DNA
• 对于有生育能力的妇女，建议完善β人绒毛膜促性腺激素等检查，评估是否怀孕	• 根据患者出现的具体不适反应，进行相关检查

HBV，乙型肝炎病毒；HCV，丙型肝炎病毒；IVIG，静脉注射免疫球蛋白（intravenous immunoglobulin）；Dsg，桥粒黏蛋白

天疱疮的具体治疗措施包括以下几个方面。

1. 支持治疗 大疱和大面积的糜烂可使血浆白蛋白及其他营养物质大量丢失，故应给予高营养、易消化饮食。对进食困难者可经静脉补充营养，对全身衰竭者须少量多次输血。注意水、电解质与酸碱平衡。患者应尽量保证睡眠充足，防止继发感染。

2. 局部药物治疗 局部应用适用于口腔的糖皮质激素软膏、糊剂、凝胶，以减轻口腔糜烂面炎症，必要时可用糖皮质激素制剂（如曲安奈德混悬液）行口腔黏膜病损处下浸润注射治疗；局部使用表皮生长因子，以促进糜烂愈合；应用氯己定溶液含漱，以防止继发细菌感染，用2%～4%碳酸氢钠溶液含漱，以防止继发性口腔念珠菌感染。对口腔疼痛影响进食者，进食前可用2%利多卡因液涂搽或稀释后含漱。

3. 全身药物治疗

（1）糖皮质激素：糖皮质激素用于治疗天疱疮后，使天疱疮患者死亡率从75%降至10%以下。作为治疗天疱疮的首选药物，糖皮质激素的应用强调严格的用药原则，即应遵循"早期应用，足量控制，合理减量，适量维持"的原则。根据用药的过程，可将其动态地分为起始控制阶段、减量阶段和维持阶段。起始控制阶段应"量大从速"，减量维持阶段应"递减忌躁"。临床上常用于治疗天疱疮的口服糖皮质激素主要为泼尼松。起始阶段的泼尼松用量应当根据病情评估的结果而定，剂量范围为0.5～1.5 mg/（kg·d）。对病情轻者，泼尼松的起始量可为30～40 mg/d；对病情严重者，起始量为60～100 mg/d。对起始剂量较大者应尽量模拟生理性激素分泌周期服药，晨起8:00前口服日总剂量的2/3，14:00—15:00口服日总剂量的1/3。治疗1～2周，若无新发病损出现，表明剂量足够，反之则需加量或配合其他免疫抑制剂。若2周内无新发病损出现且原有病损愈合80%以上，可视为病情得到控制，即达到激素减量的指征。对泼尼松使用剂量大者，每1～2周递减原药量的10%，当剂量低于30 mg/d时，减量更应慎重，减量的速度应放慢，可以采用每年递减上一年度50%糖皮质激素剂量的方法，以

防止病情复发。减药过程中,一旦有新病损出现,则应暂停减药。若因减药速度太快或骤然停药而导致病损大面积复发,则需全面评估病情后重新确定治疗方案。若糖皮质激素减至很小剂量,则可长时间维持,维持剂量为泼尼松 ≤ 0.2 mg/(kg·d) 或 10 mg/d。若病情持续稳定,则可用更低剂量维持。

虽然糖皮质激素治疗天疱疮的疗效较为肯定,但长期使用糖皮质激素须注意其并发症,有的患者甚至可因出现并发症而导致死亡。常见并发症包括糖尿病、高血压、库欣综合征、消化道溃疡、骨质疏松症、各种感染、压缩性骨折、青光眼、白内障、中枢神经系统毒性、痤疮及伤口延迟愈合等。长期全身使用糖皮质激素还可导致下丘脑-垂体-肾上腺轴抑制,以及无血管性骨坏死。因此,为预防和减轻糖皮质激素所致并发症,需要慎重地减量、正确运用免疫抑制剂,并适当给予一些辅助用药,如预防骨质疏松的钙制剂、抗酸药和胃黏膜保护剂及补钾制剂。治疗期间应定期进行血压、血常规、肝功能、肾功能、血糖、电解质、尿常规、粪便常规等检查。

对于病情严重的天疱疮患者,为加快显效时间,减少不良反应,可选用冲击治疗,即短期内静脉给予大剂量糖皮质激素。

(2)免疫抑制剂:对糖皮质激素疗效不佳的患者,或者是同时患有糖尿病、高血压、骨质疏松等疾病的患者,可联合应用免疫抑制剂,以减少糖皮质激素的用量和缩短糖皮质激素开始减量的时间,并在减量过程中防止复发。常用一线免疫抑制剂有甲氨蝶呤(MTX)和吗替麦考酚酯(MMF)。二线免疫抑制剂有环磷酰胺(CTX)、硫唑嘌呤(AZA)和环孢素(CsA)。

(3)生物制剂:利妥昔单抗(rituximab)是人-鼠嵌合型CD20单克隆抗体,能选择性地杀伤B淋巴细胞。通常将其作为联合使用药物,用于病情顽固且严重的天疱疮患者。

(4)其他药物:如氨苯砜、四环素、羟氯喹、沙利度胺等也用于天疱疮的治疗。

4. 其他治疗方法 多用于常规治疗无效的顽固性天疱疮患者,或出现糖皮质激素或免疫抑制剂禁忌证的患者。

(1)静脉注射免疫球蛋白(intravenous immunoglobulin,IVIg):可以迅速减少血清中的天疱疮抗体,并使机体正常的免疫球蛋白增多,但其具体作用机制尚不清楚。IVIg多用于常规治疗无效的顽固性天疱疮患者或出现糖皮质激素/免疫抑制剂禁忌证的中重度天疱疮患者,特别是当患者存在感染风险时,应考虑IVIg。常规剂量为400 mg/(kg·d),连用3~5天。如患者病情未缓解,则可每月使用1次,直至病情得到控制。IVIg多与激素及免疫抑制剂联合应用,与利妥昔单抗合用效果更佳。此外,对IgA缺乏的患者禁用IVIg,否则易引发严重的过敏反应。

(2)血浆置换和免疫吸附:血浆置换是指分离并去除天疱疮患者血液中含有天疱疮抗体的血浆,再将生理盐水、白蛋白以及分离出的细胞输入患者体内,以迅速降低患者体内天疱疮抗体的水平。免疫吸附是指采集患者血浆,使之通过一个吸附柱(临床应用最广的免疫吸附剂为葡萄球菌蛋白A,简称蛋白A),其氨基末端的Fc结合区与自身抗体(主要是IgG型)及循环免疫复合物的Fc段特异性结合,从而将致病的自身抗体清除。再将过滤的血浆重新输入患者体内。无论是应用血浆置换还是免疫吸附,均只是清除血浆中的致病抗体,需要与激素和免疫抑制剂联合应用,以抑制抗体的产生。

(3)干细胞移植:对于上述方法疗效不佳,或出现难以耐受的不良反应,或1年内病情多次反复加重而预后不佳的患者,干细胞移植可能使部分患者获得良好疗效,甚至长期临床缓解。

有关天疱疮治疗药物循证医学推荐等级见表10-2。

表 10-2　寻常型天疱疮治疗药物推荐等级

治疗方法	推荐等级
糖皮质激素	A
吗替麦考酚酯	B
甲氨蝶呤	B
利妥昔单抗	B
静脉注射免疫球蛋白	B
硫唑嘌呤	C1
环磷酰胺	C1
环孢素	C1
免疫吸附	C2
血浆置换	C2
干细胞移植	C2

A：强烈推荐；B：推荐；C1：也许可用；C2：证据有限，不主动推荐

进展与趋势

天疱疮患者病情评估方法

对于天疱疮患者的病情严重程度临床评估指标，目前有多种评估体系，但以天疱疮疾病面积指数（pemphigus disease area index，PDAI）应用最多，是目前国际上公认的天疱疮病情评估方法。PDAI 0～8 分为轻度，9～24 分为中度，≥25 分为重度。PDAI 是一个可靠的用于评估患者病情严重程度的指标，涵盖了皮肤与黏膜，将临床上容易忽视的黏膜病损纳入评估范围，使得病情评估较为客观和完整，但其操作较复杂，且对于口腔黏膜解剖区域的划分不够精细。对于口腔黏膜科医师，由于目前尚无统一的临床评估标准，所以对黏膜病变主导型天疱疮患者的治疗往往依靠临床经验，有必要针对口腔病损特点设计和补充完善现有评估体系，为临床试验结果提供标准化参考依据。

第二节　黏膜类天疱疮
Mucous Membrane Pemphigoid

类天疱疮（pemphigoid）是一类针对黏膜上皮和上皮下结缔组织（皮肤表皮和真皮）间结合处即基底膜带的结构蛋白产生的自身抗体，临床上表现为以黏膜（皮肤）张力性水疱和糜烂为特征的自身免疫病。与口腔黏膜表现相关的类天疱疮主要有黏膜类天疱疮、扁平苔藓样类天疱疮等，其中，黏膜类天疱疮（mucous membrane pemphigoid，MMP）较多见。

黏膜类天疱疮是类天疱疮中较常见的一种类型，好发于口腔黏膜、眼结膜等黏膜，病损愈合后常有瘢痕形成以及由此而导致的功能丧失，因而该疾病曾被称为良性黏膜类天疱疮（benign mucous pemphigoid）或瘢痕性类天疱疮（cicatricial pemphigoid）。目前认为瘢痕性类天疱疮单指病损不主要侵犯黏膜，且皮肤损害愈合后形成瘢痕的一种少见的临床类型。此外，将严重眼部损害造成失明或咽喉部受累形成瘢痕而影响吞咽的类型称为"良性"也不恰当。因

此，目前将此疾病统一称为黏膜类天疱疮。

案例 10-2

女，62岁。主诉牙龈反复起疱1年。患者1年前无明显诱因开始出现牙龈反复起疱，可自行破溃，进食坚硬食物时疼痛明显，否认眼部及皮肤病损。患者既往血糖偏高。既往史：血糖偏高。否认药物过敏史。

口腔检查和相关体格检查：全口牙龈充血、水肿，21颊侧牙龈可见直径为8 mm的疱性损害，硬腭后份及软腭可见多个直径为3～8 mm的疱性损害，右侧舌腹可见直径为2 mm的疱性损害。尼氏征呈阳性。患者口腔病损表现如下图所示。

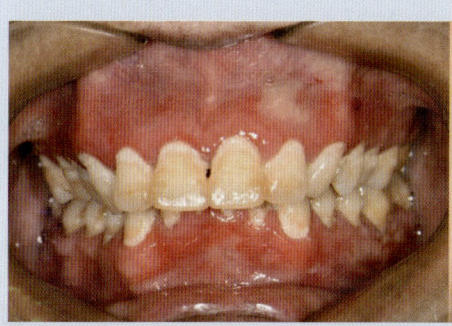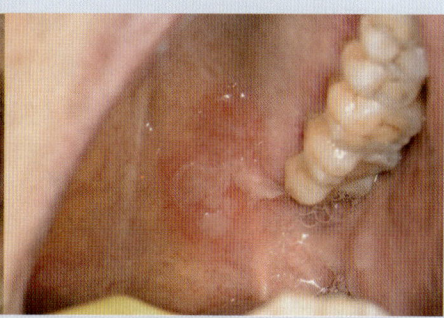

问题：
1. 根据患者的主诉，应考虑哪些疾病？
2. 该患者最可能的诊断是什么？
3. 最具诊断价值的检查方法包括哪些？

【流行病学】

黏膜类天疱疮好发于60岁以上的老年患者，发病率约为每年2/100万，女性发病率约为男性的2倍，且无明显种族差异。该病为慢性病程，平均病程为3～5年，有的可迁延一生。

【病因及发病机制】

黏膜类天疱疮属于自身免疫性大疱性疾病。目前发现其分子靶抗原包括：① BP 180，是大小为180 kDa的跨膜糖蛋白，其胞外段的第16个非胶原区（NC16A）是BP 180的主要抗原表位，存在于约75%的患者；② BP 230，大小为230 kDa，是半桥粒斑的胞内组成部分，同时也是斑蛋白家族的组成部分，存在于约25%的患者，常与BP 180同时出现；③层粘连蛋白332，以往称为层粘连蛋白5或表皮整联配体蛋白，存在于约25%的患者，由于产生抗层粘连蛋白332抗体的MMP患者中约30%伴有恶性肿瘤（如B细胞慢性淋巴细胞白血病、非霍奇金淋巴瘤、胰腺癌等），故对于这类MMP患者有必要行全身肿瘤筛查；④层粘连蛋白311；⑤ α6β4整合素的两个亚基，有文献显示，抗α6整合素的抗体的活动性与口腔损害有关，而抗β4整合素的抗体的活动性与眼部受累有关；⑥Ⅶ型胶原。

【临床表现】

根据病损累及部位可将黏膜类天疱疮分为2个临床亚型：①低危险型，病损只局限于口腔黏膜，或伴有局限性皮肤损害；②高危险型，病损累及眼、生殖器、食管、喉部中任何一个部位的黏膜。

（一）口腔表现

黏膜类天疱疮可发生于口腔黏膜的任何部位，牙龈是最常出现损害的部位，其次为腭部和颊部。病损早期在龈缘及附着龈处有弥散性红斑，其上形成直径为 2～6 mm 的水疱（图 10-7）。疱壁较厚，但在口腔中仍然容易破裂。疱液清亮或为血疱，破溃后可见白色或灰白色的疱壁残留，疱壁去除后可见基底光滑的红色糜烂面，陈旧性糜烂面的表面可覆盖黄白色假膜。牙龈也可出现剥脱样损害。尼氏征、揭皮试验、探针试验通常均为阴性。若病损发生在悬雍垂、软腭、扁桃体、腭舌弓以及腭咽弓等处，则患者常出现咽喉疼痛、吞咽困难等症状。病损愈合后常形成瘢痕，易与邻近组织粘连，导致组织畸形。若病损发生在口角区，则可因瘢痕粘连而导致张口受限。

（二）眼部表现

50%～85% 的黏膜类天疱疮患者可伴发眼部损害。眼部症状出现较早。早期病损呈持续性的单纯性结膜炎，然后可有小水疱出现，但少见；患者局部有痒感、剧痛。病损反复发作后，可导致睑结膜、球结膜间形成少许纤维附着，往往相互粘连，称为睑球粘连（图 10-8）。病损进一步发展可导致睑内翻、倒睫以及角膜受损，形成角膜瘢痕时可导致视力丧失，还可并发泪腺分泌减少或泪管阻塞，导致眼裂变窄或消失。

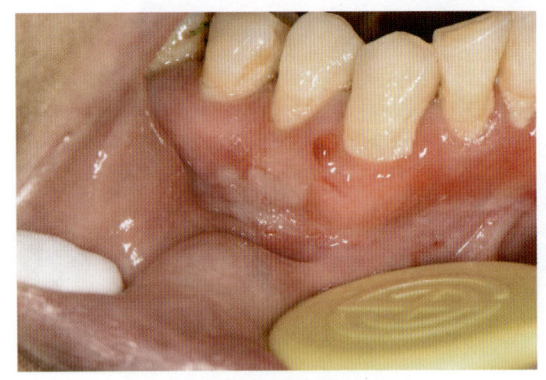

图 10-7　黏膜类天疱疮
牙龈血疱和糜烂
（四川大学华西口腔医学院供图）

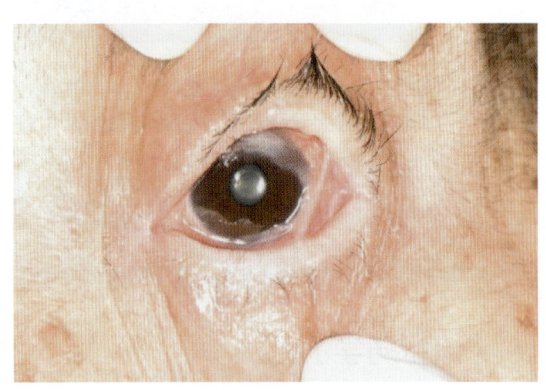

图 10-8　黏膜类天疱疮
左眼结膜纤维增生，睑球粘连
（四川大学华西口腔医学院供图）

（三）皮肤表现

本病患者皮肤损害少见，可累及面部和头皮，亦可见于胸部、腹部、腋下以及四肢屈侧皮肤。临床表现为外观正常的皮肤上出现张力性水疱，疱壁厚而不易破裂，尼氏征呈阴性。水疱破溃后形成糜烂、结痂，病损愈合后可遗留瘢痕和色素沉着。

（四）其他部位表现

咽、喉、气管、食管、尿道、阴部以及肛门等处黏膜偶有受累，形成局部纤维粘连。发生在食管和气管的病损可导致食管和呼吸道狭窄，造成吞咽困难、呼吸不畅。

【组织病理表现】

黏膜类天疱疮的基本病理变化为：上皮与结缔组织之间出现水疱或裂隙，为上皮下疱（图 10-9）。结缔组织内有淋巴细胞、浆细胞及嗜酸性粒细胞浸润并可见扩张的血管。

【免疫病理表现】

取邻近病损处外观正常的黏膜行直接免疫荧光检查，可见基底膜带 IgG 和（或）C3 呈线状沉积，偶有 IgA、IgM，呈翠绿色的荧光带（图 10-10）。

取患者血清行间接免疫荧光检查，患者血清中的 IgG 可在底物（最好采用健康人的口腔或阴道黏膜为底物）的基底膜带呈线状沉积，但该检查灵敏度低，仅为 10%（图 10-11）。

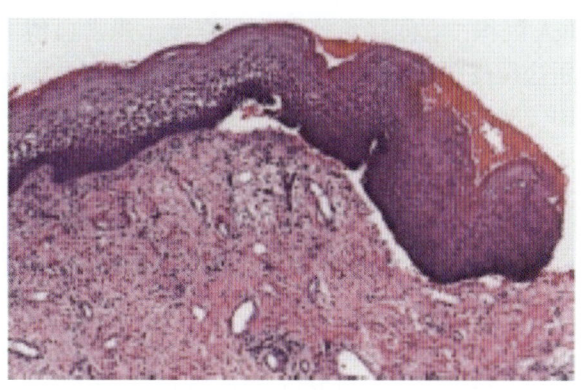

图 10-9　黏膜类天疱疮组织病理表现
口腔黏膜形成上皮下疱
（四川大学华西口腔医学院）

采用盐裂皮肤结合直接或间接免疫荧光检查，显示抗 BP180、BP230、α6β4 整合素的抗体位于人工裂隙的顶端（即表皮侧），抗层粘连蛋白 332、Ⅶ型胶原的抗体位于人工裂隙的底端（即真皮侧）。由于约 75% 黏膜类天疱疮患者的分子靶抗原包括 BP180，故多数黏膜类天疱疮患者 IgG 抗体结合于盐裂皮肤的表皮侧，部分病例 IgG 抗体结合于盐裂皮肤的真皮侧。为了最终确定靶抗原，可使用 BP180 C 端重组蛋白或者层粘连蛋白 332 重组蛋白等进行免疫印迹，但目前尚未在临床上开展。

通过 ELISA，可检测出一半以上患者血清中存在特异性抗 BP180 抗体，阳性率为 73%～94%。然而，即使是阴性结果，也不能完全排除 MMP 的可能性。

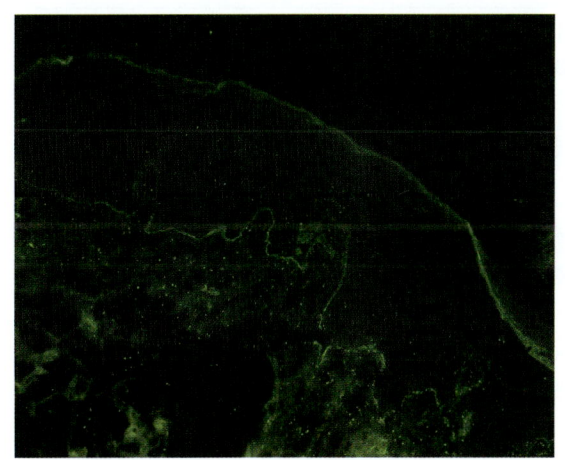

图 10-10　黏膜类天疱疮直接免疫荧光图
口腔黏膜上皮基底膜带 C3 线状沉积
（北京大学口腔医学院供图）

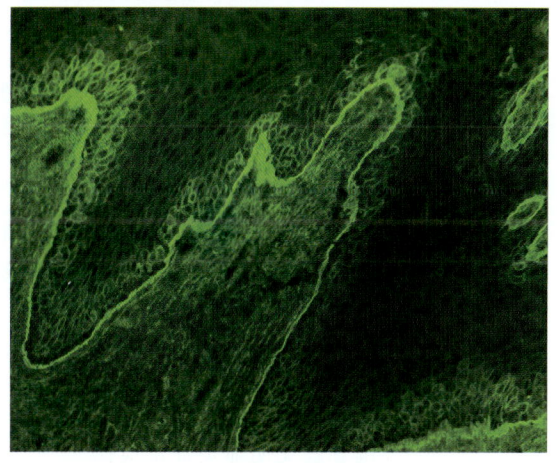

图 10-11　黏膜类天疱疮间接免疫荧光图
患者血清中的抗体在底物的基底膜带呈线状沉积
（北京大学口腔医学院供图）

【诊断】

（一）诊断要点

根据临床病损特征、组织病理和免疫病理特征、血清特异性抗体检测结果即可进行诊断。诊断要点为：①牙龈出现弥散性红斑及水疱，水疱破溃后遗留红色糜烂面，口腔黏膜其他部位也可出现水疱和糜烂面，糜烂面与天疱疮糜烂面具有相似特点，可伴有眼部损害（如睑球粘连），一般不伴有皮损；②尼氏征、揭皮试验、探针试验通常均为阴性；③组织病理学检查可见上皮下疱形成；④直接免疫荧光检查显示 IgG 和（或）C3 在基底膜带呈线状沉积，有时伴

IgA 沉积；⑤间接免疫荧光检查显示患者血清中的 IgG 在底物的基底膜带呈线状沉积；⑥利用盐裂皮肤结合直接或间接免疫荧光检查显示 IgG 沉积于表皮侧或真皮侧（表皮侧：BP 180、BP 230、α6β4 整合素；真皮侧：层粘连蛋白 332、Ⅶ型胶原）。⑦ELISA 检测显示患者血清中存在特异性抗 BP 180 抗体或针对黏膜类天疱疮其他分子靶抗原的抗体。

（二）诊断标准

根据 2002 年黏膜类天疱疮首个国际专家共识，黏膜类天疱疮的诊断必须包括：临床表现、组织病理学检查和直接免疫荧光检测结果，而盐裂皮肤结合间接免疫荧光检测、免疫印迹分析/ELISA 可作为诊断的补充/排除性检查。临床常根据上述要点中的①③④进行诊断。原因是：某些黏膜类天疱疮患者尼氏征、揭皮试验、探针试验可为阳性；间接免疫荧光检查和盐裂皮肤试验灵敏度低；黏膜类天疱疮的靶抗原种类多，而目前国内多数在临床开展类天疱疮血清抗体 ELISA 检测的医院均只能检测抗 BP180 的抗体。

【鉴别诊断】

1. 寻常型天疱疮 疱壁薄而易破，尼氏征、揭皮试验、探针试验呈阳性。亦可见皮损发生于皮肤易受摩擦处。组织病理学检查可见棘层松解和上皮内疱（或裂隙）。直接免疫荧光和间接免疫荧光可见棘细胞间有 IgG（或伴有 C3）呈网状沉积。ELISA 检测可见抗 Dsg 3 和（或）抗 Dsg 1 抗体阳性（表 10-3）。

表 10-3 寻常型天疱疮、黏膜类天疱疮及大疱性类天疱疮的鉴别要点

鉴别要点	寻常型天疱疮	黏膜类天疱疮	大疱性类天疱疮
分子靶抗原	Dsg 1，Dsg 3	BP 180，BP 230，层粘连蛋白 332，α6β4 整合素的两个亚基，层粘连蛋白 311，Ⅶ型胶原蛋白	BP 180，BP 230
好发年龄	40～60 岁多见	60 岁以上老年人多见	同黏膜类天疱疮
好发性别	无明显倾向或女性稍多	女性较多	无明显倾向
好发部位	好发于口腔黏膜和胸部、背部、头部皮肤	口腔黏膜损害好发于牙龈，体腔黏膜亦较易受累，皮肤损害少见	好发于胸、腹部和四肢近端及手、足部皮肤，口腔黏膜损害少见
口腔黏膜损害	水疱较少见，新鲜糜烂面红且湿润、边界清楚、形状不规则、表面干净、周围黏膜无明显炎症反应；尼氏征、揭皮试验、探针试验呈阳性	以牙龈出现水疱和糜烂为主；尼氏征、揭皮试验、探针试验呈阴性	少见，水疱较小，状似粟粒；尼氏征呈阴性
皮肤损害	在外观正常的皮肤上发生松弛性大疱，壁薄；尼氏征呈阳性	在外观正常的皮肤上发生张力性大疱，尼氏征呈阴性	在外观正常的皮肤或红斑上发生张力性大疱，尼氏征呈阴性
组织病理学	棘层松解、上皮内疱	无棘层松解，上皮下疱	同黏膜类天疱疮
免疫病理学	DIF 示病损组织中 IgG（或伴有 C3）呈网状沉积于棘细胞间；IIF 示患者血清中 IgG 呈网状沉积于底物上皮或表皮细胞间	DIF 示病损组织中 IgG 和（或）C3 沿基底膜带呈线状沉积；IIF 示患者血清中 IgG 呈线状沉积于底物的基底膜带，但阳性率低；盐裂皮肤试验示患者血清中 IgG 沉积于盐裂皮肤的表皮侧或真皮侧	DIF 示病损组织中 IgG 和（或）C3 沿基底膜带呈线状沉积；IIF 示患者血清中 IgG 呈线状沉积于底物的基底膜带；盐裂皮肤试验示患者血清中 IgG 沉积于盐裂皮肤的表皮侧

(续表)

鉴别要点	寻常型天疱疮	黏膜类天疱疮	大疱性类天疱疮
ELISA	患者血清中存在特异性抗 Dsg 3 抗体和抗 Dsg 1 抗体	患者血清中存在特异性抗 BP 180 抗体或针对黏膜类天疱疮其他分子靶抗原的抗体	患者血清中存在特异性抗 BP 180 抗体和抗 BP 230 抗体
预后	预后最差，使用糖皮质激素后死亡率降至 10% 以下	病情呈慢性迁延，眼部形成瘢痕可致失明，气管和食管形成瘢痕可影响呼吸和吞咽	预后良好，但病情可复发

2. 大疱性类天疱疮 大疱性类天疱疮（bullous pemphigoid）是类天疱疮中的常见类型，也是一种慢性自身免疫性大疱性疾病，以皮肤损害为主。其分子靶抗原为 BP 180 和 BP 230。大疱性类天疱疮多见于 60 岁以上的老年人，无性别、种族差异。病程虽长，但预后良好。皮肤损害好发于胸、腹部和四肢近端及手、足部。临床表现为在外观正常或红斑的皮肤上出现的张力性水疱，疱壁较厚，呈半球状，直径可从小于 1 cm 至数厘米，疱液清亮，少数可呈血性，不易破溃，破溃后糜烂面常覆以痂壳，病变可自愈。有 10%～20% 的患者可出现黏膜损害，但程度较轻微。口腔黏膜损害多在皮损出现后发生，水疱较小，状似粟粒，但不易破溃，破溃后糜烂面渐趋于愈合，并不扩展。尼氏征呈阴性。口腔病损疼痛轻微。该病进展缓慢，若不治疗可持续数月至数年，也会自发性消退或加重。组织病理学检查可见上皮下疱，无棘层松解。DIF 可见基底膜带 IgG 和（或）C3 呈线状沉积。预后较天疱疮和黏膜类天疱疮好（表10-3）。

3. 多形红斑 为急性炎症性疾病，患者口腔黏膜可出现水疱，水疱破溃后可形成糜烂，但糜烂面通常面积较大、形状不规则、表面覆有黄白色假膜、渗出多，糜烂面周围黏膜充血，炎症反应明显，常形成黑色厚血痂。皮损表现为特征性的靶形红斑，多见于四肢。

4. 糜烂型口腔扁平苔藓 糜烂型扁平苔藓可表现为牙龈剥脱样损害，颜色鲜红，触之出血，其邻近区域或口腔其他部位的黏膜表面有白色条纹。组织病理学检查显示基底细胞液化变性和固有层淋巴细胞浸润带。黏膜类天疱疮患者牙龈处虽也可有剥脱性损害，但口腔黏膜无白色条纹，且往往出现水疱。除此以外，组织病理学和免疫病理学检查也有助于鉴别。

5. 白塞病 该病口腔病损为复发性阿弗他溃疡，生殖器溃疡、肛周溃疡与口腔溃疡特点相似。眼部受累常表现为葡萄膜炎。皮肤损害表现为结节性红斑、丘疹或痤疮样皮疹等。

【治疗】

目前临床上黏膜类天疱疮的治疗较为棘手，主要根据其受累部位、严重程度及疾病进展情况的不同来选择治疗方案和药物。

1. 局部治疗 消除口腔各种局部刺激因素，细致施行牙周洁刮治疗，保持口腔卫生。口腔用药基本同天疱疮的局部治疗。对糜烂较局限者可用糖皮质激素制剂（如曲安奈德混悬液）行口腔黏膜损害下浸润注射治疗，但应控制好注射频率及剂量。根据病情推荐剂量为每次 10～40 mg，两次注射时间间隔在 3～4 周或更长时间，以免引起组织萎缩、硬化等不良反应。对于有眼部损害者，需用糖皮质激素溶液制剂滴眼，以防止纤维性粘连。

2. 全身治疗

（1）对于低危险型黏膜类天疱疮患者，在局部应用糖皮质激素制剂的同时，可使用氨苯砜。该药物可抑制中性粒细胞溶酶体的释放，减轻粒细胞趋化和黏附。此外，还可应用四环素类抗生素联合烟酰胺治疗低危险型黏膜类天疱疮。

若上述疗法无法控制病情，或口腔黏膜损害广泛且病情严重，仍需应用糖皮质激素（如泼尼松）。对局限于口腔的黏膜类天疱疮，较低起始剂量的泼尼松（30 mg/d）即可控制病情，病情控制后可逐渐减量。

（2）对于高危险型或病情进展迅速的黏膜类天疱疮患者，应考虑全身联合应用糖皮质激素和免疫抑制剂，如联合应用泼尼松与环磷酰胺。

（3）对于出现治疗抵抗的黏膜类天疱疮患者，可联合应用静脉注射免疫球蛋白（IVIg）、糖皮质激素冲击疗法、环磷酰胺冲击疗法或血浆置换。

（4）此外，硫唑嘌呤、甲氨蝶呤、利妥昔单抗、磺胺类药物、沙利度胺、磺胺吡啶、吗替麦考酚酯等药物也可用于治疗黏膜类天疱疮。

黏膜类天疱疮治疗药物循证医学推荐等级见表 10-4。

表 10-4 黏膜类天疱疮治疗药物推荐等级

治疗方法	低危险型	高危险型	推荐等级
氨苯砜	○		C1
四环素＋烟酰胺	○		C1
米诺环素＋烟酰胺	○		C1
系统应用糖皮质激素		○	A
环磷酰胺		○	B
硫唑嘌呤		○	C1
吗替麦考酚酯		○	C1
甲氨蝶呤		○	C1
静脉注射免疫球蛋白		○	C1
血浆置换		○	C1
利妥昔单抗		○	C1
局部应用糖皮质激素		○	C1

A：强烈推荐；B：推荐；C1：也许可用

第三节　副肿瘤性天疱疮
Paraneoplastic Pemphigus

副肿瘤性天疱疮（paraneoplastic pemphigus，PNP）是一种与肿瘤相关的致死性自身免疫性大疱性疾病。临床表现为严重的黏膜（特别是口腔黏膜）损害及多形性皮肤损害。该病可累及多个组织器官，如肺、甲状腺、肾、平滑肌和胃肠道，因此也有研究者更倾向于将其称为副肿瘤性自身免疫性多器官综合征（paraneoplastic autoimmune multiple organ syndrome，PAMS）。副肿瘤性天疱疮并不是指天疱疮和肿瘤单纯并发存在，而是一类血清中有特殊自身抗体的自身免疫病。

【流行病学】

副肿瘤性天疱疮最初由 Anhalt 等于 1990 年首次报道，该病的具体发病率不详，占天疱疮患者的 3%～5%，无性别差异，发病年龄范围为 7～76 岁，平均 51 岁。其致死率高达 90%。

【病因及发病机制】

副肿瘤性天疱疮是一种自身免疫病。其发生与肿瘤密切相关，尤其是淋巴组织增生性肿瘤（约占84%），如非霍奇金淋巴瘤（non-Hodgkin lymphoma，NHL）、慢性淋巴细胞白血病、卡斯尔曼病（Castleman disease）、胸腺瘤等，其他肿瘤（如恶性黑色素瘤、胰腺癌、结肠癌、肺癌、乳腺癌、前列腺癌等）也有报道。在成人中，最常见的肿瘤为非霍奇金淋巴瘤（38.6%），其次为慢性淋巴细胞白血病（18.4%）和卡斯尔曼病（18.4%）；在青少年和儿童中，最常见的则是卡斯尔曼病（又称巨大淋巴结增生症）。此外，还有研究报道，具有HLA-Ⅱ类*DRB1*03*等位基因和（或）*HLA-Cw*14*基因的患者更容易发生副肿瘤性天疱疮，而这两个基因分别在白种人和中国人中多见。

副肿瘤性天疱疮的分子靶抗原包括：桥粒芯糖蛋白Dsg 3（分子量为130 kDa）和Dsg 1（分子量为160 kDa）；包斑蛋白（envoplakin）（分子量为210 kDa）和周斑蛋白（periplakin）（分子量为190 kDa），桥粒斑蛋白Ⅰ型（desmoplakin Ⅰ type，DPⅠ）（分子量为240 kDa）和桥粒斑蛋白Ⅱ（desmoplakin Ⅱ type，DPⅡ）（分子量为210 kDa）；大疱性类天疱疮抗原1（bullous pemphigoid antigen 1，BPAG 1，BP 230）（分子量为230 kDa）；网蛋白（plectin）（分子量为300 kDa）；广谱蛋白酶抑制剂α2巨球蛋白样1蛋白（alpha-2-macroglobulin-like-1，A2ML1）（分子量为170 kDa）等。这些靶抗原存在于细胞桥粒和半桥粒处，在调节细胞黏附方面起重要作用。

副肿瘤性天疱疮患者血清中含有一组针对上述靶抗原的IgG自身抗体。多项研究表明，这些自身抗体是针对共存的肿瘤直接产生的，在副肿瘤性天疱疮的发病过程中发挥重要作用。

【临床表现】

副肿瘤性天疱疮患者可伴随潜在的良性或恶性肿瘤，约有2/3的患者黏膜、皮肤损害发生时肿瘤已存在，1/3的患者出现黏膜、皮肤损害时尚未发现患有肿瘤。因此，对怀疑副肿瘤性天疱疮的患者，检测其是否存在潜隐性肿瘤至关重要，特别是行颈部B超和胸腹部、骨盆部位的CT检查尤其有必要。

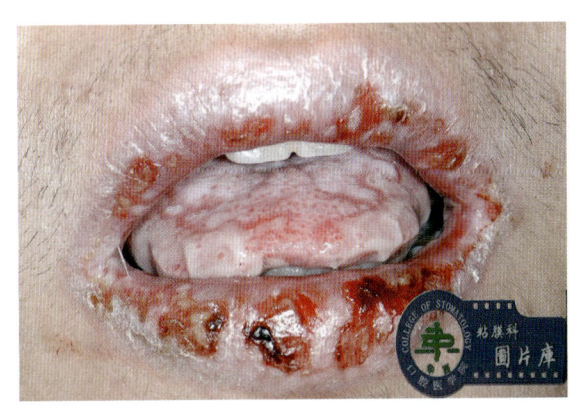

图10-12 副瘤性天疱疮
唇、舌黏膜广泛糜烂，形成苔藓样改变
（四川大学华西口腔医学院供图）

1. 黏膜表现 口腔黏膜损害常为首发临床表现。患者均有广泛而严重、持久且难治的口腔黏膜水疱和糜烂。病损可发生于口腔黏膜的任何部位，如唇、颊、牙龈、舌等部位。唇红部病损特征明显，该处的糜烂和厚痂常类似于多形红斑的表现（图10-12）。口腔黏膜病损类似寻常型天疱疮，如表现为大面积糜烂，揭皮试验、探针试验和尼氏征呈阳性等。

患者常因口腔黏膜病损处严重糜烂和疼痛而不能正常进食，导致体重迅速减轻，大部分患者在数月内可体重减轻10%～20%。

鼻、咽、扁桃体、外阴黏膜也可受损，疼痛明显。鼻腔黏膜破损可导致鼻出血。此外，呼吸道黏膜和消化道黏膜也可出现水疱、糜烂，尤其是呼吸道病变可引起呼吸衰竭而导致患者死亡。眼部损害可从轻微结膜炎发展为伴有角膜瘢痕修复的睑球粘连。

黏膜损害随病情发展而呈进行性加重，对天疱疮的常规治疗反应性差。

2. 皮肤表现 皮肤损害常较黏膜损害延迟数天至数月，受累面积较广，并伴有明显疼痛或瘙痒。皮损形态多样，根据损害特点，可分为天疱疮样、大疱性类天疱疮样、多形红斑样、移植物抗宿主病样和扁平苔藓样皮肤损害。天疱疮样皮肤损害表现为松弛性大疱、糜烂、痂壳和红斑。大疱性类天疱疮样皮肤损害表现为常见于四肢的伴鳞屑的红斑和张力性水疱。多形红斑样皮肤损害主要表现为靶形红斑，有时甚至伴有顽固性糜烂。移植物抗宿主病样皮肤损害表现为散在的暗红色有鳞屑的丘疹。扁平苔藓样皮肤损害表现为扁平、呈紫褐色、有鳞屑的丘疹和斑块。

3. 系统表现　典型的天疱疮从未累及支气管和肺泡。但副肿瘤性天疱疮患者可出现肺部受累，发生致命的闭塞性细支气管炎，且病情较重时最终导致呼吸衰竭甚至死亡。

【病理表现】

副肿瘤性天疱疮的病理特点主要有：①上皮内发生棘层松解（口腔黏膜明显）、裂隙或水疱，均在紧靠基底细胞层的上方，疱底的基底细胞形成墓碑样结构。②上皮各层和皮肤附件均可出现坏死的角质形成细胞，若在棘层松解区出现，则高度提示为副肿瘤性天疱疮。③界面性皮炎（interface dermatitis）是副肿瘤性天疱疮的常见表现，界面空泡改变及真皮浅层血管周围有不同程度的淋巴细胞浸润；伴有或不伴有棘层松解，不同程度的炎症细胞移入上皮层（与角质细胞坏死有关）；可出现坏死的卫星细胞（位于坏死角质细胞旁的淋巴细胞）。④基底细胞层液化变性（口腔黏膜易见），可与棘层松解并存或单独发生。⑤固有层血管周围淋巴细胞浸润，有时呈苔藓样改变，早期可见水肿，晚期可有轻微的纤维化。

【免疫病理表现】

取邻近病损处外观正常的黏膜或皮肤行直接免疫荧光（DIF）检查，可见 IgG（或伴有补体 C3）在棘细胞间沉积，部分患者可同时出现基底膜区的 IgG 和（或）C3 沉积。标本同时存在棘细胞间和基底膜带抗体沉积是副肿瘤性天疱疮的重要提示标志之一。

取患者血清行间接免疫荧光（IIF）检查，可见血清中的 IgG 抗体结合于猴食管或其他组织的复层鳞状上皮和移行上皮。与寻常型天疱疮不同的是，副肿瘤性天疱疮的 IgG 自身抗体还能结合于鼠膀胱移行上皮或支气管、小肠、结肠柱状上皮的上皮细胞间。

【诊断】

对于本病目前尚无公认的诊断标准，主要根据临床表现、组织病理学和免疫病理学特征表现以及辅助检查进行诊断。诊断要点包括：①被确诊患有肿瘤或并发有潜隐性肿瘤的患者出现皮肤、黏膜广泛而严重的水疱、糜烂及多样性皮损；②组织病理学表现为棘层松解、角质形成细胞坏死、界面性皮炎；③直接免疫荧光检查显示 IgG（或伴有 C3）在病损组织棘细胞间沉积，或同时出现 IgG 和（或）C3 在基底膜带沉积；④鼠膀胱间接免疫荧光检查呈阳性；⑤免疫印迹法或免疫沉淀法检测发现患者血清中存在抗包斑蛋白和周斑蛋白抗体。

以下 3 项特点在 PNP 的临床诊断过程中具有高度特异性和敏感性：①伴发淋巴组织增生性疾病；②鼠膀胱间接免疫荧光检查呈阳性；③免疫印迹法或免疫沉淀法检测发现患者血清中存在抗周斑蛋白、包斑蛋白等自身抗体。

总之，对具有疑似副肿瘤性天疱疮临床表现的患者应进行全面检查，包括胸部、腹部和盆腔 CT、颈部 B 超以及肿瘤标志物等检查，以排查隐匿性肿瘤。

【鉴别诊断】

副肿瘤性天疱疮需要与寻常型天疱疮、黏膜类天疱疮、药疹、多形红斑、中毒性表皮坏死松解症等疾病相鉴别。

【治疗】

副肿瘤性天疱疮的治疗首先应该控制和治疗肿瘤。

若为可手术治疗的肿瘤患者，通常先手术切除肿瘤。良性肿瘤患者经手术切除肿瘤后，皮肤黏膜病损可得到缓解、改善甚至完全消退。

对于不可进行手术的肿瘤患者，需在肿瘤科或血液病科进行非手术抗肿瘤治疗，并可在皮肤病科指导下使用糖皮质激素和免疫抑制剂等治疗，以缓解副肿瘤性天疱疮的病情。常用药物为泼尼松、硫唑嘌呤、环孢素、环磷酰胺、吗替麦考酚酯。利妥昔单抗可用于 B 细胞淋巴瘤所致的副肿瘤性天疱疮患者，阿仑珠单抗（Alemtuzumab）可用于慢性淋巴细胞白血病所致的副肿瘤性天疱疮患者。此外，也可采用血浆置换疗法和静脉注射免疫球蛋白疗法。局部治疗同天疱疮的局部治疗。

副肿瘤性天疱疮患者皮肤损害的治疗效果常优于黏膜损害。患有恶性肿瘤的副肿瘤性天疱疮患者多数对治疗的反应性差，病情往往呈进行性发展。

副肿瘤性天疱疮患者的预后总体较差，死亡率为 75%～90%，呼吸衰竭为主要死因。患者结局与潜在肿瘤的病程不一定平行，其并发症和治疗均可显著影响死亡率。并发症包括感染、败血症、多器官功能衰竭、胃肠道出血及闭塞性细支气管炎相关呼吸衰竭等。

第四节　其他大疱性疾病
Other Bullous Diseases

一、扁平苔藓样类天疱疮 Lichen planus pemphigoid

扁平苔藓样类天疱疮（lichen planus pemphigoid，LPP）是指在临床表现、组织病理学和免疫荧光等检查方面既有典型的扁平苔藓表现，又有大疱性类天疱疮特征的自身免疫性大疱性皮肤黏膜疾病。

【流行病学】

扁平苔藓样类天疱疮的发病率约为每年 1/100 万，无明显性别差异，好发年龄范围为 35～44 岁，在儿童和青少年中也有发病。

【病因及发病机制】

扁平苔藓样类天疱疮属于自身免疫性大疱性疾病，主要靶抗原为 BP 180（又称 BPAG2），部分患者也可出现抗 BP 230（BPAG1）的抗体。此外，还有分子量为 130 kDa 和 200 kDa 的靶抗原的报道。

【临床表现】

1. 口腔黏膜表现　口腔黏膜出现张力性大疱的同时伴有网状细小白色条纹，水疱散在分布，破溃后可形成溃疡面，常表现为张力性小水疱围绕在扁平苔藓样白色条纹和斑块周围。

2. 皮肤表现　水疱多在急性泛发性扁平苔藓之后突然出现。水疱透明，疱壁紧张，尼氏征常呈阴性。全身任何部位均可受累，但以四肢最为常见，常伴有瘙痒。

【组织病理和免疫病理表现】

扁平苔藓样类天疱疮的丘疹、斑块损害区的组织病理学特点为典型的扁平苔藓样特征性表现，即上皮角化过度，颗粒层增厚，棘层不规则增厚或萎缩，基底细胞呈空泡变性或液化变性，结缔组织浅层淋巴细胞呈带状浸润，可见胶质小体。扁平苔藓样类天疱疮的水疱损害区组织病理学检查显示：上皮下疱，结缔组织浅层血管周围可见中度致密淋巴细胞、组织细胞和嗜酸性粒细胞浸润，其上方基底细胞因无液化变性而多完整无损。

直接免疫荧光检查示，疱性病损区与非疱性病损区均可发现 IgG 和 C3 在基底膜带呈线状沉积；在外观正常的黏膜皮肤的基底膜带也可见 IgG 和 C3 呈线状沉积。

间接免疫荧光检查示，患者血清中可检测到抗 BP 180 NC16 A 端或 C 端结构域的 IgG 自身抗体。

采用盐裂皮肤结合直接或间接免疫荧光检查，IgG 抗体多沉积于盐裂皮肤的表皮侧。

【诊断】

关于扁平苔藓样类天疱疮，目前尚无公认的诊断标准，其诊断要点主要有：①原诊断为扁平苔藓的患者出现水疱，且水疱发生在远离苔藓样病损区的外观正常的黏膜皮肤上；②非疱性病损区具有典型的扁平苔藓样组织学特征性表现，疱性病损区为上皮下疱且不伴有扁平苔藓的组织学特征性表现；③直接免疫荧光检查示疱性病损区与非疱性病损区的基底膜带均有 IgG、C3 呈线状沉积，间接免疫荧光检查可见患者血清中出现抗 BP180 NC16 A 端或 C 端结构域的 IgG 自身抗体。除此以外，ELISA、免疫印迹分析和免疫沉淀分析均可协助诊断。

【鉴别诊断】

1. 疱性口腔扁平苔藓　疱性口腔扁平苔藓（bullous oral lichen planus）有典型的珠光白色条纹损害特征，并在此基础上出现水疱。水疱多发生于原有白色条纹损害区之上。组织病理学检查显示：水疱是由基底细胞严重液化变性引起的上皮与结缔组织分离导致的裂隙形成；直接免疫荧光检查示 IgM 沿基底膜带沉积，形成蓬松的荧光带。扁平苔藓样类天疱疮患者的水疱围绕在扁平苔藓样白色条纹和斑块周围，水疱病损区因无液化变性，水疱顶部基底细胞完整；直接免疫荧光检查示 IgG 和 C3 沿基底膜带呈线状沉积。

2. 黏膜类天疱疮　黏膜类天疱疮多见于 60 岁以上的老年人，儿童少见。口腔黏膜无明显珠光白色网纹，无扁平苔藓样组织病理学特征性表现。与黏膜类天疱疮相比，扁平苔藓样类天疱疮患者发病年龄较低，具有扁平苔藓样临床病损和组织病理学特征性表现，预后更好。

3. 大疱性类天疱疮　该病水疱发生在正常皮肤或红斑上，无扁平苔藓样损害。组织病理学检查显示上皮下水疱，无扁平苔藓样组织学特征性表现。

【治疗】

在临床上，糖皮质激素对扁平苔藓样类天疱疮的治疗效果显著，一般采用中、小剂量的泼尼松 10～40 mg/d，待患者病情控制后逐渐减量。亦可联合应用泼尼松与硫唑嘌呤治疗。此外，联合应用氨苯砜（100 mg/d）、羟氯喹（200 mg/d）、四环素和烟酰胺等也可治疗本病。

本病患者全身症状相对较轻，预后较好。

二、线状 IgA 病

线状 IgA 病（linear IgA disease，LAD）又称线状 IgA 大疱性皮肤病（linear IgA bullous dermatosis，LABD），是一种以黏膜上皮和结缔组织间（皮肤表皮和真皮间）基底膜带 IgA 呈线状沉积为特点的自身免疫性大疱性疾病。

【流行病学】

本病临床少见，发病率为每年 0.2～0.3/100 万，可发生于任何年龄，有两个发病高峰，分别是小于 5 岁的幼童和大于 60 岁的老年人，女性发病率稍高于男性。按发病年龄可将本病分为成人型和儿童型，两型的临床表现不尽相同。患者病情反复，呈慢性病程。本病是发生于儿童的类天疱疮疾病中最常见的。

【病因及发病机制】

线状 IgA 病是一种自身免疫病，可自发或由药物诱导发生。药物诱导型线状 IgA 病通常在用药的第 1 个月内出现，万古霉素是最常见的诱发药物（约占 50%），其他药物包括血管紧张素转换酶抑制药、非甾体抗炎药以及苯妥英。本病的发生及预后可能与 HLA-B8、HLA-DQ2、HLA-cw7 和 HLA-DR3.3 相关，提示本病具有遗传背景，但具体发病机制尚不明确。

本病的主要靶抗原为 BP 180，BP 180 的部分胞外段生理性脱落后可进一步被蛋白水解酶降解，从而在胞外产生分子量为 120 kDa 和 97 kDa 的片段，120 kDa 的片段即 LAD-1，97 kDa 的片段就是 LAD-1 N 端的一部分。

BP 180 胞外段靠近细胞膜的部分也是线状 IgA 病的靶抗原，有 20% 的线状 IgA 病患者的靶抗原是 BP180 的 NC16 A 端。

此外，BP 230 也是线状 IgA 病的靶抗原，该靶抗原在成人线状 IgA 病患者中比儿童常见。其他靶抗原还包括 LAD 285（分子量为 285 kDa）、Ⅶ型胶原蛋白等。

【临床表现】

线状 IgA 病患者中约 50% 可出现黏膜损害。

1. 成人型线状 IgA 病 多在中青年时期发病，常突然起病，也可隐匿起病。患者皮肤病损表现特异性不高，与其他表皮下大疱性疾病难以鉴别。皮损多为泛发，呈多形性，如红斑、丘疹、张力性水疱或大疱，环状、腊肠样和串珠样水疱性皮疹有一定的特征性。尼氏征呈阴性。患者可出现不同程度的瘙痒或灼热感。伴有或不伴有黏膜（口、鼻、生殖器、眼）损害，口腔损害常表现为牙龈、颊、舌黏膜出现水疱、糜烂和假膜。患者也可仅有口腔损害而不伴有皮肤损害。

2. 儿童型线状 IgA 病 多在学龄前发病，起病急，病情呈周期性发作和缓解，病程具有自限性，多在青春期前完全缓解。皮损分布广泛、对称，多见于口周、四肢伸侧面、腹股沟及外阴部。在外观正常皮肤或红斑上出现张力性水疱，尼氏征呈阴性，伴有不同程度的瘙痒。可伴有黏膜损害，表现为口腔黏膜糜烂、鼻塞、出血以及结膜炎。

【组织病理和免疫病理表现】

组织病理学检查显示为黏膜上皮／皮肤表皮下疱。部分病例可见嗜酸性粒细胞浸润，部分可见较多的中性粒细胞浸润和微脓肿形成。

直接免疫荧光检查显示，皮肤或黏膜基底膜带出现均匀的 IgA 线状沉积，部分患者可同时伴有 IgG 和 C3 沉积。

间接免疫荧光检查显示，多数线状 IgA 病患者血清中 IgA 自身抗体检测呈阴性。即使检测结果显示呈阳性，抗体滴度也较低。但 75% 以上的儿童患者 IgA 自身抗体检测呈阳性。70% 的患者血清中的 IgA 抗体可与基底膜带区结合。

采用盐裂皮肤结合直接或间接免疫荧光检查，结果显示多数病例 IgA 抗体沉积于盐裂皮肤的表皮侧。

【诊断】

根据临床表现、组织病理学特征、直接免疫荧光和间接免疫荧光检查结果即可进行诊断。免疫病理学检查是诊断线状 IgA 病的金标准。

【鉴别诊断】

线状 IgA 病需要与寻常型天疱疮、黏膜类天疱疮、多形红斑、中毒性表皮坏死松解症等疾病相鉴别。

【治疗】

对于药物诱发的线状 IgA 病患者，通常停服诱发药物后 5 周内病情可逐渐缓解。氨苯砜为一线治疗药物，一般在用药 2～3 天后病情即可得到改善，但要注意防止严重溶血性贫血的发生。氨苯砜的起始剂量应较低，为 0.5 mg/（kg·d），然后逐渐增加剂量至病情缓解，通常认为最大剂量为 2.5～3.0 mg/（kg·d）。对于不能耐受者，可改用磺胺嘧啶，剂量为 15～60 mg/（kg·d）。若疗效欠佳，则可联合应用小剂量泼尼松 0.25～0.5 mg/（kg·d）。黏膜病损常较皮肤病损顽固，因此对于伴有黏膜病损的患者还可配合糖皮质激素局部治疗。52% 以上的线状 IgA 病患者经治疗后病情可得到缓解。大多数药物诱发型线状 IgA 病患者在停药后 2～6 周内病情可得到缓解，预后良好。

对仅有口腔黏膜损害且病情轻微者，可仅局部应用糖皮质激素制剂治疗。

进展与趋势

在临床上，部分患者的病损仅局限于口腔黏膜，直接免疫荧光检查显示为 IgA 在基底膜带呈线状沉积，无 IgG 沉积，对这类患者是诊断为黏膜类天疱疮还是线状 IgA 病尚存在争议。目前有文献报道，尚有一部分黏膜类天疱疮患者体内只出现 IgA 自身抗体。有学者认为，对于这类病损只累及口腔黏膜的患者，若直接免疫荧光检查显示 IgA 在基底膜带呈线状沉积，则更倾向于将其诊断为黏膜类天疱疮，而非线状 IgA 病。

Summary

Bullous diseases of oral mucosa are regarded as a kind of autoimmune disease, which represents a heterogeneous group of disorders of skin and mucosa including pemphigus, mucous membrane pemphigoid, paraneoplastic pemphigus, lichen planus pemphigoid and linear IgA disease. They may run a severe and potentially life-threatening course.

Bullous diseases of oral mucosa are commonly associated with IgG or IgA autoantibodies against distinct adhesion molecules, autoantigens of the skin and mucosa. The autoantibody induces the loss of adhesion between the epidermis and dermis that results in blister formation and extensive erosions. Autoantigen-autoantibody combination causes the autoimmune response and depending on the location of the autoantigens, either intraepidermal or subepidermal loss of adhesion will result, which often but not always explains the clinical findings.

Pemphigus is a disorder with an intraepidermal loss of adhesion and is characterized by fragile blisters and erosions. Pemphigus vulgaris often shows extensive lesions of the oral mucosa, while pemphigus foliaceus is commonly restricted to cutaneous layer. Paraneoplastic pemphigus is obligatorily associated with malignancies and often presents as pemphigus vulgaris. Pemphigoid diseases are associated with the disorder with an subepidermal loss of adhesion. The clinical spectrum of the mucous membrane pemphigoid and linear IgA disease are tense blisters.

The diagnosis of bullous diseases of oral mucosa should be combined with clinical manifestation, histological examination and immunofluorescence. Histological examination provides the orientation as well as the level of loss of adhesion and inflammatory infiltrate. Immunofluorescence microscopy has been established to identify tissue-bound and circulating autoantibodies. Direct immunofluorescence microscopy is considered as the gold standard in the diagnosis of bullous diseases of oral mucosa.

Evidence-based therapies associated with bullous diseases of oral mucosa are not available. General therapy measures include elimination of trigger factors, protection from cold and administration of sufficient calories and fluids. The avoidance of spicy and hot food is highly recommended and hard texture food should be replaced by soft or liquid meals. Initially, systemic corticosteroids are employed for therapy of bullous diseases of oral mucosa, which can be supplemented with other immunosuppressant agents, plasmapheresis, high-dose intravenous immunoglobulins, immunopheresis and extracorporeal photochemotherapy when needed. The mechanism is to suppress the production of autoantibodies and to remove circulating autoantibodies to control the disease activity. Corticosteroids are effective for rapid remission and ongoing control of symptoms of bullous diseases of oral mucosa. However, this may cause an increased risk of opportunistic infections. To avoid superinfections, antiseptic or antibiotic topical measures, perhaps even systemic prophylaxis is recommended. Systemic corticosteroids play a central role in the therapy of pemphigus vulgaris due to their rapid effects and as a result of the mortality rate decrease. The initial dose is usually equivalent to 0.5 ~ 1.5 mg of prednisolone per kilograms daily. Systemic corticosteroids are usually combined with other immunosuppressive agents for rapid reduction of the corticosteroid dose. Adjuvant immunosuppressive agents include azathioprine, mycophenolate mofetil, cyclophosphamide, methotrexate as well as cyclosporine. As for paraneoplastic pemphigus, the prognosis depends primarily on the underlying malignancy. Therapy of mucous membrane pemphigoid is initially performed in combination with systemic corticosteroids and adjuvant immunosuppressive agents, followed by cyclophosphamide and dapsone.

Definition and Terminology

天疱疮（pemphigus）：Pemphigus is a group of potentially life threatening autoimmune disease characterized by epithelial blistering affecting cutaneous and/or mucosal surfaces.

棘层松解（acantholysis）：Acantholysis is the loss of intercellular connections, resulting in loss of cohesion between keratinocytes.

尼氏征（Nikolsky's sign）：Nikolsky's sign is present when slight rubbing of the skin or mucosa results in a bulla.

黏膜类天疱疮（mucous membrane pemphigoid, MMP）：Mucous membrane pemphigoid is a rare predominantly mucosal subepidermal blistering disorder involving the oral mucosa, conjunctiva, anogenital tissues, and upper aero digestive tract.

副肿瘤性天疱疮（paraneoplastic pemphigus，PNP）：Paraneoplastic pemphigus is a life-threatening, usually fatal, autoimmune blistering disease associated with an underlying malignancy, most commonly of lymphoproliferative origin.

扁平苔藓样类天疱疮（lichen planus pemphigoid，LPP）：Lichen planus pemphigoid is a rare autoimmune disease characterized by the development of tense blisters atop lesions of lichen planus or the development vesicles de novo on uninvolved skin.

线状IgA病（linear IgA disease）：Linear IgA disease is an IgA autoantibody-mediated, subepidermal, blistering disease.

（曾　昕　王同珂　陈谦明）

第十一章 唇部疾病

Labial Diseases

数字资源

唇炎（cheilitis）是发生于唇部的炎症性疾病的总称。唇是口腔的门户，唇红是黏膜与皮肤的移行部分，独特的生理环境决定了唇部是口腔最易受到损伤的部位，也是皮肤和黏膜最易出现病损的部位。其临床表现多种多样。除了某些系统性疾病和其他口腔黏膜病在唇部的表现外，唇炎是特发于唇部的疾病中患病率最高的疾病。目前对唇炎的分类尚未统一，根据病程可分为急性唇炎和慢性唇炎；根据临床症状特征可分为糜烂性唇炎、湿疹性唇炎、剥脱性唇炎；根据病因与病理可分为慢性非特异性唇炎、腺性唇炎、肉芽肿性唇炎、光线性唇炎和变态反应性唇炎等。

第一节 慢性唇炎
Chronic Cheilitis

慢性唇炎（chronic cheilitis）又称慢性非特异性唇炎，是不能被归入后述各种有特殊病理变化或病因的唇炎，病程迁延，反复发作。

> **案例 11-1**
>
> 女，28 岁。主诉下唇反复干燥、脱屑 2 年。患者 2 年前开始出现下唇干燥、脱屑，秋、冬季节加重，偶有裂口。使用外用药膏后，患者病情有所好转，但仍有反复。患者有咬唇、舔唇等习惯。患者既往无特殊食物、药物过敏史。否认系统性疾病及家族史。
>
> **全身情况**：健康。
>
> **口腔检查**：双唇唇红部可见灰白色脱屑，双唇口角轻度充血，有浅皲裂，有薄痂。口腔内黏膜未见明显病损。
>
> **问题**：
> 1. 患者最可能诊断是什么？
> 2. 该病应与哪些疾病相鉴别？

【病因】

本病的病因不明，多与温度、化学因素、机械性因素等长期持续性刺激有关，如寒冷、气

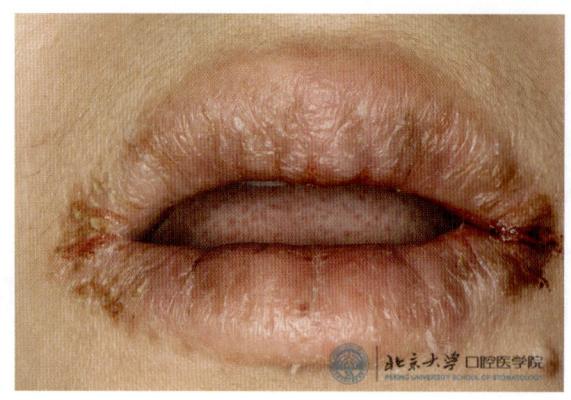

图 11-1　慢性唇炎伴口角炎
唇及口角区黏膜干燥、皲裂
（北京大学口腔医学院供图）

候干燥、吹风等因素，或吸烟、饮酒、喜食辣食或烫食，或有舔唇、咬唇等不良习惯。另外，还可能与烦躁、焦虑等精神因素有关。患者一般不伴有全身系统性疾病。

【临床表现】

本病的发病特点是患者病情时轻时重，反复发作，以干燥、脱屑、渗出、结痂为主要特征。病变好发于下唇唇红部，表面可有淡黄色干痂，伴有灰白色鳞屑，周围轻度充血。患者局部有明显痒感和灼痛感，常不自觉咬唇、舔唇或用手揉搓唇部、撕扯干燥的鳞屑，导致病损区破溃、渗血、肿胀明显。继发感染后则可出现脓痂，伴有皲裂，疼痛明显，肿胀持久不消退，严重时甚至可影响唇部活动（图 11-1）。

【病理表现】

组织病理表现为非特异性炎症，上皮内细胞排列正常或有水肿，固有层内有淋巴细胞、浆细胞浸润，血管扩张、充血。黏膜上皮角化不全或呈过度角化，也可有剥脱性缺损。

【诊断】

根据患者病情反复发作，时轻时重，寒冷干燥季节好发，唇红干燥、脱屑、肿胀、渗出、结痂等特点可作出诊断。

【鉴别诊断】

慢性唇炎需要与光线性唇炎、念珠菌性唇炎、慢性盘状红斑狼疮、扁平苔藓、多形红斑、干燥综合征等疾病相鉴别。

1. 光线性唇炎　与日光照射有关，好发于下唇，分为急性和慢性两种类型。慢性光线性唇炎虽然无明显的季节性，但是好发于长期接受紫外线照射的户外工作者。患者病损迁延，可出现唇红部色素脱失、唇红缘界限消失，也可出现白色斑块，甚至发生癌变。患者多无痒感。

2. 念珠菌性唇炎　唇红部黏膜干燥、脱屑，黏膜充血、发红明显，此时常伴有念珠菌性口炎和口角炎，实验室检查有助于明确诊断或采用诊断性治疗方法。

3. 扁平苔藓　发生于唇部的扁平苔藓表现为白色网纹状病损，易出现充血、糜烂，同时口内黏膜可以见到相同的网纹状病损。

4. 盘状红斑狼疮　病变好发于唇部，表现为中央萎缩凹陷的红斑样病损，周围呈放射状排列的白色短条纹。病损可超出唇红缘累及皮肤，唇红与皮肤的界限不清或消失。

5. 多形红斑　该病起病急骤，具有自限性。发生于唇部的多形红斑易形成厚的血痂，轻触易出血，同时伴有口内黏膜的水疱、糜烂和渗出。皮肤病损的典型表现为靶形红斑。

6. 干燥综合征　干燥综合征患者可以出现唇红部干燥、皲裂及不同程度的脱屑等症状，同时伴有口干、眼干、唾液减少等其他干燥综合征的典型症状。此外，干燥综合征患者还可出现红细胞沉降率加快、抗 SSA 和（或）SSB 抗体阳性等血清免疫学异常的表现。

【治疗】

（一）治疗原则

首先需要避免各种刺激因素，如改变舔唇、咬唇、撕皮等不良习惯，戒烟、酒，忌食辛辣食物，避免风吹和寒冷刺激，保持唇部湿润。

（二）治疗方法

1. 局部治疗

（1）湿敷上药：局部湿敷上药是治疗慢性唇炎的最重要且有效手段。用浸渍 0.1% 依沙吖啶溶液、3% 硼酸溶液或有清热解毒功效的中药药液的消毒脱脂棉片贴敷于患处，每天 1～2 次，每次 15～20 分钟，轻轻擦拭浸软的鳞屑或痂皮后，在患处涂擦抗生素类或糖皮质激素类软膏，如盐酸金霉素眼膏、复方金霉素软膏、醋酸曲安奈德、氟轻松乳膏等，也可使用他克莫司软膏局部涂抹。对病情轻者，可仅用医用甘油、医用凡士林或无色唇膏局部涂擦。

（2）封闭治疗：对糜烂严重者，可以局部注射醋酸曲安奈德、醋酸泼尼松等糖皮质激素类药物，以减少渗出，促进愈合。每周 1 次，每次 0.5～1 ml，20～40 mg。一旦病情好转，应即刻停药，反复频繁治疗可致唇部硬结。

（3）微波治疗：局部湿敷联合微波治疗适用于慢性糜烂的患者。利用微波能够使固体物质内部分子呈极性排列并由此产生"内在"热量，促进局部血液循环、加快药物吸收，从而提高治疗效果。但需要注意操作细节，以免误伤正常组织。

2. 中医药治疗 本病与中医之唇风、唇肿、唇疮近似，是由风寒湿邪相搏于唇聚而发之，也可为脾胃湿热伏结于唇，故应健脾化湿、清热祛湿、补血润燥。可辨证选择防风通圣丸、胃苓汤等加减。

Summary

Chronic cheilitis is a chronic inflammation on the vermillion portion of the lip. Although the cause is unclear, it is thought to be associated with various prolonged irritations, such as cold, dryness, spicy food, lip biting and even stress.

Patients with this disorder usually presents with dryness, exfoliation and rhagades of vermillion lip mucosa. Patients complain about itchiness and slight swelling of the lip.

Topical treatments are recommended to the patients, such as corticosteroids, moisture ointments and the avoidance of various irritations.

Definition and Terminology

慢性唇炎（chronic cheilitis）：is a chronic inflammation of the vermillion portion of the lip, characterized by dryness, exfoliation, itch and rhagades of labial mucosa.

（刘晓松 刘 洋）

第二节 光线性唇炎
Actinic Cheilitis

光线性唇炎（actinic cheilitis）又称光化性唇炎、日光性唇炎（solar cheilitis）、日光性角化症（solar keratosis）、光化性唇角化病（actinic keratosis of the lip），于1923年首次被报道。本病分急性和慢性两种。慢性光线性唇炎是一种具有恶变潜能的疾病。WHO将其列为口腔潜在恶性疾病。

【病因及发病机制】

该病是由于日光中的紫外线照射所致，长期过度的日光照射后可致慢性不可逆性损伤。正常人体经日晒后会产生黑色素沉积反应，出现的皮肤变黑能自行消退。唇部作为口腔黏膜到皮肤的过渡区域，受到的紫外线照射多，而唇部上皮更薄，皮脂腺更少，黑色素也少，从而导致其对于紫外线照射的保护性差。而超过一定剂量的日光照射后，除黑色素生成外，还会发生细胞内和细胞外水肿、胶原纤维变性、细胞增生活跃等变化。长期紫外线照射可以诱导皮肤黏膜组织发生 DNA 和蛋白质变异，抑制抑癌基因 $p53$，导致缺陷细胞的复制失控，启动并促进上皮异常增生。

【临床表现】

由于易受到阳光的直射，下唇唇红部为好发部位。其他阳光暴露的部位也容易受累及，如前额、颊部、耳部和前臂等处皮肤。肤色较白的患者以及农村居民、渔民等户外工作者好发。分为急性和慢性两种类型。

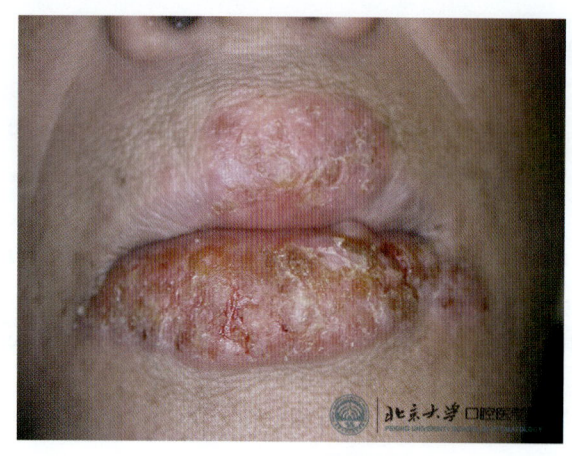

图 11-2 光线性唇炎
唇黏膜糜烂、结痂
（北京大学口腔医学院供图）

1. 急性光线性唇炎（acute actinic cheilitis） 起病急，发病前患者有明显的日光曝晒史，好发于夏季。临床表现为唇红部黏膜广泛水肿、充血、红斑、脱屑、水疱和糜烂。病损部位有明显灼热感，伴有剧烈瘙痒。病变往往累及整个下唇，影响进食、说话。如有继发感染，则可出现脓性分泌物，结成脓痂，使疼痛加重（图11-2）。患者全身症状较轻，2～4周可自愈。

2. 慢性光线性唇炎（chronic actinic cheilitis） 此型病损好发于40岁以上成年人，无明显季节性，是由于日光中的紫外线长期照射而引起的一种持续性慢性病损。初期患者无自觉症状，表现为下唇红黏膜干燥、脱屑。病程迁延可致唇部失去弹性，形成皱褶或皲裂，唇红部色素脱失，唇红缘界限消失。唇红黏膜可出现白色斑块，表面粗糙，触诊有细砂纸感。慢性光线性唇炎是潜在恶性病，需要密切注意患者是否有向鳞状细胞癌转化的倾向，一旦发生癌变，则较皮肤鳞状细胞癌有更高风险的侵袭性和扩散性。

【病理表现】

组织病理表现黏膜上皮角质层增厚、过度角化，棘层增厚，固有层血管扩张，伴少量淋巴细胞浸润。慢性光线性唇炎时，固有层内胶原纤维呈嗜碱性改变（称为日光性弹性变），同时伴不同程度的上皮异常增生（图11-3）。

【诊断】

根据明确的光照史，结合临床表现（干燥、脱屑、充血、糜烂以及增厚的白色病损等），可以作出临床诊断。若患者病损反复形成溃疡、结痂，或者出现增厚的白色病损，则需要及时行活体组织检查，以明确诊断或排除恶变的情况。

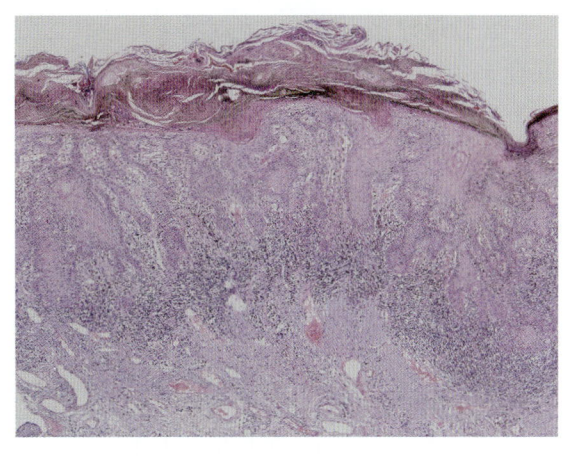

图 11-3 光线性唇炎（病理表现）
角质层过度角化，棘层增生，上皮钉突不规则，固有层内炎症细胞浸润，可见明显的嗜碱性改变

【鉴别诊断】

1. 盘状红斑狼疮 本病患者有糜烂样病损时应与盘状红斑狼疮相鉴别。盘状红斑狼疮患者可出现典型的黏膜损害，除糜烂、结痂外，周围还能见到白色放射状条纹。组织病理学检查可以明确诊断。

2. 口腔扁平苔藓 本病须与唇部扁平苔藓鉴别。唇部扁平苔藓可累及下唇，病损呈网纹状，可有鳞屑，陈旧性病损区可有色素沉着。同时，口腔其他部位也可见到扁平苔藓的典型损害。

3. 唇疱疹 唇疱疹患者可有复发史及前驱症状，临床表现为成簇的水疱，水疱易破溃、结痂，伴有疼痛。该病有自愈倾向，一般2周内可自愈。

4. 慢性唇炎 慢性唇炎好发于寒冷季节，患者无明显日光曝晒史，或有不良习惯。临床以唇干燥、脱屑、皲裂、结痂为主要特征。

【治疗】

（一）治疗原则

本病与长期日光照射有关，因此患者应注意避光，同时警惕癌变风险，尽早诊断并采取治疗措施。

（二）治疗方法

1. 局部治疗

（1）避光治疗：可用具有吸收、反射和遮蔽光线作用的防晒剂，如3%氯喹软膏、5%二氧化钛软膏等，减少紫外线对唇部黏膜皮肤的损伤。

（2）湿敷上药：唇部有渗出、糜烂、结痂时可用消毒防腐类漱口水湿敷，去除痂膜，保持干燥、清洁。干燥、脱屑型病损可局部涂擦糖皮质激素类或抗菌药软膏。

（3）5%氟尿嘧啶（fluorouracil）：是传统的治疗光线性唇炎的局部用药，是具有抗代谢作用的化疗药物，通过抑制胸苷酸合成酶抑制DNA和RNA的合成。剂量与用法：每天1~2次涂擦，可连续使用数周。其副作用是可诱导黏膜皮肤出现红斑、水肿、糜烂或溃疡，整个用药过程中都可能持续存在。

（4）咪喹莫德（imiquimod）：是一种免疫调节剂，具有抗病毒和抗肿瘤作用，能够增加IFN-α、TNF-α、白细胞介素-1α（interleukin-1α，IL-1α）、IL-6、IL-8、IL-10、IL-12、前列腺素 E_2 等Th1型细胞因子释放。5%咪喹莫德乳膏的常见不良反应包括红斑、水肿、渗出、结痂和糜烂。

2. 物理疗法 可使用光动力学疗法、二氧化碳激光疗法、液氮冷冻疗法等。光动力学疗法联合 5% 米喹莫德效果更好。

3. 手术治疗 对怀疑癌变或已经发生癌变的患者应尽快行手术治疗，但须注意对唇红切除缘的修补。

【预后】

慢性光线性唇炎属于口腔潜在恶性疾病。最新的系统评价显示，慢性光线性唇炎发生恶变的概率约为 3.07%，提示对此类患者需长期随访。

【预防】

尽可能避免日晒，尤其是在上午 10 时至下午 4 时之间紫外线较强的时间段。户外活动时，需采取防晒措施，如遮盖暴露的皮肤，戴宽边帽遮盖面、颈部及耳部皮肤，戴太阳镜，使用防晒系数（SPF）为 15 以上的遮光剂。

Summary

Actinic cheilitis（AC）is a premalignant epithelial lesion that is directly related to long-term sun exposure. It occurs more commonly in fair-skinned individuals, in outdoor workers. Clinically, AC lesions manifest as areas of dryness, scaliness and color variation on the lips. There can be associated with atrophy, swelling, erythema, ulceration and diminished demarcation between the true and the cutaneous lip. It also can appear as a white plaque and oval to linear in shape. The surface may be crusted and rough to touch. A small percentage of these lesions will transform into squamous cellcarcinoma.

Classic histological feature of AC consists of hyperkeratosis, epithelial thickening and variable degrees of epithelial dysplasia.

Sun protection is most important remedy to the patients. Other therapeutic approaches includes topical Fluorouracil and Imiquimod, cryosurgery, photodynamic therapy, carbon dioxide laser ablation, electrodessication and vermilionectomy.

Definition and Terminology

光线性唇炎（actinic cheilitis）: is an inflammatory condition of the lips, which is highly related to the sun exposure that has a high potential in developing into squamous cell carcinoma.

（刘晓松 刘 洋）

第三节 腺性唇炎
Cheilitis Glandularis

腺性唇炎（cheilitis glandularis）是一种少见的，主要累及小唾液腺的慢性炎症性疾病。病变好发于下唇部，以多发性唇腺肿胀，下唇肿胀、肥厚为特征。

【病因及发病机制】

病因尚不明确，与诸多因素有关。如先天性遗传因素，有研究认为腺性唇炎是一种常染色体遗传疾病。或与牙龈炎、牙周炎、梅毒等口腔感染病灶，含有致敏物质的牙膏、漱口水，以及外伤、吸烟、口腔卫生不良、情绪、紫外线照射等因素相关。目前研究认为，腺性唇炎是唇部组织对日光照射、过敏原或人为因素等刺激的一种反应。

【临床表现】

本病可发生于任何年龄，以成年人多见，尤其是中老年男性。病变主要累及下唇，少数可见于上唇或者上、下唇同时受累，偶尔也有报道发生于颊部或硬腭黏膜者。

临床表现为唇部不同程度的肿胀、肥厚，患者有明显肿胀感。可见多发性唇腺导管口扩张，如针尖大小呈筛孔样排列，中央凹陷，触诊可扪及大小不等的小结节。导管口处有透明的露珠状黏液排出。黏液黏附在唇红部，患者有不适感。睡眠时可因唾液分泌减少和黏稠度增加而至上、下唇红粘连，清醒时又因干燥而黏结成浅白色薄痂。继发感染时，唇部可出现表浅溃疡、结痂，痂皮下积聚脓性分泌物，去除痂皮后露出红色、潮湿的基底部，挤压可见脓性分泌物自导管口排出（图 11-4）。有报道腺性唇炎可与光线性唇炎同时发生。

【病理表现】

疾病不同阶段有不同的病理表现。组织病理学上可将其分为单纯型、表浅化脓型和深部化脓型。单纯型表现为导管口扩张，有多个小结节（图 11-5）。无明显炎症，导管口可见黏液溢出。单纯型可进展为表浅化脓型和深部化脓型。表浅化脓型表现为表浅溃疡、无痛性结痂、水肿和唇部变硬，导管口有明显的黏液。深部化脓型患者，深部组织的感染可能与脓肿形成和瘘管有关。

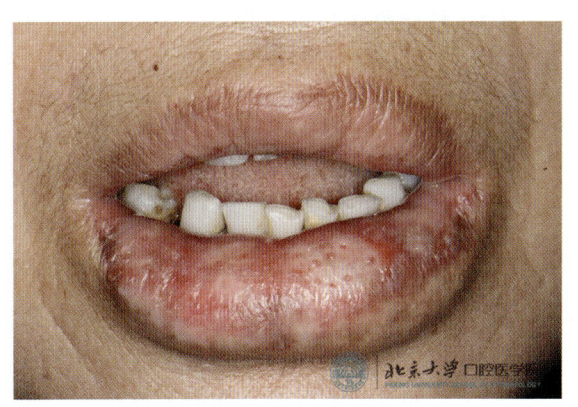

图 11-4　腺性唇炎
唇腺肿胀，导管口扩张、充血，表面有黏液珠
（北京大学口腔医学院供图）

【诊断】

本病根据唇部腺体肿大、硬韧，唇部黏膜面可见针头大小、红色、中央凹陷的导管开口，有黏液性或脓性分泌物溢出，触诊有粟粒样结节，黏膜表面常有痂皮附着等临床表现即可作出诊断。唇部活体组织检查有助于明确诊断。

【鉴别诊断】

本病应与以下几种疾病相鉴别：

1. 唇部黏液囊肿　腺性唇炎结节状病损较大且数量较少时，应与唇部黏液腺囊肿相鉴别。唇部黏液囊肿患者可有局部创伤史，病变常为单发，肿胀呈淡蓝色，柔软、边界

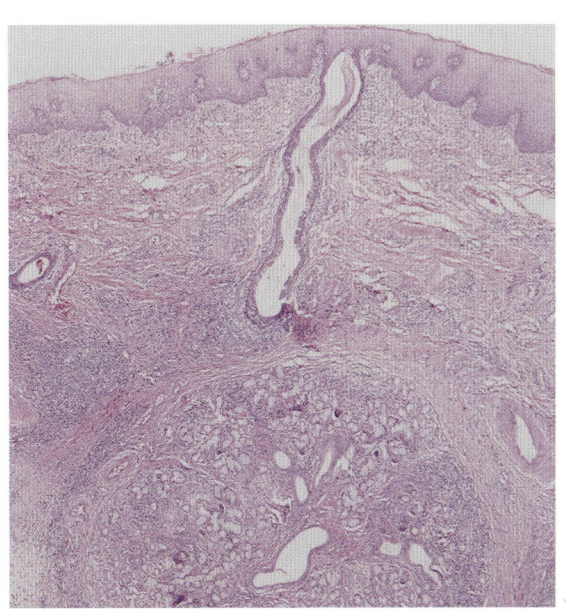

图 11-5　腺性唇炎
小唾液腺及周围组织重度炎症，唾液腺导管扩张

清楚，有时突出于黏膜表面呈疱状，直径可达 0.4～1 cm，时大时小，进食后肿胀明显加重。囊肿自行破裂后肿胀消失，但易复发。

2. 肉芽肿性唇炎 肉芽肿性唇炎引起的唇部肿胀通常先从唇部一侧发病，然后向另一侧进展，早期唇部肿胀可以时轻时重，但难以恢复正常，可形成巨唇。触诊时可以触及结节，有褥垫感。继发感染时可出现渗出、结痂，但缺乏唇腺导管口扩张以及黏液珠等典型表现。

【治疗】

1. 治疗原则 本病目前尚无满意的治疗方法。治疗过程中首先应去除可疑诱因，避免不良刺激，如戒烟、戒酒、避免较强日光照射等。

2. 治疗方法

（1）局部治疗：可以局部涂擦曲安奈德、地塞米松、氟轻松等糖皮质激素类乳膏，或者局部注射醋酸泼尼松、地塞米松、曲安奈德等糖皮质激素类药物，每周 1 次，可连续注射 4～6 次。

（2）全身治疗：口服激素类药物、抗组胺药和抗胆碱药。

（3）抗感染治疗：继发感染化脓时，应根据细菌培养及药物敏感试验结果选用口服抗生素类药物，以消除感染。

（4）外科治疗：对于顽固性损害，经上述治疗无效者，可以考虑行冷冻疗法或外科整形手术治疗。

【预后】

20 世纪中叶由 Touraine 和 Michalowski 所进行的临床观察显示，腺性唇炎有癌变风险。之后有研究者提出，这可能是腺性唇炎与发生于唇部的鳞状细胞癌的偶然巧合。尽管腺性唇炎本身不是导致口腔上皮鳞状细胞癌发生的直接原因，腺性唇炎与下唇鳞状细胞癌的关系尚不清楚，但是长期日光照射可以加重上皮损伤，也有下唇腺性唇炎和日光性唇炎同时发生的情况，从而增加癌变的风险。因此，对腺性唇炎患者也需要密切随访。

Summary

Cheilitis glandularis (CG) is a rare chronic inflammatory disease affecting minor salivary glands. The most common affected site is the lower lip.

The clinical signs consists of macrocheilia, accompanied by multiple swellings of the minor salivary glands and mucous and/or purulent discharge through an enlarged ductal orifice.

Histopathological features include sialectasia, chronic inflammation, mucous or oncocytic metaplasia of the ducts and/or acini and mucin in the ducts.

Treatment of CG includes avoiding sun-light and minimize both tobacco and alcohol consumptions. Oral antibiotics is recommended if a secondary infection is present, other treatment options include topical corticosteroids and vermilionectomy. Some reports indicate that prolonged exposure to sun-light in patients with CG may increase the risk for malignancy.

Definition and Terminology

腺性唇炎（cheilitis glandularis）：is a rare chronic inflammatory disease affecting the minor salivary glands. Its clinical signs include macrocheilia caused by swelling of the minor salivary glands and mucous and/or purulent discharge through an enlarged ductal orifice. The most common affected site is the lower lip.

（刘晓松　刘　洋）

第四节　口角炎
Angular Cheilitis

口角炎（angular cheilitis）是发生于上、下唇联合处口角区感染性炎症的总称，以皲裂、红斑、口角糜烂和结痂为主要特征，故又称口角唇炎、传染性口角炎（perleche）。根据发病原因可分为感染性、创伤性和营养不良性口角炎。

【病因】

1. 感染性　可由细菌、真菌、病毒感染等引起。在牙齿缺失过多或因全口牙重度磨耗造成的颌间垂直距离缩短、口角区皱褶加深的情况下，唾液浸渍，为细菌、真菌等微生物感染提供了条件。长期慢性病患者，或者放、化疗后体质衰弱的患者，容易并发感染性口角炎。

2. 创伤性　可由严重的物理刺激或某些不良习惯引起，部分可由医源性创伤引起。医源性创伤可由牙科治疗引起，或者其他原因造成的物理创伤，或者由舌舔口角，手指、异物摩擦等不良习惯引起口角炎。

3. 营养不良性　继发于糖尿病、贫血、叶酸或维生素 B_2 缺乏等，可以影响口腔黏膜上皮细胞的生长代谢，使黏膜变薄，容易继发感染，出现口角炎症状。

【临床表现】

病变可单侧或双侧同时发生。患者急性期口角区充血、红肿，有血性或脓性分泌物渗出，形成血痂或脓痂，疼痛明显。慢性期口角区皮肤黏膜增厚，呈灰白色或有小结节形成，伴细小横纹状或放射状裂纹，唇红干裂，但疼痛不明显。严重时病损可以累及整个唇红黏膜，导致更广泛的剥脱，有时甚至扩展至邻近皮肤，这常与吮唇等不良习惯以及慢性念珠菌感染有关（图11-6）。

多数患者可同时患有义齿性口炎。30%的义齿性口炎患者可合并口角炎，而戴义齿但未患义齿性口炎的患者只有约10%会发生口角炎。

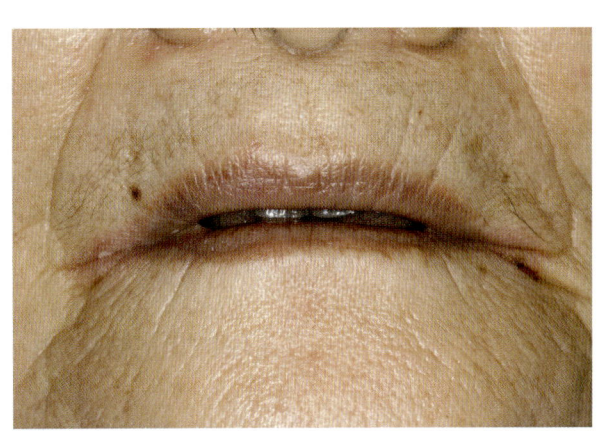

图 11-6　口角炎
（北京大学口腔医学院供图）

【诊断】

根据口角区炎症表现结合细菌培养、念珠菌直接镜检或唾液培养等微生物学检查结果可以明确诊断。念珠菌性口角炎常与念珠菌性唇炎同时发生。

【治疗】

1. 对于无细菌或真菌感染的口角炎患者，可给予氧化锌或保湿类油膏等对症治疗，保护局部受损皮肤黏膜。对于伴随细菌或真菌感染的患者，须给予相应的抗感染治疗。

（1）0.1% 依沙吖啶溶液湿敷损害部位 15～20 min，湿敷后去除痂皮，再涂以抗菌药类软膏。

（2）抗细菌治疗：对于细菌感染患者，可给予盐酸金霉素眼膏、红霉素眼膏、莫匹罗星软膏等抗生素软膏，或者给予曲安奈德乳膏等糖皮质激素软膏以减轻局部炎症反应。

（3）抗真菌治疗：对于真菌感染所致口角炎患者，需要给予克霉唑乳膏、咪康唑霜、制霉菌素甘油等抗真菌药涂擦。对于合并义齿性口炎的患者，需要同时配合口含制霉菌素片，每次 50 万 U，每天 3 次，以及 2%～4% 碳酸氢钠溶液含漱，每次 10 ml，每天 3 次。临睡前将义齿浸泡于 2%～4% 碳酸氢钠溶液中。

2. 全身治疗（systemic treatment） 对患有全身系统性疾病的患者，需要在局部治疗的同时配合全身治疗，从根本上解除患者的病痛。进行全身治疗以纠正病因是主要治疗措施。如患者伴有贫血，可根据其具体情况，补充叶酸、维生素 B_{12} 等维生素类药物，或者琥珀酸亚铁等铁剂治疗贫血。

3. 纠正相关诱因 对于因缺失牙或义齿修复不当而造成的颌面部垂直距离缩短的患者，需要恢复其正常的咬合关系，纠正过短的颌间距离，矫正不良修复体，减少口角区皱褶，保持口角区干燥等。

Summary

Angular cheilitis is the term used for an infection involving the lip commissures. *Candida*, *Staphylococcus* and beta-hemolytic *Streptococcus* are major pathogens involved in angular cheilitis. Other contributing factors may agitate the infections, including reduced vertical dimension, nutritional deficiency (iron and vitamin B_{12} or folic acid deficiency), and diabetes (rare), neutropenia and AIDS.

Patients present with dryness, scaliness, rhagades, crust and erythema on the lip commissures. In 30% of the cases, there is coexistence with denture stomatitis.

Barrier creams such as petrolatum, zinc oxide, or lip balm can help protect irritated skin. Based on the pathogens causing the infection, topical antibiotics and anti-fungal agents are both effective. Corticosteroid can be used to reduce inflammation.

Definition and Terminology

口角炎（angular cheilitis）：is the term used for an infection involving the lip commissures.

（刘晓松　刘　洋）

第五节　接触性过敏性唇炎
Contact Allergic Cheilitis

接触性过敏性唇炎（contact allergic cheilitis）是因接触过敏原（变应原）而引起的唇炎，包括血管性水肿（angioedema）和接触性唇炎（contact cheilitis）等。其病因、病理、临床表现以及诊断和治疗详见第十三章。

第六节　肉芽肿性唇炎
Cheilitis Granulomatosa

肉芽肿性唇炎（cheilitis granulomatosa）是一种以唇部肿胀、肥厚为特点的慢性炎症性疾病。1945 年由 Miescher 首先描述并因此将其称为 cheilitis granulomatosa Miescher。有人认为它是梅-罗综合征（Melkersson-Rosenthal syndrome）的单症状型。目前多认为，肉芽肿性唇炎和梅-罗综合征均归属于口面部肉芽肿（orofacial granulomatosis）。口面部肉芽肿的概念于 1985 年由 Wiesenfeld 首先提出，泛指所有局限于口腔及颌面部组织的肉芽肿性病变，不包括已经确定的某些系统性疾病（如结核、结节病、克罗恩病等）在口腔的表现。

> **案例 11-2**
>
> 男，48 岁。主诉下唇反复肿胀 2 年。患者 2 年前开始出现下唇肿胀，病情时轻时重，有时可缓解，但不能恢复正常。患者平时身体健康，无面瘫史，否认胃肠疾病及结核病史，否认既往特殊疾病史及家族史。
>
> 检查：下唇肿胀明显，唇缘发红，伴脱屑，触诊质韧、无凹陷。舌背有纵向裂纹。舌根部舌乳头萎缩，黏膜充血。
>
> 6| 为烤瓷冠，颊侧牙龈可见瘘管。X 线检查显示：6| 全冠，未见根充影像，根尖周可见大范围低密度影。
>
> 问题：
> 1. 患者诊断应考虑哪些疾病？
> 2. 该患者最可能的诊断是什么？还需要做哪些辅助检查？
> 3. 患者口内的患牙和诊断的疾病是否有直接关系？

【流行病学】

肉芽肿性唇炎的发病率在不同年龄、性别和种族之间没有显著差异。本病在人群中的患病率约为 0.08%。

【病因】

病因不明，可能与食物或食品添加剂、牙科材料过敏、微生物感染以及免疫因素有关。

1. 食物和（或）食品添加剂过敏（hypersensitive reaction to certain foods and/or food additives） 小麦、乳制品、巧克力、鸡蛋、花生、肉桂醛、薄荷酮、可可、香芹酮、红色酸性染料、钛镍黄染料、味精、苯甲酸等可能与本病的发生有关。部分患者避免食用或接触上述食物或食品添加剂后，肿胀可消退。

2. 牙科材料过敏（hypersensitive reaction to dental materials） 关于牙科材料的中钴、银汞等金属材料与肉芽肿性唇炎的关系尚有争论，因为部分患者经斑贴试验被证实对上述材料过敏，但是并未发现其患有口腔肉芽肿性病变。另外有研究发现，部分患者停止使用含有肉桂醛、薄荷酮的牙膏后，肿胀可消失，推测其可能与本病的发生有关。

3. 微生物感染（microorganisminfection） 早期研究发现，口面部肉芽肿的发生可能与某些致病微生物感染有关，其中包括结核分枝杆菌、酿酒酵母菌、螺旋体等。

（1）结核分枝杆菌：随着结核分枝杆菌DNA在克罗恩病、结节病、结核等肉芽肿性疾病患者病变组织中被提取出，其在口面部肉芽肿发病过程中的作用也受到关注，然而尚缺乏足够的实验研究证据证实两者之间的关系。

（2）酿酒酵母菌：近期研究发现，40%～60%的克罗恩病患者血清中抗酿酒酵母菌抗体水平明显升高，即血清抗酿酒酵母菌抗体的出现预示着单纯局限于口面部的肉芽肿性病变可能向克罗恩病转化。

（3）螺旋体：早期研究发现，口面部肉芽肿患者组织中存在伯氏疏螺旋体（Borrelia burgdorferi），然而随着分子生物学技术的出现，采用PCR技术和血清标志物检测技术并未证实伯氏疏螺旋体与本病的关系。

（4）口内病原牙：有研究显示，去除口内病原牙尤其是慢性根尖周炎患牙后，肉芽肿性唇炎患者的唇部肿胀可明显缓解或消失。

4. 免疫因素（immunological factor） 肉芽肿性唇炎是由Th1型细胞介导的迟发型超敏反应。

【临床表现】

本病好发于20～30岁青壮年，无性别差异。病变常累及上、下唇，可单独或同时发生。起初表现为间歇性发作的非凹陷性肿胀，可能完全消退，但多次反复发作后则会发展成为持续性的无法消退的肿胀。肿胀多先从一侧开始，然后逐渐向另一侧延伸呈弥漫状。肿胀的唇组织无痛感和痒感，触诊柔韧，有垫褥感。唇红黏膜干燥，呈紫红色，可出现对称性纵向裂沟、口角皲裂。病变累及唇周皮肤时，则皮肤呈暗红色，有干燥、脱屑表现（图11-7）。除累及唇部外，颊部、鼻部、上颌部、眶周组织也出现肿胀时，称为口面部肉芽肿。

如果患者先后出现口面部肿胀、单侧间歇性面瘫、舌裂，则称为梅克松-罗森塔尔综合征（Melkersson-Rosenthal syndrome），简称梅-罗综合征，又称复发性唇面肿胀面瘫综合征。该综合征最早由瑞士的Melkersson和德国的Rosenthal两位学者报道，并由此而得名。

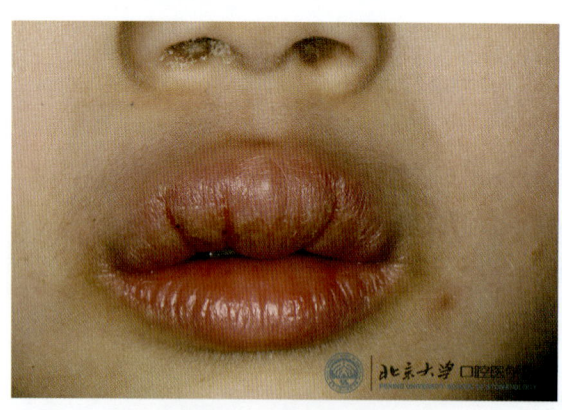

图11-7 肉芽肿性唇炎
唇部弥漫性肿胀，出现对称性纵向裂沟，唇红黏膜干燥、皲裂
（北京大学口腔医学院供图）

【病理表现】

以固有层非干酪样上皮样细胞肉芽肿为典型组织病理表现。上皮样细胞周围有淋巴细胞包

绕，以及成纤维细胞和胶原纤维，形成肉芽肿。病变也可以表现为固有层血管周围非特异性炎症细胞或多核巨细胞浸润。细胞核在多核巨细胞中随意分布或呈马蹄形分布（图11-8）。

【诊断】

依据口唇弥漫性反复肿胀，触诊有垫褥感，反复发作的病史和肿胀不能恢复正常等典型症状和体征，并结合组织病理学表现，可以明确诊断。

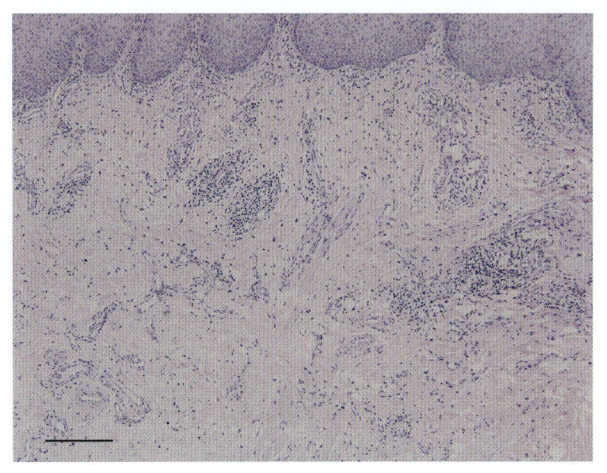

图 11-8　肉芽肿性唇炎
间质水肿以及以淋巴细胞、浆细胞为主的浸润灶
（北京大学口腔医学院供图）

【鉴别诊断】

本病需要与牙源性感染引起的唇部肿胀、唇部血管性水肿、克罗恩病、结节病、结核等疾病相鉴别。

1. 牙源性感染　为急性病程，患者有明确的病灶牙以及明显的感染史，具有红、肿、热、痛的炎症表现。

2. 血管性水肿　属于Ⅰ型超敏反应，发病迅速，肿胀在十几分钟内即形成。唇红黏膜颜色正常或微红，肿胀在数小时或1～2天内消退，不留痕迹。

3. 克罗恩病　是以末端回肠及邻近结肠的节段性肉芽肿性炎症为主要临床表现的疾病。0.5%的克罗恩病患者可发生肉芽肿性唇炎，消化道表现有腹痛、腹泻、腹部包块、肛周脓肿、肛瘘等。皮肤可出现结节性红斑等非特异性皮损。口腔表现多样，好发于龈颊沟的线性溃疡具有诊断价值。口面部肉芽肿患者出现肠道症状应考虑克罗恩病。

4. 结节病　全身各系统均可受累，最常侵犯肺部，患者可出现肺门淋巴结肿大，广泛肺实质纤维化。口腔表现是非特异性黏膜下结节或肿胀，典型牙龈表现是弥漫性肿胀，累及颌骨则表现为进行性骨缺失、牙齿松动。病变累及唾液腺时呈对称性肿胀，可扪及硬结，无痛感，伴口干。颈部淋巴结肿大是该病最常见的症状。患者红细胞沉降率加快、血小板减少、白细胞减少、嗜酸性粒细胞增加、血钙升高、血清碱性磷酸酶升高、血管紧张素转化酶活性增强。该病需要依靠组织病理学检查等明确诊断。

5. 口腔结核　患者常有口腔以外部位的结核病史或结核病患者接触史，深大的溃疡为口腔最多见的临床表现，但病变也可累及唇部，表现为唇部肿胀。确诊需要依靠活体组织检查、抗酸染色以及结核分枝杆菌培养等。病理表现为有干酪样坏死的结核性肉芽肿。肺部最易受累，X线检查可见肺结核表现。结核菌素试验呈强阳性，抗结核分枝杆菌抗体呈阳性。口腔结核需要依靠组织病理学表现及病原学鉴定等明确诊断。

【治疗】

（一）治疗原则

目前对于本病尚缺乏公认有效的治疗方法。主要以去除可能的病因、对症治疗、抗炎及抗增生为主。

（二）治疗方法

1. 去除致敏物　斑贴试验显示对肉桂醛和苯甲酸过敏的患者，避免接触相关物质可以使唇部肿胀减轻或消退。

2. 去除口内病原牙　对于口内有病原牙尤其是慢性根尖周炎的患者，首先需要治疗或去除病原牙。

3. 糖皮质激素类　可选择局部注射或全身治疗，或者联合其他药物或外科手术治疗。局部注射曲安奈德，每次 10～20 mg，数周至数月 1 次；或口服醋酸泼尼松龙，均有一定效果，但停药后病情可复发，缺乏长期随访研究。

4. 氯法齐明（clofazimine）　糖皮质激素治疗无效时可以选择氯法齐明，它是一种吩嗪染料的中间衍生物，最早用于治疗结核。1986 年 Podmore 和 Burrows 首先报道使用氯法齐明治疗肉芽肿性唇炎可取得良好的效果。口服剂量为每天 100～300 mg，或隔天给药。

5. 抗生素　早期研究发现，对于本病患者使用磺胺类药、四环素、异烟肼等抗生素治疗无效。而近期报道提出，每天口服米诺环素（minocycline）100 mg 或罗红霉素（roxithromycin）150～300 mg 治疗有效。目前尚无证据表明肉芽肿性唇炎的发生与微生物感染相关，推测其治疗效果可能与抗炎活性、免疫调节作用有关。有报道指出，采用甲硝唑治疗肉芽肿性唇炎有效。

6. 其他免疫调节剂

（1）沙利度胺（thalidomide）：是肿瘤坏死因子-α（TNF-α）抑制剂，推荐剂量与用法为每天口服 50～100 mg。该药治疗的有效性需要长期观察，需要注意其使用的安全性。

（2）来那度胺（lenalidomide）：可降低 TNF-α 水平。推荐剂量与用法为每天口服 5 mg。用药期间需要注意中性粒细胞减少、致畸以及多神经病变等不良反应。

（3）英利昔单抗（infliximab）：能够抑制 TNF-α。推荐剂量与用法为 3～5 mg/kg，静脉给药。需要关注用药期间是否有病毒感染、细菌感染以及癌变增加的风险。

7. 外科治疗　对重症或有严重畸形而导致功能障碍的肉芽肿性唇炎患者，可在肿胀稳定时，可考虑通过唇整形术或者氦氖激光治疗恢复其外观。然而，治疗前需权衡利弊，因为患者术后可能有出现感觉异常、肿胀复发的风险。

Summary

Granulomatous cheilitis（GC）is a poorly understood disease that also belongs to the larger group of orofacial granulomatosis（OFG）. It is characterized by a persistent diffuse swelling of either or both lips. Although the underlying mechanisms remain unclear, it has been suggested that it probably consists of a poly-etiological interplay of environmental exposures and geneticpredisposition.

Histologically, the condition is characterized by non-caseating granulomas, edema, lymphangiectasia and a perivascular lymphocytic infiltrate.

Clinically, GC should be distinguished from other OFG disorders, such as sarcoidosis, tuberculosis, Crohn's disease and Melkersson-Rosenthal syndrome, a triad of symptoms include swelling of the lip, facial nerve paralysis and fissured or furrowed tongue.

While various treatments can be applied to GC, Infectious teeth should be removed or cured before giving medicine. corticosteroids（local injection or systemic usage）are the frequent choice of treatment. Other treatment regimens include clofazimine, minocycline, roxithromycin and immunomodulatory agents（infliximab, thalidomide and tranilast）. Surgical management is the last resort for GC patients.

Definition and Terminology

肉芽肿性唇炎（granulomatous cheilitis）: is a poorly understood disease process belonging to the larger group of orofacial granulomatosis (OFG), characterized by a persistent diffuse swelling of single or both lips.

梅-罗综合征（Melkersson-Rosenthal syndrome）: is a triad of symptoms including swelling of the lip, facial nerve paralysis and fissured or furrowed tongue.

（刘晓松　刘　洋）

第十二章 舌部疾病

Lingual Diseases

数字资源

第一节 地图舌
Geographic Tongue

案例 12-1

女，48 岁。因口腔黏膜灼痛 4 个月来就诊。患者病变以进食刺激性灼痛为主，有慢性炎症。

口腔检查：舌背前部片状乳头萎缩，边缘微隆起。实验室检查：血红蛋白 105 g/L，红细胞平均体积< 80 fl，空腹血糖 6.4 mmol/L。

思考题：
1. 该病例的诊断及鉴别诊断要点是什么？
2. 为进一步明确诊断，需要的辅助检查项目有哪些？

地图舌（geographic tongue）是一种浅表性非感染性舌部炎症。因其表现类似地图标示的国界，故名地图舌。其病损的形态和位置多变，故又称游走性舌炎（migratory glossitis）。本病多见于学龄前儿童，成人患者常伴裂纹舌。

【临床流行病学】

据不同国家和地区调查，地图舌的患病率为 1.05% ～ 12.78%。

【病因及发病机制】

尚不清楚。可能的发病因素有：

1. 遗传因素 近年来有研究表明，地图舌与裂纹舌有明显的相关性，两者都具有家族遗传倾向。有调查显示，患者父母和兄弟姐妹中患地图舌的概率高于一般人群。地图舌在不同人种中的发病率不同，可能也与遗传有关。

2. 免疫因素及变应性因素 有研究发现，地图舌患者患哮喘等过敏性疾病的概率高于一般人群。国内相关调查结果显示，地图舌患者中有过敏史者占 65.4%，国外有学者报道 100 例小儿地图舌患者发生过敏性疾病的概率达 66%。

3. 全身疾病 有研究发现，银屑病和地图舌患者 HLA-Cw6 均增多，7.2% ～ 17% 的银屑病患者患有地图舌，早发型（30岁之前发病）银屑病患者中地图舌的患病率较迟发型高。另外，地图舌液可能是银屑病的表现，与较严重的银屑病相关，但两者之间的关联性仍有待进一步研究证实。此外，感染性肠道疾病患者地图舌患病率有高于对照组的趋势。上述结果提示，临床诊治工作中不能忽视对患者全身系统性疾病的病史采集。

4. 其他因素 有学者调查发现，地图舌儿童患者的血清锌含量显著低于健康儿童。另外还有学者认为，地图舌与吸烟、精神心理因素等相关。

中医认为，舌为脾之外候，苔为胃气所上，地图舌多与机体的脾胃功能关系密切，又因小儿具有"脾常不足"的生理特点，故地图舌多见于小儿。

【临床表现】

地图舌好发于舌背、舌缘等部位。病损呈片状乳头萎缩，呈不规则的红斑区域，边缘表现为丝状乳头增厚呈微隆起的边缘，与周围正常黏膜形成清晰的分界，状似地图（图12-1）。病损的位置和形态不断变化，似在"游走"。斑块亦可出现在舌侧缘或舌腹，极少情况下可见于口腔内其他位置。约3/4的患者无不适症状，可于自检时偶然发现，偶有灼热感或食用酸辣等刺激性食物时有不适感。本病可自愈，但常复发，一部分患者可产生恐癌心理。

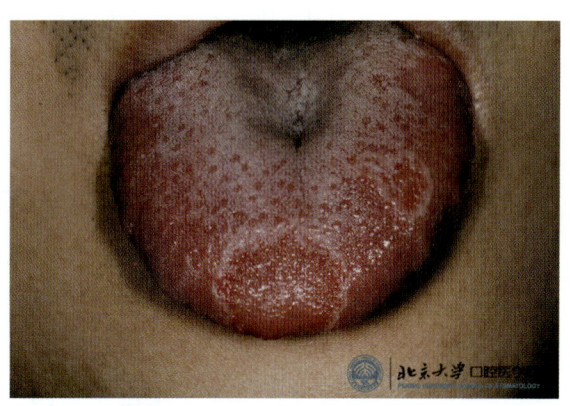

图 12-1 地图舌
舌背乳头呈片状萎缩，边界清楚，周围伴白色水肿
（北京大学口腔医学院供图）

【病理表现】

地图舌的组织病理变化为非特异性炎症表现。萎缩区乳头消失，上皮细胞水肿，棘层变薄，有微脓肿形成。萎缩区周缘呈上皮过度角化或角化不全，棘层增厚。固有层内有炎症细胞浸润。

【诊断】

根据临床检查、病史和具有特征意义的"游走"特征，通常不难诊断。一般不需要行活体组织检查。

【鉴别诊断】

本病需要与口腔扁平苔藓、口腔念珠菌病等相鉴别（表12-1）。

1. 口腔扁平苔藓 患者舌乳头萎缩区有珠光白色角化斑纹，病损不具有游走性，同时多伴有口腔黏膜其他部位的病损。地图舌患者舌乳头萎缩区边缘有白色隆起，具有游走性特征。

2. 口腔念珠菌病 患者舌乳头萎缩区多位于舌背中央区，严重者可累及整个舌背，基底黏膜充血明显，周边无明显隆起，多伴有口干、灼热感、口角炎等症状。有时口腔念珠菌感染可与地图舌伴发。

【治疗】

地图舌患者多无明显不适感，一般不需要治疗。应向患者解释，以缓解其焦虑情绪，并消除其可能存在的恐癌心理。若患者进食辛辣、酸、咸食物时有不适感，应嘱其尽量避免进食以上食物，局部可应用漱口水等缓解症状。对于伴有裂纹舌或念珠菌感染者，应辅以局部抗真菌治疗。其他治疗包括口服维生素类药物、硫酸锌和中医辨证论治等。

【预后】

地图舌预后良好。

Summary

Geographic tongue (geographic tongue, migratory glossitis) is a common benign condition affecting primarily the dorsal surface of the tongue. The typical presentation comprises of a white, yellow or gray slightly elevated peripheral zone. The clinical features of this mucosal disorder are based on either characteristic and/or histologic confirmation. As the etiology is unknown and symptoms are rarely present, no treatment strategy is available.

Definition and Terminology

地图舌（geographic tongue）：is an annular lesion affecting the dorsum and margin of the tongue.

第二节　裂纹舌
Fissured Tongue

裂纹舌（fissured tongue）又称沟纹舌、舌裂、阴囊舌（scrotal tongue）、脑回舌、裂纹舌或皱襞舌（rugae tongue，lingua plicata），患者常同时伴有地图舌。

【临床流行病学】

据调查，本病的人群患病率约为5%。

【病因】

病因不明，多认为是先天性发育异常。也可能与遗传因素、地理环境、食物种类、B族维生素缺乏以及银屑病、梅-罗综合征等全身系统疾病因素有关。

【临床表现】

患者舌背部的纵横裂沟，根据形态可分为脑回型、叶脉型、树枝型等（图12-2）。患者多无自觉症状，由于裂沟残存食物残渣，继发感染而发生炎症时则有疼痛不适。裂纹舌患者舌体较肥大，舌部裂纹可随年龄增长而加重。裂纹舌可与地图舌伴发。

【病理表现】

患者舌部裂纹底部上皮变薄，无角质层。丝状乳头变大，上皮钉突增长。上皮内微脓肿形成。上皮下结缔组织增厚，淋巴细胞、

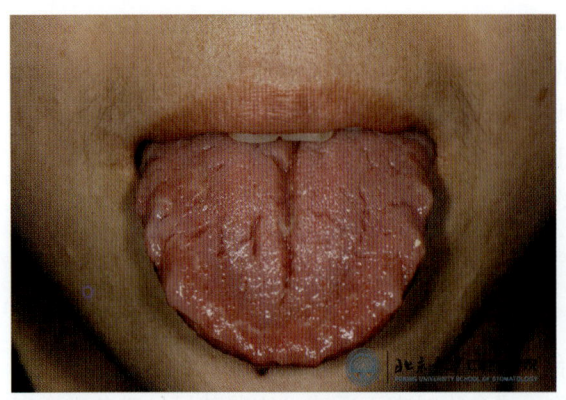

图 12-2　裂纹舌
（北京大学口腔医学院供图）

浆细胞浸润。裂纹可深及黏膜下层或肌层。

【诊断】

根据临床典型的舌部裂纹特征即可确诊本病。裂纹舌伴有肉芽肿性唇炎、面瘫者称为梅-罗综合征。

【治疗】

对于无症状者一般不需要治疗。应向患者做好解释工作，消除其恐惧心理。

应嘱患者注意口腔卫生，以防止食物残渣和细菌在裂纹沟内积聚而导致继发感染。用消炎防腐的含漱液（如氯己定溶液、碳酸氢钠溶液等）漱口。裂纹舌可增加念珠菌感染的机会，合并感染时，可加用制霉菌素等治疗。

Summary

Fissured tongue or scrotal tongue is a common developmental malformation of unknown cause and pathogenesis. However, recent evidence supports the concept that fissured tongue is an inherited disorder. Clinically, fissured tongue is characterized by multiple fissures or grooves on the dorsal surface of the tongue resulting in a scrotal appearance. The condition is asymptomatic, although food debris, microorganisms and fungi may be retained in the deeper fissures and may cause mild localized irritation.

Fissured tongue may coexist with geographic tongue and is one of the clinical diagnostic criteria for Melkersson-Rosenthal syndrome.

Definition and Terminology

裂纹舌（fissured tongue），also known as scrotal tongue，lingua plicata and plicated tongue is a benign condition characterized by deep fissures in the dorsum of the tongue.

第三节　正中菱形舌炎
Median Rhomboid Glossitis

正中菱形舌炎（median rhomboid glossitis）是发生在舌背人字沟前方呈菱形的炎症样病损。患者多无不适症状。

【临床流行病学】

本病的患病率约为1%，好发于30～50岁中青年，男女均可发病。

【病因及发病机制】

病因尚未完全明确。以往认为本病是发育过程中奇结节未能陷入侧突而导致的发育畸形，但这一假说缺乏足够的证据。目前多项研究显示，菱形舌乳头萎缩区念珠菌检出率高，所以较为公认的观点是本病是慢性红斑型念珠菌病在舌背病损区的表现。吸烟、戴用义齿、糖尿病、吸入糖皮质激素类药物等均可增加罹患本病的风险。

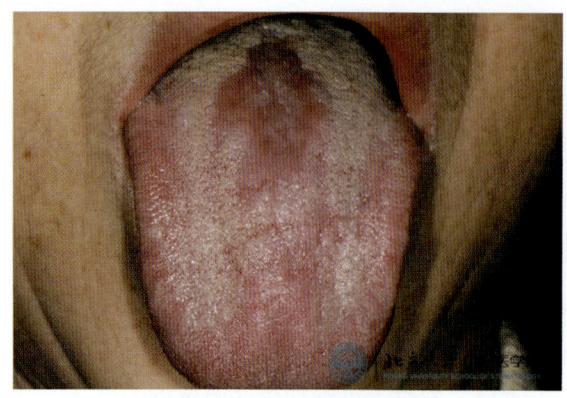

图 12-3　正中菱形舌炎
舌背人字沟前方乳头萎缩、充血
（北京大学口腔医学院供图）

【临床表现】

舌背正中后 1/3 菱形病损，颜色较红，舌乳头萎缩，表面光滑（图 12-3）或出现结节状增生。偶尔可见到与舌背后部对应的腭部发生类似病损，称为接吻病损（kissing lesion）。

患者通常无自觉症状，也可表现为灼热感或进食时有不适或刺激痛。

【病理表现】

本病的病理表现为上皮萎缩，固有层内少量炎症细胞浸润。也可表现为上皮增生和角化不全，棘层增厚，上皮钉突延长。过碘酸希夫染色（periodic acid-schiff stain，PAS stain）等特殊染色可显示念珠菌丝侵入上皮。

【诊断】

根据病损的特定部位和表现可作出诊断，建议行病损区涂片镜检和（或）唾液真菌培养排查念珠菌感染。

【鉴别诊断】

本病应与其他原因造成的舌乳头萎缩相鉴别（表 12-1）。

【治疗】

1. 应先除外口腔念珠菌感染，进行相应的实验室检查和治疗，抗真菌治疗通常有效。

2. 对于无确切病因或抗真菌治疗无效者或伴有结节状增生者，必要时需行活体组织检查以明确诊断。

Summary

Median rhomboid glossitis is characterized by an ovoid-shaped erythematous lesion in the posterior part of the dorsum of the tongue. The area of erythema is a result from atrophy of the filiform papillae. The condition can be asymptomatic, however, some patients may experience a burning sensation when eating certain foods. Median rhomboid glossitis is currently thought to represent a chronic fungal (candidiasis) infection in this area of the tongue. For those with symptoms (pain or burning sensation), an antifungal medication may be prescribed for the yeast, and thereby reduce the symptoms.

Definition and terminology

正中菱形舌炎（median rhomboid glossitis）: is a smooth, red, flat or raised nodular area on dorsum of the middle or back of the tongue. The affected area of the tongue is missing its normal coating of filiform papilla, which is a manifestation of chronic infection by *Candida*.

第十二章 舌部疾病

表 12-1 萎缩性舌炎的鉴别诊断

疾病	病因	部位	临床特征	其他部位病损	全身症状	实验室检查	诊断	治疗
正中菱形舌炎	念珠菌感染	舌背正中后1/3	菱形病损，颜色发红，表面光滑	偶尔可见腭部类似病损	无	念珠菌涂片/培养多为（＋）	临床表现＋病原学检查	抗真菌治疗
地图舌	不明	舌背、舌缘等片状病损	边界清楚的片状乳头萎缩，周缘略隆起，病损呈游走性，可无症状	可伴发裂纹舌	无	无异常	临床表现	无特异性治疗
口腔念珠菌病	念珠菌感染	始于舌背前部，可累及全舌	广泛舌乳头萎缩伴充血；有灼热感、刺激痛、口干等	可累及颊部、腭部、口角区等	无，但糖尿病、应用免疫抑制剂者多发	念珠菌涂片/培养（＋）	临床表现＋病原学检查	抗真菌治疗
贫血性口炎	铁、维生素B₁₂、叶酸缺乏或免疫因素等	全舌	舌面光滑、舌乳头广泛萎缩，可伴有味觉减退或黏膜激惹不适	口角炎，其他口腔黏膜受累	皮肤黏膜苍白、指甲扁平、心悸、乏力、头晕、耳鸣、食欲缺乏	血清铁、维生素B₁₂、叶酸水平低	临床表现＋血清学检查	对因治疗
维生素B₂缺乏症	维生素B₂（核黄素）缺乏	全舌	舌面光滑、发亮、舌面可出现沟纹和溃疡	口角炎、唇炎	阴囊炎	尿核黄素/肌酐比值等	营养史＋临床特征＋治疗性诊断	对因治疗，调整饮食
烟酸缺乏症	烟酸、烟酰胺等缺乏	全舌	慢性者舌面发红、光亮、牛肉色，可发生浅表溃疡	可出现口角炎和唇炎	食欲缺乏、倦怠、腹痛、消化不良等	烟酸代谢产物含量低	营养史＋临床特征	对因治疗，调整饮食
干燥综合征	自身免疫性疾病	全舌	广泛舌乳头萎缩，呈"镜面舌"，伴绛红色充血，严重者表现为"牛肉舌"	全口黏膜干燥伴充血	口干、眼干、关节痛和结缔组织病	腮腺造影、自身抗体谱等免疫学相关检查异常	临床表现＋实验室检查＋唇腺活检	免疫抑制剂、催涎剂、中医药治疗等
口腔扁平苔藓	免疫相关因素	舌背片状病损	舌乳头萎缩伴白色珠光样角化条纹或（和）斑块样病损	双颊、舌腹、唇红、牙龈等部位类似病损	皮肤丘疹	无	临床表现＋病理检查	免疫调节剂、中医药治疗、局部对症治疗
口腔黏膜下纤维化	咀嚼槟榔等	舌背	舌乳头萎缩，代之以纤维条索，可伴溃疡、味觉减退，刺激性不适	口腔黏膜广泛纤维条索样病损，张口受限	无	无	咀嚼槟榔史＋临床表现＋病理检查	停止咀嚼槟榔习惯，辅助药物治疗
三期梅毒	梅毒螺旋体感染	舌背	舌乳头萎缩，光滑、发红，可出现白斑	腭部、舌黏膜树胶肿	皮肤梅毒疹、树胶肿、骨损害、内脏损伤可危及生命	梅毒血清学试验（＋）	病史＋临床表现＋实验室检查	抗梅毒治疗（青霉素）

第四节 毛 舌
Hairy Tongue

毛舌（hairy tongue）是舌背丝状乳头过度伸长和脱落延迟所形成的毛发状损害。舌可呈黑色、褐色、白色、黄色、绿色等不同颜色，分别称为黑毛舌、白毛舌、黄毛舌、绿毛舌等。

【病因及发病机制】

一般认为毛舌的发生与多种因素相关，如口腔卫生不良、菌群失调、抗生素和免疫抑制剂的使用、口腔念珠菌感染、吸烟和酗酒、进食含色素的食物或中药等。医源性因素如长期使用氯己定漱口液等。正常情况下，食物与舌腭黏膜发生摩擦时丝状乳头角质层不断脱落。当菌群变化或舌缺乏运动时，丝状乳头延迟脱落并可有微生物滋生。糖尿病、贫血、头颈部放疗后、慢性炎症等均可能与毛舌的发生相关。

【临床流行病学】

不同地区报道的发病率有所不同，在美国，毛舌的患病率约为1%。

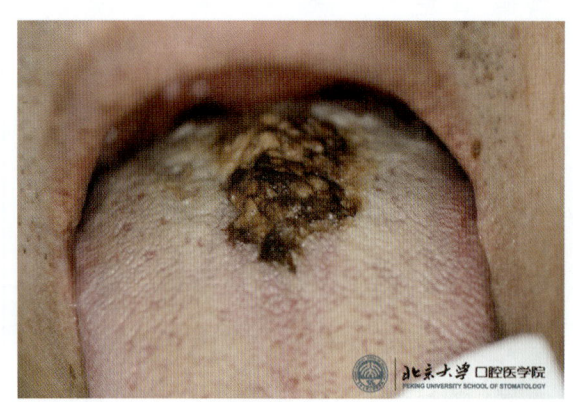

图 12-4 毛舌
（北京大学口腔医学院供图）

【临床表现】

毛舌好发于舌背中后部，也可累及整个舌背。丝状乳头过度伸长多大于 3 mm，呈毛发状（图12-4）。根据诱发因素和食物色素等的不同，毛舌可呈不同颜色，临床以黑毛舌最为常见。过长的乳头可刺激软腭，引起反射性恶心。患者口臭明显，无疼痛等不适。

【组织病理表现】

舌丝状乳头角质细胞显著增生，乳头间有细菌、食物残渣、脱落的角质块等间杂。上皮钉突明显伸长。固有层内有淋巴细胞和浆细胞浸润，表现为非特异性炎症。

【诊断】

根据临床表现不难作出诊断，可行唾液真菌培养等除外是否合并口腔真菌感染。

【治疗】

1. 去除可能的诱发因素 注意口腔卫生，改善口腔环境，停用影响口腔菌群的药物，积极治疗相关系统性疾病等。

2. 对症治疗 局部可用碱性漱口液（如2%～4%碳酸氢钠溶液）。对于伴发真菌感染者可用制霉菌素舌背含化。

【预防】

保持口腔卫生，戒烟、戒酒，正确使用抗生素，积极治疗系统性疾病等。

Summary

Hairy tongue usually involves the posterior one-third of the dorsum of the tongue. The patient presents with elongated filiform papillae and lack of desquamation of the papillae, therefore the tongue appears thickened and coated. The lesions may appear to range from yellow to brown to black or tan and white that is a result of the diet and the type of organisms present on the tongue. Although the lesions are usually asymptomatic, the papillae may cause a gag reflex or a tickle in the throat if they become especially elongated.

Definition and Terminology

毛舌（hairy tongue）：is a clinical term describing an abnormal coating on the dorsal surface of the tongue.

第五节 舌乳头炎
Lingual Papillitis

舌乳头炎（lingual papillitis）包括丝状乳头炎、菌状乳头炎、轮廓乳头炎、叶状乳头炎四种。除丝状乳头炎以萎缩性损害为主以外，其他乳头炎均以充血、红肿、疼痛为主。

【病因及发病机制】

舌乳头炎的发生与全身或局部因素相关，如贫血、维生素缺乏等全身因素可能与舌乳头炎相关。局部因素包括牙尖过锐、不良修复体等。叶状乳头炎除与局部刺激有关外，还与咽部炎症有关。临床研究表明，过敏患者更易发生菌状乳头炎。部分患者可因担心患肿瘤而频繁伸舌自检，从而使症状加重。

【临床表现】

1. 丝状乳头炎 主要表现为萎缩性舌炎（atrophic glossitis），黏膜表面的舌乳头萎缩消失，全舌呈绛红色，光滑如镜面，也可呈苍白色，故又称光滑舌或镜面舌。萎缩性舌炎并非一种独立的疾病，可以是贫血、念珠菌感染等多种全身或局部疾病的共同表现（表12-1），应根据不同的病因给予针对性治疗。

2. 菌状乳头炎 菌状乳头主要分布于舌前部和舌尖部，炎症时可有肿胀、充血、灼热、疼痛不适等表现。

3. 轮廓乳头炎 轮廓乳头位于舌后1/3，呈"人"字形排列，炎症时轮廓乳头红肿突起，疼痛不明显。也有患者因无意间发现而产生恐惧心理。

4. 叶状乳头炎（foliate papillitis） 叶状乳头位于舌缘后部，靠近咽部，为5～8条纵向皱襞，富含舌扁桃体（lingual tonsil）等淋巴样组织，炎症时可有红肿，患者常有明显的刺激痛或不适感。

【病理表现】

舌乳头炎的病理表现为非特异性炎症。丝状乳头炎患者可伴有上皮萎缩、变薄。

【诊断】

根据临床表现不难诊断。部分患者因担心患肿瘤而频繁伸舌自检，从而引起舌根部不适。

【鉴别诊断】

轮廓乳头易被误认为肿瘤，应予以鉴别。叶状乳头处于舌部肿瘤好发区，也应与肿瘤相鉴别。肿瘤伴有溃疡，长期不愈，触诊质地硬，有浸润感，病理检查显示有典型的肿瘤表现。

【治疗】

1. 去除局部刺激，调磨锐利的牙尖，避免频繁伸舌自检等。
2. 积极治疗系统性疾病，对有贫血、营养不良等明确病因者应予以纠正。
3. 局部可给予含漱液等对症治疗。对伴有真菌感染者应给予抗真菌治疗。
4. 对患者应进行解释说明，以缓解其紧张、焦虑情绪。必要时，可行心理咨询或治疗。

Summary

Transient lingual papillitis is a common painful inflammatory condition affecting one or several fungiform papillae on the tongue. It is also known as "lie bumps" and may be related to or the same as eruptive lingual papillitis and fungiform papillary glossitis. The most common cause of transient lingual papillitis is local irritation or trauma to a fungiform papilla, however many other possible triggers have been suggested including stress, hormone fluctuations, gastrointestinal upset and specific foods. The classic form of transient lingual papillitis presents as a single painful raised red or white bump near the tip of the tongue that lasts 1～2 days and disappears though often recurring. Transient lingual papillitis and eruptive lingual papillitis are usually diagnosed clinically based on examination. Mucosal biopsy shows inflammation and swelling of a fungiform papilla, but biopsy is not usually necessary.

Definition and Terminology

萎缩性舌炎（atrophic glossitis, mirror-like tongue, smooth tongue）: is an atrophy of the glossal papillae, resulting in a smooth tongue. The tongue may be pallid or erythematous and may appear small or enlarged. It may be associated with anemia, pellagra, vitamin B complex deficiencies, sprue or other systemic diseases or maybe local in origin. Because atrophy may be one aspect, and circumscribed, painful, glossal excoriation may be another aspect representing one or more of the same systemic disease. Due to the clinical presentation, there has been confusion in the nomenclature and description (e.g., Moeller's glossitis; Hunter's glossitis; slick, glazed, varnished, glossy, or bald tongue; chronic superficial erythematous glossitis; glossodyniaexfoliativa; beefy tongue; and pellagrous glossitis).

舌扁桃体（lingual tonsil）: Lingual tonsillar tissue is mainly located on the posterior part of the lateral aspect of the tongue and sometimes associated with vertical folds of mucosa, sometimes referred to as foliate papillae.

第六节　灼口综合征
Burning Mouth Syndrome

灼口综合征（burning mouth syndrome，BMS）或称原发性灼口综合征（primary burning mouth syndrome）是指发生于口腔黏膜，以灼热疼痛感觉为主的综合征，不伴有明显的临床病损体征，不能诊断为其他疾病，也无组织病理学特征性变化。有的学者将其称为舌痛（glossodynia）、舌灼痛、舌感觉异常、口腔感觉异常等。灼口综合征在临床上常有症状与体征不协调、症状变化具有一定的节律性和规律性、伴随症状复杂性等特征。本病需要与口腔局部因素或全身因素导致的灼口症状相鉴别，后者又称继发性灼口综合征。

【临床流行病学】

1. 发病年龄　38～78岁，随年龄增长，患病率有增长趋势。也有研究表明，50岁左右为好发年龄。

2. 性别　男女均可发生，女性发病率远高于男性，女性与男性发病率之比为7∶1～16∶1。

3. 患病率　国内外研究表明，本病的患病率为0.1%～3.9%，以围绝经期或绝经后女性为多。

4. 病程　平均病程为2～7年。

【病因及发病机制】

本病的病因尚未完全明确。以往认为，本病由机体雌激素水平、精神心理因素等导致。目前大多数学者认为BMS是一种慢性神经源性疾病，患者疼痛可能源于中枢神经病变和（或）外周神经损害。对BMS患者进行感觉和化学感受器的定量评价发现，BMS感觉阈值显著低于对照组。BMS患者常伴有味觉改变，提示在感受器受损和味觉机制间有某种内在联系。原发性BMS可能与舌咽神经鼓索交通支退化导致的口腔黏膜舌前2/3味觉传入障碍有关。也有研究认为，BMS患者中枢神经系统发生了神经可塑性改变，与某些慢性神经源性疼痛类似。

本病患者常伴有焦虑和抑郁等情绪，但精神心理因素是本病的发病因素还是继发症状仍不清楚，多数学者倾向于后者。

【临床表现】

本病以口腔黏膜灼痛为主，也可伴有味觉改变、口干症状，称为灼口综合征的三联征，病程持续3个月以上。

1. 口腔黏膜灼痛　是本病的主要表现。症状以舌部为主，最常见于舌前2/3，也可发生在腭部、牙龈等部位。患者自诉疼痛呈烧灼样，或似饮热水发烫感，为自发性，但不影响进食。灼痛症状多在进食时减轻或消失，可为持续性，也可有晨轻暮重的趋势。口腔黏膜灼痛虽然较少影响患者睡眠，但可能使患者因疼痛而改变睡眠模式。

2. 味觉改变　BMS患者常伴有味觉改变，如口腔出现异常的金属味、咸味、苦味。

3. 口干　患者可伴有口干症状，但临床检查并无口干体征，唾液流量正常。

【病理表现】

本病的病理表现无明显异常改变。

【诊断】

关于本病目前尚无统一的诊断标准，通常为基于典型临床症状和实验室检查的排他性诊断。

1. 3 个月以上的口腔黏膜灼痛病史。应特别注意询问症状的部位、性质、程度、频率、症状加重或缓解的原因，是否有味觉改变和伴随口干症状等。

2. 临床检查未发现明显的临床病变体征。

3. 经全面检查除外可能伴随的局部或全身系统性疾病。

2018 年国际头痛协会（International Headache Society）发布的第 3 版头痛国际分类标准（International Classification of Headache Disorders 3rd Edition，ICHD-3）中，灼口综合征的诊断标准为：口腔黏膜疼痛时间超过 3 个月，每天疼痛超过 2 小时；疼痛为烧灼样，且局限于浅表口腔黏膜；包括感觉测试在内的口腔黏膜临床检查均正常；且不符合 ICHD-3 分类中其他疾病的诊断。

【鉴别诊断】

本病是发生于口腔黏膜的慢性特发性疼痛性疾病，不伴有相关的局部因素或全身系统性疾病，需要与局部因素或全身因素造成的灼口症状（burning mouth symptom）或称继发性灼口综合征（secondary burning mouth syndrome）相鉴别，鉴别要点如下：

1. 局部因素造成的灼口症状

（1）局部刺激因素：如牙石、残根、残冠、不良修复体等。

（2）口腔不良习惯：如咬颊、咬唇、吮唇、用口呼吸及吐舌习惯等。

（3）真菌和细菌感染：尤其是念珠菌感染可造成口腔黏膜灼痛症状。

（4）过敏反应：某些变应原（如口腔填充材料成分如甲基丙烯酸甲酯、4-甲基苯二醇胺、过氧化苯甲酰、氯化金、铂、钯等）和某些药物引起的过敏反应可导致灼口症状。

（5）唾液流量减少：药物或其他原因导致的口干可伴有灼痛和口干症状。

2. 全身因素造成的灼口症状

（1）代谢性疾病：如糖尿病、甲状腺功能障碍等。

（2）消化系统疾病：如慢性胃炎、反流性食管炎等。

（3）造血系统疾病：如血清铁、叶酸、维生素 B_{12} 缺乏均可引起类似的灼口症状，患者同时可有萎缩性舌炎等表现。

（4）神经系统疾病：如脑血管病变等亦可导致类似症状。

（5）自身免疫病：干燥综合征等患者多伴有口腔黏膜灼痛、口干，部分患者伴有味觉减退。

【治疗】

对于确诊为原发性灼口综合征的患者，应向其解释和说明病情，以消除其恐癌疑虑。对于本病目前尚缺乏特异性治疗。治疗包括采用以抗抑郁药为主的局部和全身药物治疗以及认知行为疗法。

1. 全身用药 氯硝西泮（clonazepam）是国外治疗 BMS 的一线药物，每天口服 1 mg 可用于缓解 BMS 引起的口腔疼痛。此外，三环类抗抑郁药阿米替林（amitriptyline），抗惊厥药卡马西平（carbamazepine），选择性 5-羟色胺再摄取抑制剂帕罗西汀（paroxetine）和舍曲林（sertraline）等也可用于酌情选用。使用硫辛酸尚缺乏有效证据。全身用药均应关注药物可能的不良反应和禁忌证。国内目前治疗可根据患者临床表现，以对症治疗为主或通过 MDT 方式确定适宜的治疗方法或药物。

2. 局部用药 氯硝西泮 0.5 mg 含化后吐出，或使用外用剂型涂擦于疼痛部位可缓解 BMS

所引起的不适症状。有报道局部应用辣椒素（capsaicin）凝胶或含漱液可治疗 BMS，但结果尚存在争议。国内有研究显示应用西吡氯铵含片等可缓解部分患者的临床症状。

3. 认知疗法（cognitive therapy） 认知疗法是于20世纪70年代提出的以矫正不良认知为目的的一种心理治疗技术。认知疗法的理论认为，人的情绪及行为改变与其认知密切相关。认知疗法应用于慢性疼痛的治疗，是指应用心理学原理改变慢性疼痛患者的行为、思维方式或知觉，以减轻其精神痛苦。使用行为疗法和认知行为疗法有助于减轻患者疼痛、恢复功能并减少其对医院的依赖。有结果表明，认知疗法在 BMS 的治疗方面疗效较好，在防止复发方面也较为有效，但需要专业医师给予治疗。

4. 低能量激光疗法 又称光生物调节或冷激光治疗，是一种无创性非药物治疗的临床手段，具有潜在的镇痛、抗炎和生物学效果，无不良反应。临床研究表明，低能量激光可以缓解 BMS 患者的症状，但仍需大样本临床试验研究进一步验证。

5. 中医药治疗 孙晓平等学者对穴位注射治疗灼口综合征进行了临床研究，结果表明该方法可缓解症状且副作用小。此外，加味逍遥丸等中成药制剂也可用于本病的治疗。

Summary

Burning mouth syndrome（BMS）is a benign condition that presents as a burning sensation in the absence of any obvious findings in the mouth and in the absence of abnormal blood tests. BMS mostly affects women predominantly post-menopausal, although men and pre/peri-menopausal women may also be affected. For most patients, burning is experienced on the tip and sides of the tongue, top of the tongue, roof of the mouth, and the inside surface of the lips, although the pattern is highly variable and burning may occur anywhere in the mouth. A patient may feel he/she has burnt the mouth with hot food and there may be a sour, bitter or metallic taste in the mouth. The mouth may also feel dry. The onset of BMS is usually gradual with no known precipitating factor or event.

Definition and Terminology

灼口综合征（burning mouth syndrome）: is a common dysesthesia described as a burning sensation in the oral mucosa, occurring in the absence of clinically apparent mucosal abnormalities or laboratory findings and often perceived as painful. Primary burning mouth syndrome is a chronic, idiopathic intraoral mucosal pain condition that is not accompanied by clinical lesions or systemic disease. Secondary burning mouth syndrome, which would be the variant that resulted from local or systemic pathological conditions susceptible to etiology-directed therapy. The International Headache Society（2018）defines it as an intraoral burning or dysaesthetic sensation, recurring daily for more than 2 hours/day over more than 3 months, without clinically evident causative lesions.

感觉异常（dysesthesia）: is an unpleasant abnormal sensation produced by normal stimuli.

认知疗法（cognitive therapy）: is a variety of techniques in psychotherapy that utilize guided self-discovery, imaging, self-instruction and related forms of elicited cognitions as the principal mode of treatment. It is a form of short-term psychotherapy that focuses on changing people's patterns of emotional reaction by correcting distorted patterns of thinking and perception.

第七节 味觉异常
Abnormalities of Taste

味觉异常（abnormalities of taste）是指饮食时感觉的味道（主观味觉）异于正常人，可表现为味觉缺失、味觉减退或味觉倒错等味觉障碍。味觉异常是一种常见的口腔病症，与局部和全身因素密切相关。

【定义】

味觉障碍（dysgeusia，taste disorder）是指有味觉刺激物作用于舌体而感知到的味觉异常（如减低、丧失或失真等）症状。

味觉缺失（ageusia）是指分辨咸、甜、酸和苦物质的能力丧失，对酸、甜、苦、咸味中的至少一种味道感觉不到。

味觉倒错（parageusia）是指口腔内有异味甚至令人讨厌的味道，如正常食物味道变酸、变苦、乏味等，对具体味道难以判断，甚至有金属味或其他怪味等。

味觉减退（hypogeusia）是指由于味觉阈值升高，致使对味觉的分辨能力降低，如菜咸而感觉淡，或菜苦而觉得不苦等。

【病理生理】

味觉是一个很复杂的过程。已经证实第Ⅴ、Ⅶ、Ⅸ、Ⅺ对脑神经均参与了味觉的产生过程。分布于舌黏膜层的味觉传入纤维几乎完全来自舌神经和舌咽神经。迷走神经的喉上支参与会厌和舌后部小部分区域的味觉。舌神经纤维几乎布满舌前2/3的区域，即轮廓乳头之前的区域。舌咽神经分支分布于舌后1/3的区域，包括轮廓乳头。这两种神经均包含一般感觉（触觉、痛觉、温度觉）纤维和味觉纤维。膝状神经节发出味觉纤维通过鼓索交通支加入舌神经，而舌咽神经的味觉纤维则来自位于脑干的舌咽神经核下神经节细胞。三叉神经的一部分纤维加入舌神经，组成舌神经的一般感觉纤维。

成千上万个细小的味蕾分布在大部分舌面。进入口中的食物刺激味蕾，味蕾即发出神经冲动并传到颅内嗅觉和味觉中枢，使人感受到味道。舌尖部的味蕾辨别甜味，舌两侧的味蕾辨别咸味和酸味，舌后份的味蕾则辨别苦味。这四种基本的味觉结合起来能产生一个广泛的味觉谱。

【病因及发病机制】

味觉形成的任何环节异常均可引起味觉障碍，可见于多种疾病或并发症。口腔疾病、药物不良反应，如进行放疗、化疗的患者，肝病，锌缺乏，中耳炎，脑外伤，应用精神药物，糖尿病等，均可导致味觉障碍。

1. 创伤 局部温度较高或机械创伤（如烫伤）可损伤味蕾而影响对味觉的感知。去除创伤因素后多可恢复。

2. 念珠菌感染或口腔菌群失调 可引起口干、味觉异常等。临床上发现口腔卫生状况也会影响口气和味觉。

3. 唾液量减少 正常的唾液量可以使味觉物质分子与味蕾保持接触，并可保护黏膜，防止味蕾萎缩。当唾液量不足时，味觉物质不能到达味蕾感受器，因此不能正常感知味觉。这种情况常见于口干燥症、干燥综合征患者。

4. 神经损伤 中枢或外周神经损伤可影响味觉。如小脑桥或颞骨岩部病变，或由于手术等原因造成的神经损伤,可导致味觉异常或丧失。损伤部位与味觉缺失的区域对应,如鼓索交通支损伤仅引起该侧舌前 2/3 局部味觉的丧失。此外,面瘫、听神经瘤、腔隙性脑梗死等均可引起味觉传导通路异常,从而影响味觉的感知。

5. 嗅觉异常 嗅觉和味觉是紧密联系的,舌的味蕾辨别味觉,鼻的神经辨别嗅觉,颅内嗅觉和味觉中枢能综合分析从舌和鼻传来的两种感觉信息,从而进行综合识别和评价。味觉和嗅觉感觉功能往往同时产生作用,一些简单的味道(如咸味、苦味、甜味和酸味),没有嗅觉时也能被识别;但复杂的气味则需要嗅觉及味觉共同作用才能被识别。由于嗅觉障碍在一定程度上可影响味觉的辨别,所以有些主诉味觉消失的患者,实际上是由于嗅觉丧失而不能辨别"气味"。严重鼻窦感染、外伤、肿瘤或放疗损伤等是嗅觉损伤的常见原因。

6. 药源性味觉障碍(drug induced taste disorders) 是指由于药物的使用导致味觉丧失、味觉异常和味觉减退。目前有百余种药物可引起味觉障碍。抗感染药、心血管系统药物、神经精神疾病用药和抗肿瘤药是最常见的致味觉障碍药物。药物可以通过多种机制引起味觉障碍。某些药物与体内的锌离子结合而形成不溶性螯合物从体内排出,导致体内锌离子浓度降低,这可能是药源性味觉障碍的主要机制之一(表 12-2)。药源性味觉障碍多数在停药后可以很快恢复正常,仅有少数在患者停药后仍持续数周甚至数月。极个别药物(如血管紧张素转化酶抑制药)对味觉的影响可能是永久性的。

表 12-2 引起味觉障碍的常见药物

种类	药物
镇静催眠药	氯硝西泮、氟西泮
解热镇痛药	布洛芬、双氯芬酸、吲哚美辛
抗震颤麻痹药	司来吉兰、左旋多巴
抗抑郁药	三环类抗抑郁药阿米替林、丙米嗪
5-羟色胺再摄取抑制剂	氟伏沙明
抗心律失常药	胺碘酮,美西律等
利尿药	呋塞米
抗高血压药	血管紧张素转化酶抑制药,如卡托普利、依那普利等;血管紧张素Ⅱ受体拮抗药,如氯沙坦等;各种钙拮抗药,如硝苯地平等
降血脂药	他汀类,如辛伐他汀
抗溃疡药	奥美拉唑
抗甲状腺药	甲巯咪唑、丙硫氧嘧啶
抗类风湿药	青霉胺
降血糖药	阿卡波糖
抗生素	阿莫西林、克林霉素、阿奇霉素、诺氟沙星、环丙沙星等
抗真菌药	伊曲康唑、氟康唑等
抗病毒药	阿昔洛韦
其他类	抗肿瘤药、抗艾滋病药、排尿酸药

7. 精神疾病 抑郁症、精神分裂症、脑血管病所致精神障碍、脑动脉硬化、酒精依赖、神经性厌食、创伤性应激障碍、心境恶劣等患者可以出现原发疾病造成的味觉改变,如口中有苦味、金属味、辣味、酸味、咸味、淡味、甜味、蒜味等,严重者可有味觉缺失,并常伴有麻

木、灼热感、舌部不适等。精神分裂症患者可出现幻味，并由此而衍生出被害妄想，其味觉状态不明。此外，某些具有抗胆碱作用的抗抑郁药、抗精神病药等精神疾病药物（如阿米替林、丙米嗪、氯米帕明、多塞平等）也可引起味觉改变。

8. 全身系统性疾病 铁、锌等微量元素和维生素缺乏患者可有味觉障碍。此外，内分泌疾病（如糖尿病、库欣综合征、甲状腺功能减退症等）均可导致味觉障碍。

9. 其他 灼口综合征患者也可出现味觉异常，如出现金属味道等。

【诊断】

味觉异常通常依靠患者主诉不适症状进行诊断。此外，味觉测试等一些检查可用于辅助诊断。

味觉测试：是指用一些有甜味（糖）、酸味（柠檬汁）、咸味（盐）和苦味（阿司匹林、奎宁、芦荟）的物质来测试味觉。同时，可以通过感知味道时的最低阈值定量评价味觉的感知阈。另外，也可采用电味觉计、溶液点滴法等方法测试味觉。

【治疗】

味觉异常的病因复杂，治疗的关键在于尽量找出病因。

临床检查应注意排查创伤、口腔念珠菌感染、菌群失调、口腔干燥等局部病因，并予以相应治疗。如对口干患者可给予人工唾液、催涎剂等。

在一些情况下，需要结合实验室检查除外铁、锌等微量元素和维生素缺乏，或进行脑部CT 或 MRI 检查除外神经系统疾病。如怀疑为药物诱发的味觉异常，则应停用可疑药物。怀疑有精神疾病时，应到专科医院就诊。

Summary

Taste is established based on the sensitivity to chemicals by specific taste cells（taste buds）in the mouth. Each taste bud has its own set of receptor cells. Afferent nerves（nerves which carry impulses to the brain or spinal cord）connects with the receptor cells at the base of the taste bud. The salivary glands keep the taste buds moist with saliva. An accurate assessment of taste loss will include, among other things, a physical examination of your ears, nose and throat; a dental examination and assessment of oral hygiene; a review of your health history; and a taste test supervised by a health care professional.

It is important to identify and treat the underlying cause of the disorder. If a certain medication is the cause, stopping or changing your medication may help eliminate the problem. Some with respiratory infections or allergies, regain their sense of taste when these conditions are resolved. Often, the correction of a general medical problem also can correct the loss of taste. Occasionally, a person may recover his or her sense of taste spontaneously. Proper oral hygiene is important to regaining and maintaining a well-functional sense of taste.

Definition and Terminology

味觉缺失（ageusia）：is a loss of taste. A person cannot differentiate sweet, bitter, sour, salty or umami（meaning "pleasant/savory taste"）.

味觉倒错（parageusia）：is an unpleasant alteration of taste sensation, e.g. a metallic taste.

An unpleasant perception may occur when a normally pleasant taste is present or the perception may occur when no tastant is present（gustatory hallucination）.

　　味觉减退（hypogeusia）：is a reduced ability to taste（sweet，sour，bitter，or salty substances）. The complete lack of taste is referred to as ageusia.

（闫志敏）

第十三章　口腔黏膜变态反应性疾病

Oral Hypersensitivity Disorders

数字资源

第一节　概　述
Conspectus

超敏反应（hypersensitivity）又称变态反应（allergic reaction），是指机体受到抗原（antigen）或半抗原（hapten）刺激后，出现生理功能紊乱或组织细胞损伤的异常适应性免疫应答，常表现为免疫增强，多于机体受同一种抗原再次刺激后发生。变态反应由抗原刺激和机体免疫应答两个因素决定，缺一不可。对抗原产生异常免疫应答的个体即为超敏体质者。

引起变态反应的抗原物质称为变应原。变应原多为大分子物质，称为完全抗原（complete antigen），如微生物、寄生虫、花粉、毛皮、鱼虾、异体组织细胞、异体血清蛋白，以及大多数蛋白质、细菌和病毒等。完全抗原具有抗原性和免疫原性，进入机体即可引起变态反应。某些小分子物质不具有免疫原性，不能直接引起机体产生免疫应答，但进入机体后与人体组织蛋白结合后成为大分子物质，具有抗原性，即能够诱发机体发生变态反应，这种小分子物质称为半抗原，大多是合成的药物。

1963 年 Gell 和 Combs 根据不同的发病机制以及临床特点，将变态反应分为Ⅰ型、Ⅱ型、Ⅲ型和Ⅳ型超敏反应。Ⅰ型～Ⅲ型均由抗体介导，可经血清被动转移；Ⅳ型由 T 细胞介导，可经淋巴细胞被动转移。口腔黏膜类疾病中，药物过敏性口炎、血管性水肿等属于Ⅰ型超敏反应；多形红斑可能是由一种或多种因素引起的Ⅲ型超敏反应；变应性接触性口炎属于Ⅳ型超敏反应。Ⅱ型超敏反应与口腔黏膜类疾病的关系不密切，黏膜类天疱疮可能与此型超敏反应有关。

（一）Ⅰ型超敏反应

Ⅰ型超敏反应即速发型超敏反应或过敏反应，是最常见的一个类型，主要由 IgE 抗体介导，肥大细胞和嗜碱性粒细胞是关键的效应细胞，其释放的生物活性介质是引起各种临床表现的重要分子基础。

Ⅰ型超敏反应的特点是：①发生快，消退亦快；②常引起机体生理功能紊乱，但不导致严重的组织细胞损伤；③有明显的个体差异和遗传倾向。

Ⅰ型超敏反应的发生分为两个阶段，即致敏阶段和发敏阶段。在致敏阶段，变应原与机体接触后刺激淋巴细胞和单核-巨噬细胞产生 IgE 抗体，也可产生 IgG 抗体。IgE 分子的 Fc 段与肥大细胞或嗜碱性粒细胞表面受体相结合，使机体处于致敏状态。致敏状态可使机体具备发生变态反应的可能性，但机体尚不出现任何症状；在发敏阶段，处于致敏状态的机体再次接触同一变应原之后，该变应原即与结合在肥大细胞或嗜碱性粒细胞表面的 IgE 分子发生特异性结合。首先，使肥大细胞钙离子通透性增高，钙离子进入细胞内而发挥催化作用，进一步激活细胞，引起肥大细胞脱颗粒，释放组胺、缓激肽、5-羟色胺等作用于相应的效应器官，从而引起各种临床症状。

（二）Ⅱ型超敏反应

Ⅱ型超敏反应又称细胞溶解型超敏反应或细胞毒型超敏反应，其特点是抗原刺激机体产生 IgG 或 IgM 抗体，抗体与靶细胞表面抗原直接结合，在补体、吞噬细胞和自然杀伤细胞参与下，导致靶细胞溶解。此型超敏反应发作较快。引起Ⅱ型超敏反应的抗原有如下几类。第一类是同种异型抗原，如 ABO 血型抗原，在血型不符的情况下输血时，红细胞表面的血型抗原可与受者体内的天然抗体结合，引起溶血反应；或由于母子 Rh 血型不符而引起新生儿溶血等。第二类是嗜异性抗原，某些外来抗原与自身成分间存在嗜异性抗原，如溶血性链球菌的某些成分与人心肌、心瓣膜、肾小球基底膜间的嗜异性抗原等。抗嗜异性抗原-抗体可与机体自身成分发生交叉反应。第三类是自身抗原，即自身组织受外伤、感染、药物等影响可发生抗原性改变。一旦自身抗原进入血流，即可导致机体产生自身抗体。第四类是外来抗原或半抗原，外来抗原以及药物等小分子半抗原进入机体后，可非特异性黏附或结合于细胞表面，诱导针对该抗原的免疫应答，产生相应抗体。

（三）Ⅲ型超敏反应

Ⅲ型超敏反应又称免疫复合物型超敏反应或血管炎型超敏反应。抗原与相应抗体结合形成中等分子可溶性免疫复合物，在一定条件下，免疫复合物易沉积于全身或局部血管基底膜，引起炎症性病理改变。

此型超敏反应的抗体多为 IgG，也有 IgM 和 IgA。沉积的免疫复合物可激活补体，趋化中性粒细胞到局部，进而被中性粒细胞吞噬。中性粒细胞在吞噬免疫复合物的过程中释放溶酶体酶，破坏血管壁及血管周围组织，引起血管及血管周围组织炎症反应。病理改变以水肿、炎症细胞浸润、出血、坏死为主。类风湿关节炎、系统性红斑狼疮等机体结缔组织病以及口腔黏膜病中的多形红斑、肉芽肿性疾病可能与此型超敏反应有关。

（四）Ⅳ型超敏反应

Ⅳ型超敏反应又称迟发型超敏反应，是由致敏淋巴细胞再次接触相同抗原所致的以单个核细胞（单核细胞、淋巴细胞）浸润为主的炎症损伤。此型超敏反应发生迟缓，通常在接触抗原 18～24 h 后出现，48～72 h 达到高峰。

在此型超敏反应过程中，参与免疫应答的不是抗体，而是致敏的淋巴细胞。机体接触抗原后，T 淋巴细胞即被致敏。致敏的淋巴细胞大量分裂、繁殖，使机体处于高度致敏状态，当再次接触同一特异性抗原时，即可导致变态反应的发生。抗原与致敏的 T 淋巴细胞直接作用后，淋巴细胞释放各种淋巴因子，引起以淋巴细胞为主的单个核细胞浸润，导致血管炎症反应，形成结节性病变，并造成组织细胞损伤、坏死。抗原可以是细菌、真菌、病毒、原虫等，也可以是某些化学物质。

各型超敏反应性疾病的表现形式可以有所不同，但是这组疾病具有共同的临床特征：

1. 突发性　是指机体接触变应原后突然发生超敏反应，来势凶猛，如药物过敏性口炎。

2. 复发性　病情可反复发作，每次出现的临床表现与之前相似，如多形红斑。

3. 可逆性　病情发作后可自行缓解，或出现相当时间的静止期，如肉芽肿性唇炎。

4. 间歇性　是指两次发作期间有一段病情相对稳定期。间歇期的长短取决于脱离变应原接触的时间。

5. 特异性　即具有超敏反应体质的患者才发生超敏反应。

Summary

Hypersensitivity reactions may be of four different types: type Ⅰ (IgE mediated), type Ⅱ (antibody mediated), type Ⅲ (immune complex mediated) and type Ⅳ (T cells mediated).

Definition and Terminology

Ⅰ型变态反应(type Ⅰ hypersensitivity): involve IgE antibodies that initially sensitize an individual to an allergen and provoke an acute inflammatory response upon subsequent exposure. Angioneurotic edema is type Ⅰ hypersensitivity reaction.

Ⅱ型变态反应(type Ⅱ hypersensitivity): involve the binding of IgG or IgM antibodies to antigens on cell surfaces and are found in autoimmune conditions. Mucous membrane pemphigoid may be type Ⅱ hypersensitivity reaction.

Ⅲ型变态反应(type Ⅲ hypersensitivity): result from the formation of antigen-antibody complexes that settle on tissues and organs. Erythema multiforme may be type Ⅲ hypersensitivity reaction.

Ⅳ型变态反应(type Ⅳ hypersensitivity): are regulated by T cells and are delayed reactions. Oral lichenoid reactions may be type Ⅳ hypersensitivity reaction.

(唐国瑶)

第二节　药物过敏性口炎
Allergic Medicamentous Stomatitis

药物通过口服、注射、吸入、敷贴或局部涂擦、含漱等不同途径进入机体后，使超敏体质者发生变态反应而引起黏膜、皮肤的炎症反应，累及口腔黏膜者称为药物过敏性口炎(allergic medicamentous stomatitis)，累及皮肤者称为药疹(drug eruption)或药物性皮炎(dermatitis medicamentosa)，两者可单独或者同时发生。

随着新药不断面世、用药人群增多及滥用药物等，药物过敏性口炎发生率不断增高，病情轻重不一，严重者甚至可危及生命。

【病因及发病机制】

引起变态反应的药物以解热镇痛药、抗生素类、磺胺类药、镇静药和抗癫痫药、中草药最为常见。血清、生物制剂、吩噻嗪类和维生素类药物也有致敏的可能。

药物变态反应发生于少数过敏体质者。不同个体对药物的敏感性差异较大，其原因包括遗传因素、某些酶的缺陷、机体病理或生理状态的影响等。

大分子药物(如血清、疫苗及生物制品)本身为完全抗原，而多数小分子药物属于半抗原，后者需要与机体内的蛋白载体结合后才能成为完全抗原，引起变态反应。诱发变态反应的可以是药物原形，或药物在体内的降解产物或代谢产物。变态反应的严重程度与药物的药理及毒理作用、剂量无相关性，高敏状态下即使极小剂量亦可导致严重的药物变态反应。此外，药物变态反应的发生与药物结构、用药方式、药物的杂质等因素相关，多为Ⅰ型超敏反应。首次用药后通常不发病，在抗原的作用下，机体处于致敏状态，再次用药则可在数分钟至24小时内发病。

【临床表现】

药物引起的变态反应有一定的潜伏期，特点是初次发作潜伏期长，随着病情反复发作，则潜伏期缩短。初次用药导致的发病一般需经过 4～20 天（平均为 7～8 天）的潜伏期后，才产生变态反应。若既往用药已产生变态反应，则再次用该药后可在数分钟至 24 小时内，通常 10 小时左右发生药物变态反应。

口腔黏膜病损好发于唇、舌、颊、腭等部位。起初口腔黏膜有灼热感，表现为充血、发红、水肿，并出现大小不等的水疱，但水疱很快破溃，形成不规则的糜烂面。口内不易见到完整的水疱，但可以见到水疱破溃后残余的疱壁和糜烂病损。病损面积通常较大，形状不规则，表面有较多渗出物，形成灰黄色或灰白色假膜。唇部病变易出血，常形成血痂，并相互融合甚至出血，引起张口受限，可影响口腔内检查（图 13-1）。

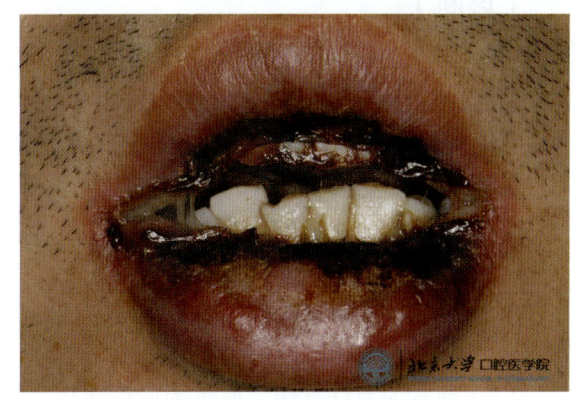

图 13-1　药物过敏性口炎
唇红黏膜广泛糜烂、出血，炎症渗出明显
（北京大学口腔医学院供图）

药物过敏性口炎可单发于口腔黏膜，也可伴有全身其他部位皮肤或黏膜的病损，严重者可出现皮肤病损、眼部和外阴病损，表现为水肿、充血、红斑、糜烂、渗出等。口腔病损可先于皮肤病损出现。

患者全身反应一般较轻，但有的患者可出现严重的全身症状，如发热、头痛等。

药物变态反应所致的病损，若在同一部位，则常以同一形式反复发生，称为固定性药疹（fixed drug eruption）。病变局部可有灼热感、痒感，出现暗红色斑，停用相关药物及治疗后，病损常于 10 天左右消退，但会遗留色素沉着。口唇及口周皮肤是固定性药疹的好发部位。

药物引起的中毒性表皮坏死松解症（toxic epidermal necrolysis，TEN）是药物引起的变态反应中最严重的类型，常由磺胺类药、四环素类抗生素（四环素等）、巴比妥类、卡马西平、别嘌醇、抗结核药等引起。该病在临床上较罕见，起病急骤，病变可累及口腔、眼、呼吸道、胃肠道黏膜及全身皮肤，表现为松弛型水疱和上皮/表皮松解征（尼科利斯基征阳性），稍受外力即形成糜烂面，出现大量渗出，皮肤呈烫伤样外观。患者同时可伴有严重的内脏损伤，全身中毒症状明显，可出现高热、恶心、腹泻、谵妄、昏迷等全身症状。

药物还可引起多形红斑型药疹，常伴发口腔等黏膜病损。该型药疹多由磺胺类药、解热镇痛药和巴比妥类药物引起，临床表现与多形红斑基本相同。

进展与趋势

Stevens-Johnson 综合征和中毒性表皮坏死松解症

世界变态反应组织（World Allergy Organization，WAO）2014 年对严重皮肤（不含口腔黏膜）不良反应的定义包括以下几种类型：SJS（累及皮肤面积 < 10%）、SJS/TEN（累及皮肤面积的 10%～30%）、TEN（累及皮肤面积 > 30%）和药物引起的超敏反应综合征（drug-induced hypersensitivity syndrome，DHS）/嗜酸性粒细胞增多伴全身症状的药物反应（drug reaction with eosinophilia and systemic symptoms，DRESS）。

【病理表现】

药物过敏性口炎的组织病理变化表现为急性炎症。病变组织上皮细胞内或细胞间水肿,或有水疱形成。结缔组织水肿,有炎症细胞浸润。早期嗜酸性粒细胞增多,之后中性粒细胞增多。血管扩张明显。

【诊断】

诊断主要依靠病史及临床病损表现、发病部位等。血细胞检测可有嗜酸性粒细胞计数升高。
1. 发病前患者有较明确的用药史,用药和发病时间有时间关联和因果关系。
2. 口腔黏膜出现红肿、红斑、水疱及大面积糜烂等病损。若有固定性药疹,有助于诊断。
3. 停用可疑致敏药物后病损愈合。

【鉴别诊断】

1. 药物过敏性口炎与天疱疮相鉴别
(1) 前者多可追溯到用药史,后者发病因素不明。
(2) 前者为急性发病,后者为慢性病程。
(3) 前者皮肤病损多为红斑或在红斑基础上出现的水疱,后者在外观正常的皮肤上出现薄壁水疱。

2. 药物过敏性口炎与疱疹性口炎相鉴别
(1) 前者多有用药史,后者多有感冒、发热史。
(2) 前者较少累及牙龈,后者可伴有牙龈炎症。
(3) 前者皮损多累及手、足及躯干部,后者仅累及口周皮肤。
(4) 前者不具有传染性,后者有一定的传染性。
(5) 前者病情复发与药物相关,后者病情复发多与机体抵抗力低下有关。

药物过敏性口炎与天疱疮和疱疹性口炎鉴别诊断要点见表13-1。

表13-1 药物变态反应性口炎与天疱疮和疱疹性口炎的鉴别要点

鉴别要点		药物变态反应性口炎	天疱疮	疱疹性口炎
年龄		任何年龄	中年多见	儿童及青年多见
发病机制		变态反应	自身免疫病	单纯疱疹病毒感染
病程		急性起病,病程短	慢性迁延,反复不愈	急性起病,2周左右
诱因		用药史	不详	劳累、抵抗力低下等
临床表现	唇黏膜	充血、糜烂,被覆厚血痂	一般无损害	成簇水疱,可破溃结痂
	牙龈	少有损害	可有,牙龈糜烂、充血	广泛充血、红肿,可散在糜烂面
	颊、舌等口腔黏膜	广泛充血、水疱、糜烂、渗出,上覆假膜	松弛性大疱,壁薄易破形成糜烂面,尼氏征(+)	可散在糜烂面
	皮肤	固定性药疹、荨麻疹等多种病损,累及四肢、躯干等部位	松弛性大疱,壁薄,尼氏征(+)	仅口周皮肤可有成簇水疱或破溃结痂
辅助检查	病理检查	急性炎症,上皮细胞内及细胞间水肿,或有水疱形成;结缔组织水肿,炎症细胞浸润	棘层松解,上皮内疱形成,可见天疱疮细胞,免疫荧光可查见棘细胞周围有荧光带	不需要
	其他检查	斑贴试验等	间接免疫荧光检查,自身抗体滴度测定	血细胞分析,病原学检查

【治疗】

查清致敏物质，避免再次接触或使用，同时给予抗变态反应药、全身支持疗法和局部对症处理。

1. 寻找并立刻停用可疑致敏药物是治疗的要点。对可疑的物质也应停止使用或接触。

2. 抗变态反应药治疗 给予抗组胺药氯雷他定（开瑞坦）、氯苯那敏（扑尔敏），以抑制炎症介质的释放。对病情严重者可给予肾上腺皮质激素口服、静脉注射或静脉滴注。病情特别严重时，应酌情给予肾上腺素皮下注射或异丙基肾上腺素静脉滴注。

3. 支持治疗 输液或多饮水可加速致敏药物的排出。10%的葡萄糖酸钙溶液静脉注射加维生素C静脉给药或口服，有拮抗缓激肽和组胺的作用，可降低毛细血管通透性，减少渗出和炎症反应。应适当补充体液，维持水、电解质平衡。

4. 局部对症治疗 局部对症处理有消炎、止痛、预防继发感染及促进愈合的作用。可用0.05%氯己定溶液，0.1%依沙吖啶溶液含漱或唇部湿敷，唇部病损可局部涂抹外用软膏，口腔内黏膜病损可局部外涂口腔溃疡散等。

5. 中医辨证论治 宜清热利湿，凉血疏风。亦可用防风通圣丸等中成药治疗。

【预防】

使用药物前应询问患者过敏史。发生过敏反应后应避免再次接触可疑的致敏药物。

Summary

Stomatitis medicamentosa (drug-induced stomatitis) is an uncommon disease presented with allergic inflammatory changes in the oral soft tissues associated with the use of drugs or medications, usually those taken systemically. Clinically, painful, erythematous, erosive or ulcerative lesions are important manifestations. The fixed form of drug-associated eruptions are relatively uncommon, even though it could happen. Pseudomembranous necrotic surface may be noted. Diagnosis is based on history and clinical appearance. Essential differential diagnosis includes chemical or thermal burn, erosive lichen planus, pemphigus vulgaris, mucous membrane (cicatricial) pemphigoid, erythema multiforme and acute herpetic gingivostomatitis. Treatment starts with identification and withdrawal of the offending drug, together with symptomatic management including topicals.

Definition and Terminology

药物过敏性口炎（allergic medicamentous stomatitis）: is an allergic response of the oral mucosa to a systemically administered drug. Possible manifestations include asthma, skin rashes, urticaria, pruritus, leukopenia, lymph-adenopathy, thrombocytopenic purpura and oral lesions (erythema, ulcerative lesions, vesicles, bullae, and angioneurotic edema).

固定性药疹（fixed drug eruption）: are well-defined red to purple lesions that appears at the same sites on the skin and mucous membranes each time a particular drug is used. The reaction occurs most commonly in patients who are using tetracycline, phenolphthalein and nonsteroidal anti-inflammatory drug (NSAID).

中毒性表皮坏死松解症（Toxic epidermal necrolysis, TEN）: is a severe disease induced by drugs, characterized by separation of the dermal-epidermal junction. Large areas of skin and mucosal desquamation and sloughing cause complications similar in many aspects to severe burns.

非甾体抗炎药（NSAID）：this abbreviation stands for nonsteroidal anti-inflammatory drugs, which are medications such as ibuprofen that are used to control pain and inflammation. One major side effect is that they decrease the effect of the normal blood clotting factors in blood. In patients undergoing surgical or endoscopic procedures, this can lead to an increased risk of bleeding.

第三节　血管性水肿
Angioedema

血管性水肿（angioedema），以往被称为血管神经性水肿（angioneurotic edema），是一种急性局部反应性黏膜、皮肤水肿，又称巨型荨麻疹，也称昆克水肿（Quincke's edema）。其特点是突然发作的局限性水肿，消退亦较迅速。血管性水肿主要分为获得性和遗传性两种类型。

【病因及发病机制】

血管性水肿是由 IgE 介导的 I 型超敏反应性疾病。抗原物质与 IgE 结合并诱导肥大细胞释放组胺、缓激肽、5-羟色胺等血管活性物质，引起毛细血管扩张及通透性增高，大量液体和白细胞从血管渗出聚集至疏松组织，形成局部组织水肿。血管性水肿与多种因素有关。

1. 获得性血管性水肿　可由药物、食物、物理和化学因素、精神因素等引起。常见的可疑食物有巧克力、坚果、海鲜、西红柿、蛋类等。青霉素、非甾体抗炎药（如阿司匹林）、抗惊厥药等是常见的可疑药物。寒冷刺激、紫外线照射、创伤以及情绪紧张都可能与血管性水肿的发生有关。牙科治疗中常用的印模材料、显色剂、防腐剂、漱口剂等也有致敏活性。此外，30% 的获得性血管性水肿可能由于服用卡托普利、依那普利等血管紧张素转化酶抑制药（angiotensin-converting enzyme inhibitors，ACEI）引起。服用 ACEI 的患者中有 0.1%～2.2% 可发生血管性水肿，多于服药后 1 个月内发生，少数患者可于服药数年后发生，85% 的患者停药后症状可减轻或完全消失。

2. 遗传性血管性水肿　由编码 C1 酯酶抑制剂（C1INH）的基因缺陷引起，属于常染色体显性遗传。C1INH 是一种 α 球蛋白，负责控制补体的级联反应。C1INH 缺陷时，缓激肽、激肽释放酶、纤维蛋白溶酶等血管活性物质的释放失去控制。当 C1INH 水平降低至正常水平的 50% 以下时，临床上即易出现血管性水肿的症状。

此外，临床上约 38% 的患者找不到确切的原因，被称为特发性血管性水肿。

【临床表现】

本病的临床表现为突然发作的黏膜、皮肤肿胀。肿胀常于数分钟至 1 小时内发生，发病数小时后肿胀达到高峰，随后逐渐消退，从发病到全部消退可持续 8～72 h。病变的好发部位是头面部疏松结缔组织处，如唇、舌、颊、眼睑、耳垂和咽喉等部位。上唇较下唇好发，下睑较上睑好发。外阴部及胃肠道黏膜也可受累，有时也可发生于手、足背部皮肤。

唇部病损可单独累及上唇或下唇，也可同时发生。起初患处皮肤或黏膜可有轻微瘙痒、灼热感，随即发生肿胀。当肿胀迅速发展时，患者自觉患处发紧、膨胀感。肿胀区域界限不明显，触之较韧、有弹性。肿胀部位颜色发白，表面光亮，有时呈淡红色（图 13-2）。如果肿胀发生于舌、咽喉、气管等处，则易导致气道阻塞甚至窒息，此时需立即施行气管切开术。多数水肿可伴发皮肤风疹。本病可复发，反复发作的病损易出现于同一部位。

遗传性血管性水肿少见，好发于儿童或青少年时期，女性发病多于男性。获得性血管性水肿发病较晚，多见于40岁左右的成年人，患者通常无家族史。

【病理表现】

病变部位深层结缔组织内可见毛细血管扩张、充血，有少量炎症细胞浸润。

【诊断】

根据以下临床特点可以作出诊断：
1. 发病突然而迅速。
2. 病变为局限性水肿，界限不清，触之较韧、有弹性。
3. 病变好发于皮下结缔组织疏松处。
4. 病损消失迅速且不留痕迹。
5. 病情可反复发作。

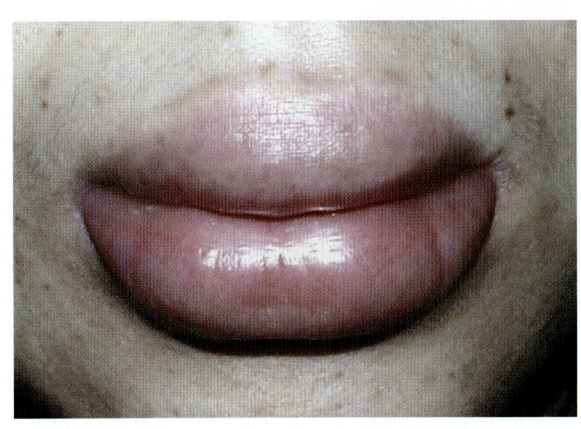

图 13-2　血管性水肿
上唇、下唇同时发生肿胀，表面光亮
（上海交通大学口腔医学院供图）

【鉴别诊断】

本病应与颌面部蜂窝织炎相鉴别，后者的病因多为牙源性细菌感染，可找出病灶牙。患者常伴有全身症状，发热可达38℃以上，血常规检查白细胞计数增高。肿胀发生缓慢，病损区红肿、发热、触痛、肿胀，有凹陷性水肿，不经治疗则不能自行消退。若病变继续发展，则可形成脓肿，炎症后期可有溢脓。抗生素治疗有效。根据上述特点可与血管性水肿相鉴别。

【治疗】

1. 治疗原则　首先须明确变应原，远离变应原可消除症状，并防止复发。对症状轻者，可不予以药物治疗。如果无法找到变应原，则需要行脱敏治疗。如患者发生窒息，则须立即施行气管切开术，以抢救生命。

2. 治疗方法

（1）抗组胺药：可以给予氯苯那敏、苯海拉明、氯雷他定、西替利嗪、左旋西替利嗪等治疗。

（2）糖皮质激素类药物：糖皮质激素可以稳定溶酶体膜，通过抑制组氨酸脱羧酶而阻止组氨酸向组胺转化。对症状轻者可给予醋酸泼尼松每天 15～30 mg 口服；对症状重者可给予氢化可的松 100～200 mg 加入 5%～10% 葡萄糖溶液 1000～2000 ml 中立即静脉滴注，待患者病情改善后可停药。

（3）肾上腺素：肾上腺素可以收缩血管，阻止血管活性物质释放，减少渗出，抑制水肿。对于舌、咽喉部位水肿而出现呼吸困难的患者，应立即皮下或肌内注射肾上腺素。对成年患者可给予 0.1% 肾上腺素 0.5 ml，对儿童患者根据体重可给予 0.1～0.3 ml。因肾上腺素可在体内迅速降解，故需要每 10 min 注射 1 次，直至患者情况开始恢复。但须注意对心血管疾病患者慎用肾上腺素。

（4）C1INH 缺陷所致的血管性水肿患者对肾上腺素治疗无效，此时可选择达那唑（danazol）治疗。达那唑是促性腺激素抑制剂，能够增加血清 C1INH 水平，增加血清 C4 补体水平。

Summary

Angioedema is an acute mucocutaneous edema, restricted to the periorbital area, lips, tongue, extremities and intestinal wall. It is often caused by the use of angiotensin-converting enzyme inhibitors (ACEI), allergies to certain allergens (such as beesting, medications and certain foods) and C1 inhibitor deficiency and others are idiopathic (the cause is unknown).

The swelling usually lasts several hours, but it may relapse. It is dangerous if the swelling involves the tongue, larynx and trachea, which can lead to airway obstruction and death in the worst cases. Tracheotomy is sometimes needed in rare cases. The treatment of patients with angioedema includes administration of antihistamines and glucocorticoids, while epinephrine is given if laryngeal edema is presented.

Definition and Terminology

血管性水肿（angioedema）：is an acute mucocutaneous edema, restricted to the periorbital area, lips, tongue, extremities and intestinal wall. The swelling usually lasts several hours, but may relapse.

（唐国瑶）

第四节 多形红斑
Erythema Multiforme

多形红斑（erythema multiforme，EM）是一种急性发作的黏膜、皮肤炎症性疾病，有自限性和复发倾向。因糜烂表面常有大量纤维蛋白性炎性渗出物，故又称多形渗出性红斑（erythema exudative multiforme）。黏膜和皮肤可以同时或先后受损，病变亦可单发于皮肤或黏膜。病损可以表现为红斑、水疱、糜烂、痂皮、丘疹和结节等多种形式。

案例 13-1

男，7岁。口腔内广泛糜烂，手、足部皮肤出现红斑及起疱3天，伴发热4天。患儿4天前，突发高热，最高体温达39℃，右眼瘙痒，右眼结膜发红、渗出明显，下牙龈疼痛。3天前，患儿出现唇、颊、舌部广泛糜烂，手、足部皮肤出现红斑、起疱。患儿口服阿奇霉素片、小儿氨酚黄那敏颗粒3天，上述无效病情无缓解。1天前，患儿出现腹痛、进食减少、乏力。患儿于2年前、3个月前分别出现类似口腔溃烂及皮疹，每次病程为2周左右。第一次发病时患儿有上呼吸道感染病史，自行服用小儿氨酚黄那敏颗粒，第二次发病时无明显诱因及服药史。患儿既往身体健康。

临床检查：上唇唇红部出现糜烂、血痂，颊、右舌腹、硬腭部黏膜充血、糜烂，表面覆盖假膜。踝部、手背部皮肤有靶形红斑。右眼结膜广泛充血。

辅助检查：血常规检查显示白细胞计数 14.61×10⁹/L，中性粒细胞 77.3%，淋巴细胞 10.00%；单核细胞 11.90%；血清呼吸道病原抗体检测显示，肺炎支原体 IgG、IgM 和 EB 病毒 IgG、IgM 升高，提示肺炎支原体和 EB 病毒感染。胸部 X 线检查示双侧肺纹理稍多。

思考题：
1. 临床最可能的诊断是什么？
2. 该病应与哪些疾病相鉴别？
3. 该病的诱发因素可能有哪些？

【病因及发病机制】

多形红斑是一种超敏反应性疾病，单纯疱疹病毒感染是其最常见的致敏原因，少数情况下可由于非甾体抗炎药或抗惊厥药等引起的药物过敏反应所致。65%～70% 反复发作的多形红斑与单纯疱疹病毒感染有关，患者发病前 1～3 周有单纯疱疹病毒感染病史，血清学检查可检测到单纯疱疹病毒抗体及病毒抗原。由于导致病损发生的主要原因是机体发生超敏反应，所以病损部位无法检测到单纯疱疹病毒的存在。约 87% 的患者可同时出现复发性唇疱疹。由此推测，单纯疱疹病毒抗原激活 T 细胞介导的迟发型超敏反应，产生 γ 干扰素（interferon-γ，IFN-γ）。随着免疫反应的放大，更多的 T 细胞被募集到病损部位，细胞毒性 T 细胞、自然杀伤细胞及细胞因子导致上皮细胞的破坏。

【临床表现】

本病在任何年龄均可发生，以 20～40 岁青壮年为主，儿童患者约占 20%。本病起病急骤，常在春、秋季节发生，疾病具有自限性。受累部位不超过体表面积的 10%。多形红斑一般分为轻症和重症两种类型。

1. 轻症多形红斑（minor erythema multiforme） 患者一般无全身症状，偶有轻度头痛、低热、乏力、关节疼痛等全身不适。此型患者以皮肤病损为主，或只有黏膜损伤，少数可同时波及皮肤和黏膜。

（1）口腔表现：25%～60% 的多形红斑患者可出现黏膜病损，其中口腔黏膜是最多发生的黏膜部位，口腔黏膜病损约占黏膜病损的 70%，主要累及唇、颊、舌等部位。黏膜病损通常与皮肤病损同时出现，也可提前或滞后数天发生。口腔黏膜病损可以单独发生，或者与皮肤病损伴随出现，表现为不规则的水疱、糜烂或溃疡。糜烂面有大量渗出物形成较厚的假膜，周围伴有广泛的炎症性充血（图 13-3）。患者疼痛明显、进食困难。唇部病损常可见较厚的血痂及出血。

少数患者可出现眼部、外阴黏膜病损。病变发生于眼部时，可出现眼结膜毛细血管广泛充血、发红，有炎症反应。亦可出现小丘疹或疱疹。严重时可引起角膜溃疡、脉络膜炎、虹膜睫状体炎、全眼球炎等。个别病例处理不当可致视力减退，甚至失明。

（2）皮肤表现：皮肤表现形态多样。早期可出现圆形红斑、丘疹，之后出现水疱、糜烂。靶形红斑或虹膜样红斑是典型的皮肤表现。病损中央上皮坏死或形成水疱，颜色较暗，以同心圆状依次向外排列的是暗红色炎症区、苍白水肿区以及最外层的红色区域（图 13-4）。起初发生于四肢末端伸侧皮肤，呈对称分布，之后向躯干部呈向心性转移。靶形红斑好发于上肢、面部、颈部、可累及掌、趾皮肤。皮损处有痒感、灼热感。肤色较黑的患者常于皮损消退后出现炎症后色素沉着，可持续数月，日光照射可使色素沉着加重。

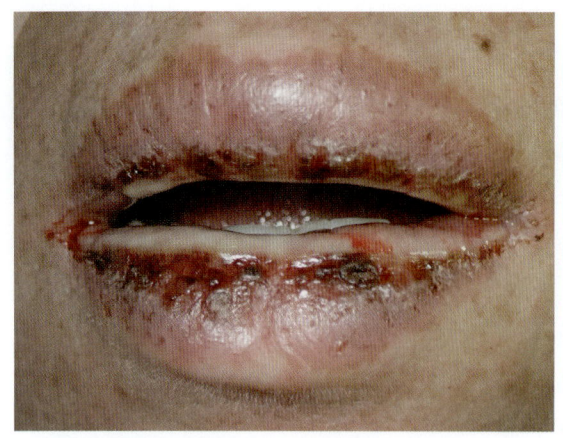

图 13-3 多形红斑
唇黏膜广泛糜烂、出血，伴血痂
（上海交通大学口腔医学院供图）

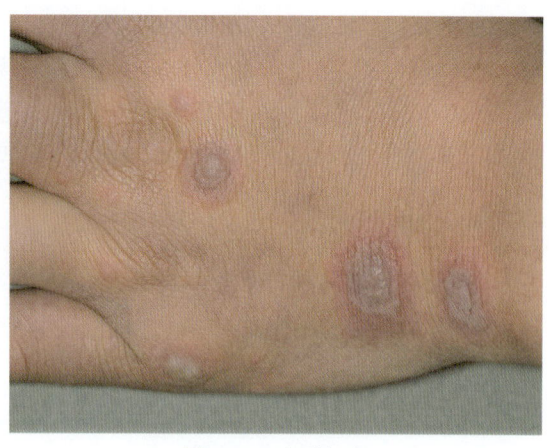

图 13-4 多形红斑
手背皮肤靶形红斑
（上海交通大学口腔医学院供图）

2. 重症多形红斑（major erythema multiforme） 重症多形红斑范围较广泛，在皮肤病损基础上可伴有口腔黏膜或其他部位黏膜病损。患者于发病前 1 周可出现全身不适、高热（39～40℃）、肌肉酸痛等前驱症状。患者可同时出现口腔黏膜、皮肤、眼（图 13-5）和生殖器黏膜（图 13-6）等多个部位病损，重症多形红斑曾被称为史-约综合征（Stevens-Johnson syndrome），但近年倾向于认为，史-约综合征是中毒性表皮坏死松解症（toxic epidermal necrolysis）较轻的变异型，多与药物过敏及肺炎支原体感染有关，而与多形红斑在病因和临床表现上均有所不同。与重症多形红斑相比，史-约综合征和中毒性表皮坏死松解症所致皮损较重，初始好发于胸部而非四肢皮肤，呈红色或紫色斑块，常见的致敏药物包括磺胺类药、抗惊厥药、非甾体抗炎药及别嘌醇。

本病具有自限性，通常 4～6 周可痊愈，但有复发倾向，少数患者甚至持续发作。

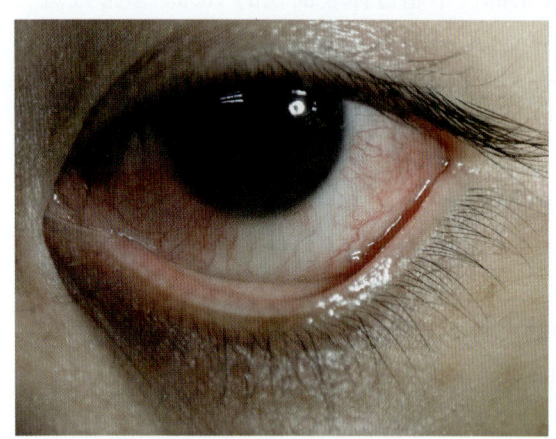

图 13-5 多形红斑
眼部黏膜充血，有炎性渗出
（上海交通大学口腔医学院供图）

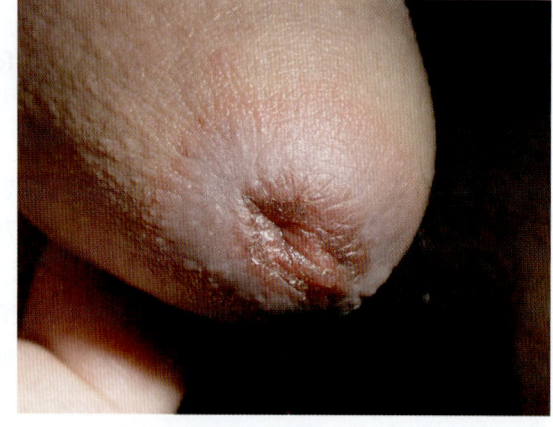

图 13-6 多形红斑
生殖器黏膜充血、糜烂、渗出
（上海交通大学口腔医学院供图）

【病理表现】

病变皮肤的表皮和真皮，黏膜的上皮及结缔组织中均有细胞间和细胞内水肿。上皮层基底细胞液化变性，个别角质细胞坏死，形成上皮下疱。上皮下可见炎症细胞浸润。早期嗜酸性粒细胞数量增多，之后中性粒细胞及淋巴细胞增多。血管明显扩张状态，周围有炎症细胞浸润，以淋巴细胞为主，有时可见渗出的红细胞。

【诊断】

1. 由于缺乏有助于诊断的客观的实验室指标，所以本病的诊断主要依靠病史和临床表现。
2. 本病是突然发作的急性炎症，发病与季节有关，春、秋季多见。
3. 患者口腔黏膜广泛充血、发红、水肿、大面积糜烂，表面有大量渗出，形成较厚的假膜，易出血，疼痛明显。皮肤可见多种病损，如红斑、丘疹等，靶形红斑具有诊断意义。
4. 本病的病程短，具有自限性和复发性。
5. 若出现多部位腔隙病损，则不难诊断。

【鉴别诊断】

1. 原发性疱疹性口炎 临床表现为口腔黏膜上出现成簇的小水疱，水疱可以融合。除口周皮肤外，一般无皮损。病理变化表现为上皮内疱，上皮内有气球样细胞。细胞核内有嗜酸性病毒包涵体。

2. 寻常型天疱疮 临床表现为黏膜、皮肤的水疱逐渐出现，此起彼伏。而多形红斑为急性发作，具有自限性，病程相对短暂。天疱疮的病理变化为上皮内疱，有棘层松解。而多形红斑为上皮下疱，无棘层松解。

【治疗】

1. 治疗原则

（1）详细询问病史、用药史，如发现可疑致敏物质，应立即停止使用。

（2）对轻症多形红斑患者可以给予局部治疗，进食软食或流质饮食，给予高营养、高蛋白质食物以及大量维生素等支持治疗，以利于度过有自限性的病程。对病情严重的患者需要予以全身治疗。

2. 治疗方法

（1）局部治疗：病损局限时可选择局部使用糖皮质激素类药物，如地塞米松、曲安奈德乳膏等。

（2）全身治疗：对于黏膜病损广泛、疼痛剧烈而影响进食的患者，可以给予全身治疗。

1）糖皮质激素类药物：醋酸泼尼松每天口服 30～60 mg，待口腔黏膜糜烂和渗出症状控制后可逐渐减量，每3天减量 5 mg，2～4 周内减完。

2）免疫抑制剂：对重症反复发作的患者，其他治疗无效时可以给予氨苯砜、硫唑嘌呤、沙利度胺等药物治疗。

3）病情反复发作的患者，可口服阿昔洛韦每天2次，每次 400 mg；伐昔洛韦每天2次，每次 500 mg；泛昔洛韦每天2次，每次 250 mg 等抗病毒药物，可以起到良好的预防作用。

进展与趋势

多形红斑与史-约综合征和中毒性表皮坏死松解症

自19世纪初至今，关于多形红斑、史-约综合征和中毒性表皮坏死松解症是否为同一种疾病，一直存在争议。在较长一段时间里，重症多形红斑被认为与史-约综合征和中毒性表皮坏死松解症是一大类疾病。但部分学者认为，多形红斑不同于史-约综合征和中毒性表皮坏死松解症。虽然这三种疾病在临床症状与组织病理学表现方面相似，但史-约综合征多由药物引起，可进展为中毒性表皮坏死松解症；重症多形红斑多由单纯疱疹病毒、EB病毒、肺炎支原体感染等诱发，不会进展为中毒性表皮坏死松解症。

Summary

Erythema multiforme (EM) is an acute inflammatory mucocutaneous disease, caused by HSV infection and the use of certain medications, such as nonsteroidal anti-inflammatory drug (NSAID), sulfonamides, penicillin, anticonvulsants and allopurinol. Children with EM are often associated with *Mycoplasma pneumonia* infections.

EM is generally classified as mild and severe forms. Different from mild EM, severe EM is more extensive. Cases of severe EM are commonly accompanied by prodromal symptoms of malaise, fever and myalgia. Steven-Johnson syndrome represents the mucosal involvement exceeds one orificial site, but less than 10% of body skin.

The oral mucosa is the most common mucosa site affected, including labial and buccal mucosa and vermillion border of the lip. Lesions manifest with rapidly rupturing vesicles and bullae, erosions with pseudomembrane formation and inflammatory erythema. EM may occur once or many times. The targetoid lesion, with concentric zones of color change, represents the primary cutaneous characteristics of this disorder.

Symptomatic treatment may be sufficient in managing mild EM with topical analgesics and corticosteroids. Systemic corticosteroids are recommended for severe EM and Steven-Johnson syndrome patients. Therapy-resistant cases of recurrent EM may require immunosuppressive medication, such as dapsone, azathioprine and thalidomide. HSV-associated recurrent EM and idiopathic recurrent EM require preventive treatment with antivirus, such as acyclovir, valacyclovir and famciclovir.

Definition and Terminology

多形红斑（erythema multiforme）is an acute inflammatory mucocutaneous disease caused by HSV infection and the use of certain medications. Children with EM are often associated with *Mycoplasma pneumonia* infection.

靶形红斑（target lesion or iris lesion）is a typical lesion of EM on skin, consisting of a central bulla or pale clearing area surrounded by edema and bands of erythema.

史-约综合征（Stevens-Johnson syndrome）represents the mucosal involvement of EM exceeding one orificial site, but less than 10% of body skin. It is usually associated with the use of certain medications.

（唐国瑶）

第五节　接触性过敏性口炎
Contact Allergic Stomatitis

接触性过敏性口炎（contact allergic stomatitis）是超敏体质者的口腔黏膜与一些通常无毒害物质接触后，发生变态反应而引发的一种口腔黏膜炎症性疾病。

案例 13-2

女，23 岁。因口腔黏膜疼痛 1 周来就诊。患者近期曾多次食用超市购买的润喉糖。

口腔检查：双颊、舌背、软腭部广泛充血，散在点状糜烂，触痛明显。实验室检查：嗜酸性粒细胞计数升高。

思考题：
1. 该病例最可能的诊断是什么？
2. 如何进一步明确诊断？

广义的接触性口炎（contact stomatitis）是由于接触某些外源性物质后，在口腔黏膜接触部位发生的急性或慢性炎症反应。根据发病机制不同，可将接触物分为原发性刺激物和接触性致敏物。前者是指接触物本身具有强烈刺激性（如强酸、强碱等化学物质）或毒性，任何人接触后均可发病。原发性刺激物所致的接触性口炎无一定潜伏期，黏膜病损多限于直接接触部位，停止接触后皮损可消退，故又称刺激性接触性口炎（irritant contact stomatitis），其临床表现同化学性灼伤。接触性过敏性口炎，一般为典型的Ⅳ型超敏反应性疾病。

【病因及发病机制】

变态反应的发生与个体因素相关，仅超敏体质者发生。

引起接触性过敏性口炎的物质本身不具有刺激性，包括义齿修复材料、银汞合金、唇膏、某些药物、食物及牙膏等。一般为迟发型超敏反应。首次接触后不发生反应，再次接触后经过一定时间的潜伏期，在接触部位的皮肤黏膜发生超敏反应性炎症。

因接触强酸、强碱、高温等刺激性物质导致的口腔黏膜炎症详见本篇第八章第三节。

【临床表现】

接触性过敏性口炎的临床表现为与致敏物质直接接触的部位及其邻近组织的局部黏膜红肿、水疱及糜烂，表面渗出形成假膜覆盖，灼痛较明显（图 13-7）。病损除在接触部位外，也可向邻近部位扩展，往往呈广泛性和对称性分布。

口腔临床检查可见病损相应的部位有义齿基托、充填材料等。

口腔黏膜局部用软膏、漱口剂、唇膏或女性唇部文身等亦可引发变态反应，表现为局部瘙痒、红肿、大疱、糜烂等。停止接触致敏物质后，病损可好转。若再次接触致敏物质，则病情可复发。

可诱发接触性过敏性口炎的常见物质见表 13-2。

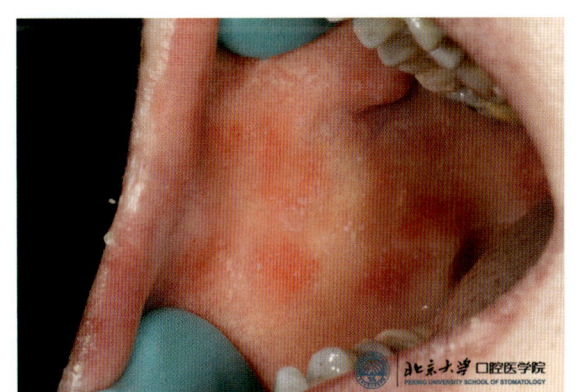

图 13-7 接触性过敏性口炎
颊黏膜充血
（北京大学口腔医学院供图）

【病理表现】

病理表现为急性炎症变化。可见病变部位组织水肿、血管扩张，有炎症细胞浸润。

表 13-2　诱发接触性过敏性口炎的常见物质

分类	举例
口腔局部用药	局部麻醉药或表面麻醉药（如止痛药） 漱口剂（如氯己定、西吡氯铵、聚维酮碘等） 局部用抗生素（如制霉菌素等） 蜂胶制剂（如蜂胶贴膜）
口腔清洁用具	牙刷、牙线等
食品或添加剂	口香糖、甜味剂、肉桂醛、薄荷油等
口腔修复体	正畸托槽和弓丝、义齿、水门汀、银汞合金、复合树脂等
橡胶/乳胶制品	医用手套、橡皮障等
金属材料	镍、钯、金、汞、锌等

【诊断】

1. 患者有较为明确的局部接触史或特殊食物、药物接触史。
2. 去除引起变态反应的因素后，病损可较快消退。
3. 口腔黏膜的病损范围与致敏物接触的范围相近或略向周围延伸。
4. 变应原检测　用于确定或排除引起变态反应性疾病的致敏物。常用的变应原检测方法包括斑贴试验、针刺试验、划痕试验和皮内试验等，可用于协助诊断。斑贴试验（patch test）是临床用于检测Ⅳ型超敏反应的主要方法。斑贴试验是根据受试物的性质配制适当浓度的浸液、溶液、软膏或原物以适当的方法将其贴敷于受试者皮肤上，一定时间后观察是否对该受试物产生变态反应性皮损。

【鉴别诊断】

义齿所致的接触性过敏性口炎应与义齿性口炎相鉴别：前者为急性发作，病程短，病损以红肿、糜烂为主；后者呈慢性病程，病损以黏膜萎缩、发红为主。

【治疗】

1. 寻找并及时去除可疑致敏因素，避免再次接触。
2. 药物治疗以局部用药为主，严重者辅以全身用药治疗（本章第二节）。

【预防】

避免再次接触可疑的致敏物质。

Summary

Contact allergic stomatitis is an allergic reaction affecting the oral mucosa. Denture base materials, restorative materials, mouthwashes, dentifrices, chewing gums, foods and other substances may be responsible for the allergic reaction. Clinically, in the acute form, the affected mucosa presents with diffuse erythema and edema, and occasionally small vesicles and erosions. A burning sensation is a common symptom. Mucosal and skin patch tests might be helpful for the diagnosis. Denture stomatitis, erythematous candidiasis, erythroplakia, leukoplakia, drug reactions should be differentiated from contact allergic stomatitis. Removal of suspected allergens is essential for the treatment.

Definition and Terminology

接触性过敏性口炎（contact allergic stomatitis）is an uncommon allergic reaction affecting the inside of the mouth caused by contact with an allergen, usually artificial flavorings, metals or other components in oral hygiene products, foods, dental restorations and medications.

斑贴试验（patch test）is a skin test for identifying allergens, especially those causing contact dermatitis. The suspected substance is applied to an adhesive patch that is placed on the patient's skin and another patch, with nothing on it, serves as a control. After a certain period (usually 24 to 48 hours) both patches are removed. If the skin under the suspect patch is red and swollen and the skin under the control area is not, the test result is said to be positive, and the person is probably allergic to that particular substance.

（闫志敏）

第十四章　性传播疾病的口腔表征

Oral Manifestation of Sexually Transmitted Disease

数字资源

第一节　梅　毒
Syphilis

梅毒（syphilis）是由梅毒螺旋体（*Treponema pallidum*）引起的慢性系统性的性传播疾病，可侵犯全身各器官和组织，侵犯口腔所引发的病损称为口腔梅毒。

案例 14-1

男，23 岁。主因上唇"溃疡"1 周来就诊，疼痛感不明显。近期患者曾有冶游史。
口腔检查：上唇红部有直径约 1 cm 的高起结节状圆形病损，触诊软骨样硬度。
思考题：
1. 该病例最可能的诊断是什么？
2. 为明确诊断，需要做哪些辅助检查？

【流行病学】

国家卫生健康委员会发布的《全国法定传染病疫情概况》显示，2019 年全国血源及性传播传染病发病率较 2018 年上升 1.5%。其中，2019 年全年我国梅毒报告发病 535 819 例，与 2018 年（494 867 例）和 2017 年（475 860 例）相比，呈现上升趋势。2020 年血源及性传播传染病发病率较 2019 年下降 11.9%，其中梅毒报告发病 464 435 例，呈现下降趋势。

【病因及发病机制】

梅毒的病原微生物是梅毒螺旋体，通过性接触传播或接种已感染梅毒的血液而传染。先天性梅毒通过胎盘传播梅毒螺旋体。梅毒螺旋体属于苍白密螺旋体苍白亚种，是人类梅毒的病原体，人是其唯一宿主。

1. 生物学性状　梅毒螺旋体纤细、柔软，两端尖直，运动活泼，由 8～14 个整齐规则、固定不变、折光性强的螺旋构成，革兰氏染色阴性，但不易着色，Fontana 镀银染色法可染成棕褐色。用暗视野显微镜检查新鲜标本，可观察到其形态和较强的活动性。梅毒螺旋体为厌氧微生物，可在体内长期生长、繁殖，不能在无活细胞的人工培养基中生长、繁殖。

2. 抵抗力 梅毒螺旋体抵抗力极弱，表现在以下几个方面：①对冷、热、干燥十分敏感；离体 1～2 小时即死亡，在血液中 4℃ 可存活 3 天，故在血库冷藏 3 天后即失去传染性。②对肥皂水及常用的化学消毒剂敏感：1%～2% 的苯酚作用数分钟即可将其杀灭，苯扎溴铵溶液、甲酚皂水、乙醇溶液、高锰酸钾溶液等都很容易将其杀灭。③对青霉素、红霉素、四环素、砷剂敏感。

3. 致病性 梅毒螺旋体有很强的侵袭力，但未发现内毒素和外毒素，其致病主要通过荚膜样物质、外膜蛋白、透明质酸酶等物质的作用。梅毒患者出现的组织破坏和病灶，主要是由于梅毒螺旋体感染后的免疫损伤所致。

【临床表现】

本病起初表现为全身感染。在疾病发展过程中，病变可侵犯任何组织和器官，引起各种各样的症状。在感染梅毒的长期过程中，由于机体抵抗力和反应性的改变，症状可时而出现时而消退。根据传播途径可将梅毒分为先天性梅毒和获得性梅毒。获得性梅毒根据发病阶段可分为一期、二期和三期梅毒，也有患者表现为潜伏梅毒。各期梅毒和先天梅毒患者都可出现口腔病损。也有学者将梅毒分为两期，即将初发感染 2 年以内者称为早期梅毒；感染 2 年以上者称为晚期梅毒。

（一）一期梅毒

一期梅毒（primary syphilis）阶段，梅毒螺旋体进入人体后有 2～4 周的潜伏期，患者无任何症状。之后发生黏膜初疮，又称下疳（chancre），即在梅毒螺旋体首次接触的部位发生。虽然在外生殖器多见，但非生殖器部位也可发生，如在舌、唇、扁桃体等口腔部位发生硬下疳，表现为高起的结节性圆形病损，直径可达 1～2 cm，中心有溃疡或形成痂皮。特点为无明显疼痛感，触诊呈软骨样硬度，相应部位淋巴结肿大。病损表面或渗出液中可检测出梅毒螺旋体，有高度传染性。硬下疳出现时，血清学检查可呈阳性，发病 3～4 周后，未经治疗的硬下疳亦可自行消退（图 14-1）。

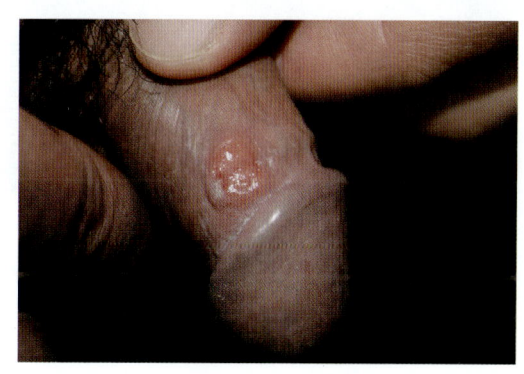

图 14-1 硬下疳
生殖器黏膜软骨样溃疡
（北京大学人民医院供图）

（二）二期梅毒

硬下疳发生 6～8 周后，患者可出现皮肤黏膜病损及全身症状，为二期梅毒（secondary syphilis）的早期表现。该病损可自然消退或经治疗后消退，消退后 1～2 年内又出现的病损，称为复发性二期梅毒。二期梅毒在口腔的常见表现为咽部、扁桃体炎症，在口腔黏膜的特征性表现为黏膜斑（mucous patch），呈浅在圆形或椭圆形糜烂，表面有光滑的灰白色渗出膜，周围有斑片状充血发红区。去除该渗出膜后，可见其下为干净、平坦的红色基底。黏膜斑的直径为 1.5～10 cm，无痛。有时黏膜斑呈红色，并无糜烂，多见于上腭。黏膜斑发生于口角时，可由于张力而形成裂隙。极少数情况下，二期梅毒可表现为大溃疡或高起的瘤样组织，似化脓性肉芽肿。病变所形成的溃疡无明显特征，如不做进一步血清学或微生物学检查，则与复发性阿弗他溃疡、创伤性溃疡等不易区分。二期梅毒具有高度传染性，渗出物中含有大量梅毒螺旋体（图 14-2～图 14-5）。

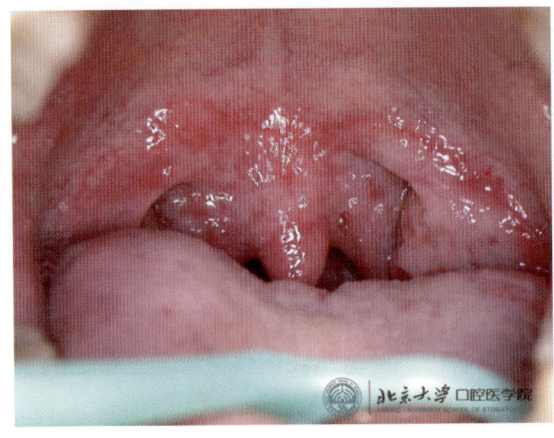

图 14-2　二期梅毒（口腔表现）
软腭附近黏膜有光滑的灰白色渗出膜，周围呈斑片状充血、发红
（北京大学口腔医学院供图）

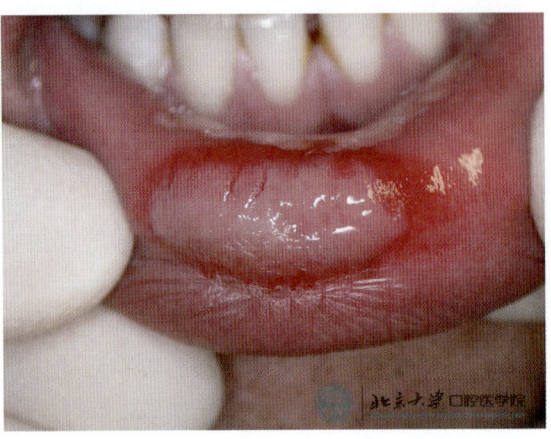

图 14-3　二期梅毒（口腔表现）
（北京大学口腔医学院供图）

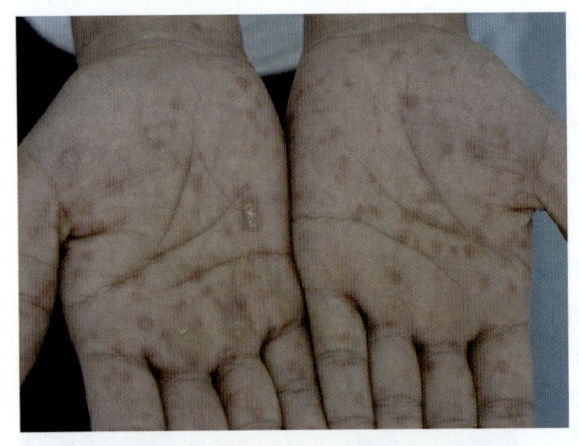

图 14-4　二期梅毒（皮肤表现）
皮肤表面有铜红色斑
（北京大学人民医院供图）

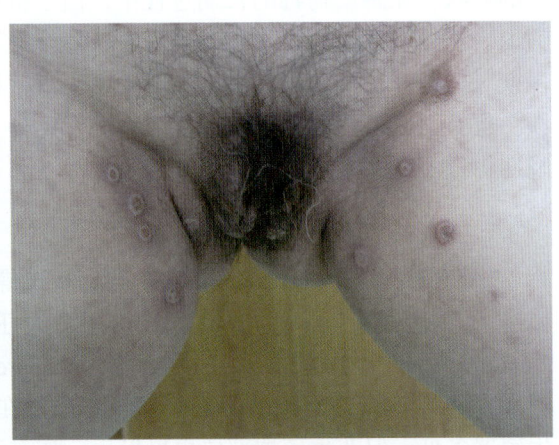

图 14-5　二期梅毒（皮肤表现）
（北京大学人民医院供图）

（三）三期梅毒

三期梅毒（tertiary syphilis）消失后，患者无任何症状，唯一的诊断手段是血清学检查，数年后约 50% 的患者血清学指标逐渐转阴。但在任何时间，三期梅毒均有可能发生，表现为轻度黏膜、皮肤病变或有致命性的并发症。有学者称此阶段为隐性梅毒期。

三期梅毒为晚期病变。一般是在初发感染 2 年后出现的病变，传染性不强，表现为树胶样肿（又称梅毒瘤）或梅毒性舌炎。

树胶样肿是晚期梅毒的特征性表现，较少可见到梅毒螺旋体，往往很快发生坏死。上腭及舌背等处多见。上腭病变可使骨质破坏而引起腭部穿孔。舌背可因溃疡纤维化而呈不规则外观。

广泛的梅毒性舌炎是三期梅毒的另一个特征性表现。由于梅毒螺旋体常见于运动的组织，因此舌是梅毒螺旋体易侵犯的部位，表现为舌乳头萎缩及继发过度角化和白斑，有恶变潜能。

（四）先天性梅毒

先天性梅毒（congenital syphilis）在口腔的表现为畸形牙。切牙呈半月形，切缘较牙冠中部窄。磨牙呈桑葚状，牙尖向中央靠拢。牙釉质发育不全。此外，患者还可出现特殊面容，如鞍鼻等。

【病理表现】

梅毒无特异性组织病理学变化。硬下疳的镜下表现为非特异性炎症，有程度不同的上皮细胞退行性变及溃疡形成。少数硬下疳有增生样病损，表现为慢性炎症及广泛的小血管增生，似化脓性肉芽肿的表现。通过银染色等特殊染色可见组织中的梅毒螺旋体。有些病损表现为血管周围淋巴细胞浸润及急性动脉炎。硬下疳早期以浆细胞浸润为主。

二期梅毒黏膜斑的组织病理学表现也为非特异性慢性炎症，以血管周围明显。也可见动脉内皮炎症及毛细血管壁增厚。黏膜斑表面可见溃疡，表面覆盖一层由多形核白细胞、淋巴细胞、浆细胞及组织细胞密集浸润所形成的假膜。

梅毒性舌炎表现为舌乳头萎缩、上皮假上皮瘤样增生和毛细血管管壁增厚。有些表面有过度角化及上皮异常增生。极少数可发生溃疡及血管周围炎。树胶样肿（梅毒瘤）的组织病理学表现为除慢性炎症及不同程度的溃疡外，还有肉芽肿。可有组织细胞及多核巨细胞聚集。少见有干酪性坏死。肉芽肿外周可有血管炎症。

【实验室检查】

1. 微生物学检查（microbiological examination）

（1）梅毒螺旋体直接镜检：用暗视野显微镜检查病灶组织渗出物、淋巴结穿刺液或组织研磨液等新鲜标本，可观察到菌体细长，两端尖直，折光性强，沿纵轴旋转伴轻度前后运动的螺旋体。也可经镀银染色、吉姆萨染色或墨汁负性染色后用普通光学显微镜观察，或行直接免疫荧光检查。免疫荧光染色和镀银染色法可以弥补暗视野镜检阳性率低的问题。另外，还可以行病理组织切片检查，可以看到真皮毛细血管周围的梅毒螺旋体。值得注意的是，因梅毒螺旋体不易与口腔中的其他螺旋体在形态学相鉴别，所以采用此法应同时结合血清学等其他检查综合判断。

（2）核酸检测：通过 PCR 技术可检测到极微量的梅毒螺旋体，是灵敏度较高的方法，检测样本可以是分泌物、组织和体液等。PCR 对于血清学检测呈阴性的早期梅毒、神经梅毒及胎传梅毒的诊断有重要意义，是梅毒血清学检查方法的有效补充。

2. 血清学检查（serological examination） 由于梅毒螺旋体在实验室难以培养，因此血清学检查是梅毒主要的检查方法和确诊的主要依据，分为非特异性试验（包括 RPR、TRUST 和 VDRL 试验）和特异性试验（包括 TPHA、TPPA 和 FTA-ABS）。WHO 推荐用 VDRL 试验、RPR 行血清initial 筛试验，对检测结果呈阳性者用 FTA-ABS、TPPA 和 ELISA 等方法做确认试验。

（1）非特异性血清试验：常用的方法有快速血浆反应素环状卡片试验（rapid plasma regain test，RPR）：为非梅毒螺旋体抗原血清试验，采用定性方法检测，用于梅毒的筛选诊断和疗效判断。类似的方法还有性病研究实验室试验（venereal disease research laboratory test，VDRL test）、甲苯胺红不加热血清试验（toluidine red unheated serum test，TRUST）、不加热血清反应素试验（unheated serum reagin test，USR）等。

结果判读：非特异性血清试验灵敏度高而特异性低。在一期梅毒感染 3 周后呈阳性反应，二期梅毒患者 100% 呈阳性反应。隐性梅毒及三期梅毒患者有 75%～80% 呈阳性。其他疾病也可出现假阳性结果。若结果为阳性，且临床表现与梅毒相符，则可初步诊断为梅毒。假阴性结果常见于一期梅毒硬下疳出现后的 2～3 周内。晚期梅毒或二期梅毒患者可出现前带现象（prezone phenomenon），即在血清学试验中，若抗体过多，则抗原与抗体的结合不能形成较大的复合物而抑制可见的反应出现，从而导致出现假阴性结果，将抗体进行适当稀释后可避免。此外，假阳性结果还可见于自身免疫病（如系统性红斑狼疮）及传染病、麻风病患者和二醋吗啡（海洛因）成瘾者，以及少数孕妇及老年人。

(2) 特异性血清试验：常用的有梅毒螺旋体颗粒凝集试验（treponema pallidum particle agglutination test，TPPA），为梅毒螺旋体抗原血清试验，用于梅毒的特异性诊断。类似的方法还有梅毒螺旋体血凝试验（treponema pallidum hemagglutination assay，TPHA）、荧光密螺旋体抗体吸收试验（fluorescent treponemal antibody-absorption test，FTA-ABS）。

结果判读：出现阳性结果可明确梅毒的诊断。

3. 其他实验室检查 脑脊液检查主要用于神经梅毒的诊断，X 线检查、彩色超声、CT 和 MRI 检查可分别用于骨关节梅毒、心血管梅毒和神经梅毒的辅助检查。建议同时行 HIV 等血清学检查，以除外是否合并其他性传播疾病。

【诊断】

根据病史、梅毒各期典型的临床表现，以及微生物学检查、血清学特异性和非特异性试验结果综合进行诊断。由于梅毒的临床表现复杂多样，因此必须仔细询问病史、认真进行体格检查和反复行实验室检查，方可及早明确诊断，应对疑似临床表现提高警觉。此外，对于患有其他性传播疾病且发病 6 周前有不洁性接触者、梅毒患者的性伴侣，应常规进行梅毒血清学筛查。

1. 一期梅毒的诊断 主要根据接触史、潜伏期、典型临床表现，同时结合实验室检查（梅毒血清学检查早期呈阴性，后期呈阳性），应注意不可仅凭一次梅毒血清学检查结果阴性即排除梅毒的诊断。

2. 二期梅毒的诊断 主要根据接触史、典型临床表现（特别是皮肤、黏膜病损），同时结合实验室检查（黏膜病损处发现梅毒螺旋体；梅毒血清学检查呈强阳性）。

3. 晚期梅毒的诊断 主要根据接触史、典型临床表现，同时结合实验室检查（非梅毒螺旋体抗原血清学检查大多呈阳性，亦可呈阴性；梅毒螺旋体抗原血清学检查呈阳性，典型组织病理表现等）；神经梅毒患者脑脊液检查可见白细胞计数 $\geq 10 \times 10^6$/L，蛋白量 > 0.5 g/L，VDRL 试验呈阳性。

4. 先天性梅毒的诊断 主要根据患儿目前有无梅毒病史，结合典型临床表现和实验室检查（发现梅毒螺旋体或梅毒血清学检查呈阳性）。

【鉴别诊断】

1. 一期梅毒 发生于唇部的硬下疳病损应与唇炎、唇疱疹、固定性药疹、白塞病、唇部恶性肿瘤等相鉴别。

2. 二期梅毒 口腔黏膜病损应与复发性阿弗他溃疡、白斑、扁平苔藓、药物过敏性口炎等相鉴别。皮肤病损应与玫瑰糠疹、寻常型银屑病、病毒疹、药疹、扁平苔藓、股癣、皮肤淋巴瘤等相鉴别。

3. 三期梅毒 应与结核、麻风病和肿瘤等相鉴别。梅毒性舌炎应与维生素缺乏症、贫血、扁平苔藓的舌部表现等相鉴别。神经梅毒应与其他中枢神经系统疾病或精神性疾病相鉴别。心血管梅毒应与其他心血管疾病相鉴别。

【治疗】

梅毒的治疗原则是诊断明确、尽早治疗、剂量充足、疗程规律、治疗后随访观察、配偶或性伴侣同时接受检查和治疗，同时在治疗期间应禁止性生活，力争达到临床和血清学均治愈的目的，尽可能避免心血管梅毒、神经梅毒及严重并发症的发生。

早期梅毒（一期梅毒和二期梅毒）的治疗目的是迅速杀灭体内的梅毒螺旋体，使其失去传染性，在最短时间内达到临床治愈，力争非梅毒螺旋体抗原试验转为阴性，防止梅毒螺旋体对人体重要脏器的损害，避免发生晚期梅毒。晚期梅毒的治疗目的是杀灭体内的梅毒螺旋体，防止出现新的病损。梅毒治疗后，必须对患者定期随访观察3年，第1年应每3个月应复查1次，第2年应每半年复查1次，第3年则年末复查1次。评价疗效包括临床、血清学（是指非梅毒螺旋体抗原试验的滴度变化）及脑脊液检查三个方面。根据《梅毒、淋病和生殖道沙眼衣原体感染诊疗指南（2020年）》，梅毒的治疗方案包括：

1. 早期梅毒（包括一期、二期梅毒及病期在2年以内的隐性梅毒）

推荐方案：苄星青霉素240万U，分两侧臀部肌内注射，每周1次，共1～2次；或普鲁卡因青霉素80万U/d肌内注射，连续15 d。替代方案：头孢曲松0.5～1 g，每日1次肌内注射或静脉注射，连续10 d。对青霉素过敏者用多西环素100 mg，每日2次连服15 d。由于梅毒螺旋体的耐药性，不用红霉素等大环内酯类药物。

2. 晚期梅毒（三期皮肤、黏膜、骨骼梅毒，晚期隐性梅毒或不能确定病期的隐性梅毒）及二期复发梅毒

推荐方案：苄星青霉素240万U分为两侧臀部肌内注射，每周1次，共3次；或普鲁卡因青霉素80万U/d肌内注射，连续20 d为1个疗程，也可考虑给第2个疗程，疗程间停药2周。对青霉素过敏者用多西环素100 mg每日2次，连服30 d。

治愈的主要指标为病损及症状消退，血清反应通常在1～2年转为阴性，三期梅毒患者有时终生血清学检查均呈低滴度阳性。对于复发患者，应加倍剂量再次治疗。在治疗过程中，应防止贾-赫氏反应（Jarisch-Herxheimer reaction），贾-赫氏反应是梅毒患者接受高效药物治疗后，体内梅毒螺旋体被迅速杀灭并释放出大量异种蛋白，引起机体发生的急性变态反应，多在用药后数小时内发生，表现为寒战、发热、头痛、呼吸加快、心动过速、全身不适及原发疾病加重，严重时心血管梅毒患者可发生主动脉破裂。泼尼松可用于预防贾-赫氏反应，通常在梅毒治疗前1天开始应用，剂量为0.5 mg/（kg·d），口服3天。

【预后】

如果对早期梅毒患者予以及时诊断和规范治疗，则预后良好。若患者未得到及时诊断或规范治疗，则可以发展为晚期梅毒。晚期神经梅毒和心血管梅毒预后不佳。

【预防】

目前尚无针对梅毒的疫苗上市。因此，发现梅毒患者后应及时按乙类传染病向当地卫生保健机构报告。注重对患者配偶或性伴侣同时予以治疗。由于个别患者为潜伏梅毒，即血清学检查呈阳性，但无症状和体征，因此应提倡普遍使用避孕套。对于先天性梅毒的预防则需要对孕妇常规进行梅毒血清学检查。

Summary

In this section, oral manifestations of syphilis are described, which is an infectious disease by spirochetal bacterium *Treponema pallidum*. The route of transmission of syphilis is almost always through sexual contact, although congenital syphilis via transmission in uterus can occur. Syphilis can present itself in one of four different stages: primary, secondary, latent and tertiary and may also occur congenitally. The most oral manifestation of syphilis is secondary syphilis. The so-called "mucous patch" is the typical lesion of secondary syphilis, which is a slightly raised, greyish white glistening patches on the oral mucosa of tonsils, soft palate, tongue and cheek. Pain may be mild or absent and does not have to correlate to the appearance of the patches. Microscopy of fluid from the primary or secondary lesion using dark field illumination can diagnose the disease. Specific (TPHA, FTA-ABS) or non-specific (RPR) treponemal test are useful for the diagnosis of syphilis. The main principals of antibiotic treatment are early treatment, sufficient time of treatment, regular checking of the titer of RPR. The most common and effective use of antibiotic for syphilis is penicillin in the form of penicillin.

Definition and Terminology

下疳（chancre）: is a painless ulceration (sore) most commonly formed during the primary stage of syphilis. These ulcers usually form on or around the anus, mouth, penis and vagina. Chancres may diminish between three to six weeks without the application of medication.

黏膜斑（mucous patch）: The mucous patch is the typical lesion of secondary syphilis, which is a slightly raised, greyish white glistening patches on the oral mucosa of tonsils, soft palate, tongue and cheek. Pain may be mild or absent and does not have to correlate to the appearance of the patches.

树胶样肿（gumma）: A gumma is a soft, non-cancerous growth resulting from the tertiary stage of syphilis. It presents in a form of granuloma. The gumma is caused by reaction to spirochete bacteria in the tissue. It appears to be the body's mechanism to slow down the process of the bacteria, it is a unique immune response that evolved in humans after the human immune system has failed to kill off syphilis.

贾-赫氏反应（Jarisch-Herxheimer Reaction）: is exacerbations in the symptoms of a spirochetal disease (as syphilis, Lyme disease, or relapsing fever) occurring in some persons after the onset of antibiotic therapy. It is characterized by flu-like symptoms, as fever, shivering fits, aching muscles and arthritic pain. It can be prevented or at least moderated by the administration of steroids (prednisolone) prior to the onset of antibiotic therapy.

第二节　淋　病
Gonorrhea

【流行病学】

淋病（gonorrhea）是由淋病奈瑟球菌（*Neisseria gonorrhoeae*，简称淋球菌）感染所致的较常见的性传播疾病。淋病的主要临床表现为泌尿生殖系统化脓性感染，口腔及咽部、直肠和眼结膜亦可为原发感染部位，潜伏期短，传染性强。

淋病主要通过性接触传播感染，淋病患者是其传染源。少数情况下也可因接触含有淋球菌的分泌物或被淋球菌污染的用具而被感染。

【病因及发病机制】

淋病奈瑟球菌是革兰氏阴性双球菌，菌体直径为 0.6～1.5 μm，呈卵圆形或肾形，无鞭毛、芽孢，常成对排列，接触面平坦或稍凹陷。淋球菌的致病因素包括以下几种：

（1）菌毛：可增强细菌与易感细胞的黏附作用。有菌毛的菌株有毒力。

（2）脂多糖：淋病奈瑟球菌脂多糖分子结构与人类细胞表面糖鞘脂分子结构相似，可使淋病奈瑟球菌逃避机体免疫系统的识别。

（3）IgA1 蛋白酶：淋病奈瑟球菌可产生 IgA1 蛋白酶，可裂解并灭活黏膜表面存在的特异性 IgA1 抗体，使细菌黏附于黏膜上皮细胞表面。

（4）外膜蛋白 PII：与吸附易感细胞有关。

淋球菌的适宜生长条件为温度 35～36℃，pH 7.2～7.5，含 5%～7% CO_2 的环境。淋球菌离开人体后不易生长、繁殖，对理化因子的抵抗力较弱，42℃可存活 15 分钟，52℃只能存活 5 分钟，60℃ 1 分钟即死亡；在完全干燥的环境中 1～2 小时死亡，但在不完全干燥的环境中则能保持传染性 10 余小时甚至数天，对一般消毒剂很敏感。

人是淋球菌的唯一天然宿主。淋球菌主要侵犯黏膜，尤其对单层柱状上皮和移行上皮所形成的黏膜有亲和力。淋球菌感染人体后，通过其表面菌毛含有的黏附因子黏附到柱状上皮细胞的表面进行繁殖，经柱状上皮细胞吞噬后进入细胞内繁殖，导致细胞溶解、破裂；此外，淋球菌还可从黏膜细胞间隙进入黏膜下层并使之坏死。淋球菌的内毒素及外膜脂多糖成分与补体结合后可产生化学毒素，能诱导中性粒细胞聚集和吞噬，引起局部急性炎症，出现充血、水肿、化脓和疼痛。近年来研究表明，淋球菌的菌毛和外膜主要蛋白具有抵抗中性粒细胞、巨噬细胞杀伤作用的能力。

【临床表现】

淋病可发生于任何年龄，但多发于性生活活跃的中青年。潜伏期一般为 2～10 天，平均为 3～5 天，潜伏期患者具有传染性。淋病患者可有全身表现，外生殖器、尿道、直肠及口咽部可受累。

1. 全身主要表现 尿道有大量持续脓性分泌物是人类感染淋病的主要表现，约在感染后 1 周发生。淋球菌通过淋巴或血液传播到其他脏器。极度衰弱的患者可发生淋病血症。

2. 口咽部表现 约 20% 的淋病患者有口咽部表现。原发口腔黏膜淋病与感染性伴侣的口交有关；继发性口腔淋病与该病的全身播散有关。90% 以上原发淋病性咽炎无明显症状，少数患者有咽干、咽部不适、灼热或疼痛感，表现为轻度到中度咽痛，口咽部出现非特异性红斑，扁桃体有少量脓性分泌物。可有颌下及颈淋巴结肿大。成人播散性淋病患者常有发热、寒战、全身不适。临床检查口咽部黏膜充血、咽后壁有黏液或脓性分泌物，可有颌下淋巴结肿大。

淋病在口腔黏膜的表现呈非特异性，表现多样，因此仔细询问病史很重要。患者主诉有口内灼热感、口干、唾液分泌增多、味觉障碍、发声困难、咽下困难或口臭，表现为化脓性龈炎、口腔黏膜广泛红斑或溃疡。病损多分布于唇黏膜和舌背黏膜，可伴淋巴结肿大。有时，口咽部淋病感染可波及腮腺，继发腮腺炎症；14% 的淋病关节炎者可累及颞下颌关节。

【实验室检查】

对淋病奈瑟球菌的检查可通过细菌培养、活检取病理组织行革兰氏染色或血清荧光抗体检查确定。培养所用的培养基为 Thayer-Martin 培养基，可选择性分离淋病奈瑟球菌。感染 1 小时后即可检测出淋球菌。

【诊断】

本病主要根据病史（性接触史、配偶感染史、与淋病患者共用物品史等）、临床表现为口腔黏膜及咽部症状，不符合任何其他特定疾病特征和实验室检查结果的特点进行诊断。常用的实验室检查项目包括：

1. 显微镜检查 通常取男性尿道分泌物涂片行革兰氏染色，适用于男性无合并症淋病的诊断。由于正常菌群寄居的干扰，不推荐用于口咽部、直肠和女性宫颈感染者的诊断。

2. 淋球菌培养 为淋病的确诊试验，适用于所有临床标本的淋球菌检查。口咽部标本采集后接种于选择培养基上，如 Thayer-Martin（MTM）培养基，Martin-Lewis（ML）培养基或 New York City（NCY）培养基上，然后立即置于 5% CO_2 气体条件下于 35～37℃孵育，发现有直径为 1～2 mm，呈灰褐色、光滑、半透明、稍扁的菌落，涂片行革兰氏染色见阴性双球菌，氧化酶和触酶试验呈阳性，则可初步确定为奈瑟菌属。葡萄糖发酵试验阳性，其他糖类呈阴性，则可以鉴定为淋病奈瑟球菌。

3. 核酸检测 用 PCR 等技术检测各类临床标本中的淋球菌核酸呈阳性即可确诊。

【鉴别诊断】

淋病患者的化脓性龈炎应与急性坏死性龈炎相鉴别，但前者分布广，可波及口咽部、颊及唇黏膜。淋病所致的口腔黏膜溃疡应与阿弗他溃疡相鉴别。此外，淋病所致的口腔病损与糜烂型扁平苔藓、多形红斑及疱疹性口炎表现易混淆，须注意鉴别。

【治疗】

应遵循及时、足量、规律用药的原则；根据不同的病情采用不同的治疗方案；治疗后应对患者进行随访；对患者的性伴侣应同时进行检查和治疗。

淋菌性口咽炎可选用下列一种抗生素治疗：头孢曲松 250 mg，肌内注射，单剂给药；头孢噻肟 1 g，肌内注射，单剂给药；阿奇霉素 1 g，肌内注射，单剂给药。

治疗结束后 2 周内，在无性接触史情况下符合如下标准为治愈：症状和体征全部消失；在治疗结束后 4～7 天复查淋球菌结果呈阴性。

【预后】

如果对患者进行及时、有效的治疗，则预后较好。如果未及时治疗而延误病情，则可导致全身感染，造成皮肤、关节、脑、心内膜以及男性前列腺和女性盆腔的慢性感染。产妇生殖道淋病可导致新生儿眼部感染，有失明的危险。

【预防】

与梅毒的预防基本相同。

Summary

Gonorrhea is caused by the bacterium *Neisseria gonorrhea* and is a common sexually transmitted infection. The oropharynx lesions are non-specific inflammation with purulent secretion accompanied by a mild sore throat. The oropharynx lesions present with non-specific inflammation with purulent secretion and a mild sore throat. Antibiotics are available to treat gonorrhea, such as ceftriaxone.

（徐岩英　闫志敏）

第三节　尖锐湿疣
Condyloma Acuminatum

尖锐湿疣（condyloma acuminatum）又称生殖器疣，是由人乳头瘤病毒（human papilloma virus，HPV）感染引起的以疣状病变为主的性传播疾病，好发于生殖器、会阴和肛门部位，口腔黏膜亦可见尖锐湿疣。尖锐湿疣主要由 HPV-6、HPV-11 等低危型引起。有时可并发其他高危型，如 HPV-16，由于引起尖锐湿疣的某些 HPV 亚型（如高危型 HPV-16、HPV-18）与宫颈肿瘤、肛门生殖器肿瘤以及部分口咽部肿瘤相关，因此需要予以重视。

【病因及发病机制】

尖锐湿疣由 HPV 引起。HPV 是一种 DNA 病毒，核心为 DNA 双链，外部由蛋白质衣壳包绕，衣壳由 72 个亚单位的壳微粒组成。它们排列成立体对称的 20 面体。DNA 双链与其外包绕的外壳合称为核壳体。核心 DNA 双链构成 HPV 的基因组，由 7900 个核苷酸碱基所组成，它们编码 9 个蛋白质成分，$E1 \sim E7$、$L1$、$L2$ 分别为编码蛋白质的 9 个基因，E 组基因为病毒 DNA 复制所需的基因。$L1$、$L2$ 基因编码病毒颗粒衣壳蛋白质。

HPV 有许多不同的类型。采用分子杂交技术，可对 HPV 的基因型进行分型，已确定的亚型有 100 多型，约 40 多种涉及皮肤、黏膜的感染，大多数 HPV 感染不引发症状，不同类型的 HPV 感染可引起不同的临床表现。

口腔感染 HPV 主要是通过口交，接触被污染的浴巾、浴盆等感染。发病期间或者发病前后，患者曾与尖锐湿疣感染者或处于潜伏期者有过口交行为。因为口交行为可造成局部充血和抵抗力下降，这就会给病毒以可乘之机，从而引发感染。HPV 传染性很强，与患者发生性接触后约有 2/3 的人会被感染。虽然口腔尖锐湿疣占尖锐湿疣中的一小部分，但近年来口腔尖锐湿疣的发病率有所升高，因此，控制具有传播危险性的性行为不容忽视。

HPV 主要感染上皮组织。病毒在上皮细胞内生长，在温暖、潮湿的环境下更容易繁殖，因此外生殖器和肛门是尖锐湿疣的好发部位。病毒可自身接种，损害常累及附近皮肤黏膜。人类是 HPV 的唯一宿主。感染数年后，病损可发生恶变。

【临床表现】

患者大多为处于性活跃期的中青年。发病前多有不洁性接触史或配偶、伴侣有 HPV 感染史。潜伏期为 3 周至 8 个月，平均为 3 个月。临床上偶尔可见儿童发病，一般是通过接触被污染的用具（如毛巾等）而感染。

1. 口腔表现　初发病损为小而柔软的粉红色丘疹，呈针帽或米粒大小，然后逐渐增大至长锥形疣状物，可单发或数量逐渐增多，表面高低不平，质地柔软。如不及时治疗，疣体将逐渐增大，成为大的菜花状或乳头瘤样、鸡冠样或蕈样赘生物，基底有蒂；有的彼此融合，表面亦可角化发白或有糜烂、溃疡，有分泌物。患者一般无自觉症状。病变好发于舌、腭、唇、颊及牙龈等部位。患者无痛感，可有异物感。

2. 其他部位表现

（1）男性以冠状沟及包皮系带周围最为常见，也可见于阴茎、包皮、龟头及尿道口等部位。男性尿道口的疣状赘生物，表面可以光滑，也可呈乳头瘤样，颜色潮红，表面湿润。此处的尖锐湿疣容易复发。

（2）女性宫颈口虽不是尖锐湿疣的好发部位，但一旦为 HPV-16、HPV-18 感染，则上皮细胞多易发生非典型增生，甚至进展为侵袭性癌。HPV 试验可用于年龄＞30 岁女性的宫颈癌筛查。

（3）肛周：男女均可发生。肛门周围皮肤多有皱褶，且行走时多发生摩擦，因此一旦发生尖锐湿疣，即常为多发。起初为多数丘疹，之后疣呈赘状生长，可呈大的带蒂菜花状，更多见扁平、表面有小乳头的斑块状。由于继发感染，分泌物常有难闻的臭味。患者可有肛交史（图 14-6，图 14-7）。

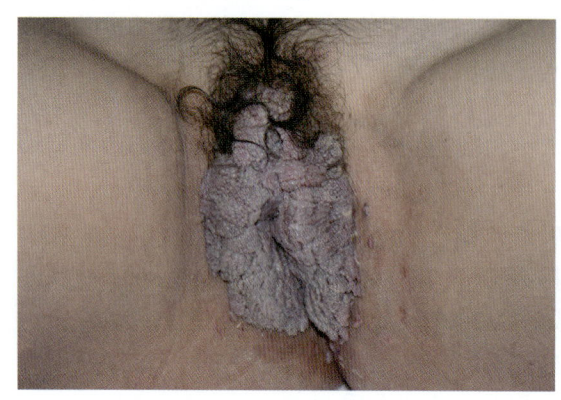

图 14-6　尖锐湿疣（生殖器黏膜）
（北京大学人民医院供图）

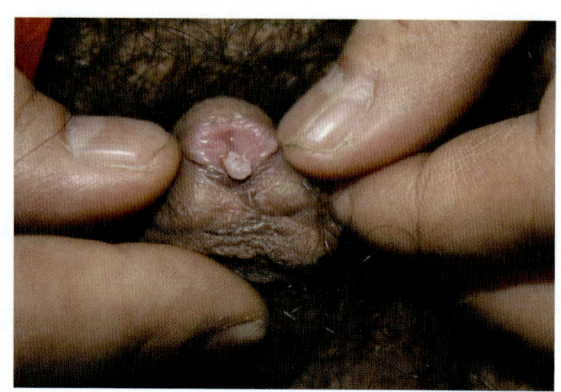

图 14-7　尖锐湿疣（生殖器黏膜）
（北京大学人民医院供图）

【病理表现】

在显微镜下，可见口腔尖锐湿疣表皮呈弥漫性角化不全，并呈乳头状瘤样增生，在棘细胞及颗粒层内可见空泡细胞，细胞胞体较大，有一圆形深染的核，核周空泡化，淡染，在核膜及浆膜间有丝状物相连，使细胞呈猫眼状。皮肤表面毛细血管扩张，有慢性炎症细胞浸润。

【实验室检查】

1. 组织病理学检查　特征性组织病理表现可作为明确诊断尖锐湿疣的重要依据，并可与其他皮肤病鉴别诊断。

2. 醋酸白现象　以 3%～5% 醋酸溶液浸湿的纱布包绕或敷贴在可疑的皮肤或黏膜表面，3～5 分钟后揭去，典型的尖锐湿疣损害将呈现白色丘疹或疣赘状物，而亚临床感染则表现为白色的斑点或斑片。醋酸白现象对辨认早期尖锐湿疣病损及亚临床感染是一个简单、易行的检查方法。对发现尚未出现肉眼可见改变的亚临床感染是一个十分有用的手段。醋酸白现象应作为尖锐湿疣患者的常规检查手段，有助于确定病变的范围，指导治疗。但醋酸白现象并不是特异性诊断试验，对上皮细胞增生或外伤后初愈的上皮可出现假阳性结果。

3. 阴道镜检查（colposcopy）　主要用于宫颈阴道部黏膜的观察，可用于外阴及阴道上皮的检查。阴道镜可将宫颈表现放大 20～40 倍，对宫颈上皮的亚临床感染，癌前病变的早期发现和早期诊断有很大帮助。患者在检查前 24 小时内应避免阴道冲洗及性交。宫颈以 3%～5% 醋酸溶液浸湿的纱布敷贴 3 分钟，然后行阴道镜检查，有助于发现 HPV 的亚临床感染。对境界清楚的白色斑片或斑点，应进一步取材做组织病理学检查。

4. 细胞学检查　主要用于检查女性阴道或宫颈上皮有否 HPV 感染。在被检部位刮取细胞并涂于玻片上，以 95% 乙醇固定。常用巴氏染色法，可将镜下所见分为五级：Ⅰ级为正常；Ⅱ级为炎症；Ⅲ级为可疑癌；Ⅳ级为高度可疑癌；Ⅴ级为癌症。为确定是否有 HPV 感染，需要用特异性抗 HPV 抗体，进行组织化学染色或采用原位杂交技术。

5. 聚合酶链反应（polymerase chain reaction，PCR） 取病变组织或可疑部位标本，提取 DNA，利用特异引物对目标 DNA 予以扩增。引物可以是 HPV 通用引物，亦可以是针对某一型的特异引物。该法灵敏度高，特异性强，但尚未在临床常规使用，仅在通过相关机构认定的实验室开展。

【诊断】

1. 患者有不洁性接触史或口交史。

2. 对于发生在外阴、肛周的典型疣状或菜花状肿物，口腔内的典型锥形疣状物、菜花样或乳头瘤样赘生物可以作出尖锐湿疣的临床初步诊断。

3. 对早期及亚临床感染病损，但醋酸白现象为阳性，则应同时做阴道镜检查（女性）或尿道镜检查（男性）等。

4. **尖锐湿疣的确诊** 需要取病变组织行病理学检查。或者可以用原位杂交技术、PCR 技术检测组织标本中的 HPV 核酸而确诊。

【治疗】

治疗原则：去除疣体、减少或预防复发。

1. 外用药物

（1）0.5% 鬼臼毒素酊：方法是将药液涂于疣体上，每天用药 2 次，连续 3 天为一个疗程。如果疣体没有脱落，则在休息 4 天后行第二疗程治疗，可连续用药 3 个疗程。不良反应主要是局部短暂灼热感、疼痛、红斑或糜烂，没有发现全身性不良反应。有致畸作用，孕妇禁用。

（2）80%~90% 三氯醋酸或者二氯醋酸：适用于小皮损或丘疹样皮损，单次外用，隔 1~2 周重复 1 次，最多 6 次。不良反应为局部刺激、红肿、糜烂、溃疡等。

（3）5% 咪喹莫特（imiquimod）乳膏：咪喹莫特属于非核苷类异环胺类药物，外用可通过诱导机体产生干扰素（IFN）、肿瘤坏死因子（TNF）和白细胞介素（IL）等细胞因子，发挥免疫调节作用，主要用于治疗 HPV 感染引起的外生殖器和肛周尖锐湿疣。本品一般在日常入睡前使用，隔天 1 次，疗程可达 16 周。咪喹莫特并不会破坏皮肤组织，但在外用部位可引起红斑、糜烂、水肿、剥脱、鳞屑和瘙痒、灼热感等刺激症状。妊娠期使用咪喹莫特的安全性尚待进一步评估。

（4）干扰素：具有广谱抗病毒和免疫调节作用，有报告干扰素用于疣体基底部注射，有一定疗效。因其疗效尚缺乏确切评价，不推荐常规使用。

2. 物理疗法

（1）液氮冷冻：用棉签浸蘸液氮后，稍加压放置于皮损上数秒，如此反复多次。每周 1 次，一般需数次治疗。不良反应有局部水肿，可持续数天。

（2）二氧化碳激光：适于疣体较小的病例。在女性宫颈口、男性尿道口的尖锐湿疣难以外部用药，可采用二氧化碳激光治疗。

（3）光动力学疗法（PDT）：该方法是将新鲜配制的 20% 氨基酮戊酸溶液持续外敷于患处 3 小时，然后用特定波长的氦-氖激光连续照射 20~30 分钟。间隔 1~2 周治疗 1 次，一般 1~3 次可治愈。光动力学疗法用于治疗尿道口尖锐湿疣可获得 98% 以上的治愈率，而且复发率很低，对组织无破坏。

（4）电灼术：适用于有蒂、较大的尖锐湿疣。当尖锐湿疣呈菜花状或疣赘状生长时，基底常形成蒂，此时先以电灼法在蒂部切割是理想的治疗手段，剩余的病损可采用冷冻、激光或药物等治疗。

（5）手术：适用于大的尖锐湿疣。以手术方法将疣的主体切除，待伤口愈合后采用局部药物或冷冻等治疗方法。有的患者包皮过长，建议做包皮环切术。

对于物理疗法治疗后，尚有少量疣体残存者，可再用外用药物治疗。

无论是药物治疗还是物理治疗，均可先观察醋酸白现象，尽量清除皮损周围的感染，减少复发。

3. 随访 治愈后，对尖锐湿疣患者应定期随访，前 3 个月，一般每 2 周 1 次，持续 3 个月；3 个月后，可根据患者的具体情况，适当延长随访间隔期，直至末次治疗后 6 个月。每次随访均应观察醋酸白现象。在治疗期间和完全治愈前应避免性生活。

【预防】

1. 洁身自爱，避免婚外性行为。
2. 注意个人卫生，避免使用公用的毛巾、浴衣、浴盆、马桶等。
3. 提倡使用避孕套。
4. 有尖锐湿疣者应及时治疗，性伴侣或配偶应同时到医院接受检查。
5. 患者的内裤、浴巾等应单独使用，并注意消毒。

Summary

Condyloma acuminatum is a benign, sexually transmitted papillary lesion, primarily found in the anogenital region, yet also seen on oral cavity. Although reports of oral condyloma acuminatum are appearing more frequently, they still remain sparse.

Many reports condyloma acuminatum were described as oral warts. They are small, raised, usually painless growths on the oral mucosa and have a rough surface. Warts can sometimes be painful and very irritating when disturbed. Oral warts are those that appear with in the oral cavity, lips or in the mouth and throat.

Oral warts are caused by a virus called human papilloma virus (HPV). This type of warts is more common in people with HIV or people with a weakened immune system. They can be highly discomforting while eating. They are also painful when irritated by foods or by accidental biting. Although most oral warts are non-cancerous in nature, oral warts may lead to mouth cancer, therefore it is highly advisable to consult and follow-up with a doctor.

Various types of treatments are available to remove oral warts. Some common ways of removing oral wart are keratolysis, electro-cauterization, cryotherapy or freeze-thaw-freeze and laser treatment. Keratolysis or topical treatment is not advisable for oral warts since it is difficult to apply topical medicines inside the mouth. Electro-cauterization is a common technique that involves burning and scrapping the wart with electric probe.Cryotherapy involves the freezing of the warts with liquid nitrogen. Laser treatments are done using carbon dioxide lasers or pulse dye lasers. Laser treatments are painful as compared to other treatments. Most of the surgical treatment takes around 3～4 minutes to completely remove the warts.

Oral warts should not be taken lightly as it may lead to mouth cancer as mentioned above. Oral warts can be very easily transmitted, so it is important that one should take care and protect themselves and from others by avoiding oral sex, kissing or sharing things like handkerchiefs or spoons.

Definition and Terminology

尖锐湿疣（Condyloma acuminata）: is a sexually transmitted disease caused by human papillomavirus infection. The main clinical manifestation is verrucous hyperplasia on skin and mucosa.

（刘　洋）

第四节　艾滋病
Acquired Immune Deficiency Syndrome

艾滋病，即获得性免疫缺陷综合征（acquired immune deficiency syndrome，AIDS），是由人类免疫缺陷病毒（human immunodeficiency virus，HIV）引起的以 $CD4^+$ T 淋巴细胞减少为特征的进行性免疫功能缺陷，可继发各种机会性感染、恶性肿瘤和中枢神经系统病变的综合征，严重者可导致死亡。艾滋病目前无特效治疗方法，但已经从一种致死性疾病变为一种可控的慢性病。

案例 14-2

男，26 岁。主诉口腔出现白膜 10 天。10 天来，患者口腔黏膜出现白色膜状物，逐渐增多，无明显疼痛，伴咽痛，未经诊治，今来就诊。患者既往史：否认其他系统病史及药物过敏史。

临床检查：双颊、硬腭、软腭、舌腹、舌背大面积白色膜状物，用湿棉签可擦去，基底发红。

实验室检查：血常规检查示白细胞、淋巴细胞计数减少，中性粒细胞百分比升高；C 反应蛋白升高；抗 HIV 抗体（+）；梅毒血清学抗体（-）。

思考题：
1. 该病例最可能的诊断是什么？诊断原则和标准是什么？
2. 口腔损害最可能的诊断是什么？
3. 如何对该患者进行治疗？

【流行病学】

1. 流行病学概况　1981 年首次发现 HIV。联合国艾滋病规划署报告，截至 2018 年底，全世界存活 HIV 感染者及 AIDS 患者共 3790 万人，当年新发 HIV 感染者 170 万人。HIV 感染在全世界各地区均有流行，但 99% 以上发生在中、低收入国家，尤其以非洲为重，亚洲和太平洋地区次之。截至 2019 年 10 月底，我国报告的存活 HIV 感染者 /AIDS 患者为 95.8 万人，2019 年 1～10 月新发 HIV 感染者 /AIDS 患者为 13.1 万人，新增抗病毒治疗者 12.7 万例。目前，本病已覆盖全国所有省、自治区、直辖市，艾滋病经输血传播途径基本被阻断，经静脉吸毒传播和母婴传播也得到有效控制，性传播成为主要传播途径，疾病整体持续处于低流行水平。

2. 传染源 HIV 感染者和 AIDS 患者是本病的唯一传染源。HIV 主要存在于 AIDS 患者的血液、精液、阴道分泌物、胸腔积液、腹腔积液、脑脊液、羊水和乳汁等体液中。

3. 传播途径

（1）性接触传播：与已感染的性伴侣发生不安全的同性、异性和双性性接触。

（2）血液及血制品传播：与他人共用针具静脉注射毒品，不安全、规范的介入性医疗操作、文身等。

（3）母婴传播：宫内感染、分娩时和哺乳传播。

日常生活接触，如握手、拥抱、礼节性亲吻、同食同饮、共用厕所和浴室，以及共用办公室、公共交通工具、娱乐设施等，不会传播 HIV。

4. 易感人群 人群普遍易感。高危人群主要有男男同性性行为者、静脉注射毒品者、与 HIV 感染者 /AIDS 患者有性接触者、多性伴侣人群、性传播疾病感染群体。

【病因及发病机制】

HIV 属于病毒科慢病毒属中的人类慢病毒组，分为 1 型和 2 型。目前世界范围内主要流行的是 HIV-1。HIV-1 是直径为 $100 \sim 120$ nm 的球形颗粒，由核心和包膜两部分组成。核心包括两条单链 RNA、核心结构蛋白和病毒复制所必需的酶类，含有反转录酶（p51/p66）、整合酶（p32）和蛋白酶（p10）。HIV 最外层为包膜，来源于宿主细胞膜的膜质结构，其中嵌有外膜糖蛋白 gp120 和跨膜糖蛋白 gp41。包膜结构之下是基质蛋白（p17），形成一个病毒内壳。HIV 是一种变异性很强的病毒。HIV-2 主要存在于西非，目前在美国、欧洲、南非、印度、中国等地均有发现。HIV-2 的超微结构及细胞嗜性与 HIV-1 相似，其核苷酸和氨基酸序列与 HIV-1 明显不同。

HIV 在外界环境中的生存能力较弱，对物理因素和化学因素的抵抗力较低。HIV 对热敏感，56℃处理 30 分钟、100℃加热 20 分钟可将 HIV 完全灭活。巴氏消毒及许多化学消毒剂的常用浓度均可灭活 HIV，如 70% 乙醇、0.2% 次氯酸钠、1% 戊二醛、20% 乙醛及丙酮、乙醚及漂白粉等，但紫外线、γ 射线不能杀灭 HIV。

（一）HIV 感染过程

1. 原发感染 HIV 需借助易感细胞表面的受体进入细胞，包括第一受体（CD4 表面分子，为主要受体）和第二受体（CCR5 或 CXCR4 等辅助受体）。根据 HIV 对辅助受体利用的特性可将 HIV 分为 X4 毒株（同时利用 CCR5、CXCR4、CCR3 受体）和 R5 毒株（只利用 CCR5 受体）。在疾病的早期阶段，HIV 常利用 CCR5 作为辅助受体，而在疾病进程晚期，病毒常利用 CXCR4 作为辅助受体。HIV 进入人体后，在 $24 \sim 48$ 小时内到达局部淋巴结，5 天左右在外周血中可以检测到病毒成分。继而产生病毒血症，导致急性感染。

2. HIV 在人体细胞内的感染过程 包括吸附、膜融合及穿入。HIV-1 感染人体后，选择性地吸附于靶细胞表面的 CD4 分子上，在辅助受体的帮助下进入宿主细胞。经反转录、入核及整合、转录及翻译、装配、成熟及出芽，形成具有传染性的成熟的病毒颗粒。

3. HIV 感染后的临床转归 病毒、宿主免疫功能、遗传背景等因素可影响 HIV 感染后的临床转归，具体表现为典型进展、快速进展和长期缓慢进展三种转归。需要注意的是，在我国，男男同性性行为感染 HIV 者病情进展较快，多数在感染后 $4 \sim 5$ 年进展到艾滋病期。

（二）发病机制

HIV 主要侵犯人体的免疫系统，包括 $CD4^+$ T 淋巴细胞、单核巨噬细胞和树突状细胞等，主要表现为 $CD4^+$ T 淋巴细胞数量不断减少，最终导致人体细胞免疫功能缺陷，引起各种机会性感染和肿瘤的发生。

1. CD4$^+$T 淋巴细胞数量减少　感染 HIV 后，体内 CD4$^+$T 淋巴细胞数量不断减少，分为 3 个阶段：①急性感染期，CD4$^+$T 淋巴细胞数量短期内一过性迅速减少，大多数感染者不经特殊治疗，CD4$^+$T 淋巴细胞数量可自行恢复至正常水平或接近正常水平；②无症状感染期，CD4$^+$T 淋巴细胞数量持续缓慢减少，多为 350～800 个/μl，此期可持续数月至十数年，平均持续约 8 年；③有症状期，CD4$^+$T 淋巴细胞再次较快速地减少，多在 200 个/μl 以下。

2. CD4$^+$T 淋巴细胞功能障碍　主要表现为 1 型辅助性 T 细胞（Th1 细胞）被 2 型辅助性 T 细胞（Th2 细胞）代替、抗原提呈细胞功能受损、IL-2 产生减少及对抗原反应的活化能力丧失，使 HIV 感染者/AIDS 患者易发生各种感染。

3. 单核-巨噬细胞和树突状细胞等功能异常　HIV 还能感染单核-巨噬细胞、树突状细胞、神经胶质细胞（主要为小胶质细胞）、肠道黏膜的杯状细胞、柱状上皮细胞及嗜铬细胞等其他表达 CD4 分子的细胞。单核-巨噬细胞表面的辅助受体是 CCR5。不同于 CD4$^+$T 细胞，单核-巨噬细胞对 HIV 的细胞病变效应抵抗力强，HIV 可潜伏于这些细胞内，随之播散至全身，并长期产生细胞毒性。因此，单核-巨噬细胞是体内另一个 HIV 库，且在 HIV 的致病过程中起重要作用。

4. 免疫应答　人体通过固有免疫和适应性免疫应答对抗 HIV 感染。黏膜是 HIV 侵入机体的主要门户，又是 HIV 增殖的场所，是 HIV 通过性途径传播的重要通道。女性宫颈、阴道和男性包皮上皮组织中有大量的朗格汉斯细胞（Langerhans cell），它们表达 HIV 可识别的细胞表面受体 CD4、CCR5 和不同的模式识别受体（pattern recognition receptor，PRR）。朗格汉斯细胞通过模式识别受体捕获 HIV 并将其传递给 T 淋巴细胞，发挥"特洛伊木马"的作用。HIV 也能通过破损的黏膜组织进入人体，随即局部固有免疫细胞（如单核巨噬细胞、树突状细胞、NK 细胞和 γδT 细胞等）进行识别、内吞并杀伤处理后，将病毒抗原提呈给适应性免疫系统，之后 2～12 周，人体即产生针对 HIV 蛋白的各种特异性抗体。其中，中和抗体和 FCγ 受体介导的非中和抑制性抗体在控制病毒复制方面具有重要作用。特异性细胞免疫主要有 HIV 特异性 CD4$^+$T 淋巴细胞免疫反应和特异性细胞毒性 T 淋巴细胞（cytotoxic T lymphocyte，CTL）反应。

5. 淋巴器官　淋巴结的微环境很适合 HIV 感染和播散，淋巴结内有大量激活的 CD4$^+$T 细胞对 HIV 高度易感。当 HIV 感染发展到晚期，淋巴结的组织结构也被破坏。

6. 免疫重建　经抗病毒治疗后，HIV 所引起的免疫异常改变能恢复至正常或接近正常水平，相关的各种机会性感染和肿瘤的发生率下降，患者死亡率和发病率降低。但抗 HIV 治疗并不能使所有患者获得免疫重建，也不能重建抗 HIV 的 CD4$^+$T 淋巴细胞特异性免疫反应，CD8$^+$T 淋巴细胞特异性抗 HIV 的能力也下降，这说明患者需长期维持用药。

【临床表现】

从初始感染 HIV 到终末期是一个较为漫长、复杂的过程，在这一过程的不同阶段，与 HIV 相关的临床表现多种多样。根据感染后的临床表现及症状、体征，可将 HIV 感染的全过程分为急性期、无症状期和艾滋病期。

（一）HIV 感染的分期

1. 急性期　通常发生在初次感染 HIV 后 2～4 周。临床表现以发热最为常见，可伴有咽痛、盗汗、恶心、呕吐、腹泻、皮疹、关节疼痛、淋巴结肿大及神经系统症状。大多数患者临床症状轻微，持续 1～3 周后逐渐缓解。

2. 无症状期　可从急性期进入此期，或无明显的急性期症状而直接进入此期。此期持续时间一般为 6～8 年。此期的长短与感染病毒的数量、型别、感染途径、机体免疫状况、营养状况和生活习惯等多种因素有关。在无症状期，HIV 感染者体内的 HIV 持续复制，免疫系统受损，$CD4^+T$ 细胞数量逐渐减少，可出现淋巴结肿大等症状或体征，一般不易引起重视。

3. 艾滋病期 是感染 HIV 后的最终阶段。患者 $CD4^+T$ 淋巴细胞计数多＜ 200 个 /μl，HIV 血浆病毒载量明显升高。此期的主要临床表现为 HIV 相关症状、各种机会性感染和肿瘤。

（1）HIV 相关症状：主要表现为持续 1 个月以上的发热、盗汗、腹泻，体重减轻 10% 以上。部分患者表现为神经精神症状，如记忆力减退、精神淡漠、性格改变、头痛、癫痫及痴呆等。另外，患者还可出现持续性全身淋巴结肿大，其特点为：①除腹股沟以外，还有 2 个或 2 个以上部位的淋巴结肿大；②淋巴结直径≥ 1 cm，无压痛，无粘连；③持续时间达 3 个月以上。

（2）HIV 相关的机会性感染

1）呼吸系统：肺孢子菌肺炎（*Pneumocystis carinii* pneumonia，PCP）、肺结核、复发性细菌性或真菌性肺炎。

2）中枢神经系统：隐球菌性脑膜脑炎、结核性脑膜炎、弓形虫脑病、各种病毒性脑膜炎。

3）消化系统：念珠菌食管炎及巨细胞病毒性食管炎、肠炎；沙门氏菌、痢疾杆菌、空肠弯曲菌及隐孢子虫性肠炎。

4）口腔：念珠菌病、毛状白斑、牙龈炎等。

5）皮肤、淋巴结：带状疱疹、传染性软疣、尖锐湿疣、真菌性皮炎、甲癣、淋巴结结核。

6）眼部：巨细胞病毒性及弓形虫性视网膜炎。

（3）常见肿瘤：恶性淋巴瘤、卡波西肉瘤、宫颈癌等。

（二）HIV 感染的口腔表现

1. 真菌感染

（1）口腔念珠菌病：在 HIV 感染者的口腔病损中最为常见，且常在疾病早期就出现，是免疫抑制的早期征象。其特点为：①可发生于无任何诱因的健康年轻人或成人（是指无放疗、化疗史，无长期应用激素、抗生素史以及无其他免疫功能低下疾病史者）；②常表现为假膜型、红斑型口腔念珠菌病和口角炎，以假膜型最常见，病情反复发作或较严重；③假膜型口腔念珠菌病表现为黏膜表面有白色的膜状物，可擦去，常累及咽部、软腭、悬雍垂、舌、口底等部位（图 14-8）。红斑型口腔念珠菌病多发生于舌背和上腭，也可见于颊黏膜，表现为弥散的红斑，严重时伴有舌乳头萎缩。

（2）组织胞浆菌病：是由荚膜组织胞浆菌引起的一种真菌病。其特点是：①发生于舌、腭、颊部，为慢性肉芽肿或较大的溃疡、坏死；②病理改变为肉芽肿性增生，溃疡渗出液涂片、染色镜检可见在单核细胞、多形核细胞内外存在酵母型荚膜孢子（菌体周围不着色）。沙氏葡萄糖琼脂斜面培养、菌落镜检表现为分隔菌丝及圆形、厚壁、有棘突的齿轮状孢子。

2. 病毒感染

（1）毛状白斑：被认为是患者全身免疫功能严重抑制的征象之一，主要见于 HIV 感染者，少数可见于骨髓或器官移植后患者，其发生与 Epstein-Barr 病毒感染有关，最初多见于男性同性恋者。患者双侧舌缘呈白色或灰白色斑块，有的可蔓延至舌背和舌腹，在舌缘呈垂直皱褶外观，如过度增生，则呈毛茸状，不能被擦去（图 14-9）。毛状白斑的

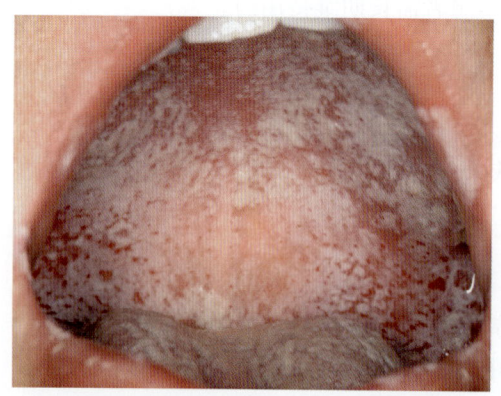

图 14-8 HIV 相关性口腔念珠菌病
上、下唇，硬腭及软腭表面有白色膜状物，可擦去
（武汉大学口腔医学院供图）

组织学表现为上皮增生，过度角化或角化不全，细胞空泡样变性，上皮下缺乏淋巴细胞浸润。

（2）单纯疱疹：是HIV感染者常见的疱疹病毒病损，病情往往较重，病变范围广，病程长，可反复发作，病损可持续1个月以上，主要由Ⅰ型单纯疱疹病毒引起，也可为Ⅰ型和Ⅱ型单纯疱疹病毒混合感染所致。

（3）带状疱疹：疱疹沿三叉神经走行分布，多发生在40岁以内。患者病情严重，持续时间长，甚至为播散型，预后不良。

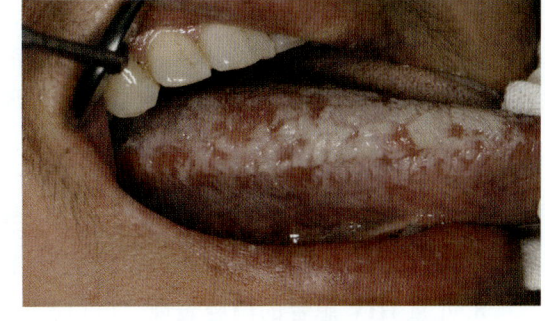

图 14-9　口腔毛状白斑
舌缘绒毛状白色斑块，不能擦去
（武汉大学口腔医学院供图）

（4）巨细胞病毒感染：口腔黏膜表现为溃疡。

（5）乳头状瘤、局灶性上皮增生：属于口腔疣状病损，其发生与人类乳头瘤病毒（HPV）感染有关。前者表现为口腔黏膜局部外生性乳头状新生物，后者表现为多发性丘疹，呈颗粒状外观，有成团的趋势，边缘不规则。

3. 恶性肿瘤

（1）卡波西肉瘤（Kaposi'sarcoma）：最早于1872年由匈牙利皮肤病医师 Moritz Kaposi 报道。本病是一种罕见的恶性肿瘤，其发生与卡波西肉瘤相关疱疹病毒（Kaposi's sarcoma-associated herpes virus，KSHV）有关，该病毒亦被称为人类疱疹病毒8型（human herpes virus 8，HHV-8）。Kaposi 肉瘤是HIV感染者中最常见的口腔恶性肿瘤，是AIDS的临床诊断指征之一，在非洲和欧洲人群中有更高的患病率。在口腔好发于腭部和牙龈，初期病变平坦，逐渐发展高出黏膜，呈单个或多个褐色或紫色的斑块或结节，可有分叶、溃烂或出血（图14-10）。组织病理学表现：早期表现为轻微血管增生；斑点期和斑块期血管增生数量增加，有淋巴细胞、浆细胞浸润；结节期可见由交叉排列的轻度异型性梭形细胞束形成的界限清楚的结节和大量含有红细胞的裂隙状腔隙，梭形细胞外可见玻璃样小球，外周血管扩张。

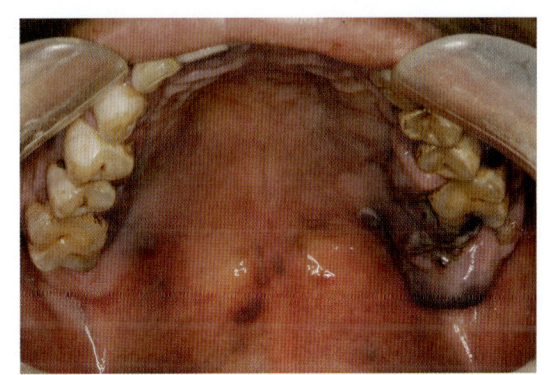

图 14-10　卡波西肉瘤
（武汉大学口腔医学院供图）

（2）非霍奇金淋巴瘤：是第二大常见的HIV相关性肿瘤，常以无痛性颈淋巴结、锁骨上淋巴结肿大为首要表现，病情发展迅速，易发生远处扩散。口内病变好发于牙龈、腭、颊、舌根等部位，表现为突然出现的软组织包块，并逐渐增大，伴或不伴有溃疡，多为无痛性病灶，部分患者可伴发热等症状。

4. HIV 相关性牙周病

（1）线形牙龈红斑：又称HIV相关性龈炎，表现为游离龈界限清楚的火红色充血带，宽2～3 mm。无牙周袋及牙周附着丧失，常规治疗效果不佳。其发生与口腔卫生状况关系不大，可能与念珠菌感染有关。

（2）HIV 相关性牙周炎：表现为牙周附着丧失，病情进展快，但牙周袋不深，主要是由于牙周硬、软组织破坏所致，牙齿松动甚至脱落。

（3）急性坏死性溃疡性龈炎：表现为口腔有恶臭，牙龈红肿，龈缘及龈乳头有灰黄色坏死组织，极易出血。

（4）坏死性牙周炎：以牙周软组织坏死和缺损为特点，疼痛明显，牙槽骨破坏，牙齿松动。

5. 坏死性口炎 表现为广泛的组织坏死,严重者表现与走马牙疳相似。

6. 溃疡性病损 临床表现复发性阿弗他溃疡,口腔黏膜可出现单个或多个反复发作的圆形或椭圆形疼痛性溃疡。患者免疫系统功能与溃疡的严重性有关,疱疹型、重型复发性阿弗他溃疡患者的细胞免疫功能破坏更为严重。此外,患者可无明确原因发生非特异性口腔溃疡,病损范围较大,不易愈合(图 14-11)。

7. 涎腺疾病 多累及腮腺,其次为下颌下腺。临床表现为单侧或双侧大涎腺弥漫性肿胀,质地柔软,常伴有口干症状(图 14-12)。抗核抗体、类风湿因子检测结果呈阴性。

8. 儿童 HIV 患者的口腔表现 以口腔念珠菌病、口角炎、腮腺肿大、单纯疱疹多见,口腔卡波西肉瘤、毛状白斑罕见。

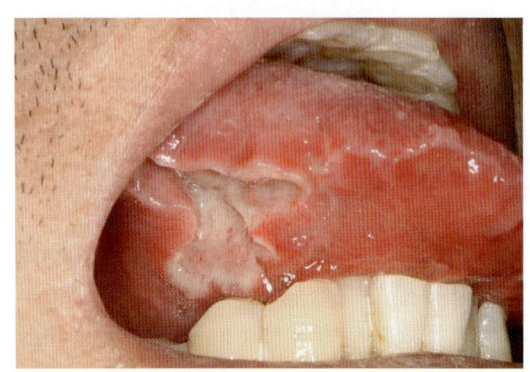

图 14-11　HIV 相关性非特异性溃疡
(武汉大学口腔医学院供图)

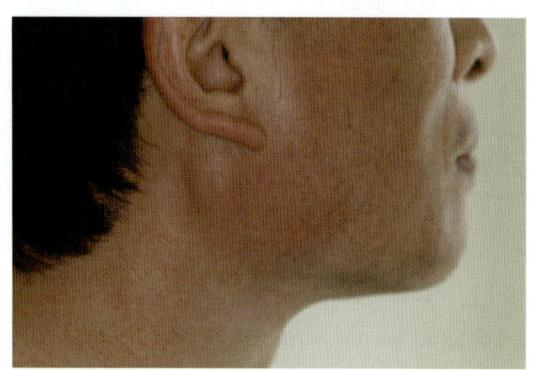

图 14-12　HIV 相关性涎腺疾病
(武汉大学口腔医学院供图)

【实验室检查】

HIV 感染者 /AIDS 患者的实验室检查主要包括 HIV 抗体检测、HIV 核酸定性和定量检测、$CD4^+$ T 淋巴细胞计数、HIV 耐药检测等。HIV-1/2 抗体检测是 HIV 感染诊断的金标准,HIV 核酸检测(定性和定量检测)也可用于 HIV 感染的诊断;HIV 核酸定量(病毒载量)检测和 $CD4^+$ T 淋巴细胞计数是判断疾病进展、指导临床用药、评价疗效和预后的两项重要指标;HIV 耐药检测可为高效抗反转录病毒治疗(highly active antiretroviral therapy,HAART)方案的选择和更换提供指导。

1. HIV-1/2 抗体检测 包括筛查试验和补充试验。HIV-1/2 抗体检测的筛查试验包括酶联免疫吸附试验(ELISA)、化学发光分析或免疫荧光试验、快速试验(包括斑点 ELISA 和斑点免疫胶体金或胶体硒检测、免疫亲和层析等)、简单试验(明胶颗粒凝集试验)等。补充试验方法包括抗体确诊试验和核酸试验(定性检测)。

筛查试验:呈阴性反应时可出具 HIV-1/2 抗体阴性报告,见于未被 HIV 感染的个体,但窗口期感染者筛查试验也可呈阴性。若筛查试验呈阳性,则可用原有试剂双份(快速试验)/双孔(化学发光分析或 ELISA)或两种试剂进行重复检测,如均呈阴性反应,则报告为 HIV 抗体呈阴性;如结果一个呈阴性,另一个呈阳性,或均呈阳性反应,则需要进行补充试验。

补充试验:抗体确诊试验可用免疫印迹法、条带 / 线性免疫试验和快速试验,若无 HIV 特异性条带产生,则报告 HIV-1/2 抗体呈阴性;若出现 HIV 特异性条带,但不满足诊断条件,则报告不确定,可进行核酸试验或 2~4 周后对患者进行随访,根据核酸试验或随访结果进行判断。对补充试验 HIV-1/2 抗体呈阳性者,可出具 HIV-1/2 抗体阳性确诊报告。核酸试验:核酸定性检测结果呈阳性时报告为 HIV-1 核酸呈阳性,结果为阴性时报告为 HIV-1 核酸呈阴性。

2. $CD4^+$ T 淋巴细胞检测 $CD4^+$ T 淋巴细胞是 HIV 感染最主要的靶细胞,HIV 感染人体后，可导致 $CD4^+$ T 淋巴细胞数量进行性减少，$CD4^+/CD8^+$ T 淋巴细胞比值倒置，细胞免疫功能受损。

常用流式细胞术检测定量分析 $CD4^+$ T 淋巴细胞计数的绝对值和占淋巴细胞的百分比。$CD4^+$ T 淋巴细胞计数的临床意义：了解机体免疫功能状态和病程进展、确定疾病分期、判断治疗效果和 HIV 感染者的临床并发症。$CD4^+$ T 淋巴细胞检测频率：需根据患者的具体情况由临床医师决定。一般建议：对于 $CD4^+$ T 淋巴细胞计数 > 350 个 /μl 的（无症状）HIV 感染者，每 6 个月应检测 1 次；对于已接受 HAART 的患者，在治疗的第一年内每 3 个月检测 1 次；对治疗 1 年以上且病情稳定的患者，可改为每 6 个月检测 1 次。对于 HAART 后机体内病毒被充分抑制、$CD4^+$ T 淋巴细胞计数长期处于稳定水平的患者，以及 $CD4^+$ T 淋巴细胞计数为 300～500 个 /μl 的患者，建议每 12 个月检测 1 次；对 $CD4^+$ T 淋巴细胞计数 > 500 个 /μl 的患者，可选择性进行 $CD4^+$ T 淋巴细胞检测。对于发生病毒学突破的患者、出现艾滋病相关临床症状的患者、接受可能降低 $CD4^+$ T 淋巴细胞治疗的患者，则需要再次进行定期 $CD4^+$ T 淋巴细胞检测。

$CD4^+/CD8^+$ T 淋巴细胞比值倒置可在长期 HAART 后出现不同程度的改善，与患者起始治疗的时机和基础 $CD4^+$ T 淋巴细胞计数密切相关，其变化可提示患者的治疗效果和免疫功能重建状态。

3. HIV 核酸检测（定量检测） 感染 HIV 后，病毒在体内快速复制，血浆中可检测出病毒 RNA（病毒载量），一般用血浆中每毫升 HIV-RNA 的拷贝数或每毫升国际单位（IU/ml）来表示。病毒载量检测结果低于检测下限即报告低于检测线，表示本次试验没有检测出病毒载量，见于未感染 HIV 的个体、HAART 成功的患者或自身可有效抑制病毒复制的部分 HIV 感染者。检测结果在检测线以上，但 ≤ 5000 拷贝 /ml，建议重新采样检测。检测结果 > 5000 拷贝 /ml，须报告检测值。病毒载量检测结果高于检测下限，表示本次试验检测出病毒载量，临床医师可结合流行病学情况、临床症状、$CD4^+/CD8^+$ T 淋巴细胞计数及 HIV 抗体初筛结果作出判断。

测定病毒载量的常用方法有反转录 PCR（reverse transcription PCR，RT-PCR）、核酸序列扩增法（nucleic acid sequence-based amplification，NASBA）和实时荧光定量 PCR 扩增技术。病毒载量测定的临床意义为预测疾病进程、评估治疗效果、指导治疗方案的调整，也可作为 HIV 感染诊断的补充试验，用于急性期/窗口期诊断、晚期患者诊断、HIV 感染的诊断和小于 18 月龄婴幼儿 HIV 感染的诊断。病毒载量检测频率：如条件允许，建议对未经治疗的无症状 HIV 感染者每年检测 1 次；HAART 初始治疗或调整治疗方案前、初始治疗或调整治疗方案初期，每 4～8 周检测 1 次，以便尽早发现抗病毒治疗失败；待 HAART 患者病毒载量低于检测下限后，每 3～4 个月检测 1 次；对于依从性好、病毒持续抑制达 2～3 年或更长时间、临床和免疫学状态平稳的患者，可每 6 个月检测 1 次；但如果患者出现 HIV 相关临床症状或使用糖皮质激素或抗肿瘤化疗药物，则建议每 3 个月检测 1 次病毒载量。

4. HIV 基因型耐药检测 HIV 耐药检测结果可为艾滋病治疗方案的制订和调整提供重要参考。若出现 HIV 耐药，则表示该感染者体内的病毒可能耐药，同时需要密切结合临床情况，充分考虑 HIV 感染者的依从性、对药物的耐受性及药物的代谢吸收等因素进行综合评判。改变抗病毒治疗方案需要在有经验的医师指导下才能进行。HIV 耐药结果呈阴性，表示该样品未检出耐药性，但不能确定该感染者不存在耐药情况。耐药检测方法包括基因型和表型检测，目前多以基因型检测为主。以下情况应进行 HIV 基因型耐药检测：HAART 后病毒载量下降不理想或抗病毒治疗失败，需要改变治疗方案时，进行 HAART 前（如条件允许）。对于抗病毒治疗失败者，耐药检测在病毒载量 > 400 拷贝 /ml 且未停用抗病毒药时进行。如已停药，则需在停药 4 周内进行基因型耐药检测。

【诊断】

1. 诊断原则 HIV 感染/AIDS 的诊断需要结合流行病学史（包括不安全性生活史、静脉注射毒品史、输入未经 HIV 抗体检测的血液或血液制品、HIV 抗体阳性者所生子女或职业暴露史等）、临床表现和实验室检查等进行综合分析，慎重作出诊断。

2. 诊断标准

成人、青少年及 18 月龄以上儿童，符合下列任意一项者即可诊断：①HIV 抗体筛查试验结果呈阳性，且补充试验结果呈阳性（抗体补充试验结果呈阳性，或核酸定性检测结果呈阳性，或核酸定量 >5000 拷贝/ml）；②HIV 分离试验结果呈阳性。

18 月龄及以下儿童，符合下列任意一项者，即可诊断：①为 HIV 感染母亲所生，且 HIV 分离试验结果呈阳性；②为 HIV 感染母亲所生，且 2 次 HIV 核酸检测结果均为阳性（第二次检测需在出生 6 周后进行）；③有医源性暴露史，HIV 分离试验结果呈阳性或两次 HIV 核酸检测均为阳性。

（1）急性期诊断标准：患者近半年内有流行病学史和急性 HIV 感染综合征的临床表现，HIV 抗体筛查试验和补充试验结果均为阳性。

80% 左右的 HIV 感染者，感染 6 周后经筛查试验可检出抗体，几乎 100% 的感染者 12 周后可检出抗体，只有极少数患者在感染后 3 个月内或 6 个月后才可检出抗体。

（2）无症状期诊断标准：患者有流行病学史，结合 HIV 抗体检测结果呈阳性即可诊断。或仅符合实验室诊断标准即可诊断。

（3）艾滋病期诊断标准：成人及 15 岁（含 15 岁）以上的青少年，HIV 感染加下述各项中的任意一项，即可诊断为 AIDS 或 HIV 感染，而 $CD4^+$ T 淋巴细胞数 <200 个/μl，可诊断为 AIDS。

1）原因不明的持续不规则发热达 38℃ 以上，>1 个月。
2）慢性腹泻次数多于每天 3 次，>1 个月。
3）6 个月内体重减轻 10% 以上。
4）反复发作口腔真菌感染。
5）反复发作单纯疱疹病毒感染或带状疱疹病毒感染。
6）发生肺孢子菌肺炎（PCP）。
7）反复发生细菌性肺炎。
8）发生活动性结核或非结核分枝杆菌病。
9）发生深部真菌感染。
10）患有中枢神经系统病变。
11）中青年患者出现痴呆。
12）发生活动性巨细胞病毒感染。
13）患有弓形虫脑病。
14）发生马尔尼菲青霉菌感染。
15）反复发生败血症。
16）皮肤黏膜或内脏出现卡波西肉瘤、淋巴瘤。

15 岁以下儿童，符合下列任意一项者即可诊断为 AIDS：①HIV 感染且 $CD4^+$ T 淋巴细胞百分比 <25%（<12 月龄），或 <20%（12~36 月龄），或 <15%（37~60 月龄），或 $CD4^+$ T 淋巴细胞计数 <200 个/μl（5~14 岁）；②为 HIV 感染，且伴有至少一种儿童 AIDS 的指征性疾病。

【鉴别诊断】

1. 单纯性龈炎或慢性牙周炎　患者龈缘充血、水肿通常由牙菌斑和牙石引起，去除牙菌斑和牙石后充血消退。成人牙周炎一般病情发展较慢，治疗反应好。HIV相关性牙周病患者病情发展迅速，局部洁治法治疗无效，HIV抗体检测呈阳性。

2. 口腔白斑、斑块型口腔扁平苔藓　口腔白斑好发于颊部、软腭、口底或舌腹，临床表现为均质性、疣状型、颗粒性及结节性，活体组织检查可伴有不同程度的上皮异常增生。舌部斑块型口腔扁平苔藓患者常伴舌背丝状乳头萎缩，可有其他部位损害。病理检查可见基底细胞液化变性，固有层内淋巴细胞呈带状浸润。毛状白斑好发于舌外侧缘，组织病理学检查没有上皮异常增生。

3. 口腔念珠菌病　一般多见于老人和婴幼儿，有一定诱因。HIV感染者发生的口腔念珠菌病多见于中青年患者，无明显诱因，病情常严重并反复发作。

【治疗】

目前对艾滋病尚无根治性治疗方法。治疗包括以下几个方面：

1. 抗HIV治疗　高效抗反转录病毒治疗（HAART），俗称鸡尾酒疗法，是AIDS最根本的治疗方法。一般需要终身服药。

（1）治疗目标：降低HIV感染者的发病率和病死率，降低非艾滋病相关疾病的发病率和病死率，使患者获得正常的期望寿命，提高生活质量；最大限度地抑制病毒复制，使病毒载量降低至检测下限，并减少病毒变异；重建或者改善免疫功能；减少异常的免疫激活；减少HIV的传播，预防母婴传播。

（2）抗反转录病毒（ARV）药物：目前国际上共有六大类30多种药物（包括复合制剂），分别为核苷类反转录酶抑制剂（nucleotide reverse transcriptase inhibitor，NRTI）、非核苷类反转录酶抑制剂（non-nucleoside reverse transcriptase inhibitor，NNRTI）、蛋白酶抑制剂（protease inhibitor，PI）、整合酶抑制剂（integrase inhibitor，INSTI）、膜融合抑制剂（infusion inhibitor，FI）及CCR5抑制剂。国内目前使用的HAART药物包括NRTI、NNRTI、PI、INSTI和FI这五大类（包含复合制剂）。

（3）成人及青少年抗病毒治疗时机与方案

1）对成人及青少年HIV感染者开始抗反转录病毒治疗的时机：一旦确诊为HIV感染，无论$CD4^+$T淋巴细胞水平高低，均建议立即开始治疗。在开始HAART前，一定要取得患者的配合和同意，教育患者保持良好的用药依从性；如患者存在严重的机会性感染和既往慢性疾病急性发作期，则应参考机会性感染治疗方法控制，待病情稳定后开始治疗。启动HAART后，需终身治疗。

2）成人及青少年初始HAART方案：初始治疗推荐方案为2种NRTI类骨干药物联合第三类药物治疗。第三类药物可以为NNRTI或增强型PI（含利托那韦）或INSTI；有条件者可以选用复方单片制剂（STR）。

基于我国可获得的抗病毒药，对于未接受过HAART的患者，推荐及替代方案见表14-1。

对于某些特殊人群（如儿童、孕妇、哺乳期妇女，以及合并结核、肝炎的患者和静脉吸毒者）的抗病毒治疗均有其特殊性，应参考相应的治疗方案。

（4）抗病毒治疗的监测：在抗病毒治疗过程中，要定期进行临床评估和实验室检查，以评价治疗效果，及时发现抗病毒药物的不良反应，以及是否产生病毒耐药性等，必要时须更换药物，以保证抗病毒治疗成功。HAART的有效性主要通过病毒学指标、免疫学指标和临床症状三方面进行评估。其中，病毒学指标是最重要的指标。病毒耐药是导致抗病毒治疗失败的主

表 14-1　推荐成人及青少年初治患者抗病毒治疗方案

两种 NRTI	第三类药物
推荐方案	+ NNRTI：EFV、RPV
TDF（ABC[a]）+ 3TC（FTC）	或 + PI：LPV/r、DRV/c
FTC/TAF	或 + INSTI：DTG、RAL
单片制剂方案	
TAF/FTC/EVG/c[b]	
ABC/3TC/DTG[b]	
替代方案	+ EFV 或 NVP[c] 或 RPV[d]
AZT + 3TC	或 + LPV/r

注：TDF，替诺福韦；ABC，阿巴卡韦；3TC，拉米夫定；FTC，恩曲他滨；TAF，丙酚替诺福韦；AZT，齐多夫定；NNRTI，非核苷类反转录酶抑制剂；EFV，依非韦伦；PI，蛋白酶抑制剂；INSTI，整合酶抑制剂；LPV/r，洛匹那韦/利托那韦；RAL，拉替拉韦；NVP，奈韦拉平；RPV，利匹韦林；[a]，用于 HLA-B*5701 阴性者；[b]，单片复方制剂；[c]，对于基线 CD4$^+$ T 淋巴细胞 > 250 个/μl 的患者要尽量避免使用含 NVP 的治疗方案，对合并丙型肝炎病毒感染者避免使用含 NVP 的方案；[d]，RPV 仅用于病毒载量 < 10^5 拷贝/ml 和 CD4$^+$ T 淋巴细胞 > 200 个/μl 的患者

要原因之一，对抗病毒治疗效果不佳或治疗失败者，可行耐药检测。适时监测并及时处理药物的不良反应对于提高治疗效果至关重要。特殊人群（如儿童、妊娠妇女及肾功能不全患者等）用药时，在条件允许的情况下可进行治疗药物监测（therapeutic drug monitoring，TDM）。

2. HIV 感染口腔疾病的治疗：

（1）口腔念珠菌病：首选制霉菌素局部涂抹，联合碳酸氢钠漱口剂含漱。疗效欠佳时，选用口服氟康唑，每天 100～200 mg，共 7～14 天。对于食管念珠菌感染者，给予口服氟康唑，每天 100～400 mg。对于不能耐受口服药物者，可选择静脉注射氟康唑，每天 100～400 mg，疗程为 14～21 天；或者伊曲康唑 200 mg，每天 1 次，或伏立康唑 200 mg，每天 2 次，口服，连续服用 14～21 天。对于合并口腔真菌感染的患者，应尽快进行 HAART，可在抗真菌感染的同时进行 HAART。

（2）口腔毛状白斑：应尽早进行 HAART。若患者无症状，可不需要给予局部治疗。局部应用 0.1% 维 A 酸溶液可暂时消除病变，但不能防止其复发。合并念珠菌感染时，可局部或系统性应用抗念珠菌药。

（3）卡波西肉瘤：需根据病情给予个体化综合治疗，包括手术、化疗、介入和放疗。对所有艾滋病合并肿瘤的患者均建议尽早启动 HAART，需要注意抗病毒药和抗肿瘤药之间的相互作用，尽量选用骨髓抑制作用和药物间相互作用小的 HAART 方案，如含 INSTI 的方案。肿瘤的诊治不应因感染 HIV 而降低要求，应提倡多学科合作诊治模式的应用，与肿瘤科、介入科、外科专家等共同制订诊治方案。治疗过程中须注意预防各种并发症尤其是感染的发生。对轻度或中度卡波西肉瘤患者，采用高效抗反转录病毒治疗。对重度卡波西肉瘤患者可联合应用 HAART 与化疗。局部治疗包括放疗、激光治疗、冷冻疗法、电灼法和手术切除治疗。

（4）单纯疱疹和带状疱疹：口唇单纯疱疹患者可口服阿昔洛韦 400 mg，每天 3 次，或口服泛昔洛韦 500 mg，每天 2 次，疗程为 5～10 天。伴生殖器疱疹者，疗程为 5～14 天。对重型黏膜单纯疱疹者，选用阿昔洛韦 5 mg/kg，每 8 小时静脉滴注 1 次，待黏膜损伤开始愈合后改为口服阿昔洛韦 400 mg，每天 3 次，待伤口完全愈合后停药。对阿昔洛韦耐药者可改用膦甲酸钠 120～180 mg/kg，静脉滴注，分 3 次给药，直到治愈。局部皮肤带状疱疹患者，口服泛昔洛韦 500 mg，每天 3 次，或口服伐昔洛韦 1 g，每天 3 次，疗程为 7～10 天。对严重的皮肤、黏膜病变患者，选用阿昔洛韦 10 mg/kg，每次 8 小时，静脉滴注，待病情稳定后改为口服伐昔洛韦 1 g，每天 3 次，直到所有病变均消失。

（5）HIV 相关性牙周炎：按常规治疗方法进行牙周基础治疗，如局部清除牙石和牙菌斑，注意操作时动作宜轻柔。术后使用 0.12%～0.2% 的氯己定溶液含漱，全身给予抗菌药，首选口服甲硝唑 200 mg，每天 3～4 次，疗程为 5～7 天。治疗过程中应特别注意标准防护及利器误伤处置等问题。

（6）线形牙龈红斑：患者对常规牙周治疗反应较差，难以消失，常须全身使用抗生素治疗。

（7）复发性阿弗他溃疡：局部使用糖皮质激素制剂、消炎防腐含漱液，可酌情选用沙利度胺。

（8）口干：使用唾液分泌刺激剂，如毛果芸香碱。替换引起或加重口干的药物。局部可使用含氟漱口剂或凝胶，防止龋齿的发生。

（9）乳头状瘤：可采用手术切除、激光等治疗，但有复发的可能。

【预防】

目前尚无临床有效的 HIV 疫苗。

1. 控制传染源 对高危人群应定期检测 HIV 抗体。医疗卫生部门对发现的 HIV 感染者 /AIDS 患者应遵照《中华人民共和国传染病防治法》及时向所在地疾病预防控制中心报告，并采取相应的措施。对 AIDS 患者及无症状 HIV 携带者血液、体液及分泌物予以消毒。

2. 切断传播途径 正确使用安全套，采取安全的性行为；不吸毒，不共用针具；推行无偿献血，对献血人群进行 HIV 筛查；加强医院管理，严格执行消毒制度，控制医院交叉感染；预防职业暴露与感染；控制母婴传播；对 HIV 感染者 /AIDS 患者的配偶和性伴侣、与 HIV 感染者 /AIDS 患者共用注射器的静脉药物依赖者，以及 HIV 感染者 /AIDS 患者所生的子女，进行医学检查和 HIV 检测，为其提供相应的咨询服务。

3. 保护易感人群 提倡婚前、孕前体检。

【HIV 暴露处理与预防】

1. HIV 职业暴露 是指医疗卫生保健人员等在职业工作中与 HIV 感染者的血液或其他体液等接触而具有感染 HIV 的危险。

（1）暴露源及其危险度：确定具有传染性的暴露源包括血液、体液、精液和阴道分泌物。脑脊液、关节液、胸腔积液、腹腔积液、心包积液、羊水也具有传染性，但其引起感染的危险程度尚不明确。粪便、鼻分泌物、唾液、痰液、汗液、泪液、尿液及呕吐物通常认为不具有传染性。

（2）暴露源危险度分级：①低传染性，病毒载量水平低、无症状或高 $CD4^+$ T 淋巴细胞水平。②高传染性，病毒载量水平高、艾滋病晚期、原发 HIV 感染、低 $CD4^+$ T 淋巴细胞水平。③暴露源情况不明，暴露源所处的病程阶段不明、暴露源是否为 HIV 感染，以及污染的器械或物品病毒载量不明。

（3）职业暴露途径及其危险度：发生职业暴露的途径包括暴露源损伤皮肤（刺伤或割伤等）和暴露源沾染不完整皮肤或黏膜。如暴露源为 HIV 感染者的血液，那么经皮肤损伤暴露感染 HIV 的危险性为 0.3%，经黏膜暴露为 0.09%，经不完整皮肤暴露的危险度尚不明确，一般认为比黏膜暴露低。高危险度暴露因素包括：暴露量大、污染器械直接刺破血管、组织损伤深。

（4）HIV 职业暴露后的局部处理原则：

1）用肥皂液和流动的清水清洗被污染的局部。

2）污染眼部等黏膜时，应用大量等渗氯化钠溶液反复对黏膜进行冲洗。

3）存在伤口时，应由近心端向远心端轻柔挤压伤处，尽可能挤出损伤处的血液，再用肥皂液和流动的清水冲洗伤口。

4）用 75% 乙醇或 0.5% 聚维酮碘对伤口局部进行消毒、包扎处理。

（5）HIV 职业暴露后的预防性用药原则：

1）治疗用药方案：首选推荐方案为 TDF/FTC ＋ RAL 或 DTG 等 INSTI。根据当地药物资源情况，如果 INSTI 无法获得，可以使用 LPV/r 和 DRV/r 等 PI。对合并肾功能减退者，可以使用 AZT/3TC。

2）开始用药的时间及疗程：在发生 HIV 暴露后，应尽可能在最短的时间内（2 小时内）进行预防性用药，最好不超过 24 小时，但即使超过 24 小时，也建议实施预防性用药。连续服药 28 天为一个疗程。

（6）HIV 职业暴露后的监测：发生 HIV 职业暴露后，应分别于暴露后即刻、4 周、8 周、12 周和 6 个月后检测 HIV 抗体。一般不推荐进行 HIV p24 抗原和 HIV-RNA 测定。

（7）预防职业暴露的措施：

1）从事可能接触患者血液、体液的诊疗和护理工作时，必须佩戴手套。

2）在进行有可能发生血液、体液飞溅的诊疗和护理操作过程中，医务人员除必须佩戴手套和口罩外，还应戴防护眼镜；当有可能发生血液、体液大面积飞溅，有污染操作者身体的可能时，还应穿上具有防渗透性能的防护隔离服。

3）医务人员在进行接触患者血液、体液的诊疗和护理操作时，若手部皮肤存在破损，必须戴双层手套。

4）医疗操作结束后的锐器应当直接放入不能刺穿的利器盒内进行安全处置。抽血时建议使用真空采血器，并应用蝶型采血针。禁止对使用后的一次性针头复帽。禁止用手直接接触使用过的针头、刀片等锐器。

2. 非 HIV 职业暴露　是指除职业暴露外的其他个人行为引起的 HIV 暴露。暴露评估及处理原则尤其是预防性用药方案与职业暴露相似。需要注意，评估后预防性用药应遵循自愿原则且应对暴露者进行规范随访，以尽早发现 HIV 感染者。

进展与趋势

1. 2018 年《中国艾滋病诊疗指南》提出了全程管理的理念，即在 HIV 感染者确诊后，多学科合作团队为其提供的一种全程综合诊治和服务关怀的管理模式。主要包括以下五个环节：①HIV 感染的预防和早期诊断；②机会性感染的诊治和预防；③个体化抗病毒治疗的启动和随访，服药的依从性教育和监督；④非 HIV 定义性疾病的筛查与处理；⑤社会心理综合关怀。推荐按照慢性病管理模式对艾滋病患者进行随访和管理。随着 HIV 感染者生存期的延长，应把对老年综合征的评估纳入 HIV 综合关怀的范畴。应根据这些慢性病的特点和分级诊疗要求来进行诊治，鼓励患者在综合医院相应专科门诊接受诊治。

2. 降低抗病毒药常用剂量治疗方案　在保留抗病毒疗效的同时，可降低不良反应的发生率，提示个体化进行 HAART 的临床应用价值和必要性。

3. 2019 年《Science》发表了研究人员对一项新的疫苗策略的原理验证，有望通过一种种系靶向（germline targeting）策略研发新的候选疫苗，以刺激免疫系统中足够数量的"bnAb 前体"种系 B 细胞产生针对 HIV 的广泛中和抗体（bnAb），后者能结合到 HIV 表面上重要的但难以接近的区域，而这些区域在不同 HIV 毒株之间的差异并不显著，从而可以中和许多不同的快速突变的 HIV 毒株，有可能成为 HIV 多阶段疫苗的第一阶段。

Summary

Acquired immune deficiency syndrome (AIDS) is the outcome of chronic human immunodeficiency virus (HIV) infection and consequent depletion of $CD4^+$ T cells. HIV infection is usually acquired through sexual intercourse, exposure to infected blood, or perinatal transmission. HIV is a type of retroviridae which consists of virus core gene and envelope. There are 2 epidemic strains of HIV (HIV-1 and HIV-2) around the world. HIV-1 causes most HIV infections worldwide including China, and leads to faster disease progression than HIV-2. The majority of new HIV infections enter the $CD4^+$ T cells via the CCR5 coreceptor. $CD4^+$ T cells are not only the targeted cells of HIV, but also the primary functional cells in antiviral immunity. Most HIV/AIDS patients suffer progressive decline in the $CD4^+$ T cells count or CD4 percentage of total lymphocytes, and $CD4^+$ T cells count < 200 cells/μl is a reflect of severe immunosuppression. Laboratory testing methods for HIV/AIDS include HIV antibodies assays, $CD4^+$ T cells count or CD4 percentage of total lymphocytes, HIV-RNA levels test, HIV viral load and genotypic resistance assays. Detection of HIV infection is facilitated by HIV tests that detect HIV p24 antigen prior to seroconversion and subsequently confirmatory tests. The $CD4^+$ T cells count and the viral load also benefit HIV case definition and are independent predictors of HIV progression.

The clinical manifestations of HIV/AIDS patients vary from 3 different clinical outcomes. Acute and early HIV infection is characterized by fever, lymphadenopathy, sore throat, rash, myalgia/arthralgia, diarrhea, and headache after HIV infection for $2 \sim 4$ weeks. The presence of a prolonged symptomatic illness (> 14 days) during early infection appears to correlate with more rapid progression to AIDS. Then, patients may be asymptomatic for about $6 \sim 8$ years. Finally, patients suffer a $CD4^+$ T cells count < 200 cells/μl, or with the presence of any AIDS-defining conditions, and are defined as AIDS patients. AIDS-defining conditions are more frequently or more severely opportunistic illnesses because of immunosuppression. For instance, mucocutaneous candidiasis, oral hairy leukoplakia, seborrheic dermatitis, and herpetic infections, can develop with higher $CD4^+$ T cells counts but occur with greater frequency and severity when the $CD4^+$ T cells count < 200 cells/μl. Prior to introduction and widespread use of combination ART, AIDS-associated illnesses were the principal cause of morbidity and mortality associated with HIV infection. Hematologic aberrations including anemia, leukopenia, lymphopenia, and/or thrombocytopenia are also common in the setting of AIDS. In addition, AIDS patients can develop central nervous system diseases and tumors regardless of the $CD4^+$ T cells count.

Although there are no efficient therapies to cure AIDS, highly active antiretroviral therapy (HAART) dramatically prolongs the life of HIV/AIDS patients. The rate of HIV progression can be influence such as baseline CD4 count, viral load, coinfection, host immune response and genetic factors, age, and possibly substance use. Notably, the management of HIV/AIDS needs MDT and sufficient awareness concerning the prevention of HIV transmission.

Definition and Terminology

艾滋病 (acquired immune deficiency syndrome, AIDS): is the outcome of chronic HIV infection and consequent depletion of CD4$^+$ T cells, which is defined as a condition with CD4$^+$ T cells count < 200 cells/μl or the presence of any AIDS-defining opportunistic infections, central nervous system diseases and tumors with or without changes in CD4$^+$ T cells count. HIV infection is usually acquired through sexual intercourse, exposure to infected blood, or perinatal transmission.

(周　刚　谭雅芹)

第十五章 口腔黏膜色素异常

Pigment Disorders on Oral Mucosa

数字资源

口腔黏膜色素异常（pigment disorders）是指发生在口腔黏膜（包括唇红部位和口周皮肤）上的一类色素沉着或色素脱失类疾病或状态，可由多种内源性和外源性因素造成。临床上以色素沉着为多见，色素脱失相对少见。内源性的色素沉着异常包括黏膜黑斑（melanoplakia）、色素沉着-息肉综合征（hyperpigmentation-polyposis syndrome，Peutz-Jeghers syndrome）、色素痣（pigmented nevus）、原发性慢性肾上腺皮质功能减退症（primary chronic adrenocortical hypofunction）、黑棘皮病（acanthosis nigricans）、多骨纤维性结构不良（polyostotic fibrous dysplasia）和恶性黑色素瘤（malignant melanoma）等；外源性的色素沉着异常多由于银汞合金、重金属和吸烟等因素所致。慢性炎症既可造成色素沉着，也可造成色素脱失，甚或两者兼而有之。常见的色素脱失异常多为白癜风（vitiligo）。

色素异常多与黑素细胞（melanocyte）的分布和功能状态有关。黑素细胞起源于外胚层的神经嵴细胞，在胚胎发育的早期即向表皮迁移。成熟的黑素细胞可见于口腔黏膜上皮和皮肤表皮的基底层，呈树突状，胞质透明，细胞核较小，银染色或多巴染色可见树突状结构，电镜下可见胞质内含特征性黑素小体，为含有酪氨酸酶的细胞器，是合成黑色素的功能结构。一个黑素细胞可向其周围 10～36 个角质形成细胞提供黑色素，形成一个表皮黑色素单元，它们共同完成黑色素的合成、运输和降解。很多内源性和外源性因素（如紫外线、慢性炎症、内分泌疾病和自身免疫病等）均可造成表皮黑色素单元功能异常，进而导致皮肤黏膜色素异常。

除黑素细胞产生的黑色素外，血液中的铁（含铁血红素和含铁血黄素）和胆红素也是造成口腔色素沉着的一部分原因，分别称为血色素沉积症、高胆红素血症。

临床上的色素异常往往是某种疾病或综合征在口腔内的表现，因此治疗上多以对因治疗为主。对单纯色素斑多不做处理。对恶性疾病（如恶性黑色素瘤），则注重系统性的序贯治疗。

第一节 内源性色素沉着
Endogenous Pigmentation

案例 15-1

女，46 岁。主诉口腔黏膜发黑 6 年。近 6 年来，患者口唇黏膜逐渐发黑，面积逐渐增大，担心唇部癌变和美观，遂来就诊。

患者有系统性红斑狼疮病史约10年，曾口服醋酸泼尼松片、硫酸羟氯喹片和骨化三醇胶囊，目前病情稳定，已停药2年。

专科检查：上、下唇，左、右颊和硬腭黏膜可见多个散在分布的椭圆形棕褐色斑片，边界清楚，色泽均匀，不高出黏膜表面，质地柔软。

思考题：
1. 该病例最可能的临床诊断是什么？
2. 根据患者主诉，还应进行哪些问诊以补充临床诊断信息？
3. 接下来还需要做哪些辅助检查？

一、黑素沉着异常 Melanosis

（一）黏膜黑斑

黏膜黑斑（melanoplakia）是指与种族因素、系统性因素和外源性因素无关的口腔黏膜黑素斑，其原因不明。

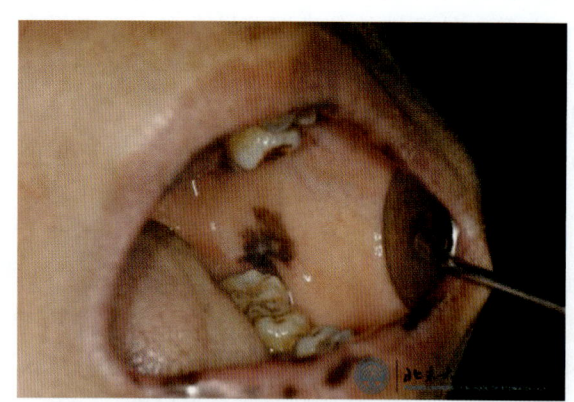

图 15-1　黏膜黑斑（颊部表现）
（上海交通大学口腔医学院供图）

【临床表现】

口腔黏膜黑斑以唇部（包括唇红和唇黏膜）尤为多见，附着龈、颊部和腭黏膜也多发生。黑斑多为散在分布的椭圆形或圆形黑色或棕褐色斑片，直径多小于10 mm，边界清楚，色泽均匀，不高出黏膜表面，质地软而无浸润感，无"卫星灶"存在（图15-1）。黏膜黑斑多见于中老年女性，患者一般没有明显的自觉症状，多因发生于唇部影响外观而就诊。有部分学者认为，少量散在的黑斑可能是生理性色素沉着的一种表现，而不能被归类于一种病理状态。

【病理表现】

黏膜上皮基底细胞层和基底细胞上层黑色素增多，呈带状，均匀分布于胞质中，黑素细胞与固有层结缔组织之间有明显的界线。

【诊断】

临床上根据均匀、散在、平坦的黑色或棕色斑片，边界清楚，无明确诱因而不能归为其他类似疾病，可作出诊断。

【鉴别诊断】

口腔黏膜黑斑主要与血色素沉积症、恶性黑色素瘤和色素沉着-息肉综合征相鉴别。

1. 血色素沉积症　一般多见于外伤或其他原因引起的黏膜下出血，可造成局部含铁血黄素沉积，形成外形不规则、边界不清的黄色或棕黄色斑块。

2. 恶性黑色素瘤　多见于腭部和附着龈，起病时多为大小不等的黑素斑块，扁平，多呈蓝黑色，逐渐扩展后可形成肿块并垂直于黏膜表面生长。病变表面可有溃疡、渗出，多有"卫星灶"。患者早期即可有相关区域的淋巴结肿大。

3. 色素沉着-息肉综合征 为常染色体显性遗传性疾病。口腔表现与口腔黏膜黑斑类似，患者常合并有肠道多发性息肉。

【治疗】

口腔黏膜黑斑目前认为是良性损害，以随访观察为主。如黑斑出现色泽、大小的较快改变，或表面发生溃疡、糜烂、增生、出血等表现，则应及时行手术切除。

（二）色素沉着-息肉综合征

色素沉着-息肉综合征（hyperpigmentationpolyposis syndrome）又称 Peutz-Jeghers 综合征（Peutz-Jeghers's syndrome，PJS）或家族性黏膜皮肤色素沉着胃肠道息肉病，简称黑斑息肉综合征。是一种常染色体显性遗传性疾病，突变基因是位于 19p13.3 的 *STK11* 基因。本综合征具有特征性的口腔黏膜及口周皮肤色素沉着斑，伴肠道多发性息肉，且有家族遗传性。

【临床表现】

1. 黏膜和皮肤色素斑 是本病的主要体征之一。文献报道 95% 左右的色素沉着-息肉综合征患者可出现黏膜和皮肤色素斑。色素斑在婴幼儿时期即可出现，多见于口腔黏膜，尤以唇、颊部及口周皮肤为多见，也可见于舌、腭部黏膜。在鼻部、肛周、手指、足趾也可发生色素斑，少数见于会阴、腹壁、小肠或直肠黏膜上。本病的色素斑与黏膜黑斑较相似，多呈黑色、棕黑色、褐色或蓝黑色，为圆形或椭圆形，边界清楚，散在分布，扁平而不高出黏膜表面，质地软而无浸润或增厚表现。色素斑可随年龄增长而增大、增多，皮肤损害在青春期后可趋于淡化，但口腔黏膜上的色素斑大多仍清晰可辨。黏膜和皮肤色素斑的数量、大小、深度与肠道息肉的严重程度没有明确的相关性。

2. 胃肠道息肉 可累及整个胃肠道，多见于小肠和结肠，少数也可发生在肠道外组织，如胆囊、支气管、膀胱和尿道。息肉一般为多发性，呈圆形或卵圆形，是略长的分叶状带蒂增生物，可散在或成簇分布。本病的主要症状和并发症由肠道息肉引起，其发生率在 20 岁以下的患者中可高达 50% 左右，多因肠套叠、肠梗阻而引起腹痛、呕吐。胃肠道息肉也可造成慢性腹痛、腹泻、消化道出血（黑便），甚至贫血。患者存在消化道恶性肿瘤的风险，胃肠道息肉也存在恶变的倾向，但是否应将本病归属为癌前病变或癌前状态，还存在一定争议。

【病理表现】

黏膜皮肤损害表现为基底细胞层内黑素细胞的黑素颗粒增加，黑素细胞也可增生。肠道息肉表现为错构瘤样，镜下可见黏膜肌层呈树枝状增生和非特异性腺管样结构增生。

【诊断】

符合以下任意一项即可作出临床诊断：
1. 两个或两个以上经组织病理学检查证实的胃肠道息肉。
2. 符合本病组织病理学特征的胃肠道息肉合并家族史。
3. 特征性的黏膜和皮肤色素斑，合并家族史。
4. 特征性的黏膜和皮肤色素斑，合并胃肠道息肉。

对于存在口腔黏膜黑素斑，并长期伴有慢性腹痛、腹泻的患者，应进行消化道内镜检查，以明确诊断。

【治疗】

对黏膜和皮肤色素斑通常不需要进行临床处理，也可行激光治疗以消除症状。对胃肠道息肉患者应及时行手术治疗。

（三）色素痣

色素痣（pigmented nevus）多见于头部、面部、颈部皮肤，偶尔见于口腔黏膜。细胞来源于表皮和黏膜基底层的黑素细胞。

【临床表现】

根据痣细胞在皮肤内分布位置的不同，可将色素痣分为交界痣、皮内痣和混合痣。

1. 交界痣（junctional nevus） 表现为褐色或棕黑色斑疹，可略高于黏膜表面。交界痣表面光滑无毛，可发生在任何部位。交界痣可长期保持形态不变，但如长期受到摩擦、创伤或其他慢性刺激，则有恶变的可能。当交界痣明显增大，色素变深，局部出现瘙痒、疼痛、灼热感、破溃，周围出现卫星小斑点、结节或放射状黑线时，应警惕恶变的可能。

2. 皮内痣（intradermal nevus） 呈淡褐色或暗褐色，平滑或稍隆起于黏膜、皮肤表面，也可呈乳头状或疣状，表面光滑，可长毛，以头颈部多见。

3. 混合痣（compound nevus） 在组织病理上，痣细胞位于表皮与真皮交界处及真皮层内。在临床上与上述两种类型的色素痣难以区分，多见于青少年，表现类似于上述两种类型。

口腔色素痣少见，可发生在腭、附着龈、颊和唇部，一般直径均小于 6 mm，平坦或稍高出黏膜表面，呈褐色、深棕色或棕黑色，以交界痣和混合痣多见。

【病理表现】

交界痣的痣细胞巢位于表皮和真皮交界处，皮内痣位于真皮层内，混合痣则为皮内痣和交界痣同时存在。

【诊断】

根据临床表现和组织学特征可进行诊断。

【治疗】

色素痣一般对人体无害，不需要处理。但因口腔黏膜上发生的色素痣易受口腔功能运动的影响，且受到长期慢性刺激后存在恶变的风险，故建议行手术切除。

（四）原发性慢性肾上腺皮质功能减退症

原发性慢性肾上腺皮质功能减退症（primary chronic adrenocortical hypofunction）又称艾迪生病（Addison disease），是由于各种原因破坏双侧肾上腺的绝大部分而引起肾上腺皮质激素分泌不足所致。本病多见于成年人，老年人和幼儿较少见。典型表现为血压降低、全身乏力、皮肤及黏膜色素沉着等。

【病因】

常见病因包括肾上腺结核、自身免疫反应、恶性肿瘤、淋巴瘤、白血病及真菌感染等。黑素细胞产生黑色素的功能受垂体分泌的黑素细胞刺激素调控。黑素细胞刺激素受肾上腺皮质激素调控，当肾上腺皮质受到破坏时，对垂体黑素细胞刺激素的反馈抑制作用减弱，从而使黑素细胞大量产生黑色素，进而导致黏膜和皮肤的过度色素沉着。

【临床表现】

本病起病缓慢，患者症状多在数月或数年内逐步发生。

色素沉着是本病的早期症状之一，也是最具有特征性的表现。色素沉着散见于皮肤和口腔黏膜，呈褐色、黑褐色或青铜色，在暴露部位和易受摩擦处最明显，如面部、颈部、前胸部、四肢、关节伸面和屈面，以及手背、足背等处，正常色素较深的部位（如乳头、乳晕、腋下、外生殖器和肛周等处）更为明显，指甲和趾甲根部也可见到。

口腔黏膜的色素沉着一般早于皮肤出现，常见于唇红、颊、附着龈、舌缘和舌尖等部位，表现为暗棕色或蓝黑色的斑点、斑纹或斑片。

全身系统性表现为乏力、虚弱、消瘦、血压下降、食欲缺乏、精神失常等，对感染和外伤等各种刺激的应激能力减弱，严重时可出现晕厥、休克甚至肾上腺危象。

【治疗】

除针对原发病因予以治疗外，还应终身使用糖皮质激素作为替代补充。对于口腔黏膜的色素沉着一般不需要处理。

（五）黑棘皮病

黑棘皮病（acanthosis nigricans）是以皮肤角化过度、色素沉着及乳头瘤样增生为特征的一种少见的皮肤病。

【临床表现】

发病起初，患者皮肤干燥、粗糙，可见色素沉着，呈灰褐色、棕褐色或黑色，之后表皮逐渐增厚，并有乳头瘤样皮肤皱起和疣状物增生。皮肤病损多见于颈部、腋窝、乳头及腹股沟等易受摩擦的部位，全身可有广泛的弥漫性色素加深表现。口腔黏膜可受累，唇、颊、舌背、腭及咽部均可出现肥厚及乳头瘤样增生或疣状增生，可伴有不同程度的弥漫性色素沉着（图 15-2）。

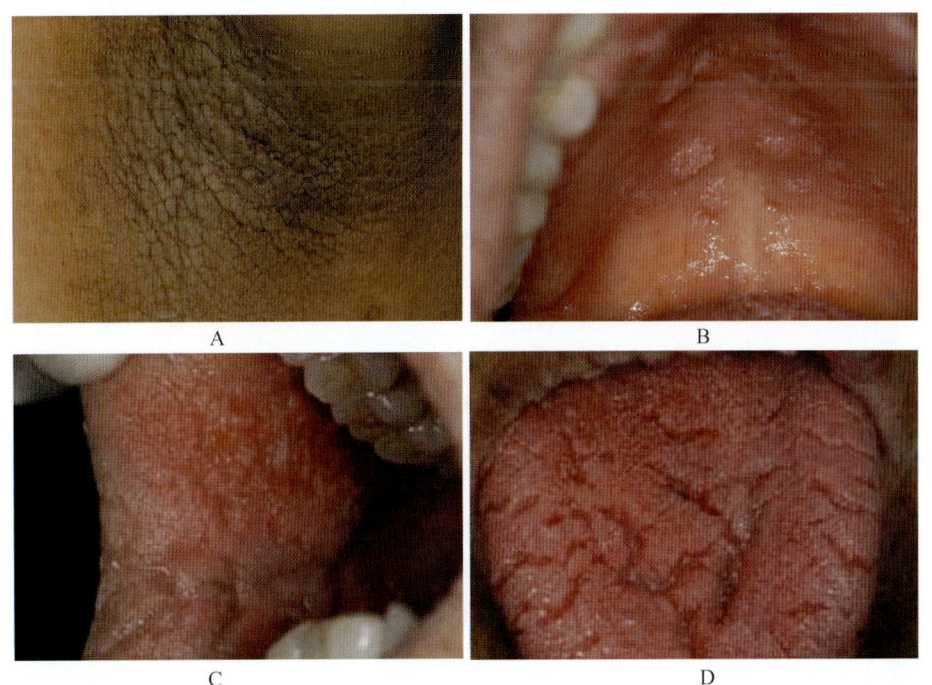

图 15-2 黑棘皮病

A. 腋下皮肤粗糙、增厚，伴棕褐色色素沉着；B. 腭黏膜疣状增生；C. 左侧颊部及口角区黏膜肥厚及乳头瘤样增生；D. 舌背黏膜肥厚及乳头瘤样增生

（上海交通大学口腔医学院供图）

良性黑棘皮病多见于新生儿和幼儿期，有家族聚集倾向，常与胰岛素抵抗型糖尿病有关，病损较轻，口腔黏膜可见细皱褶，呈天鹅绒样。病程进展缓慢，青春期后，皮损一般停止扩展、保持稳定或消退。

许多恶性肿瘤可诱发黑棘皮病，其中多数为腺癌，一般来源于胃肠道、胆道、食管、肾、膀胱、支气管、纵隔和甲状腺，以胃癌最为多见。患者常在40岁以后发病，皮损分布广泛，进展较快且呈进行性加重，全身色素沉着明显。约半数患者的黏膜和皮肤与黏膜交界处受累，表现为疣状或乳头瘤样增生。

【病理表现】

病变部位表皮过度角化，伴有乳头瘤样增生，棘层不规则增厚，基底层有轻度色素沉着。

【治疗】

良性黑棘皮病一般以对症处理为主，对明显增生的疣状或乳头瘤样病损，可采用激光治疗，同时应当注意患者系统性疾病的治疗，特别是胰岛素抵抗型糖尿病的治疗。恶性黑棘皮病在治疗原发肿瘤后，病损可减轻或消退，但常复发。

（六）多骨纤维性结构不良

多骨纤维性结构不良（polyostotic fibrous dysplasia）又称Albright综合征（Albright syndrome），是发生于儿童和青少年的一种少见的先天性疾病，女性发病略多于男性，病程进展缓慢，且有自限倾向。本病的特征为口腔黏膜、皮肤色素沉着，多发性纤维骨发育异常和性早熟等。

【临床表现】

1. 皮肤和黏膜色素沉着　皮肤上出现散在的、分布不规则的褐色斑，多见于胸部、背部、腰部和大腿，斑片大而数量少。口腔黏膜色素沉着表现为褐色斑，以唇部多见。

2. 纤维骨炎　可累及单个或多个骨骼，骨质破坏可导致骨畸形或骨折。

3. 性早熟　女性多见，幼年时期即可出现乳头隆起、月经等。

【病理表现】

本病的病理表现主要是骨组织被纤维结缔组织替代，纤维细胞大小一致，排列整齐，血管少。纤维组织中散在新生骨小梁结构，形状不规则且钙化不均匀。

【诊断】

根据以上临床三大症状和X线检查可确诊。X线检查显示骨密度降低，其中有致密条纹或斑块，呈毛玻璃样改变，患骨膨大、弯曲、畸形。

【鉴别诊断】

本病应与多发性神经纤维瘤相鉴别。多发性神经纤维瘤是由于神经系统发育障碍所导致的全身性疾病，属于常染色体显性遗传病，患者有家族史。临床特征主要是多发性神经纤维瘤和皮肤色素斑，口腔黏膜的棕黑色斑片多见于唇部。

【治疗】

对骨损害者行手术治疗，对色素沉着可不做处理。青春期后病程可能自行停止，色素沉着斑片可随年龄增长而逐渐消退。

（七）恶性黑色素瘤

恶性黑色素瘤（malignant melanoma）是发生于口腔颌面部的一种高度恶性肿瘤，可发生于皮肤和黏膜，黏膜部位较为多见。本病的发病原因不明，通常认为常在色素痣的基础上发展而来，主要由交界痣和混合痣中的交界痣发展而来，也可由黏膜黑斑发展而来。紫外线、慢性机械刺激、烟草、内分泌、遗传等因素与其有一定的关系。

【临床表现】

恶性黑色素瘤好发于青壮年，好发年龄为40岁左右，男女发病率无显著差别。早期为色素痣或黏膜黑斑，发生恶变时则病损迅速增大、增生，色素加深呈放射状，易破溃、出血，周围常出现"卫星结节"，早期即可有相关淋巴结增大和转移，血行转移率高，主要转移至肺、肝、骨、脑等器官。

恶性黑色素瘤在口腔黏膜上多见于腭、牙龈和颊部，多数呈蓝黑色和暗黑色，初期为扁平状增生的凸起肿块，增生明显时可表现为结节状或局部分叶状，表面常破溃，进展快速（图15-3）。侵犯牙槽骨及颌骨时，可引起牙齿松动、脱落。

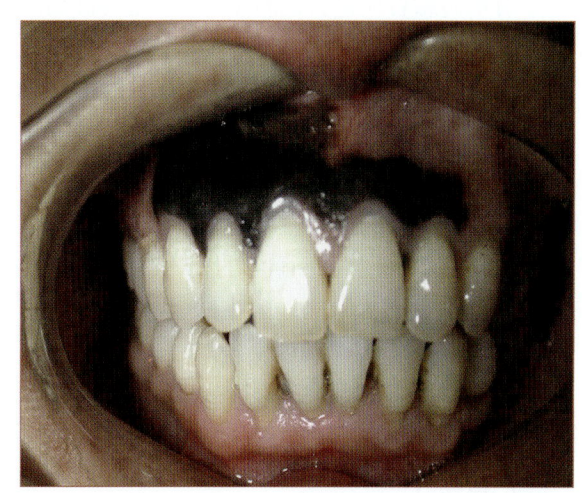

图15-3 恶性黑色素瘤
（上海交通大学口腔医学院供图）

【病理表现】

病理诊断恶性黑色素瘤的主要指征是瘤细胞间变和真皮层内见核分裂象，瘤细胞突破基底膜，以及复发并发生转移。典型的恶性黑色素瘤一般不难诊断，少色素型恶性黑色素瘤需借助MART-1、HMB-45 和 S-100 标记加以区别。

【诊断】

恶性黑色素瘤的临床诊断可基于ABCD规律，A为病损不对称（asymmetry），B为边缘不规则（border irregularity），C为颜色不均匀（color variegation），D为直径大于6 mm（diameter greater than 6 mm）。符合以上四条标准，临床上即倾向于诊断为恶性黑色素瘤。

【治疗】

恶性黑色素瘤的治疗除早期手术切除、化疗、放疗等传统的治疗方法外，近年来由于精准有效，分子靶向药物成为治疗恶性黑色素瘤的热点。目前治疗恶性黑色素瘤的分子靶向药物中，丝裂原活化蛋白激酶抑制剂维罗非尼（Vemurafenib）和达拉非尼（Dabrafenib），以及丝裂原活化蛋白激酶/胞外信号调节激酶（mitogen-activated protein kinase/extracellular signal-regulated kinase，MEK）抑制剂曲美替尼（Trametinib）已被正式批准上市。

二、血色素沉积症 Hemochromatosis

本病是由于长期高铁饮食、大量输血或全身疾病造成体内铁质贮积过多，而发生的铁质代谢障碍所致的疾病，多见于中年男性。

【临床表现】

临床表现为皮肤呈青铜色或灰黑色，主要发生在面部、上肢、腋窝、会阴部。口腔黏膜可有蓝灰色或蓝黑色色素斑。由于铁沉积于肝、胰腺等部位，损害其功能，因而除皮肤黏膜色泽异常外，患者还有肝功能异常和糖尿病表现。

【治疗】

对本病患者应进行内科治疗，对患者口腔黏膜的色素沉着不需要处理。

三、高胆红素血症 Hyperbilirubinemia

【病因】

胆红素沉着的原因主要是肝胆疾病造成胆红素排泄能力下降，胆红素潴留于血液中而形成黄疸。新生儿生理性黄疸也可以归属于这一类。

【临床表现】

临床表现为典型黄疸表现，即皮肤、巩膜黄染。软腭与硬腭交界处及颊黏膜也可出现黄染，患者舌苔较重。

【治疗】

针对原发疾病进行治疗即可，对色素沉着现象不需要处理。

第二节　外源性色素沉着
Exogenous Pigmentation

一、重金属色素沉着 Heavy metal pigmentation

重金属色素沉着是由于重金属的全身性吸收导致口腔黏膜发生颜色异常改变，多见于职业暴露人群，砷、铅、汞、铋、金、银沉着最常见。慢性铅中毒、铋中毒、汞中毒时，可在牙龈（主要是游离龈）边缘形成铅线、铋线和汞线，表现为蓝黑色或蓝灰色色素沉着带，严重时在唇、舌、颊黏膜也可形成沉着斑，并伴有口腔黏膜炎症。

二、银汞沉着症 Amalgam pigmentation

银汞沉着症（amalgam tattoo）是指充填用的银汞合金成分进入黏膜内而形成的色素沉着，多见于银汞充填体附近的口腔黏膜，尤其以颊黏膜和牙龈为多见，表现为小而清晰的蓝黑色、蓝灰色色素沉着斑，一般无明显症状，多不需要处理。应当注意的是，某些患者因对银汞合金过敏而造成局部黏膜苔藓样变时，病损多为白色条纹状，并伴有充血，长期存在的苔藓样变也可出现棕黑色的色素沉着，需与本病相鉴别。

三、烟草及药物引起的色素沉着 Tobacco and drug-induced pigmentation

吸烟可造成口腔黏膜出现棕色至黑色的不规则色素斑，多见于唇、腭、牙龈和颊部。多种药物（如地西泮、避孕药、抗疟药、硝基咪唑、细胞周期抑制剂等）也可造成口腔黏膜色素沉着，停用药物后，色素斑也可持续维持一段时间。

第三节 色素脱失
Depigmentation

口腔黏膜色素脱失（depigmentation）较多见的是由慢性非特异性唇炎、盘状红斑狼疮等局部炎症性疾病所造成，此类疾病常同时伴有色素脱失和色素沉着现象，其形成原因涉及炎症因子对表皮黑色素的影响、含铁血黄素局部沉积等多种因素。临床表现多为混杂出现的色素脱失斑和色素沉着斑，相互之间的边界可不清楚，平坦而不高出黏膜表面（图 15-4）。在系统性疾病中，白癜风（vitiligo）是一种常见的后天性色素脱失性皮肤黏膜病。

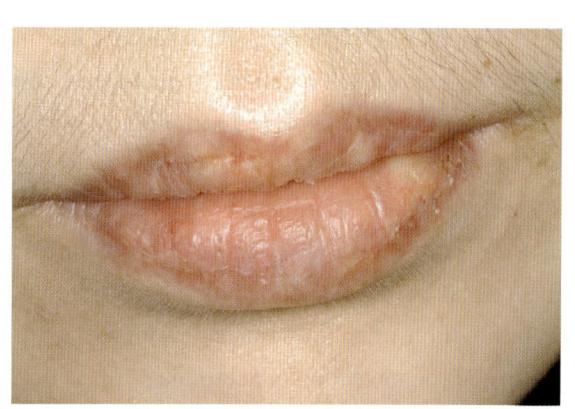

图 15-4 慢性唇炎致色素脱失
（上海交通大学口腔医学院供图）

【病因】

口腔黏膜色素脱失的病因尚不完全清楚，多认为是具有遗传背景的个体在多种内、外因素的刺激下，诱导免疫功能异常、神经精神障碍及内分泌代谢异常等，从而导致酪氨酸酶系统的抑制和黑素细胞的破坏，最终形成色素脱失。

【临床表现】

口腔黏膜色素脱失在任何年龄均可发生，但多见于青壮年，可发生于任何部位，但好发于暴露和易受摩擦处，如额面部、颈部、四肢、躯干部位。唇、阴唇、龟头及包皮内侧黏膜也常受累。

皮损为局限性色素脱失斑，面积大小不等，数量不定，形态各异。白色斑块处毛发也可变白。少数患者白色斑块相互融合成片，广泛分布于全身，呈地图状；另外有少数患者的皮损中，毛孔周围可出现岛状色素区。病程慢性迁延，可持续终身，有时偶尔可自行缓解。口周皮肤和唇红黏膜也可见局部色素脱失斑。

【诊断】

根据色素脱失斑为后天性，呈乳白色，周边有色素沉着带且无自觉症状，患者有遗传背景，即可作出诊断。

【病理表现】

病损区域内黑素细胞密度降低或消失，病损周围黑素细胞异常增大。

【治疗】

对于口腔黏膜色素脱失，目前尚无理想的治疗方法，患者痊愈的可能性小。常用的治疗方法有补骨脂素光化学疗法（又称补骨脂素加长波紫外线疗法）、氮芥擦拭配合糖皮质激素口服及自体表皮移植术等。

Summary

The pigment disorders on oral mucosa refer to diseases or conditions that occur on oral mucosa, showing increased pigmentation or pigment deficiency. It can be attributed to variant etiological reasons, including endogenous and exogenous pathogens. Here, we focus on endogenous pathogens.

The color of the human oral mucosa is not uniform and chromatic variations can occur depending on the degree of keratinization, melanogenic activity, number of melanocytes, vascularization and type of submucosal tissue. If a pathological pigmentation is suspected, its benign or malignant nature will guide the therapeutic plan. The oral mucosa contains melanocytes, even though one might not suspect this when examining Caucasian subjects. Oral mucosa pigmentation is usually demonstrated as a result of melanocyte dysfunction. Clinically, these pigmented disorders are usually seen as melanoplakia, pigmentation polyposis syndrome, pigmented nevus, primary chronic adrenocortical hypofunction or malignant melanoma. They can be recognized as endogenous pigmentation, exogenous pigmentation or achromia.

Focal melanoplakia, showing as a plain, smooth, soft, dark brawn macule is usually harmless. When it is accompanied with chronic abdominal pain, diarrhea or polyps in the gastrointestinal tract, a diagnosis of Peutz-Jeghers syndrome can be defined.

Peutz-Jeghers syndrome (PJS) is an autosomal dominant disease characterized by polyps and mucocutaneous pigmentation that typically manifests itself in childhood and early adulthood, with a common presentation of bowel obstruction and severe abdominal pain. Diagnostic criteria includes hamartomatous polyps, increased melanin deposits, small bowel polyposis and a family history of the PJS syndrome. Treatment usually involves surgical removal of the polyps, though complications of the disease involve a higher predisposition for several types of malignancies. Manifestations of the disease may first be encountered by the dental professional during a routine examination by the presence of melanotic pigmented spots in the oral cavity. Because oral manifestations may precede gastrointestinal onset, oral health care providers may play an important role of an interdisciplinary team and aid in early detection, management and surveillance of PJS syndrome.

Neoplastic pigmentation is rare. Melanotic nevi are small with indistinct borders. Malignant melanoma occurs predominantly on the maxilla or hard palate. Frequently it has already metastasized by the time of diagnosis. Verification by biopsy is essential if a lesion has suddenly appeared that is extensive, elevated, with irregular pigmentation and has no obvious cause.

Drug-induced pigmentation is usually irregularly distributed over the oral mucosa and typical causes are contraceptives and tetracyclines. Localized traumatic pigmentation can be due to injuries contaminated by foreign material such as dust. Not infrequently an amalgam tattoo can be seen, caused by introduction of amalgam during dental treatment with rotating instruments.

These are diseases and conditions of low incidence and generally harmless, except for malignant melanoma, the pigmented disorders on the oral mucosa commonly do not need any specific managements on themselves, but their original etiological problems should be addressed, such as in the case of polyps in PJS.

Definition and Terminology

口腔黏膜色素异常（pigment disorders）: is a group of diseases or conditions that occur on the oral mucosa, showing increased pigmentation or pigment deficiency. It can be due to variant etiological reasons, including endogenous and exogenous pathogens.

黏膜黑斑（melanoplakia）: is a pigmented plaque with unclear etiological reasons on the oral mucosa that manifests itself as a plain, smooth, soft, dark brown plaque, usually be found on the lip, gingiva, palatal and buccal mucosa.

色素沉着-息肉综合征（pigmentation polyposis syndrome）: is also known as Peutz-Jeghers syndrome, is an autosomal dominant disease, characterized by polyps and mucocutaneous pigmentation that typically manifests in childhood and early adulthood, with a common presentation of bowel obstruction and severe abdominal pain. Diagnostic criteria includes hamartomatous polyps, increased melanin deposits, small bowel polyposis and a family history of the syndrome.

恶性黑色素瘤（malignant melanoma）: Malignant melanoma as represent one of the most life-threatening forms of cancer arising from melanocyte precursors as they have the ability to invade or readily metastasize to any organ, especially the lung, liver, brain and bones.

（唐国瑶）

第十六章 系统性疾病的口腔表征

Oral Manifestations of Systemic Diseases

数字资源

第一节 造血系统疾病
Hematopoietic Disease

造血系统疾病是指原发于或主要累及血液和造血器官的疾病。造血系统疾病分类包括：红细胞疾病（如各类贫血和红细胞增多症）；粒细胞疾病（如粒细胞缺乏症等）；单核细胞和巨噬细胞疾病（如组织细胞增多症等）；淋巴细胞和浆细胞疾病（如各类淋巴瘤、淋巴细胞白血病、多发性骨髓瘤等）；造血干细胞疾病（如再生障碍性贫血、白血病、骨髓增生异常综合征等）；出血性及血栓性疾病（如血小板减少性紫癜、凝血障碍性疾病、血栓性疾病等）；脾功能亢进。上述疾病在发生、发展的不同阶段可出现某些口腔特征性表现，有些是早期表现。因此，口腔黏膜专业医师或口腔全科医师需要系统掌握相关学科知识，在上述疾病的早期诊断及辅助诊治方面发挥重要作用。本节内容将结合上述疾病的病因、发病机制、临床表现（全身表现、口腔表现）、诊断和治疗原则等做重点介绍。

一、贫血 Anemia

贫血（anemia）是指人体外周血单位红细胞容量减少，低于正常范围下限，不能运输足够的氧至组织而产生的综合征。由于红细胞容量测定复杂，故常以血红蛋白浓度来代替。

1972 年 WHO 制定的诊断标准将在海平面地区血红蛋白（hemoglobin，HGB）浓度低于下述水平诊断为贫血：6 个月～6 岁儿童 110 g/L，6～14 岁儿童 120 g/L，成年男性 130 g/L，成年女性 120 g/L，孕妇 110 g/L。

中国标准：在我国海平面地区，成年男性 HGB < 120 g/L，成年女性 HGB < 110 g/L，孕妇 HGB < 100 g/L，即诊断为贫血。

贫血有不同的分类方法：按贫血进展速度分为急、慢性贫血；按红细胞形态分为大细胞性贫血（巨幼细胞贫血、骨髓增生异常综合征等）、正常细胞性贫血（再生障碍性贫血、溶血性贫血等）和小细胞低色素性贫血（缺铁性贫血等）；按血红蛋白浓度分为轻度（> 90 g/L）、中度（60～90 g/L）、重度（30～50 g/L）和极重度贫血（< 30 g/L）；按照骨髓红系增生情况分为增生不良性贫血（如再生障碍性贫血）和增生性贫血（除再生障碍性贫血以外的贫血）等。上述分类方法对于辅助诊断及指导治疗有一定的参考意义。但了解贫血的发病原因及发病机制更为重要。

贫血的原因包括：①各种原因导致的造血干细胞损伤或异常，如再生障碍性贫血等；②造血功能调节异常，如肾功能不全、肝病等均可造血调节因子水平异常，从而导致贫血；③造血原料不足或利用障碍所致的贫血，如叶酸、维生素 B_{12} 缺乏导致的巨幼细胞贫血以及缺铁和铁利用障碍所致的贫血；④各种原因导致红细胞破坏所致的贫血。

贫血的发生机制包括失血、红细胞生成减少和破坏过多。

贫血的临床表现与贫血的病因、贫血导致的血液携氧能力下降程度、血容量下降程度、发生贫血的速度以及机体对贫血的耐受及代偿能力等有密切关系。贫血的主要临床表现包括虚弱、眩晕、头痛、嗜睡、记忆力减退、注意力不集中；皮肤、黏膜颜色苍白或黄染；食欲减退、腹胀、气促、心悸等。

贫血不是一种疾病，而是某些疾病的共同症状，治疗原则首先是寻找病因，去除病因。在病因诊断明确之前，切忌乱用药物，以免延误病情，甚至造成严重后果。

（一）缺铁性贫血

缺铁性贫血（iron deficiency anemia，IDA）是由于体内铁缺乏造成血红蛋白合成异常所引起的一种小细胞低色素性贫血。缺铁性贫血是贫血中最常见的类型，在发展中国家、经济欠发达地区人群中以及婴幼儿、育龄妇女（特别是孕妇）发病率高。

案例 16-1

女，28岁。主诉口腔溃疡反复发作，伴舌部进食疼痛 1 年。

1 年来，患者反复出现口腔溃疡，伴乏力、心悸、舌背进食疼痛。2 个月前行心电图等检查未见异常。B 超显示有子宫肌瘤，月经量大。1 个月前行血细胞分析显示血红蛋白 HGB 90 g/L↓。

临床检查：唇红、眼睑色淡，舌背丝状乳头萎缩明显。双手指甲粗糙，表面有纵向裂纹。舌背 10% KOH 涂片呈阳性。

思考题：
1. 该患者的最可能临床初步印象是什么？
2. 为明确诊断，进一步的辅助检查是什么？
3. 该患者发生贫血的可能原因有哪些？

【病因及发病机制】

铁摄入不足（食物缺铁）、铁需要量相对增加（妊娠、儿童生长发育期）、吸收障碍（胃肠道疾病、胃大部切除术后、营养不良）、转运障碍（肝病等）、慢性失血（妇女月经过多）等均可导致缺铁性贫血的发生。

缺铁性贫血的发病机制是由于体内可用来制造血红蛋白的贮存铁减少到不足以补偿功能状态铁，组织缺铁、红细胞内缺铁，导致红细胞生成障碍，铁代谢指标发生异常，特点是骨髓、肝、脾及其他组织中缺乏可染色铁，血清铁蛋白浓度降低，血清铁浓度和血清转铁蛋白饱和度降低，总铁结合力和未结合铁的转铁蛋白升高。组织缺铁，因而影响患者的精神、行为、体能、免疫功能状态及患儿的生长发育和智力，并可引起黏膜组织的病变以及造成外胚叶组织营养障碍。

【临床表现】

1. 一般表现 头晕、头痛、耳鸣、倦怠、乏力、心悸、气促、烦躁易怒、注意力不集中、记忆力减退、体能减退、耐力下降、异食癖等。

2. 皮肤、黏膜表现

（1）皮肤表现：皮肤颜色苍白，以甲床最为明显。此外，还可出现皮肤干燥，头发枯黄、无光泽、易脱落，指（趾）甲平、薄、脆，甚至下凹呈勺状甲。

（2）口腔黏膜变化：口腔黏膜颜色苍白，以唇、颊、牙龈黏膜最为明显。舌乳头萎缩，严重者丝状乳头和菌状乳头均有萎缩，口腔黏膜出现灼痛不适感。部分患者也可出现口腔溃疡表现（图16-1）。普文综合征（Plummer-Vinson syndrome，又称缺铁性吞咽困难）为缺铁性贫血的特殊类型，多见于欧洲人，以缺铁性贫血、吞咽困难和舌炎为主要表现，可引起口咽部鳞状细胞癌，表现为溃疡和红、白色病损等。

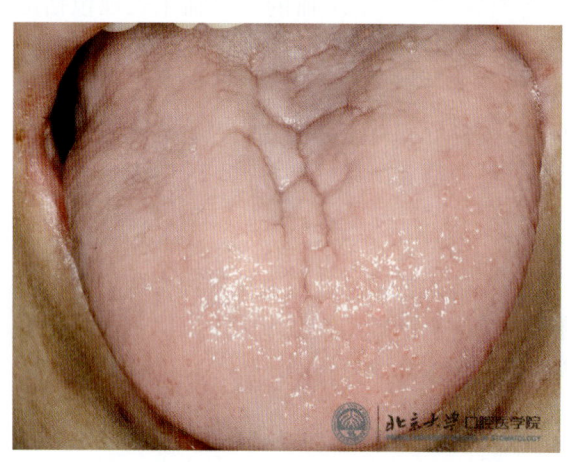

图16-1 缺铁性贫血
舌色淡而苍白，舌乳头广泛萎缩
（北京大学口腔医学院供图）

3. 贫血较重者可出现心动过速，心尖部可闻及收缩期杂音，甚至出现充血性心力衰竭等体征。

【实验室检查】

1. 血细胞分析 呈小细胞低色素性贫血。平均红细胞体积（mean corpuscular volume，MCV）低于 80 fl，平均红细胞血红蛋白含量（mean corpuscular hemoglobin，MCH）小于 27 pg，平均红细胞血红蛋白浓度（mean corpuscular hemoglobin concentration，MCHC）小于 32%。血涂片可见红细胞体积小，中央淡染区扩大。

2. 铁代谢检查 可视条件检测血清铁、总铁结合力、转铁蛋白饱和度、血清铁蛋白、红细胞游离原卟啉、血清可溶性转铁蛋白受体等。

缺铁性贫血患者通常血清铁蛋白减少，血清铁减低，总铁结合力增高，转铁蛋白饱和度减低，红细胞游离原卟啉增高。

3. 骨髓穿刺或骨髓涂片 以红系增生为主，以中、晚幼红细胞为主，其体积小、胞质少。

4. 病因学检查 只有明确病因，缺铁性贫血才能根治。如怀疑为消化道肿瘤伴贫血，则可进行粪便潜血、消化道 X 线和（或）内镜检查，对于寻找病因尤为重要；其余检查视具体病情而定。

【诊断】

诊断应结合病史、临床表现及实验室检查而确定。

【治疗】

以补充贮存铁和去除病因为原则。

1. 对因治疗 尽可能寻找导致贫血的病因并将其去除。

2. 补铁治疗 一般以口服铁剂为主，最常用的无机铁是硫酸亚铁片，口服 0.3 g，每天 3 次。有机铁包括右旋糖酐铁、葡萄糖酸亚铁等。无机铁的不良反应较有机铁明显，如出现胃肠道反应，则可餐后服用。服用铁剂期间忌饮茶，以免影响铁剂的吸收。

3. 口腔治疗 口腔医师应了解患者贫血的原因及程度。口腔损害以对症治疗为主，同时应注意预防继发感染。一般情况下，对贫血患者在进行口腔处理时，不需要特别注意。但对于严重贫血患者，要咨询血液科医师，最好在病情纠正后再予以口腔治疗。此类患者临床易出现晕厥，口腔治疗时，要给予密切关注及监护。

（二）巨幼细胞贫血

巨幼细胞贫血（megaloblastic anemia，MA）是指由于维生素 B_{12} 和（或）叶酸缺乏或其他因素导致 DNA 合成障碍所引起的一类贫血。本病的特征是呈大红细胞性贫血，骨髓内可出现巨幼红细胞、粒细胞及巨噬细胞系列。

案例 16-2

女，70 岁。主诉舌背黏膜进食疼痛 1 年。1 年来，患者舌背黏膜进食刺激性食物疼痛，曾在外院服用中药，未见好转。患者以往有高脂血症，平时以素食为主。

检查：舌背乳头广泛萎缩，舌背、双舌缘及双颊黏膜可见散在分布的片状火红色斑块，边界清楚，形态不规则。血细胞分析：RBC 2.55×10^{12}（$3.5\sim5\times10^{12}$），MCV 121 fl（$80\sim95$ fl），MCH 41 pg（$27\sim32$ pg）。

思考题：
1. 该患者最可能的临床印象是什么？
2. 为明确诊断，还需做哪些辅助检查？

【病因】

约 95% 的巨幼细胞贫血是由叶酸和（或）维生素 B_{12} 缺乏引起，故又称为营养性巨幼细胞贫血。恶性贫血是由于胃黏膜萎缩，胃液中缺乏内因子，使维生素 B_{12} 不能被吸收而发生的一种巨幼细胞贫血。维生素 B_{12} 缺乏为恶性贫血的主要原因。巨幼细胞贫血的原因包括：

1. 摄入不足 食物中缺少蔬菜可导致叶酸缺乏，过度烹煮可使叶酸丢失。炎症、肿瘤、手术切除及腹泻、某些药物均可影响叶酸的吸收。老年人和胃切除术后患者胃酸分泌减少，常会有维生素 B_{12} 缺乏。

2. 需要量增加 婴幼儿、青少年及妊娠期、哺乳期妇女叶酸需要量增加，但未及时补充；慢性反复溶血、白血病、肿瘤、甲状腺功能亢进症及长期慢性肾衰竭行血液透析治疗的患者，对叶酸的需要量增加，如补充不足即可发生叶酸缺乏。

3. 内因子缺乏 主要见于萎缩性胃炎、全胃切除术后和恶性贫血患者。

4. 利用障碍 某些药物（如甲氨蝶呤、氨苯蝶啶、甲氧苄啶、苯妥英钠、乙胺嘧啶、乙醇等）可拮抗叶酸，影响叶酸的代谢和利用。

【临床表现】

维生素 B_{12} 和叶酸缺乏的临床表现基本相似。

1. 一般表现 面色苍白、乏力、头晕和心悸等。

2. 消化道表现 食欲缺乏、腹胀、腹泻等。

3. 口腔表现 以舌部症状、体征最为突出，表现为萎缩性舌炎或光滑舌，菌状乳头及丝状乳头全部萎缩消失，舌背光滑，在舌尖、舌缘有片状火红样斑块出现，舌灼痛明显。红斑

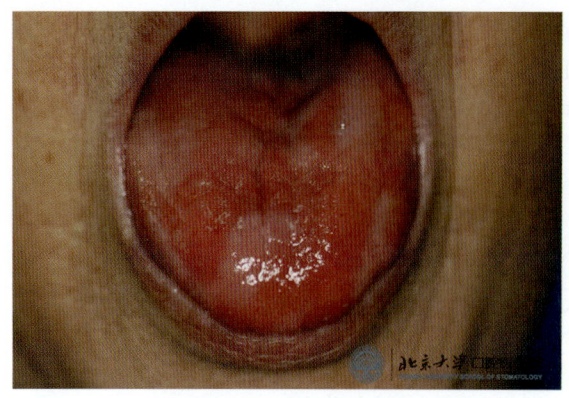

图 16-2 巨幼细胞贫血
舌乳头萎缩伴片状充血、发红区
（北京大学口腔医学院供图）

病损还可出现在唇、颊等黏膜。可在此基础上，伴有念珠菌感染。患者可出现吞咽困难及味觉异常等症状。部分巨幼细胞贫血患者的口腔症状可早于其他贫血症状的出现（图16-2）。

4. 神经系统症状 维生素 B_{12} 缺乏时常伴神经系统表现，如对称性远端肢体麻木；深感觉障碍（肢体位置觉消失等）；共济失调（步态不稳，步态蹒跚）；味觉、嗅觉降低；肌张力增强、腱反射亢进；视力减退；重者可有排便、排尿失禁；另外，还可伴有精神症状，如易怒、抑郁、失眠、记忆力减退、幻觉、妄想甚至人格障碍等。

【实验室检查】

1. 血细胞分析 表现为大细胞正色素性贫血。平均红细胞体积（mean corpuscular volume，MCV）常大于 100 fl，平均红细胞血红蛋白含量（mean corpuscular hemoglobin，MCH）常大于 32 pg。

2. 血清叶酸和维生素 B_{12} 水平测定 叶酸和（或）维生素 B_{12} 低于正常值。

3. 血浆中同型半胱氨酸和甲基丙二酸水平测定 两者均有所升高。

4. 骨髓增生活跃，巨幼红细胞系占骨髓细胞总数的 30%～50%，其中巨原红细胞及巨早幼红细胞可达半数以上。巨幼红细胞糖原染色呈阴性。

5. 部分患者抗胃壁细胞抗体及抗内因子抗体检测呈阳性。

【诊断】

根据营养史以及特殊用药史、临床表现及实验室检查，可以明确诊断。如实验室检查条件有限，在特殊情况下，也可采取诊断性治疗。

【治疗】

1. 对因治疗 应积极寻找病因，治疗原发病。

2. 加强营养知识宣传普及，纠正偏食及不良的烹调习惯。

3. 补充缺乏的营养物质 叶酸或维生素 B_{12}。①口服叶酸 5～10 mg，每天 3 次。②肌内注射维生素 B_{12}，每天 500 μg，连续 2 周，以后改为每周 1 次。如有神经系统表现，则治疗时间需维持在 6～12 个月。

4. 其他辅助治疗 重症病例也可出现铁相对性缺乏，需要及时补充铁剂。对营养性巨幼细胞贫血患者可同时补充维生素 C、B_1 和 B_6。

5. 口腔处理 以对症治疗为主。如伴有真菌感染，应及时予以抗真菌治疗。

（三）再生障碍性贫血

再生障碍性贫血（aplastic anemia，AA）是一种由不同病因和机制引起的骨髓造血功能衰竭症，主要表现为骨髓造血功能低下、全血细胞减少和贫血、出血、感染等综合征。

案例 16-3

女，56岁。主诉牙龈出血2周。2周来，患者全口多处牙龈于刷牙、进食时出血，近1周口腔黏膜出现血疱，伴出血。患者以往患三叉神经痛，长期服用卡马西平等药物。

检查：全口牙龈呈暗紫色，部分牙龈可见自发性出血。口腔黏膜有2处不规则溃疡形成，表面黏膜有黄白色假膜，周围黏膜可见紫色斑块。

思考题：
1. 该患者的临床初步印象是什么？
2. 为明确诊断，需要进行哪些辅助检查？

根据患者的病情、血象、骨髓象及预后，可将再生障碍性贫血分为重型和非重型。非重型又分为中间型和轻型。也有学者从病因上将本病分为先天性（遗传性）和后天性（获得性）。获得性又可分为原发性和继发性。

范科尼贫血（Fanconi anemia）是一种遗传性再生障碍性贫血，是一种罕见的常染色体隐性遗传性造血系统疾病。这类患者幼年即发病，除有典型的再生障碍性贫血表现外，还可出现皮肤棕褐色色素沉着、小头畸形、拇指缺如或畸形，以及肾、脾、眼、耳、生殖器畸形等。

【临床流行病学】

再生障碍性贫血的年发病率具有地域差别，在欧美国家为（0.47～1.37）/10万，日本为（1.47～2.40）/10万，我国为0.74/10万。总体来说，亚洲人群的发病率高于欧美；发病年龄呈现10～25岁及＞60岁两个高峰，没有明显的男女性别差异。

【病因】

某些病毒感染（如肝炎病毒、微小病毒B19等）、应用骨髓毒性药物、接触有毒化学物质、长期或过量暴露于射线是再生障碍性贫血发病的主要诱因。

【发病机制】

再生障碍性贫血的发病机制涉及免疫紊乱、造血干细胞/祖细胞（hematopoietic stem/progenitor cell，HSPC）受累以及异常的造血微环境，其中最主要机制是T细胞免疫亢进损伤自身HSPC，从而使正常造血功能衰竭。

【临床表现】

本病的主要临床表现是贫血、感染及出血。一般不伴有淋巴结及肝脾大。

1. 贫血 患者皮肤黏膜苍白、乏力、头晕、心悸和气促等症状明显。轻者呈慢性过程，重者多呈进行性加重。

2. 感染 多数患者有发热，以呼吸道感染最为常见，其次为消化道、泌尿生殖器及皮肤黏膜的感染。致病菌以革兰氏阴性杆菌、葡萄球菌和真菌为主，常合并败血症。

3. 出血 急性重症患者均有程度不同的皮肤黏膜及内脏出血。皮肤黏膜表现为出血点或大片瘀斑，口腔黏膜可有血疱。可有牙龈自发性出血，以及鼻出血、结膜出血等。深部脏器出血可表现为呕血、咯血、便血、血尿，女性有阴道出血。眼底出血和颅内出血常危及生命。

【实验室检查】

1. 血象 全血细胞减少。

2. 骨髓象 骨髓增生减低，粒系、红系及巨核细胞减少。骨髓小粒空虚。

3. T细胞亚群测定 $CD4^+$ T细胞与$CD8^+$ T细胞比值降低，Th1细胞与Th2细胞比值增高；血清IFN-γ、TNF水平增高。

【诊断与鉴别诊断】

1. 应详细询问患者发病前6个月内的用药史、化学物质及毒性物质接触史。
2. 再生障碍性贫血患者全血细胞计数为两系或三系血细胞减少。
3. 骨髓活检示造血组织减少。非造血细胞比例增高，骨髓小粒空虚。

获得性再生障碍性贫血应注意与骨髓增生异常综合征、范科尼贫血、免疫相关性全血细胞减少、骨髓纤维化等疾病相鉴别。

【治疗】

1. 支持及对症治疗 预防感染，避免出血。血红蛋白低于60 g/L时可输血。对于出血患者，可根据不同出血情况，给予止血药或输入浓缩血小板等。对于合并感染的患者，可行分泌物、尿液、粪便、血液等细菌培养＋药物敏感试验，根据培养结果选择抗生素。对长期应用抗生素的患者应注意诱发真菌感染及菌群失调的情况。

2. 再生障碍性贫血的治疗 一旦确诊，即应根据疾病严重程度，由血液科医师给予相应治疗。

（1）标准疗法是采用同种异体骨髓移植，或联合抗人胸腺细胞免疫球蛋白和环孢素A（cyclosporin A，CsA）的免疫抑制治疗（immunosuppressive therapy，IST）。

（2）对未接受骨髓移植者可选择大剂量环磷酰胺治疗。约70%的患者对大剂量环磷酰胺治疗有效，但是并不能防止病情复发。

3. 口腔治疗 对再生障碍性贫血患者进行口腔治疗时，主要应考虑感染及出血的问题。

（1）此类患者体内存在潜在的出血性疾病，因此，在进行任何手术之前，包括进行口腔有创性治疗和手术操作前，要先进行血小板计数等项目检查。

（2）再生障碍性贫血患者容易出现败血症，同时可伴随显著的中性粒细胞减少，此类患者出现牙体、根尖或牙周的急性炎症时，建议在牙髓、牙周治疗之后，应给予口服抗生素。

4. 其他措施 避免使用对骨髓有损伤作用和抑制血小板功能的药物。

二、白血病 Leukemia

白血病（leukemia）是一类造血干/祖细胞的恶性克隆性疾病，其特征是以血液和骨髓中的白细胞及其前体细胞呈恶性克隆性增生、积聚，并侵犯肝、脾、淋巴结，最终浸润并破坏全身组织、器官，使正常造血功能受到抑制。临床表现为贫血、出血、感染及各器官浸润症状。

根据白血病细胞成熟的程度和疾病的自然病程，可将白血病分为急性和慢性两大类。急性白血病（acute leukemia，AL）细胞分化停滞在较早阶段，多为原始细胞及早期幼稚细胞。起病急，病情发展迅速，自然病程仅为数月。慢性白血病（chronic leukemia，CL）细胞分化停滞在较晚阶段，多为较成熟的幼稚细胞和成熟细胞，病情发展缓慢，自然病程为数年。此外，根据主要受累的细胞系列可将急性白血病分为急性粒细胞白血病（acute myeloblastic leukemia，AML）和急性淋巴细胞白血病（acute lymphocytic leukemia，ALL）两大类。慢性白血病又分为慢性髓细胞性白血病（chronic myelogenous leukemia，CML）、慢性淋巴细胞白血病（chronic lymphocytic leukemia，CLL）以及少见类型白血病。

【临床流行病学】

我国白血病发病率为 3～4/10 万。在恶性肿瘤的死亡率排名中，白血病居第 6 位（男性）和第 7 位（女性）。儿童和 35 岁以下成人居第 1 位。

我国急性白血病比慢性白血病多见（两者发病率之比约为 5.5 : 1），其中最常见的是急性粒细胞白血病（1.62/10 万），其次为急性淋巴细胞白血病（0.69/10 万），慢性粒细胞白血病（0.36/10 万）和慢性淋巴细胞白血病较少见（0.05/10 万）。男性发病率略高于女性（两者发病率之比约为 1.81 : 1）。成人急性白血病中，以 AML 多见，儿童以 ALL 多见。

【病因及发病机制】

白血病的确切病因至今尚未明确。目前认为其发病与感染、物理因素、化学因素和遗传因素等有关。

1. 遗传因素 某些白血病的发病与遗传因素有关。家族性白血病约占白血病的 0.7%。某些类型的白血病与 HLA 抗原型有一定关系，如急性淋巴细胞白血病患者 HLA-A2 和 HLA-A9 的检出率较高。

2. 病毒因素 尽管已经证实，鸡、小鼠和长臂猿等动物的自发性白血病组织中可以分离出白血病病毒，而且成人 T 淋巴细胞白血病与人类嗜 T 淋巴细胞病毒 -1（human T-cell lymphotropic virus-1，HTLV-1）有关，但是到目前为止，仍不能肯定病毒感染与白血病的确切关系。

3. 化学因素 一些化学物质和药物（如苯、亚硝胺类物质、保泰松及其衍生物、氯霉素）以及某些抗肿瘤的细胞毒性药物（如氮芥、环磷酰胺、丙卡巴肼、依托泊苷和替尼泊苷）可诱发白血病。长时间接触苯以及含苯的有机溶剂与白血病有关。

4. 物理因素 X 射线、γ 射线等电离辐射可以引起白血病。白血病的发生取决于人体吸收辐射的剂量。研究显示，日本广岛、长崎原子弹爆炸后，受辐射严重地区人群的白血病发病率是未受辐射地区人群的 17～30 倍。

5. 其他 某些血液病最终可能发展为白血病，如骨髓增生异常综合征、多发性骨髓瘤等。

【临床表现】

1. 发热和感染 发热是白血病患者最常见的症状之一，可发生于疾病的不同阶段。发热可以是由于白血病本身所致或是由于感染导致，其中以咽峡炎、口腔黏膜炎症或溃疡、肛周炎最常见。肺炎、扁桃体炎、肛周脓肿等也较常见。感染严重者还可发生败血症、脓毒血症等。

2. 出血 出血是白血病患者的常见症状，出血部位可发生在全身各部位，以皮肤、牙龈、鼻腔出血最常见，也可有视网膜、耳内出血和颅内、消化道、呼吸道等内脏大出血。

3. 贫血 患者往往有乏力、面色苍白、心悸、气促、下肢水肿等症状。

4. 白血病细胞增殖、浸润的表现

（1）淋巴结肿大及肝脾大。

（2）胸骨下端局部压痛。

（3）中枢神经系统：中枢神经系统白血病，患者出现头痛、头晕，甚至抽搐、昏迷。

5. 口腔表现 各型白血病患者均可出现口腔表征。

（1）牙龈增生、肿大：增生牙龈的高度可与咬合面平齐，外形不规整，呈不规则肿大。

（2）牙龈及口腔黏膜出血：牙龈为自发性出血，龈缘表面有凝血块，或出现牙龈坏死。口腔黏膜颜色苍白并可见瘀点、瘀斑，或出现口腔溃疡，溃疡面积大、形状不规则，伴发感染时口腔可出现恶臭（图 16-3）。

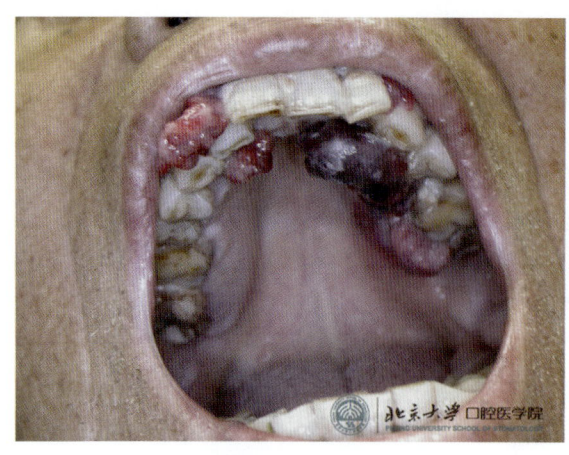

图 16-3 白血病
牙龈肿胀、出血
（北京大学口腔医学院供图）

（3）牙痛：由于牙髓内白细胞浸润，因此可以引起类似牙髓炎的剧烈牙痛。

【实验室检查】

1. 血细胞分析 大多数患者白细胞增多，$>10\times10^9/L$，也有白细胞计数正常或减少者。血涂片检查可见数量不等的原始和幼稚细胞。患者常有不同程度的贫血以及血小板减少。

2. 骨髓检查 骨髓中有大量的原始或幼稚白血病细胞堆积。

3. 细胞化学分析 主要用于协助各类白血病的形态鉴别。

4. 免疫学检查 根据白血病细胞表达的系列相关抗原，确定其来源。

5. 染色体和分子生物学检查 白血病患者常伴有特异性的染色体和基因改变。

6. 血液生化检查 白血病化疗期间，患者可出现血液生化指标异常，需定期监测。

【诊断】

根据临床表现、血细胞分析和骨髓穿刺活检等，可明确诊断。

但由于白血病类型不同，治疗方案及预后亦不尽相同，因此诊断成立后，应进一步通过细胞生化特殊染色、流式细胞仪检查、染色体检查等特殊检查进一步确认白血病的类型。

【鉴别诊断】

1. 骨髓增生异常综合征 该病患者外周血中有原始细胞和幼稚细胞，可出现全血细胞减少和染色体异常，易与白血病相混淆。但骨髓中原始细胞不到30%。

2. 某些感染引起的白细胞异常 如传染性单核细胞增多症，患者血象中可出现异形淋巴细胞，但该病病程短，可自愈。

3. 再生障碍性贫血及特发性血小板减少性紫癜 血象可与白血病混淆，但骨髓象检查可明确鉴别。

【治疗】

白血病的治疗需要根据疾病的类型加以选择，包括药物治疗、放射治疗、免疫治疗和靶向治疗等。可按照患者意愿、经济能力、预后风险等综合考虑。

1. 支持治疗 可采取成分输血、维持营养等措施，预防感染的发生。

2. 化学治疗 化学治疗的目的是清除白血病细胞克隆并重建骨髓正常造血功能，包括：①诱导化疗；②巩固治疗；③强化治疗。

3. 异基因造血干细胞移植（allogeneic hematopoietic stem cell transplantation，Allo-HSCT） 骨髓造血干细胞移植可使40%～65%的ALL患者及80%的CML患者长期存活。

4. 分子靶向治疗或免疫治疗 可联合应用全反式维A酸和三氧化二砷治疗急性早幼粒细胞白血病。甲磺酸伊马替尼（imatinib mesylate），商品名格列卫，作为酪氨酸激酶抑制剂，在慢性粒细胞白血病的治疗中已取得良好效果。利妥昔单抗可单用或与其他化疗药联合治疗慢性淋巴细胞白血病。

5. 口腔治疗 部分白血病患者早期即可出现典型的口腔表现，有的可因口腔症状而首先就诊于口腔科。因此，口腔科医师需要对口腔黏膜或牙龈有瘀斑、瘀点、血肿或反复出现口腔感染或溃疡等表现的患者予以高度重视，及时进行相关血液学检查或请血液科医师会诊，及早明确诊断。

对于牙龈和口腔黏膜出血的处理包括：减少对局部组织的刺激；对出血区域采取直接压迫止血、吸收性明胶海绵止血、局部使用凝血酶等止血措施。

白血病患者口腔溃疡的治疗以局部对症治疗为主。口腔治疗时需十分谨慎，并注意保持患者的口腔清洁，尽量减少对口腔坏死组织的刺激，忌任何有创性口腔操作或手术，如拔牙、口腔组织活检和深部牙周刮治等。如必须进行口腔治疗，最好选择在缓解期进行，治疗前需咨询血液科医师意见；口腔治疗结束后，应密切观察患者的全身反应。

【预后】

根据白血病的类型不同，其预后不同。AL 若不经过特殊治疗，则患者平均生存期仅为 3 个月。CML 患者中位生存期为 39～47 个月。随着造血干细胞移植技术及新药或新技术（如 CAR-T 细胞）不断研发和应用，各种类型的白血病患者生存期均有显著延长。

【预防】

1. 避免接触过多的 X 射线及其他有害的放射线。
2. 防治各种感染，特别是病毒感染。
3. 慎重使用某些药物，如氯霉素、保泰松、免疫抑制剂等。
4. 避免接触某些致癌物质或有毒、有害物质。
5. 对白血病高危人群应做好定期普查工作，特别应关注白血病早期症状。

三、出血性疾病 Hemorrhagic disease

人体血管受到损伤时，血液可自血管向外流出或渗出，此时，机体通过一系列生理性反应使出血停止，即止血。因先天或获得性因素导致血管、血小板、抗凝及纤维蛋白溶解等止血机制缺陷或异常而引起的以自发性出血或创伤后出血不止为主要临床表现的疾病，称为出血性疾病（hemorrhagic disease）。

案例 16-4

男，67 岁。主诉牙龈自发性出血 1 天。1 天前，患者左上后牙牙龈自发性出血不止，否认牙痛等病史。既往高血压 160/110 mmHg，服用抗高血压药。伴心房颤动，长期服用华法林，INR 2.06。

思考题：
1. 该患者牙龈出血的原因是什么？
2. 临床应如何处置？

【正常止血机制】

1. 血管因素 血管收缩是人体对出血最早的生理性反应。当血管受损时，局部血管发生收缩，导致管腔变窄、破损伤口缩小或闭合。血管收缩通过神经反射及多种介质调控完成。

2. 血小板因素 血管受损时，血小板通过黏附、聚集、释放反应等参与止血过程。

3. 凝血因素 上述血管内皮损伤，启动外源性及内源性凝血途径，经过一系列酶解反应，形成纤维蛋白血栓。血栓填塞于血管损伤部位，使出血得以停止。同时，凝血过程中形成的凝血酶等还具有多种促进血液凝固及止血的重要作用。

【正常凝血机制】

血液凝固过程是无活性的凝血酶原被激活，转变为具有蛋白降解活性的凝血因子的一系列酶反应过程。凝血的最终产物是血浆中的纤维蛋白原转变为纤维蛋白。

（一）凝血因子

目前已知直接参与人体凝血过程的主要凝血因子见表 16-1。

表 16-1 凝血因子的命名及其部分特性

凝血因子	同义名	合成场所	血浆浓度（mg%）	衍生物	功能
Ⅰ	纤维蛋白原（fibrinogen）	肝	200～400	纤维蛋白	形成凝胶
Ⅱ	凝血酶原（prothrombin）	肝	10～15	凝血酶	蛋白酶
Ⅲ	组织凝血激酶（tissue thromboplastin）	各组织细胞			辅助因子
Ⅳ	钙离子（calcium Ion）				辅助因子
Ⅴ	前加速素（proaccelerin）	肝	5～10	Ⅳ（Ⅴa）	辅助因子
Ⅶ	血清凝血活酶前转变素（proconvertin）	肝	0.4～0.7	Ⅶa	蛋白酶
Ⅷ	抗血友病因子（antihemophilic factor，AHF）	以肝为主	15～20	Ⅷa	辅助因子
Ⅸ	血浆凝血激酶（plasma thromboplastin component，PTC）	肝	3～5	Ⅸa	蛋白酶
Ⅹ	斯图亚特因子（Stuart-Prower factor）	肝	5～10	Ⅹa	蛋白酶
Ⅺ	血浆凝血活酶前质（plasma throm-boplastin antecedent，PTA）	肝及网状内皮系统	0.5～0.9	Ⅺa	蛋白酶

（二）凝血过程

1. 凝血活酶的生成 经典凝血学说认为，凝血过程根据其启动环节不同可分为外源性凝血途径和内源性凝血途径两种。在生理性凝血过程中，外源性凝血途径与内源性凝血途径具有同等的重要性，但在病理性凝血过程中，更加强调外源性凝血途径的作用和地位。

（1）外源性凝血途径：是指参加的凝血因子并非全部存在于血液中，还有外来的凝血因子参与止血。这一过程从组织因子暴露于血液中开始，直至因子Ⅹ被激活。临床上以凝血酶原时间测定来反映外源性凝血途径的状况。

（2）内源性凝血途径：是指参加的凝血因子全部来自于血液（内源性）。这一过程是从因子Ⅻ被激活到因子Ⅹ被激活的全过程。临床上常以活化部分凝血活酶时间来反映机体内源性凝血途径的状况。

上述两种凝血途径激活因子Ⅹ后，凝血过程即进入共同途径，在钙离子存在条件下，活化因子Ⅹ、因子Ⅴ与磷脂形成复合物，称为凝血活酶。

2. 凝血酶的生成 血浆中无活性的凝血酶原在凝血活酶的作用下，转变为具有蛋白分解活性的凝血酶。凝血酶的生成是凝血连锁反应中的关键，除可参与凝血反应外，还可反馈性加速凝血酶原向凝血酶的转变，诱导血小板不可逆性聚集，激活纤溶酶原，增强纤维蛋白溶解活性等。

3. 纤维蛋白的生成　在凝血酶的作用下，纤维蛋白原依次裂解，释放出血纤肽A和血纤肽B，形成纤维蛋白单体。纤维蛋白单体可自动聚合，形成不稳定性纤维蛋白，再经活化因子XIII的作用，形成稳定性交联纤维蛋白。

现代凝血学说认为，凝血分为两个阶段，首先是启动阶段，是通过外源性途径实现的，由此生成少量的凝血酶。然后是放大阶段，即少量凝血酶发挥正反馈作用：激活血小板，磷脂酰丝氨酸由膜内移向膜外发挥磷脂作用；激活因子V、因子VII；在磷脂与凝血酶原存在条件下，激活因子XI，从而生成足量凝血酶，以完成凝血过程。

除凝血系统外，机体内还存在着完善的抗凝及纤溶系统。正常情况下，机体内的凝血与抗凝、纤维蛋白形成与纤溶维持着动态平衡，以保持血流畅通。

【出血性疾病的分类】

1. 血管壁异常　包括先天性或获得性因素导致的血管壁异常，如遗传性出血性毛细血管扩张症、过敏性紫癜、维生素C缺乏症等。

2. 血小板异常　包括血小板数量、质量异常，如特发性血小板减少性紫癜、脾功能亢进、再生障碍性贫血、白血病，以及放疗、化疗引起的骨髓抑制。

3. 凝血异常　包括先天性和后天获得性凝血因子异常。如血友病A（缺少因子VIII）和血友病B（缺少因子IX）均为染色体隐性遗传性出血性疾病。维生素K缺乏症、肝病所致的出血大多是由获得性凝血因子异常引起的。

4. 抗凝及纤溶蛋白溶解异常　主要是由获得性疾病所致，如肝素使用过多、溶血栓药使用过量、蛇咬伤等可导致。

5. 复合性止血机制异常　如弥散性血管内凝血（disseminate intravascular coagulation，DIC）等。

【临床表现】

1. 临床表现　以自发性出血或轻微损伤后出血不止为特征。不同病因引起的出血性疾病其临床表现有所不同，可表现为鼻出血、外科手术后严重出血、皮肤紫癜、胃肠道出血、妇女月经量多、产后大量出血等。

2. 口腔表现　患者有明显的出血倾向，可有牙龈自发性出血，口腔黏膜出现出血点、瘀斑、血疱等，可由刷牙、咀嚼食物、口腔治疗时器械创伤等引起。如果创伤未穿破黏膜，则形成黏膜下血肿，而穿破黏膜后可导致继发性出血。出血性疾病患者接受任何口腔颌面部手术（如拔牙、牙髓手术等）均可引发严重出血，而且口腔创面愈合延迟。

【诊断】

根据病史和临床表现常可判断出血的原因并作出诊断。

1. 详细的病史　详细询问病史有助于诊断，如患者自幼即有出血，则应考虑为遗传性出血性疾病。此外，服药史及放射线接触史、肝病和肾病史、既往出血情况等对疾病的诊断均有一定帮助。

2. 临床检查　应重点关注患者自发性出血的部位、范围，有无深部出血、伤口渗血等情况。

3. 实验室检查　大多数出血性疾病需要经过实验室检查方可确立诊断。

实验室检查要根据筛选、确诊及特殊试验的顺序进行。

（1）筛选试验：简单、易行，可大致判断止血障碍的部位及机制。

1）血管或血小板异常：可行血小板计数、出血时间、凝血时间等检查。

2）凝血异常：可检查凝血时间、活化部分凝血活酶时间（activated partial thromboplastin time，ATPP）、凝血酶原时间（prothrombin time，PT）、凝血酶时间（thrombin time，TT）等。

（2）确诊试验：

1）血管异常：可测定内皮素-1等，遗传性疾病需行基因筛查以明确诊断。

2）血小板异常：包括测定血小板数量、功能，血小板黏附、聚集功能等。

3）凝血异常：包括测定凝血酶-抗凝血酶复合物活性以及纤溶酶原、纤溶酶-抗纤溶酶复合物等。

【治疗】

1. 病因治疗 需要针对病因进行积极处理，如控制感染，积极治疗肝胆疾病、肾病，抑制异常免疫反应等。药物性的血小板减少较常见，需予以足够重视，要合理用药。对于遗传性出血性疾病，目前尚缺乏根治性措施，应强调预防外伤，以减少出血的情况。必须手术时，需要补足缺乏的凝血因子，保证手术过程中及术后不发生出血，直至伤口愈合为止。

2. 止血治疗 需要补充血小板和（或）相关凝血因子。在紧急情况下，输入新鲜血浆或新鲜冷冻血浆是一种可靠的补充或替代疗法。

3. 止血药物 应当根据不同的病因选用针对性较强的止血药物。

（1）血管因素：可给予维生素C、曲克芦丁、糖皮质激素等。

（2）血小板因素：可给予糖皮质激素、酚磺乙胺及血小板成分输注。

（3）凝血因子缺乏：可给予新鲜血浆及各种含凝血因子的血浆制品。对维生素K缺乏症患者可给予维生素K。

（4）纤溶亢进：可给予氨基己酸、氨甲苯酸等。

（5）循环中有凝血因子抗体：可应用糖皮质激素、免疫抑制剂等。

4. 局部处理 局部可采取加压包扎、固定及手术结扎相应血管等处理措施，或给予局部止血药，如凝血酶及吸收性明胶海绵等。

5. 口腔治疗 对出血性疾病患者进行口腔治疗时，应注意以下问题：

（1）非手术性口腔治疗应避免损伤口腔黏膜或牙龈组织。

（2）必须进行的口腔手术治疗，应请血液科医师会诊，并在其协助下安排患者住院完成。

（3）拔牙前要了解患者凝血因子及血小板缺乏的严重程度。对中度至重度缺乏患者，需要进行预防性处理，术前、术后输注相关血液成分或新鲜血，直至伤口愈合为止。术中尽量减少创伤，选择较细的麻醉针头。

（4）对血友病患者，制作口内义齿时，应尽量避免使用卡环、支托等金属装置。

（5）进行龋齿备洞和充填治疗时，应使用橡皮障，避免对牙龈及其他口腔软组织造成损伤。

（6）注意加强对口腔出血病灶的护理，维持良好的口腔卫生状况。

四、白细胞减少和粒细胞缺乏症

白细胞减少（leukopenia）是指外周血白细胞绝对计数持续低于 $4.0\times10^9/L$。中粒细胞减少症（neutropenia）是指外周血中性粒细胞绝对计数减少，当10岁以下儿童其绝对值低于 $1.5\times10^9/L$，10～14岁儿童低于 $1.8\times10^9/L$，成人低于 $2.0\times10^9/L$ 时，称为粒细胞减少症。其绝对值低于 $0.5\times10^9/L$ 时，称为粒细胞缺乏症（agranulocytosis）。

案例 16-5

男，32岁。放射科技师，主诉咽部溃疡3个月。3个月前，患者咽部出现深大溃疡，疼痛明显，影响进食，伴低热37.8℃。此外，患者近几个月出现四肢无力、头晕、头痛的情况，以往无口腔溃疡反复发作史。吸烟15年，每天20支。

检查：右侧软腭后部可见1 cm×1.2 cm的深大溃疡，表面凹陷，周围隆起。其余黏膜未见明显异常。口腔卫生差，牙石、色素（＋＋＋）。

血细胞分析显示：外周血白细胞计数 $3.2×10^9$/L，中心粒细胞 $1.2×10^9$/L。

思考题：
1. 该患者的临床初步诊断是什么？
2. 该病需要与哪些疾病相鉴别？

【病因及发病机制】

引起粒细胞减少症的原因很多，如细胞毒性药物、电离辐射、化学物质、感染以及造血系统疾病、自身免疫病等，均可导致骨髓损伤而使患者出现粒细胞减少症。

粒细胞减少症的发病机制包括粒细胞生成减少、粒细胞破坏过多及粒细胞分布异常。

【临床表现】

根据中性粒细胞减少的程度分为轻度（$≥1.0×10^9$/L）、中度（$0.5～1.0×10^9$/L）和重度（$≤0.5×10^9$/L）。轻度减少的患者一般无特殊症状，多表现为原发疾病的症状。中、度重度减少的患者若已发生感染，则根据感染部位不同，可出现相应的症状和体征，同时伴有乏力、困倦等症状。口腔表现为牙龈、颊、软腭等处黏膜感染或坏死性溃疡，可伴有疼痛、流涎、淋巴结肿大、低热等症状（图16-4）。

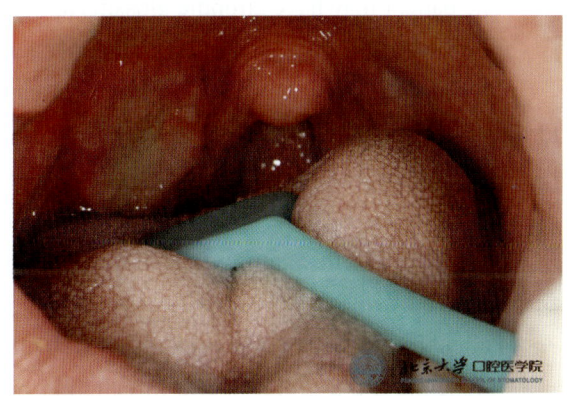

图16-4 粒细胞减少症患者的口腔溃疡表现
（北京大学口腔医学院供图）

【实验室检查】

1. 血细胞分析 血细胞计数通常显示白细胞计数减少，中性粒细胞数量明显减少，而淋巴细胞数量正常或相对增多。

2. 骨髓象 骨髓增生大多在正常范围内，但粒系增生常减低，伴成熟障碍。

3. 对引发粒细胞减少症的各种感染，应分别进行实验室检查以明确诊断。

【诊断】

根据病史（包括药物、毒物或放射线接触史）、临床表现及实验室检查，可作出诊断。

【治疗】

1. 病因治疗 应立即停止接触可疑的药物或其他致病因素。对继发性减少的患者应积极治疗原发病。

2. 防治感染 对轻症者不需要采取特殊预防措施。对中度至重度减少的患者,应注意预防感染的发生,减少出入公共场所,保持卫生,去除慢性病灶。

3. 应用促粒细胞生成药物 目前在临床上此类药物(如利可君等)应用较多,但效果尚不确定。而重组人粒细胞集落刺激因子以及重组人粒细胞-巨噬细胞集落刺激因子,两者不仅可以通过促进骨髓内粒细胞的生成和释放而升高中性粒细胞数量,而且可以激活成熟的中性粒细胞,从而增强其吞噬功能,以利于控制感染,临床效果明确确切。

4. 免疫抑制剂 对于自身免疫性粒细胞减少可用糖皮质激素、硫唑嘌呤、环磷酰胺等治疗,对部分抗中性粒细胞抗体阳性患者亦有效。

Summary

This section will focus on anemia, leukemia, aplastic anemia and granulocytopenia.

Anemia is defined as a decrease in the number of circulating red blood cells and decrease in hemoglobin and/or a decrease in the hematocrit. Decreased production of red cells can occur as dietary deficiency of iron, folate or vitamin B_{12}. Other causes include decreased erythropoietin production as a result of renal disease or other chronic diseases or defects in stem cell proliferation, hemoglobin synthesis or DNA synthesis.

Patients with anemia may be asymptomatic, Patient may develop fatigue, weakness, dizziness and dyspnea on exertion, et al.

The patient may have atrophic glossitis and angular cheilitis upon oral examination.

The medical evaluation of anemia requires a systemic approach.

A complete blood count and a blood smear is required and a thorough medical workup and family history should be obtained to determine possible causes of anemia.

Patients with iron deficiency are advised to eat an iron rich food, such as liver, red meat, oysters and beans. In patients with severe anemia, an oral iron supplement can be prescribed.

In patients with macrocytic anemia, folate can be given orally. Vitamin B_{12} can also be administered by injection in order to avoid severe permanent neurologic damage.

Patients with anemia of chronic disease should have the underlying disease addressed.

Leukemia are a group of life threatening malignant disorders of the blood and bone marrow Which characterized by an abnormal increase of immature white blood cells called "blasts". There are four common types of leukemia typically: chronic lymphocytic leukemia, chronic myeloid leukemia, acute myeloid leukemia and acute lymphocytic leukemia.

The symptoms for each type of leukemia differ but may include fevers, frequent infections, fatigue, swollen lymph nodes, weight loss, and bleeding when eating or brushing the tooth easily. Some patients experience frequent infection, ranging from infected tonsils, sores in the mouth or diarrhea to life-threatening pneumonia or opportunistic infections.

The diagnosis of leukemia is mainly based on complete blood count (CBC), bone marrow examination as well as molecular biological and immunological examinations, which can make a more accurate diagnosis of leukemia.

There are many methods available to treat acute and chronic leukemia. They include chemotherapy, biological therapy or stem cell transplantation. Some patients receive a combination of treatments.

Bleeding disorders are a group of conditions in which there is a problem with the body's blood clotting process. These disorders can lead to heavy and prolonged bleeding after an injury. Bleeding can occur when certain coagulation factors are low or missing. Some bleeding disorders are present at birth and pass through families (inherited). Others develop the disorders as a result of vitamin K deficiency or severe liver disease or the use of drugs of anti-coagulants. Clinically, excessive bruising and heavy bleeding are commonly seen. The laboratory test includes complete blood count (CBC), bleeding time, partial thromboplastin time (PTT), platelet aggregation test and prothrombin time (PT). et al. Treatment depends on the type of disorder and may include factor replacement, fresh frozen plasma transfusion, platelet transfusion and other therapies.

Neutropenia is often used synonymously with granulocytopenia that is characterized by severe reduction in granulocytes.

Common symptoms of neutropenia include low-grade fever, sore mouth, odynophagia, gingival pain and swelling, skin abscesses, recurrent sinusitis and otitis, symptoms of pneumonia (e.g., cough, dyspnea) and perirectal pain and irritation.

Diagnosis should be based on the clinical features and laboratory tests.

General measures should be taken include removing any offending drugs or agents and the maintenance of good oral hygiene to prevent infections of the mucosa and teeth. Start specific antibiotic therapy to combat infections.

Definition and Terminology

贫血（Anemia）：is defined as a decrease in the number of circulating red blood cells and decrease in hemoglobin and/or a decrease in the hematocrit. Decreased production of red cells can occur as dietary deficiency of iron, folate or vitamin B_{12}. And other causes.

白血病（Leukemia）：are a group of life threatening malignant disorders of the blood and bone marrow, characterized by an abnormal increase of immature white blood cells.

出血性疾病（Bleeding disorders）：are a group of conditions in which there is a problem with the body's blood clotting process. These disorders can lead to heavy and prolonged bleeding after an injury.

中性粒细胞减少症（Neutropenia）：is often used synonymously with granulocytopenia that is characterized by severe reduction in granulocytes.

（华　红）

第二节　内分泌系统及代谢性疾病
Endocrine Disease

一、糖尿病 Diabetes

糖尿病（diabetes）是一组由多因素引起的以高血糖为特征的代谢性疾病。其基本病理特点为胰岛素分泌绝对或相对不足或作用缺陷，引起糖类、脂肪、蛋白质代谢紊乱。长期的糖尿病可引起多个系统损害，导致眼、肾、神经、心脏、血管等组织慢性进行性病变、功能减退及衰竭。典型症状为多饮、多食、多尿和体重减轻等。

案例 16-6

男，55 岁。主诉口腔黏膜进食刺激痛 3 个月。3 个月来，患者双颊黏膜进食刺激痛明显，曾在外院接受诊治，局部用激素类含漱液后稍有好转，但仍有疼痛。患者既往有糖尿病病史，口服二甲双胍，血糖控制不佳，空腹血糖为 9～10 mmol/L。

检查：双颊黏膜可见大面积糜烂，表面有黄白色假膜，周围黏膜充血明显，并可见白色花纹状损害。舌背黏膜充血，伴丝状乳头萎缩。口腔卫生状况欠佳，牙石（+++），全口牙龈红肿，$\overline{2+2}$ 松动 III。舌背 10% KOH 涂片（+）。

思考题：
1. 该患者的口腔临床初步印象是什么？
2. 糖尿病患者口腔易出现哪些问题？

【临床流行病学】

糖尿病是常见病、多发病。最新报告显示，2019 年全球约有 4.63 亿 20～79 岁的成人患糖尿病。糖尿病的患病率随年龄增长而上升，20～24 岁人群患病率最低（2019 年为 1.4%），75～79 岁人群患病率估计达 19.9%。女性患病率略低于男性。2019 年中国糖尿病患者数量居全球第一，达 1.164 亿。我国糖尿病患者人群中，1 型糖尿病约占 5%，2 型糖尿病占 90% 以上，其他类型糖尿病仅占 0.7%。城市地区妊娠糖尿病的患病率接近 5%。

【糖尿病的分型】

糖尿病的分型是根据其临床特征、病理生理及病因而建立的综合分型方法。随着对糖尿病认识的不断深入，对现有的分型方法仍有可能不断地修订、完善。

目前多采用 WHO 糖尿病专家委员会于 1999 年提出的分型标准，即分为 1 型糖尿病、2 型糖尿病、妊娠糖尿病及其他特殊类型糖尿病。

1. 1 型糖尿病 病因尚不清楚，其典型的病理生理学特征是胰岛 β 细胞破坏，导致胰岛素分泌显著下降或绝对缺乏。在 1 型糖尿病患者体内可检测到多种针对胰岛 β 细胞的自身抗体，可攻击胰岛 β 细胞，最终导致体内无法分泌胰岛素。患者需要注射外源性胰岛素来控制血糖。1 型糖尿病多发生于儿童或青少年。

2. 2 型糖尿病 2 型糖尿病多在 35～40 岁或之后发病，此型患者占糖尿病患者的 90% 以上。其典型的病理生理学特征为胰岛 β 细胞功能缺陷所导致的胰岛素分泌减少（或相对减少）或胰岛素抵抗所造成的胰岛素在机体内调控葡萄糖代谢能力减弱，或两者共同存在。肥胖、不良的生活方式等是 2 型糖尿病的危险因素。

3. 妊娠糖尿病 妊娠糖尿病（gestational diabetes mellitus，GDM）是指妇女在妊娠期间被诊断为糖尿病，不包括孕前已诊断为糖尿病的情况。近 30% 的妊娠糖尿病妇女之后可能发展为 2 型糖尿病。妊娠糖尿病更容易发生在肥胖和高龄的妊娠妇女。妊娠糖尿病可导致胎儿发育畸形、巨大胎儿以及难产等并发症。

4. 其他特殊类型糖尿病 其他特殊类型糖尿病是一组病因学相对明确的高血糖状态，病因包括：影响胰岛 β 细胞功能的遗传缺陷；胰腺疾病或损伤（胰腺肿瘤、胰腺炎、外伤、囊性纤维化、胰腺切除术后）；感染（先天性风疹综合征、巨细胞病毒感染）；药物（如糖皮质激素、甲状腺素等）；内分泌功能紊乱（甲状腺功能亢进症、库欣综合征、肢端肥大症、嗜铬细胞瘤）等。

【病因及发病机制】

糖尿病的病因及发病机制极为复杂，至今尚未完全阐明。总体来说，糖尿病是遗传因素及环境因素共同作用的结果。胰岛素是由胰岛 β 细胞合成和分泌的，经血液循环到达体内各组织器官的靶细胞，与特异受体结合并引发细胞内物质代谢效应，该过程中的任何环节发生异常，均可导致糖尿病。

1. 遗传因素　1 型糖尿病或 2 型糖尿病均存在遗传异质性。糖尿病有家族发病倾向，约 1/4 的患者有糖尿病家族史。

2. 环境因素　进食量过多、活动量减少、肥胖是 2 型糖尿病的主要环境因素。

【临床表现】

1. 代谢紊乱　典型的糖尿病患者有"三多一少"（多饮、多尿、多食、体重减轻）症状。此外，患者还可有皮肤瘙痒、视物模糊等，严重可发生酮症酸中毒及昏迷。

2. 长期高血糖可引起动脉硬化和微血管病变，导致心、脑、肾、眼、神经、皮肤等多个器官受损，使患者出现相应脏器的症状及体征。

3. 糖尿病患者机体免疫力和防御功能下降，容易并发皮肤黏膜及软组织感染性疾病（疖、痈、间隙感染、坏疽）、呼吸道感染（肺炎、肺结核）、真菌感染等而出现相应的症状及体征。

4. 口腔表现　在各种内分泌系统疾病中，糖尿病与口腔问题的关系最为密切。尤其是糖尿病病情控制不佳时，更易引起口腔问题。据报道，糖尿病患者患牙周疾病的可能性及严重程度较正常人高 3 倍以上。口腔疾病控制不好，亦可进一步加重糖尿病。糖尿病患者常见的口腔表征包括：

（1）牙龈炎、牙周炎：糖尿病通过改变个体对细菌菌斑的反应而影响牙周疾病的临床表现、进展以及患者对治疗的反应。糖尿病患者牙周感染的情况较为普遍且严重，往往在年轻时即可发生。目前认为糖尿病伴发牙周疾病的可能机制与白细胞的趋化作用及吞噬功能缺陷等因素有关。

（2）龋齿：糖尿病患者多颗牙可同时发生龋坏，对冷、热刺激敏感，有疼痛。严重者可引起牙髓炎及根尖周炎，并可引起发热、疼痛、肿胀等症状。

（3）口腔真菌感染或味觉异常：糖尿病患者口腔真菌感染的易感性增加，临床表现为干燥、充血、发红，舌黏膜萎缩或有裂纹，双侧口角发红伴皲裂形成。另外，还有 37% 的 2 型糖尿病患者可出现口腔黏膜及舌灼痛等感觉异常症状。

（4）口干及腮腺肿大：糖尿病患者唾液少而黏稠，口腔黏膜干燥。双侧腮腺可呈无痛性、弥漫性肿大。

（5）口腔扁平苔藓或白斑：有研究显示，糖尿病人群口腔扁平苔藓或口腔白斑患病率高于普通人群，且癌变风险高于普通人群。

【实验室检查】

1. 糖代谢异常程度或控制程度的检查

（1）血糖测定：血糖升高是诊断糖尿病的主要依据，也是判断病情、监测治疗的主要指标。血糖值反映的是瞬间血糖状态。正常情况下，空腹静脉血浆葡萄糖浓度为 3.9～6.1 mmol/L（70～110 mg/dl）。如果空腹血糖不止一次≥ 7.0 mmol/L（126 mg/dl），或餐后 2 小时血糖高于 11.1 mmol/L（200 mg/dl），则可以诊断为糖尿病。

（2）糖化血红蛋白（glycosylated hemoglobin，HbA1c）测定：该指标反映的是患者近 8～12 周的平均血糖水平。需要注意，HbA_{1c} 受检测方法、患者是否有贫血以及年龄等诸多因素的影响。另外，HbA_{1c} 不能反映瞬间血糖水平及血糖波动情况。2020 版《中国 2 型糖尿病防治指南》将糖化血红蛋白＞6.5%用于糖尿病的诊断。

（3）尿糖测定：尿糖阳性是诊断糖尿病的重要线索，尿糖阳性提示血糖值超过肾糖阈值。尿糖阴性不能排除糖尿病的可能。

2. 胰岛 β 细胞功能检查 包括胰岛素释放试验、C 肽释放试验等。

3. 并发症检查 如心、肝、肾、脑、眼、口腔等检查。根据患者具体情况而选择相应检查。

【诊断标准】

糖尿病的诊断以血糖为标准，包括空腹血糖和口服葡萄糖耐量试验。目前常用的诊断标准和分类有 WHO（1999 年）标准、2019 年美国糖尿病协会（American Diabetes Association，ADA）诊疗指南，以及 2020 版《中国 2 型糖尿病防治指南》推荐标准。

表 16-2 糖代谢状态分类（WHO 1999 年）

糖代谢分类	静脉血浆葡萄糖水平（mmol/L）	
	空腹血糖	糖负荷后 2 小时血糖
正常血糖	＜6.1	＜7.8
空腹血糖受损（IFG）	6.1～7.0	＜7.8
（IGT）	＜7.0	≥7.8～＜11.1
糖尿病	≥7.0	≥11.1

注：空腹血糖受损（impaired fasting glucose，IFG）和糖耐量减低（impaired glucose tolerance，IGT）统称为糖调节受损（impaired glucose regulation，IGR），即糖尿病前期

表 16-3 《中国 2 型糖尿病防治指南》（2020 年版）2 型糖尿病的诊断标准

诊断标准	静脉血浆葡萄糖或 HbA$_{1c}$ 水平
典型糖尿病症状	
加上随机血糖	≥11.1 mmol/L
或加上空腹血糖	≥7.0 mmol/L
或加上 OGTT 2 h 血糖	≥11.1 mmol/L
或加上 HbA$_{1c}$	≥6.5%
无糖尿病典型症状者，需改日复查确认	

注：OGTT 为口服葡萄糖耐量试验；HbA$_{1c}$ 为糖化血红蛋白。典型糖尿病症状包括烦渴多饮、多尿、多食、不明原因体重下降；随机血糖指不考虑上次用餐时间，一天中任意时间的血糖，不能用来诊断空腹血糖受损或糖耐量减低；空腹状态指至少 8 h 没有摄入热量

表 16-4 2019 年美国糖尿病协会（ADA）糖尿病诊疗指南中糖尿病的诊断标准

1. 空腹血糖	≥126 mg/dl（7.0 mmol/L）	空腹是指至少 8 h 无热量摄入 或
2. 或出现高血糖症状，且随机血糖	≥200 mg/dl（11.1 mmol/L）	随机是指一天当中的任何时间，高血糖的典型症状是指多尿、多饮及不明原因的体重减轻
3. OTCC 2 h 血糖≥	200 mg/dl（11.1 mmol/L）≥	该检测应当按照 WHO 标准，需要饮用 75 g 无水葡萄糖溶液（75 g——WHO）

(续表)

如果无高血糖症状，2次诊断试验（在不同的2天进行）结果都达到标准才可明确诊断	2019年美国糖尿病协会（ADA）糖尿病诊疗指南中糖尿病前期的诊断
IFG = FPG	100 mg/dl（5.6 mmol/L）～125 mg/dl（6.9 mmol/L）
IGT = 2 h PG	140 mg/dl（7.8 mmol/L）～199 mg/dl（11.0 mmol/L）

注：IFG，空腹血糖受损；IGT，糖耐量减低

不足以诊断为糖尿病的高血糖则诊断为空腹血糖受损（impaired fasting glucose，IFG）或糖耐量减低（impaired glucose tolerance，IGT），二者统称为糖调节受损（impaired glucose regulation，IGR），即糖尿病前期（prediabetes）。二者都是将来罹患糖尿病和心血管疾病的危险因素。

【治疗】

由于糖尿病的病因及发病机制尚未阐明，因此目前尚无根治糖尿病的方法。

糖尿病的近期治疗目标是通过控制高血糖和相关的代谢紊乱，以消除糖尿病的症状和防止出现严重的代谢紊乱。远期目标是通过良好的代谢控制，以预防和（或）延缓糖尿病慢性并发症的发生和发展。维持良好的健康状态、劳动能力，提高生活质量，降低病死率和延长患者生命。基于上述目标，糖尿病管理须遵循早期、长期、积极、综合和全面的策略，遵循个体化原则。糖尿病管理包括：健康教育、饮食治疗、运动疗法、血糖监测和药物治疗等。

1. 健康教育　健康教育是决定糖尿病治疗成功与否的关键，包括专业人员培训、继续教育患者及其家属的健康教育等。对糖尿病患者必须进行全面的糖尿病知识宣传教育，使其掌握自我管理技能。

2. 饮食治疗　饮食治疗是治疗糖尿病的基础，应长期严格坚持。总体原则是确定合理的总热量摄入，合理、均衡地分配各种营养物质，并维持理想体重。

3. 运动疗法　运动疗法是治疗糖尿病的方法之一。通过适当运动或体力劳动，可以增强末梢组织对糖的利用，改善糖代谢，使血糖水平降低，从而提高药效，达到治疗目的，但必须在医师的指导下，根据自身的体质、年龄、病情轻重来确定运动疗法的时间及运动时的注意事项等。当血糖＞14～16 mmol/L或有糖尿病急性并发症或严重的心、脑、眼、肾等并发症时，暂不适宜运动。

4. 药物治疗　包括口服降血糖药和胰岛素，主要适用于糖尿病患者经严格控制饮食和运动疗法而血糖水平未能获得良好控制者。

（1）口服降血糖药：包括磺酰脲类、格列奈类、双胍类、α-葡萄糖苷酶抑制药、噻唑烷二酮类等。

1）磺酰脲类常用药物：包括格列吡嗪、格列美脲等。

2）格列奈类常用药物：包括瑞格列奈。

3）双胍类常用药物：二甲双胍。

（2）胰岛素：是控制高血糖的重要和有效手段。对1型糖尿病患者首选胰岛素强化治疗方案。强化治疗方案是模拟胰岛素生理分泌的治疗方案，这是最有效、最易控制血糖达标的方案，而且也最容易进行剂量调节。此外，胰岛素还可用于各种严重糖尿病的急性、慢性并发症，以及手术、妊娠、分娩等特殊情况。

根据 2020 年中国 2 型糖尿病防治指南，将生活方式干预和二甲双胍作为 2 型糖尿病一线治疗。生活方式干预是 2 型糖尿病的基础治疗措施，应贯穿于治疗的始终。若无禁忌证，二甲双胍应一直保留在糖尿病的治疗方案中。此外，一种降血糖药治疗血糖不达标者，可采用 2 种甚至 3 种不同作用机制的药物联合治疗也可加用胰岛素治疗。

总而言之，可根据患者病情，制订试用方案，选择两种药物单独应用或口服降血糖药联合胰岛素治疗的方法，逐步调整，以达到良好的血糖控制效果。

5. 糖尿病患者口腔损害的治疗

（1）对糖尿病患者而言，预防牙周炎和其他口腔疾病的发生，重点在于血糖控制良好，同时要注意个人口腔卫生，早晚刷牙，餐后漱口。建议糖尿病患者定期到口腔科检查，由医师根据情况进行针对性治疗，有助于口腔健康的维护。

（2）对糖尿病患者在进行口腔治疗或手术时，应全面检查患者的健康情况，包括了解其血糖水平及全身其他系统的健康状况。如患者合并严重感染，则应及时给予全身抗感染治疗，待病情控制后再拔牙或进行手术。

（3）拔牙或进行口腔手术治疗前，应控制好血糖水平。通常需要将血糖控制在 8.8 mmol/L 以下，才能进行手术或拔牙，以防止发生感染或出现伤口不易愈合的情况。拔牙、进行深部刮治或其他手术前，应预防性使用抗菌药，防止发生术后感染。

（4）对合并口腔真菌感染的患者，要积极予以抗真菌治疗，可用碳酸氢钠溶液漱口及口含制霉菌素等。戴活动义齿的患者每晚入睡前需要摘下义齿，并用 2%～4% 碳酸氢钠溶液浸泡义齿。

（5）对于口干患者，可使用人工唾液或 M 受体激动药等。嘱患者日常咀嚼无糖口香糖，可以刺激唾液分泌。

糖尿病患者只要积极、持久地控制血糖和自觉注意个人口腔卫生保健，就能有效避免口腔疾病的发生和发展。

6. 口腔损害诊治过程中注重对高危人群的筛查　在口腔疾病诊治过程中，应对糖尿病高危人群进行筛查，以便及早发现糖尿病前期及糖尿病患者，或及早对糖尿病患者进行干预，以防止并发症的发生。研究显示，2 型糖尿病高危人群中，每年有 1.5%～10.0% 的 IGT 患者可进展为 2 型糖尿病。筛查方法推荐采用空腹血糖和口服葡萄糖耐量试验（oral glucose tolerance test，OGTT）或 HbA_{1c} 水平检测。如操作有困难，可只做空腹血糖筛查，但应注意有漏诊的可能。如发生异常，应复查或去专业科室进一步诊治。

糖尿病高危人群的定义为：①有糖调节受损史；②年龄 ≥ 45 岁；③超重、肥胖（体重指数 BMI ≥ 24 kg/m^2），男性腰围 ≥ 90 cm，女性腰围 ≥ 85 cm；④ 2 型糖尿病患者的一级亲属；⑤高危种族；⑥有巨大胎儿（出生时体重 ≥ 4 kg）生产史，妊娠糖尿病史；⑦高血压（血压 ≥ 140/90 mmHg），或正在接受降血压治疗；⑧血脂异常，HDL-C ≤ 0.91 mmol/L（≤ 35 mg/dl）及 TG ≥ 2.22 mmol/L（≥ 200 mg/dl），或正在接受降血脂治疗；⑨心、脑血管疾病患者；⑩有一过性糖皮质激素诱发糖尿病病史者；⑪BMI ≥ 28 kg/m^2 的多囊卵巢综合征患者；⑫严重精神病和（或）长期接受抗抑郁药治疗的患者；⑬静坐的生活方式，体力活动减少。

糖尿病可对口腔健康造成严重的不良影响，口腔科医师应熟悉和了解糖尿病的临床表现特征、诊断及处理原则，以便在临床工作中识别及早期筛查出糖尿病患者或血糖水平控制不佳的糖尿病患者，防治并发症的产生。

二、甲状腺功能亢进症 Hyperthyroidism

甲状腺毒症（thyrotoxicosis）是指由于甲状腺本身或甲状腺以外的多种原因引起的甲状腺

激素增多并进入血液循环中，作用于全身组织和器官，造成以机体神经、循环、消化等系统兴奋性增高和代谢亢进为主要表现的一组临床综合征。甲状腺功能亢进症（hyperthyroidism）简称甲亢，是指甲状腺本身产生甲状腺激素过多而引发的甲状腺毒症。其主要病因包括毒性弥漫性甲状腺肿（Graves病）、毒性结节性甲状腺肿和甲状腺自主高功能腺瘤（Plummer病）。其中，Graves病最为常见，占甲状腺功能亢进症病例的80%。

【病因】

现以Graves病为例，阐述本病的病因及发病机制。Graves病为器官特异性自身免疫病，与自身免疫性甲状腺炎同属于自身免疫性甲状腺病（autoimmune thyroid disease，ATD）。

1. 遗传因素 本病有明显的遗传倾向，同胞兄妹发病危险率为11.6%，单卵孪生子发病有较高的一致性。此外，有研究显示，本病的发生与某些主要组织相容性复合体（major histocompatibility complex，MHC）（如DR4抗原或HLA-B8、HLA-B46等）有关。

2. 精神因素 精神创伤为本病发生的重要因素，可减弱免疫系统的监视功能，使自身免疫细胞过度活跃，产生自身抗体而导致疾病的发生。

3. 免疫因素 Graves病患者体内有针对甲状腺腺泡表面的促甲状腺激素（thyroid-stimulating hormone，TSH）受体的特异性抗体，称为TSH受体抗体（TSH receptor antibody，Trab）。自身抗体与甲状腺细胞膜上的TSH受体结合，激活腺苷酸环化酶信号系统，刺激甲状腺细胞增生和甲状腺激素合成、分泌增强。此外，Grave病患者也存在其他自身抗体，如甲状腺过氧化物酶抗体（thyroid peroxidase antibody，TPO-Ab）、甲状腺球蛋白抗体（thyroglobulin antibody，TgAb）。

【临床表现】

本病主要由循环中的甲状腺激素过多引起，其症状和体征与病史长短、激素升高程度和年龄等有关。

1. 本病多见于女性，男女发病率之比为1:（4～6），以20～40岁最多见。

2. 甲状腺肿大 甲状腺功能亢进症早期患者即可出现甲状腺肿大，大多呈弥漫性对称性肿大、质地中等，无压痛，可随吞咽动作上、下移动。由于甲状腺血流量增多，因而在肿大的甲状腺上可闻及血管杂音并扪及震颤，尤以腺体上部较明显。甲状腺弥漫性对称性肿大伴血管杂音和震颤是本病的特殊体征，有重要的诊断意义。

3. 突眼 大多数患者早期即可出现一侧或双侧突眼现象。

4. 代谢加快 表现为怕热、易激动、易流汗、排便次数增多、食欲亢进、体重减轻等症状。

5. 皮肤 患者可出现皮肤潮湿、瘙痒等皮肤症状。

6. 心血管系统 主要表现为心率加快、心律失常、心房扩大、心房颤动等。

7. 女性可出现月经不调，甚至闭经。

8. 口腔颌面部表现

（1）颌骨多囊性瘤样病变：患者可有颌骨痛。X线检查显示骨小梁减少，影像模糊不清，骨皮质变薄，骨髓部分被纤维组织所取代，上、下颌骨骨质疏松，严重者可发生病理性骨折。

（2）牙周病变：表现为重度牙龈炎或牙周炎，牙槽嵴广泛吸收，牙齿松动、移位，甚至脱落。

（3）患者易患龋齿，或出现牙齿早萌现象。

（4）部分患者可出现唾液腺肿大。

（5）患者口腔黏膜可出现类似灼口综合征的表现。

【诊断】

本病主要根据临床表现及实验室检查进行诊断。

1. 具有诊断意义的临床表现　如甲状腺肿大，突眼等。

2. 甲状腺功能试验　对临床表现不典型的疑似患者，可按下列次序选做各种试验，以协助诊断。

（1）促甲状腺激素（TSH）：血清 TSH 的变化是反映甲状腺功能最敏感的指标。其中，敏感 TSH（sTSH）为目前筛查甲状腺功能亢进症的第一指标。

（2）血清总三碘甲腺原氨酸（total triiodothyronine，TT_3）、甲状腺素（total tetraiodothyronine，TT_4）测定。

（3）游离 T_4（free tetraiodothyronine，FT_4）和游离 T_3（free triiodothyronine，FT_3）。

（4）甲状腺摄 ^{131}I 率：为诊断甲状腺功能亢进症的传统方法，目前已被 sTSH 所取代。

（5）TSH 受体抗体：是鉴别甲状腺功能亢进症的病因及诊断 Graves 病的重要指标之一。

（6）其他检查：如 CT、MRI 或甲状腺放射性核素检查等。

通常情况下，甲状腺功能亢进症患者血清 T_3 和 T_4 浓度增高，尤其是检测 FT_3 和 FT_4 更为可靠，TSH 降低。

【治疗】

本病目前尚无针对病因的治疗方法。

1. 一般治疗　予以适当休息和各种支持疗法，补充足够热量和营养物质，如糖、蛋白质和各种维生素等，以纠正本病引起的机体消耗。

2. 甲状腺功能亢进的治疗　包括药物治疗、放射性碘治疗及手术治疗。

（1）抗甲状腺药：以硫脲类为主，其中最常用的药物有丙硫氧嘧啶、甲巯咪唑（他巴唑）、卡比马唑。临床选用顺序依次为甲巯咪唑、丙硫氧嘧啶、卡比马唑。

（2）手术治疗：药物治疗后行甲状腺次全切除术效果良好，治愈率达 90% 以上，但有一定的并发症发生率。

（3）放射性碘治疗：治疗目的是破坏甲状腺组织，减少甲状腺素的产生。此方法安全、方便，治愈率达 85%～90%，且复发率低。

3. 口腔治疗

（1）甲状腺功能亢进症患者可出现焦虑情绪，压力大，手术也可导致甲状腺毒症。进行口腔操作或手术时，应慎用或禁用肾上腺素类血管收缩药。

（2）甲状腺功能亢进症患者由于激素的影响易患心血管疾病，或出现心律失常甚至心房颤动。对这类患者，口腔科医师要详细记录其心血管病史。对于病情控制不佳的甲状腺功能亢进症患者，当出现高血压、震颤等症状时，在进行任何口腔治疗之前要咨询相关内科医师，同时中止或延后相应的口腔治疗。

（3）未经控制的甲状腺功能亢进症患者在接受口腔手术治疗时，如果伴发严重的口腔感染，则可引发甲状腺危象，患者可出现高热、呕吐、严重的心动过速、昏迷甚至死亡。当患者出现上述表现时，应想到甲状腺危象的发生，须立即终止手术、控制感染，并立即转诊或请内科医师会诊。

（4）对于甲状腺功能亢进症患者，在给予丙硫氧嘧啶治疗时要密切监测，以防止出现粒细胞减少症。中性粒细胞减少易引发感染，在此阶段，口腔治疗并非首选。此外，有报道丙硫氧嘧啶还可导致唾液腺结石的形成。

（5）若甲状腺功能亢进症患者同时服用非选择性 β 受体阻滞剂，则应慎重使用肾上腺素及其他拟交感神经药，在临床中应加以警惕，预防可能出现的并发症。

（6）患者口腔出现类似灼口综合征的表现时，以对症治疗为主，同时应缓解或纠正烦躁、失眠等不良情绪或状态。

三、甲状腺功能减退症 Hypothyroidism

甲状腺功能减退症（hypothyroidism）简称甲减，是由于各种原因导致的甲状腺激素合成和分泌减少或组织利用不足所引起的全身低代谢综合征。

【分类】

1. 根据病变涉及的位置分类 ①原发性甲状腺功能减退症（primary hypothyroidism）：是指由甲状腺腺体本身病变所引起的甲状腺功能减退症，简称甲减。占全部甲减的95%以上；②继发性甲状腺功能减退症（secondary hypothyroidism），又称中枢性甲状腺功能减退症，是由下丘脑和垂体病变引起的促甲状腺激素释放激素（thyrotropin-releasing hormone，TRH）或促甲状腺激素（TSH）产生和分泌减少所致，多数与其他下丘脑-垂体轴功能缺陷同时存在。

2. 根据病因分类 如药物性甲减、手术后甲减等。

3. 根据甲状腺功能减低程度分类 包括临床甲减和亚临床甲减。

【临床流行病学】

本病的患病率为0.8%～1.0%，女性较男性多见。随年龄增长，患病率逐渐增高。

【病因】

本病的病因较复杂，最常见的原因自身免疫性甲状腺炎等。此外，手术、碘过量以及药物等均可导致甲减的发生。

【临床表现】

本病发病隐匿，病程较长，部分患者缺乏特异性的症状和体征。

1. 临床症状 以代谢率减低和交感神经兴奋性下降为主，病情较轻的患者早期可以无症状。典型症状包括畏寒、乏力、嗜睡、记忆力减退、手足肿胀感、少汗、关节疼痛、体重增加、便秘，女性月经紊乱或者月经过多、不孕等。

2. 体格检查 典型患者可有表情呆滞、反应迟钝、面色苍白、颜面和（或）眼睑水肿、皮肤干燥且粗糙、皮肤温度低、毛发稀疏且干燥，脉率缓慢。少数患者可出现胫前黏液性水肿。本病累及心脏时，患者可以出现心包积液和心力衰竭。重症患者可发生黏液性水肿昏迷。

3. 口腔表现 患者可有唇部肿胀，舌体肥大，常有齿痕，伴口干、味觉障碍、牙周健康状况不佳、伤口延迟愈合等。

【诊断】

本病的诊断根据病史、临床症状、体征结合实验室检查而确定。

甲状腺功能减退症患者的检查项目较多，可根据患者的不同情况，针对性地选择一些项目进行检查。

1. 血清TSH、总T_3（TT_3）、总T_4（TT_4）测定以及游离T_3（FT_3）、游离T_4（FT_4）测定 原发性甲减患者血清TSH增高，TT_4和FT_4均降低。

2. 甲状腺免疫学检查 是确定原发性甲状腺功能减退症病因的重要指标和诊断自身免疫性甲状腺炎（桥本甲状腺炎等）的主要指标。主要测定甲状腺球蛋白抗体（TgAb）、抗甲状腺过氧化物酶自身抗体（TPO-Ab）等。我国学者研究发现，TPO-Ab＞50 IU/ml 和 TgAb＞40 IU/ml 者，临床甲减和亚临床甲减的发生率显著增高。

3. 影像学检查 包括甲状腺 B 超检查、甲状腺放射性核素显像等。

【治疗】

本病的治疗目标是将血清 TSH 和甲状腺激素水平恢复到正常范围，患者通常需要终身服药。

1. 药物治疗 主要是采用甲状腺激素替代治疗，以维持正常的甲状腺功能。左甲状腺素钠是主要的治疗药物，使用剂量根据患者病情、年龄、体重和个体差异而定。

2. 营养支持 饮食应选择富含蛋白质、维生素及矿物质的食物。

3. 口腔治疗 口腔科医师应熟悉本病相关的口腔及全身表现，以正确判断疾病状况。对怀疑有甲状腺功能减退症的患者，需要在全面评估病情后方可行口腔相关治疗。

甲状腺功能减退症患者对感染及心血管疾病的易感性增加，因此治疗前要了解患者的心血管状况、治疗情况及既往和目前的药物情况。甲状腺素可与许多药物发生相互作用，因此，在口腔治疗前应仔细询问病史并予以足够重视。甲状腺素可促进苯妥英钠、利福平、卡马西平等药物的代谢，也可导致硫酸铝、硫糖铝、氢氧化铝等吸收障碍。此外，甲状腺素还可影响华法林的治疗效果。此外，对于有心血管疾病或是病情控制不佳的患者，在局部麻醉和使用含有肾上腺素的排龈线时应多加注意患者反应。对于长期应用稳定剂量激素替代治疗的患者，可给予常规或紧急状况下的口腔治疗。

四、自身免疫性甲状腺炎 Autoimmune Thyroiditis

自身免疫性甲状腺炎（autoimmune thyroiditis，AIT）和 Graves 病均属于自身免疫性甲状腺病。两者的共同特征是血清中存在针对甲状腺的自身抗体、甲状腺有淋巴细胞浸润，但两者的甲状腺炎症程度及甲状腺破坏程度不一样。Graves 病患者甲状腺炎症较轻，以促甲状腺激素受体刺激性抗体（thyroid stimulating hormone receptor-stimulating antibody，TSAb）引起的甲状腺功能亢进表现为主。自身免疫性甲状腺炎发生时，甲状腺炎症破坏明显，严重时患者可出现甲状腺功能减退症。

自身免疫性甲状腺炎包括 5 种类型：①桥本甲状腺炎（Hashimoto thyroiditis，HT），该病是以日本医学教授 Hashimoto 的名字命名的；②萎缩性甲状腺炎，以往称为特发性甲状腺功能减退症、原发性黏液水肿，甲状腺萎缩，伴临床甲减。③甲状腺功能正常的甲状腺炎，国内调查显示，此种类型的患病率为 10% 左右；④无痛性甲状腺炎（painless thyroiditis），此种类型的患者不仅有甲状腺淋巴细胞浸润，而有甲状腺功能改变，如甲减或甲亢；⑤产后甲状腺炎（postpartum thyroiditis，PPT）特指发生在产后的甲状腺炎。少数 Graves 病患者甲状腺功能亢进和桥本甲状腺炎并存，称为桥本甲状腺炎伴甲亢。以下重点介绍桥本甲状腺炎。

【临床流行病学】

本病是常见的自身免疫性甲状腺病。国外患病率为 1%～2%，高发年龄为 30～50 岁。我国学者报告的患病率为 1.6%，发病率为 6.9/1000。如果将隐性病例包括在内，则女性人群的患病率可高达 1/30～1/10。

【病因】

桥本甲状腺炎（HT）的病因尚不明确，通常认为是由遗传、免疫及环境因素相互作用而引起。患有类风湿关节炎、系统性红斑狼疮、干燥综合征等其他系统性自身免疫病时，甲状腺也可受累。

【发病机制】

本病的发生是由于免疫系统产生针对甲状腺的自身抗体，导致部分甲状腺滤泡细胞破坏，甲状腺激素分泌不足。未被破坏的甲状腺滤泡细胞可代偿性增生，当甲状腺失去代偿能力而出现甲减表现时，表明 90% 左右的甲状腺滤泡已被破坏。

【临床表现】

本病起病隐匿，进展缓慢。早期患者可无临床症状，进展时出现甲状腺肿大及甲减等症状。

1. 甲状腺肿大 为无痛肿大，质韧，少数患者可出现压迫症状，压迫气管时可致呼吸困难，压迫食管时可致吞咽困难，压迫声带时可致声音嘶哑等。

2. 甲减表现 20%~30% 的桥本甲状腺炎患者首次就诊即表现为甲减或疾病进展后出现甲减。

3. 低代谢表现 患者可出现乏力、怕冷、行动迟缓等表现，体温较正常人低。

4. 皮肤改变 毛发干燥、稀疏，指甲厚而脆，表面有裂纹。

5. 消化系统表现 如食欲减退、便秘等。

6. 神经系统表现 如记忆力、理解力等减退。重症患者可表现为痴呆、昏睡等。

7. 心血管系统表现 心率减慢、心排血量减少等。

8. 口腔表现 近年来国内外研究显示，桥本甲状腺炎可伴发口腔扁平苔藓，具体机制尚不清楚。此外，患者还可出现口腔感觉异常等。

【实验室检查】

甲状腺功能正常时，TPO-Ab 和 TgAb 显著增高。甲状腺功能受损时，患者可出现临床甲减，TSH 增高，血清 TT_4、FT_4 减低。甲状腺放射性 ^{131}I 摄取率降低。甲状腺 B 超显示甲状腺增大，出现弥漫性低回声区，伴短线状强回声并形成网格状改变。甲状腺穿刺活检有助于诊断。

【病理表现】

桥本甲状腺炎的病理表现是甲状腺肿大，正常的滤泡结构被淋巴细胞、浆细胞广泛浸润，可见滤泡及生发中心。甲状腺滤泡呈小片状分布，滤泡变小、萎缩。一些上皮细胞增大，胞质染色呈嗜酸性。纤维化程度不等。

【治疗】

本病目前尚无针对病因的治疗方法。

应当注意饮食中碘的摄入量，适当限制海带、紫菜、海苔等的摄入。是否采用药物治疗取决于甲状腺功能状态及甲状腺肿胀程度。对于无明显临床症状，甲状腺功能评价正常者，可以不治疗，注意定期随访观察。对于合并甲减者，可给予左甲状腺素替代治疗。对于药物治疗后甲状腺肿大仍明显，并有压迫症状者或怀疑为甲状腺癌的患者，可考虑行手术治疗。患者术后需要长期服用左甲状腺素。

五、库欣综合征 Cushing's syndrome

库欣综合征（Cushing's syndrome）即皮质醇增多症（hypercortisolism），1921 年美国神经外科医师 Harvey Cushing 首先报道。库欣综合征是由于多种病因引起的肾上腺皮质长期过量分泌皮质醇而产生的一组综合征。其中，最多见的是由垂体促肾上腺皮质激素（adrenocorticotropic hormone，ACTH）分泌亢进所引起的临床类型，称为库欣病（Cushing disease），约占库欣综合征的70%；其次为肾上腺疾病（如腺瘤、癌及小结节增生）所致。长期应用外源性糖皮质激素也可引起类似库欣综合征的临床表现，称为药物性库欣综合征。

【临床流行病学】

欧洲的研究数据显示，本病的平均年发病率为2～3/100万人。国内尚缺乏大规模的流行病学研究资料。本病可发生于任何年龄，高发年龄在20～40岁，女性发病多于男性。

【病因】

库欣综合征的病因包括内源性和外源性两种。由于器质性病变而引起的称为内源性库欣综合征。长期应用外源性肾上腺糖皮质激素或长期酗酒也可以引起类似库欣综合征的表现。此时称为外源性、药源性库欣综合征或类库欣综合征。

【临床表现】

库欣综合征的临床表现主要是由于长期血皮质醇浓度升高引起的蛋白质、脂肪、糖类和电解质紊乱及干扰多种其他激素的分泌。库欣综合征的临床表现多样。

1. 全身表现 典型表现包括向心性肥胖、满月脸、多毛和多血质外貌。其他表现有乏力、肌肉萎缩、痤疮、皮肤紫纹、糖耐量减低、高血压、水肿、骨质疏松或病理性骨折、月经稀少或闭经等以及不同程度的精神、情绪变化。但上述临床特点往往并非同时出现，不同类型患者之间临床表现差异较大。重型患者病情进展迅速，可出现体重减轻、高血压、水肿、低血钾性碱中毒等。

2. 口腔表现 药物性库欣综合征患者由于糖皮质激素使用过量或长期应用，可导致机体免疫功能减退，易发生口腔真菌感染或手术伤口的感染，且伤口愈合时间延长。此外，患者还可出现骨质疏松、牙槽骨吸收、牙齿松动等。

【实验室检查】

各型库欣综合征患者均有糖皮质激素分泌异常。根据国际库欣综合征诊断指南，对怀疑为库欣综合征的患者，应进行下述至少一项检查：

1. 24小时尿游离皮质醇（urinary free cortisol，UFC）测定 能准确地反映实际的肾上腺皮质功能状态。

2. 血液或唾液皮质醇昼夜节律测定 因唾液中只存在游离状态的皮质醇，并与血中游离皮质醇浓度平行，且不受唾液流率的影响，故唾液皮质醇水平的昼夜节律改变和午夜皮质醇低谷消失是库欣综合征患者较稳定的生化改变。

3. 地塞米松抑制试验（dexamethasone suppression test，DST） 是确诊库欣综合征检查项目，常用于库欣综合征和假库欣状态的鉴别。

4. 肾上腺影像学检查 影像学检查有益于鉴别病因和进行肿瘤定位，包括B超、CT、MRI检查等。

【诊断】

库欣综合征的诊断可分为两部分：定性诊断和病因诊断。

1. 定性诊断 根据患者是否具有典型的临床表现以及相关的实验室检查，确定是否存在库欣综合征。

2. 病因诊断 需要明确库欣综合征的病因。病因不同，治疗方法也不同。口腔临床以药物性库欣综合征较为常见。

【治疗】

根据不同的病因采取不同的治疗措施。

1. 外科治疗 对于大多数患者可找到微腺瘤。最佳方案是由有经验的神经外科医师施行腺瘤摘除术。

2. 垂体放射治疗 部分患者有效,易复发,一般不作首选治疗方法。

3. 药物治疗 是一种辅助治疗方法。①类固醇合成抑制剂,可抑制皮质醇合成,但对肿瘤无作用,也不能恢复 HPA 功能。②糖皮质激素受体拮抗剂,可缓解临床症状,但对垂体和肾上腺病变无作用。

4. 口腔治疗 口腔医师在进行口腔操作时,应详细了解患者既往治疗史,是否进行过肾上腺手术,是否服用过糖皮质激素及其剂量、持续时间,是否接受过放疗、化疗等。进行口腔操作前,应对患者肾上腺功能进行评估;操作过程中,可适当使用镇痛、镇静手段,减少应激反应。同时,应注意预防并控制口腔感染的发生。

【预后】

库欣综合征很少自行缓解。如不及时治疗,有些临床表现即不可逆转。严重心、脑血管并发症往往是本病的直接致死原因。

六、淀粉样变性 Amyloidosis

淀粉样变性(amyloidosis)是由多种原因引起的淀粉样物质(amyloid)在器官或组织内异常沉积,造成受累器官功能逐渐衰竭,并引起相应临床表现的慢性代谢性疾病。组织内有淀粉样物质沉着,又称类淀粉沉积症。其临床表现取决于病变所累及的组织、器官及其受损程度。受累的组织器官包括肾、心、肝、胃肠、脾、神经系统、皮肤和口腔等。临床表现为受累的组织器官肿大及功能障碍。

淀粉样物质是蛋白样物质,为各种可溶性纤维蛋白,遇碘可被染成棕褐色,再加入硫酸后可呈蓝色,与淀粉遇碘时的反应相似,故称为淀粉样变性。

【临床分类】

淀粉样变性的分类方法有很多。目前比较一致的分类方法多以临床分类为主,结合淀粉样物质的主要成分来进行分类。根据淀粉样蛋白沉积的部位,可将其可分为系统性与局限性淀粉样变性,系统性淀粉样变又分为遗传性和获得性(或称继发性)淀粉样变性;也可分为原发性和继发性淀粉样变性。

目前较清楚的淀粉样蛋白主要有以下几种:

1. 淀粉样轻链蛋白(amyloid light chain protein,AL) 见于原发性及骨髓瘤相关性淀粉样变性患者。

2. 淀粉样 A 蛋白(amyloid A protein,AA) 主要见于慢性感染、炎症或肿瘤引起的全身性淀粉样变性患者。

3. 淀粉样甲状腺素转运蛋白(amyloid transthyretin,TTR) 曾称为前白蛋白(prealbumin),TTR 分子本身并不产生淀粉样沉积,但其遗传变异(通常为单个氨基酸置换)是遗传性淀粉样变性最常见的原因。

4. β-淀粉样蛋白(amyloid β-protein,Aβ) 亦称为 A4 蛋白,见于阿尔兹海默病(Alzheimer's disease)、唐氏综合征及遗传性脑淀粉样血管病患者等。

5. $β_2$ 微球蛋白($β_2$ microglobulin,$β_2$M) 长期接受血液透析的患者血浆中 $β_2$M 增高,并

可沉积为淀粉样原纤维。$β_2M$ 对胶原纤维的亲和力强，易沉积于关节等富含胶原纤维的组织中。

6. 多肽激素 老年患者及罹患某些分泌多肽激素的肿瘤患者，淀粉样物质常沉积在其内分泌器官中。

此外，在遗传性淀粉样变性患者体内还可检测出几种新的原纤维蛋白，如凝溶胶蛋白（gelsolin）、载脂蛋白-Ⅰ（apolipoprotein，ApoAⅠ）、溶菌酶及纤维蛋白原等的变异型。

【病因及发病机制】

淀粉样变性的病因及发病机制尚不清楚，与自身免疫病、炎症、遗传性疾病或肿瘤有一定关系。在不同的淀粉样变性的生化类型中，其病因及发病机制有所不同，如原发性淀粉样变性，又称免疫细胞衍生性淀粉样变。淀粉样蛋白沉积发生于某些与免疫细胞或浆细胞有关的疾病中，如多发性骨髓瘤等。而继发性淀粉样变性又称之为反应性系统性淀粉样变，其淀粉样蛋白是由蛋白前体的代谢障碍所致。不同原因及类型的淀粉样变性患者均可出现大量异常的淀粉样蛋白沉积在不同组织间而损伤正常的组织功能。

【临床表现】

本病的症状、体征是非特异性的，由受累的器官或系统所决定。常见的受累器官有肾、肝、心脏等。其症状常被原发疾病所掩盖。受累组织则以皮肤、舌、淋巴结等较常见。

（1）一般临床表现：主要有体重减轻、易疲倦。比较特殊的体征是眼周紫癜。

（2）肾：也是淀粉样蛋白最易沉积的器官。临床表现主要是蛋白尿和水肿，最后可发展为肾衰竭。

（3）心脏：心脏受累很常见，临床表现为心律失常、心绞痛、心力衰竭和猝死。

（4）消化系统：其临床表现因受累消化器官不同而异。

1）口腔：舌部最常受累，表现为巨舌，舌体增大且伴有结节样蜡样增生。舌体发硬、口底增厚，舌运动障碍，舌常伸于上、下牙齿之间，患者可有吐词不清。睡眠过程中，患者常因舌往后堵塞气道而发出鼾声和呼吸困难。亦可表现为唇和牙龈增厚（图16-5）。

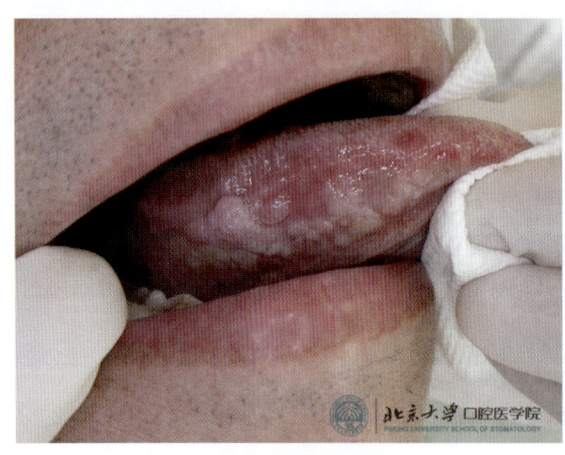

图16-5 淀粉样变
舌腹蜡样结节
（北京大学口腔医学院供图）

2）食管：常有餐后反流、吞咽不畅和吞咽困难。

3）胃：患者可有恶心、呕吐和上腹部疼痛等症状，或出现上腹饱胀和食欲缺乏现象。严重者可有胃溃疡、呕血。

4）肠：患者可出现便秘、腹泻和严重吸收不良。极少数患者可发生肠穿孔或假性肠阻塞。

5）肝：表现为肝大，血清碱性磷酸酶增高等。约有5%的患者有肝内胆汁淤积，此类患者预后不良。

6）胰腺：可出现胰腺功能不全而影响食物消化，引起脂肪泻。

（5）呼吸系统：淀粉样蛋白在肺部广泛沉积可引起气体弥散障碍，使患者活动时出现呼吸困难。胸膜淀粉样变性可引起胸腔积液。

（6）皮肤：与骨髓瘤相关的淀粉样变性常见皮肤病变有瘀斑、紫癜、苍白、透亮的或紫癜性丘疹、结节等。

【实验室检查】

淀粉样变性的实验室检查无特异性。

1. 血细胞分析　出现血红蛋白降低及血沉加快等。

2. 血液生化检测　部分患者碱性磷酸酶、转氨酶、肌酐或胆红素等可增高。

3. 血清蛋白测定　血清白蛋白低，α、β、γ球蛋白增高等。

4. 尿蛋白　部分患者尿液中有本周蛋白（Bence-Jone protein），是单克隆轻链 κ 链和（或）λ 链的同型体。

5. 骨髓涂片　患者骨髓中浆细胞增多，平均比例为 7%。

【病理表现】

肉眼观，受累器官肿大，触之有坚实感。器官表面呈蜡样，为淡红色或灰色外观。光镜下，细胞间可见无定形物质沉淀。用苏木精-伊红染色呈红色，可表现为异染性（metachromasia）而呈结晶紫或甲基紫色。用刚果红染色后在偏光显微镜下观察则呈独特的苹果绿色的双折射（birefringence）外观。免疫组织化学染色可证实沉积的淀粉样物质是 λ 链或 κ 链。

【诊断】

由于本病的临床表现多种多样且无特异性，因此不能仅凭借临床表现即作出诊断。淀粉样变性的诊断标准为：

1. 不明原因的器官肿大和（或）器官功能不全　对于原因不明的器官肿大和器官功能不全患者，应想到淀粉样变性的可能性，避免漏诊或误诊。

2. 患者血液和（或）尿液中有单克隆免疫球蛋白轻链存在，可见于本病的多数患者。

3. 组织病理学检查及刚果红染色证实有淀粉样物质在受累组织或器官中沉积，并经免疫组织化学染色检查证实为 λ 链或 κ 链。

在上述 3 项中，第 3 项活体组织检查是明确诊断本病的必需条件。

【治疗】

目前对于本病尚无特效的治疗方法，仍以对症治疗为主，须积极处理器官功能衰竭。对于不同类型的淀粉样变性，治疗方法不同。

1. 药物治疗　可选择泼尼松、美法仑或秋水仙碱等或联合应用。

2. 有条件者可进行肝、肾和骨髓移植。

3. 对于与血液透析相关的淀粉样变性患者，可通过改进透析膜和使用高纯度的透析液以改善患者病情。

4. 口腔治疗　根据患者个体病情严重程度的不同，可考虑局部和（或）系统性应用糖皮质激素，以及预防因器官组织肿大引起的并发症。

【预后】

目前对于本病尚无根治方法，继发性淀粉样变性的预后取决于原发疾病的治疗是否成功。与多发性骨髓瘤相关的淀粉样变性预后差。

Summary

Diabetes Mellitus (DM) is a group of metabolic diseases characterized by the presence of chronic hyperglycemia accompanied to greater or lesser extent by alterations to carbohydrate, protein, and lipid metabolisms. DM has become a global epidemic, the complications of which significantly impact on the quality of life and longevity of the sufferers, as well as healthcare costs.

Diabetes Mellitus type 2 diabetes (DM2) present numerous possible long-term complications. Among the oral manifestations related to DM described are: dry mouth, tooth decay, periodontal disease and gingivitis, oral candidiasis, burning mouth syndrome (BMS), taste disorders, rhinocerebral zygomycosis (mucormycosis), aspergillosis, oral lichen planus, geographic tongue and fissured tongue, delayed wound healing, and increased incidence of infection, salivary dysfunction, altered taste and other neurosensory disorders, impaired tooth eruption, and benign parotid hypertrophy. Knowledge of how diabetes affects systemic and oral health has an enduring importance, because it may imply not only systemic complications but also a higher risk of oral diseases with a significant effect on oral tissue.

Hyperthyroidism is a condition in which the thyroid gland produces and secretes excessive amounts of the free thyroid hormones, triiodothyronine (T_3) and/or thyroxin (T_4). Graves' disease is the most common cause of hyperthyroidism. If there is too much thyroid hormone, every function of the body tends to speed up, therefore, some of the symptoms of hyperthyroidism may be nervousness, irritability, increased perspiration, heart racing, hand tremors, anxiety, difficulty sleeping, thinning of the skin, fine brittle hair and muscular weakness. Major clinical signs include weight loss (often accompanied by an increased appetite), anxiety, intolerance to heat, hair loss, muscle aches, weakness, fatigue, hyperactivity, irritability, hypoglycemia, apathy, polyuria, polydipsia, delirium, tremor, pretibial myxedema and sweating.

The diagnosis of hyperthyroidism is confirmed by blood tests that show decreased thyroid-stimulating hormone (TSH) levels and elevated T_4 and T_3 levels.

Generally accepted modalities for treatment of hyperthyroidism in humans involve initial temporary use of suppressive thyrostatics medication (anti-thyroid drugs), and possibly later use of permanent surgical or radioisotope therapy. Patients cannot have foods high in iodine, such as edible seaweed and kelps.

Hypothyroidism is defined by a decrease in thyroid hormone production and thyroid gland function. This condition can be classified into two categories: Primary hypothyroidism, in which the defect is intra-thyroid; or secondary hypothyroidism, in which other pathologies can cause an indirect decrease of circulating hormone (surgical or pathological alteration of the hypothalamus).

Symptoms of hypothyroidism include fatigue, weakness, weight gain or increased difficulty in losing weight, coarse, dry hair, dry, rough pale skin, hair loss, cold intolerance, muscle cramps and frequent muscle aches, constipation, depression, irritability, memory loss, abnormal menstrual cycles. Each individual patient may have any number of these symptoms, and they will vary with the severity of the thyroid hormone deficiency and the length of time the body having been deprived of the proper amount of this hormone..TSH levels are elevated in primary hypothyroidism, decreased in secondary hypothyroidism.

In general, for hypothyroidism, levothyroxine sodium replacement is the first drug of choice.

Hashimoto's thyroiditis (HT) also known as chronic lymphocytic thyroiditis.HT is an autoimmune disorder involving chronic inflammation of the thyroid and also is the most common cause of hypothyroidism. Hypothyroid symptoms may include fatigue, weight gain, constipation, increased sensitivity to cold, dry skin, depression, muscle aches and reduced exercise tolerance, and irregular or heavy menses. In some cases, the inflammation causes the thyroid to become enlarged (goiter), which rarely may cause neck discomfort or difficulty swallowing. TPO antibody may be positive, but thyroid hormone levels may be normal or elevated.

Patients with elevated TPO antibodies but normal thyroid function tests (TSH and Free T4) do not require treatment. For patients with overt hypothyroidism (elevated TSH and low thyroid hormone levels) consists of thyroid hormone replacement

Cushing's syndrome is also known as hypercortisolism. It is a hormonal disorder caused by prolonged exposure of the body's tissues to high levels of the hormone cortisol. This can happen for a variety of reasons, the most common of which is overuse of corticosteroid medications.

Signs and symptoms of Cushing's syndrome vary, but most people with the disorder have upper body obesity. Typical symptoms include rapid weight gain, particularly of the trunk and face with sparing of the limbs (central obesity), a rounded face, increased fat around the neck, and relatively slender arms and legs. Other signs appear in the skin, which becomes fragile and thin, bruises easily, and heals poorly. Purple or pink stretch marks may appear on the abdomen, arms, and breasts. The bones are weakened, and routine activities such as bending, lifting, or rising from a chair may lead to backaches and rib or spinal column fractures.

Diagnosis is based on a review of a person's medical history, a physical examination, and laboratory tests. X-rays of the adrenal or pituitary glands can be useful in locating tumors.

There is no single definitive test for Cushing syndrome. In addition to a physical examination, blood, saliva, and urine tests are usually required. After diagnosis, additional tests are needed to identify the cause.

Treatment will depend on the specific cause and may include surgery, radiation, chemotherapy or the use of cortisol-inhibiting drugs. If the cause is long-term use of glucocorticoid hormones of another disorder, the doctor should reduce the glucocorticoid gradually for control of that disorder.

Amyloidosis is a heterogeneous group of disorders in which a disorder of protein structure results in the formation and deposition of insoluble fibrillary proteins (amyloid) in the extra-cellular spaces of organs and tissues, causing structural and functional organ damage.

Clinical manifestation of amyloidosis can involve almost any organ, most importantly the kidney, heart, peripheral nervous system and tongue.

Diagnosis depends on the identification of amyloid deposits in a biopsy.

Treatment is directed at reducing production and extracellular deposition of amyloid fibrils and promoting lysis and/or mobilization of existing amyloid deposits plus supportive treatment for underlying organ dysfunction.

Definition and Terminology

糖尿病 (Diabetes Mellitus, DM): is a group of metabolic diseases characterized by the presence of chronic hyperglycemia accompanied to greater or lesser extent by alterations to carbohydrate, protein, and lipid metabolisms. DM has become a global epidemic, the complications of which significantly impact on the quality of life and longevity of the sufferers, as well as healthcare costs.

甲状腺功能亢进症 (Hyperthyroidism): is a condition in which the thyroid gland produces and secretes excessive amounts of the free thyroid hormones, triiodothyronine (T_3) and/or thyroxine (T_4). Graves' disease is the most common cause of hyperthyroidism.

甲状腺功能低下（Hypothyroidism）：is defined by a decrease in thyroid hormone production and thyroid gland function.

桥本甲状腺炎（Hashimoto's thyroiditis，HT）：was known as chronic lymphocytic thyroiditis. HT is an autoimmune disorder involving chronic inflammation of the thyroid and also is the most common cause of hypothyroidism.

库欣综合征（Cushing's syndrome）：is also known as hypercortisolism. It is a hormonal disorder caused by prolonged exposure of the body's tissues to high levels of the hormone cortisol. This can happen for a variety of reasons, the most common of which is overuse of corticosteroid medications.

淀粉样变性（amyloidosis）：is a heterogeneous group of disorders in which a disorder of protein structure results in the formation and deposition of insoluble fibrillary proteins（amyloid）in extra-cellular spaces of organs and tissues, causing structural and functional organ damage.

第三节　消化系统疾病
Gastrointestinal Disease

炎症性肠病（inflammatory bowel disease，IBD）是一类由多种病因引起的、异常免疫介导的肠道慢性及复发性炎症，有终生复发倾向。克罗恩病（Crohn's disease，CD）和溃疡性结肠炎（ulcerative colitis，UC）是其主要类型。本节重点介绍这两种疾病。

一、克罗恩病 Crohn's disease

克罗恩病（Crohn's disease，CD）是一种病因不明的慢性肉芽肿性炎症性疾病，是炎症性肠病（inflammatory bowel disease，IBD）的一种。病变可累及从口腔至肛门各段消化道，主要以末段回肠及其邻近结肠为主，病变呈节段性、非对称性分布；临床主要表现为腹痛、腹泻、肛门病变等，可伴有局部或全身并发症。

案例 16-7

女，43岁。口腔黏膜糜烂、疼痛2个月。患者1年前因腹痛、腹泻到消化科就诊，被诊断为克罗恩病，口服美沙拉秦治疗。

口腔检查：双颊、软腭、舌腹、口底及右后颊侧牙龈可见广泛而散在的溃疡，直径为2～3mm，高出黏膜面，表现为多发性黄白色易碎脓疱。脓疱融合、破溃后形成"蜗牛轨迹"。口腔组织病理学检查示：上皮内大量嗜酸性粒细胞浸润形成微脓肿。直接免疫荧光检查未见棘细胞间及基底膜区免疫复合物沉积。

结合口腔临床、病理表现及免疫学表现，口腔损害诊断为增殖性化脓性口炎。给予0.002%地塞米松溶液含漱局部治疗，2周后患者病情好转。建议至消化科进一步治疗克罗恩病。

思考题：
增殖性化脓性口炎与克罗恩病的关系如何？

【流行病学】

本病于 1932 年由 Crohn 首先发现，1973 年才被正式命名为克罗恩病。本病可发生于任何人种，有报道欧美人群发病率为 0.7～11.6/10 万，日本人群发病率为每年 0.08/10 万。我国克罗恩病的患病率有逐年上升的趋势。本病最常发生于青春期后期和成人期早期，无性别差异。

【病因及发病机制】

本病的病因尚不明确，目前认为可能是由多种因素综合作用的结果。

1. 免疫因素 克罗恩病的本质是自身免疫病，肠道黏膜免疫反应异常激活是引起克罗恩病患者肠道发生炎症的直接原因。

2. 遗传因素 研究发现，克罗恩病患者一级亲属发病率显著高于普通人群。单卵发育的孪生子之间患克罗恩病的概率明显升高，约为 67%，而双合子的孪生子其一致性概率仅为 8%。也有报道指出，克罗恩病多与 HLA-DR4 型血清抗原有关。近年来，大量研究证实，*NOD2/CARD15* 基因突变与克罗恩病易感性及某些特殊表型明确相关。

3. 感染与菌群因素 近来发现 IBD 患者存在肠道菌群失调；采用抗生素或益生菌制剂治疗患者有一定效果。

4. 环境因素 生活方式改变、高脂饮食、吸烟等可能与本病发生有关。

5. 其他 一些研究表明，口服避孕药可使炎症性肠病的发病危险增加，但尚未能证实。

【临床表现】

克罗恩病的临床表现各异，症状出现取决于病变的部位、范围、严重程度、肠外表现等。

1. 全身表现 患者可有发热、贫血、乏力及体重减轻等全身表现。

2. 消化道表现 病变可累及从口腔到肛门整个消化道的一段或可同时侵犯若干段。病变部位分布在小肠、回肠末段者约占 90%。主要表现有慢性腹泻、腹痛和肛周病变等，最常见的并发症为肠梗阻和肠瘘。慢性腹泻是最常见的临床表现，通常是持续 6 周以上的稀便。小肠克罗恩病患者腹泻的特点为粪便量较多，但血便、黏液便的发生率较溃疡性结肠炎（ulcerative colitis，UC）低，为 40%～50%。腹痛开始为不定性隐痛，随着病变进展，疼痛可逐渐加重。腹痛的部位和性质与病变范围及累及的部位有关，回盲部及末端回肠最常受累，因此常表现为右下腹痉挛性疼痛，与肠腔狭窄引起间歇性不完全梗阻有关。

3. 口腔表现 出现口腔病变者占克罗恩病患者的 8%～9%，表现为面部或唇部肿胀，口腔黏膜呈"鹅卵石"样改变，口腔黏膜出现线状或阿弗他样溃疡。溃疡通常可累及龈颊沟，在溃疡周围可出现肉芽肿样团块（图 16-6）。另外，患者还可出现比较少见的增殖性化脓性口炎。由于中性粒细胞功能缺陷，可导致牙龈炎症和牙周病变，或颈部淋巴结肿大。

4. 肠外表现 患者可出现游走性关节炎症，与肠道病变的活动性相平行，且待肠道炎症控制后，关节炎症状可缓解。

5. 其他表现 包括坏疽性脓皮病、结节性红斑、胆石症、虹膜睫状体炎和葡萄膜炎等。

【病理表现】

克罗恩病的临床确诊比较困难，往往需结合肠镜或手术后病理学检查，才能明确诊断。

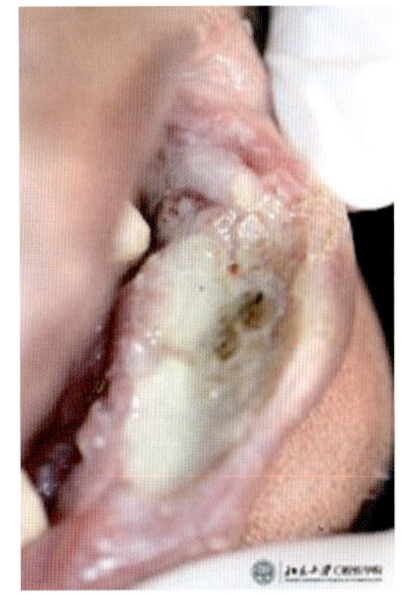

图 16-6 克罗恩病口腔表现
（北京大学口腔医学院供图）

术后病理学检查确诊标准：5 项中具备 4 项方可确诊。①节段性全肠壁炎；②裂隙状溃疡；③黏膜下层高度增宽（水肿及淋巴管、血管扩张等所致）；④淋巴细胞聚集；⑤呈结节病样肉芽肿（非干酪性上皮样肉芽肿），并且肠壁及肠系膜淋巴结无干酪样坏死。

【实验室检查】

常见红细胞及血红蛋白降低，红细胞沉降率及 C 反应蛋白增高，血清白蛋白降低，便潜血阳性等。

【影像学检查】

1. 小肠造影 小肠造影是诊断克罗恩病的主要手段之一。当疾病处于进展期或患者有并发症时，其灵敏度较高。早期可表现为小肠黏膜皱襞增粗，随着病变发展，可出现节段性肠道炎症改变，如裂隙状溃疡、"鹅卵石"样改变、假息肉、多发性狭窄、瘘管形成等。

2. CT 检查 较难显示克罗恩病的早期改变。急性期时，CT 可显示由水肿引起的小肠壁增厚，病变在小肠中跳跃式出现是本病的特征性表现之一。另外，CT 还可直接显示克罗恩病的肠外改变及其并发症，如肠系膜纤维脂肪增生、腹腔内脓肿、蜂窝织炎、瘘管、窦道及邻近脏器受累等。

3. MRI 检查 小肠克罗恩病的 MRI 表现主要包括节段性肠壁增厚，严重者可见肠管狭窄，周围炎性浸润（蜂窝织炎），肠系膜脂肪纤维增生和淋巴结肿大。同时，MRI 还可以显示克罗恩病的肠外并发症，如炎性肿块、脓肿、瘘管、骶髂关节炎、胆石症、肾结石。因此，MRI 对评估活动性 CD 具有很重要的价值。

4. 超声检查 可以通过观察肠壁厚度、瘘管和腹腔脓肿等，判断患者是否处于疾病活动期并进行分级。

5. 内镜检查 内镜检查在克罗恩病的诊断中仍然具有不可替代的价值，是小肠克罗恩病检查的重要手段。内镜下多表现为小肠黏膜充血、水肿，绒毛样糜烂，伴有形态不规则的深大、纵向溃疡；肠腔局部狭窄，有"鹅卵石"样改变或炎性息肉样表现；多节段肠段的跳跃性病变可涉及小肠和结肠，病变肠段间的黏膜正常。

【诊断】

目前尚无诊断克罗恩病的金标准，需要结合临床表现、放射影像学检查、结肠镜检查和组织病理学检查结果进行综合判断，并评估疾病的活动性及预后。

2007 年《对我国炎症性肠病诊断治疗规范的共识意见》中，克罗恩病的诊断标准为：

1. 具备典型临床表现者为临床疑诊。
2. 同时具备临床表现和影像学依据或内镜特征者，可拟诊为本病。
3. 如再加上黏膜组织学依据或手术切除标本病理学检查依据，发现非干酪性肉芽肿和其他 1 项典型表现，或无肉芽肿而具备上述 3 项典型组织学改变者即可确诊。

【治疗】

本病目前尚无彻底治愈的方法，治疗目的是缓解患者的症状及控制黏膜炎症。具体治疗方案与用药选择取决于病变部位与范围，以及病变严重程度。对具体病例则十分强调个体化的处理原则。

1. 药物治疗 克罗恩病的治疗药物包括传统的氨基水杨酸、糖皮质激素及免疫或生物疗法等。

（1）水杨酸制剂：包括柳氮磺吡啶（SASP）、美沙拉秦（5-ASA）和奥沙拉秦等。柳氮磺吡啶主要用于治疗结肠病变。

（2）抗生素：甲硝唑和环丙沙星等仅适用于并发感染、细菌过度滋生而引起症状或肛周病变的活动期患者。在使用时，需要关注抗生素的不良反应。

（3）糖皮质激素：美国克罗恩病协作研究组（NCCD）和欧洲克罗恩病协作研究组（ECCDS）的两项前瞻性研究结果表明，糖皮质激素是药物诱导缓解本病的有效措施。激素的使用方案在不同治疗中心有所不同，一般推荐采用标准的逐渐撤减方案。应用激素时需要注意其不良反应。

（4）免疫抑制药：包括硫唑嘌呤、巯嘌呤（6-巯基嘌呤）和甲氨蝶呤，主要用于经糖皮质激素等治疗无效者或长期依赖此类药物或出现严重不良反应者。

（5）生物治疗药物：包括英利昔单抗、依那西普、奥那西普等，用于常规治疗无效的中、重度活动期克罗恩病患者。有研究显示，英利昔单抗（infliximab，IFX）治疗克罗恩病的有效率可达81%。

2. 手术治疗 其他治疗失败时，可选择手术治疗。小肠或回结肠病变局限于回盲部并有梗阻症状时，应首选手术治疗。

3. 口腔治疗 多以局部对症治疗为主。口腔局部可用0.1%依沙吖啶溶液或0.05%氯己定溶液含漱，局部涂抹养阴生肌散或激素类软膏等促进溃疡愈合。对病情严重者，可用地塞米松溶液含漱或局部注射地塞米松或泼尼松龙，以改善和缓解症状。

【预后】

克罗恩病是一种慢性反复发作的疾病。由于病因不明，尚无根治的方法。许多患者在其病程中都会出现一次以上的并发症需要手术治疗，而手术治疗的复发率甚高，有报道显示可达90%。本病的复发率与病损范围和病变侵袭性的强弱等因素有关。随着病程的延长和患者年龄的增长，本病的复发率逐渐降低。近年来采用各种治疗措施对多数患者是有效的，可帮助患者度过病情活动期。

【预防】

克罗恩病的发病原因不明确，可能与病毒感染、免疫、遗传因素有密切关系。可从生活起居、饮食、增强体质等几个方面进行预防。生活起居要有规律，禁食生、冷、不洁食物，并适当进行体育锻炼。

（孙 正）

二、溃疡性结肠炎 Ulcerative colitis

溃疡性结肠炎（ulcerative colitis，UC）是一种以慢性炎症和溃疡形成为主要病理特点的消化道疾病。病变多自直肠开始，逆行向上，累及整个结肠和末端回肠，主要侵犯结、直肠黏膜与黏膜下层，呈连续性弥漫性分布。病程缓慢，常反复发作。病程＞20年的患者发生结肠癌的风险较正常人高10～15倍。

案例 16-8

男，28岁。主诉口腔多处糜烂，伴进食刺激痛半年。半年前，患者因工作压力大，饮食不规律，出现腹泻情况，每天3～4次，粪便不成形，有时有便血。患者曾在消化科接受肠镜检查，诊断为溃疡性结肠炎。近期口腔出现多处糜烂面，疼痛明显，影响进食，曾于外院就诊。给予激素含漱液后，患者稍有好转，但停药后仍反复出现口腔破溃。患者有烟、酒嗜好，每天吸烟30支，偶尔饮酒。

检查：口腔双侧后牙龈颊沟、双侧舌腹、软腭黏膜可见广泛点状、片状糜烂，被覆黄白色假膜状物，尼氏征（-）。

思考题：
1. 该患者口腔损害的临床初步印象是什么？
2. 为明确诊断，进一步的辅助检查是什么？
3. 该病应与哪些疾病相鉴别？

【临床流行病学】

溃疡性结肠炎的年发病率2.0～14.3/10万，无性别差异，可发生于任何年龄，但15～30岁和50～70岁为两个高发年龄段。近年来，我国溃疡性结肠炎的患病率明显增高。

【病因】

本病的病因尚不明确，可能与遗传、免疫、感染及肠道微生物、环境因素等有关。其中，肠道黏膜免疫系统失衡所致炎症在发病过程中起重要作用。

【临床表现】

病程多为慢性或亚急性，发作与缓解交替进行。

1. 消化系统表现　以腹泻、腹痛及黏液脓血便多见。

（1）腹泻及黏液脓血便：见于绝大多数患者，也是判断疾病活动期的重要依据。腹泻是主要症状，轻者每天排便2～3次，无便血或仅有轻度便血。重者每天排便10次，可见脓血便、黏液血便或血便。

（2）腹痛：多局限于左下腹部，有轻度到中度腹痛，疼痛部位有压痛。若患者出现腹肌紧张、反跳痛、肠鸣音减弱，则应注意肠穿孔等并发症。

（3）其他症状：患者可有食欲缺乏、腹胀、恶心、呕吐等。

2. 肠外表现

（1）全身症状：患者可出现消瘦、贫血、发热、乏力、低蛋白血症及水、电解质紊乱等。

（2）关节表现：6%～10%的患者可并发关节炎，多累及单个大关节，呈游走性，亦可呈强直性脊柱炎和骶髂关节炎。

3. 皮肤黏膜病变　部分患者出现虹膜睫状体炎、结节性红斑、坏疽性脓皮病等。

4. 口腔表现　主要为口腔黏膜反复溃疡，发生率为9%～20%。偶尔可见口腔黏膜、牙龈、软腭部位的增殖性病变。病损主要发生在唇红或其他口腔黏膜，起初为基底充血的粟粒大小脓疱，之后可融合成片。脓疱破溃后可结痂，痂下为增殖性肉芽肿。发生在唇红缘的病损往往呈乳头瘤样。上述口腔特征性表现称为增殖性脓性口炎（pyostomatitis vegetans）（图16-7）。

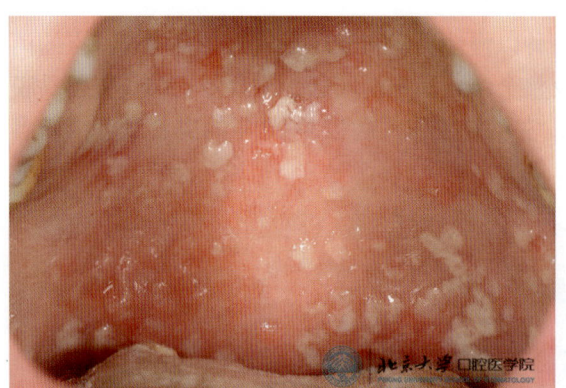

图16-7　增殖性脓性口炎
腭黏膜粟粒大小脓疱，基底黏膜充血
（北京大学口腔医学院供图）

5. 其他 晚期患者可并发肝、胆、肾、泌尿系统、心血管系统等多器官、多系统病变。

【实验室检查】

1. 血细胞分析 可表现为血红蛋白降低，白细胞计数增高，红细胞沉降率加快及C反应蛋白增高等。

2. 粪便常规检查 肉眼观常有黏液脓血。显微镜下可见红细胞和脓细胞等。

3. 自身抗体检测 外周血抗中性粒细胞胞质抗体（antineutrophil cytoplasmic antibody，ANCA）检测结果呈阳性有助于诊断。

4. 结肠镜检查 是本病诊断及鉴别诊断的重要依据。溃疡性结肠炎表现为非特异性炎症变化。炎症呈连续性、弥漫性分布，从直肠开始逆行向近端扩展，内镜下可见黏膜血管纹理模糊、紊乱或消失，可有出血及脓性分泌物附着。急性病变可见糜烂和多发性溃疡。慢性病变可见瘢痕形成、结肠缩短等表现。

5. 结肠镜检查并活检是诊断关键

6. 其他 钡剂灌肠检查、肠道超声检查、CT检查等。

【诊断】

根据临床表现，结合乙状结肠镜检查、黏膜活检及肠道影像学、自身抗体检查，并在多次粪便检查和培养找不到病原微生物后，方可作出诊断。

【治疗】

对于溃疡性结肠炎，目前临床上仍缺乏特异性治疗手段，治疗目的是控制急性发作，促进黏膜愈合、减少复发、防止并发症的发生。主要采用抗菌药、免疫抑制剂治疗和对症治疗等。对内科治疗无效或病变广泛的患者，则考虑施行回肠造瘘术及结肠切除术。

1. 对症及支持治疗

（1）应进食柔软、易消化、富含营养和足够热量的食物。宜少量多餐，补充多种维生素。避免进食生冷及刺激性、油腻及多纤维素的食物。

（2）保持心情舒畅，避免精神刺激，解除各种精神压力。

（3）对腹痛、腹泻较严重者，可应用解痉止痛药，如颠茄等。

（4）如患者有水、电解质紊乱，则应及时纠正。

2. 控制炎症反应 应用水杨酸类药物，可明显抑制肠道炎症。临床常用药物有柳氮磺胺吡啶、奥沙拉秦、美沙拉秦等。

3. 糖皮质激素或免疫抑制剂 对急性发作期患者有较好疗效。

（1）糖皮质激素：可口服泼尼松 5～10 mg，每天3次，持续1～3个月后逐渐减量，直至停用；或泼尼松龙每天 40～60 mg，分3～4次口服，待病情好转后再逐渐减量，维持量为每天 10 mg，疗程为半年左右。

（2）硫唑嘌呤：可用于激素类治疗无效的患者，剂量为 2.5 mg/（kg·d），待症状缓解后再减至 1.5 mg/（kg·d）。

4. 益生菌制剂 近年来对益生菌治疗急性期溃疡性结肠炎已有广泛研究，结果提示益生菌治疗可取得与抗炎药相似的疗效，且无药物不良反应。

5. 中医药治疗 中医药治疗本病有一定的特色及优势，适用于水杨酸类制剂和免疫抑制剂治疗无效的患者，以及对糖皮质激素抵抗或依赖的顽固型患者。可选择的中成药有香连丸、泻痢固肠丸等。

6. 口腔治疗

（1）口腔科医师应详细了解溃疡性结肠炎的病程及疾病特征。对急性发作期患者，应避免进行口腔治疗或手术。必需的治疗应选择在缓解期进行。

（2）口腔局部对症治疗：对伴发口腔病损的患者，口腔局部可用0.1%依沙吖啶溶液或其他抗生素溶液或激素含漱液漱口，外涂抗生素软膏或糖皮质激素类乳膏。

【预后】

本病呈慢性过程，大部分患者病情可反复发作，轻度患者预后较好，急性发作及有并发症的患者或年龄超过60岁的患者预后欠佳。对于病程较长的患者，建议定期行肠镜检查。

Summary

Crohn's disease is a disease that causes inflammation, swelling or irritation of any part of the gastrointestinal (GI) tract and is a type of inflammatory bowel disease. Crohn's disease can affect any area from the mouth to the anus, causing a wide variety of symptoms. It often affects the lower part of the small intestine and effects men and women equally, between the ages of 13 and 30.

The cause of Crohn's disease is unknown. It is suggested that it is caused by interactions between environmental, immunological and bacterial factors in genetically susceptible individuals.

The most common symptoms of Crohn's disease are abdominal pain, often in the lower right area and diarrhea. Rectal bleeding, weight loss and fever may also occur. Some people with Crohn's disease can also have joint pain and cutaneous or dental issues.

The diagnosis of Crohn's disease is based on a combination of clinical features, lab tests, imaging tests and a colonoscopy.

There is no cure for Crohn's disease and treatment depends on its location, severity and complications. The goals of treatment are to control inflammation, correct nutritional deficiencies and relieve symptoms. Treatment may include medications, surgery, nutrition supplementation or any combinations of these options.

Ulcerative colitis is a type of inflammatory bowel disease (IBD) that affects the lining of the large intestine (colon) and rectum. This inflammation can lead to formation of ulcers that may bleed and interfere with digestion. About 5% of people with ulcerative colitis develop colon cancer. The exact cause of ulcerative colitis is unclear. Abdominal pain and bloody diarrhea are the common warning signs of ulcerative colitis, others include weight loss, poor appetite, nausea and poor growth in children. Some people with ulcerative colitis may have symptoms outside the digestive system including joint pain, skin sores, fatigue, anemia and frequent fevers.

The most accurate way to test for ulcerative colitis is colonoscopy.

Medications for ulcerative colitis aim to reduce the inflammation inside the colon. The first choice is usually a drug that contains aminosalicylates, the second choice is steroid, such as prednisone and the third option is an immune modifier, which reduces inflammation by altering the immune activity. Biologic therapies are the newest type of treatment for people with ulcerative colitis. Biologic therapies are recommended for patients who do not improve on standard medications.

Definition and Terminology

克罗恩病（Crohn's disease）：is a type of inflammatory bowel disease that may affect any part of the gastrointestinal tract from mouth to anus, causing a wide variety of symptoms.

溃疡性结肠炎（Ulcerative colitis）：is a type of inflammatory bowel disease（IBD）that affects the lining of the large intestine（colon）and rectum. Abdominal pain and bloody diarrhea are the common warning signs of ulcerative colitis. About 5% of people with ulcerative colitis develop colon cancer.

（孙　正　华　红）

第四节　免疫系统疾病
Immunological Disease

一、结节病 Sarcoidosis

结节病（sarcoidosis）是一种原因不明的多系统多器官受累的肉芽肿性疾病，可累及全身所有器官。肺和胸内淋巴结受累最为常见，其次是皮肤和眼部受累。其病理特征是一种非干酪样类上皮细胞性肉芽肿。本病由英国医师 Hutchison 于 1875 年首先报道。

案例 16-9

女，35 岁。上唇及口周皮肤出现米粒大小增生物半年，无明显症状和变化。
临床检查：上唇及口周皮肤可见数十个米粒大小的红色增生物，下唇黏膜未见病损，其他黏膜未见异常。切取增生物进行组织病理检查显示为非干酪样坏死性上皮样细胞肉芽肿。上皮样细胞聚集成群，周围有少数淋巴细胞。
诊断：结节病。
思考题：
1. 患者最可能的临床诊断是什么？
2. 应当如何进一步询问补充患者病史？
3. 还应进行哪些辅助检查？

【流行病学】

本病在任何年龄均可发生，中青年多发，40 岁以下多见，女性发病略高于男性。由于部分病例无症状或可以自然痊愈，我国尚无确切的流行病学数据。国外研究显示，美国人群年发病率为 10～40/10 万，北欧地区人群为 17.6～20/10 万，日本人群为 20/10 万。

【病因及发病机制】

本病的病因不明，可能与下列因素有关：

1. 遗传因素　人类白细胞抗原（human leucocyte antigen，HLA）中的HLA-A1、HLA-B8、HLA-DR3与结节病的发生密切相关。另外，结节病患者中约10%有家族遗传史。

2. 环境与职业因素　有报告显示，结节病易于在冬、春季节发病。金属铝、锆、铍及滑石粉、松树花粉、黏土等也可能与本病的发生有关。

3. 感染因素　某些病毒、伯氏疏螺旋体、痤疮丙酸杆菌、结核分枝杆菌、非结核分枝杆菌和支原体属等均可能诱发本病，但目前尚无法确认感染因素和结节病之间的因果关系。

4. 免疫因素

（1）本病的发生与免疫反应有关：病变组织中聚集大量激活的Th1型$CD4^+$T细胞和巨噬细胞是其特征性免疫异常表现。

总之，目前观点认为易感个体在某些致病抗原的刺激下，可激活病变部位的$CD4^+$T细胞和巨噬细胞。被激活的T细胞释放大量的单核细胞趋化因子和巨噬细胞游走抑制因子，使单核细胞发生聚集；被激活的巨噬细胞可释放白细胞介素-1，使T细胞分裂、增殖。因此，病变早期以T细胞、单核细胞、巨噬细胞浸润为主。随着疾病的发展，上皮样细胞大量产生，形成典型的结节性肉芽肿。疾病后期，成纤维细胞增生，最后出现广泛的纤维化。

（2）Th1细胞/Th2细胞失衡可能与结节病的发生有关：在大多数病例，病变局部的辅助性T细胞以Th1（$CD4^+$）细胞为主，导致细胞聚集、增生、分化和肉芽肿形成。

【临床表现】

1. 全身表现　结节病是一种全身性肉芽肿性疾病，呈慢性病程。结节病临床表现多样。病变可累及肺、纵隔及周围淋巴结、皮肤、指骨、趾骨、心肌、中枢神经系统、肝、脾、肾、眼及腮腺。几乎90%及以上的结节病患者都有不同类型和不同程度的肺、胸内淋巴结（纵隔淋巴结、肺门淋巴结）肿大。胸部影像学异常是很多结节病患者就诊的主要原因，主要表现为两侧肺门淋巴结无症状性增大，并可有广泛的肺实质纤维化。患者的主要症状有干咳、气促、胸闷、胸痛等。

2. 皮肤表现　可呈丘疹、结节、斑块和皮下结节等或表现为结节性红斑。丘疹性肉样瘤病（papular sarcoidosis）：呈泛发性，病变多数呈针头至豌豆大小的丘疹，有时呈苔藓化，中央有凹陷，分布于面部、眼睑、颈部和肩部。冻疮样狼疮（lupus pernio）：呈紫红色斑块，表面光滑、有光泽，好发于耳、前额、鼻及指、趾等肢端部位，常伴发指骨肉芽肿（穿凿性囊肿）。

3. 口腔表现　口腔病变好发于唇颊部，表现为唇颊组织肥厚，形成巨唇。亦可累及颏部，表现为局部组织肥厚，有时可扪及结节，或在黏膜表面出现突起的小丘疹，常伴颈部淋巴结肿大。约6%的患者有单侧或双侧腮腺肿大、疼痛。牙槽骨可发生多囊性破坏，出现牙齿松动现象（图16-8，图16-9）。

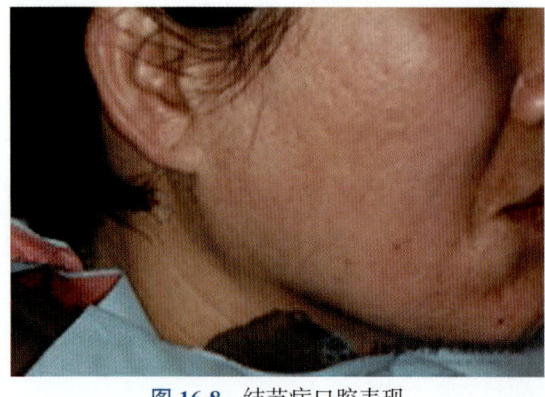

图16-8　结节病口腔表现
（北京大学口腔医学院供图）

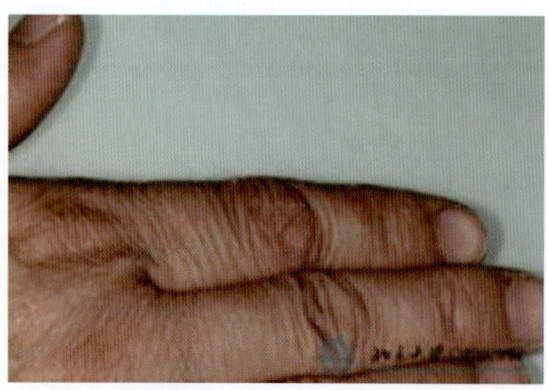

图16-9　结节病口腔表现
（北京大学口腔医学院供图）

【病理表现】

结节病的病理表现主要是非干酪样坏死性上皮样细胞肉芽肿，上皮样细胞聚集成群，内含少量或没有多核巨细胞，周围有少量淋巴细胞，但不发生干酪样坏死。当结节病肉芽肿消退时，上皮样细胞逐渐消失，最终导致纤维化。

【实验室检查】

患者血常规多无异常，但偶尔有贫血。活动期血象变化多为外周血淋巴细胞减少。嗜酸性粒细胞可暂时性增高。偶尔可见血小板减少性紫癜。红细胞沉降率可加快；血钙增高。血清 ACE 水平可异常。免疫球蛋白浓度常增高，IgM、IgA 和 IgG 升高。

Kveim 试验 取活动性结节病患者的淋巴结或脾组织作为抗原制成盐水混悬液，然后取 0.1～0.2 ml 做前臂皮内注射，4～8 周后切除该部位皮肤，行病理学检查。如结果显示为非干酪性上皮样细胞结节，即为阳性。阳性率为 65%～92%。多数人认为该试验原理与细胞免疫有关，可能为迟发型超敏反应的一种类型。

【诊断】

结节病属于除外性诊断，尚无客观的诊断标准，主要依靠临床医师根据临床表现、受累部位的病理学检查结果（非干酪样坏死性上皮样细胞肉芽肿），结合病史、血清学检查，除外其他原因引起的肉芽肿性疾病，即可确诊。

【鉴别诊断】

1. 克罗恩病 是一种原因不明的肠道炎症性疾病，临床表现以腹痛、腹泻、肠梗阻等为特征，患者可伴有发热、贫血、营养障碍及关节、皮肤、眼、口腔黏膜、肝等肠外损害。口腔可出现上唇肿胀、线状溃疡等特征性表现，唇部组织学病理检查也表现为肉芽肿性结节。本病可反复发作，迁延不愈。结肠镜检查或口腔病损活检等有助于诊断。

2. 结核性溃疡 口腔各部位均可发生，以舌部常见，为慢性持久性溃疡。溃疡外形不规则，由浅到深，多形成深溃疡。其特点是溃疡底部和溃疡边壁有许多粟粒状小结节，溃疡边缘不齐并微隆起呈倒凹状，溃疡表面有少量脓性渗出物。PPD·5TU 结核菌素皮肤试验可用来鉴别结核和结节病。

3. 其他肉芽肿病 感染或化学性因素所致的肉芽肿。

【治疗】

目前对于结节病尚无统一、规范的治疗方案。应根据每个患者的病情制订个体化的治疗方案。无症状或肺功能轻度异常者，可不治疗。结节病患者出现明显肺内、外症状时，需要及时治疗。

1. 糖皮质激素 糖皮质激素目前仍是治疗结节病的首选药物。泼尼松起始剂量为 40 mg/d，待患者病情改善后逐步减量。对于病情较重的患者，可采用较大剂量的激素静脉用药 1～2 周，待患者病情改善改为口服，然后逐渐减量，至少用药 2 年以上。应对患者定期进行随访，一旦发现复发迹象，须及时加量或重新使用激素治疗。

2. 羟氯喹 适用于皮肤黏膜结节病患者。常规剂量为 200～400 mg/d。不良反应是易引起视网膜病变，故应定期对患者进行眼部检查。

3. 细胞毒性药物 用于激素治疗效果不佳的患者，可单独应用，也可与激素联合应用，如与甲氨蝶呤、硫唑嘌呤、环磷酰胺等联合应用。此类药物的不良反应较严重，须严格掌握适应证。

4. 沙利度胺 常规剂量为 50～200 mg/d。应注意此药有致畸性，育龄期患者禁用。

【预后】

结节病是一种自限性疾病,大多数患者预后良好。约 2/3 的患者病情可自行缓解,10%~30% 的患者可发展为慢性结节病,约 4.7% 的患者可发展为肺纤维化。结节病患者的病死率为 1%~5%。患者死亡多为呼吸衰竭、中枢神经系统或心脏受累所致。

(孙 正)

二、干燥综合征 Sjögren syndrome

干燥综合征(Sjögren syndrome,SS)又称舍格伦综合征,是一种主要侵犯外分泌腺的慢性系统性自身免疫病,1933 年由瑞典眼科医师 Henrik Sjögren 首次提出。本病最常见的临床表现是进行性口干、眼干,病变还可累及肾、肺、肝等多种器官。干燥综合征患者发生淋巴瘤的风险明显高于正常人。

本病分为原发性和继发性两类,不合并其他自身免疫病者称为原发性干燥综合征(primary Sjögren syndrome,PSS);继发于类风湿关节炎(rheumatoid arthritis,RA)、系统性红斑狼疮(systemic lupus erythematosus,SLE)等其他自身免疫病者称为继发性干燥综合征(secondary Sjögren syndrome,SSS)。

【临床流行病学】

流行病学调查显示,本病在我国人群中的患病率为 0.29%~0.77%,在老年群体中的患病率为 2%~4.8%,是一种较常见的风湿免疫病,女性多发,男女发病率之比为 1:(9~10),任何年龄均可发病,好发年龄为 30~60 岁。

【病因及发病机制】

SS 的确切病因及发病机制尚不明确,可能与感染、遗传、性激素和免疫功能异常等多种因素有关。

1. 遗传因素 干燥综合征的发病存在遗传易感性及家族聚集性,原发性干燥综合征患者的家庭成员较正常人群更易患自身免疫病或出现血清学方面的异常。HLA-DRB*0301、DQA_1*0501、DQB_1*0201 单倍体型与 SS 存在相关性。

2. 病毒感染 目前认为 EB 病毒、巨细胞病毒、乙型肝炎病毒、丙型肝炎病毒以及 HIV 感染等可能与干燥综合征的发生有关。病毒可改变唾液腺上皮细胞表面的抗原性,刺激 B 淋巴细胞活化,诱发自身免疫反应,从而产生抗体,引起炎症反应。

3. 性激素 本病女性发病率明显高于男性,且多见于绝经期妇女,提示性激素可能参与干燥综合征的发生。

4. 免疫功能异常 外周血 T 细胞减少,B 细胞过度增殖是 SS 患者免疫功能异常的突出特征。患者体内 Th1 细胞/Th2 细胞失衡,Treg 细胞、Th17 细胞表达及功能均有异常。B 淋巴细胞活化异常表现为聚集在炎性组织中,参与形成异位生发中心,并可产生多种特殊自身抗体,尤其是 SSA、SSB 抗体等。

【临床表现】

干燥综合征患者的主要症状包括眼干、口干、唾液腺及泪腺肿大,病情严重者可出现肺间质纤维化、肾小管酸中毒、肝损害及中枢神经系统受累等严重的系统病变。

1. 眼部表现 由于泪腺受累,致使泪液减少或分泌停止,角膜及球结膜上皮破坏,引起干燥性角膜结膜炎。患者眼部有异物感、摩擦感或灼热感，可伴有畏光、疼痛、视物疲劳。情绪激动或受到刺激时表现为少泪或无泪。泪腺肿大可导致睁眼困难、睑裂缩小。

2. 口腔表现 患者出现口干，进食干性食物不易咽下，需要饮水，伴口腔发黏，味觉异常。患者长时间说话时，舌部运动不灵活。严重者言语、咀嚼及吞咽均困难。患者戴有全口义齿时，常影响其就位。口腔检查可见口腔黏膜干燥，口镜与口腔黏膜黏着而不能滑动。口底唾液池消失。舌表面干燥并出现裂纹，患者易发生口腔念珠菌感染，出现口腔黏膜发红、舌乳头萎缩、双侧口角皲裂等。龋病的发生率也明显增高，且常表现为猖獗龋（图16-10～图16-12）。

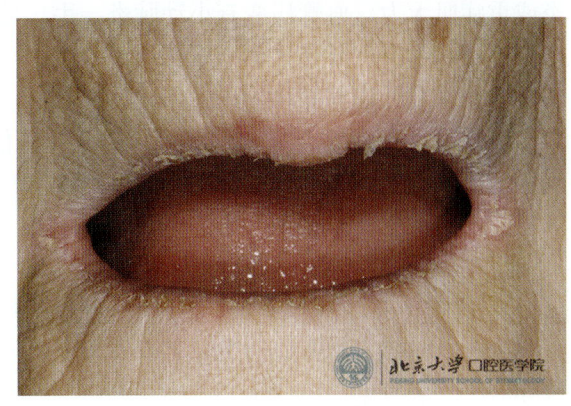

图 16-10　干燥综合征（唇部表现）
唇黏膜干燥、脱屑
（北京大学口腔医学院供图）

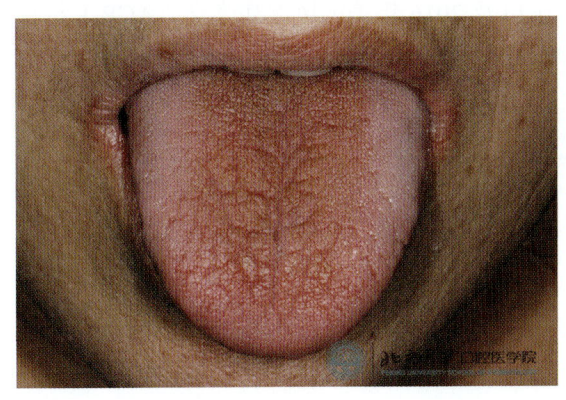

图 16-11　干燥综合征（舌部表现）
舌背黏膜干燥伴浅沟纹，舌乳头轻度萎缩
（北京大学口腔医学院供图）

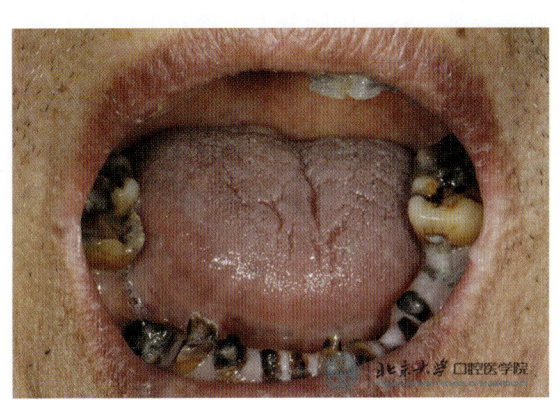

图 16-12　干燥综合征（猖獗龋）
（北京大学口腔医学院供图）

3. 唾液腺肿大 以腮腺肿大为最常见，也可伴下颌下腺、舌下腺及小唾液腺肿大，多为双侧，也可单侧发生。腮腺呈弥漫性肿大，边界不明显，表面光滑，与周围组织无粘连。触诊有韧实感而无压痛，挤压腺体时，导管口唾液分泌很少或不分泌。由于唾液减少，可引起逆行感染。发生感染时，挤压腺体可有混浊的雪花样唾液或脓液流出。少数患者腺体内可触及结节状肿块，为一个或多个，质地中等，界限常不甚清楚，无压痛，此种类型称为类肿瘤型干燥综合征。

4. 其他外分泌腺受累的表现 除唾液腺和泪腺外，患者还可有上、下呼吸道分泌腺及皮肤外分泌腺受累。鼻腔黏膜干燥、结痂。喉及支气管干燥，可出现声音嘶哑及慢性干咳。汗腺及皮脂腺受累时可出现皮肤干燥或萎缩等现象。

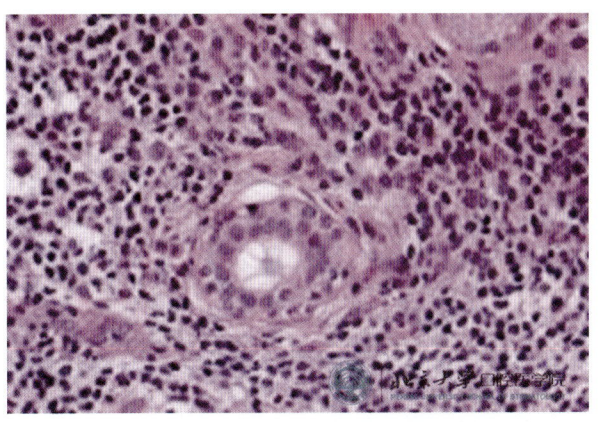

图 16-13　干燥综合征（病理表现）
淋巴细胞浸润灶
（北京大学口腔医学院供图）

5. 其他系统受累情况 肺部受累者可出现间质性肺炎等。肾间质淋巴细胞浸润可导致肾小管功能不全，产生低渗尿。肌酐清除率降低，可引发肾小管酸中毒。肌肉病变表现为多发性肌炎或重症肌无力。血管病变有小动脉炎，手、足发绀，雷诺现象等。甲状腺也可出现慢性淋巴细胞性甲状腺炎。肝受累者出现自身免疫性肝损伤及原发性胆汁性肝硬化等。此外，部分患者还可出现关节肿痛等症状。

6. 继发性干燥综合征 患者可同时合并其他结缔组织病。约 50% 的患者伴有类风湿关节炎；约 10% 的患者伴有系统性红斑狼疮。此外，患者还可伴有硬皮病、多发性肌炎等。

【组织病理学】

大唾液腺可出现腺实质萎缩、间质淋巴细胞灶性浸润、肌上皮岛形成。

小唾液腺也出现类似的组织学改变，表现为导管扩张，淋巴细胞浸润，腺泡萎缩、腺小叶破坏。

【诊断】

1. 诊断标准 国内外关于干燥综合征的诊断标准繁多，目前应用较为广泛的是 2002 年干燥综合征（SS）国际分类（诊断）标准（表 16-5）以及 2016 年美国风湿病学会（ACR）与欧洲风湿病联盟（EULAR）联合推出的原发性干燥综合征（pSS）分类（新）标准。

表 16-5 干燥综合征（SS）国际分类（诊断）标准（2002 年）

Ⅰ. 口腔症状：3 项中有 1 项或 1 项以上
1）每日感口干持续 3 个月以上
2）成年后腮腺反复或持续肿大
3）吞咽干性食物时需饮水帮助

Ⅱ. 眼部症状：3 项中有 1 项或 1 项以上
1）每天感到不能忍受的眼干持续 3 个月以上
2）有反复的细沙进眼或沙粒感
3）每日需用人工泪液 3 次或 3 次以上

Ⅲ. 眼部体征：下述任何 1 项或 1 项以上呈阳性
1）Schirmer 试验（＋）（＜ 5 mm/5 min）
2）角膜荧光染色（＋）（＞ 4van BIJ sterveld 记分法）

Ⅳ. 组织学检查：唇腺淋巴细胞浸润灶 ≥ 1（4 cm² 组织内至少有 50 个淋巴细胞聚集于唇腺间质者为 1 个灶）

Ⅴ. 唾液腺受损：下述任何 1 项或 1 项以上呈阳性
1）未刺激唾液流率（＋）（＜ 1.5 ml/15 min）
2）腮腺造影（＋）
3）唾液腺同位素检查（＋）

Ⅵ. 自身抗体：抗 SSA 或 SSB 抗体（＋）（双扩散法）

患者在无任何潜在疾病的情况下，具备下述 2 条即可诊断原发性干燥综合征：a. 符合上述分类标准项目中的 4 条或 4 条以上，但必须含有Ⅳ（组织学检查）和（或）条目Ⅵ（自身抗体）；b. 条目Ⅲ、Ⅳ、Ⅴ、Ⅵ 4 条中的任意 3 条阳性。继发性干燥综合征患者有潜在的疾病（如任何一种结缔组织病），而符合上述分类标准项目中的第Ⅰ、Ⅱ条中的任意 1 条，同时符合条目Ⅲ、Ⅳ、Ⅴ中的任意2条。

2002年诊断标准的灵敏度为88.3～89.5%，特异度为95.2～97.8%。

2016年美国风湿病学会（ACR）/欧洲抗风湿病联盟（EULAR）原发性干燥综合征（pSS）分类标准

适用于任何满足入选标准，并除外排除标准者，且下列5项评分总和≥4者诊断为pSS。①唇腺灶性淋巴细胞浸润，并且灶性指数≥1个灶/4 mm²（应由擅长灶性淋巴细胞浸润和灶性指数计数的病理学家依照Daniels等的方案进行评分），3分。②抗SSA/Ro抗体阳性，3分。③角膜染色评分≥5或van BIJ sterveld评分≥4，1分。④Schirmer试验≤5 mm/5 min，1分。⑤未刺激的全唾液流率≤0.1 ml/min（Navazesh和Kumar测定方法），1分。常规使用抗胆碱能药物的患者应充分停药后再进行上述③④⑤项评估口眼干燥的客观检查。

入选标准：至少有眼干或口干症状其一的患者，即下列至少一项阳性：①每日感到不能忍受的眼干，持续3个月以上；②眼中反复砂砾感；③每日需用人工泪液3次或3次以上；④每日感到口干，持续3个月以上；⑤吞咽干性食物时需频繁饮水帮助。或在EULAR SS患者疾病活动度指标（ESSDAI）问卷中至少一个系统阳性的可疑SS者。

排除标准：下列疾病因为可能有重叠的临床表现或干扰诊断试验结果，其患者应予以排除，并且不可再纳入SS研究或治疗试验：①头颈部放疗史；②活动性丙型肝炎病毒感染（由PCR确认）；③AIDS；④结节病；⑤淀粉样变性；⑥移植物抗宿主病；⑦IgG4相关性疾病。

2016年pSS分类标准，其敏感性及特异性分别为96%和95%。

2. 辅助检查项目

除询问病史及一般临床检查外，下列检查也有助于明确诊断：

（1）Schirmer试验：用5 mm×35 mm的滤纸条，置于患者睑裂内1/3和中1/3交界处，然后嘱患者闭眼。5 min后检查滤纸湿润长度，低于5 mm则表明泪液分泌减少。

（2）四碘四氯荧光染色：将一滴1%四碘四氯荧光素滴入患者结膜囊内，随即以生理盐水冲洗，可在暴露的睑裂角膜部位发现不同荧光的染色，是角膜上皮干燥状态的典型表现。

（3）唾液流量测定：自然（静态或未刺激）全唾液流量收集方法要求患者取坐位，弯腰低头，使得唾液沿下唇逐渐滴入收集容器中，并在结束时将口内剩余唾液全部吐入容器中，通常收集15 min，唾液流量＜1.5 ml/min提示为分泌减少。

（4）唾液腺造影：常规拍摄充盈期侧位片及5 min功能片。患者主要表现为唾液腺末梢导管扩张，排空功能减退。

（5）唾液腺B超：对于干燥综合征的诊断具有较好的特异度和灵敏度，同时，在早期诊断中具有重要作用。B超检查安全、快速、且无损伤性。目前，该项检查虽未被列入干燥综合征的诊断标准，但其临床应用越来越广泛。

（5）唾液腺同位素检查：患者病变较轻时，放射性核素摄取功能无明显改变，只有分泌功能迟缓。病变较重时，患者摄取和分泌功能均减低。

（6）实验室检查：患者可有红细胞沉降率加快，γ球蛋白增高，血清IgG明显增高，类风湿因子、抗核抗体、抗SSA抗体、抗SSB抗体等阳性。

（7）唇腺活检：是诊断干燥综合征的一项重要、客观的检查方法。典型病理表现为腺小叶内淋巴细胞灶性浸润、腺实质萎缩破坏等。若腺体内淋巴细胞灶≥1个灶/4 mm²，则具有诊断意义。与大唾液腺表现不同的是，唇腺肌上皮岛少见。

【鉴别诊断】

1. 与其他原因引起的口干、眼干疾病相鉴别　口干患者应注意与糖尿病、药物引起的口干、脱水，放射治疗引起的口干以及老年性口干等相鉴别。

2. 与唾液腺肿大疾病相鉴别 本病应注意与唾液腺肿瘤、结节病、结核、丙型肝炎、AIDS、IgG4 相关性疾病等相鉴别。

【治疗】

对于本病目前尚无有效的根治方法，主要以对症治疗为主。治疗主要目的是减轻口腔、眼部干燥症状，预防因长期干燥而造成的口腔、眼部局部损伤，密切观察病情的变化，防治系统性损害。

对于结节型干燥综合征（双侧唾液腺实性肿大）患者，可采用手术治疗，切除受累腺体，以防止发生恶性变。SS 治疗包括全身治疗和局部治疗。

1. 局部治疗

（1）眼干：可用人工泪液（5% 甲基纤维素）滴眼，戴防护眼镜，注意避光照、避风吹，保持居室湿润也很重要。对于严重的眼干患者，可采用电灼术对泪点进行封闭。国外学者报道，局部应用低剂量糖皮质激素或环孢素可以减轻结膜表面的炎症，缓解眼干症状。

（2）口干：应避免吸烟、饮酒，避免服用引起口干的药物。同时，应注意口腔卫生，减少龋齿和口腔继发感染。可选用人工唾液或其他唾液替代品等。

（3）M 受体激动药：口干症状严重者可口服胆碱能 M 受体激动药，如毛果芸香碱、西维美林等。茴三硫也可用于治疗患者的口干症状，但对腺体破坏严重的中、晚期患者几乎无作用。

2. 全身治疗 目前国际上对干燥综合征合并脏器受累的治疗尚无定论，也缺乏大规模的循证医学资料。一般认为应根据受损器官及其严重程度进行治疗，即对于有神经系统病变、肾小管酸中毒、肺间质性病变、肝损害、血小板降低、多发性肌炎及高丙种球蛋白血症等腺体外受累者，须根据病情轻重在专业医师指导下，选择糖皮质激素或免疫抑制剂以及生物制剂等治疗，药物剂量因疾病的轻重程度不同而有所差别。

（1）对无脏器损伤者，可考虑口服白芍总苷胶囊等治疗。

（2）糖皮质激素：剂量为 0.25～1 mg/（kg·d）。

（3）免疫抑制剂：可选用羟氯喹、甲氨蝶呤、环磷酰胺、硫唑嘌呤等。其中，羟氯喹和甲氨蝶呤可使患者的眼部和口腔症状明显改善。羟氯喹每天口服 200～400 mg。服用羟氯喹时，应每 6～12 个月对患者进行一次眼科检查。

（4）免疫增强剂：常用的免疫增强剂有胸腺肽和干扰素。有文献报道，口服干扰素或胸腺肽后，患者唾液分泌量可增加。

（5）生物制剂：生物制剂治疗原发性干燥综合征有良好的应用前景，如肿瘤坏死因子（TNF）抑制剂英利昔单抗和 CD20 单抗、低剂量白介素 -2 等。对生物制剂的疗效、安全性，还需要通过长期随访研究验证。

（6）中医药治疗：中药或针灸治疗本病具有一定的特色，可以缓解病情，提高患者的生活质量。可应用六味地黄丸、杞菊地黄丸、清开灵等治疗。

【预后】

干燥综合征一般呈良性过程，极少数患者可发生淋巴瘤。

三、系统性红斑狼疮 Systemic lupus erythematosus

系统性红斑狼疮（systemic lupus erythematosus，SLE）是一种多系统损害的慢性自身免疫病，患者血清中存在以抗核抗体为代表的多种自身抗体。本病主要累及皮肤黏膜、骨骼、肌肉、肾及中枢神经系统，同时还可以累及肺、心脏、血液系统等多系统器官。

【临床流行病学】

SLE 全球平均患病率为（12～39）/10 万。我国患病率为（30.13～70.41）/10 万，女性则高达 113/10 万。本病好发于女性，以 20～40 岁女性多见，女性与男性发病率之比为（7～9）:1。

【病因及发病机制】

1. 遗传因素 SLE 的发病有一定的家族聚集性。有资料显示，SLE 患者一代亲属中患 SLE 者比正常人高 8 倍。SLE 患者的同卵双生兄妹发病率为 25%～50%，而异卵双生子间发病率仅为 5%。另有研究发现，*HLA-DR2*、*HLA-DR3*、*DQ*、*STAT4*、*IRF5* 等基因与本病的发生有一定相关性，推测多个基因在某种环境作用下，改变了正常的免疫耐受状态而导致发病。

2. 雌激素 本病女性发病率明显高于男性，推测性激素在疾病的发生、发展过程中具有重要作用。

3. 环境因素 目前已知的环境因素包括紫外线、药物（尤其是紫锥菊和复方磺胺甲噁唑片）、吸烟、感染（尤其是 EB 病毒和巨细胞病毒感染等）及环境污染物（包括硅、水银和杀虫剂等），均可诱发 SLE。

SLE 的发病机制尚不十分清楚，目前认为是由于各种因素相互作用，导致 NK 细胞、T 淋巴细胞功能失调，B 细胞过度活化，产生大量的自身抗体和免疫复合物，致病性的免疫复合物沉积在组织和器官，造成损伤，从而致病。

【临床表现】

系统性红斑狼疮的自然病程多表现为病情加重与缓解交替出现。临床表现多样，早期症状不典型。

1. 全身表现 活动期患者大多数有全身症状，常出现发热，以低热、中度热为主。此外，患者还可出现乏力、体重减轻等表现，是 SLE 患者中常见但易被忽略的症状，通常是狼疮活动的先兆。

2. 皮肤与黏膜表现 患者鼻梁和双颧颊部呈蝶形分布的红斑是 SLE 的特征性改变。其他皮肤病损包括光敏感，脱发，手、足掌面和甲周红斑，盘状红斑，结节性红斑，面部、躯干部皮疹，雷诺现象等。

SLE 患者口腔可出现溃疡或黏膜糜烂损害，多见于下唇，呈典型盘状，周围可见白色网纹呈放射状排列。或出现继发的口腔感染等。

3. 关节和肌肉病变 患者常出现对称性多关节疼痛、肿胀，通常不引起骨质破坏。另外，患者还可出现肌痛和肌无力，少数患者可出现肌炎的表现。

4. 肾损害 27.9%～70% 的 SLE 患者病程中均会出现肾受累。我国 SLE 患者以肾受累为首发表现者占 25.8%。肾受累的主要表现为蛋白尿、血尿、管型尿、水肿、高血压，甚至肾衰竭。上述变化又称狼疮性肾炎（lupus nephritis，LN）。狼疮性肾炎对 SLE 的预后影响较大，肾衰竭是 SLE 患者的主要致死原因之一。

5. 神经系统损害 又称系统性红斑狼疮脑病（systemic lupus erythematosus encephalopathy）。轻者有偏头痛、性格改变、记忆力减退或轻度认知障碍；重者可表现为脑血管意外、昏迷、癫痫持续状态等。

6. 血液系统表现 患者可出现白细胞减少、贫血、血小板减少、淋巴结肿大、脾大等。

7. 胸膜及肺部病变 患者可出现胸膜炎、肺间质纤维化、狼疮肺炎、肺动脉高压及成人呼吸窘迫综合征等，表现为活动后气促、干咳、低氧血症，肺功能检查常显示弥散性功能下降。

8. 心血管系统表现 患者常出现心包炎、心肌炎、心内膜炎等。严重者可发生心力衰竭而导致死亡。

9. 消化系统表现 消化系统症状与肠壁和肠系膜血管炎有关，可表现食欲减退、腹痛、腹泻、恶心、呕吐等。若早期出现肝功能损害，则提示预后不良。少数患者可并发腹膜炎及胰腺炎等。

10. 血管病变 患者可出现雷诺现象、动脉栓塞和静脉栓塞等。

【实验室检查】

1. 血细胞分析 SLE 患者可出现血小板减少、白细胞减少或贫血。

2. 尿液检查 可见尿蛋白呈阳性，或出现血尿、细胞和颗粒管型。

3. 红细胞沉降率及血清 C 反应蛋白测定 红细胞沉降率加快多出现在狼疮活动期，缓解期可降至正常。患者血清 C 反应蛋白水平可正常或轻度升高。

4. 免疫球蛋白（immunoglobulin，Ig）以及蛋白电泳检测 系统性红斑狼疮患者的血清 IgG 水平活动期升高，严重时可出现高球蛋白血症。蛋白电泳可显示血清白蛋白降低，球蛋白明显升高。

5. 自身抗体 SLE 患者血清中可检测出多种自身抗体：包括 ANA，抗双链 DNA（dsDNA）抗体、抗 Sm 抗体、抗 U1RNP 抗体、抗 SSA 抗体、抗 SSB 抗体、抗 RNP 抗体、抗磷脂抗体等。ACR 修订 SLE 分类标准中强调 SLE 免疫学异常及抗 Sm 抗体、抗 ds DNA 抗体、抗磷脂抗体和 ANA 阳性在诊断中的价值。

6. 补体测定 包括总补体（CH50）和补体 C3、C4 的检测。补体水平常减低。

7. X 线及其他影像学检查 有助于对肺、脑、心脏等重要脏器受累情况作出早期诊断。

【病理表现】

SLE 基本病理变化特征是炎症反应、血管炎以及免疫复合物沉积。

【免疫病理表现】

皮肤活检及肾活检行免疫病理学检查对诊断 SLE 有帮助。

1. 皮肤狼疮试验 表现为皮肤的表皮与真皮交界处有免疫球蛋白（IgG、IgM、IgA 等）和补体（C3、C1q 等）沉积，对 SLE 具有一定的特异性。

2. 狼疮性肾炎 免疫荧光检查可见多种免疫球蛋白和补体成分沉积，被称为"满堂亮"。

【诊断标准】

关于系统性红斑狼疮有多个诊断标准，目前采用较多的是美国风湿病学会（American College of Rheumatology，ACR）1997 年推荐的 SLE 分类标准以及 2019 年 EULAR/ACR 制定的 SLE 分类标准。

1. 美国风湿病学会（ACR）1997 年推荐的 SLE 分类标准 ①面颊部蝶形红斑；②盘状红斑；③光过敏；④口腔溃疡；⑤关节炎；⑥浆膜炎、胸膜炎或心包炎；⑦蛋白尿，24 小时尿蛋白＞ 0.5 g 或（＋＋＋）；⑧癫痫或精神异常；⑨溶血性贫血或白细胞＜ 4000/μl，或淋巴细胞＜ 1500/μl，或血小板＜ 10 万 /μl；⑩抗磷脂抗体呈、阳性或狼疮抗凝物检测呈阳性，或抗双链 DNA 抗体升高，或抗 Sm 抗体（＋），或梅毒血清反应呈假阳性；⑪抗核抗体呈阳性。凡符合其中任意 4 项或 4 项以上者，即可诊断为系统性红斑狼疮，但须排除感染、肿瘤和其他结缔组织病以后，方可诊断。

该标准的灵敏度和特异性分别为 95% 和 85%，但对早期、不典型病例容易漏诊，应予以注意。

2. 2019 年 EULAR/ACR 制定的 SLE 分类标准

抗核抗体（ANA）滴度 ≥ 1 : 80（HEp-2 细胞方法）：①如果不符合，不考虑 SLE 分类；②如果符合，进一步参照附加标准。

临床领域或标准	定义	权重
临床分类标准		
全身状况	发热 > 38.3℃	2 分
血液系统	白细胞减少症 < 4000/mm³	3 分
	血小板减少症 < 100 000/mm³	4 分
	溶血性贫血	4 分
神经系统	谵妄	2 分
	精神异常	3 分
	癫痫	5 分
皮肤黏膜	非瘢痕性脱发	2 分
	口腔溃疡	2 分
	亚急性皮肤狼疮或盘状红斑狼疮	4 分
	急性皮肤狼疮	6 分
浆膜腔	胸腔积液或心包积液	5 分
	急性心包炎	6 分
肌肉、骨骼	关节受累	6 分
肾	蛋白尿 > 0.5 g/24 h	4 分
	肾活检：Ⅱ型或Ⅴ型 LN	8 分
	肾活检：Ⅲ型或Ⅳ型 LN	10 分
免疫学分类标准		
抗磷脂抗体	中高滴度的抗心磷脂抗体或抗 β2GP1 抗体阳性或狼疮抗凝物阳性	2 分
补体	C3 或 C4 下降	3 分
	C3 和 C4 下降	4 分
特异性抗体	抗 dsDNA 抗体阳性或抗 Sm 抗体阳性	6 分

注：如果该标准可以被其他比 SLE 更符合的疾病解释，不计分；标准至少出现一次就足够；SLE 分类标准要求至少包括 1 条临床分类标准以及总分 ≥ 10 分可诊断；所有的标准，不需要同时发生；在每个记分项，只计最高分。

新标准敏感性为 96.1%，特异性为 93.4%。

【诊断】

本病的诊断主要依靠临床特征、实验室检查，尤其是自身抗体谱检测、组织病理学和（或）免疫病理学检查，有助于诊断及判断病情，同时对疾病的活动性、严重程度及并发症均需要进行分析、判断。

【鉴别诊断】

由于系统性红斑狼疮患者存在多系统表现，诊断时应注意与其他风湿免疫性疾病或系统性血管炎等疾病相鉴别。

【治疗】

对于本病目前尚无根治方法。治疗上强调早期、个体化方案及联合用药的原则。根据患者有无器官受累及疾病活动性，选择不同的治疗方案。

1. 患者教育 使患者正确认识疾病，消除其恐惧心理，明确规律用药的意义。嘱患者避免过多的紫外线暴露，使用防紫外线用品（防晒霜等），避免过度疲劳。注意戒烟，控制体重，加强锻炼等。

2. 对症治疗 对有发热及关节痛的患者，可辅以非甾体抗炎药。对伴有血脂异常、糖尿病或骨质疏松的患者给予相应的治疗。

3. 药物治疗 以糖皮质激素和免疫抑制剂或生物制剂为主。激素疗效不佳或长期使用激素而剂量不能减到患者可接受剂量时，应考虑应用免疫抑制剂，如硫唑嘌呤、吗替麦考酚酯、甲氨蝶呤、来氟米特、羟氯喹、雷公藤多苷等。抗 CD20 单克隆抗体、利妥昔单抗等生物制剂以及造血干细胞、间充质干细胞移植等可用于治疗重症狼疮患者。

4. 口腔治疗 口腔科医师应了解 SLE 患者的全身表现及口腔变化特征，尤其是肾损害、血液系统损害及神经系统损害、皮肤黏膜损害特征。在接诊此类患者时，应首先评估其全身状况，重点关注系统损害动态变化，接受透析治疗的 SLE 患者易发生口腔感染、贫血及出血倾向增加。此外，由于此类患者长期应用激素及免疫抑制剂或生物制剂治疗，可出现口腔继发感染、骨质疏松、糖尿病、高血压、电解质紊乱等，在口腔治疗时均应特别加以注意。

【预后】

与以往相比，SLE 的预后已显著提高。经正规治疗的 SLE 患者 1 年存活率为 96%，5 年存活率为 85%，10 年生存率已超过 75%。

四、类风湿关节炎 Rheumatoid arthritis

类风湿关节炎（rheumatoid arthritis，RA）是一种以侵蚀性关节炎为特征的慢性进行性自身免疫病。其基本病理改变为滑膜炎，以及由此造成的关节软骨和骨质破坏，最终导致关节畸形和功能丧失。

【临床流行病学】

RA 的全球患病率为 0.5～1%，而中国大陆地区人群患病率为 0.32%～0.42%。男女患病率之比为 1:（2～3）。

【病因及发病机制】

本病的病因及发病机制仍不完全清楚。一般认为与遗传、环境、感染以及自身免疫因素等密切相关。部分患者发病初期曾受寒冷、潮湿刺激，或与劳累、创伤或精神等因素有关。

1. 微生物感染 近年来研究显示，微生物感染是 RA 发病的关键诱因，其中牙龈卟啉单胞菌、普雷沃菌属与疾病发生相关。此外，支原体、分枝杆菌、EB 病毒等，与本病的发生也有一定相关性。

2. 遗传易感性 患者一级亲属的患病概率为 11%。此外，研究发现单卵双生子患 RA 的概率为 12%～30%，而双卵孪生子同患 RA 的概率仅为 4%。另有研究显示：RA 遗传易感性与人类白细胞抗原（HLA）基因密切相关，包括 HLA-DRB*0401、DRB1*0404、DRB1*0405 等数百个等位基因位点，但在不同种族中对疾病影响有所不同。

3. 自身免疫 在环境及遗传因素综合作用下，患者的免疫系统攻击自身组织，导致软骨、滑膜、韧带等发生一系列炎症反应。患者体内可出现类风湿因子（rheumatoid factor，RF）、抗环瓜氨酸肽抗体（anticyclic citrullinated peptide antibody，anti-CCP antibody）等多种自身抗体，进一步形成免疫复合物，沉积在关节滑膜表面，诱发滑膜炎，并使关节长期处于慢性炎症状态，最终破坏关节软骨和骨，造成关节畸形。

4. 环境因素 如吸烟是 RA 重要的诱发因素之一。

【临床表现】

本病可发生于任何年龄，80% 发生在 35～50 岁，男女比例为 1：（2～3）。大部分患者起病隐匿且缓慢，进行性多关节炎及全身性血管炎的表现较为常见，常伴有关节晨僵。

RA 患者在关节症状前，常出现数周的乏力、全身不适、发热、体重减轻等表现。

1. 关节表现 为对称性、持续性关节肿胀和疼痛，常伴有晨僵。受累关节以近端指间关节、掌指关节以及腕、肘和足趾关节等最为多见。中、晚期患者可出现手指"天鹅颈"及"纽扣花"样关节畸形的表现。重症患者关节呈纤维性或骨性强直而失去关节功能，致使生活不能自理。

2. 关节外表现

（1）类风湿结节：类风湿结节是本病较特异的皮肤表现，也是本病常见的关节外表现，可见于 20%～30% 的患者。类风湿结节多位于关节隆突部及受压部位的皮下，质硬，无明显压痛，不易活动，呈对称性分布。

（2）血管炎：患者系统性血管炎少见，多为指甲下或指端出现的小血管炎，表现为指端坏疽、皮肤溃疡、外周神经病变、巩膜炎等。

（3）心脏表现：患者可有心脏受累，出现心包炎、非特异性心瓣膜炎、心肌炎等。

（4）胸膜和肺部病变：胸膜和肺受累常见，患者可出现胸膜炎、肺间质纤维化、肺类风湿结节、肺动脉高压等。

（5）肾病变：本病很少累及肾，表现为间质性肾炎、局灶性肾小球硬化、增殖性肾炎、IgA 肾病及淀粉样变性等。

（6）神经系统表现：患者可出现感觉型周围神经病、混合型周围神经病、多发性单神经炎及嵌压性周围神经病。

（7）血液系统表现：贫血是 RA 常见的关节外表现，与疾病活动性和关节受损严重程度有关。Felty 综合征是指 RA 患者伴有脾大、中性粒细胞减少，甚至有贫血和血小板减少。

（8）口腔表现：① 30%～40% 的患者可合并继发性干燥综合征，患者可出现口干、眼干的症状。② RA 患者长期应用甲氨蝶呤、非甾体抗炎药以及青霉胺等可引起口腔炎的发生。③多数患者颞下颌关节也可受累。滑膜表面可出现肉芽肿样病变，其下方骨组织被破坏，患者可出现类似颞下颌关节功能紊乱的症状。④长期处于活动期的 RA 患者牙周疾病发生率有增高趋势，且严重。

【病理表现】

类风湿关节炎的基本病理改变是滑膜炎和血管炎。滑膜炎是关节表现的基础，血管炎是关节外表现的基础。急性期滑膜炎表现为渗出性和细胞浸润性。病变进入慢性期，滑膜变得肥厚，形成许多绒毛样突起，突向关节腔内或侵入软骨和软骨下骨质。绒毛又名血管翳，有很强的破坏性，是造成关节破坏、畸形和功能障碍的病理基础。

血管炎可发生在关节外的任何组织，通常累及中、小动脉和（或）静脉，管壁有淋巴细胞浸润、纤维蛋白沉积，内膜增生可导致血管腔狭窄和堵塞。

【实验室检查】

患者可有轻至中度贫血，红细胞沉降率加快、C 反应蛋白和血清免疫球蛋白如 IgG、IgM、IgA 升高，多数患者血清中可出现类风湿因子、抗 CCP 抗体阳性。其中，抗 CCP 抗体对本病的诊断具有很高的灵敏度和特异性，并与患者病情和预后密切相关。

【影像学检查】

1. X 线检查 双手、腕关节以及其他受累关节的 X 线检查对本病的诊断、关节病变的分期以及病情演变的监测均有重要意义。

2. CT及磁共振成像 其在显示关节病变方面优于X线检查，近年已越来越多地被应用于类风湿关节炎的诊断。

3. 超声检查 高频超声能清晰显示关节腔、关节滑膜、滑囊、关节腔积液、关节软骨厚度及形态等，彩色多普勒血流成像和彩色多普勒能量图能直观地显示关节组织内血流的分布，反映滑膜增生的情况，并具有很高的灵敏度。另外，超声检查还可用于指导关节穿刺及治疗。

【诊断及诊断标准】

类风湿关节炎的诊断主要依靠临床表现、自身抗体检测及影像学检查。

目前在临床上普通使用的是2009年美国风湿病学会（ACR）和欧洲风湿病联盟（EULAR）提出的RA分类标准和评分系统，即：至少1个关节肿痛，并有滑膜炎的证据（临床或超声检查或磁共振成像）；同时排除其他疾病引起的关节炎，并有典型的常规放射学类风湿关节炎骨破坏的改变，可诊断为类风湿关节炎。另外，该标准对关节受累情况、血清学指标、滑膜炎持续时间和急性时相反应物4个部分进行评分，总分6分以上也可诊断RA。

【治疗】

目前对于类风湿关节炎尚无根治的方法。治疗的目的在于控制病情，改善关节功能和预后。应强调早期治疗、联合用药和个体化治疗的原则。

1. 一般治疗及患者管理 包括患者教育、关节制动（急性期）、关节功能锻炼（恢复期）、物理疗法等。

2. 药物治疗 根据药物性能，可将治疗类风湿关节炎的药物分为五大类：非甾体抗炎药、免疫抑制剂、糖皮质激素、生物制剂、植物药制剂等。

（1）非甾体抗炎药：具有抗炎、止痛、退热、消肿的作用，以减轻类风湿关节炎患者的症状。

（2）免疫抑制剂：推荐首选甲氨蝶呤，也可选用柳氮磺吡啶、来氟米特或羟氯喹等。视患者病情可单用，也可采用两种或两种以上药物联合治疗。

（3）糖皮质激素：能迅速减轻关节疼痛、肿胀，对关节炎急性发作，或伴有心、肺、眼和神经系统等器官受累的重症患者，可给予短效激素治疗，其剂量应根据患者病情严重程度而调整。关节腔注射激素有利于减轻关节炎症状，改善关节功能，但注射次数不宜过多，1年内不宜超过3次。

（4）生物制剂：包括肿瘤坏死因子（TNF）拮抗剂、IL-6拮抗剂、抗CD20单抗等。

（5）植物药制剂：如雷公藤多苷30～60 mg/d，分3次餐后服用；白芍总苷常用剂量为每次600 mg，每天2～3次。

3. 外科治疗 包括关节置换术和滑膜切除术。

4. 其他治疗 如间充质干细胞移植治疗难治性类风湿关节炎，临床疗效良好，其远期疗效还有待更多病例的积累和随诊观察。

5. 口腔处理

（1）口腔科医师应了解患者病情，对治疗本病所使用的非甾体抗炎药的不良反应以及与其他药物间的相互作用有清楚的了解。

（2）甲氨碟呤可引起口腔炎症，在服用的同时应配合使用叶酸。口腔病变以对症治疗为主。

（3）对于颞下颌关节破坏严重的患者，可行关节置换术。术前可根据患者具体情况预防性选择使用抗菌药。

（4）患者应保持口腔清洁，采用含氟牙膏或制剂，以预防龋齿的发生。对于有严重关节变形的患者，可采用特制的牙刷。

（5）对于RA患者牙周状态，应在治疗前、治疗后定期评估，及时处置。

【预后】

大多数类风湿关节炎患者病程迁延，积极、正确、规范的治疗可使80%以上的患者病情得到缓解，最终只有少数致残。

Summary

Sarcoidosis is a multisystem granulomatous disorder, histologically characterized by the presence of non-caseating granulomas. Spontaneous recovery occurs in parts of patients.

The cause of sarcoidosis remains unclear, although mounting evidence suggests a combination of environmental effects with a genetic predisposition. An infective trigger with some form of mycobacterium seems likely to be the prime suspect.

Sarcoidosis has a worldwide distribution. Sarcoidosis may occur at any age, though 68% of patients are under 40 years of age at time of diagnosis. Women are affected slightly more often than men.

Sarcoidosis can affect any organ in the body. The disease usually starts in the lungs, skin and/or lymph nodes. It also affects the eyes, liver, heart and brain as well as salivary glands. Sarcoidosis is difficult to diagnose. The diagnosis is established by performing a variety of tests, which may include medical history and physical exam, a tissue biopsy, blood tests and a chest X-ray, CT scan, MRI or other imaging tests.

No specific therapy is available. Treatment for sarcoidosis varies depending on which organs are affected. Those who do need treatment are given medicine to reduce inflammation and slow the growth of the granulomas. Treatment aims at maintaining good lung function, reducing symptoms and preventing organ damage. Corticosteroids are still the first-line of regimen for sarcoidosis.

Sjögren's syndrome is an inflammatory autoimmune disease that can affect many different parts of the body, but most often affects the lacrimal and salivary glands.

Primary Sjögren's syndrome occurs in people with no other rheumatologic disease. Secondary Sjögren's syndrome occurs in people who have another rheumatologic disease, most often systemic lupus erythematosus and rheumatoid arthritis.

Most of the complications of Sjögren's syndrome occur because of decreased tears and saliva. Patients with dry eyes are at increased risk for infections around the eye and that may lead to cornea damage. Dry mouth may cause an increase in dental decay, gingivitis and oral candidiasis that may cause pain and burning. Some patients may have episodes of painful swelling in the saliva glands around the face.

Complications in other parts of the body can occur such as pain and stiffness in the joints with mild swelling and rashes on the arms and legs related to vasculitis in small blood vessels.

Diagnosis depends on a combination of symptoms, physical examination, blood tests, Sjögren's syndrome cannot be cured, but in many cases proper treatment helps to alleviate symptoms.

All patients should receive regular dental care to prevent cavities and tooth loss that may occur as a complication of SS. Patients with dry eyes should see an ophthalmologist regularly for signs of damage to the cornea.

Systemic lupus erythematosus (SLE) is a chronic multi-systemic disease with unknown etiology that is characterized by the production of autoantibodies and immune complexes leading to systemic manifestations.

The clinical course of SLE is marked by periods of remission and exacerbation where ninety percent of those affected are young-to middle-aged women. The manifestations of SLE are varied, with no typical pattern of presentation. Small vessel vasculitis occurs as a result of the immune-complex deposition and leads to renal, cardiac, hematologic, mucocutaneous and central nervous system destruction.

In the treatment of SLE without major organ manifestations, antimalarials and/or glucocorticoids are of benefit and may be used. In non-responsive patients or patients not being able to reduce steroid dosages below the acceptable amount for chronic use, immunosuppressive agents such as azathioprine, mycophenolate mofetil and methotrexate should be considered. Lifestyle modifications such as smoking cessation, weight control and exercise are likely to be beneficial for patient and should be encouraged.

Rheumatoid arthritis (RA), is a chronic multisystem disease of autoimmune etiology. The prevalence of RA in China is 0.32% ~ 0.42%. The classic characteristics of this disease are bilateral and symmetric chronic inflammation of the synovium, a condition known as synovitis. This inflammatory response particularly affects small joints of the upper and lower extremities, and often leads to the deterioration and eventual destruction of articular cartilage and juxta-articular bone. In addition, there are extro-articular manifestations.

The diagnosis of RA are based on the clinical manifestations, autoantibody detection and imaging examinations.

The objective of RA therapies is to restore or at least maintain the quality of life by relieving pain, reducing joint inflammation and preventing joint destruction and deformity. Successful management of this condition requires a multifaceted approach to treatment that include systemically administered drugs, physical therapy, psychological counseling, patient education and surgical intervention.

Oral health care providers need to recognize and identify modifications of dental care based on the medical status of patients with RA. Furthermore, oral health care providers play an important role in the overall care of these patients as it relates to early recognition, as well as control of the disease.

Definition and Terminology

结节病 (Sarcoidosis): is a multisystem granulomatous disorder, histologically characterized by the presence of non-caseating granulomas. Spontaneous recovery occurs in parts of patients.

Kveim 试验 (Kveim test): is a skin test for sarcoidosis. In this test, a suspension of spleen tissues from sarcoidosis patients is injected into the skin of a suspected patient. If granulomas are found (4 to 6 weeks later), the test is positive.

干燥综合征 (Sjögren's syndrome): is an inflammatory autoimmune disease that can affect many different parts of the body, but most often affects the lacrimal and salivary glands.

Primary Sjögren's syndrome occurs in people with no other rheumatologic disease. Secondary Sjögren's syndrome occurs in people who have another rheumatologic disease, most often systemic lupus erythematosus and rheumatoid arthritis.

系统性红斑狼疮（systemic lupus erythematosus，SLE）：is a chronic multi-systemic disease with unknown etiology that is characterized by the production of autoantibodies and immune complexes leading to systemic manifestations.

类风湿关节炎（rheumatoidarthritis，RA）：is a chronic multisystem disease of autoimmune system. The classic characteristics of this disease are bilateral and symmetric chronic inflammation of the synovium, a condition known as synovitis. This inflammatory response particularly affects small joints of the upper and lower extremities, and it often leads to the deterioration and eventual destruction of articular cartilage and juxta-articular bone. In addition, there is inflammation in the surrounding tendons, all of which frequently result in deformities of the affected joints.

（华　红）

中英文专业词汇索引

A
阿昔洛韦（aciclovir） 42
氨苯砜（dapsone） 42

B
Bednar 溃疡（Bednar ulcer，Bednar's aphthae） 118
白塞病（Behcet's disease，BD） 109
白血病（leukemia） 296
斑疹（macule） 31
倍他米松（betamethasone） 45
伯贝克颗粒（Birbeck granule） 14

C
超敏反应（hypersensitivity） 236
唇炎（cheilitis） 205

D
大疱（bulla） 32
带状疱疹（herpes zoster） 68
单纯疱疹（herpes simplex） 61
地塞米松（dexamethasone） 45
地图舌（geographic tongue） 220
多形红斑（erythema multiforme，EM） 244

E
恶性黑色素瘤（malignant melanoma） 285

F
伐昔洛韦（valaciclovir） 42
泛昔洛韦（famciclovir） 42
放射性口腔黏膜炎（radiation-induced oral mucositis，radiotherapy-induced oral mucositis，RTOM） 121
氟康唑（fluconazole） 43
复发性阿弗他溃疡（recurrent aphthous ulcer，RAU） 102
复发性坏死性黏膜腺周围炎（periadenitis mucosa necrotic recurrence） 105
复发性疱疹性口炎（recurrent herpetic stomatitis） 64
副肿瘤性天疱疮（paraneoplastic pemphigus，PNP） 196

G
更昔洛韦（ganciclovir） 42
光线性唇炎（actinic cheilitis） 208
过度角化（hyperkeratosis） 33

H
黑棘皮病（acanthosis nigricans） 279，283
黑色素细胞（melanocyte） 13
化疗性口腔黏膜炎（chemotherapy-induced oral mucositis） 126
坏疽（gangrene） 35
坏死（necrosis） 35
坏死性龈口炎（necrotic ulcerative gingivo-stomatitis） 78

J
基底膜（basement membrane） 16
痂（crust） 34
假膜（pseudomembrane） 35
尖锐湿疣（condyloma acuminatum） 261
角化不良（dyskeratosis） 33
角化不全（parakeratosis） 33
接触性过敏性口炎（contact allergic stomatitis） 248
结核性溃疡（tuberculous ulcer） 82
结节（nodule） 32
咀嚼黏膜（masticatory mucosa） 18
巨幼细胞贫血（megaloblastic anemia，MA） 293
皲裂（rhagades） 33

K
克霉唑（clotrimazole） 43
口腔白斑病（oral leukoplakia，OLK） 154
口腔白色角化症（oral leukokeratosis） 165
口腔扁平苔藓（oral lichen planus，OLP） 133
口腔红斑病（oral erythroplakia） 163
口腔黏膜（oral mucosa，oral mucous membrane） 8
口腔黏膜病（oral mucosal diseases） 3
口腔黏膜色素异常（pigment disorders） 279
口腔黏膜下纤维性变（oral submucosal fibrosis，OSF） 176
口腔念珠菌病（oral candidosis，oral candidiasis） 85
口腔苔藓样接触性损害（oral lichenoid contact lesion，OLCL） 144
口腔苔藓样损害（oral lichenoid lesion，OLL） 144
口腔苔藓样药物反应（oral lichenoid drug reaction，

OLDR）147
溃疡（ulcer）33

L

莱特尔综合征（Reiter syndrome，RS）129
郎格汉斯细胞（Langerhans cell）14
类天疱疮（pemphigoid）190
裂纹舌（fissured tongue）222
淋病（gonorrhea）258
鳞屑（scale）34
氯法齐明（clofazimine）42

M

慢性唇炎（chronic cheilitis）205
慢性溃疡性口炎（chronic ulcerative stomatitis，CUS）152
慢性黏膜皮肤念珠菌病（chronic mucocutaneous candidosis，CMC）89
毛舌（hairy tongue）226
梅毒（syphilis）252
梅克尔细胞（Merkel cell）15
咪康唑（miconazole）43
糜烂（erosion）33

N

黏膜黑斑（melanoplakia）279，280
黏膜类天疱疮（mucous membrane pemphigoid，MMP）190
黏膜下层（submucosa）18
念珠菌病（candidosis, candidiasis）85
念珠菌属（Candida spp.）85

P

盘状红斑狼疮（discoid lupus erythematosus，DLE）169
疱疹性咽峡炎（herpetic angina）74
疱疹样阿弗他溃疡（herpetiform aphthous ulcer）104
贫血（anemia）290
泼尼松（prednisone）45
泼尼松龙（prednisolone）45

Q

羟氯喹（hydroxychloroquine）47
轻型阿弗他溃疡（minor aphthous ulcer）104
丘疹（papule）31

秋水仙碱（colchicine）47
球菌性口炎（coccigenic stomatitis）76
缺铁性贫血（iron deficiency anemia，IDA）291

R

Riga-Fede 溃疡（Riga-Fede ulcer）118
人类免疫缺陷病毒（human immunodeficiency virus，HIV）14
肉芽肿性唇炎（cheilitis granulomatosa）215
褥疮性溃疡（decubital ulcer）118

S

色素沉着-息肉综合征（hyperpigmentation-polyposis syndrome）279，281
沙利度胺（thalidomide）42

T

天疱疮（pemphigus）181

W

味觉倒错（parageusia）232
味觉减退（hypogeusia）232
味觉缺失（ageusia）232
味觉异常（abnormalities of taste）232
萎缩（atrophy）33

X

细胞角蛋白（cytokeratin，CK）13
腺性唇炎（cheilitis glandularis）210
小疱（vesicle）32
血管性水肿（angioedema）242
寻常型天疱疮（pemphigus vulgaris）183

Y

伊曲康唑（itraconazole）43
义齿性口炎（denture stomatitis）88
原发性疱疹性龈口炎（primary herpetic gingivostomatitis）63

Z

正中菱形舌炎（median rhomboid glossitis）223
制霉菌素（nystatin）43
重型阿弗他溃疡（severe aphthous ulcer）105
灼口综合征（burning mouth syndrome，BMS）229
自伤性溃疡（factitial ulcer）118

主要参考文献

［1］中华医学会内分泌学分会.库欣综合征专家共识（2011年）.中华内分泌代谢杂志，2012，28（2）：96-102.

［2］史宗道.口腔临床药物学.4版.北京：人民卫生出版社，2012.

［3］中华口腔医学会口腔黏膜病专业委员会.中华口腔医学会中西医结合专业委员会复发性阿弗他溃疡诊疗指南.中华口腔医学杂志，2012，47（7）：402.

［4］陈谦明.口腔黏膜病学.5版.北京：人民卫生出版社，2020.

［5］华红，郑立武.系统疾病的口腔颌面部表征.北京：人民卫生出版社，2012.

［6］中华医学会糖尿病分会.《中国2型糖尿病防治指南（2020版）》.

［7］中华医学会风湿病学分会.干燥综合征诊断及治疗指南.中华风湿病学杂志，2011，14（11）：766-768.

［8］中华医学会感染病学分会艾滋病学组.艾滋病诊疗指南（2018年版）.协和医学杂志，2018，10（1）：41-60.

［9］张建中.糖皮质激素皮肤科规范应用手册.上海：上海科学技术出版社，2011.

［10］中华医学会风湿病分会.系统性红斑狼疮诊断和治疗指南.中华风湿病学杂志，2010，14（5）：342-346.

［11］中华医学会风湿病学会.类风湿关节炎诊断和治疗指南.中华风湿病学杂志，2010，14（4）：265-270.

［12］中华医学会血液学分会红细胞疾病（贫血）学组.再生障碍性贫血诊断治疗专家共识.中华血液杂志，2010，31（11）：790-792.

［13］魏克立.口腔黏膜病学.北京：科技出版社，2006.

［14］中华医学会内分泌学分会《中国甲状腺疾病诊治指南》编写组.中国甲状腺疾病诊治指南——甲状腺功能亢进症.中华内科杂志，2007，46（10）：876-882.

［15］中华医学会消化病学分会炎症性肠病协作组.对我国炎症性肠病诊断治疗规范的共识意见.胃肠病学，2007，12（8）：488-495.

［16］徐治鸿.中西医结合口腔黏膜病学.北京：人民卫生出版社，2008.

［17］张震康，俞光岩，徐韬.实用口腔科学.4版.北京：人民卫生出版社，2016.

［18］Saunders DP, Epstein JB, Elad S. Systematic review of antimicrobials, mucosal coating agents, anesthetics, and analgesics for the management of oral mucositis in cancer patients. Support Care Cancer, 2013, 21（11）：3191-207. doi：10.1007/s00520-013-1871-y.

［19］InternationalTeam for the Revision of the International Criteria forBehcet's Disease（ITR-ICBD）. The internationalcriteriaforBehcet'sdisease（ICBD）：acollaborativestudyof27countriesonthesensitivityand specificity of the new criteria. J Eur Acad Dermatol Venereol, 2013, DOI：10.1111/jdv.12107.Pages 10.

［20］Venugopal SS, Murrell DF. Diagnosis and clinical features of pemphigus vulgaris. Immunol Allergy Clin NorthAm, 2012, 32（2）：233-243.

［21］Chong BF, Song J and Olsen NJ. Determining risk factors for developing systemic lupus erythematosus in patients with discoid lupus erythematosus. Brit J Dermatol, 2012, 166：29-35.

［22］Davatchi F. Diagnosis/Classification criteria for Behcet's disease. Pathol Res Int. 2012（2012）, Article ID

607921，5 pages.

[23] Sokumbi O and Wetter DA. Clinical features，diagnosis，and treatment of erythema multiforme：a review for the practicing dermatologist. Int J Dermatol，2012，51：889-902.

[24] Chole RH，Gondivkar SM，Gadbail AR. Review of drug treatment of oral submucous fibrosis. Oral Oncol，2012，48：393-398.

[25] Reiter S，Vered M，Yarom N. Cheilitis glandularis：clinico-histopathological diagnostic criteria. Oral Dis，2011，17：335-339.

[26] Tomislav Duvani，Liborija Lugovi-Mihi，Ante Brekalo. Prominent features of allergic angioedema on oral mucosa. Acta Clin Croat，2011，50：531-538.

[27] Banks T and Gada S. A comprehensive review of current treatments for granulomatous cheilitis. Brit J Dermatol，2012，166：934-937.

[28] Thongprasom K，Carrozzo M，Furness S. Interventions for treating oral lichen planus. Cochrane Database of Systematic Reviews 2011，DOI：10.1002/14651858.

[29] Brocklehurst P，Tickle M，Riley P. Systemic interventions for recurrent aphthous stomatitis（mouth ulcers）. Cochrane Database of Systematic Reviews 2012，Issue 9. Art. No.：CD005411.

[30] Thomos DM，Mirowski GW. Nutrition and Oral Mucosal Diseases. Clin Dermatol，2010（28）：426-431.

[31] Wolff D，Gerbitz A，Ayuk F. Consensus Conference on Clinical Practice in Chronic Graft-versus-Host Disease（GVHD）：First-Line and Topical Treatment of Chronic GVHD. Biol Blood Marrow Transplant，2010，16：1611-1628.

[32] Frew JW，Murrell DF. Paraneoplastic pemphigus（paraneoplastic autoimmune multiorgan syndrome）：clinical presentationsand pathogenesis. Dermatol Clin，2011，29（3）：419-425.

[33] Kneisel A，Hertl M. Autoimmune bullous skin diseases. Part 2：diagnosis and therapy. J Dtsch Dermatol Ges，2011，9（11）：927-947.

[34] Silverman S Jr，Eversole LR，Truelove EL. Essentials of Oral Medicine. Lewiston，New York：BC Decker，2001.

[35] Garant PR. Oral cells and tissues. Chicago：Quintessence Publishing，2003：53-80.

[36] Enwonwu CO，FalklerWA，PhillipsRS. "Noma（cancrum oris）". Lancet，2006，368（9530）：147-156.

[37] Antonio Nanci. Ten Cate's oral histology. 7th ed. St. Louis，Missouri：Mosby，2008.

[38] Greenberg MS，Glick M，Ship JA. Burket's Oral Medicine. 11th ed. Hamilton：BC Decker，2008.

[39] Meleti M，Vescovi P，Mooi WJ. Pigmented lesions of the oral mucosa and perioral tissues：a flowchart for the diagnosis and some recommendations for the management. Oral Surg Oral Med Oral Pathol Oral Radiol Endod，2008，105：606-616.

[40] Berkovitz BKB，Holland GR，Moxham BJ. Oral anantomy，histology and embryology. 4th ed. Edinburgh，London，New York，Oxford，Philadelphia，St Louis，Sydney，Toronto：Mosby，2009.

[41] Goddard AF，James MW，Scott BB. Guidelines for the management of iron deficiencyanaemia. Gut，2010，228874：1-8.

[42] Kakisi OK，Kechagia AS，Kakisis IK. Tuberculosis of the oral cavity：a systematic review. Eur J Oral Sci，2010，118（2）：103-109.

[43] Shah AY，Doherty SD，and Ted Rosen. Acticniccheilitis：a treatment review. Int J Dermatol，2010，49：1225-1234.